本书为

国家社科基金重点项目

国家出版基金项目

『十三五』国家重点出版物出版规划项目　结项成果

中国儒学通志

丛书主编　苗润田　冯建国

明代卷·学案篇

本册作者　苗润田　彭　丹

ZHEJIANG UNIVERSITY PRESS
浙江大学出版社
·杭州·

"中国儒学通志"总序

  儒学是中华传统文化的主干，是中华民族的精神血脉，它不但对中国古代的政治、经济、思想、文化、教育等诸多领域产生过广泛而深刻的影响，对人类文明的发展做出了巨大贡献，而且在今天仍然具有不容忽视的现代价值。儒家的思想理论，广泛涉及人与自然、人与人、人与社会、群与己、古与今、知与行、义与利、生与死、荣与辱、苦与乐、德与刑、善与恶、战争与和平等这样一些人类所面对的、贯通古今的矛盾和问题，提出了天人合一、天下为公、大同世界，修身正己、自强不息、厚德载物、以民为本、为政以德、见利思义、清廉从政，明体达用、经世致用、知行合一、仁者爱人、以德立人、以诚待人、讲信修睦，求同存异、和而不同、和谐相处，有教无类、因材施教、温故知新、学思结合等一系列为学、为人、为事、为官、处世的常理和常道，对于正确处理人与人的关系、人与自然的关系、个体与群体的关系、群体与群体的关系、不同民族和国家间的关系、不同文化和文明间的关系等都具有普遍的指导意义，是人类走向未来不可或缺的精神资源。这也就是一种产生在两千多年前农耕时代并且随着历史的发展不断前行的思想、学说，在信息时代的今天仍然具有广泛感召力、影响力，为世人所推重、学习、研究、传承的根本原因。"研究孔子、研究儒学，是认识中国人的民族特性、认识当今中国人精神世界历史来由的一个重要途径。"（《习近平在纪念孔子诞辰 2565 周年国际学术研讨会暨国际儒学联合会第五届会员大会开幕会上的讲话》）"中国儒学通志"是研究孔子、儒学的一个窗口。

  "中国儒学通志"由纪年卷、纪事卷、学案卷三个部分组成。纪年卷主要记录自孔子创立儒学至 1899 年有关儒学发展的各个方面，包括重要儒学人物的生卒，儒学发展过程中有较大影响的事件，以及重要儒学论著的完成、刊印等，全方位展现儒学发展的面貌。纪事卷以事件为线索，记录有关中国儒学发展的重大历史事件,如"焚书坑儒""罢黜百家,独尊儒术"等,内容包括事件产生的原因、经过、结果及其对儒学发展的影响。学案卷以人物为中心,主要记述对儒学发展有较大影响的人物,包括该人物的生平事迹、对儒学所持的观点、在儒学发展史上的地位和贡献,以及有关的评价等。

"中国儒学通志"是我国著名学者庞朴先生继《20世纪儒学通志》(浙江大学出版社2013年6月)出版后主持的又一国家社会科学基金重点项目。庞先生去世后,2016年改由苗润田、冯建国教授主持。在苗润田、冯建国的主持下,该项目组建了一支有国内知名学者参加的学养深厚的研究队伍,制定了切实可行的研究计划和实施方案。通过多次召开小型学术研讨会,邀请王钧林教授、朱汉民教授、郭沂教授等专家学者与课题组成员一起,就课题的指导思想、整体框架、重点难点问题等展开广泛深入的研究,不但达成了学术共识而且促进并深化了对课题的认识。在这个过程中,浙江大学出版社、山东大学儒学高等研究院、山东大学人文社会科学研究院、山东大学哲学与社会发展学院自始至终都给予了巨大支持和帮助。彭丹博士协助我们做了大量的事务性工作。在此,谨向他们,向关心、支持"中国儒学通志"研究、撰著的朋友、同仁致以诚挚的谢意!

苗润田　冯建国

2022年12月于山东大学

目 录

宋濂学案

　　宋濂(1310—1381)，初名寿，字景濂，号潜溪，别号龙门子、玄真遁叟等。祖籍浙江金华潜溪，后迁居金华浦江。宋濂自幼勤奋好学，聪敏强记，曾受业于浙东名儒吴莱、柳贯、黄溍，号称"神童"。一生大部分时间在元代度过，元代后期即知名于世。元至正九年(1349)授翰林院编修，固辞未就，隐于龙门山中，潜心佛学，朝夕著述，静观时变。自谓"今之入山著书，夫岂得已哉"；俟时机成熟，"我岂不能平治天下乎！"明初受朱元璋礼聘，任江南儒学副提举，官至翰林学士承旨、知制诰，参与制定了明初的礼乐制度。洪武二年(1369)，奉命主修《元史》。明太祖称其为"开国文臣之首"，尊同太师，宠信有加。他则利用"王者之师"的身份，经常向朱元璋讲论先王之道、孔孟道统，使之逐渐认识到儒学为治心之要、治国之本，"愿与诸儒讲明治道"，把尊经崇儒作为国策。洪武十年(1377)，宋濂以年老辞官还乡。洪武十三年(1380)，因长孙宋慎牵涉胡惟庸案，宋濂被贬谪茂州，中途死于夔州。正德中，追谥"文宪"。

　　宋濂是明初著名的儒家代表人物之一，金华朱学的传人。他以孔子为"道德之儒""千万世之宗"，把学习孔子作为自己的终生愿望。推崇宋儒朱熹为儒学的集大成者，备加赞扬，说："自孟子之殁，大道晦冥，世人摘埴而索涂者千有余载。天生濂、洛、关、闽四夫子，始揭白日于中天，万象森列，无不毕见，其功固伟矣。而集其大成者，唯考亭子朱子而已。"他对陆九渊也多有推重，指出："学不论心久矣。陆氏兄弟卓然有见于此，亦人豪哉！故其制行如青天白日，不使织翳可干，梦寐即白昼之为，屋漏即康衢之见，实足以变化人心。"宋濂在肯定朱、陆的同时，又认为二者的理论各有不足。他指出：朱熹理学的缺陷在于"漫漶支离"，而陆九渊心学的偏颇则是"致知道阙"。有鉴于此，他力图取朱、陆之所长，去其所短，并在吸纳佛老思想的基础上，深化儒学、发展儒学。不过，由于受陆学的影响，他更多地还是倾向于心学。

宋濂与高启、刘基并称为"明初诗文三大家",又与章溢、刘基、叶琛并称为"浙东四先生"。他的学说是元代开始的朱陆合流到明中期王学出现之间思想嬗变的环节之一。其文风古朴典雅、淳厚飘逸,为其后"台阁体"作家的文学创作提供了范本。宋濂作品大部分被合刻为《宋学士全集》七十五卷。今浙江古籍出版社、人民文学出版社分别整理出版有《宋濂全集》。

进大明律表

特进荣禄大夫、中书右丞相臣等诚惶诚惧,稽首顿首,谨言:臣闻天生烝民,不能无欲,欲动情胜,诡伪日滋。强暴纵其侵陵,柔懦无以自立。故圣人者出,因时制治,设刑宪以为之防,欲使恶者知惧,而善者获宁。《传》所谓:"狱者万民之命,所以禁暴止邪,养育群生者"也。譬诸禾黍,必刈其稂莠而后苗始茂;方于白粲,必去其沙砾而后食可飱。苟梗化败俗之徒不有以诛之,虽尧舜不能以为治矣。夫自轩辕以来,代有刑官,而五刑之法渐著,其详弗可复知。逮魏文侯师于李悝,始采诸国刑典,造《法经》六篇,汉萧何加以三篇,通号《九章》。曹魏刘劭又衍《汉律》为十八篇,晋贾充又参汉、魏律为二十篇。唐长孙无忌等又取汉、魏、晋三家择可行者定为十二篇,大概皆以《九章》为宗。历代之律至于唐亦可谓集厥大成矣。

洪惟皇帝陛下受上天亿兆君师之命,登大宝位,保乂臣民,孳孳弗怠。其训迪群臣,谆复数千言,唯恐其有犯慈爱仁厚之意,每见于言外。是大舜"惟刑之恤"之义也。矜悯愚民无知,陷于罪戾,法司奏谳,辄恻然弗自宁,多所宽宥,是神禹"见皋而泣"之心也。唯贪墨之吏。承踵元弊,不异白粲中之沙砾,禾黍中之稂莠,乃不得已,假峻法以绳之。是以临御以来,屡诏大臣更定新律,至五六而弗倦者,凡欲生斯民也。今又特敕刑部尚书臣刘惟谦重会众律,以协厥中,而近代比例之繁,奸吏可资为出入者,咸痛革之。每一篇成辄缮书上奏,揭于西庑之壁,亲御翰墨为之裁定。由是仰见陛下仁民爱物之心与虞夏帝王同一哀矜也。《易》曰:"山上有火,旅,君子以明慎用刑,而不留狱。"言狱不可不谨也。《书》曰:"刑,期于无刑。"言辟以止辟,而民自不敢犯也。陛下圣虑渊深,上稽天理,下揆人情,成此百代之准绳,实有合《易》《书》之旨,行见好生之德,洽于民心,凡日月所照,霜露所队,有血气者,莫不上承神化,改过迁善,而悉臻雍熙之治矣。何其盛哉!

臣惟谦以洪武六年冬十一月受诏,明年二月书成。篇目一准之于唐,曰《名例》,曰《卫禁》,曰《职制》,曰《户婚》,曰《廐库》,曰《擅兴》,曰《贼盗》,曰《斗讼》,曰《诈伪》,曰《杂律》,曰《捕亡》,曰《断狱》。采用已颁旧律二百八十八条,续律一百二十八条,旧令改律三十六条,因事制律三十一条,掇《唐律》以补遗一百二十三条,合六百有六,分为三十卷,其间或损或益,或仍其旧,务合重轻之宜云。谨俯伏阙廷,投进奉表以闻。臣等诚惶诚惧,稽首顿首谨言。洪武七年月日具官臣等上表。

进元史表

伏以纪一代以为书,史法相沿于迁、固。考前王之成宪,周家有监于夏、殷,盖因已往之废兴,堪作将来之法戒。惟元氏之有国,本朔漠以造家,用兵戈以争强,并部落者十世;逐水草以为食,擅雄长于一隅。逮至成吉思之时,大会斡难河之上,始尊位号,渐定教条。既近取于乃蛮,复远攻于回纥,渡黄河以蹴西夏,逾居庸以瞰中原。太宗继之,而金源为墟。世祖承之,而宋篆遂讫。立经陈纪,用夏变夷,肆宏远之规模,成混一之基业。爰及成仁之主,见称愿治之君,唯祖训之式遵,思孙谋之是遗。自兹以降,聿号隆平,《丰》亨《豫》大之言,鼓倡于天历之世;《离》析《涣》奔之祸,驯致于至正之朝。嬖幸蛊惑于中,权奸蒙蔽于外。汉网祇因于疏阔,周纲遽至于陵迟,风宪皆为不捕之猫,将士尽成反噬之犬。由是群雄角逐,九域瓜分,风波徒沸于重溟,海岳竟归于真主。

钦惟皇帝陛下,奉天承运,济世安民,建万世之丕图,绍百王之正统。大明出而爝火息,率土生辉;迅雷鸣而众响微,鸿音斯播。载念盛衰之故,即推忠厚之仁,金言实既亡而名亦随亡,独谓国可灭而史不当灭,特诏遗逸之士,欲求议论之公。文词勿至于艰深,事迹务令于明白,苟善恶了然在目,庶劝惩有益于人。此皆天语之丁宁,愈见圣心之广大。于是命翰林学士臣宋濂、待制臣王祎、协恭刊载儒士臣汪克宽、臣胡翰、臣宋禧、臣陶凯、臣陈基、臣赵壎、臣曾鲁、臣赵汸、臣张文海、臣徐尊生、臣黄箎、臣傅恕、臣王锜、臣傅著、臣谢徽、臣高启分科修纂。故上自太祖，下迄宁宗，靡不网罗，严加搜采。恐玩时而愒日，每继暑以焚膏。故于五六月之间成此十三朝之史。况往牒舛讹之已甚，而它书参考之无凭，虽竭忠勤，难逃疏漏。若自元统以后，则其载籍无存，已遣使而旁求，俟续编而上进。

愧其才识之有限，弗称三长；兼以纪述之未周，殊无寸补。臣某忝司钧轴，幸睹成书，信传信而疑传疑，仅克编摩于岁月；笔则笔而削则削，敢言褒贬于《春秋》。仰尘乙夜之观，期作千秋之鉴，所撰《元史》本纪三十八卷，志五十三卷，表六卷，传六十二卷，目录两卷，通计一百三十万六千五百余字，谨缮写成百二十册，随表上进以闻。臣某下情无任激切屏营之至，臣某中谢谨言。

六经论

六经皆心学也。心中之理无不具，故六经之言无不该。六经所以笔吾心之理者也，是故说天莫辨乎《易》，由吾心即太极也；说事莫辨乎《书》，由吾心政之府也；说志莫辨乎《诗》，由吾心统性情也；说理莫辨乎《春秋》，由吾心分善恶也；说体莫辨乎《礼》，由吾心有天序也；导民莫过乎《乐》，由吾心备人和也。人无二心，六经无二理，因心有是理，故经有是言。心譬则形，而经譬则影也。无是形则无是影，无是心则无是经，其道不亦较然矣乎。然而圣人一心皆理也，众人理虽本具，而欲则害之，盖有不得全其正者。故圣人复因其心之所有，而以六经教之：其人之温柔敦厚，则有得于《诗》之教焉；疏通知远，则有得于《书》之教焉；广博易良，则有得于《乐》之教焉；洁静精微，则有得于《易》之教焉；恭俭庄敬，则有得于《礼》之教焉；属辞比事，则有得于《春秋》之教焉。然虽有是六者之不同，无非教之以复其本心之正也。呜呼！圣人之道，唯在乎治心。心一正，则众事无不正，犹将百万之卒在于一帅。帅正，则靡不从令；不正，则奔溃角逐，无所不至矣，尚何望其能却敌哉？大哉心乎！正则治，邪则乱，不可不慎也。

秦汉以来，心学不传，往往驰骛于外，不知六经实本于吾之一心。所以高者涉于虚远而不返，卑者安于浅陋而不辞，上下相习，如出一辙，可胜叹哉。然此亦皆吾儒之过也，京房溺于名数，世岂复有《易》？孔、郑专于训诂，世岂复有《书》《诗》？董仲舒流于灾异，世岂复有《春秋》？《乐》固亡矣；至于小大戴氏之所记亦多未醇，世又岂复有全《礼》哉？经既不明，心则不正。心既不正，则乡闾安得有善俗？国家安得有善治乎？惟善学者，脱略传注，独抱遗经而体验之，一言一辞，皆使与心相涵。始焉，则戛乎其难入；中焉，则浸渍而渐有所得；终焉，则经与心一，不知心之为经，经之为心也。何也？六经者，所以笔吾心中所具之理故也。周、孔之所以圣，颜、曾之所以贤，初岂能加毫末于心哉？不过能尽之而已。

今之人不可谓不学经也，而卒不及古人者，无他，以心与经如冰炭之不相入也。察其所图，不过割裂文义，以资进取之计，然固不知经之为何物也。经而至此，可不谓之一厄矣乎。虽然，经有显晦，心无古今，天下岂无豪杰之士，以心感心于千载之上者哉！

（录自黄灵庚辑校，《宋濂全集》，人民文学出版社 2014 年版）

方孝孺学案

　　方孝孺(1357—1402)，浙江宁海人，字希直，一字希古，号逊志，曾以"逊志"名其书斋，因其故里旧属缑城里，故称"缑城先生"；又因在汉中府任教授时，蜀献王赐名其读书处为"正学"，亦称"正学先生"。

　　方孝孺幼时即有"小韩愈"之美名。成年后从学于宋濂，迥然出于同门之上。方孝孺轻视文辞写作的学问，常以宣明仁义治天下之道、达到时世太平为己任。洪武十五年(1382)，因吴沉、揭枢的推荐，被朱元璋召见，但未被任用，以老其才。洪武二十五年(1392)，被授予汉中教授之职，每日给众儒学生员讲学，毫不倦息。洪武三十一年(1398)，明太祖死，惠帝即位后，即遵照太祖遗训，召方孝孺入京委以重任，先后让他任翰林侍讲及翰林学士，并总裁修撰《太祖实录》以及《类要》等诸多典籍，后改为文学博士。燕王朱棣誓师"靖难"，挥军南下京师，惠帝亦派兵北伐，当时讨伐燕王的诏书檄文都出自方孝孺之手。建文四年(1402)五月，燕王进京后，他拒绝为朱棣草拟即位诏书，且于朝堂之上破口大骂，成祖怒，命磔诸市。方孝孺慨然就死，被杀害于江苏南京聚宝门外，其亲朋也广受株连。明神宗初年，有诏旨褒扬、编录建文朝忠臣，方孝孺名列第二。南明弘光帝时追谥"文正"。

　　方孝孺在理学上是程、朱学派的传承者，在明代居于继述前代和开山的地位。方孝孺以圣贤自任，重道轻文，认为"入道之路，莫切于公私义利之辨，念虑之兴，当静以察之"，有《幼仪》《宗仪》等篇，重视日常行为举止中的伦理规范。和其师宋濂不同，方孝孺严辟二氏，"不惮放言驱斥，一时僧徒俱恨之"。在政制上，方孝孺认为为政有三个要诀：知体、稽古、审时，三者缺一不可。"知体"就是职位分类，分层负责；"稽古"指循先王之制；"审时"指因革得宜。而他的正统论和民族主义精神更是影响后代，其认为历朝历代的相承有"正统""附统""变统"的区分，特别注重以取位、守位来区分君统的正变,尤其区分华夏和夷狄。

永乐年间,藏方孝孺文章的人罪至死。门人王稌潜录为《缑城集》,故而他的文章后来可以流传于世。方孝孺的政论文、史论、散文、诗歌俱佳,"为文雄迈深醇,乡人呼为小韩子"。撰有《周礼考次》《大易枝辞》《武王戒书注》《宋史要言》《帝王基命录》《文统》等,多有散佚,流传的大部分诗文收在《逊志斋集》中。今浙江古籍出版社有《方孝孺集》。方孝孺因其气节操守,对后代影响极大,颂咏者不绝,今人编有《缑城正气集》,搜罗较为完备。

释 统

上

仁义而王,道德而治者,三代也;智力而取,法术而守者,汉唐宋也。强致而暴失之者,秦隋也。篡弑以得之,无术以守之,而子孙受其祸者,晋也。其取之也同,而身为天下戮者,王莽也。苟以全有天下,号令行乎海内者为正统耶?则此皆其人矣。然则汤武之与秦隋可得而班乎?汉唐之与王莽可得而并乎?莽之不齿乎正统久矣,以其篡也,而晋亦篡也,后之得天下而异乎晋者寡矣。而犹黜莽,何也?谓其无成而受诛也。使光武不兴而莽之子孙袭其位,则亦将与之乎?抑黜之乎?昔之君子,未尝黜晋也,其意以为后人行天子之礼者数百年,势固不得而黜之。推斯意也,则莽苟不诛,论正统者,亦将与之矣。呜呼,何其戾也!正统之说何为而立耶?苟以其全有天下,故以是名加之,则彼固有天下矣,何不加以是名也?苟欲假此以寓褒贬,正大分,申君臣之义,明仁暴之别,内夏外夷,扶天理而诛人伪,则不宜无辨。而猥加之以是名,使圣智夷乎暴桀,顺人者等乎逆弑也。侥幸而得天下者,虽其势力之强,无所为而不成,然其心私计而深念,未尝不畏后世之公议。今将立天下之大法,以为万世劝戒,不能探其邪正逆顺之实,以明其是非,而概以正统加诸有天下之人,不亦长侥幸者之恶,而为圣君贤主之羞乎?适事机之会,庸材小人皆可以得志。处非其地,用非其时,圣君贤主亦不足以成治功。古之能统一宇内,而动不以正者,多矣,秦隋其尤也;动不以正,而以正统称之,使文、武、周公而有知,其不羞与之同此名乎？故谓周、秦、汉、晋、隋、唐、宋均为正统，犹谓孔子、墨翟、庄周、李斯、孟轲、杨雄俱为圣人而传道统也。其孰以为可？非圣人而谓之圣人，人皆知其不然；不可为正统，而加之以正统之号，则安之而不知其不可，是尚可以建之万世而无弊乎？名者，圣人之所慎也。季子然以冉求仲由为大臣，孔子忿然争之，若二子之才，鲁之诸臣莫及也，苟为大臣，未见其为过，而孔子慎而不许。盖才如仲由、冉求，而以为大臣，则伊尹、周公将曷以名之乎？伊尹、周公，大臣也，则二子非其类矣，故曰可谓具臣矣。以秦、隋而方乎周，岂直二子之与伊尹、周公哉？使孔子而出，其不混而称之也决矣。盖必有其道焉而不可知矣。尝试论之曰：天下有正统一，变统三。三代，正统也。如汉如唐如宋，虽不敢几乎三代，然其主皆有恤民之心，则亦圣人之徒也，附之以正统，亦孔子与齐桓、仁管仲之意欤？奚谓变统？取之不以正，如晋、宋、齐、梁之君，使全有天下，亦不可为正矣。守之不以仁义，戕虐乎生民，如秦与隋，使传数百年亦不可为正矣。夷狄而僭中国，女后而据天位，治如符坚，才如武氏，亦不可继统矣。二统立而劝戒之道明，侥幸者其有所惧乎？此非孔子之言也，盖窃取孔子之意也。

中

正统之说立，而后人君之位尊；变统之名立，而后正统之说明。举有天下者皆谓之正统，则人将以正统可以智力得，而不务修德矣，其弊至于使人骄肆而不知戒。举三代而下皆不谓之正统，则人将以正统非后世所能及，而不勉于为善矣，其弊至于使人懈怠而无所劝。其有天下同也，惟其或归诸正统，或归诸变统，而不可必得，故贤主有所劝而奸雄暴君不敢萌陵上虐民之心。朱子《纲目》之作，所以诛暴止乱于前，而为万世法也。立一法而不足尽天下之情伪，则小人将驰骛乎法之外，而窃笑吾法之疏是孰若无法之愈乎？故正统以处其常，而参以变统，然后其变可得而尽也。

朱子之意曰：周、秦、汉、晋、隋、唐皆全有天下矣，固不得不与之以正统。苟如是，则仁者徒仁，暴者徒暴，以正为正，又以非正为正也，而可乎？吾之说则不然。所贵乎为君者，岂谓其有天下哉？以其建道德之中，立仁义之极，操政教之原，有以过乎天下也。有以过乎天下，斯可以为正统。不然，非其所据而据之，是则变也。以变为正，奚若以变为变之美乎。故周也,汉也,唐也,宋也,如朱子之意,则可也。晋也,秦也,隋也,女后也,夷狄也,不谓之变,何可哉?正统则处之以天子之制,变统则不得并焉。正统之君非吾贵之也,变统之君非吾贱之也。贤者得民心,得民心民斯尊之,民尊之,则天与之矣,安得不贵之乎?非其类,无其德,民必恶之。当时恶之,后世以其位而尊之,则违乎天矣,故不得不贱之也。贵不特于其身,而又延及于子孙,虽甚愚不肖,苟未至于亡国,犹尊之以正统之礼。贱不特于其身,而其子孙虽有贤知之才,亦不能掩其恶。夫如是,而后褒贬明;夫如是,而后劝戒著;夫如是,而后正统尊,奸邪息,夷狄惧。

下

夫所谓变统之制者,何也?异于天子之礼也。彼生以天子养,没以天子葬,俨然帝中国而臣四夷,天下莫与敌,大矣!曷为而异其礼?盖其所可致者,势也,不可僭乎后世者,义也。势行于一时,义定于后世。义之所在,臣不敢私爱于君,子不敢私尊于父,大中至正之道,质诸天地、参诸鬼神而不忒也。

何谓天子之礼?正统是也。正统之君始立,则大书其国号、谥号、纪年之号。凡其所为必书,所言必书,祀典必书,封拜必书。书后曰皇后,书太子曰皇太子。后及太子殁皆曰崩,葬必书其陵、其谥。有事可纪者纪其事。所措置更革,曰诏,曰令,曰制。兵行曰讨,曰征,曰伐。施惠曰赦,曰大赦。施刑当罪曰诛,曰伏诛。违上兴兵者曰反,曰作乱,曰犯,曰寇,曰侵,倍之者曰叛。其邻国,其臣慢之者,必因事贬之。知尊正统者,虽微必进之。不幸而至于衰微,受制于强暴,或屈而臣之。强暴者诚夷狄也,诚不可为正统也,则盗贼之雄耳,必慎抑扬予夺之辨。其以兵,侵也,曰入寇,得地曰陷,据都曰据,至阙曰犯。虏正统之君,必易辞书其故,见杀曰弑,而书其主之名。及其主之没也,特书曰死。其党之与谋,陈力得罪于正统者,虽功多皆书曰死,以著其罪,以绝其恶。得中国之地,其民有思中国而叛之者曰起兵,以地降者曰来归。不为中国而反者,彼亦不得而盗贼之也,亦曰起兵。得郡则曰取某郡。其诱正统之臣曰诱,执曰执,杀曰杀,将相则名其主。正统之臣降于夷狄,则夷狄之。死不曰卒,而曰死。凡力能为正统之患者灭亡,则异文书之,以致喜之之意。正统乱亡,则详书而屡见之,以致惜之之意。变统之异于正统者,何也?始一天下而正统绝,则书甲子,而分注其下,曰是为某帝,某元年。书国号而不书大,书帝而不书皇,书名而不著谥。其所为,非大故不书,常祀不书,或书以志失礼,或志礼之所从变则书,立后不书,尊封其属不书,非贤臣,虽王公,拜、罢、卒、葬不书,行幸非关得失不书,诏令非有更革不书。其崩曰殂,后死曰薨,大臣曰卒;佐篡弑,赞征伐,以危正统者曰死;聚敛之臣曰死,酷吏曰死。浮屠之位尊,而因事得书者曰死。毁正统陵庙宫室,名其主。用兵不曰讨,不曰征伐,刑其人不曰诛。天下怨而起兵、恶而起兵不曰反,恶乎篡弑,非恶乎君也,恶乎夷狄、恶乎女主,非其君,故不得以君道临之也。惟于其臣,于其部落,则得致其罪。士之仕变统者,能安中国则书,能止暴乱、除民害则书,能明道术于后世则书。有愈贵而愈贱者,有愈贱而愈贵者,利禄宠幸之臣,愈贵而愈贱也,守道不污之士,愈贱而愈贵也。

故君子之于变统,外之而不亲也,微之而不尊也,断断乎其严也,闵闵乎恐其久也,望望乎欲正统之复也。是何也?为天下虑也。奚而为天下虑?使女主而乘君位,夷狄而践中国,篡弑而不亡,暴虐而继世,生民之类几何而不灭乎!立变统所以扶人极,能言抑变统者,君子之所取也。

后正统论

正统之名,何所本也?曰:本于《春秋》。何以知其然也?《春秋》之旨虽微,而其大要不过辨君臣之等,严华夷之分,扶天理,遏人欲而已。春秋之世,周室衰,诸侯盛,以地不及于齐、晋、吴、楚,以兵以粟则不远于鲁、卫、曹、郑,然而必曰天王,天王。齐、晋虽大国,一有逾分奸礼,则必贬之。楚与吴固已称王,与周无异矣,而斥之曰子,曰人,岂非君臣之等、华夷之分不可废乎?《传》曰:“春秋大居正。”又曰:“王者大一统。”此正统之名所由本也。于乎!后之言正统者,其可戾《春秋》以为说乎?由周以来,秦、汉、晋、隋、唐、宋,皆尝一天下,主中国而朝四夷矣,正统必归焉。秦起始皇二十六年,而止于二世之三年。隋起开皇九年,而尽大业十三年。唐起武德元年,而尽天祐四年。汉始高祖五年,晋始太康元年,宋始太平兴国四年。然汉自建安而分为三,晋自惠帝以后夷狄横炽而中原陷没,宋自高宗播迁江表。是三代者,或与篡贼势同地丑,或为夷狄所虏辱,甚者或屈而臣之,其微甚矣。然君臣之等,华夷之分之不可废,犹周也;故汉必至于炎兴元年而止,晋必至于元兴三年而止,宋必至于祥兴二年而后天命绝。此百世不易之道,《春秋》之大法也。而或者见其微,欲断自剖分之岁,废统而俱主之。呜呼!其亦不察乎《春秋》之义,而甘为篡贼之归也。

夫中国之为贵者,以有君臣之等,礼义之教,异乎夷狄也。无君臣则入于夷狄,入夷狄则与禽兽几矣。当周之衰,诸侯或射王中肩,或天子出狩,圣人岂不知周之无异于齐、晋、吴、楚之属哉?然而常抑彼尊此者,为天下后世虑也。苟以其迹,则周当与鲁、卫同列矣,何有于王乎?如此则何以为圣人之《春秋》乎?夫汉、晋、宋之事,奚异于此?而今之横议者,犹啜啜不置。呜呼!其亦不察乎《春秋》之义,而甘为篡贼夷狄之归也。

且圣人之作《春秋》,以其操至公之道,故建之天地而不谬,前乎百王而有征,后侯来者而无惑也。苟亦随俗之好恶,待时而重轻,岂足以为圣人哉!俗之相成,岁薰月染,使人化而不知。在宋之时,见胡服、闻胡语者,犹以为怪;主其帝而虏之,或羞称其事。至于元,百年之间,四海之内,起居饮食,声音器用,皆化而同之。斯民长子育孙于其土地,习熟已久,以为当尔。昔既为其民矣,而斥之以为夷狄,岂不骇俗而惊世哉!然顾嫌者乃一时之私,非百世不易之道也。贤者之虑事,当先于众人,而预忧于后世。使其可继。假使后世有圣人者出,则将俨然当之,如昔之正统乎?抑亦有所裁制损益,如处吴、楚者乎?苟以夷狄之主而进之于中国,则无厌之虏,何以惩畏,安知其不复为中国害乎?如是则生民之祸大矣,斯固仁者之所不忍也。然则当何为?曰:其始一天下也,不得已以正统之法书其国号而名其君;于制、诏、号、令,变更之法,稍异其文;崩、殂、薨、卒之称,递降之;继世改元之礼,如无统,一传以后,分注之。凡所当书者,皆不得与中国之正统比,以深致不幸之意。使有天下者惩其害,而保守不敢忽;使夷狄知大义之严,正统之不可以非类得,以消弭其侥觊之心,则亦庶乎圣人之意耳。

呜呼!俗之移人也久矣。吾欲扬斯言于今之世,宁能免啜啜者之躁怒哉!此非予之言也,乃圣人之言也,向之所陈,《春秋》之意也。《春秋》之意苟废,三代以降,得天下者亦异矣。吾尝妄论之曰:有天下而不可比于正统者三:篡臣也,贼后也,夷狄也。何也?夷狄恶其乱华,篡臣、贼后恶其乱伦也。

夫天之生此民,好恶嗜欲之不齐,不有以主之,则纷争而靡定。故简圣贤之人，授之命而为之主，同其好恶，节其嗜欲，明君臣、父子、夫妇、长幼之伦以教之，为衣服等杀交际、吉凶之礼以文之，拨洪水、猛兽、蛇虫、夷狄之害以安之。夫所贵乎中国者，以其有人伦也，以其有礼文之美，衣冠之制，可以入先王之道也。彼篡臣、贼后者，乘其君之间，弑而夺其位，人伦亡矣，而可以主天下乎？苟从而主之，是率天下之民无父无君也，是犹可说也；彼夷狄者，侄母烝杂，父子相攘，无人伦上下之等也，无衣冠礼文之美也，故先王以禽兽畜之，不与中国之人齿，苟举而加诸中国之民之上，是率天下为禽兽也！夫犬马一旦据人之位，虽三尺之童皆能愤怒号呼，持挺而逐之。悍婢奸隶，杀其主而夺其家，虽犬马犹能为之不平而噬啮之。是何者？为其乱常也。三者之乱常，无异此矣。士大夫诵先王之道者，乃不知怪，又或为之辞，其亦可悲矣乎！

或曰：史以记事者，欲其实乃所以彰其恶也。故《春秋》于篡弑之君未尝去其号，圣人且不敢，况后之人乎？曰：何为其然也？春秋之时，非后世可比也。当是时，闻有臣弑君者矣，未闻弑而夺其位者也。且鲁者，圣人之父母国，而时君固在也，故或为之讳，若他国则据其赴告之辞而书之。圣人固有不知其详者矣。然崔杼之弑齐简公，孔子沐浴而请讨之；季氏之逐鲁昭公，孔子一则曰"公在乾侯"，二则曰"公在乾侯"，使季氏而主鲁，圣人其忍以鲁国君礼与之乎？其黜之无疑矣。然则吾之言，固圣人意也，复何僭乎？又况已往之迹，而欲曲为之讳，其亦不达于义乎？

曰：篡臣之事则既然矣，贼后曷为而不得为主也？圣人之作《易》，其于此言之备矣。阳者，君之道也，夫道也；阴者，臣之道也，妻道也。《易》之六爻，凡阴之得中，阴乘阳位，必谆谆为之戒。坤，阴之纯卦也。于其始，则戒曰"履霜，坚冰至"，恐阳之忘备也；于其终，恐疑于无阳也，曰"龙战于野"。五，恐其居尊位也，则曰"黄裳，元吉"。黄中色而裳下饰，臣之事也，妇之道也，戒其居上则不吉也。其他曰"括囊"，曰"含章"，曰"从王事"，未尝予其专也。推之六十四卦之中，莫不皆然，则圣人之意可知矣。《春秋》无其事，故不书，使有之，圣人其肯一日主之乎？

曰：夷狄之不可为统，何所本也？曰：《书》曰"蛮夷猾夏，寇贼奸宄"，以蛮夷与寇贼并言之。《诗》曰"戎狄是膺"，孟子曰"禹遏洪水，驱龙蛇，周公膺戎狄"，以戎狄与蛇虫洪水并言之。《礼》之言戎狄详矣，异服异言之人恶其类夷狄，则察而诛之，况夷狄乎？孔子大管仲之功曰"微管仲，吾其被发左衽矣","如其仁",管仲之得为仁者,圣人美其攘夷狄也。然则进夷狄而不攘,又从而助之者,其不仁亦甚矣。曾谓圣人而肯主之乎?学圣人之学,治先王之道,而昧乎此,又何足论哉!

曰:荆舒以南,《春秋》之所夷狄,独可为正统乎?曰:非也。自秦以来,袭礼义而为中国者二千年矣,人伦明而风俗美,乌得与夷狄比乎?先正大儒,知夷狄之不可长也,故虽强如符坚,盛如德光,不与之以中国之礼,知贼后之不可主也。故吕氏之强,武氏之才,不与之以天子之位。知篡臣之不可训也,故王莽、侯景之徒,一以盗贼待之。其为法至公,其为道至明,其为虑至远也。其于圣人之意,《春秋》之分,至得也,所谓万世不可易者也。

曰:是则三者皆废之而不书乎?曰:不也。吾固曰不比之于正统而已,非废之也。不废其迹而异其辞,则其为戒也深矣!呜呼!天下后世之心,吾不敢必也,苟有贤者,其将信吾言也夫!

(录自《逊志斋集》,明嘉靖刻本)

曹端学案

　　曹端(1376—1434),字正夫,号月川,学者称月川先生。河南渑池人。自幼勤奋好学。青年时代,上自三代、下及近世诸儒之书,无不遍见尽识。永乐六年(1408)举乡试,次年会试中乙榜第一。曹端一生从事地方教育,先任山西霍州学正,后转蒲州学正,教绩显著。其先后在霍州十六年,宣德九年(1434)九月辞世于任上。诸生为之服心丧三年,私谥"静修"。

　　曹端为学倡明儒学,反对佛老,谓"佛氏以空为性,非天命之性;老氏以虚为道,非率性之道"。为学主"深思而实体",反对"徒诵说",对理学的形上学也有所阐发。他对周敦颐的《太极图说》、朱熹的《太极图说解》颇有研究,认为"周子《太极图说》为宋理之宗",而"朱子之解极明备矣"。他赞成朱熹以"理"来解"太极",但在太极与动静的关系问题上,他对朱熹"太极不自会动静"的论断提出了不同看法。

　　曹端早年曾师事宜阳马子才、太原彭宗古,但所学"不由师传,特从古册中翻出古人公案,深有悟于造化之理……反而求之吾心",多为自得。他学宗程、朱,既"守先儒之正传",又有所发挥和修正,深得明清学者赞誉。刘宗周谓:"方正学而后,斯道之绝而复续者,实赖有先生一人。薛文清亦闻先生之风而起者。"《明史·曹端传》称:"明兴三十余载,而端起崤、渑间,倡明绝学,论者推为明初理学之冠。"《四库全书总目》云:"明代醇儒以端及胡居仁、薛瑄为最,而端又开二人之先。"这些论述说明曹端在明代儒学史上承上启下的作用是公认的。

　　曹端以倡明理学为任,著述甚丰。主要著作有《〈太极图说〉述解》《〈通书〉述解》《〈西铭〉述解》《四书详说》《性理文集》《夜行烛》《拙巢集》《存疑录》《〈孝经〉述解》《训蒙要纂》《家规辑略》《录粹》《尤文语录》《儒学宗统谱》《月川图诗》《月川诗文集》等。清代张璟又集曹端遗文八种,合刊为《曹月川先生遗集》,今有中华书局理学丛书本《曹端集》。

太极图说述解序

太极,理之别名耳。天道之立,实理所为。理学之源,实天所出。是故河出图,天之所以授羲也;洛出书,天之所以锡禹也。羲则图而作《易》,八卦画焉;禹则书而明范,九畴叙焉。圣心,一天理而已。圣作,一天为而已。且以羲《易》言之,八卦及六十四卦次序方位之图,曰先天者,以太极为本,而生出运用无穷,虽欲绍天明前民用,然实理学之一初焉。厥后,文王系卦辞,周公系爻辞,其义始明且备,命曰《周易》。及孔子十翼之作,发明羲画、周经之旨大明悉备,而理学之传有宗焉。

其曰"易有太极,是生两仪,两仪生四象,四象生八卦",羲《易》说也。太极者,象数未形而其理已具之称,形器已具而其理无朕之目。是生两仪,则太极固太极。两仪生四象,则两仪为太极。四象生八卦,则四象为太极。推而至于六十四卦,生之者皆太极焉。然则羲《易》未有文字而为文字之祖,不言理学而为理学之宗。噫!自木铎声消,儒者所传周经、孔传之文,而羲图无传,遂为异流窃之而用于他术焉。至宋邵康节,始克收旧物而新其说,以阐其微。及朱子出,而为《易》图说启蒙之书,则羲《易》有传矣。不惟羲《易》千载之一明,而实世道人心之万幸也。伊川程子,康节之同游,传《易》而弗之及,果偶未之见耶,抑不信邵之传耶?若夫濂溪周子,二程师也,其于羲图,想亦偶未之见焉,然而心会太极体用之全,妙太极动静之机,虽不践羲迹,而直入羲室矣。于是手太极图而口其说,以示二程,则又为理学之一初焉。何也?盖孔子而后论太极者,皆以气言。老子道生一而后乃生二,庄子师之曰:"道在太极之先。"曰一,曰太极,皆指作天、地、人三者气形已具而混沦未判之名。道为一之母,在太极之先,而不知道即太极,太极即道。以通行而言则曰道,以极致而言则曰极,以不杂而言则曰一,夫岂有二耶?列子混沦之云,《汉志》含三为一之说,所指皆同。微周子启千载不传之秘,则孰知太极之为理而非气也哉?且理语不能显,默不能隐,固非图之可形,说之可状,只心会之何如耳。二程得周子之《图》之《说》,而终身不以示人,非秘之,无可传之人也。是后有增周说首句,曰"自无极而为太极",则亦老、庄之流有谓太极上不当加"无极"二字者,则又不知周子理不离乎阴阳、不杂乎阴阳之旨矣。亦惟朱子克究厥旨，遂尊以为经而注解之。真至当归一说也。至于《语录》，或出讲究未定之前，或出应答仓卒之际，百得之中不无一失，非朱子之成书也。近世儒者多不之讲，间有讲焉，非舍朱说而用他说，则信《语录》而疑注解，所谓弃良玉而取顽石，掇碎铁而掷成器，良可惜也。

端成童业农，弱而学儒，渐脱流俗，放异端，然尚縻于科举之学者二十余年，自强而后，因故所学而潜心玩理，几十年之间仅有一发之见，而窃患为成书病者，如前所云，乃敢于讲授之际，大书周说而分布朱解，倘朱解之中有未易晓者，辄以所闻释之，名曰《述解》，用便初学者之讲贯而已，非敢渎高明之观听也。

端前为序，冗中举概，而但辨语录"太极不自会动静"一段之戾。迩因头目风眩，坐卧密室，良久默思，不满意，乃口此，命子琇笔而易之，仍取《辨戾》及《诗赞》附卷末，尚就有道而正焉。

宣德戊申三月庚子，霍州学正渑池曹端序。

辨　戾

先贤之解《太极图说》，固将以发明周子之微奥，用释后生之疑惑矣。然而有人各一说者焉，有一人之说而自相龃龉者焉，且周子谓"太极动而生阳，静而生阴"，则阴阳之生，由乎太极之动静。而朱子之解极明备矣，其曰"有太极，则一动一静而两仪分。有阴阳，则一变一合而五行具"，尤不异焉。及观《语录》，却谓"太极不自会动静，乘阴阳之动静而动静"耳，遂谓"理之乘气，犹人之乘马，马之一出一入，而人亦与之一出一入"，以喻气之一动一静，而理亦与之一动一静。若然，则人为死人，而不足以为万物之灵，理为死理，而不足以为万化之原，理何足尚而人何足贵哉？今使活人骑马，则其出入、行止、疾徐，一由乎人驭之何如耳。活理亦然。不之察者，信此则疑彼矣，信彼则疑此矣，经年累岁，无所折衷，故为《辨戾》，以告夫同志君子云。

（录自王秉伦点校，《曹端集》，中华书局 2003 年版）

薛瑄学案

薛瑄（1389—1464），字德温，号敬轩，山西河津人。永乐十九年（1421）进士，历任监察御史、差监湖广银场、山东提学金事、大理少卿，因得罪太监，被下狱论死，后传旨戍边，寻放还家。后召为大理寺丞、大理寺卿、礼部右侍郎兼翰林学士。晚年致仕居家，教授学者，门徒遍及山西、河南、关陇一带，蔚为北方朱学大宗。天顺八年（1464）病逝，赠资善大夫、礼部尚书，谥号"文清"，故后世称其为"薛文清"。隆庆五年（1571），从祀孔庙，称为"先儒薛子"，是明代从祀孔庙第一人。

薛瑄是继曹端之后著名的北方大儒，是朱子理学在明代前期的主要代表人物。他曾手录《性理大全》，通宵不寐，遇有所得，随便札记，对程朱理学非常崇信，尤其推崇朱熹。他说："孔子之后，有大功于圣学者，朱子也。"认为朱熹的著作"至广至大至精至密""自考亭以还，斯道已大明，无烦著作，直须躬行耳"。宣称"周程张朱之书，道统正传，舍此而他学，非学也"。他一生以"述而不作"相标榜，以"学圣贤之道""述圣贤之言"为己任，对"自立新奇之说""言先儒所未言"大加批评，这使其思想多受朱学的束缚。当然，其也不完全"恪守朱学矩镬"，而是在继承朱学的同时作了某些改造和发挥。特别是在理气观上，薛瑄发挥了曹端的理气"一体"说，从而对朱熹的"理先气后"说有所修正。

薛瑄的学说对当时和后世的影响是很大的。他通过长期聚徒讲学，按照自己的思想体系，培养造就了大量学者，创立了著称于史的河东学派。薛瑄著有《读书录》《读书续录》《薛文清公文集》《理学粹言》《从政名言》等书，清人曾辑其所有文字，并同其年谱、诸儒论赞等，汇刻为《薛文清公全集》，总四十六卷。今编有《薛瑄全集》。

读书录

统体一太极，即万殊之一本；各具一太极，即一本之万殊。统体者，即大德之敦化；各具者，即小德之川流。

人心有一息之怠，便与天地不相似。

为学之要，莫切于动静，动静合宜者，便是天理，不合宜者，便是人欲。

人心一息之顷，不在天理便在人欲，未有不在天理人欲，而中立者也。

《易传》曰："易，变易也，变易以从道也。"如人之一动一静，皆变易也，而动静之合乎理者，即道也。

少欲觉身轻。

心中无一物，其大浩然无涯。

先儒曰："在物为理，处物为义。"如君之仁、臣之敬、父之慈、子之孝之类，皆在物之理也。于此处各得其宜，乃处物之义也。

每日所行之事，必体认某事为仁，某事为义，某事为礼，某事为智，庶几久则见道分明。

为政以法律为师，亦名言也，即知律己，又可治人。

二十年治一怒字，尚未消磨得尽，以是知克己最难。

性非特具于心者为是，凡耳目口鼻手足动静之理皆是也。非特耳目口鼻手足动静之理为是，凡天地万物之理皆是也。故曰："天下无性外之物，而性无不在。"

凡圣贤之书所载者，皆道理之名也，至于天地万物所具者，皆道理之实也。书之所谓某道某理，犹人之某名某姓也，有是人之姓名，则必实有是人，有是道理之名，则必有是道理之实。学者当会于言意之表。

湖南靖州读《论语》，坐久假寐，既觉，神气清甚，心体浩然，若天地之广大。盖欲少则气定，心清理明，其妙难以语人。

无形而有理，所谓"无极而太极"，有理而无形，所谓"太极本无极"。形虽无而理则有，理虽有而形则无，此纯以理言，故曰"有无为一"。老氏谓"无能生有"，则无以理言，有以气言，以无形之理生有形之气，截有无为两段，故曰"有无为二"。

天下无性外之物，而性无不在。君臣父子夫妇长幼朋友皆物也，而其人伦之理即性也。佛氏之学曰"明心见性"者,彼即举人伦而外之矣,安在其能明心见性乎?若果明心见性,则必知天下无性外之物,而性无不在,必不举人伦而外之也。今既如此,则偏于空寂,而不能真知心性体用之全,审矣。

尽心工夫,全在知性知天上。盖性即理,而天即理之所从出。人能知性知天,则天下之理无不明,而此心之理无不贯;苟不知性知天,则一理不通,而心即有碍,又何以极其广大无穷之量乎?是以知尽心工夫,全在知性知天上。

博文是明此理,约礼是行此理。

无欲非道,入道自无欲始。

举目而物存,物存而道在,所谓形而下、形而上是也。

诚不能动人,当责诸己,己不能感人,皆诚之未至。

太极一圈,中虚无物,盖有此理而实无此形也。

常沉静,则含蓄义理,而应事有力。

少言沉默最妙。

厚重、静定、宽缓,进德之基。

无欲则所行自简。

敬则中虚无物。

处人之难处者,正不必厉声色,与之辩是非,较短长。

才舒放,即当收敛,才言语,便思简默。

事已往,不追最妙。

人能于言动、事为之间,不敢轻忽,而事事处置合宜,则浩然之气自生矣。

费是隐之流行处,隐是费之存主处,体用一源,显微无间。如阴阳五行流行发生万物,费也;而其所以化生之机,不可见者,隐也。

矫轻警惰,只当于心志言动上用力。

须是尽去旧习,从新做起。张子曰:"濯去旧见,以来新意。"余在辰州府,五更,忽念己德所以不大进者,正为旧习缠绕,未能掉脱,故为善而善未纯,去恶而恶未尽。自今当一刮旧习,一言一行求合于道,否则匪人矣。

若胸中无物,殊觉宽平快乐。

心虚有内外合一之气象。

俯仰天地无穷,知斯道之大,觉四海之小矣。

工夫切要,在夙夜、饮食、男女、衣服、动静、语默、应事、接物之间,于此事事皆合天则,则道不外是矣。

凡大小有形之物,皆自理气至微至妙中生出来,以至于成形而著。张子曰:"其来也几微易简,其至也广大坚固。"

一念之差,心即放,才觉其差,而心即正。

水清则见毫毛,心清则见天理。

人性分而言之有五,合而言之则一。一不可见,而五则因发见者,可默识也。

须知己与物,皆从阴阳造化中来,则知天地万物为一体矣。

夫子所谓一,即统体之太极也,夫子所谓贯,即各具之太极也。主一则气象清明,二三则昏昧矣。

将圣贤言语作一场话说,学者之通患。

志动气,多为理,气动志,多为欲。

学至于心无一物,则有得矣。

言不谨者,心不存也,心存则言谨矣。

余于坐立方向、器用安顿之类,稍大有不正,即不乐,必正而后已。非作意为之,亦其性然。

言动举止,至微至粗之事,皆当合理,一事不可苟。先儒谓一事苟,其余皆苟矣。

观太极中无一物,则性善可知,有不善者,皆阴阳杂揉之渣滓也。

天之气一着地之气即成形,如雪霜雨露,天气也,得地气,即成形矣。

才敬便渣滓融化,而不胜其大;不敬则鄙吝即萌,不胜其小矣。

知止所包者广,就身言之,如心之止德,目之止明,耳之止聪,手之止恭,足之止重之类皆是;就物言之,如子之止孝,父之止慈,君之止仁,臣之止敬,兄之止友,弟之止恭之类皆是。盖止者止于事物当然之则,则即至善之所在,知止则静安虑得相次而见矣。不能知止,则耳目无所加,手足无所措,犹迷方之人,摇摇而莫知所之也。知止,则动静各当乎理。

大事谨而小事不谨,则天理即有欠缺间断。

程子"性即理也"之一言,足以定千古论性之疑。

人恻然慈良之心,即天地蔼然生物之心。

觉人诈而不形于言,有余味。

心一操而群邪退听,一放而群邪并兴。

才收敛身心,便是居敬,才寻思义理,便是穷理。二者交资,而不可缺一也。

居敬有力,则穷理愈精,穷理有得,则居敬愈固。

初学时见居敬穷理为二事,为学之久,则见得居敬时敬以存此理,穷理时敬以察此理,虽若二事,而实则一矣。

人不持敬,则心无顿放处。

人不主敬,则此心一息之间,驰骛出入,莫知所止也。

不能克己者,志不胜气也。

读书以防检此心,犹服药以消磨此病。病虽未除,常使药力胜,则病自衰;心虽未定,常得书味深,则心自熟。久则衰者尽,而熟者化矣。

处事了不形之于言尤妙。

广大虚明气象,无欲则见之。

当事务丛杂之中,吾心当自有所主,不可因彼之扰扰而迁易也。

心细密则见道,心粗则行不著,习不察。

学不进,率由于因循。

事事不放过,而皆欲合理,则积久而业广矣。

究竟无言处,方知是一源。

不识理名难识理,须知识理本无名。

为学时时处处是做工夫处,虽至陋至鄙处,皆当存谨畏之心而不可忽,且如就枕时,手足不敢妄动,心不敢乱想,这便是睡时做工夫,以至无时无事不然。

工夫紧贴在身心做,不可斯须外离。

心一放,即悠悠荡荡无所归着。

读前句如无后句,读此书如无他书,心乃有入。

下学学人事,上达达天理也。人事如父子、君臣、夫妇、长幼之类是也,天理在人如仁、义、礼、智之性,在天如元、亨、利、贞之命是也。只是合当如是,便是理。

理只在气中,决不可分先后,如太极动而生阳,动前便是静,静便是气,岂可说理先而气后也。

心一收而万理咸至，至非自外来也，盖常在是而心存，有以识其妙耳。心一放而万理咸失，失非向外驰也，盖虽在是而心亡，无以察其妙耳。

朱子曰："聚散者气也，若理只泊在气上，初不是凝结自为一物，但人分上合当然者便是理，不可以聚散言也。"

理既无形，安得有尽！

有形者可以聚散言，无形者不可以聚散言。

石壁上草木，最可见生物自虚中来，虚中则实气是也。

一切有形之物，皆呈露出无形之理来，所谓无非至教也。

人心皆有所安，有所不安，安者义理也，不安者人欲也。然私意胜，不能自克，则以不安者为安矣。

心存则因器以识道。

看来学者不止应事处有差，只小小言动之间，差者多矣。

心无所止，则一日之间，四方上下，安往而不至哉！

理如物，心如镜，镜明则物无遁形，心明则理无蔽迹；昏则反是。

释子不问贤愚善恶，只顺己者便是。

理如日光，气如飞鸟，理乘气机而动，如日光载鸟背而飞。鸟飞而日光虽不离其背，实未尝与之俱往而有间断之处，亦犹气动，而理虽未尝与之暂离，实未尝与之俱尽而有灭息之时。气有聚散，理无聚散，于此可见。

理如日月之光，小大之物各得其光之一分，物在则光在物，物尽则光在光。

三代之治本诸道，汉、唐之治详于法。

细看植物，亦似有心，但主宰乎是，使之展叶、开花、结实者，即其心也。

略有与人计较短长意，即是渣滓销融未尽。

人只于身内求道，殊不知身外皆道，浑合无间，初无内外也。

不可将身外地面作虚空看，盖身外无非真实之理，与身内之理，浑合无间也。

圣人应物，虽以此理应之，其实理只在彼物上，彼此元不移也。

圣人治人，不是将自己道理分散与人，只是物各付物。

只主于敬，才有卓立，不然东倒西歪，卒无可立之地。

太极不可以动静言，然舍动静便无太极。

此理真实无妄,如天地日月、风云雨露、草木昆虫、阴阳五行、万物万事,皆有常形定则,亘古今而不易。若非实理为之主,则岁改而月不同矣。

方为一事,即欲人知,浅之尤者。

理明则心定。

顺理都无一事。

理明后见天地万物,截然各安其分。

所以阴阳变易者,固理之所为,而理则一定而不易,所谓恒也。

知言者,书无不通,理无不明之谓。

学至于约,则有得矣。

天下无无理之物,无无物之理。

凡所为,当下即求合理,勿曰今日姑如此,明日改之。一事苟,其余无不苟矣。

心有毫发所系,即不得其平。

气无涯而形有限,故天大地小。

心使一言不妄发,则庶乎寡过矣。

人只为耳目口鼻四肢百骸做得不是,坏了仁、义、礼、智、信,若耳、目、口、鼻、四肢、百骸做得是,便是仁、义、礼、智、信之性。《诗》所谓"有物有则",《孟子》所谓"践形"者是也。

仁是嫩物,譬如草木,嫩则生,老则枯。

知至至之,穷理也,知终终之,尽性以至于命也。

博文知崇也,约礼礼卑也。

分外之事,一毫不可与。

言要缓,行要徐,手要恭,立要端,以至作事有节,皆不暴其气之事;怒至于过,喜至于流,皆暴其气也。

大而人伦,小而言动,皆理之当然。才有有为之心,虽所行合理,亦是人欲。

绝谋计功之念,其心超然无系。

立得脚定,却须宽和以处之。

习于见闻之久,则事之虽非者,亦莫觉其非矣。

非礼勿视、听、言、动,便是克己;视、听、言、动之合礼处,便是复礼。

知觉不可训仁,所以能知能觉者,仁也。

教人,言理太高,使人无可依据。

四方上下,往来古今,实理实气,无丝毫之空隙,无一息之间断。

为学不实,无可据之地。人于实之一字,当念念不忘,随事随处省察于言动居处、应事接物之间,必使一念一事,皆出于实,斯有进德之地。

继之者善,化育之始,流行而未已,阳也;成之者性,人物禀受,一定而不易,阴也。

静坐中觉有杂念者,不诚之本也。惟圣人之心,自然真一虚静,无一毫之杂念。

循理即率性也,自一身之耳、目、口、鼻、手、足、百骸各顺其则,以至人伦庶事各得其宜,皆循理也。

顺理心安,身亦安矣。

事来则顺应之,不可无故而先生事端。

常存心于义理,久久渐明,存心于闲事,即于义理日昧矣。

凡涉于有为者皆气,其无为者道体也。

心常存,即默识道理无物不有,无时不然;心苟不存,茫然无所识,其所识者,不过万物形体而已。

冲漠无朕,而万象昭然已具,盖才有理即有象,初非悬空之理与象,分而为二也。

学问实自静中有得,不静则心既杂乱,何由有得!

笃志力行而不知道,终是浅。

涵养省察,虽是动静交致其力,然必静中涵养之功多,则动时省察之功易也。

在一心之理,与在万事之理,本无二致,惟圣人一心之理,能通万事之理者,以其纯乎天理之公也。

名节至大,不可妄交非类,以坏名节。

"艮其背,不获其身,行其庭,不见其人。"只是动静各止于理,而不知有人我也。

物格是知逐事逐物各为一理,知至是知万物万事通为一理。

《孟子》之"知言",即《大学》之"物格知至"也。

《孟子》之"知性",即《大学》之"物格";"尽心",即"知至"也。

道无处不在,故当无处不谨。

天道流行，命也，命赋于人，性也，性与心俱生者也。性体无为，人心有觉，故心统性情。

不责人，即心无凝冰焦火之累。

天地间理无缝隙，实不可分。

元者善之长，亨利贞皆善也；仁为善之长，礼义智皆善也。

性命一理也，有善而无恶也明矣。

《中庸》言明善，不言明性，善即性也。

杂虑少则渐近道。

心每有妄发，以经书圣贤之言制之。

一息之运，与古今之运同；一尘之土，与天地之土同；一夫之心，与亿兆之心同。

致知格物，于读书得之者多。

"论性不论气，不备"有二说：专论性不论气，则性亦无安泊处，此不备也；专论性不论气，则虽知性之本善，而不知气质有清浊之殊，此不备也。"论气不论性，不明"亦有二说：如告子以知觉运动之气为性，而不知性之为理，此不明也；如论气质有清浊之殊，而不知性之本善，此不明也。二之则不是，盖理气虽不相杂，亦不相离。天下无无气之理，亦无无理之气，气外无性，性外无气，是不可二之也。若分而二，是有无气之性，无性之气矣，故曰二之则不是。

程子曰："四端不言信者，既有诚心为四端，则信在其中矣。"愚谓若无诚心，则四端亦无矣，故学道以诚心为本。

鬼神者，天地阴阳之灵；魂魄者，人身阴阳之灵。

（录自沈芝盈点校，黄宗羲著《明儒学案》，中华书局 2008 年版）

吴与弼学案

　　吴与弼(1391—1469)，字子傅，号康斋，江西崇仁人。与薛瑄同时，世人称二人为南北两大儒。他初习诗、赋、经制，有志于举子业。十九岁时，因读到朱熹所著《伊洛渊源录》，向慕"圣贤之学"，遂放弃举业，潜心于四书五经和诸儒《语录》，"不下楼者数年"。他自学自得，治学勤奋，其学"多从五更枕上汗流泪下得来"。家境贫寒，虽"居乡躬耕食力"，有时亦不得不靠向人借谷度日，曾因"往邻仓借谷，因思旧债未还，新债又重，此生将何如也"而陷于极度苦恼之中，经常"思家计窘甚，不堪其处。反覆思之，不得其方"，有时"以贫病交攻，不得专一于书，未免心中不宁"。但他安贫乐道，居乡授徒，立志理学，而无意功名利禄。一生中，除在英宗天顺元年(1457)应诏赴京任左春坊左谕德两月外，不曾为官，以为"宦官、释氏不除而欲天下治平，难矣。吾庸出为！"吴与弼的弟子与从游者甚众，娄谅、胡居仁、罗伦、谢复、胡九韶、陈献章、周文、杨杰等均出自他的门下，形成了颇具规模的崇仁学派。其中，陈献章"得其静观涵养，遂开白沙之宗"，胡居仁、娄谅等也"得其笃志力行，遂启余干之学"。吴与弼可谓一代宗师，故《明儒学案》把其列为卷首，对其生平事迹、学术思想等详加介绍。

　　在明代儒学史上，吴与弼是心学的直接发端者。他从朱学入手潜心研习理学，后发现宋末以来笺注之繁，"率皆支离之说，眩目惑心，非徒无益，而反有害焉"。为从宋末以来眩目惑心的笺注中摆脱出来，纠正宋儒支离之说的流弊，吴与弼"玩《中庸》深悟心学之要，而叹此心之不易存也"，认为"圣贤教人，必先格物致知以明其心，诚意正心以修其身。修身以及家、而国而天下，不难矣"。"明其心""正心"是"格物致知"的目的，也是修身、齐家、治国、平天下的前提和基础，舍此则无以为学。因而，他着力强调"反求吾心""涵养本源""栽培自己根本"，把"明心""正心""存心"当作为学之要，从而由程朱理学转而倾向于心学。

吴与弼及其所开创的"崇仁之学",对明代学术思潮的兴起具有"启明"的作用,是第二次文化下移的发端。黄宗羲在《明儒学案》中称赞吴与弼所云:"椎轮为大辂之始,增冰为积水所成,微康斋,焉得有后时之盛哉!"吴与弼生平著作不多,有极具个人特色的语录体《日录》一卷及《康斋文集》十二卷。新有北京大学儒藏整理本《吴康斋先生文集》。

日　录

梦孔子文王二圣人在南京崇礼街旧居官舍之东厢,二圣人在中间,与弼在西间。见孔圣容貌为详。欲问二圣人"生知、安、行之心如何",又仿佛将文王书一册在案披习,似文王世系。(乙巳)

梦侍晦庵先生侧。先生颜色蔼然,而礼甚恭肃焉,起敬起仰也。

夜枕思宋太宗烛影事,深为太宗惜之。人须有行一不义、杀一不辜而得天下不为之心,方做得尧舜事业。不然,鲜有不为外物所移者。学者须当随事痛惩此心,划割尽利欲根苗,纯乎天理方可语王道。果如此,心中几多脱洒伶俐,可谓出世奇男子矣。

与邻人处一事,涵容不熟。既已容讫,彼犹未悟。不免说破,此间气为患。寻自悔之。因思为君子,当常受亏于人方做得,盖受亏,即有容也。

食后坐东窗,四体舒泰,神气清朗,读书愈有进益。数日趣同此,必又透一关矣。

圣贤所言,无非存天理、去人欲。圣贤所行亦然。学圣贤者,舍是何以哉!

文公先生与学者论躬行云:"若易时,天下无数圣贤了,噫!实用其力者,方知其难可胜叹哉!"

日夜痛自点检且不暇,岂有工夫点检他人耶?责人密,自治疏矣,可不戒哉!明德、新民虽无二致,然己德未明,遽欲新民,不惟失本末先后之序,岂能有新民之效乎?徒尔劳攘成私意也。

贫困中事务纷至,兼以病疮,不免时有愤躁。徐整衣冠读书,便觉意思通畅。古人云:"不遇盘根错节,无以别利器。"又云:"若要熟也,须从这里过。"然诚难能,难能只得小心宁耐做将去。朱子云:"终不成处不去便放下。"旨哉言也!

文公先生谓延平先生终日无疾言遽色。与弼常叹何修而至此！又自分虽终身不能学也。文公先生又云："李先生初间也是豪迈底人，后来也是琢磨之功。"观此，则李先生岂是生来便如此，盖学力所致也。然下愚末学，苦不能克去血气之刚，平居则慕心平气和，与物皆春，少不如意，躁急之态形焉。因思延平先生所与处者岂皆圣贤，而能无疾言遽色者，岂非成汤"与人不求备，检身若不及"之功效欤？而今而后，吾知圣贤之必可学，而学之必可至，人性之本善而气质之可化也的然矣。下学之功，此去何如哉！

夜病卧，思家务，不免有所计虑，心绪便乱，气即不清。徐思可以力致者，德而已，此外非所知也。吾何求哉，求厚吾德耳。心于是乎定，气于是乎清。明日书以自勉。

南轩读《孟子》甚乐，湛然虚明，平旦之气略无所挠，绿阴清昼，熏风徐来，而山林阒寂，天地自阔，日月自长。邵子所谓"心静方能知白日，眼明始可识青天"，于斯可验。

与弼气质偏于刚忿，永乐庚寅，年二十，从洗马杨先生学，方始觉之。春季归自先生官舍，纡道访故人李原道于秦淮客馆，相与携手淮畔，共谈日新。与弼深以刚忿为言，始欲下克之之功。原道寻以告吾父母，二亲为之大喜。原道，吉安庐陵人，吾母姨夫中允公从子也。厥后克之之功虽时有之，其如卤莽灭裂何！十五六年之间，猖狂自恣，良心一发，愤恨无所容身。去冬今春，用功甚力，而日用之间觉得愈加辛苦，疑下愚终不可以希圣贤之万一，而小人之归无由可免矣。五六月来，觉气象渐好，于是益加苦功，逐日有进，心气稍稍和平。虽时当逆境，不免少动于中，寻即排遣，而终无大害也。二十日，又一逆事排遣不下，心愈不悦。盖平日但制而不行，未有拔去病根之意。反复观之，而后知吾近日之病，在于欲得心气和平而恶夫外物之逆以害吾中，此非也。心本太虚，七情不可有所，于物之相接，甘辛咸苦，万有不齐，而吾恶其逆我者，可乎？但当于万有不齐之中详审其理以应之，则善矣。于是中心洒然。此殆克己复礼之一端乎！盖制而不行者硬苦，以理处之则顺畅。因思心气和平，非绝无于往日，但未如此八九日之无间断。又往日家和平多无事之时，今乃能于逆境摆脱。惧学之不继也，故特书于册，冀日新又新，读书穷理，从事于敬恕之间，渐进于克己复礼之地。此吾志也，效之迟速，非所敢知。洪熙元年乙巳七月

二十一日与弼识于南轩

南轩柱帖云:幽静无非安分处,清闲便是读书时。

知止自当除妄想,安贫须是禁奢心。

淡如秋水贫中味,和似春风静后功。

壁间大书云:力除闲气,固守清贫。

病体衰惫,家务相缠,不得专心致志于圣经贤传,中心益以鄙诈,而无以致其知;外貌益以暴慢,而何以力于行乎!岁月如流,岂胜痛悼。如何!如何!七月二十六日近暮书于南轩

数日家务相因,忧亲不置,书程间断,胸次鄙吝,甚可愧耻。窃思圣贤吉凶祸福一听于天,必不少动于中。吾之所以不能如圣贤而未免摇于区区利害之间者,察理不精,躬行不熟故也。吾之所为者,惠迪而已,吉凶祸福,吾安得与于其间哉!大凡处顺不可喜,喜心之生,骄侈之所由起也;处逆不可厌,厌心之生,怨尤之所由起也。一喜一厌,皆为动其中也。其中不可动也,圣贤之心如止水,或顺或逆,处以理耳,岂以自外至者为忧乐哉!嗟乎!吾安得而臻兹也?勉旃勉旃,毋忽。七月初二日书于南轩

处家,少宽裕气象。

屡有逆境,皆顺而处。

理家务后读书南轩,甚乐。于此可识本心。

枕上思在京时昼夜读书不间,而精神无恙。后十余年疾病相因,少能如昔精进,不胜痛悼,然无如之何。兼贫乏无药调护,只得放宽怀抱,毋使刚气得挠,爱养精神,以图少长。噫!世之年壮气盛者岂少,不过悠悠度日,诚可惜哉!

昼寝起,四体甚畅,中心洒然。安贫乐道,何所求哉。

当念岁月晚而学无成,可惧也。然既往亦不得而追矣。继今随精力所到而进,勿怠其志而已。视古人自少至老始终一致者,不胜其慨愧矣!

一事少含容,盖一事差,则当痛加克己复礼之功,务使此心湛然虚明,则应事可以无失。静时涵养,动时省察,不可须臾忘也。苟本心为事物所挠,无澄清之功,则心愈乱,气愈浊,梏之反覆,失愈远矣。

观分门《近思录》,闻所未闻,熟所未熟,甚有益于身心性情。足感朋友之有是书以相益也。

观《近思录》,觉得精神收敛,身心检束,有歉然不敢少忘之意,有悚然

奋拔向前之意。

二月二十八日，晴色甚佳，写诗外南轩。岚光日色，眬映花木，而和禽上下，情甚畅也。值此暮春，想昔舞雩千载之乐，此心同符。（丙午）

夜读《论语》，深感子思之说于目下用功最切，亟当服膺。

夜观童子照鱼，静听流水。自悟川上之叹，及朱子安、行、体、用之旨。

夜立庭间，静思践履，笃实纯粹。君子不可得也，诚难能也。心所深慕，而无由臻斯境，可胜叹哉。

观农。因疮，藉芳闲卧塍间，静极，如无人世。今日虽未看书，然静中思绎事理，每有所得。

峡口看水，途中甚适。人苟得本心，随处皆乐，穷达一致。此心外驰。则胶扰不暇，何能乐也。

晁公武谓康节先生隐居博学，尤精于《易》，世谓其能穷作《易》之本原，前知来物。其始学之时，睡不施枕者三十年。嗟乎，先哲苦心如此，吾辈将何如哉！

观花木与自家意思一般。

看田，至青石桥，游观甚适。归，焚香读书外南轩，风日和煦，揽景乐甚。读书，理亦明著，心神清爽。

一日，以事暴怒，即止。数日事不顺，未免胸臆时生磊嵬。然此气禀之偏，学问之疵，顿无亦难，只得渐次消磨之。终日无疾言遽色，岂朝夕之力耶！勉之毋怠。

枕上思近来心中闲思甚少，亦一进也。

寝起读书，柳阴及东窗，皆有妙趣。晚二次事逆，虽动于中，随即消释，怒意未形。逐渐如此揩磨，则善矣。

亲农归。以眼痛废书。闲阅旧稿。十六七年之间，岁月如流，而学行难进。俯仰今昔，为之怅然。又感吾亲日老，益自凄怆不胜。

大抵学者践履工夫，从至难至危处试验过，方始无往不利。若舍至难至危，其他践履，不足道也。

莳蔬园中，虽暂废书，亦贫贱所当然。往亲农途中，读《孟子》，与野花相值，幽草自生，而水声琅然，延伫久之，意思萧洒。

小童失鸭，略暴怒。较之去年失鸭，减多矣。未能不动心者，学未力耳。

观《草庐文集序》，诸族多尚功名富贵。恐吾晦庵先生不如是也。惜未睹先生全集。

外南轩，读《孟子》一卷，容貌肃然。午后眼痛。四体俱倦，就寝。心无所用。思归乡十五年，历艰实多，不堪回首。

坐外南轩。涤砚书课。绿阴清昼，佳境可人，心虚气爽。疑此似蹑贤境，惜读书不博耳。

枕上默诵《中庸》，至"大德必受命"，惕然而思：舜有大德，既受命矣；夫子之德，虽未受命，却为万世帝王师，是亦同矣。嗟乎！知有德者之应，则宜知无德者之应矣，何修而可厚吾德哉！

夜徐行田间，默诵《中庸》，字字句句，从容咏叹，体于心，验于事，所得颇多。

上不怨天，下不尤人，君子居易以俟命，小人行险以侥幸。灯下读《中庸》，书此，不肖恒服有效之药也。

与一邻人谈及不肖，稍能负重私心，稍悦。

每日劳苦力农，自是本分事，何愠之有？素贫贱，行乎贫贱。

小女疮疾相缠，不得专心读书，一时躁急不胜。虽知素患难，行乎患难。然岁月不待人，学问之功不进，不得不忧也。其实亦因早年蹉跎过了好时节，以致今日理会不彻。三十年前好用工，何可得耶？

缓步途间，省察四端，身心自然约束，此又静时敬也。

知弗致，已弗克，何以学为？（丁未）

因暴怒，徐思之，以责人无恕故也。欲责，须思吾，吾能此事否。苟能之，又思曰：吾学圣贤方能此，安可遽责彼未尝用功与用功未深者乎？况责人此理，吾未必皆能乎此也。以此度之，平生责人，谬妄多矣。戒之，戒之！信哉"躬自厚而薄责于人，则远怨"，以责人之心责己，则尽道也。

因事知贫难处，思之不得，付之无奈。孔子曰"志士不忘在沟壑"，未易能也。又曰"贫而乐"，未易及也。然古人恐未必如吾辈之贫。夜读子思子素位不愿乎外及游吕之言，微有得。游氏"居易未必不得，穷通皆好；行险未必常得，穷通皆丑"，非实经历，不知此味诚吾百世之师也。又曰"要当笃信之而已"，从今安敢不笃信之也。

观文章正宗，感学德无进。四十向逼，终于小人之归。岂胜悲痛？

以事难处,夜与九韶论到极处,须是力消闲气,纯乎道德可也。倘常情一动,则去道远矣。

枕上熟思出处进退,惟学圣贤为无弊。若夫穷通得丧,付之天命可也。然此心必半毫无愧,自处必尽其分,方可归之于天。欲大书"何者为圣贤?何者为小人?"以自警。

自今须纯然粹然,卑以自牧,和顺道德,方可庶几。嗟乎! 人生苟得至此,虽寒饥死,刑戮死,何害为大丈夫哉! 苟不能然,虽极富贵,极寿考,不免为小人。可不思以自处乎!

与学者授《论语》,读至"年四十而见恶焉,其终也已",不觉惕然。与弼年近四十矣,见恶者何限? 安得不深自警省,少见恶焉,斯可耳。

灯下外南轩。观年二十时所作论三篇,不胜悲叹! 何者? 昔时志向的然,以古圣贤为可学可至。今逡巡苟且二十年。多病侵陵,血气渐衰。非惟不能至圣贤,欲求一寡过人,且不可得。奈何? 奈何? 安得好学茂年,痛倾此意!

学德无成,而年光空老,平生之志不得遂矣。感恨何穷? 无容此身,伤哉!

凡事诚有所不堪,君子处之,无所不可,以此知君子之难能也。

胡生谈及人生立世,难作好人。仆深味之。嗟夫,见人之善恶,无不反诸己,可也。(戊申)

读《易》倦,观《晦庵先生年谱》。慨先哲之精勤,愧驽辈之灭裂。惘然自失,奈之何哉? 据今地位,努力向前。

途间与九韶谈及立身处世,向时自分不敢希及中庸,数日熟思,须是以中庸自任,方可无忝此生。只是难能,然不可畏难而苟安,直下承当可也。

读罢,思债负难还,生理塞涩,未免起计较之心。徐觉计较之心起,则为学之志不能专一矣。平生经营,今日不过如此。况血气日衰一日,若再苟且因循,则学何可向上? 此生将何堪? 于是大书"随分读书"于壁以自警。穷通得丧、生死忧乐一听于天,此心须澹然一毫无动于中,可也。

倦寝,梦寐中时时警恐,为过时不能学也。

与九韶痛言:为学不可不勇。而此公自无奋发激昂、拔俗出群之志。予归,深为之太息。徐思,方自悼不暇,安有工夫于他人耶! 呜呼,日进无疆,属之己乎,属之人乎。勉之又勉,勿为外物所困。

近晚往邻仓借谷,因思旧债未还,新债又重,此生将何如也?徐又思之,须素位而行,不必计较。"富贵不淫贫贱乐,男儿到此是豪雄"。然此心极难,不敢不勉。贫贱能乐,则富贵不淫矣。贫贱富贵,乐与不淫,宜常加警策,古今几人臻斯境也!

早枕思处世不活,须以天地之量为量,圣人之德为德,方得恰好。嗟乎,安得同志共勉此事。

处大事,不能尽善,意甚怏怏。兼以寒疾时作,风足攻人,读书工夫间断,昏昏竟日。痛感何由得入圣贤境界也。

早枕思当以天地圣人为之准则,因悟子思作《中庸》,论其极致,亦举天地之道以圣人配之,盖如此也。嗟夫! 未至于天道,未至于圣人,不可谓之成人,此古昔英豪所以孜孜翼翼以终身也。

食后处事暴,彼虽十分不是,然我应之自当从容。徐思,虽切责之,彼固当得,然不是相业。

人生但能不负神明,则穷通死生,皆不足惜矣。欲求如是,其惟慎独乎! 董子云:"人之所为,其美恶之极,乃与天地流通,往来相应。"噫! 天人相与之际,可畏哉!

人须整理心下,使教莹净常惺惺地,方好。此"敬以直内"工夫也。嗟夫! 不敬则不直,不直便昏昏倒了,万事从此隳,可惧哉!

与友人夜别徐家山。归思一日数事颇当。

凡事须断以义,计较利害便非。

贫病相因,读书不前。何以为力行之资。

人须于贫贱患难上立得脚住,克治粗暴,使心性纯然,上不怨天,下不尤人,物我两忘,惟知有理而已。

观《晋史》,成帝见王导必拜。及幸其宅,拜其妻。反覆详其始末,为之掩卷太息。丈夫际遇如此,而功烈不过若是。其付托之重,不减伊周。而致主泽民,视伊周何如哉? 虽其志安于小成,亦学力有所不逮耳。信知人生须自幼力学,期于践形必臻极,然后为无愧也。孔子曰:"居则曰:不吾知也。如或知尔,则何以哉?"又曰:"用之则行"。呜呼! 安得反西飞之日而痛加学欤?

今日觉得贫困上稍有益。看来人不于贫困上着力,终不济事,终是脆懦。

教人须是循循善诱。

玩《中庸》，深悟心学之要。而叹此心不易存也。

克己逡巡，无所成就。四十而见恶焉，其终也已。

熟思平生历试，不堪回首。间阅旧稿，深恨学不向前，身心荒怠，可忧可愧。今日所当为者，夙兴盥栉，家庙礼毕，正襟端坐，读圣贤书，收敛此心，不为外物所汩，夜倦而寝，此外非所当计。穷通寿夭，自有命焉，宜笃信之。

数日守屯困工夫，稍有次第。须使此心泰然，超乎贫富之外，方好。

观史，时见古人卓卓之行，不胜感激。益思自奋。

当学之难进，乃见希贤之不易也。

心是活物，涵养不熟，不免摇动，只常常安顿在书上，庶不为外物所胜。

看乙巳年日新簿，惕然于心。继读《论语》观圣贤教人丁宁之意，益思自奋，须用刻苦。

以事暴怒，即悔之。须持其志，毋暴其气。

应事后，即须看书，不使此心顷刻走作。

数日养得精神差好，须节节接续去，莫令间断。

上无师，下无友，自己工夫又怠。此生将何堪耶！

细观《近思录》，乃知圣贤教人之法。备在方策，而自己学力未至，以致龌龊无量，安得良朋共执此文，细细讲明，以为持己、处事之资也。

斩截日新。

精白一心，对越神明。

经旬，学德废怠。梦寐中亦屡怅叹。为小女授《论语》，感圣人之微言，悚然思奋。安得良朋辅我此志？

途逢故人。两鬓已斑，不觉怆然。问其年方四十。顷之，此公熟视予鬓亦已斑矣。益为凄恻，久之方别。既而思平生碌碌，只此衰谢。少壮不努力，老大徒悲伤。岂不信哉？夜归，书此于东窗。噫，书又终可得而读耶，君子果不可得而成耶。

新居栽竹。夜归。吾妻语予曰：昨夜梦一老人携二从者相过止于门。令一从者入，问：与弼在家否？答云：不在家。从者曰：孔夫子到此相访，教进学也。与弼闻之，为之惕然而惧，跃然而喜，感天地而起敬者再三，脊背为之寒栗。自此以往，敢不放平心气，专志于学德乎？敢吝驽骀之力乎？

往新居授书，甚喜。学有新益。

闻友人所为颠倒。益自警省实下工夫。

看《礼记》倦，寝。思平生经历之艰，益叹古人之不易学。

看《语略》。惕然！忧念学德不进，何以立世！（己酉）

苟一毫不尽其道，即是自绝于天。

坐门外，图书满案，子弟环侍。乘绿阴，纳清风，群物生意满前，而好山相宾主。览兹胜趣，胸次悠然。

早枕细思学德无进。岁月忽晚。回首平生，恍然一梦，可胜悼哉！继今分阴须用。痛惜！毋蹈前非也。

看《近思录》，甚有所得。鄙吝之怀，为之豁然。

夜大雨，屋漏无干处，吾意泰然。（庚戌）

夜默坐，思学不能进。朋友又无，向前者，此道日孤，意思忽忽，无聊者久之。

涵养本源，工夫日用间，大得力。

青石桥割稻。往回村外，与物皆春。

晚谷不收。夜枕思家用窘甚，不得专意于书。展转反侧良久。因念困穷拂郁能坚人之志而熟人之仁，敢不自勉？

夜观《晦庵文集》，累夜乏油。贫妇烧薪为光，诵读甚好。为诸生授《孟子》卒章，不胜感激。临寝，犹讽咏《明道先生行状》久之，顽钝之资，为之惕然！

途中看《言行录》。归及，隔溪藉草，临流观书，甚乐。杳然尘外之趣。

中堂读倦，游后园归，丝桐三弄，心地悠然，日明风静，天壤之间，不知复有何乐？

早枕痛悔刚恶，偶得二句："岂伊人之难化，信吾德之不竞。"

所得为者，不敢不尽分。若夫利钝成败，非我所计也。此心须常教洒然。

时时痛加持志之功，务消气质之偏。

游园，万物生意，最好观。

安贫、乐道,斯为君子!

遇逆境暴怒,再三以理遣。盖平日自己无德,难于专一责人。况化人亦当以渐,又一时过差,人所不免。呜呼!难矣哉,中庸之道也。

近来愈觉为人之难。学不向前,而岁月不待人。奈何?奈何?

枕上思《晦庵文集》及《中庸》,皆反诸身心性情,颇有意味。昨日欲书戒语云:"温厚和平之气,有以胜夫暴戾逼窄之心,则吾学庶几少有进耳。"今日续之云:"欲进乎此,舍持敬穷理之功,则吾不知其方矣。"盖日来甚觉此二节工夫之切,而于《文集》中玩此话头,益有意味也。

夜思承父师付托之重,士友期望之深,竦然增惧!思有以自拔于人欲而未知其方也。

日来处困,稍觉有力。六月初一日,早枕念岁月如流,事业不立。岂胜慨叹!

七月五日,日临钟帖,明窗净几,意思甚佳。平生但亲笔砚及圣贤图籍,则不知贫贱患难之在身也。

人之遇患难,须平心易气以处之,厌心一生,必至于怨天尤人。此乃见学力不可不勉。

贫困中事事缠人,虽则如此,然不可不勉,一边处困,一边进学。

七月十二夜,枕上思家计窘甚,不堪其处。反覆思之,不得其方。日晏未处,久方得之。盖亦别无巧法,只随分节用安贫而已。誓虽寒饿死,不敢易初心也。于是欣然而起。又悟若要熟,也须从这里过。

中夜思日月逝矣。事业无进,辗转不寐,以达于旦。

凡百皆当责己。

夜诵《明道先生行状》,不胜感激。会心处,不知手之舞足之蹈也。

日来正心工夫,稍有意思。

昨晚以贫病交攻,不得专一于书,未免心中不宁。熟思之,须于此处做工夫,教心中泰然,一味随分进学方是。不然,则有打不过处矣。君子无入而不自得,然是难事。于此可以见圣愚之分,可不勉哉。凡怨天尤人,皆是此关不透耳。

夜说朱子《感兴诗》,因告戒诸生。语意抑扬,彼此皆极感激。

先哲云"身心须有安顿处",盖身心无安顿处,则日间扰扰于利害之中而已。此亦非言可尽,默而识之可也。

暮春游园,心广体胖,岂虚语哉!(壬子)

穷厄已极,不可支撑,兼病益困,然亦安分,不敢起怨尤之念,而所以益进吾之学,益坚吾之志者,不敢不勉也。

卧看康节诗,遂熟睡。方醒,意思佳甚,不啻封侯赐金也。虽极贫窭,此命也,不害其乐。

于《近思录》中所得,比向日大有径庭,中心洒然,如沉疴去体。

观百卉,生意可爱。

晴窗亲笔砚,心下清凉之甚,忘却一身如是之窘也。康节云:"虽贫无害日高眠。"

穷通寿夭,一听于天,行吾义而已。

月下咏诗,独步绿阴,时倚修竹,好风徐来,人境寂然,心甚平淡,无康节所谓攻心之事。

倦后暂寝,起书先哲格言。明窗净几,清风徐来,不知天壤之间,复有何乐?此身何幸至此也?

昨日于《文集》中又得处困之方,夜枕细思,不从这里过,真也做人不得。"增益其所不能",岂虚语哉!

日来甚悟"中"字之好,只是工夫难也,然不可不勉。康节诗云:"拔山盖世称才力,到此分毫强得乎!"

正月初一日。夜来心气和平,继今学德宜加勉也。(癸丑)

有困极诗云:困固平生甘,不意如此极。前程一听天,多忧谅何益。又云:本心所主浑由己,外物之来一听天。

早观花草,生意甚佳。食后,意思稍不快,以窘极故也。寻开解之,所得为者,厚吾德耳。穷通,非我所能也。

山中独行,甚乐。万物生意盎然。时陟冈顶,四望,不胜之喜,欲赋山椒一览诗。

处困之时,所得为者,言忠信、行笃敬而已。

早观,生意可乐。残月尚在,露华满眼,个中妙趣,非言语所能形容。东斋柱帖云:窗前花草宜人意,几上诗书悦道心。

寄身于从容无竞之境,游心于恬澹不挠之乡,日以圣贤嘉言善行沃润之,则庶几其有进乎!

不怨天,不尤人。下学而上达。非圣人,其孰知此味也哉!

人之病痛，不知则已，知而克治不勇，使其势日甚，可乎哉？志之不立，古人之深戒也。

勿忘勿助，近日稍知此味。天假以年，尚宜少进。穷通得丧，可付度外也。

患难中好做工夫。所谓："生于忧患，死于安乐也。"然学力浅者，鲜不为所困耳。嗟乎！梁栋之具，非禁风耐冰雪，安能胜其重哉？

男儿须挺然生世间。

三月二十日，食后授书。宿雨初霁，生意充满，甚可乐也。看《春秋》。近午，霁景可人，日甚舒长，天地阔远。但病体全乏精神，不免寒饥，亦随分耳。眼前随分好光阴，谁道人生多不足？

夜枕深念，不得益精神，以进乎学也。

夜坐思一身一家，苟得平安，深以为幸。虽贫窭太甚，亦得随分耳。夫子曰："不知命，无以为君子也。"

东斋对月，花竹参差，清景可爱，听诸生诵声，甚乐。时游于外，绿阴清夜，真趣悠然。

昨夜思旧时岁月事迹，为之慨然。今日时复在怀。嗟乎！德业不立，而时骎骎，晚矣。

先儒云："道理平铺在。"信乎斯言也。急不得，慢不得，平铺之云，岂不是如此？近来时时见得如此，是以此心较之往年亦稍稍向定。但眼痛，废书一年余，为可叹耳。（甲寅）

处大事者，须深沉详审。

早枕思平生践履，愧于圣贤者多矣。至今不能自持。欲大书"不敢尤人"四字以自励也。

眼痛，不敢看书。暂诵《诗经》，甚觉意味深长。但不敢久读，为之怅叹者久之。（乙卯）

暂阅旧稿。二十八年前事恍如一梦，岂胜感慨。

读韩子《与李翱书》，大有感于吾心。

看韩文，倦睡。梦中，恍思少年日月，不胜感怆而醒。聪明不及于前时，道德日负于初心。信哉！

五月初一日，看韩文。晴色满帘，清风透户，花草盈栏，幽景可爱。

时出门外，卧绿阴纳凉，甚乐。

七月二十一日,对野讲诵。近晚,曳杖逍遥野外,甚适。

看《晦庵文集》,大有感激。

十二月二十九日,祀先一日。多忧学者既少,而有志者尤少。大为世道虑也。

朱子云:从容深宴养,旨哉言也!(丙辰)

看《言行录》,龟山论东坡云:"君子之所养,要令暴慢邪僻之气不设于身体。"大有所省。然志不能帅气,工夫间断。甚矣圣贤之难能也。

累日看《遗书》,甚好。因思二程先生之言,真得圣人之传也。何也?以其说道理不高不低,不急不缓,温乎其夫子之言也。读之自然令人心平气和,万虑俱消。

倦睡。觉来,坐东斋,看朱子文集。天晴日永,竹树扶疏,清景可人,意思甚乐也。

观《晦庵先生语录》。慨然!虑斯道不自知年之迈、气之衰而病之多也。

涵养此心,不为事物所胜,甚切日用工夫。

中夜梦中,痛恨平生不曾进学,即今空老,痛哭而寤。

出游陂畔,遂于涧底坐。久向日甚适,省察身心,幸有少进。

村外闲行,《遗书》在手。徐步,自后坊坑过大同源。观山玩水而归于峡里。憩久,枕石藉草而卧,暖日烘衣,鸣泉清耳,有浴沂佳致。

夜枕省己,稍有益,欲大书"多言害道""吉人之辞寡""躁人之辞多""思无邪"康节四妄吟于东西斋。

枕上思平生学德不进,辗转不安,鸡鸣方寐。

看朱子"六十后长进不多"之语,恍然自失。呜呼,日月逝矣,不可得而追矣。

观《伊洛关闽言行录》,惕然大感于怀。益思奋励。以往不知气之衰,病之惫也。

十一月单衾,彻夜寒甚,腹痛。以夏布帐加覆,略无厌贫之意。

闲游门外而归。程子云:"和乐只是心中无事。"诚哉是言也。

近来身心稍静,又似进一步。

暂阅旧稿。偶得胡文定公"盖有名盖天下,致位庙堂,得行所学"一段不胜感慨。

枕上细思,从今须进步,不敢自绝于天。穷通得丧,听乎天命。虽饿死沟壑,不可丧此德矣。

近日多四五更梦醒,痛省身心,精察物理。

世间可喜可怒之事,自家着一分陪奉他,可谓劳矣。诚哉是言也。

先哲云:"大辂与柴车较逐,鸾凤与鸥枭争食,连城与瓦砾相触,君子与小人斗力,不惟不能胜,兼亦不可胜也。"

正月十七日夜,梦玉生花,如兰满地。(己巳)

所凭者,天。所信者,命。(辛未)

八月初二夜,梦日有食之既,与弼从旁吹之,火焰即炽,寻复其明。

四日早写稿:红日当窗,秋花映日;清风绿阴,意豁如也。(壬申)

涵养吾一。(癸酉)

沼上看《自警编》三二条,甚好。益知人当以圣贤自任也。

学《易》稍有进。但恨精力减,而岁月无多矣。只得随分用工,以毕余龄焉耳。

山千形万状,观者自得之,可也。丈千形万状,作者自得之,可也。

读奏议一篇,令人悚然。噫!清议不可犯也。(甲戌)

今日思得随遇而安之理,一息尚存,此志不容少懈,岂以老大之故而厌于事也。

累日思平生架空过了时日。

与学者话久,大概勉以栽培自己根本,一毫利心不可萌也。

晚知书史真有益,却恨岁月来无多。(乙亥)

江西伍恒有书。知程庸奉府主王侯命去大司成先生家借《朱子语类》抄对,欲刊板以扬绝学惠后来。喜不自胜,恨不即睹盛事之成也。

东窗亲笔砚。好学至于不尤人,学之至也。

浴罢,坐东窗亲笔砚。竹风拂几,绿阴满地。

看《弹章》,令人竦然。付学者抄写。

午前治圃。贫贱之理当然,不敢辞劳。

独游,隔溪数步而回,无可与者。

仁之至,义之尽。

见人之善恶,无不反诸己。

二月初一日,云昨夜梦同三人观涨,拟同访朱子,不胜怅叹而觉有诗

云:旷百千秋相感深,依依不识是何心?金鸡忽报春窗曙,惆怅残魂带病吟。(丙子)

吉人为善,惟日不足。凶人为不善,亦惟日不足。

得便宜是失便宜,失便宜是得便宜。

康节诗:闲窗一觉从容睡,愿当封侯与赐金。亦不必如此说。朱子从容深宴养,好。

传羹送面。贫士克己为义者。

万事付之无心可也。

三纲五常,天下元气,家亦然,一身亦然。(丁丑)

一日未死,一日要是当。

偶撷芳水尾,怅然旧游,得二句:偶尔旧游行乐处,撷芳溪曲玩春流。

动静语默,无非自己工夫。

游隔溪,撷芳。暮春天气,一团清乐。

看沤田,晚归,大雨,中途雨止,月白,衣服皆湿。贫贱之分当然也。

静坐独处,不难。居广居、应天下,为难。

事往往急便坏了。

不学,则老而衰。

五月二十五夜,梦孔子孙相访,云承孔子命来。两相感泣而觉,至今犹记其形容。

胡文定公云:"世事当如行云流水,随所遇而安可也。"

卧看《自警编》,惕然自省持己不可不严也。

毋以妄想戕真心,客气伤元气。

夜坐门屋。梧桐月照,清风徐来。

料得人生皆素定,空多计较竟何如。

天意顺时为善计,人情安处是良图。

请看风急天寒夜,谁是当门定脚人。

十二月初十夜。梦云:万家乔木动清风。

凡事不可用心太过。人生自有定分,行已则不可不慎。(庚辰)

看史数日,愈觉收敛为至要。

不失人,亦不失言。

打点平生《日录》,感慨系之矣。

人生须自重。

不怨天，不尤人。下学而上达。当佩以终余齿。

梦云：自画者，德不进。又云：自知不足者，可大受而远到。

日行吾义，吉凶荣辱非所计也。听天所命。

食后，高卧东窗，羲皇上人乎？

梦诵诗云：丁宁莫伐檐前树，听我高堂红杏歌。

又梦云：矫矫高楼卧白云。

食后倦寝。梦朱子父子来枉顾。（辛巳）

趋炎者，众人所同。尚德者，君子所独。

梦云：等闲识得东风意，便是桥边鸟鹊春。

高卧闲窗，绿阴清昼。天地何其阔远也！

游后坊，登山椒，坐磐石，意甚适也。欲构览秀亭于此，无陟降之劳。莫归，新月一钩矣。

闲卧新斋，西日明窗意思好。道理平铺在，着些意不得。

彼以悭吝狡伪之心待我，吾以正大光明之体待之。

看前去年《日录》，倦寝。细思平生，学力止于此。精神日向衰惫。俯仰怅然，空生世间也。（壬午）

诗云："战战兢兢，如临深渊，如履薄冰。"七十二岁方知此味，信乎希贤之不易也。

夜静卧阁上，深悟静虚动直之旨，但动时工夫尤不易。

程子云："五伦多少不尽分处。"至哉言也。

学至于不尤人，学之至也。吾闻其语矣，未见其人也。

看《仪礼图》，阅旧《日录》，倦寝。程子七十岁化，犬马之年。七十二矣，何如？何如？

夜来枕上静思一味圣学帖然。终此余喘已而。（癸未）

观《遗书》数条。西照明窗，玩夫子之言，如饮醇醪，不觉心醉也。

徐步墙内，看秧生塍。静中春意，可乐也。（甲申）

静中观物，理随处可得。

看乙巳、丙午《日录》，感发多矣。（乙酉）

阅近数年《日录》。万事不必计较，徒劳心耳。廓然而大公，物来而顺应。大公，仁也；顺应，义也。

晓窗自诵云：欲成美绩，须究良图。非梦也，忽自然如此耶。诵，岂鬼神有以警我耶。当大书于壁，日求少进。

当事之危疑，见人之措置。邵子之教也。（丙戌）

《遗书》云：人当审己如何，不必恤浮议。志在浮议，则心不在内，不可应卒遽事。

玩圣贤之言，自然心醉，不知手之舞足蹈也。（丁亥）

晓枕诵《易》。看去年《日录》，惕然兴感！不敢不以圣贤自任。日思奋励，庶不负朋友之谊也。

夜看《语类》，不忍释卷，但虚病，不敢久也。

德性学问，不敢少怠，但恨岁月来无多。

学圣人无他法，求诸己而已。吉凶荣辱，一听于天。

君子顾自处何如耳。岂以自外至者为荣辱哉！

天道福善，祸淫君子，但当谨守先圣贤名教，居易以俟命而已。

昨夜梦诵云：岂能存养此心之一，岂鬼神教我哉！

午后看《陆宣公集》及《遗书》《易》，一亲圣贤之言，则心便一。但得此身粗安，顷刻不可离也。

倦寝。得句云：逐日从容深燕养，憧憧慎勿役私心。

阅旧迹，偶见先友罗得昌先生手帖：为不肖困于官粮事。呜呼噫嘻！若要熟也，须从这里过。

圣贤气象，须臾不敢不勉。

观壁间帖。故友孔谔绣衣巡按江西时，与先子书有云：前与与弼契兄接谈时，顷探其中盖有威武贫富之所不能屈移者。今虽塞滞，异日当为令器，不必虑也。惕然，重书以警惰。孔后任河南参议。戊寅岁，仆在金台时，闻久亡矣。（戊子）

随处！惟叹圣人难学。

雨后生意可爱。将这身来放在万物中，一例看大小，大快活。

日夜惟知圣人好。但庸资实难企也。

憩亭子看收菜，卧久见静中意思，此涵养工夫也。

程子云：天地间，可谓孤立！

憩亭，玩《语类》三两条，不胜痛快！

朱子云：此道日孤。

早夜思余龄一味学圣人，克其不似圣人者。

夜卧阁，思朱子云"闲散不是真乐"，因悟程子云："人于天地间，并无窒碍处，大小大快活，乃真乐也。"勉旃，勉旃！

张思叔诉骂仆夫。程子曰："何不动心忍性。"朱子云："不哭底孩儿谁不会抱？"又云："处顺不如常处逆，动心忍性始成功。"

午憩亭。静中胸次澹然。

午后看《日录》。天晴，仰思物理。

今日观《书》，感慨多矣。但精神短，不敢久。可惜少年日月也！

恰别处一近事，薄哉风俗。嗟乎！自己德不可不厚也。戒之！戒之！

看《晦庵文集》，倦卧。仰思至理有契，不觉抚席。

写《文集》一纸。旷百世而相感者，抑不知何心也。

观《晦庵文集》，亲先生之教。令人超然于世，万虑俱消。窃思当时立于其门者，宜何如哉！

家事时婴怀，亦当顺理而行，情顺万物而无情可也。

倦卧，仰思古今国家治乱得失，及人、家盛衰得失，为之凛然！

无时无处不是工夫。

暂游大门之外，桃李烂然，日丽风暄。先王以茂对时育万物。

日亲圣贤嘉谟，何幸如之！但恨读之晚矣！

早憩自得亭。亲笔砚。水气连村，游鱼满沼，畦蔬生意，皆足乐也。

施为欲似千钧弩，磨励当如百炼金。

年老厌烦，非理也。（朱子云）一日未死，一日要是当。

岁月如流，而学德有退无进。有志之士，其兴感乎？无感乎？

玩《遗书》，意不知所向，安知斯人之为功。圣人之责人也，常缓。便见只欲事正，无显人、过恶之意。

观五峰旧稿，感慨系之矣。

夜思平生经历，五更方寐。圣人未尝忘天下。果哉！末之难矣。

逐日亲圣贤名教，甚幸！但渐期寡过而未能也。

玩《易》，默而绎之。不胜痛快。但恨岁月来无多。

早盥栉后，东轩亲简编。竹日明窗。意初回乡时，石泉柱帖云：欲到大贤地，须循下学功。回首近六十年矣！大贤地，何日到耶？

于事厌倦，皆是无诚。

天下之至赜而不可恶,天下之至动而不可乱。廓然而大公,物来而顺应。倦卧,养病。思已往践履及圣贤名教。卧起,天向暝矣。

虽万变之纷纭,而应之各有定理。

(录自《康斋集》,清文渊阁《四库全书》本)

丘濬学案

　　丘濬(1421—1495)，字仲深，琼山人。永乐十九年(1421)，出生于琼山县府城镇下田村。丘濬幼年好学，过目不忘。正统九年(1444)，考取广东乡试第一名。景泰五年(1454)，举进士及第，廷试当为一甲及第，以策中颇触时讳，遂以貌寝为由改二甲第一，选为翰林院庶吉士，参编《寰宇通志》，景泰七年(1456)书成后被明代宗授翰林院编修。丘濬在翰林院任职后，见闻更加广泛，尤其熟悉国家典故，以经国济民自负。成化二年(1466)，参与撰写《英宗实录》。成化十三年(1477)，《续通鉴纲目》成书，提升为翰林院学士。丘濬认为真德秀的《大学衍义》并不完备，就博采群书加以补充，于成化二十三年(1487)撰成《大学衍义补》160卷。明孝宗继位(1488)后，他向孝宗呈上此书。孝宗赏赐金币，并令刊印发行。丘濬由此升为礼部尚书，掌管詹事府的事务。又充任修撰《宪宗实录》的副总裁。弘治四年(1491)八月，《宪宗实录》书成，加封丘濬为太子太保。当年十月，丘濬兼任文渊阁大学士，参预机要事务。他认为《大学衍义补》所撰述的都可见之行动，请求摘其要点奏报皇帝，并下内阁商议付诸实行。弘治七年(1494)八月，加封为少保、户部尚书、武英殿大学士。丘濬在朝廷的最后几年，屡请致仕，孝宗不准。弘治八年(1495)二月初四日，丘濬在任上去世，终年七十五岁，孝宗下旨辍朝一日，赙宝钞一万贯，追赠"太傅"，谥号"文庄"。

　　《大学衍义补》是丘濬经济治国思想集大成之作。他认为人皆可以为尧舜，君与圣同类，自然也可以经过修德而成圣，指出："孟子有言，人皆可以为尧、舜，矧受上天之付托而为万民之父母者乎！既有其位，何患无德？"又说："夫尧、舜与人同耳，有为者亦若是，况承帝王之统，居帝王之位者乎！"这是由王而圣的立论基础，也是丘濬致力于改造现实君王的内在动因。天下虽为天下人所共有，但治天下则非君莫属。丘濬强调说："盖天下，人人所有者也。人人有之而不能自立，必待帝王者出，下布五行，上协五纪，端五事于上，而威仪言辞皆可以为民之标表，修八政于下，而法度政事皆可以为民之准的，则民所有之极于是乎建矣。"但与此同时，他并不认为人人都有资格和能力来治理天下，唯有"居圣人大宝之位"的帝王足以当之。他语重心长地教导后世君主必须"因前人之故典，而开一代之新规，选用贤能，发挥盛制"。

丘濬由于对明代理学的非凡建树，被明孝宗御赐为"理学名臣"。丘濬一生功业在著述。其著作如林，总数二十多种。主要著作包括《大学衍义补》《琼台会稿》《朱子学的》等，计有三万多卷。

大学衍义补原序

臣惟《大学》一书，儒者全体大用之学也。原于一人之心，该夫万事之理而关系乎亿兆人民之生，其本在乎身也，其则在乎家也，其功用极于天下之大也。圣人立之以为教，人君本之以为治，士子业之以为学而用以辅君，是盖六经之总要，万世之大典，二帝三王以来传心经世之遗法也。孔子承帝王之传以开百世儒教之宗，其所以立教垂世之道，为文二百有五言，凡夫上下古今百千万年所以为学为教为治之道皆不外乎是。曾子亲受其教，既总述其言，又分释其义，以为《大学》一篇。汉儒杂之《礼记》中，至宋，河南程颢兄弟始表章之，新安朱熹为之《章句》《或问》，建安真德秀又剟取经传子史之言以填实之，各因其言以推广其义，名曰《大学衍义》。献之时君以端出治之本，以立为治之则，将以垂之后世以为君天下者之律令格式也。然其所衍者止于格物致知、诚意正心、修身齐家，盖即人君所切近者而言，欲其举此而措之于国天下耳。

臣窃以谓儒者之学有体有用，体虽本乎一理，用则散于万事，要必析之极其精而不乱，然后合之尽其大而无余。是以大学之教既举其纲领之大，复列其条目之详，而其条目之中又各有条理节目者焉。其序不可乱，其功不可阙，阙其一功则少其一事，欠其一节而不足以成其用之大，而体之为体亦有所不全矣。然用之所以为大者，非合众小，又岂能以成之哉？是知大也者小之积也，譬则网焉，网固不止乎一目，然一目或解则网有不张；譬则室焉，室固不止乎一榱，然一榱或亏则室有不具。此臣所以不揆愚陋，窃仿真氏所衍之义，而于齐家之下又补以"治国平天下之要"也。其为目凡十有二，曰正朝廷（其目六）、曰正百官（其目十有一）、曰固邦本（其目十有一）、曰制国用（其目十有一）、曰明礼乐（其目六）、曰秩祭祀（其目七）、曰崇教化（其目十有一）、曰备规制（其目十有六）、曰慎刑宪（其目十有四）、曰严武备（其目十有六）、曰驭夷狄（其目九）、曰成功化（其目一）。先其本而后末，繇乎内以及外，而终归于"圣神功化之极"，所以兼本末、合内外以成夫全体大用之极功也。真氏前书本之身家以达之天下，臣为此编则又将以致夫治平之效，以收夫格致、诚正、修齐之功，因其所余而推广之，补其略以成其全，故题其书曰《大学衍义补》云，非敢并驾先贤以犯不韪之罪也。

臣尝读真氏之序有曰"为人君者不可以不知《大学》，为人臣者不可以不知《大学》"，而继之以"为人君而不知《大学》，无以尽正君之法"，是盖就其本体而言尔，若即其功用而究竟之，君臣所当知者则固有在也。粤自古昔圣贤为学之道、帝王为治之序，皆必先知而后行，知之必明其义，行之必举其要，是以欲行其要者必先知其义，苟不知其义之所在，安能得其要而行之哉？故臣之此编始而学之则为格物致知之方，终而行之则为治国平天下之要。宫阙高深，不出殿廷而得以知夫邑里边鄙之情状；草泽幽遐，不履城阛而得以知夫朝廷官府之政务。非独举其要，资出治者以御世抚民之具；亦所以明其义，广正君者以辅世泽民之术。譬之医书，其前编则黄帝之《素问》、越人之《难经》，后编则张仲景《金匮》之论、孙思邈《千金》之方，一方可以疗一证，随其方以已其疾，惟所用之何如也。前书主于理而此则主乎事，真氏所述者虽皆前言往事，而实专主于启发当代之君，亦犹孔孟告鲁、卫、齐、梁之君而因以垂后世之训。臣之此编较之前书，文虽不类，意则贯通，第文兼雅俗，事杂儒吏，其意盖主于众人易晓而今日可行，所引之事类多重复，所修之辞不能雅驯，弗暇计也。

臣远方下士，叨官禁近。当先皇帝在御之日开经筵，即缀班行之末，亲睹儒臣以真氏之书进讲；陛下毓德青宫，又见宫臣之执经者日以是书进焉。臣于是时盖已有志于是，既而出教大学，暇日因采六经诸史百氏之阙也，缮写适完而陛下嗣登大宝，盖若有待言者。臣学不足以适用、文不足以达意，偶因所见而妄有所陈，区区一得之愚固无足取，而惓惓一念之忠悦为圣明所不弃焉，未必无少补于初政之万一。臣濬谨序。

进大学衍义补表

国子监掌监事礼部右侍郎臣丘濬，诚惶诚惧，稽首顿首，上言：

伏以持世立教在六经而撮其要于《大学》，明德新民有八目而收其功于治平，举德义而措之于事为，酌古道而施之于今政，衍先儒之余义，补圣治之极功，惟知馨献芹之诚，罔暇顾续貂之诮。原夫一经十传乃圣人全体大用之书，分为三纲八条实学者修己治人之要，《章句》既有以大明圣蕴，《衍义》又所以上格君心。书虽成于前朝，道则行于今代。惟太祖之建极，尝大书于殿壁之间；暨列圣之绍基，屡听讲于经筵之上。既已致夫雍熙太和之治，一皆本乎躬行心得之余，善推所为者固无俟乎尽言，欲全其功者亦须补其阙略。

窃观《衍义》之四要尚遗治平之二条，虽曰举而措之为无难，不若成而全之为尽善，况有其体则有其用，既成乎己，当成乎人，理固无一之可遗，功岂有一之可阙？善法不能以徒举，本末则贵乎兼该。每当翻阅之时，辄起编蒐之念，顾一人之见闻有限而天下之事体多端，居一室而料度乎四方，据己私而折衷乎众务，亦固知其不可犹强为其所难，是盖一念区区报国之忠，抑亦平生孜孜为学之志。是以顿忘下贱，僭效前修，岂不知妄拟非伦，窃亦欲薄陈所见。念惟天下之大，其本在于一身。人心之微，其用散于万事。一物有一物之用、一方之宜，所以化之者固本于身，所以处之者各有其道。事皆有理必事事皆得其宜，人各有心须人人不拂所欲，伊欲处之适当其可，必先讲之务尽其详。考古以证今，随时而应用，积小以成其大，补偏以足其全。巨细精粗而曲折周详，前后左右而均齐方正。于以衍治国平均天下之义，用以收格致诚正修齐之功。举本末而有始有终，合内外而无余无欠。期必底于圣神功化之极，庶以见夫《大学》体用之全。体例悉准于前书，楷范用垂于后学，稽圣经、订贤传，刬取无遗；纪善行、述嘉言，搜求罔弃。附以管中之所见，觊于日下之可行，俯竭涓尘之微，仰裨海岳之大。兹盖伏遇皇帝陛下睿智有临，刚明不惑，学古训而获大道，慎俭德以怀永图。蚤毓德于青宫，服膺大训；时潜心于黄卷，玩味圣经。开导尽忠益之言，体验极扩充之力，每躬行而实践，恒日就以月将。仁孝之德孚于宫闱，元良之声播于函夏，一旦承天而践阼，万邦仰德以归心。大志凤成,适符汉宣登极之岁;小悬求助,肇周成访落之心。首深究于大猷,亟恢弘于至治。凡新政之大有建置,皆旧学之素所讲明,广充格致诚正之功,用臻修齐治平之效,太平之治端可计日而待也。

臣濬下愚陋质,荒陬孤生。生世无寸长,颇留心于扶世;读书有一得,辄妄意以著书。固非虞卿之穷愁,亦匪真氏之去位。猥以官居三品,惭厚禄以何裨;年近七旬,惜余龄之无几。一年仕宦,不出国门,六转官阶,皆司文墨,莫试莅政临民之技,徒怀爱君忧国之心。竭平生之精力,始克成编;恐无用之陈言,终将覆瓿。幸际朝廷更化,中外肃清,总揽权纲,一新政务。傥得彻九重之听,取以备乙夜之观,采于十百之中,用其二三之策,未必无补于当世,亦或有取于后人,民物于是乎一新,世道兹焉乎复古。好所好、恶所恶,一人永子,育乎兆民;贤其贤、亲其亲,四海咸尊,戴于万世。臣干冒天威,无任激切屏营之至。臣所撰到《大学衍义补》一百六十卷,补前书一卷,并目录三卷,共成四十帙,谨奉表随进以闻。

成化二十三年十一月十八日国子监掌监事礼部右侍郎臣丘濬谨上表。

大学衍义(卷首)

诚意正心之要

审几微(补)

臣按:宋儒真德秀《大学衍义》于"诚意正心之要"立为二目,曰崇敬畏、曰戒逸欲,其于诚意正心之事盖云备矣。然臣读朱熹诚意章解,窃有见于审几之一言。盖天下之理二,善与恶而已矣,善者天理之本然,恶者人欲之邪秽。所谓崇敬畏者,存天理之谓也;戒逸欲者,遏人欲之谓也。然用功于事为之著,不若审察于几微之初尤易为力焉。臣不揆愚陋,窃原朱氏之意补"审几微"一节于二目之后,极知僭逾无所逃罪,然一得之愚或有可取,谨劚诸书之言有及于几微者于左。

谨理欲之初分

《大学》曰:所谓诚其意者,毋自欺也,如恶恶臭,如好好色,此之谓自谦,故君子必慎其独也(谦读为慊)。

朱熹曰:"诚其意者,自修之首也。毋者,禁止之辞。自欺云者,知为善以去恶而心之所发有未实也。谦,快也,足也。独者,人所不知而己所独知之地也。言欲自修者知为善以去其恶,则当实用其力而禁止其自欺。使其恶恶则如恶恶臭,好善则如好好色,皆务决去而求必得之以自快足于己,不可徒苟且以徇外而为人也。然其实与不实,盖有他人所不及知而己独知之者,故必谨之于此以审其几焉。"

臣按:诚意一章乃《大学》一书自修之首,而慎独一言又诚意一章用功之始。《章句》谓"谨之于此以审其几",所谓此者指独而言也,"独者,人所不知而己所独知之地也"。盖以学者用功于致知之际,则固已知其心之所发有善有恶矣,亦固已知其善之当为而恶之当去矣。然其一念始发于心,须臾之顷、端绪之初,有实焉有不实焉,盖有他人所不及知而己所独知者,是则所谓独也。是乃人心念虑初萌动之端,善恶、诚伪所由分之始,甚细微而幽隐也。学者必审察于斯,以实为善而去恶,譬如人之行路,于其分岐之处举足不差,自此而行必由乎正道,否则,差毫厘而缪千里矣。《大学》释诚意指出慎独一言,示万世学者以诚意之方;《章句》论慎独指出几之一言,示万世学者以慎独之要。人能于此几微之初,致审察之力,体认真的,发端不差,则《大学》一书所谓八条目者皆将为己有矣。不然,头绪茫茫竟无下手之处,各随所至而用功,待其既著而致力,则亦泛而不切、劳而少效矣。臣谨补入"审几微"一节,以为九重献。伏惟宫闱深邃之中,心气清明之际,澄神定虑,反己静观,察天理人欲之分,致扩充遏绝之力,则敬畏于是乎崇、逸欲于是乎戒。由是以制事,由是以用人,由是以临民,尧舜之君复见于今,泰和之治不在于古矣。臣不胜惓惓。

《中庸》曰:莫见乎隐,莫显乎微,故君子慎其独也。

朱熹曰:"幽暗之中,细微之事,迹虽未形而几则已动,人虽不知而己独知之,则是天下之事无有著见明显而过于此者。是以君子既常戒惧而于此尤加谨焉,所以遏人欲于将萌而不使其潜滋暗长于隐微之中,以至离道之远也。"

臣按:《大学》《中庸》二书皆以慎独为言,朱氏《章句》于《大学》慎独曰"审其几",《中庸》慎独曰"几则已动",先儒谓一几字是吃紧为人处也。夫所谓独者,岂出于隐微之外哉?隐微是人之所不睹不闻而我所独睹独闻之处也。向也戒惧乎己之所不睹不闻，是时犹未有其几也，虽有其几未动也。今则人虽不睹不闻而己则有所睹有所闻矣，己所独睹独闻者岂非其几乎？几已动矣而人犹未之知，人虽未知而我已知之，则固已甚见而甚显矣，此正善恶之几也。于其几动之处而致其谨焉，戒慎乎其所初睹，恐惧乎其所初闻，方其欲动不动之间、已萌始萌之际，审而别之，去其恶而存其善，慎而守之，必使吾方寸之间、念虑之际，绝无一毫人欲之萌而纯乎义理之发，则道不须臾离于我矣。

《易》曰：几者动之微，吉之先见者也（《汉书》"吉之"之间有"凶"字，今从之）。

程颐曰："所谓几者始动之微也，吉凶之端可先见而未著者也。"

臣按：《大易》"几者动之微"一言，乃万世训几字之始。盖事理之在人心有动有静，静则未形也，动则已形也。几则是动而未形，在乎有无之间，最微细而难见，故曰"动之微"，虽动而未离于静，微而未至于著者也。此是人心理欲初分之处，吉凶先见之兆，先儒所谓万事根源、日用第一亲切工夫者此也，大舜精以察之，颜子有不善未尝不知，皆于此著力焉。方其一念初萌之始，即豫有以知其善恶之几。知其为善也，善者吉之兆，断乎可为则为之必果；知其为恶也，恶者凶之兆，断乎不可为则去之不疑。则其所存、所行皆善而无恶，而推之天下国家，成事务而立治功，罔有所失矣。

孟子曰："恻隐之心，仁之端也；羞恶之心，义之端也；辞让之心，礼之端也；是非之心，智之端也。凡有四端于我者，知皆扩而充之矣，若火之始然、泉之始达。苟能充之，足以保四海。"

朱熹曰："恻隐、羞恶、辞让、是非，情也。仁、义、礼、智，性也。端，绪也。因其情之发而性之本然可得而见，犹有物在中而绪见于外也。四端在我，随处发见，即此推广而充满其本然之量，则其日新又新，将有不能自已者矣。"

又曰："四端是始发处。端训始字尤切，如发端、履端、开端之类皆始也。凡有四端，若火始然、泉始达，始然便是火之端，始达便是水之端。"

臣按：人心初动处便有善恶之分。然人心本善，终是善念先生，少涉于情然后方有恶念耳，是以见孺子入井者即有怵惕之心，见人蒙不洁者即有憎恶之心，二者皆是情也，而实由乎其中有仁义之性，故其始初端绪发见于外，自然如此也。四端在人者随处发见，人能因其发念之始，几微才见、端绪略露即加研审体察，以知此念是仁、此念是义、此念是礼或是智，于是扩而充之，由恻隐之端而充之以为不忍人之仁，由羞恶之端而充之以为不胜用之义，与夫辞让、是非皆然，则凡所为者溥博渊泉而时出之矣。孟子所谓端与《大易》所谓几，皆是念虑初生之处，但《易》兼言善恶，孟子就性善处言尔。是故几在乎审，端在乎知，既知矣，又在乎能扩而充之，知而不充则是徒知而已。然非知之于先，又曷以知其为善端而充之哉？此君子所以贵乎穷理也。

《通书》曰：几善恶。又曰：动而未形有无之间者，几也。

又曰：不思则不能通微，不睿则不能无不通。是则无不通生于通微，通微生于思故。思者，圣功之本而吉凶之机也。

朱熹曰："几者动之微，善恶之所由分也。盖动于人心之微，则天理固当发见，而人欲亦已萌乎其间矣。"或问几如何是动静之间？曰："似有而未有之时，在人识之尔。"

又曰："一念起处，万事根源，尤更紧切。"

又曰："几有善恶之分，于此之时宜常穷察，识得是非。其初乃毫忽之微，至其穷察之久，渐见充越之大，天然有个道理开裂在这里，此几微之决善恶之分也。若于此分明，则物格而知至，知至而意诚，意诚而心正，身修、家齐、国治、天下平自己不得止不住。"

又曰："几是动之微，是欲动未动之间，便有善恶，须就这处理会。若至于发著之甚，则亦不济事矣。所以圣贤说'戒慎乎其所不睹，恐惧乎其所不闻'，又说'慎其独'，都是要就这几微处理会，几微之际大是切要。"

又曰："微动之初，是非善恶于此可见。一念之生，不是善便是恶。"

又曰："几微之间，善者便是天理，恶者便是人欲，才觉如此，存其善去其恶可也。"

又曰："周子极力说个几字，尽有警发人处。近则公私、邪正，远则废兴、存亡，只于此处看破便斡转了。此是日用第一亲切工夫，精粗、隐显一时穿透，尧、舜所谓'惟精惟一'，孔子所谓'克己复礼'，便是此事。食芹而美，甚欲献之吾君。"

又曰："天理人欲之分，只争这些子故。周子只管说几字，然辨之不可不早，故横渠每说豫字。"

臣按:宋儒周敦颐因《易》"几者动之微"一言而著之《通书》者为详,朱熹因周氏之言而发明之者尤为透彻。即此数说观之,则几之义无余蕴矣。至其用功之要,则敦颐所谓思,张载所谓豫,熹于《大学章句》所谓审者,尤为着力处也。诚能于其独知之地,察其端绪之微而分别之,扩充其善而遏绝其恶,则治平之本于是乎立,作圣之功于是乎在矣。

以上谨理欲之初分。

察事几之萌动

《易》曰:夫易,圣人之所以极深而研。研犹审也。几也,惟深也故能通天下之志,惟几也故能成天下之务。

臣按:《周易》此言虽为《易》书而发,然于人君图治之道实切要焉。盖事几之在天下无处无之,而在人君者,一日二日之间其多乃盈于万,是所以研审其几微之兆以成天下之务者,岂他可比哉?先儒朱熹谓,深就心上说,几就事上说,深在心甚玄奥,几在事半微半显。请即君身言之,人君一心渊奥静深,诚有不可测者,然其中事事皆备焉。事之具也各有其理,事之发也必有其端,人君诚能于其方动未形之初,察于有无之间,审于隐显之际,端倪始露豫致其研究之功,萌芽始生即加夫审察之力,由是以厘天下之务、御天下之人、应天下之变,审察于其先,图谋于其易,天下之务岂有难成也哉?

知几其神乎?君子上交不谄,下交不渎,其知几乎!

程颐曰:"见事之几微者其神妙矣乎!君子上交不至于谄、下交不至于渎者,盖知几也,不知几则至于过而不已。交于上以恭巽,故过则为谄;交于下以和易,故过则为渎。君子见于几微,故不至于过也。所谓几者,始动之微也,吉凶之端可先见而未著者也。"

臣按:先儒朱熹谓,事未至而空言,其理也易见。事已至而理之显然者,亦易见。惟事之方萌而动之微处,此最难见。噫,此知几者所以惟神明不测者能之也欤?君子交于上则不谄,所以不谄者,知谄之流弊必至于屈辱也;交于下则不渎,所以不渎者,知渎之末流必至于欺侮也。故于其初动未形之时而审之,则知上交者不可谄、下交者不可渎也。在人君者虽无上交,然人臣有谄谀之态,则于其初见之始即抑绝之,不待其著见也。至于交接臣下之际,尤当严重,稍有一毫狎渎之意,则已毅然戒绝之,是亦知几者矣。

君子见几而作，不俟终日。《易》曰："介于石，不终日，贞吉。"介如石焉，宁用终日？断可识矣！君子知微知彰，知柔知刚，万夫之望。

程颐曰："君子明哲，见事之几微，故能其介如石。其守既坚则不惑，而明见几而动，岂俟终日也？断，别也。其判别可见矣。微与彰、柔与刚，相对者也。君子见微则知彰矣，见柔则知刚矣，知几如是，众所仰也，故曰'万夫之望'。"

胡寅曰："阴阳之运，天地之化，物理、人事之始终，皆自茫忽毫厘至于不可御，故修德者矜细行，图治者忧未然，尧舜君臣反覆警省，未尝不以几为戒。故折句萌则百寻之木不能成矣，忽蚁穴则千丈之堤不能固矣，君子所以贵于见几而作也。"

臣按：天下之事莫不有几，惟其知之豫也，然后能戒之于早，而不至于暴著而不可遏。苟在已者见道有未明，立志有不坚，临事而不暇致思，虽思而不能审处，故几未至也则暗昧而不知，几既见也则迟疑而不决，是以君子贵乎明哲而定静。明哲则中心无所惑，而灼有所见于善恶未分之初；定静则外物不能动，而确有所守于是非初分之际。见微而知其彰，不待其昭著也；见柔而知其刚，不待其坚凝也。所以然者，亦惟在乎格物以致其知，知止而后有定，定而静，静而安，安而虑，虑而至于能得。如此则无不知之几，不俟终日而判断矣。然此非特可为万夫之望，则虽如神之圣殆亦可几也乎！

象曰：天与水违行，讼。君子以作事谋始。

程颐曰："天上水下相违而行，二体违戾，讼之由也。若上下相顺，讼何由兴？君子观象，知人情有争讼之道，故凡所作事必谋其始。"

朱熹曰："作事谋始，讼端绝矣。"

项安世曰："乾阳生于坎水，坎水生于天一，乾、坎本同气而生者也，一动之后相背而行，遂有天渊之隔。由是观之，天下之事不可以细微而不谨也，不可以亲昵而不敬也，祸乱之端，夫岂在大？曹、刘共饭，地分于匕箸之间；苏、史灭宗，忿起于笑谈之顷。谋始之诲，岂不深切著明乎？"

都洁曰："天为三才之始，水为五行之始，君子法之，作事谋始。"

臣按：先儒谓天左旋而水东注，违行也。作事至于违行而后谋之，则无及矣。是故君子体《易》之象，凡有兴作必谋其始焉。何则？理在天地间，大中至正，无有偏枉，从之而行则上下相顺，违之而行则彼此交逆。是以君子一言之将发也,一行之将动也,一事功之将施行也,则反之于己、体之于人,揆之于心、绎之于理,顺乎逆乎?顺则徐为之,逆则亟止之,不待发于声、征于色、见于施为,以作过取怨、启争构讼而贻异时之悔,是则所谓谋始也。谋之又谋,必事于理不相悖,人与我不相妨,前与后不相衡决,上与下不相龃龉,然后作之,则所行者无违背之事矣。事无违行,则凡所云为,举错者皆合于天理、顺于人心,又安有纷纷之口语、猎猎之讼言乎?或曰,兴讼构狱,官府之事也,朝廷之于民直驱之而已,彼将谁讼乎?吁!上之于下,势不同而理同,下之于上,不敢言而敢怒,民之讼于心也甚于其讼于口也,民之讼于天也甚于其讼于官也。仁智之君诚畏天谴、畏民怒,凡有兴作,恶可不谋于始乎?

《虞书》:兢兢业业,一日二日万几。

蔡沉曰:"几,微也。《易》曰:'惟几也故能成天下之务。'盖祸乱之几藏于细微,而非常人之所豫见,及其著也则虽智者不能善其后。故圣人于几则兢业以图之,所谓图难于其易、为大于其细者,此也。一日二日者,言其日之至浅。万几者,言其几事之至多也。盖一日二日之间,事几之来且至万焉,是可一日而纵欲乎?"

臣按:天下之事必有所始,其始也则甚细微而难见焉,是之谓几。非但祸乱有其几也,而凡天下万事万物莫不有焉。人君于其几而审之事之未来而豫有以知其所将然、事之将来而豫有以知其所必然,于其几微之始致其审察之功,果善欤则推而大之,果恶欤则遏而绝之,则善端于是而扩充,恶念于是乎消殄,逸欲无自而生,祸乱无由而起。夫如是,吾身之不修、国家之不治,理未之有也。苟不先审其微,待其暴著而后致力焉,则亦无及矣。此古之帝王所以兢兢业业,致审于万事几微之初也欤!

禹曰:"都,帝。慎乃在位。"帝曰:"俞。"禹曰:"安汝止,惟几惟康。"

蔡沉曰:"天位惟艰,一念不谨或以贻四海之忧,一日不谨或以致千百年之患。帝深然之,而禹又推其所以谨在位之意,曰安汝止也。止者,心之所止也。安之云者,顺适乎道心之正而不陷于人欲之危也。惟几所以审其事之发,惟康所以省其事之安。"

臣按:几者动之微,动者几之著。方其静而未动也,未有几也,几既动而后事始萌,由是渐见于形象而事成焉。苟于几微之初不知所审,而欲其事为之著得其安妥,难矣!臣愚以为,惟几者又惟康之本也,人君慎其在位而必欲得其庶事之康,非审于事几发动之初,曷由得哉?

帝庸作歌曰:"敕天之命,惟时惟几。"

蔡沉曰:"敕,戒敕也。几,事之微也。惟时者,无时而不戒敕也。惟几者,无事而不戒敕也。盖天命无常,理乱、安危相为倚伏,今虽治定功成,礼备乐和,然顷刻谨畏之不存则怠荒之所自起,毫发几微之不察则祸患之所自生,不可不戒也。"

臣按:此章帝舜将欲作歌而先述其所以歌之意也。歌之序意在乎戒天命而谨时几。时以天时言,几以人事言。无一时而不戒敕,以无一时而非天命之所寓也;无一事而不戒敕,以无一事而非天命之所存也。然谓之事可也,而谓之几者何哉?先儒谓,几者事之微也,方其事之始萌欲动未动之际,方是之时,善恶之形未分也而豫察其朕兆,是非之情未著也而豫审其几微,毫末方起已存戒谨之心,萌芽始茁已致防范之意,不待其滋长显露而后图之也。古之帝王所以戒敕天命也如此,其至所以祸乱不兴而永保天命也欤。后世人主不知戒敕天命,故虽事几暴著犹不知省及,至祸机激发始思所以图之,亦末如之何矣。噫,几之一言,虞廷君臣累累言之,是诚万世人君敕天命、保至治之枢要也,惟明主留意。

《周书》:嗣若功,王乃初服。呜呼,若生子,罔不在厥初生,自贻哲命。今天其命哲、命吉凶、命历年,知今我初服宅新邑,肆惟王其疾敬德。

朱熹曰:"王之初服不可不谨其习,犹子之初生不可不慎其初所教。盖习于上则智,习于下则愚矣。故今天命正在初服之时,敬德则哲、则吉、则历年,不敬则愚、则凶、则短折也。"

蔡沉曰:"嗣其有功者,谓继其能敬德而历年者也。况王乃新邑初政,服行教化之始乎。又叹息言王之初服若生子,无不在于初生习为善则善矣,自贻其哲命。为政之道,亦犹是也。"

陈栎曰:"明哲之性与生俱生,初生之时习于善则明可作哲,习于恶则靡哲不愚。哲则为天所命,愚则天不命焉。是自贻哲命,如所谓自求多福。此所谓无不在其初生时自贻哲命者,王之初服亦犹是也。王乃初服之时,天命之或吉或凶判于此,王德之或敬或否判于此,敬则能祈天永命,不敬则不能祈天永命。召公欲王乘此一初之机而疾敬德,疾之云者,欲其乘此机而速勉之,有今罔后之谓也。"

臣按:天下之事莫不有其初,家之立教在子生之初,国之端本在君立之初。盖事必有所从起之处，于所从起之处而豫为之区处，则本原正而支派顺矣。所从起之处即所谓初也，有一事即有一初，是以周公告成王以宅新邑为服行教化之初也。虽然，岂但宅邑一事哉？周公偶因所遭以告其君耳。是故人君知事之皆必有其初也，于其所服行之始而审其所发动之几，当其端绪肇启之时豫为终竟据守之地，即其始以占其终，即其微而究其著，即其近以虑其远，即其易以图其难，兢兢焉惟德之是敬，汲汲焉惟日之不足。是则所以自贻厥命者，于德为明哲，于事为吉祥，在身有寿考之征，在国有过历之祚。孰谓人君为治不本于一初，而其所以谨于其初者，又岂外于一敬哉？

《诗·鹤鸣》首章曰：鹤鸣于九皋，声闻于野。又曰：鹤鸣于九皋，声闻于天。

朱熹曰："鹤之鸣高亮，闻八九里。皋，泽中水溢出所为坎。从外数至九，喻深远也。鹤鸣于九皋而声闻于野，言诚之不可掩也。"

臣按：本朝学士朱善曰："知诚之不可掩，则知念虑方萌而鬼神已知形迹，欲掩而肺肝已见，所以不可无诚身之功也。"臣以是知天下万事万物之理不出乎一诚。诚者何？实理也。实有是形则实有是影，实有是器则实有是声，如此，《诗》言鹤之鸣也在乎九折之泽至深至远之处，而其声也乃闻于郊野虚空至高至大之间，如人之有为也在乎幽深隐僻之地，宜若人不知矣，然其发扬昭著于外者，乃无远而不至焉。是何也？有是实事于中则有是实声于外，诚之不可掩也。世之人主每于深宫之中有所施为，亦自知其理之非也，不胜其私欲之蔽乃至冒昧为之，遮藏引避，惟恐事情之彰闻，戒左右之漏泄，忌言者之讽谏，申之以切戒，禁之以严刑，卒不能使之不昭灼者，此盖实理之自然，不得不然如鹤鸣而声自闻也。嗟乎，天下之事有可为者、有不可为者，可为者必可言也，不可言者必不可为也，可为而不可言则非可为者矣。人君于此，凡其一念之兴、几微方动则必反思于心，曰吾之为此事可以对人言否乎？可以与人言则为之，不可与人言则不为，则所为者无非可言之事。若然，则吾所为者惟恐人传播之不远矣，尚何事于箝人口而罪人之议己也哉？

《礼记》曰：礼之教化也微，其止邪也于未形，使人日徙善远罪而不自知也，是以先王隆之也。《易》曰："君子慎始，差若毫厘，缪以千里。"此之谓也（引《易》今经文无之）。

叶梦得曰:"微者形而未大也,教以使人效,化以使人迁,故从善而不自知。未形者有形之兆也,止邪于将兆,则人知舍彼以就此,故远罪而不自知。"

吴澄曰:"礼之导人为善每在善几方动之初,其禁人为恶亦在恶几未见之时,非若其他法令刑罚之属,待其显见而后劝率惩遏之也。又引《易》以证之,始谓其初未显、未见之时,慎谓宜及此时以礼导其善、防其恶,不可失此几也。倘或不然,不于其始而教之止之,其差虽若毫发之近,至于既显既见而后教之止之,则难为力,其缪乃有千里之远,言其缪甚大也。"

臣按:先王为治而必隆重于礼者,盖以礼为教化之本,所以遏民恶念而启其善端,约之于仁义、道德之中,而使其不荡于规制法度之外,以至于犯戒令罹刑宪焉,自有不知所以然而然者矣。则其为教化也不亦微乎?微者,几之初动未大者也。君子于其几微方动未形之始而慎之,慎之何如?亦隆礼而已矣。是故知男女之有欲也,则制婚礼以止其淫辟之行于情窦未开之先;知饮食之易争也,则制乡饮以止其争斗之狱于朵颐未动之始;制丧祭之礼以止其倍死忘生之念于哭临奠献之际,制聘觐之礼以止其倍畔侵陵之患于玉帛俎豆之间,是皆不待欲动情胜之时而自有潜销速化之妙,纵有过差不远,而复尚何差缪而至于千里之辽绝乎?

子曰:"不曰如之何、如之何者,吾末如之何也已矣。"

朱熹曰:"如之何、如之何者,熟思而审处之辞也。不如是而妄行,虽圣人亦无如之何矣。"

臣按:先儒有言,善为天下国家者,谨于微而已矣。谨微之道在于能思,是以欲兴一念、作一事、取一物、用一人,必于未行之先、欲作之始,反之于心,反覆绅绎至再至三,虑其有意外之变,恐其有必至之忧,如何而处之则可以尽善,如何而处之则可以无弊,如何而处之则可以善后而久远,皆于念虑初萌之先、事几未著之始,思之必极其熟、处之必极其审,然后行之,如此则不至于倒行逆施而收万全之功矣。苟为不然,率意妄行,徒取一时之快而不为异日之图,一旦驯致于覆败祸乱无可奈何之地,虽圣人亦将奈之何哉。是故君子之行事也,欲防微而杜渐,必熟思而审处。

司马光曰:"《书》曰'一日二日万几',何谓万几?几之为言微也,言戒惧万事之微也。夫水之微也捧土可塞,及其盛也漂木石、没丘陵;火之微也勺水可灭,及其盛也焦都邑、燔山林。故治之于微则用力寡而功多,治之于盛则用力多而功寡,是故圣帝明王皆销患于未萌、弭祸于未形,天下阴被其德而莫知其所以然也。"又曰:"未然之言常见弃忽,及其已然又无所及。夫宴安怠惰肇荒淫之基,奇巧珍玩发奢泰之端,甘言悲词启侥幸之涂,附耳屏语开谗贼之门,不惜名器导僭逼之源,假借威福授陵夺之柄。凡此六者,其初甚微,朝夕狎玩未睹其害,日滋月益遂至深固,比知而革之则用力百倍矣。"

臣按:宋仁宗时司马光上五规,其四曰重微,其中引孔子告鲁君之语,谓昧爽夙兴正其衣冠,平旦视朝虑其危难,一物失理,乱亡之端,以此思忧则忧可知矣。盖人君惟不知忧也,故不知所虑。当夫安逸之时知有乱亡之祸,则必忧之矣。忧之则虑之,虑之于无事之时而寻其端绪之所自起、究其流弊之所必至,如光所言之六事者,触类而长之,随机而应之,逆料其未然之害,远探其将至之患,千里之外如在目前,百年之远如在旦夕,事事而思之惟恐一物之失理,汲汲而已之惟恐须臾之尚在,不玩狎而因循,不苟且而姑息,惕然而常警于心,毅然而必致其决,凛然而深惧其危。如此则修之于庙堂而德冒四海,治之于今日而福流万世。诚有如光之所以期其君者,尚何危难之有哉?

以上察事几之萌动。

防奸萌之渐长

《坤》:初六,履霜,坚冰至。象曰:履霜坚冰,阴始凝也;驯致其道,至坚冰也。《文言》曰:积善之家必有余庆,积不善之家必有余殃。臣弑其君、子弑其父,非一朝一夕之故,其所由来者渐矣,由辩之不早辩也。《易》曰"履霜,坚冰至",盖言顺也(顺当作慎)。

程颐曰:"阴之始凝而为霜,履霜则当知阴渐盛而至坚冰矣。犹小人始虽甚微,不可使长,长则至于盛也。"

又曰:"天下之事未有不由积而成,家之所积者善则福庆及于子孙,所积不善则灾殃流于后世,其大至于弑逆之祸,皆因积累而至,非朝夕所能成也。明者则知渐不可长,小积成大,辩之于早不使顺长,故天下之恶无由而成,乃知坚冰之戒也。"

臣按:辩之于早即所谓审微也。《坤》卦此爻阴始生于下,其端甚微,而其势必至于盛,其象如人之初履霜也,则知其为阴气之凝。夫阴气之始凝也但结为微薄之霜耳,驯而至于极盛且将为坚厚之冰焉。大凡国家祸乱之变、弑逆之故,其原皆起于小人,诚能辩之于早、慎之于微,微见其萌芽之生、端绪之露,即有以抑遏壅绝之,不使其有滋长积累之渐,以驯致夫深固坚牢之势,则用力少而祸乱不作矣。圣人作《易》以此垂戒,示人以扶阳抑阴之意。盖阳为君子、阴为小人,小人之初用也未必见其有害,然其质本阴柔,用之之久,驯致之祸有不能免者。人君知其为小人也,则于初进之际窥见其微即抑之黜之,不使其日见亲用,则未萌之祸消矣。夫然,又安有权奸窃柄之祸、佞幸蛊心之害哉?

《大畜》:六四,童牛之牿,元吉(童者,未角之称,牿施横木于牛角以防其触者也)。六五,豮豕之牙,吉(攻其特而去之曰豮,所以去其势也)。

程颐曰:"初居最下,阳之微者。微而畜之则易制,犹童牛而加牿,大善而吉也。盖人之恶止于初则易,既盛而后禁则扞格而难胜,莫若止之于初也。"又曰:"豕刚躁之物而牙为猛利,若强制其牙则用力劳而不能止其躁猛,若豮去其势则牙虽存而刚躁自止,其用如此,所以吉也。君子法豮豕之义,知天下之恶不可以力制也,则察其机、持其要,塞绝其本原,故不假刑罚严峻而恶自止也。"

臣按:《易》之《大畜》此二爻诚人君制恶之要术也。人君之于小人,诚能察之于其微,知其不可用,制之于早使其不敢肆,操之有要使彼自戢止,则天下国家又安得有莽、懿之祸,览、节之患哉?君子所以贵乎炳几先也,不然则无以知其为小人,将驯致于权不可收、势不可遏之地矣,可不戒哉!

《姤》:初六,系于金柅(柅,止车之物。止之以坚强之金柅)。贞吉(静正则吉),有攸往,见凶(往而进,见之则凶)。羸豕孚蹢躅(羸弱之豕,中心之诚在乎蹢躅跳踯也)。

程颐曰:"《姤》阴始生而将长之卦,一阴生则长而渐盛,阴长则阳消,小人道长也。制之当于其微而未盛之时。君子、小人异道,小人虽微弱之时未尝无害,君子之心防于微则无能为矣。"

又曰:"如李德裕处置近幸,徒知其帖息畏伏,而忽于志不忘逞,照察少不至则失其几也。"

臣按:先儒有言豕方羸时力未能动,然至诚在于蹢躅,得伸则伸矣。如唐武宗时李德裕为相,君臣契合莫能间之,近幸帖息畏伏,诚若无能为者,而不知其志在求逞也,其后继嗣重事卒定于其手而德裕逐矣,几微之间所当深察。虽然,《易》之言又不特为君子、小人设也,吾心天理、人欲之几亦若是焉。人欲之萌,盖有甚于赢豕之可畏者,能于此而止之而不使其滋长,则善矣。臣愚以为,吾心私欲窃伏之几,尤甚于小人帖息求逞之几,必先有以防乎已然,后可以防乎人也。此又卦爻言外之意。

《诗·小弁》:莫高匪山,莫浚匪泉。君子无易由言,耳属于垣。

朱熹曰:"山极高矣而或陟其巅,泉极深矣而或入其底,故君子不可易于其言,恐耳属于垣者,有所观望左右而生谗谮也。"

吕祖谦曰:"唐德宗将废太子而立舒王,李泌谏之,且曰:'愿陛下还宫勿露此意,左右闻之将树功于舒王,太子危矣!'此正'君子无易由言,耳属于垣'之谓也。"

臣按:李泌谏德宗曰"勿露此意",所谓此意之露,即是几微初动之处也。意在言前,又不但若《诗》所谓"无易由言"而已也。小人非惟听吾言之所发有所观望而生谗谮,亦且伺吾意之所向有所予夺而窃权柄,是以人君于凡施为举动,如命官、讨罪之类,皆当谨之于几微之先,不可轻露其意,使小人得以窥测之。苟或一露其几,则将有贪天功以为己,私假上权以张己威,树功于人收恩于己者矣,不独如李泌所谓建储一事也。

《通鉴》:初命晋大夫魏斯、赵籍、韩虔为诸侯。

司马光曰:"事未有不始于微而成于著,圣人之虑远,故能谨其微而治之;众人之识近,故必待其著而后救之。治其微则用力寡而功多,救其著则竭力而不能及也。"

胡寅曰:"善为天下国家者,谨于微而已矣。卑宫恶服,虑侈汰也;不遑暇食,防逸豫也;栗栗危惧,戒骄溢也;动守宪度,虞祸乱也。不为嗜欲则娱乐之言无自进,不好功利则兴作之计无自生,颦笑不苟谁敢矫假,八柄在己谁擅威福。诚如是,虽使六卿复起,三家辈作,操(曹操)、懿(司马懿)、莽(王莽)、温(朱温)接踵于朝,方且效忠宣力之不暇,而何有于他志。是故韩、赵、魏之为诸侯,孔子所谓吾末如之何者,人君监此亦谨于微而已矣。"

臣按:三晋欲剖分宗国非一日矣,至是魏斯、赵籍、韩虔始自裂土而南面焉。周虽不命,其能禁其自侯哉?原其所起之由,先儒谓始自悼公委盟会于大夫,平公受货赂于崔杼,荀跞出会三臣内叛,阴凝冰坚,垂及百年矣。是以君子临事贵于见几,作事贵于谋始,为大于其细,图难于其易。勿谓无害,其祸将大;勿谓无伤,其祸将长。

以上防奸萌之渐长。

炳治乱之几先

《五子之歌》曰：怨岂在明，不见是图。

臣按：蔡沉谓，民心怨背岂待其彰著而后知之，当于事几未形之时而图之也。嗟乎，使世之居人上者皆能图无形之怨，则天下岂有乱亡之祸哉！惟其不能图也，耳目蔽于左右，心志隔于上下，见者尚不能图，况不见乎？明者尚不能知，况未明乎？图之之道奈何？曰民之所好者逸乐也，吾役而劳之，民虽未怼也，吾则思曰力穷则怼民之情也，豫于事役将兴之初，度其缓急而张弛焉，不待其形于言也；民之所急者衣食也，吾征而取之，民虽未怨也，吾则思曰财穷则怨民之心也，豫于税敛于民之始，量其有无而取舍焉，不待其征于色也。凡有兴作莫不皆然，则民无怨背之心而爱戴其上如父母矣。噫，察民怨也于冥冥之中，弭民怨也于涓涓之始，古之帝王所以得民心而保天下者如此，后世人君则不然，视民如暗见如不见，此其所以上下相戕而祸乱相仍也欤。

《周官》：王若曰："若昔大猷，制治于未乱，保邦于未危。"

臣按：大猷谓大道之世也。若昔大道之世，制治、保邦于未乱、未危之前，所以常治而常安也。若待其既乱、既危而后制之、保之，则已无及矣。然则其道何由？亦曰审几而已矣。盖天下国家有治则有乱，有安则有危，然乱不生于乱而常生于治之时，危不起于危而常起于安之日，惟人君恃其久安而狃于常治也，不思所以制之、保之，于是乱生而危至矣。人君诚能于国家无事之时审其几先，兢兢然、业业然，恒以治乱、安危为念，谋之必周，虑之必远，未乱也而豫图制乱之术，未危也而豫求扶危之人，则国家常治而不乱，君位常安而不危矣。蔡沉解此，谓所以制治、保邦者即下文"明王立政"是也，而臣以审几为言者，窃以谓人君能于未乱、未危之前，审其事几之所始以防其末流之所终，则永无危乱之祸矣。其于制治、保邦之道似为切要，惟圣明留意。

《易》象曰：水在火上，既济，君子以思（思之于后）患而豫（为之于前）防之。

《唐书》：玄宗天宝末，安禄山反入关，帝独与贵妃姊妹、皇子、妃、主、皇孙及亲近宦官、宫人出延秋门，妃、主、皇孙之在外者皆委之而去。至咸阳望贤宫，日向中，帝犹未食，民献粝饭，杂以麦豆，皇孙辈争以手掬食之，须臾而尽。有老父郭从谨进言曰："在廷之臣以言为讳,阙门之外陛下皆不得知,草野之臣必知有今日久矣,但九重严邃,区区之心无路上达。事不至此,臣何由得睹陛下之面而诉之乎?"帝曰："朕之不明,悔无所及。"慰谕而遣之,命军士散诣村落求食。夜将半,乃至金城县,县民皆走,驿中无灯火,人相枕藉而寝,贵贱无以复辨。宋儒范祖禹曰："上下之等,以势相扶而已矣,天子以一身而寄天下之上,合而从之则为君,离而去之则为匹夫。明皇享国几五十年,一旦失国出奔,不四十里而已无食,天子之贵、四海之富其可恃乎?"

德宗建中四年,泾原兵过京师作乱,帝召禁兵御贼,无一人至者,乃与太子、诸王、公主自苑北门出,宦官左右从者仅百人,后宫诸王、公主不及从者什七八,遂幸奉天。贼登含元殿,争入府库,运金帛。时朱泚闲居,贼迎入宫,僭号称大秦皇帝。帝时在奉天经月,城中资粮俱尽,尝遣健步出城觇贼,其人恳以苦寒乞一襦裤,帝为求之不获,竟悯默而遣之。时供御才有粝米二斛,每伺贼间,夜缒人于城外采芜菁根而进之。

《宋史》:徽宗末年,金人分道南侵,将逼京师,乃传位钦宗。靖康元年,金人自真定趋汴,屯于城下,京师遂陷。金人欲邀徽宗出郊,钦宗乃代其往,遂如青城。金人索金一千万锭、银二千万锭、帛一千万匹,于是大括金银。金人逼钦宗易服,既而又欲徽宗至青城面议,且以内侍所具诸王、皇孙、妃、主名尽取之。徽宗即与其后同如青城,郓王楷及诸妃、公主、驸马及六宫有位号者皆从。凡法驾、卤簿、皇后以下车辂、冠服、礼器、法物、八宝、九鼎等物,及官吏、内人、内侍、技艺工匠、倡优,府库蓄积为之一空。

臣按:程颐有言:"时当既济,惟虑患害之生,故思而豫防,使不至于患也。自古天下既济而致祸乱者,盖不能思患而豫防也,何也? 盖物极则反,势至则危,理极则变,有必然之理也。人君于此思其未萌之患,虑其末流之祸,展转于心胸之间,图谋于思虑之际,审之于未然,遏之于将长,曲尽其防闲之术,旁求夫消弭之方,毋使一旦底于不可救药、无可奈何之地,则祸患不作而常保安荣矣。"先儒有言成汤之危惧、成王之阀毖皆思患豫防之谓也。后世人主若唐玄宗、德宗、宋之徽宗皆恃其富盛而不谨于几微,遂驯致于祸乱而不可支持之地,谨剟于篇以垂世戒。若夫叔季之君,未致于既济之时而罹祸乱者,则不载云。臣尝因是而通论之,自古祸乱之兴未有不由微而至著者也,人君惟不谨于细微之初,所以驯致于大乱极弊之地,彼其积弊之后,衰季之世固其宜也。若夫当承平熙洽之余,享丰亨豫大之奉,肆其胸臆信任匪人,穷奢极欲无所不至,一旦失其富贵尊荣之势而为流离困厄之归,是岂无故而然哉?其所由来必有其渐,良由不能慎之于始,审之于微,思其所必至之患,而豫先有以防之也。此三君者皆有过人之才,当既济之时不能防微谨始,思患而豫防之,以驯致夫困苦流离之极,有不忍言者。吁,可不戒哉,可不戒哉!臣故因《大易》思患豫防之象而引三君之事以实之,而著于审几微之末,以垂万世之戒,后世人主尚鉴于兹,兢兢业业,谨之于微,毋使一旦不幸而蹈其覆辙焉。岂彼一时一人之幸,其实千万世、亿兆之人之幸也。

以上炳治乱之几先。

(录自《大学衍义补》,清文渊阁《四库全书》本)

陈献章学案

陈献章(1428—1500),字公甫,号石斋,别号碧玉老人、玉台居士、江门渔父、南海樵夫、黄云老人等,广东新会白沙里人,学者称白沙先生。白沙村濒临西江入海之江门,所以明清学者称其学为江门之学。陈献章自幼熟读《四书》《五经》,早年曾锐意科举,有志于声名利禄。正统十二年(1447)中举人;第二年入京参加礼部会试,中副榜,选入国子监读书。景泰二年(1451)第二次参加会试,再次落第。在科场失意的情况下,他绝意于科举,投至在临川讲伊洛之学的吴与弼门下。半年后返乡,悟静坐之旨。三十八岁时,从广东来到北京,重游太学。由于写了《和杨龟山此日不再得韵》诗,诗中有"吾道有宗主,千秋朱紫阳。说敬不离口,示我入德方""枢纽在方寸,操舍决存亡",国子监祭酒邢让见后大加赞赏。三年后他第三次参加会试时,又以落第却告终。于是回到新会白沙,聚徒讲学,潜心学问,四方学者慕名而至,"自朝至夕,与门人宾友讲学,论天下事"。以后再未参加科举考试。五十六岁时,因广东左布政使彭韶和巡抚都御史朱英的推荐,明宪宗下诏征聘,陈献章应诏赴京。明宪宗令就试吏部,陈献章托辞有病没有参加。稍后,以体弱多病和老母年迈为由上疏,请求归家终养。明宪宗授以翰林检讨而放归。自此便居乡讲学,屡荐不起。张诩、湛若水、李承箕等都是他的学生。晚年,陈献章逍遥于自然,歌啸山林。明弘治十三年(1500),陈献章病逝于故土。万历十三年(1585)从祀孔庙,追谥"文恭"。陈献章是岭南地区从祀孔庙的唯一一人,故有"岭南一人"之誉。

陈献章早年追求读书穷理的格致方法,在师从吴与弼之后,仍然"惟日靠书册寻之,忘寝忘食,如是者亦累年,而卒未得焉。"于是转为求之本心。他自述说:"于是舍彼之繁,求吾之约,惟在静坐,久之,然后见吾此心之体,隐然呈露,常若有物。日用间种种应酬,随吾所欲,如马之御衔勒也。体认物理,稽诸圣训,各有头绪来历,如水之有源委也。于是涣然自信曰,作圣之功,其在兹乎!"由于采用了从静坐中寻求自得的"用功之方",终于"养出个端倪来",思想认识发生了根本性变化。晚年归家后陈献章养浩然自得之性,提出"以自然为宗"的为学宗旨及不离日用、于时事处现"本心","天地我立,万化我出,而宇宙在我矣"的理论。至此,其心学思想体系臻于完成,并预示着明代心学思潮的兴起。

陈献章生平不事著述,但颇有诗兴,作有大量的性理诗。他生平所作诗文,由其门人整理刊行为《白沙子全集》。嘉靖十二年(1533)湛若水校订再版,后多次重刻。中华书局于1987年分上、下两册出版《陈献章集》(孙通海点校),为研究陈献章学术思想提供了极大方便。

道学传序

自炎汉迄今,文字记录著述之繁,积数百千年于天下,至于汗牛充栋,犹未已也。许文正语人曰:"也须焚书一遭。"此暴秦之迹,文正不讳言之,果何谓哉?广东左方伯陈公取元所修《宋史·列传》中《道学》一编镂板,与同志者共之。《宋史》之行于天下有全书矣,公复于此留意焉。噫,我知之矣。

孔子曰:"十室之邑,必有忠信如丘者焉,不如丘之好学也。"后世由圣门以学者众矣,语忠信如圣人,鲜能之。何其与夫子之言异也?夫子之学,非后世人所谓学。后之学者,记诵而已耳,词章而已耳。天之所以与我者,固懵然莫知也。夫何故?载籍多而功不专,耳目乱而知不明,宜君子之忧之也。是故秦火可罪也,君子不讳;非与秦也,盖有不得已焉。

夫子没,微言绝。更千五百年,濂、洛诸儒继起,得不传之学于遗经,更相讲习而传之。载于此编者,备矣。虽与天壤共弊可也。抑吾闻之:六经,夫子之书也;学者徒诵其言而忘味,六经一糟粕耳,犹未免于玩物丧志。

今是编也,采诸儒行事之迹与其论著之言,学者苟不但求之书而求诸吾心,察于动静有无之机,致养其在我者,而勿以闻见乱之,去耳目支离之用,全虚圆不测之神,一开卷尽得之矣。非得之书也,得自我者也。盖以我而观书,随处得益;以书博我,则释卷而茫然。此野人所欲献于公与四方同志者之芹曝也。

承公命为序，故及之。公名选，字士贤，浙之临海人。先公勿斋先生宰新城，遗爱在民。公称其家学云。

论前辈言铢视轩冕尘视金玉

上

道至大，天地亦至大，天地与道若可相侔矣。然以天地而视道，则道为天地之本；以道视天地，则天地者，太仓之一粟，沧海之一勺耳，曾足与道侔哉？天地之大不得与道侔，故至大者道而已，而君子得之。一身之微，其所得者，富贵、贫贱、死生、祸福，曾足以为君子所得乎？君子之所得者有如此，则天地之始，吾之始也，而吾之道无所增；天地之终，吾之终也，而吾之道无所损。天地之大，且不我逃，而我不增损，则举天地间物既归于我，而不足增损于我矣。天下之物尽在我而不足以增损我，故卒然遇之而不惊，无故失之而不介。舜禹之有天下而不与，烈风雷雨而弗迷，尚何铢轩冕尘金玉之足言哉！然非知之真、存之实者，与语此反惑，惑则徒为狂妄耳。

中

天下事物，杂然前陈。事之非我所自出，物之非我所素有，卒然举而加诸我，不屑者视之，初若与我不相涉，则厌薄之心生矣。然事必有所不能已，物必有所不能无，来于吾前矣，得谓与我不相涉耶？夫子谓："不义而富且贵，于我如浮云。"谓薄不义也，非薄富贵也。孟子谓："舜视弃天下如敝屣。"亦谓重爱亲也，非谓轻天下也。君子一心，万理完具。事物虽多，莫非在我。此身一到，精神具随，得吾得而得之矣，失吾得而失之耳，厌薄之心，何自而生哉？巢父不能容一瓢，严陵不能礼汉光。此瓢此礼，天下之理所不能无，君子之心所不能已。使二人之心果完具，亦焉得而忽之也。若曰：物，吾知其为物耳；事，吾知其为事耳；勉焉，举吾之身以从之。初若与我不相涉，比之医家谓之不仁。昔人之言曰："铢视轩冕，尘视金玉。"是心也，君子何自得之哉？然非其人，与语此反惑，惑则累之矣。

或应曰:"是非所谓君子之心也,君子之辨也。"曰:"然。然无君子之心,徒有轻重之辨,非道也。"

下

或曰:"道可状乎?"曰:"不可。此理之妙不容言。道至于可言,则已涉乎粗迹矣。""何以知之?"曰:"以吾知之。吾或有得焉,心得而存之,口不可得而言之,比试言之,则已非吾所存矣。故凡有得而可言,皆不足以得言。"曰:"道不可以言状,亦可以物乎?"曰:"不可。物囿于形,道通于物,有目者不得见也。""何以言之?"曰:"天得之为天,地得之为地,人得之为人,状之以天则遗地,状之以地则遗人,物不足状也。"曰:"道终不可状欤?"曰:"有其方则可。举一隅而括其三隅,状道之方也。据一隅而反其三隅,按状之术也。然状道之方非难,按状之术实难。人有不知弹,告之曰:弹之形如弓,而以竹为弦。使其知弓则可按也。不知此道之大,告之曰:道大也,天小也,轩冕金玉又小。则能按而不惑者鲜矣。愚故曰:道不可状,为难其人也。"

仁术论

天道至无心。比其著于两间者,千怪万状,不复有可及。至巧矣,然皆一元之所为。圣道至无意。比其形于功业者,神妙莫测,不复有可加。亦至巧矣,然皆一心之所致。心乎,其此一元之所舍乎!

昔周公扶王室者也,桓文亦扶王室也。然周公身致太平,延被后世;桓文战争不息,祸藏于身者,桓文用意,周公用心也。是则至拙莫如意,而至巧者莫逾于心矣。

孟氏学圣人也。齐王不忍见一牛之死,不有孟氏不知其巧也。盖齐王之心,即圣人之心,圣人知是心之不可害,故设礼以预养之,以为见其生而遂见其死,闻其声而遂食其肉,则害是心莫甚焉,故远庖厨也。夫庖厨之礼至重,不可废;此心之仁至大,不可戕。君子因是心,制是礼,则二者两全矣,巧莫过焉。齐王之心一发契乎礼,齐王非熟乎礼也,心之巧同也。

"圣人诛民害而进之,四裔之民奚罪焉?"亦曰:"戮之则伤仁,存之遗害。"故圣人之仁有权焉,使之远寓魑魅,则害去而恶亦不得施矣。夫人情之欲在于生,圣人即与之生;人情之恶在于死,圣人不与之死,恶众人所恶也。圣人即进除裔夷,恶难施也。圣人以投恶,圣人一举而迭中。圣人未尝巧也,此心之仁自巧也,而圣人用之。故天下有意于巧者,皆不得厕其间矣。周公一金縢,大发瘝时主。以后世事观,至巧矣。周公岂有意耶?亦任心耳。

论诗不易

宋欧阳文忠公最爱唐人《游寺诗》:"曲径通幽处,禅房花木深。"又爱一人《送别诗》:"晓日都门道,微凉草树秋。"云:"修平生欲道此语,道不得。"朱文公谓:"今人都不识此等好处是如何。"二公最知诗者也,后人诚未易及。如此两联,予始因欧公叹赏之至,欲求见其所以妙如欧公之意了不可得,遍问诸朋友无知者。徐取魏晋以下诸名家所作,凡为前辈点出者,反覆玩味,久之乃若粗有得焉。间举以告今之善言诗者,亦但见其唯唯于吾所已言者而已。吾所不言者,彼未必知也。夫然后叹欧公之绝识去今之人远甚,而信文公之言不诬也。噫,诗可易言哉!

复赵提学佥宪

一

来教摘诸圣贤垂世之言,与仆之事参而辨之,大抵爱我深而告我尽也。仆用是知执事之心,一峰明白不欺之心也。一峰死,仆哭之恸,以为自今而后不复有如一峰者,今乃有执事。幸甚,幸甚。

执事为说,本之经训,与仆所以为学、所以语人者同归而殊途。但仆前简失之太略,执事见之太明,故疑仆之意异于执事,而实不异也。执事谓:"浙人以胡先生不教人习四礼为疑。"仆因谓:"礼文虽不可不讲,然非所急。"正指四礼言耳,非统论礼也。礼无所不统,有不可须臾离者,克己复礼是也。若横渠以礼教人,盖亦由是而推之,教事事入途辙去,使有所据守耳。若四礼则行之有时,故其说可讲而知之。学者进德修业,以造于圣人,紧要却不在此也。程子曰:"且省外事,但明乎善,惟进诚心。"外事与诚心对言,正指文为度数,若以其至论之文为度数,亦道之形见非可少者。但求道者有先后缓急之序,故以且省为辞,省之言略也,谓姑略去之,不为害耳。此盖为初学未知立心者言之,非初学不云且也。若以外事为外物累己,而非此之谓,则当绝去,岂直省之云乎?"不规规于往迹以干誉目前",仆之此言亦有为而发,尝与胡先生言之矣,非讽执事也。此不欲形于笔札,俟面告。执事于仆谓无间者也,苟事有未当,仆得尽言之,岂假讽哉?

仆才不逮人,年二十七始发愤从吴聘君学,其于古圣贤垂训之书,盖无所不讲,然未知入处。比归白沙,杜门不出,专求所以用力之方。既无师友指引,惟日靠书册寻之,忘寝忘食,如是者亦累年,而卒未得焉。所谓未得,谓吾此心与此理未有凑泊吻合处也。于是舍彼之繁,求吾之约,惟在静坐,久之,然后见吾此心之体隐然呈露,常若有物。日用间种种应酬,随吾所欲,如马之御衔勒也。体认物理,稽诸圣训,各有头绪来历,如水之有源委也。于是涣然自信曰:"作圣之功,其在兹乎!"有学于仆者,辄教之静坐,盖以吾所经历粗有实效者告之,非务为高虚以误人也。

执事知我过胡先生而独不察此,仆是以尽言之,希少留意。余不屑屑。

三

古冈病夫陈某再拜书复佥宪赵大人先生执事:

伏读来谕。执事所以进仆者至矣,所以教仆者亦至矣。仆一颛愚人耳,凡百无所通晓,惟知自守而已。曩者,至京师与诸贤士大夫游,日听其论议天下之事,亦颇有益。惟是愚憨,终不能少变以同乎俗,是以信己者少,疑己者多也。仆之所深与者皆执事同年,而独执事之名未闻也。奉附到董给事书,其中称道盛德不少置,仆私心喜甚,以为此来当得一见。非子仁,仆无以知执事。然以子仁之言,又未尝不追恨于京游之日也。

承谕有为毁仆者,有曰:"自立门户者,是流于禅学者。"甚者则曰:"妄人,率人于伪者。"凡于数者之诋,执事皆不信之,以为毁人者无所不至,自古圣贤未免见毁于人。甚矣,执事之心异于时人之心也。仆又安敢与之强辩?姑以迹之近似者为执事陈之。

孔子教人文、行、忠、信,后之学孔氏者则曰:"一为要。"一者,无欲也。

无欲则静虚而动直，然后圣可学而至矣。所谓"自立门户"者，非此类欤？佛氏教人曰静坐，吾亦曰静坐；曰惺惺，吾亦曰惺惺；调息近于数息，定力有似禅定。所谓"流于禅学者"，非此类欤？仆在京师，适当应魁养病之初，前此克恭亦以病去，二公皆能审于进退者也。其行止初无与于仆，亦非仆所能与也。不幸其迹偶与之同，出京之时又同，是以天下之责不仕者，辄涉于仆，其责取证于二公。而仆自己丑得病，五、六年间自汗时发，母氏加老，是以不能出门耳，则凡责仆以不仕者遂不可解。所谓"妄人，率人于伪者"，又非此类欤？仆尝读程子之书，有曰："学者当审己何如，不可恤浮议。"仆服膺斯言有年矣，安敢争天下之口而浪为忧喜耶？其晦也不久，则其光也不大；其诎也不甚，则其信也不长。物理固亦有然者矣，仆或不为此戚戚也。且仆闻投规于矩，虽工师不能使之合；杂宫于羽，虽师旷不能使之一。何则？方圆之体不同，缓急之声异也。尚何言哉！尚何言哉！惟执事矜其志而略其迹，取之群咻之中，置之多士之列，则天下之知仆者无如执事矣。幸甚，幸甚！

都宪公虽未见颜色，然仰之十余年矣。比闻下车以来，德政之布，沛若时雨，上自士大夫，下至闾阎小民，莫不欣跃鼓舞。仆固愿一见，况始者尝辱一言之誉，仆又岂敢自为疏放，比于固执者乎？使回，谨此以复。冒渎威尊，惶恐无已。

与湛民泽

七

与平湖语连日，不如与宾州一尺简。《易》曰："初筮告，再三渎。"渎则不告，此教者之事，夫岂有所隐哉？承示教，近作颇见意思。然不欲多作，恐其滞也。人与天地同体，四时以行，百物以生，若滞在一处，安能为造化之主耶？古之善学者，常令此心在无物处，便运用得转耳。学者以自然为宗，不可不着意理会。俟面尽之。

九

此学以自然为宗者也。承谕近日来颇有凑泊处，譬之适千里者，起脚不差,将来必有至处。自然之乐,乃真乐也。宇宙间复有何事?故曰,虽之夷狄,不可弃也。今之学者各标榜门墙,不求自得,诵说虽多,影响而已,无可告语者。暮景侵寻,不意复见同志之人,托区区于无穷者,已不落莫矣。幸甚,幸甚。楚云虽日望回,万一高堂意有未安,亦未可率尔行也。珍重。草白民泽进士。

十一

民泽足下:去冬十月一日发来书甚好。日用间随处体认天理,着此一鞭,何患不到古人佳处也。章自去秋感疾,迄今尚未平。昔者,高堂未倾,病辄叩天,愿少假之年。今庐冈之木且拱,吾何求哉!其未忘者,衡山一念而已。皇皇灵芝,一年三秀,予独何为有志不就?其可念也夫,其亦可叹也夫!

和杨龟山此日不再得韵

能饥谋艺稷,冒寒思植桑。少年负奇气,万丈磨青苍。梦寐见古人,慨然悲流光。吾道有宗主,千秋朱紫阳。说敬不离口,示我入德方。义利分两途,析之极毫芒。圣学信匪难,要在用心臧。善端日培养,庶免物欲戕。道德乃膏腴,文辞固粃糠。俯仰天地间,此身何昂藏。胡能追轶驾,但能漱余芳。持此木钻柔,其如磐石刚。中夜揽衣起,沉吟独彷徨。圣途万里余,发短心苦长。及此岁未暮,驱车适康庄。行远必自迩,育德贵含章。迩来十六载,灭迹声利场。闭门事探讨,蜕俗如驱羊。隐几一室内,兀兀同坐忘。那知颠沛中,此志竟莫强。譬如济巨川,中道夺我航。顾兹一身小,所系乃纲常。枢纽在方寸,操舍决存亡。胡为谩役役,矸丧良可伤。愿言各努力,大海终回狂。

示湛雨

有学无学,有觉无觉。千金一瓠,万金一诺。于维圣训,先难后获。天命流行,真机活泼。水到渠成,鸢飞鱼跃。得山莫杖,临济莫渴。万化自然,太虚何说。绣罗一方,金针谁掇?

江门钓濑与湛民泽收管_{三首}

小坐江门不记年,蒲裀当膝几回穿。如今老去还分付,不卖区区敝帚钱。

皇王帝伯都归尽,雪月风花未了吟。莫道金针不传与,江门风月钓台深。

江门渔父与谁年,惭愧公来坐榻穿。问我江门垂钓处,囊里曾无料理钱。

达磨西来,传衣为信,江门钓台亦病夫之衣钵也。兹以付民泽,将来有无穷之托。珍重,珍重。

(录自孙通海点校,《陈献章集》,中华书局 1987 年版)

胡居仁学案

　　胡居仁(1434—1484),字叔心,号敬斋,江西余干县梅港人。幼时聪敏异常,时人谓之"神童"。他兴趣广泛,博览群书,经史百家,无不涉猎。及壮,师从吴与弼,而醇正笃实,饱读儒家经典,尤致力于程朱理学,过于其师。胡居仁放弃科举,身居山野,除侍亲和讲学外,不问世事,筑室山中,读书处取名"敬斋",四方来学者甚众。后为扩展见闻,他四处访学。曾主讲于白鹿洞书院,续修之学规,便特意列入"主诚敬以存其心"一条,作为朱子《白鹿洞学规》的补充。胡居仁暗修自守,布衣终身,一生致力于钻研学术,栽培后生,常与友人陈献章、娄谅、谢复、郑侃等人交游,吟诗作赋。万历十三年(1585)从祀孔庙,追谥"文敬"。

　　胡居仁之学主敬,"其以有主言静中之涵养"。又推崇理,认为"气之有形体者为实,无形体者为虚;若理则无不实也"。其穷理方法不止一端:"读书得之虽多,讲论得之尤速,思虑得之最深,行事得之最实。"胡居仁与陈献章同为吴与弼的弟子,陈献章是明初以来重提陆九渊之学使心学异军突起的发端人,王阳明之学即由此开显出来;胡居仁则是明初诸儒中坚守朱熹之学最醇者。胡居仁认为,陈献章对理学只是"窥见些道理本原",在功夫践履方面,只是笼统地讲静坐体验,没有循序渐进格物致知的细节规定,故其立说"遂成空见"。又指出,陈氏"物有尽而我无尽"的主张,乃是禅佛教的心性之说,有违儒门宗旨,陷入异教。胡氏之所以要对陈白沙提出批评,乃在于其学问宗旨的不同。敬斋主"敬",左绳右矩,严毅自律,属保守型的理学家,学问气象与白沙迥然有别。

　　胡居仁淡泊自处,自甘寂寞。远离官场,布衣终身。讲学之余,笔耕不辍,著述甚丰,有《胡文敬公集》《易象抄》《易通解》《敬斋集》《居业录》《居业录续编》等著作。今编有点校本《胡居仁文集》。

居业录

静中有物，只是常有个操持主宰，无空寂昏塞之患。

觉得心放，亦是好事。便提撕收敛，再不令走，便是主敬存心工夫。若心不知下落，茫茫荡荡，是何工夫！

穷理非一端，所得非一处，或在读书上得之，或在讲论上得之，或在思虑上得之，或在行事上得之。读书得之虽多，讲论得之尤速，思虑得之最深，行事得之最实。

孔子只教人去忠信笃敬上做，放心自能收，德性自能养。孟子说出求放心以示人，人反无捉摸下工夫处。故程子说主敬。

周子有主静之说，学者遂专意静坐，多流于禅。盖静者体，动者用；静者主，动者客。故曰主静，体立而用行也。亦是整理其心，不使纷乱躁妄，然后能制天下之动。但静之意重于动，非偏于静也。愚谓静坐中有个戒慎恐惧，则本体已立，自不流于空寂，虽静何害！

人心一放，道理便失；一收，道理便在。

"正其义不谋其利，明其道不计其功"，学者以此立心，便广大高明，充之则是纯儒，推而行之，即纯王之政。

程、朱开圣学门庭，只主敬穷理，便教学者有入处。

气之发用处即是神。陈公甫说无动非神，他只窥测至此，不识里面本体，故认为理。

事事存其当然之理，而己无与焉，便是王者事；事事着些计较，便是私吝心，即流于霸矣。

道理到贯通处，处事自有要，有要不遗力矣。凡事必有理，初则一事一理，穷理多则会于一，一则所操愈约。制事之时，必能契其总领而理其条目，中其机会而无悔吝。

儒者养得一个道理，释、老只养得一个精神。儒者养得一身之正气，故与天地无间；释、老养得一身之私气，故逆天背理。

释氏见道，只如汉武帝见李夫人，非真见也，只想像这道理，故劳而无功。儒者便即事物上穷究。

人虽持敬，亦要义理来浸灌，方得此心悦怿；不然，只是硬持守也。

今人说静时不可操，才操便是动。学之不讲，乃至于此，甚可惧也。静时不操，待何时去操？其意以为，不要惹动此心，待他自存，若操便要着意，着意便不得静。是欲以空寂杳冥为静，不知所谓静者，只是以思虑未萌、事物未至而言，其中操持之意常在也，若不操持，待其自存，决无此理。程子曰："人心自由便放去，又以思虑纷扰为不静，遂遏绝思虑以为静。殊不知君子九思，亦是存养法，但要专一。若专一时，自无杂虑。"有事时专一，无事时亦专一，此敬之所以贯乎动静，为操存之要法也。

敬为存养之道，贯彻始终。所谓涵养须用敬，进学则在致知，是未知之前，先须存养，此心方能致知。又谓识得此理，以诚敬存之而已，则致知之后，又要存养，方能不失。盖致知之功有时，存养之功不息。

程子曰："事有善恶，皆天理也。天理中物，须有美恶，盖物之不齐，物之情也。"愚谓阴阳动静之理，交感错综而万殊出焉，此则理之自然，物之不能违者，故云。然在人而言，则善者是天理，恶者是气禀物欲，岂可不自省察，与气禀恶物同乎！

心精明是敬之效，才主一则精明，二三则昏乱矣。

心无主宰，静也不是工夫，动也不是工夫。静而无主，不是空了天性，便是昏了天性，此大本所以不立也。动而无主，若不猖狂妄动，便是逐物徇私，此达道所以不行也。已立后，自能了当得万事，是有主也。

人之学易差。罗仲素、李延平教学者静坐中看喜怒哀乐未发以前气象，此便差却。既是未发，如何看得？只存养便是。吕与叔、苏季明求中于喜怒哀乐未发之前，程子非之。朱子以为，即已发之际，默识其未发之前者则可。愚谓若求未发之中，看未发气象，则动静乖违，反致理势危急，无从容涵泳意味。故古人于静时，只下个操存涵养字，便是静中工夫。思索省察，是动上工夫。然动静二端，时节界限甚明，工夫所施，各有所当，不可乖乱混杂，所谓"动静不失其时，其道光明"。今世又有一等学问，言静中不可着个操字，若操时又不是静，以何思何虑为主，悉屏思虑，以为静中工夫只是如此，所以流于老、佛。不知操字是持守之意，即静时敬也。若无个操字，是中无主，悠悠茫茫，无所归着，若不外驰，定入空无。此学所以易差也。

容貌辞气上做工夫，便是实学，慎独是要。

《遗书》言释氏"有敬以直内，无义以方外"；又言释氏"内外之道不备"。此记者之误。程子固曰："惟患不能直内。"内直则外必方,盖体用无二理,内外非二致,岂有能直内而不能方外,体立而用不行者乎?敬则中有主,释氏中无主,谓之敬,可乎?

视鼻端白,以之调息去疾则可,以之存心则全不是。盖取在身至近一物以系其心,如反观内视,亦是此法,佛家用数珠,亦是此法,羁制其心,不使妄动。呜呼!心之神灵,足以具众理、应万事,不能敬以存之,乃羁于一物之小,置之无用之所,哀哉!

当然处即是天理。

禅家存心,虽与孟子求放心、操则存相似,而实不同。孟子只是不敢放纵其心,所谓操者,只约束收敛,使内有主而已,岂如释氏常看管一个心,光光明明如一物在此?夫既收敛有主,则心体昭然,遇事时,鉴察必精;若守着一个光明底心,则只了与此心打搅,内自相持既熟,割舍不去,人伦世事都不管。又以为道无不在,随其所之,只要不失此光明之心,不拘中节不中节,皆是道也。

真能主敬,自无杂虑;欲屏思虑者,皆是敬不至也。

"有此理则有此气,气乃理之所为。"是反说了。有此气则有此理,理乃气之所为。

陈公甫云:"静中养出端倪。"又云:"藏而后发。"是将此道理来安排作弄,都不是顺其自然。

娄克贞说他非陆子之比,陆子不穷理,他却肯穷理。公甫不读书,他勤读书。以愚观之,他亦不是穷理,他读书,只是将圣贤言语来护己见,未尝虚心求圣贤指意,舍己以从之也。

敬便是操,非敬之外,别有个操存工夫;格物便是致知,非格物之外,别有个致知工夫。

陈公甫亦窥见些道理本原,因下面无循序工夫,故遂成空见。

释氏心亦不放,只是内里无主。

所以为是心者理也,所以具是理者心也,故理是处心即安,心存处理即在。非但在己如此,在人亦然,所行合理,人亦感化归服。非但在人如此,在物亦然,苟所行合理,庶物亦各得其所。

禅家不知以理义养心,只捉住一个死法。

释氏说心,只说着一个意思,非是真识此心也。释氏说性,只说着一个人心形气之私,未识性命之正。

满腔子是恻隐之心,则满身都是心也。如刺着便痛,非心而何?然知痛是人心,恻隐是道心。

满腔子是恻隐之心,腔子外是何心?腔子外虽不可言心,其理具于心,因其理具于心,故感着便应。若心驰于外,亦物耳,何能具众理、应万事乎?

异教所谓存心,有二也:一是照管此心,如有一物,常在这里;一是屏除思虑,绝灭事物,使其心空豁无所外交。其所谓道,亦有二也:一是想象摸索此道,如一个物事在前;一是以知觉运动为性,谓凡所动作,无不是道,常不能离,故猖狂妄行。

只致其恭敬,则心肃然自存,非是捉住一个心,来存放这里。读书论事,皆推究到底,即是穷理,非是悬空寻得一个理来看。

人以朱子《调息箴》为可以存心,此特调气耳。只恭敬安详便是存心法,岂假调息以存心?以此存心,害道甚矣。

心只是一个心,所谓操存,乃自操而自存耳;敬,是心自敬耳。

主敬是有意,以心言也;行其所无事,以理言也。心有所存主,故有意;循其理之当然,故无事。此有中未尝有,无中未尝无,心与理一也。

学一差,便入异教,其误认圣贤之意者甚多。此言无为,是无私意造作,彼遂以为真虚净无为矣。此言心虚者,是心有主而外邪不入,故无昏塞,彼遂以为真空无物矣。此言无思,是寂然不动之中,万理咸备,彼遂以为真无思矣。此言无适而非道,是道理无处无之,所当操存省察,不可造次颠沛之离,彼遂以为凡其所适,无非是道,故任其猖狂自恣而不顾也。

释氏误认情识为理,故以作用是性。殊不知神识是气之英灵,所以妙是理者,就以神识为理则不可。性是吾身之理,作用是吾身之气,认气为理,以形而下者作形而上者。

心常有主,乃静中之动;事得其所,乃动中之静。

今人为学,多在声价上做,如此,则学时已与道离了,费尽一生工夫,终不可得道。

孔门之教,惟博文约礼二事。博文,是读书穷理事,不如此,则无以明诸心;约礼,是操持力行事,不如此,无以有诸己。

张子以太和为道体。盖太和是气,万物所由生,故曰保合太和,乃利贞。所以为太和者，道也，就以为道体，误矣。

上蔡记明道语，言"既得后，须放开"。朱子疑之，以为"既得后，心胸自然开泰，若有意放开，反成病痛"。愚以为，得后放开，虽似涉安排，然病痛尚小。今人未得前，先放开，故流于庄、佛。又有未能克己求仁，先要求颜子之乐，所以卒至狂妄。殊不知周子令二程寻颜子之乐处，是要见得孔、颜因甚有此乐？所乐何事？便要做颜子工夫，求至乎其地。岂有便来自己身上寻乐乎？故放开太早，求乐太早，皆流于异端。

人清高固好，然清高太过，则入于黄、老。人固难得广大者，然广大太过，则入于庄、佛。惟穷理之至，一循乎理，则不见其清高、广大，乃为正学。

智计处事，人不心服。私则殊也。

太极者理也，阴阳者气也，动静者理气之妙运也。

天下纵有难处之事，若顺理处之，不计较利害，则本心亦自泰然。若不以义理为主，则遇难处之事，越难处矣。

有理而后有气，有气则有象有数，故理气象数，皆可以知吉凶，四者本一也。

"立天之道，曰阴与阳"，阴阳气也，理在其中；"立地之道，曰柔与刚"，刚柔质也，因气以成理；"立人之道，曰仁与义"，仁义理也，具于气质之内，三者分殊而理一。

天地间无处不是气。砚水瓶须要两孔，一孔出气，一孔入水，若止有一孔，则气不能出而塞乎内，水不能入矣，以此知虚器内皆有气。故张子以为，虚无中即气也。

朱子所谓静中知觉，此知觉不是事来感我，而我觉之，只是心存则醒，有知觉在内，未接乎外也。

今人不去学自守，先要学随时，所以苟且不立。

处事不用智计，只循天理，便是儒者气象。

王道之外无坦途，仁义之外无功利。

人收敛警醒，则气便清，心自明；才惰慢，便昏瞆也。

意者，心有专主之谓，《大学解》以为心之所发，恐未然。盖心之发，情也。惟朱子《训蒙诗》言"意乃情专所主时"为近。

一本而万殊，万殊而一本，学者须从万殊上一一穷究，然后会于一本。

若不于万殊上体察,而欲直探一本,未有不入异端者。

端庄整肃,严威俨恪,是敬之入头处;提撕唤醒,是敬之接续处;主一无适,湛然纯一,是敬之无间断处;惺惺不昧,精明不乱,是敬之效验处。

敬该动静,静坐端严,敬也;随事检点致谨,亦敬也。敬兼内外,容貌庄正,敬也;心地湛然纯一,敬也。

古人老而德愈进者,是持守得定,不与血气同衰也。今日才气之人,到老年便衰,是无持养之功也。

陈公甫说"物有尽而我无尽",即释氏见性之说。他妄想出一个不生不灭底物事,在天地间,是我之真性,谓他人不能见、不能觉,我能独觉,故曰:"我大、物小,物有尽而我无尽。"殊不知物我一理,但有偏正清浊之异。以形气论之,生必有死,始必有终,安得我独无尽哉! 以理论之,则生生不穷,人与物皆然。

老氏既说无,又说"杳杳冥冥,其中有精,混混沌沌,其中有物",则是所谓无者,不能无矣。释氏既曰空,又说"有个真性在天地间,不生不灭,超脱轮回",则是所谓空者,不能空矣。此老、释之学,所以颠倒错谬,说空说虚,说无说有,皆不可信。若吾儒说有则真有,说无则真无,说实则真实,说虚则真虚,盖其见道明白精切,无许多邪遁之辞。老氏指气之虚者为道,释氏指气之灵者为性,故言多邪遁。以理论之,此理流行不息,此性禀赋有定,岂可说空说无? 以气论之,则有聚散虚实之不同,聚则为有,散则为无;若理则聚有聚之理,散有散之理,亦不可言无也。气之有形体者为实,无形体者为虚;若理则无不实也。

问:"老氏言'有生于无',佛氏言'死而归真',何也?"曰:"此正以其不识理,只将气之近理者言也。老氏不识此身如何生,言'自无中而生';佛氏不识此身如何死,言'死而归真'。殊不知生有生之理,不可谓无;以死而归真,是以生为不真矣。"

问:"佛氏说'真性不生不灭',其意如何?"曰:"释氏以知觉运动为性,是气之灵处,故又要把住此物,以免轮回。愚故曰:'老氏不识道,妄指气之虚者为道;释氏不识性,妄指气之灵者为性。'"

横渠言"气之聚散于太虚,犹冰之凝释于水"。某未敢以为然,盖气聚则成形,散则尽矣;岂若冰未凝之时是此水,既释,又只是此元初水也。

未有致知而不在敬者,敬其本钦!

今人言心，便要求见本体，察见寂然不动处，此皆过也。古人只言涵养、言操存，曷尝言求见、察见？若欲求察而见其心之体，则内里自相攒乱，反无主矣。然则古人言提撕唤醒，非欤？曰才提撕唤醒，则心惺然而在，非察见之谓也。

天地气化，无一息之停，人物之生，无一时少欠。今天下人才尽有，只因圣学不讲，故儱侗在这里

不愧屋漏，虽无一事，然万理森然已具于其中。此是体也，但未发耳。老、佛以为空无，则本体已绝矣。今人只言老、佛有体无用，吾谓正是其体先绝于内，故无用于外也。

其心肃然，则天理即在。故程子曰："敬可以对越上帝。"

若穷理到融会贯通之后，虽无思可也；未至此，当精思熟虑以穷其理。故上蔡"何思何虑"，程子以为太早。今人未至此，欲屏去思虑，使心不乱，则必流于禅学空虚，反引"何思何虑"而欲强合之，误矣。

心粗最害事。心粗者，敬未至也。

今人屏绝思虑以求静，圣贤无此法。圣贤只戒慎恐惧，自无许多邪思妄念，不求静，未尝不静也。

禅家存心有两三样，一是要无心，空其心，一是羁制其心，一是照观其心；儒家则内存诚敬，外尽义理，而心存。故儒者心存万理，森然具备，禅家心存而寂灭无理；儒者心存而有主，禅家心存而无主；儒家心存而活，异教心存而死。然则禅家非是能存其心，乃是空其心、死其心、制其心、作弄其心也。

一是诚，主一是敬。

存养虽非行之事，亦属乎行，此乃未行之行，用力于未形者也。

天理有善而无恶，恶是过与不及上生来。人性有善而无恶，恶是气禀物欲上生来。

才昏惰，义理自丧。

太极之虚中者，无昏塞之患，而万理咸具也。惟其虚所以能涵具万理，人心亦然。老、佛不知，以为真虚空无物，而万理皆灭也。太极之虚，是无形气之昏塞也；人心之虚，是无物欲之蔽塞也，若以为真空无物，此理具在何处？

人庄敬，体即立，大本即在；不然，则昏乱无本。

学老、释者多诈,是他在实理上划断了,不得不诈。向日李镛深不认他是谲,吾曰:"君非要谲,是不奈谲何!"

学知为己,亦不愁你不战战兢兢。

释氏是认精魂为性,专一守此,以此为超脱轮回。陈公甫说"物有尽而我无尽",亦是此意。程子言"至忙者无如禅客",又言"其如负版之虫,如抱石投河"。朱子谓其只是"作弄精神"。此真见他所造,只是如此模样。缘他当初,只是去习静坐、屏思虑,静久了,精神光彩,其中了无一物,遂以为真空。言道理,只有这个极玄极妙,天地万物都是这个做出来,得此,则天地万物虽坏,这物事不坏,幻身虽亡,此不亡,所以其妄愈甚。

今人学不曾到贯通处,却言天地万物,本吾一体;略窥见本原,就将横竖放胸中,再不去下格物工夫。此皆是助长,反与理二。不若只居敬穷理,尽得吾之当为,则天地万物之理即在此。盖此理本无二,若天地万物之理怀放胸中,则是安排想像,愈不能与道为一,如释氏行住坐卧,无不在道,愈与道离也。

程子体道最切,如说"鸢飞鱼跃",是见得天地之间,无非此理发见充塞,若只将此意思想像收放胸中,以为无适而非道,则流于狂妄,反与道二矣。故引"必有事焉,而勿正,心勿忘,勿助长",则吾心常存,不容想像安排,而道理流行无间矣。故同以活泼泼地言之,以见天地人物之理,本相流通,但吾不可以私意挠之也。

(录自沈芝盈点校,黄宗羲著《明儒学案》,中华书局 2008 年版)

罗钦顺学案

罗钦顺（1465—1547），字允升，号整庵，江西泰和人。弘治五年（1492）举乡试第一，第二年举进士，授翰林院编修。弘治十五年（1502），任南京国子监司业。武宗正德三年（1508），遭宦官刘瑾排斥打击，被夺职为民。两年后，刘瑾被诛，罗钦顺官复原职，后升任太常少卿，迁南京吏部右侍郎、左侍郎。嘉靖元年（1522）升任南京吏部尚书，后改礼部尚书，因父过世，未能就任。稍后，又被任命为吏部尚书，固辞不就，旋返回故里，"里居二十余年，足不入城市，潜心格物致知之学"。

罗钦顺是明代中期著名的儒学家，其学术思想经历了一个嬗变过程。在青年时期，时值"师无异道，士无异学，程朱之书，立于掌故，称大一统"，罗钦顺科场顺达，表明他对这些考试内容有较深入的钻研，学习勤奋刻苦，这为他后来批判程朱理学、形成自己的儒学思想奠定了坚实的基础。罗钦顺任翰林院编修期间，因对那种"谨绳墨，守儒先之正传，无敢改错"的学风不满，为佛学的精深所吸引，便埋首攻读佛经，并接受了佛教理论。不过，随着研究的深入，他发现"释氏之明心见性与吾儒之尽心知性相似而实不同"，从而开始了对佛教的批判。

罗钦顺四十岁以后着力于对儒学家经典的钻研，对儒学有了更深刻的理解，重新回到儒学上来，并在批判程朱理学和陆王心学的过程中建立起自己的思想体系。对理在气中的去实体化论述是罗钦顺之学的鲜明特点。罗钦顺对程朱理学的改造、对"气学"的阐发、对佛学的批判，使他在中国哲学史上有重要影响与地位。《明史·儒林传》说："钦顺潜心理学，深有得于性命理气之微旨。"黄宗羲认为罗钦顺"大有功于圣门"。罗钦顺的思想还远传朝鲜和日本，影响了朝鲜和日本德川时代一些著名哲人的思想。

罗钦顺著作有《困知记》两卷，《续记》两卷，《附录》一卷，《整庵存稿》

二十卷,《续稿》十三卷。新有中华书局出版、阎韬先生点校的《困知记》和北京大学儒藏整理本《整庵存稿》。

困知记(卷上)

孔子教人,莫非存心养性之事。然未尝明言之也。孟子则明言之矣。夫心者人之神明,性者人之生理,理之所在谓之心,心之所有谓之性,不可混而为一也。虞书曰:人心惟危,道心惟微。论语曰:从心所欲,不逾矩。又曰:其心三月不违仁。孟子曰:君子所性,仁义礼智根于心。此心性之辨也。二者初不相离,而实不容相混。精之又精,乃见其真。其或认心以为性,真所谓差毫厘而谬千里者矣。

《系辞传》曰:无有远近幽深,遂知来物,非天下之至精,其孰能与于此。通其变,遂成天地之文;极其数,遂定天下之象。非天下之至变,其孰能与于此? 寂然不动,感而遂通天下之故,非天下之至神,其孰能与于此?夫易,圣人之所以极深而研几也,易道则然,即天道也。其在人也,容有二乎! 是故至精者性也,至变者情也,至神者心也。所贵乎存心者,固将极其深,研其几,以无失乎性情之正也。若徒有见乎至神者,遂以为道在是矣,而深之不能极,而几之不能研,顾欲通天下之志,成天下之务,有是理哉!

道心,寂然不动者也。至精之体不可见,故微。人心,感而遂通者也,至变之用不可测,故危。

道心,性也。人心,情也。心一也,而两言之者,动静之分,体用之别也。凡静以制动则吉,动而迷复则凶。惟精,所以审其几也;惟一,所以存其诚也。允执厥中,"从心所欲不逾矩"也,圣神之能事也。

释氏之明心见性,与吾儒之"尽心知性",相似而实不同。盖虚灵知觉,心之妙也。精微纯一,性之真也。释氏之学,大抵有见于心,无见于性。故其为教,始则欲人尽离诸相,而求其所谓空,空即虚也。既则欲其即相、即空,而契其所谓觉,即知觉也。觉性既得,则空相洞彻,神用无方,神即灵也。凡释氏之言性,穷其本末,要不出此三者。然此三者皆心之妙,而岂性之谓哉! 使其据所见之境,复能向上寻之,"帝降之衷"亦庶乎其可识矣。顾自以为无上妙道,曾不知其终身尚有寻不到处,乃敢遂驾其说,以误天下后世之人,至于废弃人伦,灭绝天理,其贻祸之酷可胜道哉！夫攻异端,辟邪说,孔氏之家法也。或乃阳离阴合,貌诋心从,以荧惑多士,号为孔氏之徒,谁则信之！

盈天地之间者惟万物,人固万物中一物尔。"乾道变化,各正性命",人犹物也,我犹人也,其理容有二哉？然形质既具,则其分不能不殊。分殊,故各私其身;理一,故皆备于我。夫人心虚灵之体,本无不该,惟其蔽于有我之私,是以明于近而暗于远,见其小而遗其大。凡其所遗所暗,皆不诚之本也。然则知有未至,欲意之诚,其可得乎？故《大学》之教,必始于格物,所以开其蔽也。格物之训,如程子九条,往往互相发明。其言譬如千蹊万径,皆可以适国,但得一道而入,则可以推类而通其余,为人之意,尤为深切。而今之学者,动以不能尽格天下之物为疑,是岂尝一日实用其工？徒自诬耳。

且如《论语》川上之叹,《中庸》鸢飞鱼跃之旨,孟子犬牛人性之辨,莫非物也,于此精思而有得焉,则凡备于我者,有不可得而尽通乎？又如《中庸》言:大哉圣人之道！洋洋乎发育万物,峻极于天,优优大哉！礼仪三百,威仪三千,待其人而后行。夫三百、三千,莫非人事,圣人之道,固于是乎在矣。至于发育万物,自是造化之功用,而以之言圣人之道,何邪？其人又若何而行之邪？于此精思而有得焉,天人物我,内外本末,"幽明之故,死生之说,鬼神之情状",皆当一以贯之而无遗矣。然则所谓万物者,果性外之物也邪！

"格物,莫若察之于身,其得之尤切。"程子有是言矣。至其答门人之问,则又以为"求之情性固切于身,然一草一木亦皆有理,不可不察"。盖方是时,禅学盛行,学者往往溺于明心见性之说,其于天地万物之理,不复置思,故常陷于一偏,蔽于一己,而终不可与入尧舜之道。二程切有忧之,于是表章《大学》之书,发明格物之旨,欲令学者物我兼照,内外俱融,彼此交尽,正所以深救其失,而纳之于大中。良工苦心,知之者诚亦鲜矣。

夫此理之在天下,由一以之万,初匪安排之力,会万而归一,岂容牵合之私？是故,察之于身,宜莫先于性情,即有见焉,推之于物而不通,非至理也。察之于物,固无分于鸟兽草木,即有见焉,反之于心而不合,非至理也。必灼然有见乎一致之妙,了无彼此之殊,而其分之殊者自森然其不可乱,斯为格致之极功。然非真积力久,何以及此？

幽明之故、死生之说、鬼神之情状,未有物格、知至而不能通乎此者也。佛氏以山河大地为幻,以生死为轮回,以天堂地狱为报应,是其知之所未彻者亦多矣,安在其为见性!世顾有尊用"格此物、致此知"之绪论,以阴售其明心之说者,是成何等见识邪!佛氏之幸,吾圣门之不幸也。

此理诚至易,诚至简。然"易简而天下之理得",乃成德之事。若夫学者之事,则博学审问慎思明辨笃行,废一不可。循此五者以进,所以求至于易简也。苟厌夫问学之烦,而欲径达于易简之域,是岂所谓易简者哉!大抵好高欲速,学者之通患,为此说者,适有以投其所好,中其所欲。人之靡然从之,无怪乎其然也。然其为斯道之害,甚矣,可惧也夫!

格字,古注或训为至,如"格于上下"之类;或训为正,如"格其非心"之类。格物之格,二程皆以至字训之,因文生义,惟其当而已矣。吕东莱释"天寿平格"之格,又以为"通彻三极而无间"。愚按,通彻无间,亦至字之义,然比之至字,其意味尤为明白而深长。试以训"格于上下",曰"通彻上下而无间",其孰曰不然?格物之格,正是"通彻无间"之意,盖工夫至到,则通彻无间,物即我,我即物,浑然一致,虽合字亦不必用矣。

自夫子赞《易》,始以穷理为言。理果何物也哉?盖通天地,亘古今,无非一气而已。气本一也,而一动一静,一往一来,一阖一辟,一升一降,循环无已。积微而著,由著复微,为四时之温凉寒暑,为万物之生长收藏,为斯民之日用彝伦,为人事之成败得失。千条万绪,纷纭胶轕而卒不可乱,有莫知其所以然而然,是即所谓理也。初非别有一物,依于气而立,附于气以行也。

或者因"《易》有太极"一言,乃疑阴阳之变易,类有一物主宰乎其间者,是不然。夫《易》乃两仪四象八卦之总名,太极则众理之总名也。云《易》有太极,明万殊之原于一本也,因而推其生生之序,明一本之散为万殊也。斯固自然之机,不宰之宰,夫岂可以形迹求哉?斯义也,惟程伯子言之最精,叔子与朱子似乎小有未合。今其说具在,必求所以归于至一,斯可矣。程伯子尝历举《系辞》"形而上者谓之道,形而下者谓之器,立天之道曰阴与阳,立地之道曰柔与刚,立人之道曰仁与义,一阴一阳之谓道"数语,乃从而申之曰:阴阳亦形而下者也,而曰道者,惟此语截得上下最分明。元来只此是道,要在人默而识之也。学者试以此言潜玩精思,久久自当有见。

所谓叔子小有未合者，刘元承记其语有云：所以阴阳者道。又云：所以阖辟者道。窃详所以二字，固指言形而上者，然未免微有二物之嫌。以伯子"元来只此是道"之语观之，自见浑然之妙，似不须更著"所以"字也。所谓朱子小有未合者，盖其言有云：理与气决是二物。又云：气强理弱。又云：若无此气，则此理如何顿放？似此类颇多。惟答柯国材一书有云：一阴一阳，往来不息，即是道之全体。此语最为直截，深有合于程伯子之言，然不多见，不知竟以何者为定论也。

朱子年十五六，即有志于道，求之释氏者几十年，及年二十有四，始得延平李先生而师事之。于是大悟禅学之非，而尽弃其旧习。延平既卒，又得南轩张子而定交焉，诚有丽泽之益者也。延平尝与其友罗博文书云：元晦初从谦开善处下工夫来，故皆就里面体认。今既论难，见儒者路脉，极能指其差误之处。自见罗先生来，未见有如此者。又云：此子别无他事，一味潜心于此，今渐能融释，于日用处一意下工夫。若于此渐熟，则体用合矣。观乎此书，可以见朱子入道端的。其与南轩往复论辨，书尺不胜其多。观其论中和最后一书，发明心学之妙，殆无余蕴，又可见其所造之深也。诚明两进，著述亦富。当时从游之士、后世私淑之徒累百千人，未必皆在今人之下，然莫不心悦而诚服之，是岂可以声音笑貌为哉！今之学者，概未尝深考其本末，但粗读陆象山遗书数过，辄随声逐响，横加诋訾，徒自见其陋也已矣，于朱子乎何伤！谦开善当是高僧，然未及考。

自昔有志于道学者，罔不尊信程朱，近时以道学鸣者，则泰然自处于程朱之上矣。然考其所得，乃程朱早尝学焉而竟弃之者也。夫勤一生以求道，乃拾先贤所弃以自珍，反从而议其后，不亦误耶？虽然，程朱之学可谓至矣，然其心则固未尝自以为至也。何以明之？程叔子《易传》已成，学者莫得传授，或以为请，则曰：自量精力未衰，尚觊有少进尔。朱子年垂七十，有"于上面犹隔一膜"之叹，盖诚有见乎义理之无穷，于心容有所未慊者，非谦辞也。愚尝遍取程朱之书，潜玩精思，反覆不置，惟于伯子之说，了无所疑。叔子与朱子论著、答问，不为不多，往往穷深极微，两端皆竭，所可疑者，独未见其定于一尔。岂其所谓犹隔一膜者乎？夫因其言，而求其所未一，非笃于尊信者不能。此愚所以尽心焉，而不敢忽也。

六经之中，言心自帝舜始，言性自成汤始。舜之四言未尝及性，性固在其中矣。至汤始明言之曰：惟皇上帝，降衷于下民，若有恒性，克绥厥猷,惟后。孔子言之加详,曰:一阴一阳之谓道,继之者善也,成之者性也。仁者见之谓之仁,知者见之谓之知,百姓日用而不知,故君子之道鲜矣。又曰:性相近。子思述之,则曰:天命之谓性,率性之谓道。孟子祖之,则曰:性善。凡古圣贤之言性,不过如此。自告子而下,初无灼然之见,类皆想像以为言,其言益多,其合于圣贤者殊寡,卒未有能定于一者。及宋,程张朱子出,始别白而言之,孰为天命之性,孰为气质之性,参之孔孟,验之人情,其说于是乎大备矣。然一性而两名,虽曰"二之则不是",而一之又未能也,学者之惑,终莫之解,则纷纷之论,至今不绝于天下,亦奚怪哉!

愚尝痗痗以求之,沉潜以体之,积以岁年,一旦恍然,似有以洞见其本末者。窃以性命之妙,无出理一分殊四字,简而尽,约而无所不通,初不假于牵合安排,自确乎其不可易也。盖人物之生,受气之初,其理惟一,成形之后,其分则殊。其分之殊,莫非自然之理,其理之一,常在分殊之中。此所以为性命之妙也。语其一,故人皆可以为尧舜,语其殊,故上智与下愚不移。圣人复起,其必有取于吾言矣。

所谓"约而无所不通"者,请以从古以来凡言性者明之。"若有恒性",理之一也,"克绥厥猷",则分之殊者,隐然寓乎其间。"成之者性",理之一也,"仁者""知者""百姓"也,"相近"也者,分之殊也。"天命之谓性",理之一也,"率性之谓道",分之殊也。(此别有说,在后。)"性善",理之一也,而其言未及乎分殊,"有性善,有性不善",分之殊也,而其言未及乎理一。程张本思孟以言性,既专主乎理,复推气质之说,则分之殊者诚亦尽之。但曰"天命之性",固已就气质而言之矣,曰"气质之性",性非天命之谓乎?一性而两名,且以气质与天命对言,语终未莹。朱子尤恐人之视为二物也,乃曰"气质之性,即太极全体堕在气质之中。"夫既以堕言,理气不容无罅缝矣。惟以理一分殊蔽之,自无往而不通,而所谓"天下无性外之物",岂不章其然乎!

至理之源,不出乎动静两端而已。静则一,动则万殊,在天在人一也。《乐记》曰:人生而静,天之性也,感于物而动,性之欲也。《中庸》曰:喜怒哀乐之未发,谓之中;发而皆中节,谓之和。此理之在人也,不于动静求之,将何从而有见哉?然静无形而动有象,有象者易识,无形者难明,所贵乎穷理者,正欲明其所难明尔。夫未发之中,即"帝降之衷",即"所受天地之中以生"者,夫安有不善哉!惟是喜怒哀乐之发,未必皆中乎节,此善恶之所以分也。节也者,理一之在分殊中也。中节即无失乎天命之本然,何善如之? 或过焉,或不及焉,犹有所谓善者存焉,未可遽谓之恶也。必反之,然后为恶。"反之"云者,好人之所恶,恶人之所好也。所以善恶之相去,或相倍蓰,或相十百,或相千万,兹不谓之万殊而何? 然欲动情胜,虽或流而忘反,而中之本体,固自若也,初未始须臾离也。不明乎此,而曰我知性,非妄欤!

《乐记》所言欲与好恶,与《中庸》喜怒哀乐,同谓之七情,其理皆根于性者也。七情之中,欲较重,盖惟天生民有欲,顺之则喜,逆之则怒,得之则乐,失之则哀,故《乐记》独以性之欲为言,欲未可谓之恶,其为善为恶,系于有节与无节尔。

天人一理,而其分不同。"人生而静",此理固在于人,分则属乎天也。"感物而动",此理固出乎天,分则属乎人矣。君子必慎其独,其以此夫。

理一分殊四字,本程子论《西铭》之言,其言至简,而推之天下之理,无所不尽。在天固然,在人亦然,在物亦然;在一身则然,在一家亦然,在天下亦然;在一岁则然,在一日亦然,在万古亦然。持此以论性,自不须立天命、气质之两名,粲然其如视诸掌矣。但伊川既有此言,又以为"才禀于气",岂其所谓分之殊者,专指气而言之乎? 朱子尝因学者问理与气,亦称伊川此语说得好,却终以理气为二物。愚所疑未定于一者,正指此也。

"天命之谓性",自其受气之初言也;"率性之谓道",自其成形之后言也。盖形质既成,人则率其人之性,而为人之道;物则率其物之性,而为物之道。钧是人也,而道又不尽同,仁者见之则谓之仁,知者见之则谓之知,百姓则日用而不知,分之殊也,于此可见。所云"君子之道鲜矣"者,盖君子之道,乃中节之和,天下之达道也,必从事于修道之教,然后君子之道可得,而性以全。戒惧慎独,所以修道也。

"喜怒哀乐之未发,谓之中",子思此言,所以开示后学,最为深切。盖天命之性,无形象可睹,无方体可求,学者猝难理会,故即喜怒哀乐以明之。夫喜怒哀乐,人人所有而易见者,但不知其所谓"中",不知其为"天下之大本",故特指以示人,使知性命即此而在也。上文"戒慎恐惧",即所以存养乎此,然知之未至,则所养不能无差,或陷于释氏之空寂矣。故李延平教人"须于静中体认大本未发时气象分明,即处事应物自然中节"。李之此指,盖得之罗豫章。罗得之杨龟山,杨乃程门高第,其固有自来矣。

程伯子尝言:学者先须识仁,识得此理,以诚敬存之而已。叔子亦言:勿忘勿助长,只是养气之法,如不识怎生养? 有物始言养,无物又养个甚? 由是观之,则未发之中,安可无体认工夫! 虽叔子尝言"存养于未发之时则可,求中于未发之前则不可",此殆一时答问之语,未必其终身之定论也。且以为"既思即是已发",语亦伤重。思乃动静之交,与发于外者不同,推寻体认,要不出方寸间尔。伯子尝言:"天理二字,是自家体贴出来。"又云"中者,天下之大本,天地之间,亭亭当当,直上直下之正理,出则不是。"若非其潜心体贴,何以见得如此分明! 学者于未发之中,诚有体认工夫,灼见其直上直下,真如一物之在吾目,斯可谓之知性也已。亹亹焉,戒惧以终之,庶无负子思子所以垂教之深意乎!

存养是学者终身事,但知既至与知未至时,意味迥然不同。知未至时,存养非十分用意不可,安排把捉,静定为难,往往久而易厌。知既至,存养即不须大段着力,从容涵泳之中,生意油然,自有不可遏者,其味深且长矣。然为学之初,非有平日存养之功,心官不旷,则知亦无由而至。朱子所谓"诚明两进"者,以此。省察是将动时更加之意,即大学所谓安而虑者。然安而能虑,乃知止后事,故所得者深,若寻常致察,其所得者,终未可同日而语。大抵存养是君主,省察乃辅佐也。

孟子以"勿忘勿助长"为养气之法,气与性一物,但有形而上下之分尔,养性即养气,养气即养性,顾所从言之不同,然更无别法。子思所谓"戒慎恐惧",似乎勿忘之意多,孟子语意较完也。

格物致知,学之始也。克己复礼,学之终也。道本人所固有,而人不能体之为一者,盖物我相形,则惟知有我而已。有我之私日胜,于是乎违道日远。物格则无物,惟理之是见。己克则无我,惟理之是由。沛然天理之流行,此其所以为仁也。始终条理,自不容紊。故曰"知至,至之。知终,终之。"知及之而行不逮,盖有之矣,苟未尝真知礼之为礼,有能"不远而复"者,不亦鲜乎!

颜子"克己复礼"殊未易言,盖其于所谓礼者,见得已极分明,所谓"如有所立卓尔"也。惟是有我之私,犹有纤毫消融未尽,消融尽,即浑然与理为一矣。然此处工夫最难,盖大可为也,化不可为也。若吾徒之天资学力去此良远,但能如谢上蔡所言"从性偏、难克处克将去",即是日用间切实工夫。士希贤,贤希圣,固自有次第也。

颜子之犹有我，于“愿无伐善，无施劳”见之。

天地之化，人物之生，典礼之彰，鬼神之秘，古今之运，死生之变，吉凶悔吝之应，其说殆不可胜穷，一言以蔽之，曰“一阴一阳之谓道”。

“上天之载，无声无臭”，不出乎人心动静之际，人伦日用之间。《诗》所谓“昊天曰明，及尔出王。昊天曰旦，及尔游衍”，即其义也。“君子敬而无失”，事天之道，庶乎尽之。若夫圣人“纯亦不已”，则固与天为一矣。

仁至难言。孔子之答问仁，皆止言其用力之方。孟子亦未尝明言其义，其曰“仁人心也”，盖即此以明彼，见其甚切于人，而不可失尔，与下文“人路”之义同。故李延平谓“孟子不是将心训仁”，其见卓矣。然学者类莫之察，往往遂失其旨。历选诸儒先之训，惟程伯子所谓“浑然与物同体”，似为尽之。且以为义礼智信皆仁，则粲然之分，无一不具。惟其无一不具，故彻头彻尾，莫非是物，此其所以为浑然也。张子《西铭》，其大意皆与此合。他如“曰公”“曰爱”之类，自同体而推之，皆可见矣。

操舍之为言，犹俗云提起放下。但常常提掇此心无令放失，即此是操，操即敬也。孔子尝言“敬以直内”，盖此心常操而存，则私曲更无所容，不期其直而自直矣。先儒有以主敬，持敬为言者，似乎欲密反疏，后学或从而疑之，又不知其实用工果何如也。

鸢飞鱼跃之三言，诚子思吃紧为人处，复言“君子之道造端乎夫妇”，则直穷到底矣。盖夫妇居室，乃生生化化之源，天命之性于是乎成，率性之道于是乎出。天下之至显者，实根于至微也，圣贤所言无非实事。释氏既断其根，化生之源绝矣，犹譊譊然自以为见性，性果何物也哉！

有志于道者，必透得富贵。功名两关，然后可得而入。不然，则身在此道在彼，重藩密障以间乎其中，其相去日益远矣。夫为其事必有其功，有其实其名自附。圣贤非无功名，但其所为，皆理之当然而不容已者，非有所为而为之也。至于富贵，不以其道得之且不处，矧从而求之乎！苟此心日逐逐于利名，而亟谈道德以为观听之美，殆难免乎谢上蔡鹦鹉之讥矣。

鬼神乃二气之良能，莫非正也，其或有不正者，如淫昏之鬼与夫妖孽之类，亦未始非二气所为。但阳气盛，则阳为之主，阴为之辅，而为正直之鬼神。阴气盛则阴为之主，微阳反为之役，而为不正之妖孽。妖孽虽是戾气，无阳亦不能成，此理至深，要在精思而自得之，非言说所能尽也。凡妖孽之兴,皆由政教不明,阳日消而莫之扶,阴日长而莫之抑,此感彼应,犹影之于形,自有不期然而然者。然则消异致祥,其道亦岂远乎哉!

邵子云:一动一静者,天地之至妙者欤,一动一静之间者,天地人之至妙至妙者欤。性命之理,一言而尽之,何其见之卓也!又其诗有云:须探月窟方知物,未蹑天根岂识人。朱子遂取其词以为之赞,又有以深达邵子之奥矣。学者不求之动静之间,固无由见所谓月窟与天根。苟天根月窟之不能知,则所云"至妙至妙者"无乃徒为赞叹之辞而已?儒先深意之所在,读者其可忽诸!

未发之中,非惟人人有之,乃至物物有之。盖中为天下之大本,人与物不容有二。顾大本之立,非圣人不能。在学者,则不可不勉。若夫百姓,则日用而不知,孟子所谓"异于禽兽者几希",正指此尔。先儒或以为"常人更无未发之中",此言恐误。若有无不一,安得为"物物各具一太极"乎?此义理至精微处,断不容二三其说也。

程子讥吕与叔不识大本,非谓赤子无未发之中,盖以赤子之心不能无动,动即有所偏着,故不可谓之大本尔。然中之本体固自若也,且其虽有偏着,而常纯一无伪,是以孟子取之。即此推寻,中之为义,亦庶乎其可识矣。

理,一也,必因感而后形。感则两也,不有两即无一。然天地间,无适而非感应,是故无适而非理。

神化者,天地之妙用也。天地间非阴阳不化,非太极不神,然遂以太极为神,以阴阳为化则不可。夫化乃阴阳之所为,而阴阳非化也。神乃太极之所为,而太极非神也。"为"之为言,所谓"莫之为而为"者也。张子云:一故神,两故化。盖化言其运行者也,神言其存主者也。化虽两而其行也常一,神本一而两之中无弗在焉。合而言之则为神,分而言之则为化。故言化则神在其中矣,言神则化在其中矣,言阴阳则太极在其中矣,言太极则阴阳在其中矣。一而二,二而一者也。学者于此,须认教体用分明,其或差之毫厘,鲜不流于释氏之归矣。

天人物我之分明,始可以言理一。不然,第承用旧闻而已。

"穷理尽性以至于命",二程所言,乃大贤以上事,张子所言,乃学者事。然物格知至,则性命无不了然,更无渐次,若行到尽处,则有未易言者尔。

程叔子答苏季明之问,有云:中有甚形体?然既谓之中,也须有个形象。伯子尝云:中者,天下之大本。天地间,亭亭当当,直上直下之正理。兹非形象而何?凡有象皆可求,然则求中于未发之前,何为不可?固知叔子此言,非其终身之定论也。

形象与形体,只争一字。形体二字皆实,象字虚实之间。然中之为象,与《易》象又难概论,要在善观而默识之耳。

人物之生,本同一气,恻隐之心,无所不通。故"亲亲而仁民,仁民而爱物",皆理之当然,自有不容已者,非人为之使然也。"君子之仕也,行其义也。"行吾义即所以尽吾仁,彼溺于富贵而忘返者,固无足论,偏守一节以为高者,亦未足与言仁义之道也。

论治道,当以格君心为本。若伊尹之辅太甲,周公之辅成王,皆能使其君出昏即明,克终厥德。商周之业赖以永延,何其盛也!后世非无贤相,随事正救亦多有可称,考其全功,能庶几乎伊周者殊未多见,盖必有颜孟之学术,然后伊周之相业可希。然则,作养人才又诚为治之急务,欲本之正,而急务之不知,犹临川而乏舟楫,吾未见其能济也已。

作养人才,必由于学校。今学校之教,纯用经术,亦云善矣。但以科举取士,学者往往先词藻而后身心,此人才之所以不如古也。若因今之学校,取程子教养选举之法,推而行之,人才事业远追商周之盛,宜有可冀。所谓"尧舜之智,急先务",其不在兹乎,其不在兹乎!

古之立政也,将以足民;今之立政也,惟以足国。古之为政者,将以化民;今之为政者,愚夫愚妇或从而议之,何民之能化!

知人之所以为难者,迹然而心或不然也。君子心乎为善,固无不善之迹。小人心乎为恶,然未尝不假仁义以盖其奸,其奸愈深,则其盖之也愈密,幸而有所遇合,则其附会弥缝也愈巧。自非洞见其心术,有不信其为君子已乎?虽其终于必败,然国家受其祸害,有不可胜救者矣!载稽前史,历历可征。夫人固未易知,苟清明在躬,其诚伪亦何容隐?或乃蔽于私,累于欲,失其所以照临之本,夫安得不谬乎?然则,知言之学,正心之功,是诚官人者之所当致力也。

法有当变者,不可不变,不变即无由致治。然欲变法,须是得人,诚使知道者多,尚德者众,无彼无己,惟善是从,则于法之当变也,相与议之必精,既变也,相与守之必固,近则为数十年之利,远则数百年之利亦可致也。以天下之大,知道者安敢以为无人?诚得其人以为之表率,薰陶鼓舞,自然月异而岁不同,近则五年,远则十年,真才必当接踵而出矣。且谈道与议法,两不相悖而实相资,三五年间,亦何事之不可举邪!

尝自一邑观之,为政者苟非其人,民辄生慢易之心,虽严刑峻法无益也。一旦得贤者而临之,民心即翕然归向。其贤不肖,亦不必久而后信,但一颦笑、一举措之间,民固已窥而得之。风声之流不疾而速,其向背之情自有不约而同者,乃感应之常理也。故君子之守,修其身而天下平,大臣之业,一正君而国定。"知远之近,知风之自,知微之显",斯可以为政矣。政与德无二道也。

"忠告善道",非惟友道当然,人臣之进言于君,其道亦无以易此,故矫激二字,所宜深戒。夫矫则非忠,激则未善,欲求感格,难矣。然激出于忠诚犹可,如或出于计数,虽幸而有济,其如"勿欺"之戒何哉!

为治者常患于乏才。才固未尝乏也,顾求之未得其方尔。盖必各举所知,然后天下之才毕见于用。孔子告仲弓云:举尔所知,尔所不知,人其舍诸?此各举所知之义也。今举贤之路殊狭,未仕者既莫得而举,已仕者自藩臬以至郡邑,以一道计之,其人亦不少矣,而其贤否率取决于一二人之言,以此而欲求尽天下之才,其可得乎?非有以变而通之,乏才之叹何能免也!

制度立,然后可以阜俗而丰财。今天下财用日窘,风俗日敝,皆由制度隳废而然也。故自衣服饮食、宫室舆马,以至于冠婚丧祭,必须贵贱有等,上下有别,则物无妄费而财可丰,人无妄取,而俗可阜。此理之不易者也。然法之不行,自上犯之。"君子之德风,小人之德草。"是在朝廷而已矣。

井田势不可复,限田势未易行。天下之田,虽未能尽均,然亦当求所以处之之术。不然,养民之职,无时而举矣。今自两淮南北,西极汉沔,大率土旷人稀、地有遗利,而江浙之民,特为蕃庶,往往无田可耕,于此有以处之,其所济亦不少矣。"以佚道使民,虽劳不怨。"学道爱人之君子,岂无念及于此者乎?然汉之晁错得行其策于塞下,宋之陈靖不得行其说于京西,此则系乎上之人明与断何如耳。

理财之道,《大学》四言尽之,而后世鲜不相戾,公私交病固其所也。今太仓之粟,化为月课以入权门者,不可胜计;内库之出内,司国计者不复预闻,谓有政事可乎?经费不足,则横敛亟行,奈之何民不穷且盗也!且唐之德宗犹能纳杨炎之请,立移财赋于左藏,况乃英明之主,抑又何难?由此推类以尽其余,财不可胜用矣。

唐宋诸名臣,多尚禅学。学之至者,亦尽得受用。盖其生质既美,心地复缘此虚静,兼有稽古之功,则其运用酬酢,虽不中,不远矣。且凡为此学者,皆不隐其名,不讳其实,初无害其为忠信也,故其学虽误,其人往往有足称焉。后世乃有儒其名而禅其实,讳其实而侈其名者,吾不知其反之于心,果何如也?

天下,大器也,必以天下为度者,始能运之,才不足恃也。虽有过人之才,而未闻君子之道,其器固易盈也。弗盈则大,以大运大,不其裕乎!

人才之见于世,或以道学,或以词章,或以政事,大约有此三等,其间又各有浅深高下之异,然皆所谓才也。但以余所见闻,道学之名,世多不喜,而凡为此学者,名实亦未必皆副;又或未能免于骄吝,此嫌谤之所自生也。夫学以求道,自是吾人分内事,以此忌人固不可,以之骄人亦恶乎可哉!且形迹一分,势将无所不至。程苏之在元祐,其事亦可鉴矣。是故,为士者当务修其实,求士者必兼取其长,如此,则小大之才,各以时成,两不相嫌而交致其用,天下之治,庶乎其有攸赖矣。

汉高非不用儒,顾真儒亦自难得尔。当时如陆贾、叔孙通辈,帝皆尝纳其论说,听其施为,然其规模力量概可见矣。以汉高之明达,有贤于二子者,讵肯轻弃之乎?鲁两生不从叔孙之招,杨子云以大臣许之,未知何所见而云然也。夫谓"礼乐,积德百年而后可兴",其言未为无理。然百年之内,必当有所从事,况乎礼乐之为用,为天下国家不可一日无者!两生果大贤欤,于其本末先后之序,固宜有定见矣。即有定见,盍出而一陈之,使其言果可行而帝不从,去就固在我也。且恶知其不能用?遂视一叔孙生以为行止,不亦坐失事几之会哉!以愚观之,两生于道未必有闻,盖偏守一节以为高者尔,不出则为两生,出则为四皓,恐未足以当大臣之选也。

唐府兵之法,最为近古,范文正公尝议欲兴复,而为众说所持。道之废兴,信乎其有命也。愚于此颇尝究心,窃以此法之行,灼然有利而无害,揆之人情事势,亦无不可行之理。顾其脉络之相联属者非一处,条目之相管摄者非一端,变通之宜,要当临时裁酌,非一言所能尽也。然须推广其制,通行于天下,使郡邑无处无备,缓急斯有所恃以无虞。其老弱无用坐食之兵,皆归之农,自然国用日舒,民力日裕,此灼然之利,非簸弄笔舌之空谈也。

楚汉之争天下,高帝身拒项羽于荥阳、成皋间,令韩信北渡河,取魏、取赵、取燕、取齐,河北山东之地既举,羽在汉围中矣。然其南犹有九江王黥布,围未合也。及隋何以布归汉,则其围四合矣,羽复安所逃乎?此汉取天下之大势也。凡用兵制胜,以识形势为先。然有天下之形势,有一方之形势,有战阵间之形势,得之则成,失之则败。成败之为利害,有不可胜计者矣。今之儒者,鲜或谈兵,要之,钱谷甲兵皆吾人分内事,何可以不讲也?且如唐安禄山既犯东京,眷留不去,李泌郭子仪皆请先取范阳以覆其巢穴,此真识形势者也。肃宗急于收复,不从其策,河北之地,由此失之,终唐之世而不能复。黄巢横行入广,高骈请分兵守郴循梧昭桂永数州之险,自将由大庾度岭击之,此真识形势者也。使从其言,巢直置中兔尔。而当国者曾莫之省,巢果覆出为恶,遂致滔天。然则,形势之所系岂小哉!

天之道,日月星辰为之经,风雨雷霆霜露为之纬,经纬有常,而元亨利贞之妙在其中矣,此造化之所以成也。人之道,君臣父子夫妇长幼朋友为之经,喜怒哀乐为之纬,经纬不忒,而仁义礼智之实在其中矣,此德业之所以成也。

周子之言性,有自其本而言者,"诚源、诚立、纯粹至善"是也,有据其末而言者,"刚善、刚恶、柔亦如之、中焉止矣"是也。然《通书》首章之言,浑沦精密,读者或有所未察,遂疑周子专以刚柔善恶言性,其亦疏矣。

太极阴阳之妙,善观者试求之一岁之内,自当了然。一日之内亦可观,然太近而难详也。一元之内亦可观,然太远而难验也。要之,近而一日,远而一元,其盈虚消息相为循环之理,即一岁而推之,无有不合。《易》言"复其见天地之心",盖明指其端矣。苟明乎此,其于酬酢世变,又岂待于外求也哉!

性无形,虽有善譬,终难尽其妙。孟子程子皆尝取譬于水,其言有不容易者。盖以就下之与在山,清之与浊同一物也。然至语其不善,一则以为抟击使之,一则以为泥沙混之,是亦微有不同。必也会二说而同之,性之义庶其尽矣。谢显道记伊川先生语有云:禅家之言性,犹太阳之下置器,其间方员大小不同,特欲倾此于彼尔。然在太阳几时动?伊川此语,足以破禅家之谬。然又言:人之于性,犹器之受光于日。受字固与倾字不类,但此譬终觉未亲。

程伯子论"生之谓性"一章,反覆推明,无非理一分殊之义。朱子为学者条析,虽词有详略,而大旨不殊。然似乎小有未合,请试陈之。夫谓"人生气禀,理有善恶",以其分之殊者言也。"然不是性中元有此两物相对而生",以其理一者言也。谓"人生而静以上不容说",盖人生而静,即未发之中,一性之真,湛然而已,更着言语形容不得,故曰"不容说"。"继之者善",即所谓"感于物而动"也,动则万殊,刚柔善恶于是乎始分矣。然其分虽殊,莫非自然之理,故曰"恶亦不可不谓之性"。既以刚柔善恶名性,则非复其本体之精纯矣,故曰"才说性时,便已不是性也"。下文又以水之清浊为喻,盖清其至静之本体,而浊其感动之物欲也。本体诚至清,然未出山以前无由见也,亦须流行处方见,若夫不能无浊,安可无修治之功哉!修治之功既至,则浊者以之澄定,而本体当湛然矣。然非能有所增损于其间也,故以"舜有天下而不与"终之。

切详章内"以上"二字,止是分截动静之界,由动而言,则静为以上,犹所谓"未发之前",未发更指何处为前?盖据已发而言之耳。朱子于此,似求之太过,却以为"人物未生时",恐非程子本意。盖程子所引"人生而静"一语,正指言本然之性,继以"才说性时,便已不是性"二语,盖言世所常说乃性之动,而非性之本也。此意甚明,详味之自可见。若以"人生而静以上",为指人物未生时说,则是说"维天之命","不是性"三字无着落矣。

程叔子云:孟子言性,当随文看。不以告子"生之谓性"为不然者,此亦性也。被命受生之后,谓之性尔,故不同,继之以"犬之性犹牛之性,牛之性犹人之性欤",然不害为一。若乃孟子之言善者,乃极本穷源之性。尝考叔子论性之语亦多,惟此章意极完备。同中有异,异中有同,性命之实,无余无欠。但章末二语,恐记录者不能无少误耳。盖受气之初,犬牛与人,其性未尝不一,成形之后,犬牛与人,其性自是不同。叔子所云"不害为一",正指本源处言之,而下文若乃二字却说开了,语脉殊欠照应,非记录之误而何?

二程教人,皆以知识为先。其言见于遗书及诸门人所述,历历可考。《大学》所谓"欲诚其意者,先致其知。知至而后意诚",此不易之序也。及考朱子之言,则曰:上蔡说"先有知识,以敬涵养",似先立一物了。他日却又有云:未能识得,涵养个甚?尝屡称明道"学者先须识仁"一段说话极好。及胡五峰有"欲为仁,必先识仁之体"之言,则又大以为疑,却谓:不必使学者先识仁体。其言之先后不一如此,学者将安所适从哉!愚尝窃以所从入者验之,断非先有知识不可。第识仁大是难事,明道尝言"天理二字,是自家体贴出来"。此所以识仁之方也。然体贴工夫,须十分入细,一毫未尽即失其真。朱子之言,大抵多随学者之偏而救之,是以不一,然因其不一而求以归于至一,在我有余师矣。

理之所在谓之心,故非存心则无以穷理。心之所有谓之性,故非知性则无以尽心。孟子言心言性非不分明,学者往往至于错认,何也!求放心只是初下手工夫,尽心乃其极致,中间紧要便是穷理。穷理须有渐次,至于尽心知性,则一时俱了,更无先后可言。如理有未穷,此心虽立,终不能尽。吾人之有事于心地者,其尽与不尽,反观内省亦必自知。不尽而自以为尽,是甘于自欺而已矣,非诚有志于道者。

延平李先生曰:动静真伪善恶皆对而言之,是世之所谓动静真伪善恶也,非性之所谓动静真伪善恶也。惟求静于未始有动之先,而性之静可见矣。求真于未始有伪之先,而性之真可见矣。求善于未始有恶之先,而性之善可见矣。此等言语,是实下细密工夫体贴出来,不可草草看过。

动亦定,静亦定,性之本体然也。动静之不常者,心也。圣人性之,心即理,理即心,本体常自湛然,了无动静之别。常人所以胶胶扰扰,曾无须臾之定贴者,心役于物而迷其性也。夫事物虽多,皆性分中所有。苟能顺其理而应之,亦自无事。然而明有未烛,诚有弗存,平时既无所主,则临事之际,又恶知理之所在而顺之乎!故必诚明两进,工夫纯熟,然后定性可得而言,此学者之所当勉也。

"既不知尊德性,焉有所谓道问学。"此言未为不是,但恐差认却德性,则问学直差到底。原所以差认之故,亦只是欠却问学工夫。要必如孟子所言"博学详说""以反说约",方为善学。苟学之不博,说之不详,而蔽其见于方寸之间,虽欲不差,弗可得已!

程子有云:世人只为一齐在那昏惑迷暗海中,拘滞执泥坑里,便事事转动不得,没着身处。此言于人甚有所警发,但不知如何出脱得也?然上文已有"物各付物"一言,只是难得到此地位,非物格知至而妄意及此,其不为今之狂者几希!

"凡言心者皆是已发",程子尝有是言,既自以为未当而改之矣。朱子文字，犹有用程子旧说未及改正处，如《书传》释人心道心，皆指为已发，《中庸》序中"所以为知觉者不同"一语，亦皆已发之意。愚所谓"未定于一"者，此其一也。

命之理，一而已矣，举阴阳二字，便是分殊，推之至为万象。性之理，一而已矣，举仁义二字，便是分殊，推之至为万事。万象虽众，即一象而命之全体存焉。万事虽多，即一事而性之全体存焉。

天之道莫非自然，人之道皆是当然。凡其所当然者，皆其自然之不可违者也。何以见其不可违？顺之则吉，违之则凶，是之谓天人一理。

吾儒只是顺天理之自然。佛老二氏，皆逆天背理者也，然彼亦未尝不以自然借口。邵子有言"佛氏弃君臣父子夫妇之道，岂自然之理哉！"片言可以折斯狱矣。顾彼犹善为遁辞，以谓佛氏门中不舍一法。夫既举五伦而尽弃之矣，尚何法之不舍邪！（以下旧本伤冗，今削之：独有诳取人财以为饱暖安居之计，乃其所不能舍之法耳）

"静中有物"者，程伯子所谓"亭亭当当，直上直下之正理"是也。朱子以为"思虑未萌，而知觉不昧"，似乎欠一理字。学者或认从知觉上去，未免失之。

"人心有觉，道体无为"，熟味此两言，亦可以见心性之别矣。

朱子辨《苏黄门老子解》有云：道器之名虽异，然其实一物也，故曰"吾道一以贯之"与所云"理气决是二物"者，又不同矣。为其学者，不求所以归于至一可乎？

"乾以易知，坤以简能"，此人之良知良能所自来也。然乾始物，坤成物，固自有先后之序矣。其在学者，则致知力行工夫，要当并进，固无必待所知既彻而后力行之理，亦未有所知未彻，而能不疑其所行者也。然此只在自勉，若将来商量议拟，第成一场闲说话耳，果何益哉！

张子韶以佛语释儒书，改头换面，将以愚天下之耳目，其得罪于圣门亦甚矣。而近世之谈道者，或犹阴祖其故智，往往假儒书以弥缝佛学，律以《春秋》诛心之法，吾知其不能免夫！

与王阳明书（庚辰夏）

昨拜书后，一日始获奉领。所惠《大学古本》《朱子晚年定论》二编，珍感珍感。某无似往在南都，尝蒙诲益，第苦多病，怯于话言，未克倾吐所怀以求归于一是，恒用为歉。去年夏，士友有以《传习录》见示者，亟读一过，则凡向日所闻，往往具在，而他所未闻者尚多。乃今又获并读二书，何其幸也。顾惟不敏，再三寻绎，终未能得其指归，而向日有疑尝以面请而未决者，复丛集而不可解。深惟执事所以惠教之意，将不徒然，辄敢一二条陈，仰烦开示，率尔之罪度弘度之能容也。切详《大学古本》之复，盖以人之为学，但当求之于内。而程朱格物之说，不免求之于外。圣人之意殆不其然，于是遂去朱子之分章而削其所补之传，直以支离目之，曾无所用夫？当仁之让可谓勇矣！窃惟圣门设教，文行兼资，博学于文，厥有明训。颜渊称夫子之善诱，亦曰博我以文。文果内邪外邪，是固无难辨者。凡程朱之所为说，有戾于此者乎？如必以学不资于外求，但当反观内省以为务，则正心诚意四字亦何不尽之有，何必于入门之际便困以格物一段工夫也？顾经既有此文，理当尊信，又不容不有以处之，则从而为之训曰物者意之用也，格者正也，正其不正，以归于正也。其为训如此，要使之内而不外，以会归一处，亦尝就以此训推之，如曰意用于事亲，即事亲之事而格之，正其事亲之事之不正者，以归于正，而必尽夫天理。盖犹未及知字，已见其缴绕迂曲而难明矣。审如所训，兹惟《大学》之始，苟能即事即物，正其不正以归于正，而皆尽夫天理，则心亦既正矣，意亦既诚矣。继此诚意正心之目，无乃重复堆叠，而无用乎？大哉乾元，万物资始，至哉坤元，万物资生，凡吾之有此身，与夫万物之为万物，孰非出于乾坤？其理固皆乾坤之理也，自我而观，物固物也；以理观之，我亦物也，浑然一致而已，夫何分于内外乎？所贵乎格物者，正欲即其分之殊，而有见乎理之一，无彼无此，无欠无余，而实有所统会。夫然后谓之知至，亦即所谓知止，而大本于是乎可立，达道于是乎可行，自诚正以至于治平，庶乎可以一以贯之而无遗矣。然学者之资禀不齐，工夫不等，其能格与否，或浅或深，或迟或速，讵容以一言尽哉？惟是圣门大学之教，其道则无以易，此学者所当由之以入，不可诬也。外此，或夸多而斗靡，则溺于外而遗其内；或厌繁而喜径，则局于内而遗其外。溺于外而遗其内，俗学是已；局于内而遗其外，禅学是已。凡为禅学之至者，必自以为明心见性，然于天人物我，未有不二之者，是可谓之有真见乎？使其见之果真，则极天下之至赜而不可，恶一毛一发皆吾体也，又安肯叛君父捐妻子以自陷于禽兽之域哉？今欲援俗学之溺而未有以深杜禅学之萌,使夫有志于学圣贤者将或昧于所从,恐不可不过为之虑也。又详《朱子定论》之编,盖以其中岁以前所见未真,爰及晚年始克有悟,乃于其论学书尺三数十卷之内,摘此三十余条,其意皆主于向里者,以为得于既悟之余,而断其为定论。斯其所择宜亦精矣,第不知所谓晚年者,断以何年为定?羸躯病暑,未暇详考,偶考得何叔京氏卒于淳熙乙未,时朱子年方四十有六,尔后二年丁酉而《论孟集注》《或问》始成。今有取于答何书者四通,以为晚年定论,至于《集注》《或问》,则以为中年未定之说,窃恐考之欠详,而立论之太果也。又所取《答黄直卿》一书,监本止云此是向来差误,别无定本二字,今所编刻增此二字,当别有据,而序中又变定字为旧字,却未详本字同所指否。朱子有《答吕东莱》一书,尝及定本之说,然非指《集注》《或问》也。凡此愚皆不能无疑,顾犹未足深论。窃以执事天资绝出,而日新不已,向来恍若有悟之后,自以为证诸五经四子,沛然若决江河而放诸海,又以为精明的确,洞然无复可疑,某固信其非虚语也,然又以为独于朱子之说有相抵牾,揆之于理,容有是邪?他说姑未敢请,尝读《朱子文集》,其第三十二卷皆与张南轩答问书,内第四书,亦自以为"其于实体似益精明,因复取凡圣贤之书以及近世诸老先生之遗语,读而验之,则又无一合。盖平日所疑而未白者,今皆不待安排,往往自见洒落处"。与执事之所以自序者无一语不相似也。书中发其所见,不为不明,而卷末一书提纲振领,尤为详尽。窃以为千圣相传之心学,殆无以出此矣,不知何故独不为执事所取,无亦偶然也邪?若以此二书为然,则《论孟集注》《学庸章句》《或问》,不容别有一般道理,虽或其间小有出入,自不妨随处明辨也。如其以为未合,则是执事精明之见,决与朱子异矣。凡此三十余条者,不过姑取之以证成高论,而所谓先得我心之所同然者,安知不有毫厘之不同者为祟于其间,以成抵牾之大隙哉?恐不可不详推其所以然也。又执事于朱子之后,特推草庐吴氏,以为见之尤真,而取其一说以附于三十余条之后。窃以草庐晚年所见端的与否,良未易知。盖吾儒昭昭之云,释氏亦每言之毫厘之差,正在于此。即草庐所见果有合于吾之所谓昭昭者,安知非其四十年间钻研文义之效,殆所谓"真积力久而豁然贯通"者也?盖虽以明道先生之高明纯粹,又早获亲炙于濂溪,以发其吟风弄月之趣,亦必反求诸六经而后得之,但其所裹邻于生知,闻一以知十,与他人极力于钻研者不同耳。又安得以前日之钻研文义为非,而以堕此科曰为悔？夫得鱼忘筌得兔忘蹄，可也，矜鱼兔之获而反追咎筌蹄以为多事，其可乎哉？然世之徒事钻研而不知反说约者，则不可不深有儆于斯言也。抑草庐既有见夫所谓昭昭者，又以"不使有须臾之间断"为庶几乎尊之之道，其亦然矣。而下文乃云："于此有未能，则问于人学于己，而必欲其至。"夫其须臾之间，间断与否，岂他人之所能与？且既知所以尊之之道，在此一有间断，则继续之而已，又安得以为未能而别有所谓学哉？是则见道固难，而体道尤难，道诚未易明，而学诚不可不讲，恐未可安于所见而遂以为极则也。某非知道者，然黾勉以求之，亦有年矣，骎寻衰晚，茫无所得，乃欲与一代之英论学，多见其不知量也。虽然，执事平日相与之意，良不薄矣，虽则驽钝，心诚感慕而乐求教焉。一得之愚用悉陈之，而不敢隐。其它节目所欲言者颇多，笔砚久疏，收拾不上，然其大要亦略可睹矣。伏惟经略之暇，试一观焉，还赐一言，以决其可否。幸甚。

又（戊子冬）

侧闻旌麾伊迩，计不日当临弊邑，甚欲一瞻德范，以慰多年渴仰之怀。奈病骨支离，艰于远出，咫尺千里，怅惘曷胜！伏惟亮察。去年尝辱手书，预订文会，殆有意乎。左提右挈，相与偕之大道，为爱良厚，感戴无已。但无若区区之固滞何。夫固滞者，未免于循常，而高明者恒妙于独得，窃恐异同之论，有非一会晤间之所能决也。然病既有妨，盛意何可虚辱，辄以近来鄙说数段奉呈尊览，及尝反复高论有不能无疑者，亦条为一段，具如别幅。固知未能仰契尊旨，将不免为覆瓿之具，亦姑效其愚而已。虽然，愚者千虑容有一得，先暌后合，尚不能无望于高明，伏希裁择幸甚。

"物者意之用也，格者正也，正其不正以归于正也"，此执事格物之训也。向蒙惠教，有云："格物者格其心之物也，格其意之物也，格其知之物也。正心者，正其物之心也；诚意者，诚其物之意也；致知者，致其物之知也。"自有《大学》以来无此议论，此高明独得之妙夫，岂浅陋之所能窥也邪？然诲谕之勤，两端既竭，固尝反复推寻，不敢忽也。夫谓"格其心之物，格其意之物，格其知之物"，凡其为物也三，谓"正其物之心，诚其物之意，致其物之知"，其为物也一而已矣。就三物而论，以程子格物之训推之，犹可通也。以执事格物之训推之，不可通也。就一物而论，则所谓物者,果何物邪?如必以为意之用,虽极安排之巧,终无可通之日。此愚之所不能无疑者一也。又执事尝谓:"意在于事亲,即事亲是一物;意在于事君,即事君是一物。"诸如此类,不妨说得行矣。有如《论语》川上之叹,《中庸》鸢飞鱼跃之旨,皆圣贤吃紧为人处,学者如未能深达其义,未可谓之知学也。试以吾意着于川之流、鸢之飞、鱼之跃,若之何正其不正以归于正邪?此愚之所不能无疑者二也。又执事答人论学书有云:"吾心之良知,即所谓天理也。致吾心良知之天理于事事物物,则事事物物皆得其理矣。致吾心之良知者,致知也;事事物物各得其理者,格物也。"审如所言,则《大学》当云格物在致知,不当云致知在格物;当云知至而后物格,不当云物格而后知至矣。且既言精察此心之天理,以致其本然之良知,又言正惟致其良知以精察此心之天理。然则天理也,良知也,果一乎,果非一乎?察也致也,果孰先乎,孰后乎?此愚之所不能无疑者三也。

初作此书,将以复阳明往年讲学之约,书未及寄,而阳明下世矣。惜哉!鄙说数段皆《记》中语也,念非一家私议,因录之。

答欧阳少司成(甲午秋)

得六月望日书,披阅再四,承不以老朽见弃,为之欣然倾倒。多至累幅,厚意何可当。夫道之不明久矣,所幸圣贤之遗书尚存,有志于学者诵其言而咀其味,探其归趣,反而验之吾心,庶或窥见其一二,以为持循之地。顾有道之君子,世不多得,是非得失莫或正之,其所取证,终亦不出乎圣贤之书而已。仆之从事于此,盖亦有年,齿发既凋,自度无能复进,乃笔其区区之见,以与朋友讲之。然视为老生常谈,一览而遂置之者多矣。异同之论,邈乎其未有闻。顷辱贻书,见需拙稿,夙钦高谊,因辄以奉寄,意者将有合焉。诲札遄来,则枘方凿圆,殊不相入,高见已定,殆亦无复可言者矣。而书词丁宁,不容自已,勉罄所闻以复,请更详之。来书凡三段,第一段申明良知即天理之说甚悉,首云知觉与良知名同而实异,末云考之孔曾思孟濂溪明道之言,质之《楞伽》《楞严》《圆觉》《涅盘》诸经,其宗旨异同颇觉判别。足知贤契不肯以禅学自居也。然人之知识不容有二,孟子本意但以不虑而知者名之曰良,非谓别有一知也。今以知恻隐,知羞恶,知恭敬,知是非为良知,知视,知听,知言,知动为知觉,是果有二知乎?夫人之视听言动，不待思虑而知者亦多矣，感通之妙捷于桴鼓，何以异于恻隐、羞恶、恭敬、是非之发乎？且四端之发，未有不关于视听言动者，是非必自其口出，恭敬必形于容貌，恶恶臭辄掩其鼻，见孺子将入于井辄匍匐而往救之，果何从而见其异乎？知惟一尔而强生分别，吾圣贤之书未尝有也，惟《楞伽》有所谓真识现识及分别事识三种之别。必如高论，则良知乃真识，而知觉当为分别事识无疑矣。夫不以禅学自居，志之正也，而所以自解者，终不免堕于其说，无乃未之思乎？"天性之真，明觉自然，随感而通，自有条理，是以谓之良知，亦谓之天理。"仆虽耄，固知贤契所得在此数语，然其误处亦在此数语，此正是讲学切要处，不得无言，第恐定力难移，言之苦无益尔。虽然，吾心其可以不尽乎？夫谓良知即天理，则天性明觉只是一事，区区之见要不免于二之，盖天性之真乃其本体，明觉自然乃其妙用，天性正于受生之初，明觉发于既生之后，有体必有用，而用不可以为体也。此非仆之臆说，其在《乐记》，则所谓"人生而静，天之性"。即天性之真也；"感物而动，性之欲"，即明觉之自然也。在《易·大传》，则所谓"天下之至精"即天性之真也，"天下之至神"即明觉之自然也。在《诗·大雅》，则所谓"有物有则"即天性之真也，"好是懿德"即明觉之自然也。诸如此类，其证甚明，曾有一言谓良知为天理者乎？然孔、曾、思、孟、濂溪、明道之言，贤契尝考之矣，或恐别有可证高论者，惜乎略未举及。仆请再以所闻于数子者证之：孔子尝言知道知德矣；曾子尝言知止矣；子思尝言知天知人矣；孟子尝言知性知天矣。凡知字皆虚下一字皆实，虚实既判，体用自明，以用为体，未之前闻也。况明道先生尝释知觉二字之义云："知是知此事，觉是觉此理。"尤为明白易见。上下千数百年，其言如出一口，吾辈但当笃信而固守之，岂容立异，若前无所受而欲自我作古，徒滋后学之惑而已，非惟不足以明道，且将获罪于圣门，可不慎乎！且仆又尝闻之，伊川之道与明道无异，晦庵之学以二程为宗，来书所举，竟不及二先生，何也？得无以其格物之训于良知之说有碍乎？夫天人物我，其理无二，来书"格物工夫惟是随其位分修其日履"，虽云与佛氏异，然于天地万物之理，一切置之度外，更不复讲，则无以达夫一贯之妙，又安能尽己之性，以尽人物之性赞化育而参天地哉？此无他，只缘误认良知为天理，于天地万物上良知二字自是安着不得，不容不置之度外尔。圣人本天，释氏本心，天地万物之理既皆置之度外，其所本从可知矣。若非"随其位分修其日履"，则自顶至踵，宁复少有分别乎？二先生所见之理洞彻无间，凡其格物之训，诚有所谓"百世以俟圣人而不惑"者，其孰能易之？世儒妄加诋訾，以自陷于浮薄，谅贤契之所不取，然于二先生之学似宜更加之意，不以所见偶未之合而遂置之，斯文之幸也。第二段所论学问思辨工夫，与仆所闻亦无甚异，但本领既别，则虽同此进，为之方先后缓急，自有不可得而同者。盖以良知为天理，则易简在先，工夫居后，后则可缓。陈白沙所谓"得此把柄入手，更有何事。自兹以往，但有分殊处合要理会"是也。谓天理非良知，则易简居后，工夫在先，先则当急，《中庸》所谓"果能此道矣，虽愚必明，虽柔必强"是也。此说颇长，姑举其概，以贤契之明悟，宜亦不待余词之毕也。圣贤经书，人心善恶是非之迹，固无不纪，然其大要，无非发明天理以垂训万世。世之学者既不得圣贤以为之师，始之开发聪明，终之磨礲入细，所赖者经书而已。舍是则贸贸焉莫知所之，若师心自用，有能免于千里之谬者鲜矣。善读书者莫非切己，工深力到，内外自然合一，易简之妙于是乎存。岐而二之，不善读书者也。夫天下之士亦多矣，岂可谓凡读书者皆远人以为道，惟尊奉其良知以从事于易简者乃为不远人以为道乎？第三段所论教学本原，与夫后世学术之弊，亦可谓句句合矣。但微意所在，乃专以尊奉良知从事于易简者为是，穷究物理博通于典训者为非。只缘本领不同，故其去取若是。夫孔孟之绝学，至二程兄弟始明，二程未尝认良知为天理也，以谓有物必有则，故学必先于格物。今以良知为天理，乃欲致吾心之良知于事事物物（此语见《传习录》，来书亦云，致其良知于日履之间，以达之天下），则是道理全在人安排出，事物无复本然之则矣。无乃不得于言乎（《雍语》亦云，天理只是吾心本体，岂可于事物上寻讨。总是此见）？"不得于言而勿求诸心"，此是告子大病，凡为孔孟之学者或偶沾斯疾，不早进暝眩之药以除其根，是无勇也。古者大学之教，非秀民不预，农、贾、罝兔诚有所不能及者，故曰："民可使由之，不可使知之。"公侯腹心，天资之忠厚者，亦云可矣，岂真见而知之，与太公望散宜生等乎？古人自幼而学，至四十始仕，三十年间无非为学之日，既专且久，道明而德立。及为公卿大夫，直行其所学而已，不暇为学，又奚病焉？来书不能及，不暇为之说，殆以广招徕之路，使人竞趋于易简尔，岂通论乎？格致与博物洽闻不同，先儒已自说破，彼徒博而不知，反诸约者望其入道，诚亦难矣。若夫讲之精，辩之悉，知之明，而学之果不差焉，斯固吾夫子之所谓好学者，岂易得哉！学既不差，安有源远本披之患？本披源远，皆差之毫厘而不自觉者也。嗟乎，安得先觉之君子特起于今之世以尽觉夫未觉者哉！累幅之书，中间尽有合商量处，第年老精神短，照管不及，又恐乱却正意，是以但即其切要者论之。然体用两字果明，则凡未经商量者，虽欲不归于一不可得也。未审高见毕竟以为何如，言有尽而意无穷，千万详察。

又（乙未春）

二月十一日，得去年十月晦日所惠书，往复间不觉遂半年矣。披览之既欣慰可知。仆独学无朋，见闻甚少，向来奉复，诚欲资丽泽之益，故词繁而不杀。兹承逐条开剥，俾得闻所未闻，幸甚幸甚。夫良知之说，贤契讲之久矣。其义皆先儒所未及，仆之所守，不过先儒成说，其不合也固宜。详味来书，词虽若谦，而所执弥固。固以凝道，谦以全交，可谓两得之矣。老拙于此尚何言哉！然而琼玖之投，木瓜之报，又礼之所不容废者，敬就来书再举一二，以见枘凿之不相入处。刑方为圆，老拙固所不能；斫圆就方，贤契亦或未肯。姑以奉酬雅意焉尔。来书谓"立言各有所当"，此语固然。《乐记》亦云"物至知知"，不妨自为体用也。但以理言，即恐良知难作实体看，果认为实体，即与道、德、性、天字无异，若曰知此良知，是成何等说话邪？明道学者须先识仁一章首尾甚是分明，未尝指良知为实体也。首云："仁者浑然与物同体，义礼智信皆仁也，识得此理，以诚敬存之而已。"中间又云："《订顽》意思，乃备言此体。以此意存之，更有何事？"初未尝语及良知，已自分明指出实体了，不然，则所谓存之者果何物邪？且《订顽》之书具存，并无一言与良知略相似者，此理殆不难见也。其良知良能以下数语，乃申言存得便合有得之意，盖虽识得此理，若欠却存养工夫，"则犹是二物有对，以己合彼终未有之"，惟是存养深厚，自然良知日明，良能日充，旧习日消，此理与心渐次打成一片，便为已有，夫是之谓有得。其语脉一一可寻也。此章之言，陈白沙尝吃紧拈出，近时有志于学者率喜谈之，然非虚心潜玩，毫厘之差，或未能免，无乃上累先贤已乎！又来书力辨置之度外一言，仆固知此言之逆耳，然窃有所见，非敢厚诬君子也。尝读《文言》有云："大哉乾乎，刚健中正，纯粹精也。"此天理之本然也。《彖传》有云："乾道变化，各正性命。"此天理之在万物者也。吾夫子赞《易》，明言天地万物之理以示人，故有志于学者，须就天地万物上讲求其理，若何谓之纯粹精，若何谓之各正。人固万物中之一物尔，须灼然见得此理之在天地者与其在人心者无二，在人心者与其在鸟兽草木金石者无二，在鸟兽草木金石者与其在天地者无二，方可谓之物格知至，方可谓之知性知天。不然，只是揣摩臆度而已。盖此理在天地则宰天地，在万物则宰万物，在吾心则宰吾身，其分固森然万殊，然止是一理，皆所谓纯粹精也。以其分之殊，故天之所为有非人所能为者。人之所为有非物所能为者，以其理之一，故能致中和，则天地以位，万物以育，中即纯粹精之隐于人心者也，和即纯粹精之显于人事者也。自源徂流，明如指掌，故曰圣人本天。仆之所闻盖如此。今以良知为天理，即不知天地万物皆有此良知否乎！天之高也未易骤窥，山河大地吾未见其有良知也；万物众多，未易遍举，草木金石吾未见其有良知也。求其良知而不得，安得不置之度外邪？殊不知万物之所得以为性者，无非纯粹精之理，虽顽然无知之物，而此理无一不具。不然，即不得谓之各正，即是天地间有无性之物矣。以此观之，良知之非天理，岂不明甚矣乎？来书所云"视听思虑，必交于天地万物，无有一处安着不得，而置之度外者"，只是认取此心之灵，感通之妙，原不曾透到万物各正处，未免昏却理字，终无以自别于弄精魂者尔。颇记佛书有云："佛身充满于法界，普见一切群生前，随缘赴感靡不周，而恒处此菩提座。"非所谓"视听思虑必交于天地万物"者邪？此之暌而彼之合，无他，良由纯粹精之未易识，不肯虚心易气以求之尔。率意尽言，似乎伤直，然非以求胜也。盖讲论道理，自不容于不尽，是非取舍则在明者择焉，倘犹未亮，姑置之可也。因风时寄数字以慰岑寂，足见久要之义。乡书已祗受，珍感珍感不宣。

（录自《困知记》，清文渊阁《四库全书》本）

湛若水学案

湛若水(1466—1560),字元明,号甘泉,初名露,字民泽,后避祖讳,改名雨,又名若水。学者称甘泉先生。广东增城甘泉都人。湛若水于弘治五年(1492)参加乡试,中举人,翌年参加会试,落第。弘治七年(1494)往江门,从学于陈献章。湛若水从学于陈献章的时间虽不长,但二人师生情谊极深。陈献章于去世前一年(1499)写有《赠江门钓台诗》,自跋云:"达磨西来,传衣为信。江门钓台亦病夫之衣钵也,兹以付民泽,将来有无穷之托,珍重,珍重。"视湛若水为自己学术上的传人。湛若水于弘治十八年(1505)中进士,选授翰林院庶吉士,任编修。正德七年(1512),湛若水出使安南,册封国土。正德中居母丧,服除后入西樵山烟霞洞养病讲学。嘉靖元年(1522),世宗即位,复被起用,历任编修、侍读、南京国子监祭酒、南京吏部右侍郎转礼部左侍郎、南京礼部尚书转吏部尚书、兵部尚书。嘉靖十九年(1540)致仕,时年七十五岁。晚年致力于讲学著书,九十岁时还登南岳衡山,卒年九十五岁。

湛若水之学以"随处体认天理"为宗旨,曰:"此吾六字符也,勿忘勿助,其庶几乎。"陈献章曾称赞说:"去冬十月一日发来书甚好。日用间随处体认天理,着此一鞭,何患不到古人佳处也。"正德初与阳明相识于北京之后,又同以倡明圣学为任,"……相与定交,讲学一宗程氏'仁者浑然与天地万物同体'之旨。故阳明公初主格物之说,后主良知之说。甘泉子一主随处体认天理之说,然皆圣贤宗旨也"。但其学又和阳明之学有着很大的不同。两人曾就格物等问题有所辩论。黄宗羲批评甘泉持论道:"天理无处而心其处,心无处而寂然未发者其处,寂然不动,感即在寂之中,则体认者亦唯体认之于寂而已。今曰随处体认,无乃体认于感?其言终觉有病也。"总的来看,甘泉之学可以看成由程朱理学到阳明心学发展的一个中间形态。

湛若水久居高级学官，从学弟子甚多，主要代表人物有吕怀、何迁、洪垣、唐枢等。在明代儒学史上，以湛若水为代表的一派学者及其思想被称为甘泉学派。

湛若水的著述很多，包括各种语录、文集以及经解等，他在世时即几经刊刻。他死后，万历初其门人编有《甘泉先生文集》，但已多散佚，康熙二十年重刊。现在通行的本子为清代资政堂刻本《甘泉文集》，其中包括《春秋正传》《圣学格物通》《甘泉先生文集》三部分。今有北京大学儒藏整理本《甘泉先生文集》、台湾"中央研究院"《泉翁大全集》、《甘泉先生全集续编》及补编，上海古籍出版社新出版《湛若水全集》搜罗甘泉作品最为完备。

心性图说

性者，天地万物一体者也。浑然宇宙，其气同也。心也而不遗者，体天地万物者也。性也者，心之生理也，心性非二也。譬之谷焉，具生意而未发，未发故浑然而不可见。及其发也，恻隐羞恶辞让是非萌焉，仁义礼智自此焉始分矣，故谓之四端。端也者，始也，良心发见之始也。是故始之敬者，戒惧慎独以养其中也。中立而和发焉，万事万化自此焉，达而位育不外是矣。故位育非有加也，全而归之者耳。终之敬者，即始之敬而不息焉者也。曰："何以小圈？"曰："心无所不贯也。""何以大圈？"曰："心无所不包也。包与贯，实非二也，故心也者，包乎天地万物之外，而贯夫天地万物之中者也。中外非二也。天地无内外，心亦无内外，极言之耳矣。故谓内为本心，而外天地万物以为心者，小之为心也甚矣。"

求放心篇

孟子之言求放心，吾疑之。孰疑之？曰：以吾之心而疑之。孰信哉？信吾心而已耳。吾常观吾心于无物之先矣，洞然而虚，昭然而灵。虚者心之所以生也，灵者心之所以神也。吾常观吾心于有物之后矣，窒然而塞，愦然而昏。塞者心之所以死也，昏者心之所以物也。其虚焉灵焉，非由外来也，其本体也。其塞焉昏焉，非由内往也，欲蔽之也。其本体固在也，一朝而觉焉,蔽者彻,虚而灵者见矣。日月蔽于云,非无日月也,镜蔽于尘,非无明也,人心蔽于物,非无虚与灵也。心体物而不遗,无内外,无终始,无所放处,亦无所放时,其本体也。信斯言也,当其放于外,何者在内?当其放于前,何者在后?何者求之?放者一心也,求者又一心也。以心求心,所为憧憧往来,朋从尔思,只益乱耳,况能有存耶?故欲心之勿蔽,莫若寡欲,寡欲莫若主一。

（录自沈芝盈点校,黄宗羲著《明儒学案》,中华书局 2008 年版）

上白沙先生启略

门生湛雨顿首百拜尊师白沙老先生函丈执事。自初拜门下,亲领尊训至言,勿忘勿助之旨,而发之以无在无不在之要,归而求之,以是持循,久未有着落处。一旦忽然若有开悟,感程子之言:"吾学虽有所受,天理二字,却是自家体认出来。"李延平云:"默坐澄心,体认天理。"愚谓"天理"二字,千圣千贤大头脑处。尧、舜以来,至于孔、孟,说中,说极,说仁、义、礼、智,千言万语都已该括在内。若能随处体认真见得,则日用间参前倚衡,无非此体,在人涵养以有之于己耳云云。丁巳冬十月一日,门生湛雨百拜顿首顿首谨启。

答聂文蔚侍御五条

来谕云:"凡有志于学者,终必求归于是。"夫学求是而已矣,苟有求是之心,则亦何异之不同?然亦有自是而不然者,如杨、墨学仁义,则曰:"吾仁义也。"佛、老明心性,曰:"吾心性也。"夫仁义、心性,则圣人之学亦不外是矣,而乃大相反者,此既以有毫厘千里之谬,学者所当精择也。如药之能活人、杀人者,在病者所当精择也。岂可以其同志于仁义、心性,而遽以为同哉?主张斯文者,其能恝然耶?

来谕二业合一之说,见得最的当,若夫排距之功,非所敢当,但不敢辞其责耳。若了得此关,则内圣外王,一了百了,盖此心与事须于此锻炼,乃能合一故也。来谕于随处体认天理,而会之以"执事敬"之一言,最亲切。

或疑随处体认恐求之外者，殊未见此意。盖心与事应，然后天理见焉。天理非在外也，特因事之来，随感而应耳。故事物之来，体之者心也，心得中正则天理矣。所云："看来宇宙内，无一事一物合是儒者少得底。"此言最当。更不若云："宇宙内无一事一物合是人少得底。"犹见亲切。盖人与天地万物一体，宇宙内即与人不是二物，故少不得也。云"敬者，心在于是而不放之谓"，此恐未尽。盖程子云"主一之谓敬"，主一者，心中无有一物也，故云"一"，若有一物则二矣，故孟子曰"心勿忘勿助长"，勿忘勿助之间乃是一。今云"心在于是而不放"，谓之勿忘则可矣，恐不能不滞于此事，则不能不助也，可谓之敬乎？敬合始终内外之说最妙。又云"即大学格物之义"，近时学者未尝及此。程子曰："格者至也，物者理也，至其理乃格物也。"故大学古本以修身说格物，今云"格物者，事当于理之谓也"，不若云"随处体认天理"之尽也。体认兼知行也，当于理是格物后事，故曰："物格而后知至。"云敬而后当于理，敬是格物工夫也。

来谕云："不睹不闻即是隐微字，戒谨恐惧即所谓慎独。"区区之见正如此。中庸慎独一节即申上节，所以下一个"故"字。圣贤之学元无静存动察相对，只是一段工夫。凡所用功皆是动处，中庸、大学、艮卦、通书无不皆然。盖动以养其静，静处不可着力，才着力便是动矣。至伊川乃有静坐之说，又别开一个门面，故仆于先师石翁墓铭云"孔孟之后，若更一门"，盖见此也。今来谕云云，不易见得，钦羡！钦羡！程子于尹彦明，静坐半年后方得大学西铭看，即非读书、写字专心之云矣。惟明道作字甚敬，即此是学之言，乃区区今日二业合一之诀也，如何？如何？

勿忘勿助元只是说一个敬字，先儒未尝发出，所以不堕于忘，则堕于助，忘助皆非心之本体也。此是圣贤心学最精密处，不容一毫人力。故先师石翁又发出自然之说，至矣。圣人之所以为圣，亦不过自然如此，学者之学圣人，舍是何学乎？来谕说忘助二字，乃分开看，区区会程子之意，只作一时一段看，盖勿忘勿助之间，只是中正处也。来谕又以为丹炉火候者正如此，故老子曰"绵绵若存，用之不勤"，即火候也。学者下手须要理会自然工夫，不须疑其圣人熟后，而姑为他求。盖圣学只此一个路头，更无别个路头，若寻别个路头，则终枉了一生也。先儒多未说坐此苦。

答阳明王都宪论格物

两承手教格物之论，足仞至爱。然仆终有疑者，疑而不辨之则不可，欲辨之亦不可。不辨之，则此学终不一，而朋友见责。王宜学则曰："讲求至当之归，先生责也。"方叔贤则亦曰："非先生辨之，其谁也？"辨之，则稍以兄喜同而恶异，是己而忽人。是己而忽人，则己自圣而人言远矣，而阳明岂其然乎？乃不自外而僭辨之。盖兄之格物之说，有不敢信者四。自古圣贤之学，皆以天理为头脑，以知行为工夫，兄之训格为正，训物为念头之发，则下文诚意之意，即念头之发也，正心之正即格也，于文义不亦重复矣乎？其不可一也。又于上文知止能得为无承，于古本下节以修身说格致为无取，其不可二也。兄之格物训云："正念头也。"则念头之正否，亦未可据。如释、老之虚无，则曰："应无所住而生其心"，无诸相无根尘，亦自以为正矣。杨墨之时皆以为圣矣，岂自以为不正而安之，以其无学问之功，而不知其所谓正者乃邪，而不自知也。其所自谓圣，乃流于禽兽也。夷、惠、伊尹，孟子亦以为圣矣，而流于隘与不恭而异于孔子者，以其无讲学之功，无始终条理之实，无智巧之妙也。则吾兄之训徒正念头，其不可三也。论学之最始者，则《说命》曰："学于古训，乃有获。"《周书》则曰："学古入官。"舜命禹则曰："惟精惟一。"颜子述孔子之教则曰："博文约礼。"孔子告哀公则曰："学、问、思、辨、笃行。"其归于知行并进，同条共贯者也。若如兄之说，徒正念头，则孔子止曰"德之不修"可矣，而又曰"学之不讲"，何耶？止曰"默而识之"可矣，而又曰"学而不厌"何耶？又曰"信而好古敏求者"何耶？子思止曰"尊德性"可矣，而又曰"道问学"者何耶？所讲、所学、所好、所求者何耶？其不可四也。考之本章既如此，稽之往圣又如彼，吾兄确然自信而欲人以必从，且谓圣人复起不能易者，岂兄之明有不及此？盖必有蔽之者耳。若仆之鄙说似有可采者五。训格物为"至其理"，始虽自得，然稽之程子之书，为先得同然，一也。考之章首"止至善"，即此也，上文"知止、能得"为知行并进，至理工夫，二也。考之古本下文，以修身申格致，为于学者极有力，三也。《大学》曰："致知在格物。"程子则曰："致知在所养，养知在寡欲。"以涵养寡欲训格物，正合古本以修身申格物之旨为无疑，四也。以格物兼知行，其于自古圣训学、问、思、辨、笃行也，精一也，博约也，学古、好古、信古也，修德、讲学也，默识、学不厌也，尊德性、道问学也，始终条理也，知言养气也，千圣千贤之教为不谬，五也。五者可信，而吾兄一不省焉，岂兄之明有不及此？盖必有蔽之者耳。仆之所以训格者，至其理也。至其理云者，体认天理也。体认天理云者，兼知行合内外言之也，天理无内外也。陈世杰书报吾兄疑仆随处体认天理之说，为求于外，若然，不几于义外之说乎？求即无内外也。吾之所谓随处云者，随心、随意、随身、随家、随国、随天下，盖随其所寂所感时耳，一耳。寂则廓然太公，感则物来顺应，所寂所感不同，而皆不离于吾心中正之本体。本体即实体也、天理也、至善也、物也，而谓求之外，可乎？致知云者，盖知此实体也、天理也、至善也、物，乃吾之良知良能也，不假外求也。但人为气习所蔽，故生而蒙，长而不学则愚，故学、问、思、辨、笃行诸训所以破其愚，去其蔽，警发其良知良能者耳，非有加也，故无所用其丝毫人力也。如人之梦寐，人能唤之惺耳，非有外与之惺也。故格物则无事矣，大学之事毕矣。若徒守其心而无学、问、思、辨、笃行之功，则恐无所警发，虽似正实邪，下则为老、佛、杨、墨，上则为夷、惠、伊尹是也。何者？昔曾参芸瓜，误断其根，父建大杖击之，死而复苏。曾子以为无所逃于父为正矣，孔子乃曰："小杖受，大杖逃。"乃天理矣。一事出入之间，天人判焉，其可不讲学乎？诘之者，则曰："孔子又何所学？心焉耳矣。"殊不知孔子至圣也，天理之极致也，仁熟义精也，然必七十乃从心所欲不逾矩。人不学，则老死于愚耳矣。若兄之聪明，非人所及，固不敢测，然孔子亦尝以学自力，以不学自忧矣。今吾兄望高位崇，其天下之士所望风而从者也，故术不可不慎，教不可不中正。兄其图之！兄其图之！则斯道可兴，此学可明矣。若兄今日之教，仆非不知也，仆乃尝述方之人也。且仆获交于兄十有七年矣，受爱于兄亦可谓深矣。尝愧有怀而不尽口，将为老兄之罪人，天下后世之归咎，乃不自揣其分，倾倒言之。若稍有可采，乞一俯察，若其谬妄，宜摈斥之，吾今可默矣。谨启。

（录自钟彩钧、游腾达点校，《泉翁大全集》，台湾"中央研究院"中国文哲研究所 2017 年版）

语 录

冲问："舜之用中,与回之择中庸,莫亦是就自己心上斟酌调停,融合人心天理否?"先生曰："用中,择中庸,与允执厥中,皆在心上,若外心性,何处讨中? 事至物来,斟酌调停者谁耶? 事物又不曾带得中来。故自尧、舜至孔、颜,皆是心学。"

盘问"日用切要工夫"。道通曰："先生之教,惟立志、煎销习心、体认天理,之三言者,最为切要,然亦只是一事。每令盘体验而熟察之,久而未得其所以合一之义,敢请明示。"先生曰："此只是一事。天理是一大头脑,千圣千贤,共此头脑,终日终身,只是此一大事,更无别事。立志者,立乎此而已;体认是工夫,以求得乎此者,煎销习心,以去其害此者。心只是一个好心,本来天理完完全全,不待外求,顾人立志与否耳! 孔子十五志于学,即志乎此也。此志一立,三十、四十、五十、六十、七十,直至不逾矩,皆是此志。变化贯通,只是一志。志如草木之根,具生意也;体认天理,如培灌此根;煎销习心,如去草以护此根。贯通只是一事。"

心问："如何可以达天德"? 道通云："只体认天理之功,一内外,兼动静,彻始终,一息不容少懈,可以达天德矣。"盘亦问:"何谓天德? 何谓王道?"道通谓:"君亦理会慎独工夫来,敢问慎独之与体认天理,果若是同与?"先生曰:"体认天理与慎独,其工夫俱同。独者,独知之理,若以为独知之地,则或有时而非中正矣,故独者,天理也。此理惟己自知之,不但暗室屋漏,日用酬应皆然。慎者,所以体认乎此而已。若如是,有得便是天德,便即王道,体用一原也。"

一友问:"何谓天理?"冲答曰:"能戒慎恐惧者,天理也。"友云:"戒慎恐惧是工夫。"冲曰:"不有工夫,如何得见天理? 故戒慎恐惧者,工夫也,能戒慎恐惧者,天理之萌动也。循此戒慎恐惧之心,勿忘勿助而认之,则天理见矣。熟焉如尧之兢兢,舜之业业,文王之翼翼,即无往而非天理也。故虽谓戒慎恐惧为天理可也。今或不实下戒慎不睹、恐惧不闻之功,而直欲窥天理,是之谓先获后难,无事而正,即此便是私意遮蔽,乌乎得见天理耶?"先生曰:"戒慎恐惧是工夫,所不睹不闻是天理,工夫所以体认此天理也,无此工夫,焉见天理?"

舜臣问："正应事时，操存此心，在身上作主宰，随处体认吾心身天理真知，觉得吾心身生生之理气，所以与天地宇宙生生之理气，吻合为一体者，流动于腔子，形见于四体，被及于人物。遇父子，则此生生天理为亲；遇君臣，则此生生天理为义；遇师弟，则此生生天理为敬；遇兄弟，则此生生天理为序；遇夫妇，则此生生天理为别；遇朋友，则此生生天理为信；在处常，则此生生天理为经；在处变，则此生生天理为权；以至家国天下，华戎四表，莅官行法，班朝治军，万事万物，远近巨细，无往而非吾心身生生之理气。根本于中而发见于外，名虽有异而只是一个生生理气，随感随应，散殊见分焉耳，而实非有二也。即此便是义以方外之功，即此便是物来顺应之道，而所以行天下之达道者在是焉。愚见如此，未审是否？"先生曰："如此推得好，自'随处体认'以下至'实非有二也'，皆是。可见未应事时只一理，及应事时才万殊。《中庸》所谓'溥博渊泉而时出之'，正为此。后儒都不知不信，若大公顺应，敬直义方，皆合一道理。宜通上章细玩之，体用一原。"

一友问："察见天理，恐言于初学，难为下手。"冲答曰："夫子之设科也，中道而立，能者从之。天理二字，是就人所元有者指出，以为学者立的耳。使人诚有志于此，而日加体认之功，便须有见。若其不能见者，不是志欠真切，便是习心障蔽。知是志欠真切，只须责志，知为习心障蔽，亦是责志，即习心便消而天理见矣。"先生曰："天理二字，人人固有，非由外铄，不为尧存，不为桀亡。故人皆可以为尧、舜，途之人可以为禹者，同有此耳。故途之人之心，即禹之心，禹之心，即尧、舜之心，总是一心，更无二心。盖天地一而已矣。《记》云：'人者，天地之心也。'天地古今宇宙内，只同此一个心，岂有二乎？初学之与圣人同此心，同此一个天理，虽欲强无之又不得。有时见孺子入井，见饿殍，过宗庙，到墟墓，见君子，与夫夜气之息，平旦之气，不知不觉，萌动出来，遏他又遏不得。有时志不立，习心蔽障，又忽不见了。此时节，盖心不存故也，心若存时，自尔见前。唐人诗亦有理到处，终日觅不得，有时还自来，须要得其门。所谓门者，勿忘勿助之间，便是中门也。得此中门，不患不见宗庙之美，百官之富。责志去习心是矣，先须要求此中门。"

一友患天理难见。冲对曰："须于心目之间求之。天理有何形影，只是这些虚灵意思，平铺着在，不容你增得一毫，减得一毫，轻一毫不得，重一毫不得，前一步不得，却一步不得，须是自家理会。"先生曰："看得尽好，不增不减，不轻不重，不前不却，便是中正。心中正时，天理自见。难见者，在于心上工夫未中正也。但谓'天理有何形影'是矣，又谓'只是这些虚灵意思，平铺着在'，恐便有以心为天理之患，以知觉为性之病，不可不仔细察。释氏以心之知觉为性，故云蠢动含灵，莫非佛性，而不知心之生理乃性也。平铺二字无病。"

孚先问："戒慎不睹，恐惧不闻，敬也，所谓必有事焉者也。勿助勿忘，是调停平等之法，敬之方也。譬之内丹焉，不睹不闻，其丹也，戒慎恐惧，以火养丹也，勿助勿忘，所谓文武火候，然否？"先生曰："此段看得极好，须要知所谓其所不睹，其所不闻者，何物事？此即道家所谓真种子也。故其诗云：'鼎内若无真种子，如将水火煮空铛。'试看吾儒，真种子安在？寻得见时，便好下文武火也。勉之！勉之！"

冲尝与仲木、伯载言学，因指鸡母为喻云："鸡母抱卵时，全体精神都只在这几卵上，到得精神用足后，自化出许多鸡雏来。吾人于天地间，万事万化，都只根源此心精神之运用何如耳！"吕、陆以为然。一友云："说鸡母精神都在卵上，恐犹为两事也。"此又能辅冲言所不逮者。先生曰："鸡卵之譬，一切用功，正要如此接续。许大文王，只是缉熙敬止。鸡抱卵，少间断，则这卵便毈了。然必这卵元有种子，方可。若无种的卵，将来抱之虽勤，亦毈了。学者须识种子，方不枉了工夫。何谓种子？即吾此心中这一点生理，便是灵骨子也。今人动不动只说涵养，若不知此生理，徒涵养个甚物？释氏为不识此种子，故以理为障，要空要灭，又焉得变化？人若不信圣可为，请看无种子鸡卵，如何抱得成雏子皮毛骨血形体全具出壳来？都是一团仁意，可以人而不如鸟乎？精神在卵内，不在抱之者，或人之言，亦不可废也。明道先生言：'学者须先识仁。'"

冲问儒释之辨。先生曰："子可谓切问矣。孟子之学，知言养气，首欲知诐淫邪遁之害心，盖此是第一步生死头路也。往年曾与一友辨此，渠云：'天理二字，不是校仙勘佛得来。'吾自此遂不复讲。吾意谓天理正要在此歧路上辨，辨了便可泰然行去，不至差毫厘而谬千里也。儒者在察天理，佛者反以天理为障；圣人之学，至大至公，释者之学，至私至小，大小公私，足以辨之矣。昨潘稽勋、石武选亦尝问此，吾应之曰：'圣人以天地万物为体，既以身在天地万物内，何等廓然大公，焉得一毫私意？凡私皆从一身上起念，圣人自无此念，自无意必固我之私。若佛者务去六根六尘，根尘指耳目口鼻等为言，然皆天之所以与我，不能无者，而务去之，即己一身亦奈何不得，不免有意必固我之私，犹强谓之无我耳，何等私小！'二子闻言，即悟叹：'今日乃知如此，先正未尝言到。'"

或问："学贵煎销习心，心之习也，岂其固有之污欤？"曰："非固有也，形而后有者也，外铄而中受之也。如秦人之悍也，楚人之诈也，心之习于风气者也。处富而鄙吝，与处约而好侈靡者，心之习于居养者也，故曰：'性相近也，习相远也。'煎销也者，炼金之名也。金之精也，有污于铅者，有污于铜者，有污于粪土之侵蚀者，非炼之不可去也。故金必百炼而后精，心必百炼而后明。"先生曰："此说得之。认得本体，便知习心，习心去而本体完全矣，不是将本体来换了习心，本体元自在，习心蔽之，故若不见耳。不然，见赤子入井，便如何膨发出来？故煎销习心，便是体认天理工夫。到见得天理时，习心便退听。如煎销铅铜，便是炼金，然必须就炉锤，乃得炼之之功。今之外事以求静者，如置金于密室，不就炉锤，虽千万年也，只依旧是顽杂的金。"

冲谓："未发之中，唯圣人可说得。若是圣人而下，都是致和底工夫。然所谓和者，不戾于中之谓，乃是就情上体贴此中出来。中立而和生也，到得中常在时，虽并谓之致中和，亦可也。然否？"先生曰："道通所谓'情上体贴此中出来'一句，与'中立而和生'，皆是。其余未精。致中和乃修道立教之功用，道至中和极矣，更又何致耶？若以未发之中为圣人分上，致和工夫为圣人而下学者分上，则又欠明了。所不睹不闻，即未发之中也，道之体也。学者须先察识此体，而戒慎恐惧以养之，所谓养其中也。中立而和生焉。若谓自然而中，则惟圣可能也。若工夫，则正是学者本源紧要处，动以养其静。道通徒见戒慎恐惧字，以为致和耳。"

或有认思虑宁静时为天理，为无我，为天地万物一体，为鸢飞鱼跃，为活泼泼地，自以为洒然者，因言："遇动辄不同，何也？"冲应之曰："譬之行舟，若这个舟，风恬浪静时，或将就行得，若遇狂风迭浪，便去不得也。要去，须得柁柄在手。故学莫先于立主宰，若无主宰，便能胸中无他闲思杂想，亦只讨得个清虚一大气象，安得为天理？安可便说鸢飞鱼跃？程明道先生尝言：'鸢飞戾天，鱼跃于渊，与必有事焉而勿正意同。'昔聪明如文公，直到晚年，才认得明道此意。未知这必有事焉，是何事？"先生曰："天理亦不难见,亦不易见,要须切己实用,必有事焉而勿正工夫,乃可真见,都是鸢飞鱼跃,不然亦只是说也。"

冲谓:"初学之士,还须令静坐息思虑,渐教以立志,体认天理,煎销习心,及渐令事上磨炼。冲尝历历以此接引人,多见其益。动静固宜合一用工,但静中为力较易,盖人资质不同,及其功用纯杂亦异,须是因才成就,随时点化,不可拘执一方也。然虽千方百计,总是引归天理上来,此则不可易。正犹母鸡抱卵,须是我底精神合并他底精神一例用,方得,如何?"先生曰:"静坐,程门有此传授。伊川见人静坐,便叹其善学。然此不是常理。日往月来,一寒一暑,都是自然常理流行,岂分动静难易?若不察见天理,随他入关入定,三年九年,与天理何干?若见得天理,则耕田凿井,百官万物,金革百万之众也,只是自然天理流行。孔门之教,居处恭,执事敬,与人忠。黄门毛式之云:'此是随处体认天理。'甚看得好。无事时不得不居处恭,即是静坐也。有执事与人时,如何只要静坐?使此教大行,则天下皆静坐,如之何其可也?明道终日端坐如泥塑人,及其接人,浑是一团和气,何等自然!"

"日昨孚先以长至在迩,作饭会。席间因讲'复其见天地之心',冲谓诸友云:'人心本自坦坦平平,即所谓天地之心,不待复而后见也。圣人见人多迷而不复,恐其灭绝天理,不得已而又就其复处指点出来,欲令人便循着扩充将去也。吾辈若能守得平坦之心常在,即不消言复,只怕无端又生出别念来耳。故颜子克己,只是不容他躯壳上起念。'诸友以为然。如何?"先生曰:"冬至一阳初动,所为来复时也。天地之心,何时不在?特于动物时见耳。人心一念萌动,即是初心,无有不善,如孟子乍见孺子将入于井,便有怵惕恻隐之心,乍见处亦是初心复时也。人之良心,何尝不在?特于初动时见耳。若到纳交要誉,恶其声时,便不是本来初心了。故孟子欲人就于初动处扩充涵养,以保四海。若识得此一点初心真心,便是天理。由此平平坦坦,持养将去,可也。若夫不消言复一语,恐未是初学者事,虽颜子亦未知此道。颜子犹不远复,毋高论,要力行实地有益耳。"

潘稽勋讲:"天理须在体认上求见,舍体认,何由得见天理也?"冲对曰:"然。天理固亦常常发见,但人心逐外去了,便不见,所以要体认。才体认,便心存,心存便见天理,故曰:'不能反躬,天理灭矣。'又曰:'复其见天地之心。'体认是反躬而复也,天地之心即我心。生生不已,便无一毫私意参杂其间，此便是无我，便见与天地万物共是一体，何等广大高明！认得这个意思，常见在，而乾乾不息以存之，这才是把柄在手，所谓其几在我也。到那时，恰所谓开阖从方便，乾坤在此间也。宇宙内事，千变万化，总根源于此，其妙殆有不可言者，然只是一个熟，如何？"先生曰："此节所问所答皆是，然要用功实见得，方有益。中间云'才体认便心存，心存便见天理'，不若心存得其中正时，便见天理也。如此体认工夫，尤更直截。其后云云，待见天理后，便见得亲切也。"

陈子才问："先生常言，见得天理，方见得人欲，如何？"冲谓："才体认，便见得天理，亦便见得人欲。盖体认是天理萌动，人心得主宰时也，有主宰便见人欲。文王缉熙，只体认不已，便接续光明去，便容不得一毫人欲，此便是敬止。从此到至善，只一条直路。因窃自叹曰：'明见得这条路在前面，还只不肯走，病果安在耶？'愿赐鞭策。"先生曰："文王缉熙敬止，便是止至善，便是体认天理工夫。若见得时，李延平所谓一毫私意亦退听也。岂不便见得人欲乎？若人之酒醒，便知是醉也。若谓明见得这条路在前面，如何不肯走？或是未曾上路也，又何迟回顾虑？无乃见之未明，或有病根，如忧贫之类，在内为累故耶？若欲见之明，行之果，须是将习心打破两层三层，乃可向往也。"

一友语经哲曰："须无事时，敬以直内，遇有事，方能义以方外。"经哲曰："恐分不得有事无事。圣人心事，内直则外自方，学者恐义以方外事，亦是做敬以直内工夫，与修辞立诚，亦是做忠信进德工夫，才见得心事合一也。先生随处体认天理之训，尽此二句之意，便见打透明白，不知是否？"先生曰："随处体认天理，兼此二句包了，便是合内外之道。敬以包乎义，义以存乎敬，分明不是两事。先儒未尝说破，予一向合看。如此见得《遗书》中谓'释氏敬以直内则有之，义以方外则无有'，决非程子语也。吾子看到此，难得。"

一友问："明道先生言天理二字，却是自家体贴出来。今见朋友中，开口便说天理，某却疑先生教人要察见天理者，亦是人自家体贴乎此耳，非谓必欲人图写个天理与人看也，如何？"冲对曰："诚然！诚然！天理何尝有定形，只是个未发之中。中亦何尝有定体，人但常以心求中正为主意，随时随事，体认斟酌，调习此心，常合于中正，此便是随处皆天理也。《康诰》所谓'作稽中德'，亦是如此。求也自求，见也自见，得也自得，他人不能与其力,便是见得,亦不能图写与人看。虽然说工夫处,却不能瞒得人也。未知是否?"先生曰:"天理只是自家体认,说便不济事。然天理亦从何处说得?可说者,路头耳,若连路头也不说,便如何去体认?其全不说者,恐是未尝加体认工夫,如未曾行上路的人,更无疑问也。所云'心求中正,便是天理',良是。然亦须达得天理,乃可中正。而不达天理者,有之矣,释氏应无所住而生其心是也,何曾达得天理?"

若愚问:"《中庸》尊德性道问学一章,朱子以存心致知言之,而未至力行者,厥义维何?幸夫子教之。"先生曰:"后世儒者,认行字别了,皆以施为班布者为行,殊不知行在一念之间耳。自一念之存存,以至于事为之施布,皆行也。且事为施布,岂非一念为之乎?所谓存心即行也。"

若愚问:"天理,心之主也;人欲,心之贼也。一心之微,众欲交攻,日侵月蚀,贼渐内据,主反退听,且昼所为,时或发见,殆亦杯水于舆薪之火耳,如弗胜何?今欲反其故,复其真,主者主之,贼者贼之,如之何其用力也?幸夫子教之!"先生曰:"这个天理真主未尝亡,特为贼所蔽惑耳,观其时或发见可知矣。体认天理,则真主常在,而贼自退听,不是外边旋寻讨主入室来,又不是逐出贼使主可复也。只顷刻一念正,即主翁便惺,便不为贼惑耳。二者常相为消长。"

问:"刘子曰:'民受天地之中以生',性之所以立也。子思曰:'中者,天下之大本,用之所以行也。'体用一原,显微无间,学者从事于勿助勿忘之间而有得。夫无声无臭之旨,则日用应酬,莫非此中,发见流行之妙,不啻执规矩以为方圆,盖曲当也。然尧、舜'允执之中',孟子'无权之中',似就事物上说,故后世有求中于外者,不知'危微精一',皆心上工夫,而'权'之一字,又人心斟酌运量之妙。以中乎不中者,则既以反其本矣,舍此不讲,而徒于事物上每每寻个恰好底道理,虽其行之无过不及,而固已入于义外之说,恐终亦不免于执一而已矣。臆见如此,未知何如?"先生曰:"圣人之学,皆是心学。所谓心者,非偏指腔子里方寸内与事为对者也,无事而非心也。尧、舜'允执厥中',非独以事言,乃心事合一。允执云者,吻合于心,与心为一,非执之于外也。所谓权者,亦心也,廉伯所云'斟酌运量之本'是也。若能于事物上察见自然天理,平时涵养,由中正出,即由仁义行之学,何有不可?若平时无存养工夫,只到事来面前,才思寻讨道理,即是行仁义必信必果之学,即是义外,即是义袭而取之者也。诚伪王霸之分,正在于此。"

问:"《中庸》不睹不闻,与《诗》无声无臭之旨,何以异?天理本无形声可以议拟,但只恁地看,恐堕于无。若于无中想出一个不睹不闻景象,则亦滞于有矣。无即佛氏之所谓空,有即其所谓相也,二者皆非也。然则不无而无,不有而有,其心之本体乎?其在勿助勿忘之间乎?近来见得如是,幸夫子明以教我。"先生曰:"此事正要理会,廉伯能以疑问知,是善理会矣。在人为不睹不闻,在天为无声无臭,其实一也。如旧说,不睹不闻,无声无臭,却堕于虚无而不自知矣。然于不睹不闻,而必曰'其所',是有实体也;于无声无臭而必曰'上天之载',是有实迹也,何堕于无?这个不睹不闻之实体,程子所谓'亦无有处有,亦无无处无',乃心之本体,不落有无者也。须于勿助勿忘之间见之,要善体认。吾于《中庸测难》已说破,惟诸君于心得中正时,识取本体,自然见前,何容想像!"

奉谓:"孟子所谓'持其志,毋暴其气'者,亦无本末之分,不过欲人存中以应外,制外以养中耳,使知合观并用之功也。公孙丑疑而问者,未达乎此而已矣!"先生曰:"志气不是两物,志即气之精灵处,志之所至,气亦至焉,故持志即毋暴气,都一齐管摄。如志欲手持则持,志欲足行则行,岂不内外一致?存中应外,固是,制外之心,非由中乎?不必分内外。"

清问:"昨者坐中一友言'夜睡不着',先生谓其'未曾体认天理,故睡不着'。清因举蔡季通'先睡心,后睡眼,文公以为古今未发之妙'言之,先生不以为然。岂以其歧心目为二理耶?"先生曰:"吾意不以为然者,非以歧心目为二理也。只先着一个睡字,便是安排。事事亦复如是。所谓体认天理者,亦非想像,想像亦便是安排。心中无事,天理自见,无事便自睡得着,何意何必?"

"毛式之日来工夫尽切身,冲家居全得此友往来商确耳。但渠铢较寸量,念头尚未肯放下,多病精神不足,可惜也。愿先生疗以一言,渠若见得完全,却会守得牢固。"先生曰:"毛君素笃信吾学,随处体认天理,此吾之中和汤也。服得时,即百病之邪自然立地退听,常常服之,则百病不生,而满身气体中和矣。何待手劳脚攘,铢较寸量乎?此心天理,譬之衡尺,衡尺不动,而铢铢寸寸,自分自付,而衡尺不与焉。舜之所以无为而天下治者,此也。此剂中和汤,自尧、舜以来,治病皆同。天理人心不在事,心兼乎事也。"

朱鹏问：“道通云‘随处体认天理，即孔门博约一贯之义’者，然则博学于文，约之以礼，须合作一句看始明，请示其的。”先生曰：“随处体认天理，与博约一贯同，皆本于精一执中之传。博文约礼，还是二句，然则一段工夫，一齐并用，岂不是同一体认天理？”

冲问：“先生尝言：‘是非之心，人皆有之，此便是良知，亦便是天理。’窃以为是非之心，其在人也，虽私欲亦蒙蔽他不得。譬诸做强盗，人若说他是强盗，他便知怒。又如做官人要钱底，渠亦怕人知觉，及见人称某官何等清廉，渠亦知敬而自愧。可见他本心自是明白，虽其贪利之心，亦蔽他不得。此正是他天理之心未尝泯灭处。学者能常常体察乎此，依着自己是非之心，知得真切处，存养扩充将去，此便是致良知，亦便是随处体认天理也。然而外人多言先生不欲学者之言良知者，岂虑其体察未到，将误认于理欲之间，遂以为真知也耶？”先生曰：“如此看得好。吾于《大学》‘小人闲居’章测难，备言此意。小人至为不善，见君子即知掩不善，又知著其善，又知自愧怍，人视己如见肺肝；又如贼盗至为不道，使其乍见孺子将入井，即有怵惕恻隐之心，岂不是良知？良知二字，自孟子发之，岂不欲学者言之？但学者往往徒以为言，又言得别了，皆说心知是非皆良知，知得是便行到底，知得非便去到底，如此是致。恐师心自用，还须学问思辨笃行，乃为善致。”

冲问：“先生儒佛之辨明矣。窃以为论佛氏曰‘当先根究其初心，不合从躯壳起念，且缓责其苦根尘、绝伦理之罪’，盖由其举足之差，遂使其谬至于此极也，故冲每与朋侪言学，须先探讯其志，然后与论工夫。若其志不正，虽与讲得极亲切，只是替他培壅得私己的心，反帮助润饰得他病痛，后来纵欲败度，伤残伦理，或反有甚于佛氏者。孔子于门人，往往诱其言志，孟子欲人察于善利之间者，殆为是耳。故自学教人，皆宜先正其志，何如？”先生曰：“佛氏初心，躯壳起念，即是苦根尘、绝伦理之罪，是同条共贯事。然问罪者，先须按其实迹赃证，乃可诛之也。今只诛其躯壳起念，则彼又有无诸相之说，必不肯服。从事圣人之书者，亦有纵欲败度，伤残伦理，然不可谓之儒，圣人必不取之。而佛者之教，正欲人人绝灭伦理，如水火之不相同。子比而同之，且抑扬之间，词气过矣。正志之说，甚好。”

衢（冲）①问：“先生教人体认天理，衢（冲）即于无事时，常明诸心，看

①　所收文献原本文字错讹的，保留原文，于误字后括号内标注正确文字。下同。

认天地万物一体之善;至有事时,即就此心上体会,体会便应去求个是便了,不识然否?"先生曰:"吾所谓天理者,体认于心,即心学也。有事无事,原是此心。无事时万物一体,有事时物各付物,皆是天理充塞流行,其实无一事。"

"经哲向前领师尊教,每令察见天理,哲苦天理难见,正坐失于空中摸索耳。近就实地寻求,始觉日用间一动一止,一事一物,无非这个道理。分明有见,但犹有一等意思牵滞,未肯真实认他做主耳,非难见也。窃以人生天地间,与禽兽异也,人得天地之中耳。中乃人之生理也,即命根也,即天理也,不可顷刻间断也。若不察见,则无所主宰,日用动作,忽入于过不及之地,而不自知矣。过与不及,即邪恶之渐,去禽兽无几矣。故千古圣贤授受,只一个中,不过全此天然生理耳。学者讲学,不过讲求此中,求全此天然生理耳。入中之门,曰勿助勿忘,中法也。以中正之法,体中正之道,成中正之教也。体认天理,即体认中也。但中字虚,天理字真切,令人可寻求耳。不知是否?"先生曰:"体认正要如此真切,若不用勿助勿忘之规,是无也。"

"经哲与一友论扩充之道,经哲以扩充非待发见之后,一端求充一端也。只终日体认天理,即此是敬。敬即扩充之道,非敬之外又有扩充工夫也。所谓操存涵养,体验扩充,只是一事。如戒惧慎独以养中,中立而和自发,无往而非仁义礼智之发见矣。孟子曰:'苟能充之,足以保四海。'重在足字,非必保四海而后为充也,只是求复吾广大高明之本体耳。不知是否?"先生曰:"今之所谓致良知者,待知得这一是非,便致将去,此所谓待发见之后,一端求充一端也。只一随处体认天理,扩充到尽处,即足保四海,即是高明广大之本体。"

津问:"鸢飞鱼跃,活泼泼地,学者用功,固不可不识得此体。若一向为此意担阁,而不用参前倚衡的工夫,终无实地受用。须是见鸢飞鱼跃的意思,而用参前倚衡的工夫,虽用参前倚衡的工夫,而鸢飞鱼跃之意自在。非是一边做参前倚衡的工夫,一边见鸢飞鱼跃的意思,乃是一并交下。惟程明道谓'必有事焉,而勿正,心勿忘,勿助长,未尝致纤毫人力'最尽。"先生曰:"鸢飞鱼跃,与参前倚衡,同一活泼泼地,皆察见天理工夫。识得此意而涵养之,则日进日新,何担阁之云?不可分为二也。所举明道'必有事焉,勿正,勿忘,勿助长,元无丝毫人力'之说最好。勿正,勿忘,勿助,中间未尝致丝毫人力，乃必有事焉之工夫的当处。朱传节度二字最好，当此时节，所谓参前倚衡，所谓鸢飞鱼跃之体自见矣。阳明谓勿忘、勿助之说为'悬虚'，而不知此乃所有事之的也，舍此则所有事无的当工夫，而所事者非所事矣。"

子嘉问："程子曰：'勿助、勿忘之间，乃是正当处。'正当处即天理也，故参前倚衡，与所立卓尔，皆见此而已，必见此而后可以语道。或以勿助、勿忘之间乃虚见也，须见天地万物一体，而后为实见。审如是，则天地万物一体，与天理异矣。人惟不能调习此心，使归正当，是以情流私胜，常自扞格，不能体天地万物而一之。若能于勿助、勿忘之间，真有所见，则物我同体在是矣。或于此分虚实者，独何欤？故《图说》曰：'性者，天地万物一体者也；心也者，体天地万物而不遗。'舍勿助、勿忘之间，何容力乎？伏惟明示，以决嘉之疑。"先生曰："惟求必有事焉，而以勿助、勿忘为虚。阳明近有此说，见于与聂文蔚侍御之书。而不知勿正、勿忘、勿助，乃所有事之工夫也。求方圆者必于规矩，舍规矩则无方圆。舍勿忘、勿助，则无所有事，而天理灭矣。下文'无若宋人然'，非徒无益，而又害之可见也。不意此公聪明，未知此要妙，未见此光景，不能无遗憾，可惜！可惜！勿忘、勿助之间，与物同体之理见矣。至虚至实，须自见得。"

子嘉问："克己复礼，一功也。克己而礼自复，礼复而后己可言克矣。盖一心之中，理欲不容并立也。或者专言克己，必己私克尽而后礼可复，则程子生东灭西之语，何谓乎？若谓初学之士，习心已久，不免己私之多，故先言克己以觉之，即先正所谓非全放下，终难凑泊之谓也。以此为讲学始终之要，恐非中正也。殊不知言复礼则克己在其中，言克己则复礼不外矣。若得其要，于勿助、勿忘之间，虽言克己，亦可也。若不得其要，不知所克者何物，纵云克己，亦不过把持而已，为能尽克而不生乎？若谓颜子之功，尚亦如此，况其他乎？盖颜子之资，生知之亚，故己一克而即去不萌，所谓不贰过是也。非若后世一一而克之之谓也。或以为存天理无所捉摸，不若克己之为切是，盖未得其功于勿助、勿忘之间者也。若果能有见于勿助、勿忘之间，则己私又何容乎？嘉以为，既真有所见，复于受病深者而克之，则日渐月磨，己不知而自克也。嘉知所见或亦偏堕而不知，伏惟详示。"先生曰："克己复礼，故不是二事。然所谓克己者，非谓半上半下也，去之尽乃谓之克也。己私才尽，天理立复，若其不继，又复如初。惟随处体认天理最要紧，能如是，则克复在其中矣。谓体认天理，不如克己者，盖未知此。且克己惟以告颜子，而不告仲弓诸人，盖非人人所能也。今人只说克己耳，又何曾克来？若待到知是己私时，其机已住，又安能克？惟是祇悔耳。"

子嘉问："隐显无间，动静一功，子所雅言也。或者不求立其本体，而专磨炼于事，遂诋静坐者为非。夫静坐而不求诸人事，而后可以言偏矣。若专用力于事，而不求见本体，则与静坐之弊均矣，又何诮彼耶？不知所谓磨炼者，又何物耶？况所谓随处体认天理，非专于事也，体认也者，知行并进之谓也。识得此天理，随时随处，皆知行并进乎此天理也。若曰随事，则偏于事而非中正矣。毫厘千里之差，所系不细，伏惟垂教。"先生曰："体认天理，而云随处，则动静心事，皆尽之矣。若云随事，恐有逐外之病也。孔子所谓居处恭，乃无事静坐时体认也，所谓执事敬，与人忠，乃有事动静一致时体认也，体认之功贯通动静显隐，即是一段工夫。"

问："周子曰：'无极而太极。太极动而生阳，动极而静，静而生阴，静极复动，一动一静，互为其根，分阴分阳，两仪立焉。'夫动静一也，而为动而生阳，静而生阴，则动静各自为一物矣。谓常体不易者为静，妙用不息者为动，则所谓静极复动，动极复静者，不可通矣。夫所谓分阴分阳，两仪立焉者，其以天地之形体育（言）之乎？亦以其性情言之乎？以其形体言之，则天主动，地主静，动静分矣。以其性情言之，则所谓阳变阴合，而生金木水火土者，又何谓也？愿示。"先生曰："观天地间只是一气，只是一理，岂常有动静阴阳，二物相对，盖一物而两名者也。夫道一而已矣，其一动一静，分阴分阳者，盖以其消长迭运言之，以其消故谓之静，谓之阴，以其长故谓之动，谓之阳。亘古亘今，宇宙内只此消长。观四时之运与人一身之气可知，何曾有两物来？古今宇宙，只是一理，生生不息，故曰动静无端，阴阳无始，见之者，谓之见道。"

问："白沙先生有语云：'静坐久之，然后吾心之体隐显呈露，常若有物。'观此，则颜之卓尔，孟之跃如，盖皆真有所见，而非徒为形容之辞矣。但先生以静坐为言，而今以随处体认为教，不知行者之到家，果孰先而孰后乎？明道先生曰：'天理二字，是某体贴出来。'是其本心之体，亦隐然呈露矣。而十二年之后，复有猎心之萌，何也？意者体贴出来之时，方是寻得入头去处，譬如仙家之说，虽是见得玄关一窍，更有许多火候温养工夫，非止谓略窥得这个景像,可以一了百了。如何?"先生曰:"虚见与实见不同。静坐久,隐然见吾心之体者,盖为初学言之,其实何有动静之间! 心熟后,虽终日酬酢万变,朝廷百官万事,金革百万之众,造次颠沛,而吾心之本体,澄然无一物,何往而不呈露耶? 盖不待静坐而后见也。颜子之瞻前忽后,乃是窥见景象,虚见也,至于博约之功,既竭其才之后,其卓尔者,乃实见也。随处体认天理,自初学以上皆然,不分先后,居处恭,执事敬,与人忠,即随处体认之功,连静坐亦在内矣。"

问:"先生曰:'无在无不在,只此五字,循而行之,便有无穷难言之妙。白沙先生所谓高明之至,无物不覆,反求诸身,不在于人欲也。无不在者,无不在于天理也。'郡窃谓此五字,当浑全以会其意,不当分析以求其义,分析则支难矣。既有学问思辨之功,意不向别处走,不必屑屑于天理人欲之分析也。此紧关终身受用之地,更愿发挥,与同志者共之。"先生曰:"此段看得好,五字不可分看,如勿忘勿助四字一般,皆说一时事,当此时天理见矣。常常如此,恒久不息,所以存之也。白沙先生所谓把柄在手者如此,此乃圣学千古要诀。近乃闻不用勿忘勿助之说,将孰见之、孰存之乎? 是无把柄头脑,学问者不可不知。"

问:"先生曰'神易无方体,学者用无在无不在之功夫,当内外动静浑然之两忘也。'盖工夫偏于静,则在于静矣,工夫偏于动,则在于动矣,工夫偏于内,则在于内矣,工夫偏于外,则在于外矣,非所谓无在无不在也,非所谓无方体也,非所谓活泼泼地也。切料如此,不知其果然否乎?"先生曰:"神易最可玩,此当以意会,不可以言尽也。当知易是甚? 神又是甚? 皆于勿忘勿助无在无不在之间见之,何内外动静之分? 会得时便活泼泼地。"

问:"窃料天地之心,动而无动,静而无静之妙,贯昼夜寒暑古今,而无不然也。而此独以亥子为然者,必有说矣! 愿闻所谓亥子中间者。"先生曰:"动静之间,即所谓几也。颜子知几,正在此一着。"

道通复问:"惟意必固我,故不能贯通,心事合一持养否?"答曰:"惟不于心事合一持养,心地不能洒然,而物来顺应,则每事拟议商量,憧憧愦愦,便是意必固我。"

先生曰:"先师白沙先生与予《题小圆图屋诗》有云:'至虚元受道。'又语予曰:'虚实二字,可往来看,虚中有实,实中有虚。'予谓太虚中都是实理充塞流行，只是虚实同原。"

先生曰："戊戌岁除，召各部同志诸君饮于新泉，共论大道。饮毕言曰：'诸君知忠信为圣道之至乎？学者徒大言夸人而无实德，无忠信故也。故主忠信，忠信所以进德，直上达天德以造至诚之道。忠信之外，无余事矣。'既而语罗民止、周克道、程子京曰：'忠信者，体认天理之功尽在是矣。中心为忠，心中故实，是谓之信。心之不实，全是不中不正之心为之。'问：'如何中心？'曰：'勿忘勿助之间，则心中矣。'"

孟津问："心之本体，莫非天理，学者终日终身用功，只是要循着天理，求复本体而已。本体何分于动静乎？明道云：'须看喜怒哀乐未发前作何气象。'延平之教，默坐澄心，体认天理。象山诲学者曰：'须在人情事变上用工夫'。喜怒哀乐情也，亦事也，已发者也。一则欲求诸已发，一则欲看诸未发，何与？窃意三先生之教一也。明道为学者未识得本体，看未发之前气象，正欲体认本体也。认得本体，方好用功。延平亦明道意也。象山恐学者未识于实地用功，即堕于空虚漭荡，便有歧心事为二之病。人情事变，乃日用有实地可据处，即此实地，以体认吾心本然之天理，即人情事变，无不是天理流行，无不是未发前气象矣。若不从实地体认出来，窃恐病痛未除，犹与本体二也。幸赐明教。"先生曰："来问亦看得好。三先生之言，各有所为而发，合而观之，合一用功乃尽也。吾所谓体认者，非分已发未发，未分动静。所谓随处体认天理者，随已发未发，随动随静，皆吾心之本体，盖动静体用一原故也。故彼明镜然，其明莹光照者，其本体也。其照物与不照物，任物之来去，而本体自若。心之本体，其于未发已发，或动或静，亦若是而已矣。若谓静未发为本体，而外已发而动以为言，恐亦有歧而二之之弊也。前辈多坐此弊，偏内偏外，皆支离而非合内外之道矣。吾《心性图》备言此意，幸心体之。"

先生曰："主一个天理，阳明常有此言。殊不知无适之谓一，若心主一个天理在内，即是物，即非一矣。惟无一物，乃是无适，乃是主一。这时节，天理自见前矣。观此，则动容貌，整思虑，未便是敬，乃所以生敬也。"

问："由、求亦要为邦，曾点要洒然为乐，其志夐不同者，岂圣人以其事迹观之，顾有取于穷居乐善，而不取于用世行志者耶？但其间有大意存焉，而谓理之无在无不在也。夫有点之乐，奚必舍去国事，适清闲之地，浴沂咏歌而后乐之乎？为邦亦是曾点合当为的。使由、求、赤得点之意，则何嫌于用世？但三子见得一处，点见得无处不是此理。使点只认得彼处是乐，亦犹夫三子之屑屑事为矣，尚谓之见大意乎？孔子仕止久速，未尝留意，孟子大行不加，穷居不损，是何物也？可因以窥与点之意矣。请问是否？"先生曰："曾点正为不曾见得无处不是此理意思，故须求风浴咏归始乐。若见得，随处体认，天理流行，则为邦为政，何往而非风浴之乐？点虽乐优于三子，然究竟言之，过犹不及耳，终是未能一贯。若以此为尧、舜气象，则又认错尧、舜也。"

问："人心与天地万物为一体，是则然矣。但学者用功，只当于勿忘勿助上着力，则自然见此心虚明之本体，而天地万物，自为一体耳。故曰'立则见其参于前也，在舆则见其倚于衡也'，曰'古人见道分明'，曰'已见大意'，曰'见其大'，皆指见此心本体言之尔。若为学之始，而遽云要见天地万物为一体，恐胸中添一天地万物，与所谓守一中字者，不相远矣。是否？"先生曰："吾意正如此。勿忘勿助，心之中正处，这时节，天理自见，天地万物一体之意自见。若先要见，是想像也。王阳明每每欲矫勿忘勿助之说，惑甚矣。"

问："窃看为学之始，虽不可遽云要见天地万物一体，然为学之初，亦不可不知天地万物与吾一体。盖不知此体，则昧于头脑矣。故程子曰'学者须先识仁体'。先生亦尝教孚先曰：'鼎内若无真种子，却教水火煮空铛。'又曰：'须默识一点生意。此乃知而存也。韦推官止见得程子所谓存久自明以下意思，乃存而知也，窃疑如此，未知是否？"先生曰："固是。大头脑，学者当务之急，然始终也须于勿忘勿助处见。"

先生曰："知崇而礼卑，中行之士也。行者中路也，以上便可到圣人地位。狂者有智崇而无礼卑，狷者有礼卑而无智崇，孔子思得狂狷，盖欲因其一偏之善，抑扬进退之。狂狷交用，则知崇礼卑，天地合德，便是中行，可践迹而入圣人之室矣。"

先生曰："杨慈湖岂是圣贤之学？乃真禅也，盖学陆象山而又失之者也。闻王阳明谓慈湖远过于象山，象山过高矣，又安可更过？观慈湖言人心精神是谓之圣，是以知觉为道矣。如佛者以运水搬柴无非佛性，又蠢动含虚无非佛性，然则以佛为圣，可乎？"

先生曰："聪明圣知，乃达天德，故入道系乎聪明，然聪明亦有大小远近浅深，故所见亦复如此，曾记张东海谓：'《定性书》动亦定，静亦定，有何了期?'王阳明近谓:'勿忘勿助,终不成事。'夫动静皆定,忘助皆无,则本体自然合道成圣,而天德王道备矣。孔、孟之后,自明道之外,谁能到此?可知是未曾经历。二君亦号聪明,亦正如此,故人之聪明,亦有限量。"

先生曰:"有以知觉之知为道,是未知所知者何事。孟子言:'予将以斯道觉斯民。'则所觉者道也。儒释之分,正在此。"

问:"体认天理最难。天理只是吾心中正之体,不属有无,不落方体,才欠一毫,已便不是,才添一毫,亦便不是。须是义精仁熟,此心洞然与之为体,方是随处体认天理也。或曰:'知勿忘勿助之间,则见之。'窃谓勿忘勿助,固是中规,然而其间,间不容发,又不是个有硬格尺可量定的,只这工夫,何缘便得正当?"先生曰:"观此可见吾契曾实心寻求来,所以发此语。天理在心,求则得之。夫子曰:'我欲仁,斯仁至矣!'但求之自有方,勿助勿忘是也。千古惟有孟子发挥出来,须不费丝毫人力。欠一毫便不是,才添一毫亦不是,此语最是。只不忘助时,便添减不得,天理自见,非有难易也,何用硬格尺量也?孟子曰:'物皆然,心为甚。'吾心中规,何用权度!"

(录自沈芝盈点校,黄宗羲著《明儒学案》,中华书局 2008 年版)

王守仁学案

王阳明（1472—1529），名守仁，字伯安。浙江余姚人。余姚位于姚江之畔，所以学者称其为姚江。他曾隐居绍兴阳明洞，自号阳明子，又曾创办阳明书院，故学者又称他为阳明先生。

王阳明出生于一个世代书香的官僚家庭，祖父王伦博通经书，喜好吟诗，以教书为生。其父王华成化十七年（1481）赐进士及第第一名，官至南京吏部尚书。王阳明十一岁时，随父寓京师，入塾就学，以"读书学圣贤"为"第一等事"。十五岁时，随父出游居庸三关，纵观山川形势，慨然有经略四方之志，"经月始返"。十八岁时，因龙山公要他学习经义，准备科举考试，得以博览经史子集。经过刻苦学习，二十一岁时，他在浙江乡试中得举，后随父至京师，"侍龙山公于师，遍求考亭遗书读之"。二十二岁、二十五岁时，两次参加会试都名落孙山。二十六岁时，以北方边报甚急，遂留心武事，学习兵法，"好言兵，且善射"，"每遇宾宴，尝聚果核列阵势为戏"，这使他在军事理论和兵家韬略方面有了相当的修养，为以后的军事活动创造了重要条件。二十七岁第三次参加会试，终于中举进士，赐观政工部。

弘治十三年（1500），王守仁"闻鞑虏狂獗"，上《陈言边事疏》，建议采取蓄材备急、舍短用长、简师省费、屯田足食、行法振威、敷恩激怒等措施，加强北方边防。不久，授刑云南清吏司主事，后改任兵部武选清吏司主事。武宗正德元年（1506），宦官刘瑾专权，南京户部给事中戴铣和四川道监察御史薄彦徽等上疏，要求惩治刘瑾，被武宗下旨入狱。王守仁冒死抗疏救援，直斥刘瑾，结果被廷杖四十，谪为贵州龙场驿丞，时年三十五岁。正德五年（1510）初离开贵州，升任江西庐陵县知县；在任期间，"不事威刑，惟以开导人心为本"。同年，刘瑾伏诛，王守仁复入京为官，先后任南京刑部、吏部清吏司主事，文选清吏司员外郎、南京鸿胪寺卿。正德十一年(1516)迁左佥都御史巡抚南赣,奉命平定江西、福建一带农民起义。正德十四年(1519),明宗室宁王朱宸濠在江西起兵叛乱,王守仁引兵攻下南昌,生擒朱宸濠,平定了内乱。正德十六年(1521),升任南京兵部尚书,封"新建伯"。嘉靖六年(1527),兼左都御史,往征思恩、田州(今属广西)瑶族和僮族(今称壮族)起义。次年,在平定起义后的归途中病发,死于南安,终年五十七岁。卒后谥"文成",故后人又称其为王文成公。万历十二年(1584),从祀孔庙。

王守仁作为明代的儒学大师、心学思想的集大成者,其学术思想的形成和发展经历了一个曲折的演变过程。依黄宗羲在《明儒学案》中所记,王学形成过程中的"三变"为:第一阶段,"泛滥于词章";第二阶段,"出入于佛老";第三阶段,"龙场悟道"。"龙场悟道"标志着王守仁心学思想的初步形成。王学形成后,又经历了"以默坐澄心为学""专提'致良知'三字""所操益熟,所得益化"的变化过程;由"一意本原"到"致良知",进而"开口即得本心",其心学思想不断发展,不断成熟,不断深化。

王阳明从三十四岁开始授徒讲学,随地讲授,直至去世,从事教育活动二十余年。谪居龙场后,建龙冈书院,旋主讲贵阳书院。在滁州时,亦聚徒讲学。在江西时,立学社,修濂溪书院,"四方学者辐辏,始寓射圃,至不能容,乃修濂溪书院居之"。后又在浙江设稽山书院讲学,"四方来游者日进……夜无卧处,更相就席,歌声彻昏旦""先生每临讲座,前后左右,环坐而听者,常不下数百人",盛况空前。阳明死后,其学一度受到排斥,其思想也一度受到攻击,但是由于其弟子的努力,其学依然风靡天下。阳明后学据《明儒学案》所列,计有浙中、江右、南中、楚中、北方、粤闽、泰州等七个学案。其他受王学影响,并以其为宗者也不在少数。阳明学是明朝中晚期的主流学说之一,后传于日本和朝鲜,影响很大,成为近世东亚共同的思想资源。

王阳明的著作有《五经臆说》《大学旁释》《朱子晚年定论》《传习录》等。他在世时,经其门人请求,许将部分言论整理成"文录"出版;他死后,门人谢廷杰汇集其所有文字编定为《王文成公全书》三十八卷,于明隆庆六年(1572)刊刻。今上海古籍出版社整理有《王阳明全集》,搜罗阳明著作较为全备。

传习录

传习录上

爱问："知止而后有定，朱子以为事事物物皆有定理，似与先生之说相戾。"曰："于事事物物上求至善，却是义外也。至善是心之本体，只是明明德到至精至一处便是，然亦未尝离却事物。本注所谓尽夫天理之极，而无一毫人欲之私者，得之。"（徐爱记）

爱问："至善只求诸心，恐于天下事理有不能尽。"曰："心即理也，此心无私欲之蔽，即是天理，不须外面添一分。以此纯乎天理之心，发之事父便是孝，发之事君便是忠，发之交友治民便是信与仁，只在此心去人欲存天理上用功便是。"爱曰："如事父一事，其间温凊定省之类有许多节目，亦须讲求否？"曰："如何不讲求？只是有个头脑，只就此心去人欲存天理上讲求。如讲求冬温，也只是要尽此心之孝，恐怕有一毫人欲间杂，讲求夏凊，也只是要尽此心之孝，恐怕有一毫人欲间杂。此心若无人欲，纯是天理，是个诚于孝亲之心，冬时自然思量父母寒，自去求温的道理；夏时自然思量父母热，自去求凊的道理。譬之树木，这诚孝的心便是根，许多条件便是枝叶，须先有根然后有枝叶，不是先寻了枝叶然后去种根。《礼记》'孝子之有深爱者必有和气，有和气者必有愉色，有愉色者必有婉容'，便是如此。"

爱问："今人尽有知父当孝、兄当弟者，却不能孝、不能弟，知行分明是两件。"曰："此已被私欲间断，不是知行本体。未有知而不行者，知而不行，只是未知，圣贤教人知行，正是要复那本体。故《大学》指个真知行与人看，说如好好色，如恶恶臭。见好色属知，好好色属行；只见好色时已自好了，不是见后又立个心去好。闻恶臭属知，恶恶臭属行；只闻恶臭时已自恶了，不是闻后别立个心去恶。"爱曰："古人分知行为两，亦是要人见得分晓。一行工夫做知，一行工夫做行，则工夫始有下落。"曰："此却失了古人宗旨。某尝说知是行的主意，行是知的工夫，知是行之始，行是知之成。若会得时，只说一个知，已自有行在；只说一个行，已自有知在。古人所以既说知又说行者，只为世间有一种人，懵懵懂懂，任意去做，全不解思维省察，只是个冥行妄作，所以必说个知，方才行得是。又有一种人，茫茫荡荡，悬空去思索，全不肯着实躬行，只是个揣摩影响，所以必说一个行，方才知得真。此是古人不得已补偏救弊的说话。今若知得宗旨，即说两个亦不妨。亦只是一个；若不会宗旨，便说一个亦济得甚事，只是闲说话。

爱问："格物，物字即是事字，皆从心上说。"曰："然。身之主宰便是心，心之所发便是意，意之本体便是知，意之所在便是物。如意在于事亲，即事亲便是一物；意在于事君，即事君便是一物；意在于仁民爱物，即仁民爱物便是一物；意在于视、听、言、动，即视、听、言、动便是一物。所以某说无心外之理，无心外之物。《中庸》言不诚无物，《大学》明明德之功只是个诚意，诚意之功只是个格物。"

知是心之本体，心自然会知。见父自然知孝，见兄自然知弟，见孺子入井自然知恻隐，此便是良知，不假外求。若良知之发，更无私意障碍，即所谓充其恻隐之心而仁不可胜用矣。常人不能无私意，所以须用致知格物之功，胜私复礼。良知更无障碍，得以充塞流行，便是致其知，知致则意诚。

问"博约"。曰："礼字即是理字。理之发见可见者谓之文，文之隐微不可见者谓之理，只是一物。约礼只是要此心纯是一个天理，要此心纯是天理，须就理之发见处用功。如发见于事亲时，就在事亲上学存此天理；发见于事君时，就在事君上学存此天理；至于作止语默，无处不然，这便是博学于文，便是约礼的工夫。博文即是惟精，约礼即是惟一。

爱问："道心常为一身之主，而人心每听命。以先生精一之训推之，此语似有弊。"曰："然。心一也，未杂于人谓之道心，杂以人伪谓之人心。人心之得其正者即道心，道心之失其正者即人心，初非有二心也。程子谓'人心即人欲，道心即天理'，语若分析而意实得之。今曰'道心为主而人心听命'，是二心也。天理人欲不并立，安有天命为主，人欲又从而听命者！"（以上徐爱记）

爱因旧说汩没，始闻先生之教，骇愕不定，无入头处。其后闻之既熟，反身实践，始信先生之学为孔门嫡传，舍是皆旁蹊小径，断港绝河矣。如说格物是诚意工夫，明善是诚身工夫，穷理是尽性工夫，道问学是尊德性工夫，博文是约礼工夫，惟精是惟一工夫，此类始皆落落难合，久之不觉手舞足蹈。

澄问:"主一之功,如读书则一心在读书上,接客则一心在接客上,可以为主一乎?"曰:"好色则一心在好色上,好货则一心在好货上,可以为主一乎? 主一是专主一个天理。"

孟源有自是好名之病,先生喻之曰:"此是汝一生大病根,譬如方丈地内种此一大树,雨露之滋,土脉之力,只滋养得这个大根。四旁纵要种些嘉谷,上被此树遮覆,下被此树盘结,如何生长得成? 须是伐去此树,纤根勿留,方可种植嘉种。不然,任汝耕耘培壅,只滋养得此根。"

问:"静时亦觉意思好,才遇事便不同,如何?"曰:"是徒知养静而不用克己工夫也。人须在事上磨炼,方立得住,方能静亦定,动亦定。"

问"上达工夫"。曰:"后儒教人,才涉精微,便谓上达未当学,且说下学,是分下学上达为二也。夫目可得见,耳可得闻,口可得言,心可得思者,皆下学也;目不可得见,耳不可得闻,口不可得言,心不可得思者,上达也。如木之栽培灌溉,是下学也;至于日夜之所息,条达畅茂,乃是上达,人安能与其力哉! 凡圣人所说,虽极精微,俱是下学,学者只从下学里用功,自然上达去,不必别寻上达工夫。"

问:"宁静存心时可为未发之中否?"曰:"今人存心,只定得气,当其宁静时,亦只是气宁静,不可以为未发之中。"曰:"未便是中,莫亦是求中工夫?"曰:"只要去人欲,存天理,方是工夫。静时念念去欲存理,动时念念去欲存理,不管宁静不宁静。若靠着宁静,不惟有喜静厌动之弊,中间许多病痛只是潜伏在,终不能绝去,遇事依旧滋长。以循理为主,何尝不宁静;以宁静为主,未必能循理。"

省察是有事时存养,存养是无事时省察。

定者,心之本体,天理也。动静,所遇之时也。

唐诩问:"立志是常存个善念,要为善去恶否?"曰:"善念存时,即是天理。此念即善,更思何善? 此念非恶,更去何恶? 此念如树之根芽,立志者,长立此善念而已。从心所欲不逾矩,只是志到熟处。

许鲁斋谓儒者以治生为先之说,亦误人。

喜怒哀乐,本体自是中和的,才自家着些意思,便过不及,便是私。

问:"知至然后可以言意诚,今天理人欲知之未尽,如何用得克己工夫?"曰:"人若真实切己用功不已,则于此心天理之精微,日见一日,私欲之细微,亦日见一日。若不用克己工夫,天理私欲终不自见。如走路一般，走得一段方认得一段，走到歧路处，有疑便问，问了又走，方才能到。今于已知之天理不肯存，已知之人欲不肯去，只管愁不能尽知，闲讲何益？且待克得自己无私可克，方愁不能尽知，亦未迟耳。"

问："伊川谓不当于喜怒哀乐未发之前求中，延平却教学者看未发以前气象，何如？"曰："皆是也。伊川恐人于未发前讨个中，把中作一物看，如吾向所谓认气定时做中，故令只于涵养省察上用功。延平恐人未便有下手处，故令人时时刻刻求未发前气象，使人正目而视惟此，倾耳而听惟此，即是戒慎不睹、恐惧不闻的工夫，皆古人不得已诱人之言也。"

澄于中字之义尚未明，曰："此须自心体认出来，非言语所能喻。中只是天理。"曰："天理何以谓之中？"曰："无所偏倚。"曰："无所偏倚何等气象？"曰："如明镜全体莹彻，无纤尘点染。"曰："当其已发，或着在好色好利名上，方见偏倚。若未发时，何以知其有所偏倚？"曰："平日美色名利之心原未尝无，病根不除，则暂时潜伏，偏倚仍在。须是平日私心荡除洁净，廓然纯乎天理，方可谓中。"

言语无序，亦足以见心之不存。

问："格物于动处用功否？"曰："格物无间动静，静亦物也。孟子谓'必有事焉'，是动静皆有事。"

问："程子云：'仁者以天地万物为一体。'何墨氏兼爱反不得谓之仁？"曰："仁是造化生生不息之理，虽弥漫周遍，无处不是，然其流行发生亦自有渐。惟其有渐，所以必有发端处；惟有发端处，所以生生不息。譬之于木，其始抽芽便是生意发端处，然后有干有枝叶。父子兄弟之爱是人心生意发端处，如木之抽芽，自此而仁民而爱物，如木之有干有枝叶也。墨氏将父子兄弟与途人一例，便没了发端处，安能生生？安得谓之仁？"

问："延平云：'当理而无私心。'当理与无私心如何分别？"曰："心即理也。无私心即是当理，未当理即是私心，若析心与理言之，恐亦未善。"又问："释氏于世间情欲之私不染，似无私心，外弃人伦，却似未当理。"曰："亦只是一统事，成就它一个私己的心。"（以上俱陆澄记）

圣人之所以为圣，只是此心纯乎天理而无人欲之杂，犹精金之所以为精，但以其成色足而无铜铅之杂也。人到纯乎天理方是圣，金到足色方是精。然圣人之才力亦有大小不同，犹金之分两有轻重，所以为精金者，在足色而不在分两，所以为圣者，在纯乎天理而不在才力也。学者学圣人，不过是去人欲而存天理，犹炼金而求其足色耳。后世不知作圣之本，却专去知识才能上求圣人。敝精竭力，从册子上钻研，名物上考索，形迹上比拟，知识愈广而人欲愈滋，才力愈多而天理愈蔽。正如见人有万镒精金，不务锻炼成色，而乃妄希分两，锡铅铜铁杂然投之，分两愈增而成色愈下，及其梢末，无复有金矣。

侃去花间草，曰："天地间何善难培，恶难去？"先生曰："此等看善恶，皆从躯壳起念。天地生意，花草一般，何曾有善恶之分？子欲观花，则以花为善，以草为恶；如欲用草时，复以草为善矣。"曰："然则无善无恶乎？"曰："无善无恶者理之静，有善有恶者气之动，不动于气，即无善无恶，是谓至善。"曰："佛氏亦无善无恶，何以异？"曰："佛氏着在无上，便一切不管。圣人无善无恶，只是无有作好、无有作恶，此之谓不动于气。"曰："草既非恶，是草不宜去矣！"曰："如此却是佛、老意见，草若有碍，理亦宜去。"曰："如此又是作好作恶。"曰："不作好恶，非是全无好恶，只是好恶一循于理，不去着一分意思，即是不曾好恶一般。"曰："然则善恶全不在物。"曰："只在汝心。循理便是善，动气便是恶。"曰："毕竟物无善恶。"曰："在心如此，在物亦然。世儒惟不知此，舍心逐物，将格物之学错看了。"

为学须得个头脑，工夫方有着落，纵未能无间，如舟之有舵，一提便醒。不然，虽从事于学，只做个义袭而取，非大本达道也。

侃问："先儒以心之静为体，心之动为用，如何？"曰："不可以动静为体用。动静，时也。即体而言用在体，即用而言体在用，是谓体用一源。若说静可以见其体，动可以见其用，却不妨。"

梁日孚问"主一"。曰："一者，天理。主一，是一心在天理上。若只知主一，不知一即是理，有事时便逐物，无事时便是着空。惟其有事无事，一心皆在天理上用功，所以居敬亦即是穷理。就穷理专一处说，便谓之居敬；就居敬精密处说，便谓之穷理，不是居敬了别有个心穷理，穷理时别有个心居敬。名虽不同，工夫只是一事。"

正之问："戒惧是己所不知时工夫，慎独是己所独知时工夫。"曰："只是一个工夫。无事时固是独知，有事时亦是独知。于此用功，便是端本澄源，便是立诚。若只在人所共知处用功，便是作伪。今若又分戒惧为己所不知工夫，便支离。既戒惧，即是知己。"曰："独知之地，更无无念时耶？"曰："戒惧之念，无时可息。若戒惧之心稍有不存，不是昏聩，便已流入恶念。"

蔡希渊问:"《大学》新本先格致而后诚意,工夫似与首章次第相合,若先生从旧本,诚意反在格致之前矣。"曰:"《大学》工夫即是明明德,明明德只是个诚意,诚意工夫只是格致。若以诚意为主,去用格致工夫,工夫始有下落,即为善去恶,无非是诚意的事。如新本先去穷格事物之理,即茫茫荡荡都无着落处,须添个敬字,方才牵扯得身心上来,终没根源。且既须敬字,缘何孔门倒将最要紧的落了,直待千余年后人添补?正谓以诚意为主,即不须添敬字。此学问大头脑,于此不察,真是千里之谬。大抵《中庸》工夫只是诚身,诚身之极便是至诚。《大学》工夫只是诚意,诚意之极便是至善。总是一般。"(以上俱薛侃记)

(录自沈芝盈点校,黄宗羲著《明儒学案》,中华书局 2008 年版)

传习录中

答顾东桥书

来书云:"近时学者务外遗内,博而寡要,故先生特倡'诚意'一义,针砭膏肓,诚大惠也。"

吾子洞见时弊如此矣,亦将何以救之乎?然则鄙人之心,吾子固已一句道尽,复何言哉!复何言哉!若"诚意"之说,自是圣门教人用功第一义。但近世学者乃作第二义看,故稍与提掇紧要出来,非鄙人所能特(持)倡也。

来书云:"但恐立说太高,用功太捷,后生师传,影响谬误,未免坠于佛氏明心见性、定慧顿悟之机,无怪闻者见疑。"

区区"格致诚正"之说,是就学者本心日用事为间,体究践履,实地用功,是多少次第、多少积累在,正与空虚顿悟之说相反。闻者本无求为圣人之志,又未尝讲究其详,遂以见疑,亦无足怪。若吾子之高明,自当一语之下便了然矣!乃亦谓立说太高,用功太捷,何邪?

来书云:"所喻知行并进,不宜分别前后,即《中庸》尊德性而道问学之功交养互发、内外本末一以贯之之道。然工夫次第不能无先后之差,如知食乃食,知汤乃饮,知衣乃服,知路乃行,未有不见是物,先有是事。此亦毫厘倏忽之间,非谓有等今日知之而明日乃行也。"

既云"交养互发、内外本末一以贯之",则知行并进之说无复可疑矣。又云"工夫次第不能不无先后之差",无乃自相矛盾已乎?"知食乃食"等说,此尤明白易见,但吾子为近闻障蔽,自不察耳。夫人必有欲食之心然后知食,欲食之心即是意,即是行之始矣。食味之美恶必待入口而后知,岂有不待入口而已先知食味之美恶者邪?必有欲行之心然后知路。欲行之心即是意;即是行之始矣。路岐之险夷必待身亲履历而后知,岂有不待身亲履历而已先知路岐之险夷者邪?"知汤乃饮","知衣乃服",以此例之,皆无可疑。若如吾子之喻,是乃所谓不见是物而先有是事者矣。吾子又谓"此亦毫厘倏忽之间,非谓截然有等今日知之而明日乃行也",是亦察之尚有未精。然就如吾子之说,则知行之为合一并进,亦自断无可疑矣。

来书云:"真知即所以为行,不行不足谓之知,此为学者吃紧立教,俾务躬行则可。若真谓行即是知,恐其专求本心,遂遗物理,必有暗而不达之处。抑岂圣门知行并进之成法哉?"

知之真切笃实处,即是行;行之明觉精察处,即是知,知行工夫本不可离。只为后世学者分作两截用功,失却知行本体,故有合一并进之说。"真知即所以为行,不行不足谓之知",即如来书所云"知食乃食"等说可见,前已略言之矣。此虽吃紧救弊而发,然知行之体本来如是,非以己意抑扬其间,姑为是说以苟一时之效者也。"专求本心,遂遗物理",此盖失其本心者也。夫物理不外于吾心,外吾心而求物理,无物理矣;遗物理而求吾心,吾心又何物邪?心之体,性也;性即理也。故有孝亲之心,即有孝之理,无孝亲之心,即无孝之理矣。有忠君之心,即有忠之理,无忠君之心,即无忠之理矣。理岂外于吾心邪?晦庵谓:"人之所以为学者,心与理而已。"心虽主乎一身,而实管乎天下之理,理虽散在万事,而实不外乎一人之心。是其一分一合之间,而未免已启学者心理为二之弊。此后世所以有专求本心,遂遗物理之患,正由不知心即理耳。夫外心以求物理,是以有暗而不达之处;此告子"义外"之说,孟子所以谓之不知义也。心一而已,以其全体恻怛而言谓之仁,以其得宜而言谓之义,以其条理而言谓之理;不可外心以求仁,不可外心以求义,独可外心以求理乎?外心以求理,此知行之所以二也。求理于吾心,此圣门知行合一之教,吾子又何疑乎?

来书云:"所释《大学》古本,谓致其本体之知,此固孟子尽心之旨。朱子亦以虚灵知觉为此心之量。然尽心由于知性,致知在于格物。"

"尽心由于知性,致知在于格物",此语然矣。然而推本吾子之意,则其所以为是语者,尚有未明也。朱子以尽心、知性、知天为物格知致,以存心、养性、事天为诚意、正心、修身,以夭寿不贰、修身以俟为知至仁尽、圣人之事。若鄙人之见,则与朱子正相反矣。夫尽心、知性、知天者,生知安行,圣人之事也;存心、养性、事天者,学知利行,贤人之事也;夭寿不贰,修身以俟者,困知勉行,学者之事也。岂可专以尽心知性为知,存心养性为行乎?吾子骤闻此言,必又以为大骇矣。然其间实无可疑者,一为吾子言之:夫心之体,性也;性之原,天也。能尽其心,是能尽其性矣。《中庸》云"惟天下至诚能尽其性";又云"知天地之化育,质诸鬼神而无疑,知天也",此惟圣人而后能然,故曰"此生知安行,圣人之事也"。存其心者,未能尽其心者也,故须加存之之功;必存之既久,不待于存而自无不存,然后可以进而言尽。盖"知天"之"知",如"知州""知县"之"知",知州则一州之事皆己事也,知县则一县之事皆己事也,是与天为一者也;事天则如子之事父,臣之事君,犹与天为二也。天之所以命于我者,心也,性也,吾但存之而不敢失,养之而不敢害,如父母全而生之、子全而归之者也,故曰"此学知利行,贤人之事也"。至于"夭寿不贰",则与存其心者又有间矣。存其心者虽未能尽其心,固已一心于为善,时有不存,则存之而已;今使之夭寿不贰,是犹以夭寿贰其心者也,犹以夭寿贰其心,是其为善之心犹未能一也,存之尚有所未可,而何尽之可云乎?今且使之不以夭寿贰其为善之心,若曰死生夭寿皆有定命,吾但一心于为善,修吾之身,以俟天命而已,是其平日尚未知有天命也。事天虽与天为二,然已真知天命之所在,但惟恭敬奉承之而已耳;若俟之云者,则尚未能真知天命之所在,犹有所俟者也,故曰所以立命。"立"者"创立"之"立",如"立德""立言""立功""立名"之类,凡言"立"者,皆是昔未尝有而本始建立之谓,孔子所谓"不知命,无以为君子"者也,故曰"此困知勉行,学者之事也"。今以尽心、知性、知天为格物致知,使初学之士尚未能不贰其心者,而遽责之以圣人生知安行之事,如捕风捉影,茫然莫知所措其心,几何而不至于率天下而路也!今世致知格物之弊,亦居然可见矣。吾子所谓"务外遗内、博而寡要"者,无乃亦是过软?此学问最紧要处,于此而差,将无往而不差矣!此鄙人之所以冒天下之非笑,忘其身之陷于罪戮,呶呶其言,其不容己者也。

来书云:"闻语学者乃谓即物穷理之说,亦是玩物丧志,又取其厌繁就约,涵养本原数说,标示学者,指为晚年定论,此亦恐非。"

朱子所谓"格物"云者,在即物而穷其理也。即物穷理,是就事事物物上求其所谓定理者也。是以吾心而求理于事事物物之中,析"心"与"理"而为二矣。夫求理于事事物物者,如求孝之理于其亲之谓也。求孝之理于其亲,则孝之理其果在于吾之心邪?抑果在于亲之身邪?假而果在于亲之身,则亲没之后,吾心遂无孝之理欤?见孺子之入井,必有恻隐之理,是恻隐之理果在于孺子之身欤?抑在于吾心之良知欤?其或不可以从之于井欤?其或可以手而援之欤?是皆所谓理也,是果在于孺子之身欤?抑果出于吾心之良知欤?以是例之,万事万物之理,莫不皆然。是可以知析心与理为二之非矣。夫析心与理而为二,此告子"义外"之说,孟子之所深辟也。务外遗内,博而寡要,吾子既已知之矣。是果何谓而然哉?谓之玩物丧志,尚犹以为不可欤?若鄙人所谓致知格物者,致吾心之良知于事事物物也。吾心之良知,即所谓天理也。致吾心良知之天理于事事物物,则事事物物皆得其理矣。致吾心之良知者,致知也。事事物物皆得其理者,格物也。是合心与理而为一者也。合心与理而为一,则凡区区前之所云,与朱子晚年之论,皆可以不言而喻矣!

来书云:"人之心体本无不明;而气拘物蔽鲜有不昏,非学问思辨以明天下之理,则善恶之机,真妄之辨,不能自觉;任情恣意,其害有不可胜言者矣。"

此段大略似是而非,盖承沿旧说之弊,不可以不辨也。夫学、问、思、辨、行,皆所以为学,未有学而不行者也。如言学孝,则必服劳奉养,躬行孝道,则后谓之学,岂徒悬空口耳讲说,而遂可以谓之学孝乎?学射则必张弓挟矢,引满中的;学书则必伸纸执笔,操觚染翰;尽天下之学无有不行而可以言学者,则学之始固已即是行矣。笃者敦实笃厚之意,已行矣,而敦笃其行,不息其功之谓尔。盖学之不能以无疑,则有问,问即学也,即行也;又不能无疑,则有思,思即学也,即行也;又不能无疑,则有辨,辨即学也,即行也。辨既明矣,思既慎矣,问既审矣,学既能矣,又从而不息其功焉,斯之谓笃行。非谓学、问、思、辨之后而始措之于行也。是故以求能其事而言谓之学;以求解其惑而言谓之问;以求通其说而言谓之思;以求精其察而言谓之辨;以求履其实而言谓之行。盖析其功而言则有五,合其事而言则一而已。此区区心理合一之体,知行并进之功,所以异于后世之说者,正在于是。今吾子特举学、问、思、辨以穷天下之理,而不及笃行,是专以学、问、思、辨为知,而谓穷理为无行也已。天下岂有不行而学者邪?岂有不行而遂可谓之穷理者邪?明道云:"只穷理,便尽性至命。"故必仁极仁,而后谓之能穷仁之理;义极义,而后谓之能穷义之理。仁极仁则尽仁之性矣,义极义则尽义之性矣。学至于穷理至矣,而尚未措之于行,天下宁有是邪?是故知不行之不可以为学,则知不行之不可以为穷理矣;知不行之不可以为穷理,则知知行之合一并进,而不可以分为两节事矣。夫万事万物之理不外于吾心,而必曰穷天下之理,是殆以吾心之良知为未足,而必外求于天下之广,以裨补增益之,是犹析心与理而为二也。夫学、问、思、辨、笃行之功,虽其困勉至于人一己百,而扩充之极,至于尽性知天,亦不过致吾心之良知而已。良知之外,岂复有加于毫末乎?今必曰穷天下之理,而不知反求诸其心,则凡所谓善恶之机,真妄之辨者,舍吾心之良知,亦将何所致其体察乎?吾子所谓"气拘物蔽"者,拘此蔽此而已。今欲去此之蔽,不知致力于此,而欲以外求,是犹目之不明者,不务服药调理以治其目,而徒伥伥然求明于其外,明岂可以自外而得哉!任情恣意之害,亦以不能精察天理于此心之良知而已。此诚毫厘千里之谬者,不容于不辨,吾子毋谓其论之太刻也。

来书云:"教人以致知明德,而戒其即物穷理,诚使昏暗之士深居端坐,不闻教告,遂能至于知致而德明乎?纵令静而有觉,稍悟本性,则亦定慧无用之见,果能知古今,达事变,而致用于天下国家之实否乎?其曰'知者意之体,物者意之用,格物如格君心之非'之'格',语虽超悟独得,不踵陈见,抑恐于道未相吻合。"

区区论致知格物,正所以穷理,未尝戒人穷理,使之深居端坐而一无所事也。若谓即物穷理,如前所云务外而遗内者,则有所不可耳。昏暗之士,果能随事随物精察此心之天理,以致其本然之良知,则虽愚必明,虽柔必强,大本立而达道行,九经之属可一以贯之而无遗矣。尚何患其无致用之实乎?彼顽空虚静之徒,正惟不能随事随物精察此心之天理,以致其本然之良知,而遗弃伦理,寂灭虚无以为常,是以要之不可以治家国天下。孰谓圣人穷理尽性之学而亦有是弊哉?心者身之主也,而心之虚灵明觉,即所谓本然之良知也。其虚灵明觉之良知,应感而动者谓之意;有知而后有意,无知则无意矣。知非意之体乎?意之所用,必有其物,物即事也。

如意用于事亲,即事亲为一物;意用于治民,即治民为一物;意用于读书,即读书为一物;意用于听讼即听讼为一物;凡意之所用无有无物者,有是意即有是物,无是意即无是物矣。物非意之用乎?"格"字之义,有以"至"字训者,如"格于文祖""有苗来格",是以"至"训者也。然格于文祖,必纯孝诚敬,幽明之间,无一不得其理,而后谓之格;有苗之顽,实以文德诞敷而后格,则亦兼有"正"字之义在其间,未可专以"至"字尽之也。如"格其非心""大臣格君心之非"之类,是则一皆正其不正以归于正之义,而不可以"至"字为训矣。且《大学》格物之训,又安知其不以"正"字为训,而必以"至"字为义乎?如以"至"字为义者,必曰穷至事物之理,而后其说始通。是其用功之要全在一"穷"字,用力之地全在一"理"字也。若上去一"穷"、下去一"理"字,而真(直)曰"致知在至物",其可通乎?夫穷理尽性,圣人之成训,见于《系辞》者也。苟格物之说而果即穷理之义,则圣人何不直曰"致知在穷理",而必为此转折不完之语,以启后世之弊邪?盖《大学》格物之说,自与《系辞》穷理大旨虽同,而微有分辨。穷理者,兼格致诚正而为功;故言穷理则格致诚正之功皆在其中,言格物则必兼举致知、诚意、正心,而后其功始备而密。今偏举格物而遂谓之穷理,此所以专以穷理属知,而谓格物未常有行,非惟不得格物之旨,并穷理之义而失之矣。此后世之学所以析知行为先后两截,日以支离决裂,而圣学益以残晦者,其端实始于此。吾子盖亦未免承沿积习见,则以为于道未相吻合,不为过矣。

来书云:"谓致知之功将如何为温清?如何为奉养?即是诚意,非别有所谓格物,此亦恐非。"

此乃吾子自以己意揣度鄙见而为是说,非鄙人之所以告吾子者矣。若果如吾子之言,宁复有可通乎?盖鄙人之见,则谓意欲温清,意欲奉养者,所谓意也,而未可谓之诚意。必实行其温清奉养之意,务求自慊而无自欺,然后谓之诚意。知如何而为温清之节,知如何而为奉养之宜者,所谓知也,而未可谓之致知。必致其知如何为温清之节者之知,而实以之温清,致其知如何为奉养之宜者之知,而实以之奉养,然后谓之致知。温清之事,奉养之事,所谓物也,而未可谓之格物。必其于温清之事也,一如其良知之所知,当如何为温清之节者而为之,无一毫之不尽;于奉养之事也,一如其良知之所知,当如何为奉养之宜者而为之,无一毫之不尽,然后谓之格物。温清之物格,然后知温清之良知始致,故曰"物格而后知至"。致其知温清之良知,而后温清之意始诚,致其知奉养之良知,而后奉养之意始诚,故曰"知至而后意诚"。此区区诚意、致知、格物之说盖如此。吾子更熟思之,将亦无可疑者矣。

来书云:"道之大端易于明白,所谓良知良能,愚夫愚妇可与及者。至于节目时变之详,毫厘千里之缪,必待学而后知。今语孝于温清定省,孰不知之?至于舜之不告而娶,武之不葬而兴师,养志养口,小杖大杖,割股庐墓等事,处常处变,过与不及之间,必须讨论是非,以为制事之本,然后心体无蔽,临事无失。"

"道之大端易于明白",此语诚然。顾后之学者,忽其易于明白者而弗由,而求其难于明白者以为学,此其所以道在迩而求诸远,事在易而求诸难也。孟子云:"夫道若大路然,岂难知哉?人病不由耳!"良知良能,愚夫愚妇与圣人同。但惟圣人能致其良知,而愚夫愚妇不能致,此圣愚之所由分也。节目时变,圣人夫岂不知?但不专以此为学。而其所谓学者,正惟致其良知,以精察此心之天理,而与后世之学不同耳。吾子未暇良知之致,而汲汲焉顾是之忧,此正求其难于明白者以为学之弊也。夫良知之于节目时变,犹规矩尺度之于方圆长短也。节目时变之不可预定,犹方圆长短之不可胜穷也。故规矩诚立,则不可欺以方圆,而天下之方圆不可胜用矣;尺度诚陈,则不可欺以长短,而天下之长短不可胜用矣;良知诚致,则不可欺以节目时变,而天下之节目时变不可胜应矣。毫厘千里之谬,不于吾心良知一念之微而察之,亦将何所用其学乎?是不以规矩而欲定天下之方圆,不以尺度而欲尽天下之长短,吾见其乖张谬戾,日劳而无成也已。吾子谓:"语孝于温清定省,孰不知之?"然而能致其知者鲜矣。若谓粗知温清定省之仪节,而遂谓之能致其知,则凡知君之当仁者皆可谓之能致其仁之知,知臣之当忠者皆可谓之能致其忠之知,则天下孰非致知者邪?以是而言,可以知致知之必在于行,而不行之不可以为致知也明矣。知行合一之体,不益较然矣乎?夫舜之不告而娶,岂舜之前已有不告而娶者为之准则,故舜得以考之何典,间(问)诸何人,而为此邪?抑亦求诸其心一念之良知,权轻重之宜,不得已而为此邪?武之不葬而兴师,岂武之前已有不葬而兴师者为之准则,故武得以考之何典,问诸何人,而为此邪?抑亦求诸其心,一念之良知,权轻重之宜,不得已而为此邪?使舜之心而非诚于为无后,武之心而非诚于为救民,则其不告而娶与不葬而兴师,乃不孝不忠之大者。而后之人不务致其良知,以精察义理于此心感应酬酢之间,顾欲悬空讨论此等变常之事,执之以为制事之本,以求临事之无失,其亦远矣! 其余数端,皆可类推,则古人致知之学,从可知矣。

来书云:"谓《大学》格物之说专求本心,犹可牵合;至于《六经》《四书》所载多闻多见,前言往行,好古敏求,博学审问,温故新知,博学详说,好问好察,是皆明白求于事为之际,资于论说之间者,用功节目固不容紊矣。"

格物之义,前已详悉;牵合之疑,想已不俟复解矣。至于多闻多见,乃孔子因子张之务外好高,徒欲以多闻多见为学,而不能求诸其心,以阙疑殆,此其言行所以不免于尤悔,而所谓见闻者,适以资其务外好高而已。盖所以救子张多闻多见之病,而非以是教之为学也。夫子尝曰"盖有不知而作之者,我无是也",是犹孟子"是非之心,人皆有之"之义也。此言正所以明德性之良知,非由于闻见耳。若曰"多闻择其善者而从之,多见而识之",则是专求诸见闻之末,而已落在第二义矣,故曰"知之次也"。夫以见闻之知为次,则所谓知之上者果安所指乎? 是可以窥圣门致知用力之地矣。夫子谓子贡曰:"赐也,汝以予为多学而识之者欤? 非也,予一以贯之。"使诚在于多学而识,则夫子胡乃谬为是说以欺子贡者邪?"一以贯之",非致其良知而何?《易》曰"君子多识前言往行,以畜其德。"夫以畜其德为心,则凡多识前言往行者,孰非畜德之事? 此正知行合一之功矣。"好古敏求"者,好古人之学而敏求此心之理耳。心即理也;学者,学此心也;求者,求此心也。孟子云:"学问之道无他,求其放心而已矣。"非若后世广记博诵古人之言词,以为好古,而汲汲然惟以求功名利达之具于其外者也。"博学审问",前言已尽。"温故新知(知新)",朱子亦以温故属之尊德性矣。德性岂可以外求哉? 惟夫知新必由于温故,而温故乃所以知新,则亦可以验知行之非两节矣。"博学而详说之"者,将以反说约也,若无反约之云,则博学详说者果何事邪? 舜之"好问好察",惟以用中而致其精一于道心耳。道心者,良知之谓也。君子之学,何尝离去事为而废论说? 但其从事于事为论说者,要皆知行合一之功,正所以致其本心之良知;而非若世之徒事口耳谈说以为知者,分知行为两事,而果有节目先后之可言也。

来书云:"杨、墨之为仁义,乡愿之辞忠信,尧、舜、子之之禅让,汤、武、楚项之放伐,周公、莽、操之摄辅,谩无印正,又焉适从? 且于古今事变,礼乐名物，未尝考识，使国家欲兴明堂，建辟雍，制历律，草封禅，又将何所致其用乎？故《论语》曰'生而知之'者，义理耳。若夫礼乐名物，古今事变，亦必待学而后有以验其行事之实。此则可谓定论矣。"

所喻杨、墨、乡愿、尧、舜、子之、汤、武、楚项、周公、莽、操之辨，与前舜、武之论，大略可以类推。古今事变之疑，前于良知之说，已有规矩尺度之喻，当亦无俟多赘矣。至于明堂、辟雍诸事，似尚未容于无言者。然其说甚长，姑就吾子之言而取正焉，则吾子之惑将亦可以少释矣。夫明堂、辟雍之制，始见于吕氏之《月令》、汉儒之训疏，《六经》《四书》之中未尝详及也。岂吕氏、汉儒之知，乃贤于三代之贤圣乎？齐宣之时，明堂尚有未毁，则幽、厉之世，周之明堂皆无恙也。尧、舜茅茨土阶，明堂之制未必备，而不害其为治；幽、厉之明堂。固犹文、武、成、康之旧，而无救于其乱。何邪？岂能以不忍人之心而行不忍人之政，则虽茅茨土阶，固亦明堂也，以幽、厉之心而行幽、厉之政，则虽明堂，亦暴政所自出之地邪？武帝肇讲于汉而武后盛作于唐，其治乱何如邪？天子之学曰辟雍，诸侯之学曰泮宫，皆象地形而为之名耳。然三代之学，其要皆所以明人伦，非以辟不辟、泮不泮为重轻也。孔子云："人而不仁，如礼何！人而不仁，如乐何！"制礼作乐，必具中和之德，声为律而身为度者，然后可以语此。若夫器数之末，乐工之事，祝史之守，故曾子曰"君子所贵乎道者三""笾豆之事，则有司存"也。尧命羲和，钦若昊天，历象日月星辰，其重在于敬授人时也。舜在璇玑玉衡，其重在于以齐七政也。是皆汲汲然以仁民之心，而行其养民之政，治历明时之本，固在于此也。羲和历数之学，皋、契未必能之也，禹、稷未必能之也；尧、舜之知而不遍物，虽尧、舜亦未必能之也。然至于今，循羲和之法而世修之，虽曲知小慧之人、星术浅陋之士，亦能推步占候而无所忒，则是后世曲知小慧之人，反贤于禹、稷、尧、舜者邪？封禅之说，尤为不经，是乃后世佞人谀士，所以求媚于其上，倡为夸侈，以荡君心，而靡国费。盖欺天罔人，无耻之大者，君子之所不道，司马相如之所以见讥于天下后世也。吾子乃以是为儒者所宜学，殆亦未之思邪？夫圣人之所以为圣者，以其生而知之也。而释《论语》者曰："生而知之者，义理耳。若夫礼乐名物，古今事变，亦必待学而后有以验其行事之实。"夫礼乐名物之类，果有关于作圣之功也，而圣人亦必待学而后能知焉，则是圣人亦不可以谓之生知矣！谓圣人为生知者，专指义理而言，而不以礼乐名物之类，则是礼乐名物之类无关于作圣之功矣。圣人之所以谓之生知者,专指义理而言,而不以礼乐名物之类,则是学而知之者亦惟当学知此义理而已,困而知之者亦惟当困知此义理而已。今学者之学圣人,于圣人之所能知者,未能学而知之,而顾汲汲焉求知圣人之所不能知者以为学,无乃失其所以希圣之方欤?凡此皆就吾子之所惑者,而稍为之分释,未及乎"拔本塞源"之论也。

夫"拔本塞源"之论不明于天下,则天下之学圣人者将日繁日难,斯人沦于禽兽夷狄,而犹自以为圣人之学;吾之说虽或暂明于一时,终将冻解于西而冰坚于东,雾释于前而云滃于后,呶呶焉危困以死,而卒无救于天下之分毫也已!夫圣人之心,以天地万物为一体,其视天下之人,无外内远近,凡有血气,皆其昆弟赤子之亲,莫不欲安全而教养之,以遂其万物一体之念。天下之人心,其始亦非有异于圣人也,特其间于有我之私,隔于物欲之蔽,大者以小,通者以塞,人各有心,至有视其父子兄弟如仇仇者。圣人有忧之,是以推其天地万物一体之仁以教天下,使之皆有以克其私,去其蔽,以复其心体之同然。其教之大端,则尧、舜、禹之相授受,所谓"道心惟微,惟精惟一,允执厥中"。而其节目则舜之命契,所谓"父子有亲,君臣有义,夫妇有别,长幼有序,朋友有信"五者而已。唐、虞、三代之世,教者惟以此为教,而学者惟以此为学。当是之时,人无异见,家无异习,安此者谓之圣,勉此者谓之贤,而背此者虽其启明如朱亦谓之不肖。下至闾井、田野,农、工、商、贾之贱,莫不皆有是学,而惟以成其德行为务。何者?无有闻见之杂,记诵之烦,辞章之靡滥,功利之驰逐,而但使之孝其亲,弟其长,信其朋友,以复其心体之同然。是盖性分之所固有,而非有假于外者,则人亦孰不能之乎?学校之中,惟以成德为事,而才能之异或有长于礼乐,长于政教,长于水土播植者,则就其成德,而因使益精其能于学校之中。迨夫举德而任,则使之终身居其职而不易,用之者惟同心一德,以共安天下之民,视才之称否,而不以崇卑为轻重,劳逸为美恶;效用者亦惟知同心一德,以共安天下之民,苟当其能,则终身处于烦剧而不以为劳,安于卑琐而不以为贱。当是之时,天下之人熙熙皞皞,皆相视如一家之亲。其才质之下者,则安其农、工、商、贾之分,各勤其业以相生相养,而无有乎希高慕外之心。其才能之异若皋、夔、稷、契者,则出而各效其能,若一家之务,或营其衣食,或通其有无,或备其器用,集谋并力,以求遂其仰事俯育之愿,惟恐当其事者之或怠而重己之累也。故稷勤其稼,而不耻其不知教,视契之善教,即己之善教也;夔司其乐,而不耻于不明礼,视夷之通礼,即己之通礼也。盖其心学纯明,而有以全其万物一体之仁,故其精神流贯,志气通达,而无有乎人己之分,物我之间。譬之一人之身,目视、耳听、手持、足行,以济一身之用。目不耻其无聪,而耳之所涉,目必营焉;足不耻其无执,而手之所探,足必前焉;盖其元气充周,血脉条畅,是以痒痾呼吸,感触神应,有不言而喻之妙。此圣人之学所以至易至简,易知易从,学易能而才易成者,正以大端惟在复心体之同然,而知识技能非所与论也。三代之衰,王道熄而霸术猖;孔、孟既没,圣学晦而邪说横:教者不复以此为教,而学者不复以此为学。霸者之徒,窃取先王之近似者,假之于外,以内济其私己之欲,天下靡然而宗之,圣人之道遂以芜塞,相仿相效,日求所以富强之说,倾诈之谋,攻伐之计,一切欺天罔人,苟一时之得,以猎取声利之术,若管、商、苏、张之属者,至不可名数。既其久也,斗争劫夺,不胜其祸,斯人沦于禽兽夷狄,而霸术亦有所不能行矣。世之儒者,慨然悲伤,搜猎先圣王之典章法制,而掇拾修补于煨烬之余;盖其为心,良亦欲以挽回先王之道,圣学既远,霸术之传积渍已深,虽在贤知,皆不免于习染,其所以讲明修饰,以求宣畅光复于世者,仅足以增霸者之藩篱,而圣学之门墙遂不复可观。于是乎有训诂之学,而传之以为名;有记诵之学,而言之以为博;有词章之学,而侈之以为丽。若是者纷纷籍籍,群起角立于天下,又不知其几家,万径千蹊,莫知所适。世之学者,如入百戏之场,欢谑跳踉,骋奇斗巧,献笑争妍者,四面而竞出,前瞻后盼,应接不遑,而耳目眩瞀,精神恍惑,日夜遨游淹息其间,如病狂丧心之人,莫自知其家业之所归。时君世主亦皆昏迷颠倒于其说,而终身从事于无用之虚文,莫自知其所谓。间有觉其空疏谬妄,支离牵滞,而卓然自奋,欲以见诸行事之实者,极其所抵,亦不过于富强功利五霸之事业而止。圣人之学日远日晦,而功利之习愈趋愈下。其间虽尝瞀惑于佛、老,而佛、老之说卒亦未能有以胜其功利之心;虽又尝折衷于群儒,而群儒之论终亦未能有以破其功利之见。盖至于今,功利之毒沦浃于人之心髓,而习以成性也几千年矣。相矜以知,相轧以势,相争以利,相高以技能,相取以声誉。其出而仕也,理钱谷者则欲兼夫兵刑,典礼乐者又欲与于铨轴,处郡县则思藩臬之高,居台谏则望宰执之要。故不能其事,则不得以兼其官;不通其说,则不可以要其誉,记诵之广,适以长其教也;知识之多,适以行其恶也;闻见之博,适以肆其辨也;辞章之富,适以饰其伪也。是以皋、夔、稷、契所不能兼之事,而今之初学小生皆欲通其说,究其术。其称名借号,未尝不曰吾欲以共成天下之务;而其诚心实意之所在,以为不如是则无以济其私而满其欲也。呜呼!以若是之积染,以若是之心志,而又讲之以若是之学术,宜其闻吾圣人之教,而视之以为赘疣柄凿,则其以良知为未足,而谓圣人之学为无所用,亦其势有所必至矣!呜呼,士生斯世,而尚何以求圣人之学乎!尚何以论圣人之学乎!士生斯世而欲以为学者,不亦劳苦而繁难乎!不亦拘滞而险艰乎!呜乎!可悲也已!所幸天理之在人心,终有所不可泯,而良知之明,万古一日,则其闻吾"拔本塞源"之论,必有恻然而悲,戚然而痛,愤然而起,沛然若决江河而有所不可御者矣!非夫豪杰之士无所待而兴起者,吾谁与望乎?

启问道通书

吴、曾两生至,备道道通恳切为道之意,殊慰相念!若道通,真可谓笃信好学者矣。忧病中,会不能与两生细论,然两生亦自有志向肯用功者,每见辄觉有进,在区区诚不能无负于两生之远来,在两生则亦庶几无负其远来之意矣。临别以此册致道通意,请书数语,荒愦无可言者,辄以道通来书中所问数节,略干(下)转语奉酬。草草殊不详细,两生当亦自能口悉也。

来书云:"日用工夫只是立志。近来于先生诲言时时体验,愈益明白。然于朋友不能一时相离。若得朋友讲习,则此志才精健阔大,才有生意。若三五日不得朋友相讲,便觉微弱,遇事便会困,亦时会忘。乃今无朋友相讲之日,还只静坐,或看书,或游衍经行,凡寓目措身,悉取以培养此志,颇觉意思和适。然终不如朋友讲聚,精神流动,生意更多也。离群索居之人,当更有何法以处之?"

此段足验道通日用工夫所得,工夫大略亦只是如此用,只要无间断到得纯熟后,意思又自不同矣。大抵吾人为学紧要大头脑,只是立志,所谓困忘之病,亦只是志欠真切。今好色之人未尝病于困忘,只是一真切耳。自家痛痒,自家须会知得,自家须会搔摩得。既自知得痛痒,自家须不能不搔摩得。佛家谓之方便法门,须是自家调停斟酌,他人总难与力,亦更无别法可设也。

来书云:"上蔡尝问:'天下何思何虑?'伊川云:'有此理,只是发得太早。'在学者工夫,固是'必有事焉而勿忘',然亦须识得何思何虑底气象,一并看为是。若不识得这气象,便有'正'与'助长'之病。若认得何思何虑而忘'必有事焉'工夫,恐又堕于无也。须是不滞于有,不堕于无。然乎否也?"

所论亦相去不远矣,只是契悟未尽。上蔡之问与伊川之答,亦只是上蔡、伊川之意,与孔子《系辞》原旨稍有不同。《系》言"何思何虑",是言所思所虑只是一个天理,更无别思别虑耳,非谓无思无虑也;故曰"同归而殊途,一致而百虑,天下何思何虑"。云"殊途",云"百虑",则岂谓无思无虑岂邪?心之本体即是天理,天理只是一个,更有何可思虑得?天理原自寂然不动,原自感而遂通,学者用功虽千思万虑,只是要复他本来体用而已,不是以私意去安排思索出来;故明道云:"君子之学莫若廓然而大公,物来而顺应。"若以私意去安排思索,便是用智自私矣。何思何虑正是工夫,在圣人分上便是自然的,在学者分上便是勉然的。伊川却是把作效验看了,所以有"发得太早"之说。既而云"却好用功",则已自觉其前言之有未尽矣。濂溪"主静"之论,亦是此意。今道通之言虽已不为无见,然亦未免尚有两事也。

来书云:"凡学者才晓得做工夫,便要识认得圣人气象。盖认得圣人气象,把做准的,乃就实地做工夫去,才不会差,才是作圣工夫。未知是否?"

"先认圣人气象",昔人尝有是言矣,然亦欠有头脑。圣人气象自是圣人的,我从何处识认。若不就自己良知上真切体认,如以无星之称而权轻重,未开之镜而照妍媸,真所谓以小人之腹而度君子之心矣。圣人气象何由认得?自己良知原与圣人一般,若体认得自己良知明白,即圣人气象不在圣人而在我矣。程子尝云:"觑着尧学他行事,无他许多聪明睿智,安能如彼之动容周旋中礼?"又云:"心通于道,然后能辨是非。"今且说通于道在何处?聪明睿智从何处出来?

来书云:"事上磨炼,一日之内不管有事无事,只一意培养本原。若遇事来感,或自己有感,心上既有觉,安可谓无事。但因事凝心一会,大段觉得事理当如此,只如无事处之,尽吾心而已。然乃有处得善与未善,何也?又或事来得多,须要次第与处,每因才力不足,辄为所困,虽极力扶起,而精神已觉衰弱。遇此未免要十分退省，宁不了事，不可不加培养。如何？

所说工夫，就道通分上也只是如此用，然未免有出入。在凡人为学，终身只为这一事，自少至老，自朝至暮，不论有事无事，只是做得这一件，所谓"必有事焉"者也。若说宁不了事，不可不加培养，却是尚为两事也。必有事焉而勿忘勿助，事物之来，但尽吾心之良知以应之，所谓"忠恕违道不远"矣。凡处得有善有未善，及有困顿失次之患者，皆是牵于毁誉得丧，不能实致其良知耳。若能实致其良知，然后见得平日所谓善者未必是善，所谓未善者却恐正是牵于毁誉得丧，自贼其良知者也。

来书云："致知之说，春间再承诲益，已颇知用力，觉得比旧尤为简易。但鄙心则谓与初学言之，还须带格物意思，使之知下手处。本来致知格物一并下，但在初学，未知下手用功，还说与格物，方晓得致知。"云云。

格物是致知工夫，知得致知，便已知得格物。若是未知格物，则是致知工夫亦未尝知也。近有一书与友人论此颇悉，今往一通，细观之当自见矣。

来书云："今之为朱、陆之辨者尚未已，每对朋友言正学不明已久，且不须枉费心力为朱、陆争是非；只依先生立志二字点化人，若其人果能辨得此志来，决意要知此学，已是大段明白了，朱、陆虽不辨，彼自能觉得。又尝见朋友中见有人议先生之言者，辄为动气。昔在朱、陆二先生所以遗后世纷纷之议者，亦见二先生工夫有未纯熟，分明亦有动气之病，若明道则无此矣。观其与吴涉礼论介甫之学，云：'为我尽达诸介甫，不有益于他，必有益于我也。'气象何等从容！尝见先生与人书中亦引此言，愿朋友皆如此。如何？"

此节议论得极是极是，愿道通遍以告于同志，各自且论自己是非，莫论朱、陆是非也。以言语谤人，其谤浅，若自己不能身体实践，而徒入耳出口，呶呶度日，是以身谤也，其谤深矣。凡今天下之论议我者，苟能取以为善，皆是砥砺切磋我也，则在我无非警惕修省进德之地矣。昔人谓"攻吾之短者是吾师"，师又可恶乎？

来书云："有引程子'人生而静以上不容说，才说性，便已不是性'，何故不容说？何故不是性？晦庵答云：'不容说者，未有性之可言；不是性者，已不能无气质之杂矣。'二先生之言皆未能晓，每看书至此，辄为一惑，请问。"

151

"生之谓性","生"字即是"气"字,犹言气即是性也。气即是性,人生而静以上不容说,才说气即是性,即已落在一边,不是性之本原矣。孟子性善,是从本原上说。然性善之端须在气上始见得,若无气亦无可见矣。恻隐羞恶辞让是非即是气,程子谓"论性不论气不备,论气不论性不明",亦是为学者各认一边,只得如此说。若如得自性明白时,气即是性,性即是气,原无性气之可分也。

答陆原静书·又

来书云:"良知,心之本体,即所谓性善也,未发之中也,寂然不动之体也,廓然大公也。何常人皆不能而必待于学邪? 中也,寂也,公也,既以属心之体,则良知是矣。今验之于心,知无不良,而中、寂、大公实未有也。岂良知复超然于体用之外乎?"

性无不善,故知无不良,良知即是未发之中,即是廓然大公,寂然不动之本体,人人之所同具者也。但不能不昏蔽于物欲,故须学以去其昏蔽,然于良知之本体,初不能有加损于毫末也。知无不良,而中寂、大公未能全者,是昏蔽之未尽去,而存之未纯耳。体即良知之体,用即良知之用,宁复有超然于体用之外者乎?

来书云:"周子曰'主静',程子曰'动亦定,静亦定',先生曰:'定者心之本体,是静定也,决非不睹不闻,无思无为之谓,必常知、常存、常主于理之谓也。'夫常知、常存、常主于理,明是动也,已发也,何以谓之静? 何以谓之本体? 岂是静定也,又有以贯乎心之动静者邪?"

理无动者也。"常知、常存、常主于理",即"不睹不闻、无思无为"之谓也。不睹不闻、无思无为非槁木死灰之谓也,睹闻思为一于理,而未尝有所睹闻思为,即是动而未尝动也;所谓"动亦定,静亦定",体用一原者也。

来书云:"此心未发之体,其在已发之前乎? 其在已发之中而为之主乎? 其无前后内外而浑然一体者乎? 今谓心之动静者,其主有事无事而言乎? 其主寂然感通而言乎? 其主循理从欲而言乎? 若以循理为静,从欲为动,则于所谓'动中有静,静中有动,动极而静,静极而动'者,不可通矣。若以有事而感通为动,无事而寂然为静,则于所谓'动而无动,静而无静'者,不可通矣。若谓未发在已发之先,静而生动,是至诚有息也,圣人有复也,又不可矣。若谓未发在已发之中,则不知未发已发俱当主静乎? 抑未发为静,而已发为动乎? 抑未发已发俱无动无静乎? 俱有动有静乎?

幸教。"

"未发之中"即良知也,无前后内外而浑然一体者也。有事无事,可以言动静,而良知无分于有事无事也。寂然感通,可以言动静,而良知无分于寂然感通也。动静者所遇之时,心之本体固无分于动静也。理无动者也,动即为欲,循理则虽酬酢万变而未尝动也;从欲则虽稿心一念而未尝静也。动中有静,静中有动,又何疑乎?有事而感通,固可以言动,然而寂然者未尝有增也。无事而寂然,固可以言静,然而感通者未尝有减也。动而无动,静而无静,又何疑乎?无前后内外而浑然一体,则至诚有息之疑,不待解矣。未发在已发之中,而已发之中未尝别有未发者在;已发在未发之中,而未发之中未尝别有已发者存;是未尝无动静,而不可以动静分者也。凡观古人言语,在以意逆志而得其大旨,若必拘滞于文义,则"靡有孑遗"者,是周果无遗民也。周子"静极而动"之说,苟不善观,亦未免有病。盖其意从"太极动而生阳,静而生阴"说来。太极生生之理,妙用无息,而常体不易。太极之生生,即阴阳之生生。就其生生之中,指其妙用无息者而谓之动,谓之阳之生,非谓动而后生阳也。就其生生之中,指其常体不易者而谓之静,谓之阴之生,非谓静而后生阴也。若果静而后生阳,动而后生阴,则是阴阳动静截然各自为一物矣。阴阳一气也,一气屈伸而为阴阳;动静一理也,一理隐显而为动静。春夏可以为阳为动,而未尝无阴与静也;秋冬可以为阴为静,而未尝无阳与动也。春夏此不息,秋冬此不息,皆可谓之阳、谓之动也;春夏此常体,秋冬此常体,皆可谓之阴、谓之静也。自元会运世岁月日时,以至刻秒忽微,莫不皆然,所谓动静无端,阴阳无始,在知道者默而识之,非可以言语穷也。若只牵文泥句,比拟仿像,则所谓心从法华转,非是转法华矣。

来书云:"尝试于心,喜怒忧惧之感发也,虽动气之极,而吾心良知一觉,即罔然消阻,或遏于初,或制于中,或悔于后。然则良知常若居优闲无事之地而为之主,于喜怒忧惧若不与焉者,何欤?"

知此则知未发之中,寂然不动之体,而有发而中节之和,感而遂通之妙矣。然谓良知常若居于优闲无事之地,语尚有病。盖良知虽不滞于喜怒忧惧,而喜怒忧惧亦不外于良知也。

来书云:"夫子昨以良知为照心。窃谓:良知,心之本体也;照心,人所用功,乃戒慎恐惧之心也,犹思也。而遂以戒慎恐惧为良知,何欤?"

能戒慎恐惧者，是良知也。

来书云："先生又曰'照心非动也'，岂以其循理而谓之静欤？'妄心亦照也'，岂以其良知未尝不在于其中，未尝不明于其中，而视听言动之不过则者皆天理欤？且既曰妄心，则在妄心可谓之照，而在照心则谓之妄矣。妄与息何异？今假妄之照以续至诚之无息，窃所未明，幸再启蒙。"

照心非动者，以其发于本体明觉之自然，而未尝有所动也。有所动即妄矣。妄心亦照者，以其本体明觉之自然者，未尝不在于其中，但有所动耳。无所动即照矣。无妄无照，非以妄为照，以照为妄也。照心为照，妄心为妄，是犹有妄有照也。有妄有照则犹贰也，贰则息矣。无妄无照则不贰，不贰则不息矣。

来书云："养生以清心寡欲为要。夫清心寡欲，作圣之功毕矣。然欲寡则心自清，清心非舍弃人事而独居求静之谓也。盖欲使此心纯乎天理，而无一毫人欲之私耳。今欲为此之功，而随人欲生而克之，则病根常在，未免灭于东而生于西。若欲刊剥洗荡于众欲未萌之先，则又无所用其力，徒使此心之不清。且欲未萌而搜剔以求去之，是犹引犬上堂而逐之也，愈不可矣。"

必欲此心纯乎天理，而无一毫人欲之私，此作圣之功也。必欲此心纯乎天理，而无一毫人欲之私，非防于未萌之先，而克于方萌之际不能也。防于未萌之先，而克于方萌之际，此正《中庸》"戒慎恐惧"、《大学》"致知格物"之功，舍此之外，无别功矣。夫谓"灭于东而生于西，引犬上堂而逐之"者，是自私自利，将迎意必之为累，而非克治洗荡之为患也。今曰"养生以清心寡欲为要"，只养生二字，便是自私自利，将迎意必之根。有此病根潜伏于中，宜其有"灭于东而生于西，引犬上堂而逐之"之患也。

来书云："佛氏'于不思善不思恶时认本来面目'，于吾儒'随物而格'之功不同。吾若于不思善不思恶时用致知之功，则已涉于思善矣。欲善恶不思，而心之良知清静自在，惟有寐而方醒之时耳。斯正孟子'夜气'之说。但于斯光景不能久，倏忽之际，思虑已生。不知用功久者，其常寐初醒而思未起之时否乎？今澄欲求宁静，愈不宁静，欲念无生，则念愈生，如之何而能使此心前念易灭，后念不生，良知独显，而与造物者游乎？"

"不思善不思恶时认本来面目"，此佛氏为未识本来面目者设此方便。"本来面目"即吾圣门所谓"良知"。今既认得良知明白，即已不消如此说矣。"随物而格",是"致知"之功,即佛氏之"常惺惺"亦是常存他本来面目耳。体段工夫,大略相似。但佛氏有个自私自利之心,所以便有不同耳。今欲善恶不思,而心之良知清静自在,此便有自私自利,将迎意必之心,所以有"不思善、不思恶时用致知之功,则已涉于思善"之患。孟子说"夜气",亦只是为失其良心之人指出个良心萌动处,使他从此培养将去。今已知得良知明白,常用致知之功,即已不消说夜气;却是得兔后不知守兔,而仍去守株,兔将复失之矣。欲求宁静欲念无生,此正是自私自利,将迎意必之病,是以念愈生而愈不宁静。良知只是一个良知,而善恶自辨,更有何善何恶可思? 良知之体本自宁静,今却又添一个求宁静;本自生生,今却又添一个欲无生;非独圣门致知之功不如此,虽佛氏之学亦未如此将迎意必也。只是一念良知,彻头彻尾,无始无终,即是前念不灭,后念不生。今却欲前念易灭,而后念不生,是佛氏所谓断灭种性,入于槁木死灰之谓矣。

来书云:"佛氏又有'常提念头'之说,其犹孟子所谓'必有事',夫子所谓'致良知'之说乎? 其即常惺惺,常记得,常知得,常存得者乎? 于此念头提在之时,而事至物来,应之必有其道。但恐此念头提起时少,放下时多,则工夫间断耳。且念头放失,多因私欲客气之动而始,忽然惊醒而后提。其放而未提之间,心之昏杂多不自觉。今欲日精日明,常提不放,以何道乎? 只此常提不放,即全功乎? 抑于常提不放之中,更宜加省克之功乎? 虽曰常提不放,而不加戒惧克治之功,恐私欲不去,若加戒惧克治之功焉,又为思善之事,而于本来面目又未达一间也。如之何则可?"

"戒惧克治",即是"常提不放"之功,即是"必有事焉",岂有两事邪? 此节所问,前一段已自说得分晓;末后却是自生迷惑,说得支离,及有"本来面目,未达一间"之疑,都是自私自利将迎意必之为病。去此病,自无此疑矣。

来书云:"质美者明得尽,查滓便浑化。如何谓明得尽? 如何而能便浑化?"

良知本来自明。气质不美者,查滓多,障蔽厚,不易开明。质美者查滓原少,无多障蔽,略加致知之功,此良知便自莹彻,些少查滓如汤中浮雪,如何能作障蔽? 此本不甚难晓。原静所以致疑于此,想是因一"明"字不明白,亦是稍有欲速之心。向曾面论"明善"之义,明则诚矣,非若后儒所谓明善之浅也。

来书云:"聪明睿知果质乎?仁义礼智果性乎?喜怒哀乐果情乎?私欲客气果一物乎?二物乎?古之英才若子房、仲舒、叔度、孔明、文仲、韩、范诸公,德业表著,皆良知中所发也,而不得谓之闻道者,果何在乎?苟曰此特生质之美耳,则生知安行者,不愈于学知困勉者乎?愚意窃云谓诸公见道偏则可,谓全无闻,则恐后儒崇尚记诵训诂之过也。然乎?否乎?"

性一而已,仁义礼智,性之性也;聪明睿知,性之质也;喜怒哀乐,性之情也;私欲客气,性之蔽也。质有清浊,故情有过不及,而蔽有浅深也。私欲客气,一病两痛。非二物也,张、黄、诸葛及韩、范诸公,皆天质之美,自多暗合道妙;虽未可尽谓之知学,尽谓之闻道,然亦自其有学违道不远者也。使其闻学知道,即伊、傅、周、召矣。若文中子则又不可谓之不知学者,其书虽多出于其徒,亦多有未是处,然其大略则亦居然可见,但今相去辽远,无有的然凭证,不可悬断其所至矣。夫良知即是道,良知之在人心,不但圣贤,虽常人亦无不如此。若无有物欲牵蔽,但循着良知发用流行将去,即无不是道。但在常人多为物欲牵蔽,不能循得良知。如数公者天质既自清明,自少物欲为之牵蔽,则其良知之发用流行处,自然是多,自然违道不远。学者学循此良知而已,谓之知学,只是知得专在学循良知。数公虽未知专在良知上用功,而或泛滥于多岐,疑迷于影响,是以或离或合而未纯。若知得时,便是圣人矣。后儒尝以数子者尚皆是气质用事,未免于行不著,习不察,此亦未为过论。但后儒之所谓著察者,亦是狃于闻见之狭,蔽于沿习之非,而依拟仿象于影响形迹之间,尚非圣门之所谓著察者也;则亦安得以己之昏昏,而求人之昭昭也乎?所谓"生知安行","知行"二字亦是就用功上说;若是知行本体,即是良知良能,虽在困勉之人,亦皆可谓之"生知安行"矣。"知行"二字更宜精察。

来书云:"昔周茂叔每令伯淳寻仲尼、颜子乐处。敢问是乐也,与七情之乐,同乎?否乎?若同,则常人之一遂所欲,皆能乐矣,何必圣贤?若别有真乐,则圣贤之遇大忧大怒大惊大惧之事,此乐亦在否乎?且君子之心常存戒惧,是盖终身之忧也,恶得乐?澄平生多闷,未尝见真乐之趣,今切愿寻之。"

"乐"是心之本体,虽不同于七情之乐,而亦不外于七情之乐。虽则圣贤别有真乐,而亦常人之所同有。但常人有之而不自知,反自求许多忧苦,自加迷弃。虽在忧苦迷弃之中,而此乐又未尝不存。但一念开明,反身而诚,则即此而在矣。每与原静论,无非此意。而原静尚有何道可得之问,是犹未免于"骑驴觅驴"之蔽也。

来书云:"《大学》以心有好乐忿懥忧患恐惧为不得其正,而程子亦谓圣人情顺万事而无情。所谓'有'者,《传习录》中以病疟譬之,极精切矣。若程子之言,则是圣人之情不生于心而生于物也,何谓耶?且事感而情应,则是是非非可以就格。事或未感时谓之有,则未形也;谓之无,则病根在有无之间,何以致吾知乎?学务无情,累虽轻而出儒入佛矣,可乎?"

圣人致知之功至诚无息,其良知之体皎如明镜,略无纤翳。妍媸之来,随物见形,而明镜曾无留染。所谓"情顺万事而无情"也。无所住而生其心,佛氏曾有是言,未为非也。明镜之应物,妍者妍,媸者媸,一照而皆真,即是生其心处。妍者妍,媸者媸,一过而不留,即是无所住处。病疟之喻,既已见其精切,则此节所问可以释然。病疟之人,疟虽未发,而病根自在,则亦安可以其疟之未发而遂忘其服药调理之功乎?若必待疟发而后服药调理,则既晚矣。致知之功无间于有事无事,而岂论于病之已发未发邪?大抵原静所疑,前后虽若不一,然皆起于自私自利,将迎意必之为祟。此根一去,则前后所疑自将冰消雾释,有不待于问辨者矣。

答欧阳崇一

崇一来书云:"师云:'德性之良知,非由于闻见。若由多闻择其善者而从之,多见而识之,则是专求之见闻之末,而已落在第二义。'窃意良知虽不由见闻而有,然学者之知未尝不由见闻而发;滞于见闻固非,而见闻亦良知之用也。今曰落在第二义,恐为专以见闻为学者而言。若致其良知而求知见闻,亦知行合一知功似矣。如何?"

良知不由见闻而有,而见闻莫非良知之用,故良知不滞于见闻,而亦不杂于见闻。孔子云:"吾有知乎哉?无知也。"良知之外,别无知矣。故"致良知"是学问大头脑,是圣人教人第一义。今云专求之见闻之末,则是失却头脑,而已落在第二义矣。近时同志中盖已莫不知有志良知之说,言其工夫尚多鹘突者,正是欠此一问。大抵学问工夫只要主意头脑是当,若主意头脑专以致良知为事,则凡多闻多见,莫非致良知之功。盖日用之间,见闻酬酢,虽千头万绪,莫非良知之发用流行,除却见闻酬酢,亦无良知可致矣。故只是一事。若曰致其良知而求之见闻,则语意之间未免为二,此与专求之见闻之末者虽稍不同,其为未得精一之旨,则一而已。"多闻,择其善者而从之,多见而识之",既云择,又云识,其良知亦未尝不行于其间;但其用意乃专在多闻多见上去择识,则已失却头脑矣。崇一于此等处见得当已分晓,今日之问,正为发明此学,于同志中极有益。但语意未莹,则毫厘千里,亦不容不精察之也。

来书云:"师云:'《系》言何思何虑,是言所思所虑只是天理,更无别思别虑耳,非谓无思无虑也。心之本体即是天理,有何可思虑得?学者用功,虽千思万虑,只是要复他本体,不是以私意去安排思索出来。若安排思索,便是自私用智矣。学者之敝,大率非沉空守寂,则安排思索。'德辛壬之岁着前一病,近又着后一病。但思索亦是良知发用,其与私意安排者何所取别?恐认贼作子,惑而不知也。"

"思曰睿,睿作圣。""心之官则思,思则得之。"思其可少乎?沉空守寂与安排思索,正是自私用智。其为丧失良知,一也。良知是天理之昭明灵觉处,故良知即是天理。思是良知之发用。若是良知发用之思,则所思莫非天理矣。良知发用之思自然明白简易,良知亦自能知得。若是私意安排之思,自是纷纭劳扰,良知亦自会分别得。盖思之是非邪正,良知无有不自知者。所以认贼作子,正为致知之学不明,不知在良知上体认之耳。

来书又云:"师云:'为学终身只是一事,不论有事无事,只是这一件。若说宁不了事,不可不加培养,却是分为两事也。'窃意觉精力衰弱,不足以终事者,良知也。宁不了事,且加休养,致知也。如何却为两事?若事变之来,有事势不容不了,而精力虽衰,稍鼓舞亦能支持,则持志以帅气可矣。然言动终无气力,毕事则困惫已甚,不几于暴其气已乎?此其轻重缓急,良知固未尝不知,然或迫于事势,安能顾精力?或困于精力,安能顾事势?如之何则可?"

"宁不了事,不可不加培养"之意,且与初学如此说,亦不为无益。但作两事看了,便有病痛。在孟子言必有事焉,则君子之学终身只是集义一事。义者宜也。心得其宜之谓义。能致良知,则心得其宜矣,故集义亦只是致良知。君子之酬酢万变,当行则行,当止则止,当生则生,当死则死,斟酌调停,无非是致其良知,以求自慊而已。故君子素其位而行,思不出其位,凡谋其力之所不及而强其知之所不能者,皆不得为致良知;而凡劳其筋骨,饿其体肤,空乏其身,行拂乱其所为,动心忍性以增益其所不能者，皆所以致其良知也。若云"宁不了事，不可不加培养"者，亦是先有功利之心，较计成败利钝而爱憎取舍于其间，是以将了事自作一事，而培养又别作一事，此便有是内非外之意，便是自私用智，便是义外，便有不得于心勿求于气之病，便不是致良知以求自慊之功矣。所云"鼓舞支持，毕事则困惫已甚"，又云"迫于事势，困于精力"，皆是把作两事做了，所以有此。凡学问之功，一则诚，二则伪，凡此皆是致良知之意欠诚一真切之故。《大学》言诚其意者，"如恶恶臭，如好好色，此之谓自慊"。曾见有恶恶臭，好好色，而须鼓舞支持者乎？曾见毕事则困惫已甚者乎？曾有迫于事势，困于精力者乎？此可以知其受病之所从来矣。

来书又有云："人情机诈百出，御之以不疑，往往为所欺；觉则自入于逆亿。夫逆诈即诈也，亿不信即非信也，为人欺又非觉也。不逆不亿而常先觉，其惟良知莹彻乎？然而出入毫忽之间，背觉合诈者多矣。"

"不逆不亿而先觉"，此孔子因当时人专以逆诈亿不信为心，而自陷于诈与不信，又有不逆不亿者，然不知致良知之功，而往往又为人所欺诈，故有是言。非教人以是存心而专欲先觉人之诈与不信也。以是存心，即是后世猜忌险薄者之事，而只此一念，已不可与入尧、舜之道矣。不逆不亿而为人所欺者，尚亦不失为善，但不如能致其良知而自然先觉者之尤为贤耳。崇一谓其惟良知莹彻者，盖已得其旨矣。然亦颖悟所及，恐未实际也。盖良知之在人心，亘万古，塞宇宙，而无不同，不虑而知，恒易以知险，不学而能，恒简以知阻，先天而天不违，天且不违，而况于人乎？况于鬼神乎？夫谓背觉合诈者，是虽不逆人而或未能无自欺也，虽不亿人而或未能果自信也，是或常有求先觉之心，而未能常自觉也。常有求先觉之心，即已流于逆亿而足以自蔽其良知矣；此背觉合诈之所以未免也。君子学以为己，未尝虞人之欺己也，恒不自欺其良知而已；未尝虞人之不信己也，恒自信其良知而已；未尝求先觉人之诈与不信也，恒务自觉其良知而已。是故不欺则良知无所伪而诚，诚则明矣；自信则良知无所惑而明，明则诚矣。明诚相生，是故良知常觉常照。常觉常照，则如明镜之悬，而物之来者自不能遁其妍媸矣。何者？不欺而诚则无所容其欺，苟有欺焉，而觉矣；自信而明则无所容其不信，苟不信焉，而觉矣。是谓易以知险，简以知阻，子思所谓"至诚如神，可以前知"者也。然子思谓"如神"，谓"可以前知"，犹二而言之。是盖推言思诚者之功效，是犹为不能先觉者说也。若就至诚而言,则至诚之妙用即谓之神,不必言"如神"。至诚则无知而无不知,不必言"可以前知"矣。

答罗整庵少宰书

某顿首启:昨承教及《大学》,发舟匆匆,未能奉答。晓来江行稍暇,复取手教而读之。恐至赣后人事复纷沓,先具其略以请。

来教云:"见道固难,而体道尤难。道诚未易明,而学诚不可不讲。恐未可安于所见而遂以为极则也。"幸甚幸甚!何以得闻斯言乎?其敢自以为极则而安之乎?正思就天下之有道以讲明之耳。而数年以来,闻其说而非笑之者有矣,诟訾之者有矣,置不足较量辨议之者有矣,其肯遂以教我乎?其肯遂以教我,而反覆晓谕,恻然惟恐不及救正之乎?然则天下之爱我者,固莫有如执事之心深且至矣!感激当何如哉!

夫德之不修,学之不讲,孔子以为忧。而世之学者稍能传习训诂,即皆自以为知学,不复有所谓讲学之求,可悲矣!夫道必体而后见,非已见道而后加体道之功也;道必学而后明,非外讲学而复有所谓明道之事也。然世之讲学者有二:有讲之以身心者;有讲之以口耳者。讲之以口耳,揣摸测度,求之影响者也;讲之以身心,行著习察,实有诸己者也,知此则知孔门之学矣。

来教谓某"《大学》古本之复,以人之为学但当求之于内,而程、朱格物之说不免求之于外,遂去朱子之分章而削其所补之传"。非敢然也。学岂有内外乎?《大学》古本乃孔门相传旧本耳。朱子疑其有所脱误,而改正补缉之。在某则谓其本无脱误,悉从其旧而已矣。失在于过信孔子则有之,非故去朱子之分章而削其传也。夫学贵得之心。求之于心而非也,虽其言之出于孔子,不敢以为是也,而况其未及孔子者乎!求之于心而是也,虽其言之出于庸常,不敢以为非也,而况其出于孔子者乎!且旧本之传数千载矣,今读其文词,既明白而可通;论其工夫,又易简而可入,亦何所按据而断其此段之必在于彼,彼段之必在于此,与此之如何而缺,彼之如何而补,而遂改正补缉之,无乃重于背朱而轻于叛孔已乎?

来教谓:"如必以学不资于外求,但当反观内省以为务,则正心诚意四字亦何不尽之有?何必于入门之际,便困以格物一段工夫也?"诚然诚然。若语其要,则修身二字亦足矣,何必又言正心?正心二字亦足矣,何必又言诚意?诚意二字亦足矣,何必又言致知,又言格物?惟其工夫之详密,而要之只是一事，此所以为精一之学，此正不可不思者也。夫理无内外，性无内外，故学无内外；讲习讨论，未尝非内也；反观内省，未尝遗外也。夫谓学必资于外求，是以己性为有外也，是义外也，用智者也；谓反观内省为求之于内，是以己性为有内也，是有我也，自私者也：是皆不知性之无内外也。故曰：精义入神，以致用也；利用安身，以崇德也；性之德也，合内外之道也。此可以知格物之学矣。格物者，《大学》之实下手处，彻首彻尾，自始学至圣人，只此工夫而已。非但入门之际有此一段也。夫正心诚意、致知格物，皆所以修身而格物者，其所用力，日可见之地。故格物者，格其心之物也，格其意之物也，格其知之物也；正心者，正其物之心也；诚意者，诚其物之意也；致知者，致其物之知也：此岂有内外彼此之分哉！理一而已。以其理之凝聚而言，则谓之性；以其凝聚之主宰而言，则谓之心；以其主宰之发动而言，则谓之意；以其发动之明觉而言，则谓之知；以其明觉之感应而言，则谓之物。故就物而言谓之格；就知而言谓之致；就意而言谓之诚；就心而言谓之正：正者，正此也；诚者，诚此也；致者，致此也；格者，格此也。皆所谓穷理以尽性也。天下无性外之理，无性外之物。学之不明，皆由世之儒者认理为外，认物为外，而不知义外之说，孟子盖尝辟之，乃至袭陷其内而不觉，岂非亦有似是而难明者欤？不可以不察也。凡执事所以致疑于格物之说者，必谓其是内而非外也；必谓其专事于反观内省之为，而遗弃其讲习讨论之功也；必谓其一意于纲领本原之约，而脱略于支条节目之详也；必谓其沉溺于枯槁虚寂之偏，而不尽于物理人事之变也。审如是，岂但获罪于圣门，获罪于朱子，是邪说诬民，叛道乱正，人得而诛之也，而况于执事之正直哉？审如是，世之稍明训诂，闻先哲之绪论者，皆知其非也，而况执事之高明哉？凡某之所谓格物，其于朱子“九条”之说，皆包罗统括于其中；但为之有要，作用不同，正所谓毫厘之差耳。然毫厘之差而千里之缪实起于此，不可不辨。孟子辟杨、墨至于“无父无君”。二子亦当时之贤者，使与孟子并世而生，未必不以之为贤。墨子“兼爱”，行仁而过耳；杨子“为我”，行义而过耳。此其为说，亦岂灭理乱常之甚，而足以眩天下哉？而其流之弊，孟子至比于禽兽夷狄，所谓“以学术杀天下后世”也。今世学术之弊，其谓之学仁而过者乎？谓之学义而过者乎？抑谓之学不仁不义而过者乎？吾不知其于洪水猛兽何如也！孟子云：“予岂好辩哉？予不得已也！”杨、墨之道塞天下，孟子之时，天下之尊信杨、墨，当不下于今日之崇尚朱说，而孟子独以一人呶呶于其间，噫，可哀矣！韩氏云："佛、老之害甚于杨、墨。"韩愈之贤不及孟子，孟子不能救之于未坏之先，而韩愈乃欲全之于已坏之后，其亦不量其力，且见其身之危，莫之救以死也矣！呜呼！若某者其尤不量其力，果见其身之危，莫之救以死也矣。夫众方嘻嘻之中，而独出涕嗟若，举世恬然以趋，而独疾首蹙额以为忧，此其非病狂丧心，殆必诚有大苦者隐于其中，而非天下之至仁，其孰能察之？其为《朱子晚年定论》，盖亦不得已而然。中间年岁早晚诚有所未考，虽不必尽出于晚年，固多出于晚年者矣。然大意在委曲调停以明此学为重，平生于朱子之说如神明蓍龟，一旦与之背驰，心诚有所未忍，故不得已而为此。"知我者，谓我心忧；不知我者，谓我何求"，盖不忍牴牾朱子者，其本心也；不得已而与之牴牾者，道固如是，不直则道不见也。执事所谓决与朱子异者，仆敢自欺其心哉？夫道，天下之公道也；学，天下之公学也，非朱子可得而私也，非孔子可得而私也。天下之公也，公言之而已矣。故言之而是，虽异于己，乃益于己也；言之而非，虽同于己，适损于己也。益于己者，己必喜之；损于己者，己必恶之。然则某今日之论，虽或于朱子异，未必非其所喜也。君子之过，如日月之食，其更也，人皆仰之，而小人之过也必文，某虽不肖，固不敢以小人之心事朱子也。执事所以教反覆数百言，皆以未悉鄙人格物之说。若鄙说一明，则此数百言皆可以不待辨说而释然无滞。故今不敢缕缕以滋琐屑之渎。然鄙说非面陈口析，断亦未能了了于纸笔间也。嗟呼！执事所以开导启迪于我者，可谓恳到详切矣！人之爱我，宁有如执事者乎？仆虽甚愚下，宁不知所感刻佩服；然而不敢遽舍其中心之诚，然而姑以听受云者，正不敢有负于深爱，亦思有以报之耳。秋尽东还，必求一面，以卒所请，千万终教！

答聂文蔚

春间远劳迂途枉顾，问证倦倦，此情何可当也！已期二三同志，更处静地，扳留旬日，少效其鄙见，以求切劘之益；而公期俗绊，势有不能，别去极怏怏，如有所失。忽承笺惠，反覆千余言，读之无甚浣慰。中间推许太过，盖亦奖掖之盛心，而规砺真切，思欲纳之于贤圣之域；又托诸崇一以致其勤勤恳恳之怀，此非深交笃爱，何以及是！知感知愧，且惧其无以堪之也。虽然，仆亦何敢不自鞭勉，而徒以感愧辞让为乎哉？其谓思、孟、周、程无意相遭于千载之下，与其尽信于天下，不若真信于一人。道固自在，学亦自在，天下信之不为多，一人信之不为少者，斯固君子不见是而无闷之心，岂世之谔谔屑屑者知足以及之乎？乃仆之情则有大不得已者存乎其间，而非以计人之信与不信也。

夫人者，天地之心。天地万物，本吾一体者也，生民之困苦荼毒，孰非疾痛之切于吾身者乎？不知吾身之疾痛，无是非之心者也。是非之心，不虑而知，不学而能，所谓良知也。良知之在人心，无间于圣愚，天下古今之所同也。世之君子惟务致其良知，则自能公是非，同好恶，视人犹己，视国犹家，而以天地万物为一体，求天下无治，不可得矣。古之人所以能见善不啻若己出，见恶不啻若己入，视民之饥溺犹己之饥溺，而一夫不获，若己推而纳诸沟中者，非故为是而以蕲天下之信己也，务致其良知，求自慊而已矣。尧、舜、三王之圣，言而民莫不信者，致其良知而言之也；行而民莫不说者，致其良知而行之也。是以其民熙熙皞皞，杀之不怨，利之不庸，施及蛮貊，而凡有血气者莫不尊亲，为其良知之同也。呜呼！圣人之治天下，何其简且易哉！

后世良知之学不明，天下之人用其私智以相比轧，是以人各有心，而偏琐僻陋之见，狡伪阴邪之术，至于不可胜说；外假仁义之名，而内以行其自私自利之实，诡辞以阿俗，矫行以干誉，掩人之善而袭以为己长，讦人之私而窃以为己直，忿以相胜而犹谓之徇义，险以相倾而犹谓之疾恶，妒贤忌能而犹自以为公是非，恣情纵欲而犹自以为同好恶。相陵相贼，自其一家骨肉之亲，已不能无尔我胜负之意，彼此藩篱之形，而况于天下之大，民物之众，又何能一体而视之？则无怪于纷纷籍籍，而祸乱相寻于无穷矣！

仆诚赖天之灵，偶有见于良知之学，以为必由此而后天下可得而治。是以每念斯民之陷溺，则为之戚然痛心，忘其身之不肖，而思以此救之，亦不自知其量者。天下之人见其若是，遂相与非笑而诋斥之，以为是病狂丧心之人耳。呜呼！是奚足恤哉？吾方疾痛之切体，而暇计人之非笑乎！人固有见其父子兄弟之坠溺于深渊者，呼号匍匐，裸跣颠顿，扳悬崖壁而下拯之。士之见者方相与揖让谈笑于其傍，以为是弃其礼貌衣冠而呼号颠顿若此，是病狂丧心者也。故夫揖让谈笑于溺人之傍而不知救，此惟行路之人，无亲戚骨肉之情者能之，然已谓之无恻隐之心，非人矣。若夫在父子兄弟之爱者，则固未有不痛心疾首，狂奔尽气，匍匐而拯之。彼将陷溺之祸有不顾，而况于病狂丧心之讥乎？而又况于蕲人之信与不信乎？

呜呼！今之人虽谓仆为病狂丧心之人，亦无不可矣。天下之人心皆吾之心也，天下之人犹有病狂者矣，吾安得而非病狂乎？犹有丧心者矣，吾安得而非丧心乎？昔者孔子之在当时，有议其为谄者，有讥其为佞者，有毁其未贤，诋其为不知礼，而侮之以为东家丘者，有嫉而沮之者，有恶而欲杀之者；晨门、荷蒉之徒，皆当时之贤士，且曰"是知其不可而为之者欤！""鄙哉硁硁乎，莫己知也，斯已而已矣"。虽子路在升堂之列，尚不能无疑于其所见，不悦于其所欲往，而且以之为迂，则当时之不信夫子者，岂特十之二三而已乎？然而夫子汲汲遑遑，若求亡子于道路，而不暇于暖席者，宁以蕲人之知我信我而已哉？盖其天地万物一体之仁疾痛追切，虽欲已之而自有所不容已，故其言曰："吾非斯人之徒与而谁与！欲洁其身而乱大伦，果哉，末之难矣！"呜呼！此非诚以天地万物为一体者，孰能以知夫子之心乎？若其遁世无闷，乐天知命者，则固无入而不自得道，并行而不相悖也。仆之不肖，何敢以夫子之道为己任？顾其心亦已稍知疾痛之在身，是以彷徨四顾，将求其有助于我者，相与讲去其病耳。今诚得豪杰同志之士扶持匡翼，共明良知之学于天下，使天下之人皆知自致其良知，以相安相养，去其自私自利之蔽，一洗谗妒胜忿之习，以济于大同，则仆之狂病，固将脱然以愈，而终免于丧心之患矣，岂不快哉！

嗟乎！今诚欲求豪杰同志之士于天下，非如吾文蔚者而谁望之乎？如吾文蔚才与志，诚足以援天下之溺者；今又既知其具之在我而无假于外求矣，循是而充，若决河注海，孰得而御哉？文蔚所谓"一人信之不为少"，其又能逊以委之何人乎？会稽素号山水之区，深林长谷，信步皆是，寒暑晦明，无时不宜，安居饱食，尘嚣无扰，良朋四集，道义日新，优哉游哉，天地之间宁复有乐于是者！孔子云："不怨天，不尤人，下学而上达。"仆与二三同志，方将请事斯语，奚暇外慕？独其切肤之痛，乃有未能恝然者，辄复云云尔。

咳疾暑毒，书札绝懒。盛使远来，迟留经月，临岐执笔，又不觉累纸。盖于相知之深，虽已缕缕至此，殊觉有所未能尽也。

（录自《王文成公全书》，明隆庆六年刻本）

传习录下

九川问："静坐用功，颇觉此心收敛，遇事又断了，旋起个念头去事上省察，事过又寻旧功，觉内外打不成一片。"曰："心何尝有内外，即如惟浚今在此讲论，又岂有一心在内照管？这讲说时专一，即是那静坐时心，工夫一贯，何须更起念头？须在事磨炼工夫得力。若只好静，遇事便乱，那静时工夫亦差，似收敛而实放溺也。"

问："近来工夫稍知头脑，然难寻个稳当处。"曰："只是致知。"曰："如何致？"曰："一点良知是尔自家的准则，尔意念着处，他是便知是，非便知非，更瞒他一些不得。尔只不要欺他，实实落落依着他做去，善便存，恶便去，何等稳当。此便是致知的实功。"

崇一曰："先生致知之旨，发尽精蕴，看来这里再去不得。"曰："何言之易也。再用功半年看如何？又用功一年看如何？工夫愈久，愈觉不同。知来本无知，觉来本无觉，然不知则遂埋没。"（以上俱陈九川记）

黄以方问："先生格致之说，随时格物以致其知，则知是一节之知，非全体之知也，何以到得溥博如天、渊泉如渊地位？"曰："心之本体无所不该，原是一个天，只为私欲障碍，则天之本体失了。心之理无穷尽，原是一个渊，只为私欲窒塞，则渊之本体失了。如念念致良知，将此障碍窒塞一齐去尽，则本体已复，便是天渊了。"因指天以示之曰："如面前所见是昭昭之天，四外所见亦只是昭昭之天，只为许多墙壁遮蔽，不见天之全体。若撤去墙壁，总是一个天矣。于此便见一节之知即全体之知，全体之知即一节之知，总是一个本体。"

圣贤非无功业气节，但其循着天理，则便是道，不可以事功气节名矣。

我辈致知，只是各随分量所及，今日良知见在如此，则随今日所知扩充到底，明日良知又有开悟，便随明日所知扩充到底，如此，方是精一工夫。

问"知行合一"。曰："此须识我立言宗旨。今人学问，只因知行分作两件，故有一念发动，虽是不善，然却未曾行，便不去禁止。我今说个知行合一，正要人晓得一念发动处便即是行了，发动处有不善，就将这不善的念克倒了，须要彻根彻底，不使那一念不善潜伏在胸中。此是我立言宗旨。"

圣人无所不知，只是知个天理，无所不能，只是能个天理。圣人本体明白，故事事知个天理所在，便去尽个天理，不是本体明后，却于天下事物都便知得，便做得来也。天下事物，如名物度数草木鸟兽之类，不胜其烦，虽是本体明了,亦何缘能尽知得?但不必知的,圣人自不消求知,其所当知者,圣人自能问人。如"子入太庙,每事问"。先儒谓"虽知亦问,敬谨之至"。此说不可通。圣人于礼乐名物不必尽知,然他知得一个天理,便自有许多节文度数出来。不知能问,亦即是天理节文所在。

问:"儒者夜气,胸中思虑,空空静静,与释氏之静却一般,此时何所分别?"曰:"动静只是一个,那夜气空空静静,天理在中,即是应事接物的心。应事接物的心亦是循天理,便是夜气空空静静的心。故动静分别不得,知得动静合一,释氏毫厘差处亦自莫掩矣。"

文公格物之说,只是少头脑。如所谓"察之于念虑之微",此一句不该与"求之文字之中,验之事为之著,索之讲论之际"混作一例看,是无轻重也。(以上俱黄直记)

佛氏不着相,其实着相;吾儒着相,其实不着相。佛怕父子累,却逃了父子;怕君臣累,却逃了君臣;怕夫妇累,却逃了夫妇,都是着相,便须逃避。吾儒有个父子,还他以仁;有个君臣,还他以义;有个夫妇,还他以别,何曾着父子君臣夫妇的相?

问:"读书所以调摄此心,但一种科目意思牵引而来,何以免此?"曰:"只要良知真切,虽做举业,不为心累。且如读书时,知得强记之心不是,即克去之;有欲速之心不是,即克去之;有夸多斗靡之心不是,即克去之,如此,亦只是终日与圣贤印对,是个纯乎天理之心,任它读书,亦只是调摄此心而已,何累之有?"

诸君工夫最不可助长。上智绝少,学者无超入圣人之理,一起一伏,一进一退,自是工夫节次,不可以我前日曾用工夫,今却不济,便要矫强做出一个没破绽的模样,这便是助长,连前些子工夫都坏了。只要常常怀个遁世无闷,不见是而无闷之心,依此良知,忍耐做去,不管毁誉荣辱,久久自然有得力处。(以上俱黄修易记)

言立志。曰:"真有圣人之志,良知上更无不尽。良知上留得些子别念挂带,便非必为圣人之志矣。"

吾昔居滁时,见诸生多务知解,无益于得,姑教之静坐,一时窥见光景,颇收近效。久之,渐有喜静厌动流入枯槁之病,故迩来只说致良知。良知明白,随你去静处体悟也好,随你去事上磨炼也好,良知本体原是无动无静的,此便是学问头脑。

问:"不睹不闻是说本体,戒慎恐惧是说工夫否?"曰:"须信得本体原是不睹不闻的,亦原是戒慎恐惧的,戒慎恐惧不曾在不睹不闻上加得些子。见得真时,便谓戒慎恐惧是本体,不睹不闻是工夫,亦得。"

良知在夜气发的,方是本体,以其无物欲之杂也。学者要使事物纷扰之时常如夜气一般,就是通乎昼夜之道而知。

仙家说到虚,圣人岂能虚上加得一毫实?佛氏说到无,圣人岂能无上加得一毫有?但仙家说虚,从养生上来;佛氏说无,从出离生死上来,却于本体上加却这些子意思在,便不是虚无的本色,便于本体有障碍。圣人只是还他良知的本色,便不着些子意在。良知之虚,便是天之太虚,良知之无,便是太虚之无形。日月风雷,山川民物,凡有象貌形色,皆在太虚无形中发用流行,未尝作得天的障碍。圣人只是顺其良知之发用,天地万物俱在我良知发用流行中,何尝又有一物超于良知之外,能作得障碍?

问:"释氏亦务养心,然不可以治天下,何也?"曰:"吾儒养心,未尝离却事物,只顺其天则自然,就是工夫。释氏却要尽绝事物,把心看做幻相,与世间无些子交涉,所以不可治天下。"问异端。曰:"与愚夫愚妇同的是谓同德,与愚夫愚妇异的是谓异端。"

孟子不动心与告子不动心,所异只在毫厘间。告子只在不动心上着功,孟子便直从此心原不动处分晓。心之本体原是不动的,只为所行有不合义,便动了。孟子不论心之动与不动,只是集义,所行无不是义,此心自然无可动处。告子只要此心不动,便是把捉此心,将他生生不息之根反阻挠了。

问:"人有虚灵,方有良知,若草木瓦石之类,亦有良知否?"曰:"人的良知就是草木瓦石的良知,若草木瓦石无人的良知,不可以为草木瓦石矣。岂惟草木瓦石为然,天地无人的良知,亦不可为天地矣。盖天地万物与人原是一体,其发窍之最精处,是人心一点灵明,故五谷禽兽之类皆可以养人,药石之类皆可以疗疾,只为同此一气,故能相通耳。"

问:"人与物同体,如何《大学》又说个厚薄?"曰:"道理自有厚薄,比如身是一体,把手足捍头目,岂是薄手足?其道理合如此。禽兽与草木同是爱的,把草木去养禽兽,又忍得?人与禽兽同是爱的,宰禽兽以养亲,供祭祀,燕宾客,心又忍得?至亲与路人同是爱的,颠沛患难之际不能两全。宁救至亲,不救路人,心又忍得?这是道理合该如此。及至吾身与至亲,更不得分彼此厚薄,盖以仁民爱物皆从此出,此处可忍,更无所不忍矣。《大学》所谓厚薄,是良知上自然的条理,便谓之义;顺这个条理,便谓之礼;知此条理,便谓之智;终始这条理,便谓之信。"

目无体,以万物之色为体;耳无体,以万物之声为体;鼻无体,以万物之臭为体;口无体,以万物之味为体;心无体,以天地万物感应之是非为体。

无知无不知,本体原是如此。譬如日未尝有心照物而自无物不照。无照无不照,原是日之本体。良知本无知,今却要有知,本无不知,今却疑有不知,只是信不及耳。

问:"孔子所谓远虑,周公夜以继日,与将迎不同,何如?"曰:"远虑不是茫茫荡荡去思虑,只是要存这天理。天理在人心,亘古亘今,无有终始。天理即是良知,千思万虑,只是要致良知。良知愈思愈精明,若不精思,漫然随事应去,良知便粗了。若只着在事上,茫茫荡荡去思,教做远虑,便不免有毁誉得丧,人欲搀入其中,就是将迎了。周公终夜以思,只是戒慎不睹、恐惧不闻的工夫。

先天而天弗违,天即良知也,后天而奉天时,良知即天也。

"良知只是个是非之心,是非只是个好恶,只好恶就尽了是非,只是非就尽了万事万变。"又曰:"是非两字是个大规矩,巧处则存乎其人。"

问:"知譬日,欲譬云,云虽能蔽日,亦是天之一气合有的,欲亦莫非人心合有否?"曰:"喜怒哀惧爱恶欲谓之七情,七者俱是人心合有的,但要认得良知明白。比如日光,虽云雾四塞,太虚中色象可辨,亦是日光不灭处,不可以云能蔽日,教天不要生云。七情顺其自然之流行,皆是良知之用,但不可有所着。七情有着,俱谓之欲,然才有着时,良知亦自会觉,觉即蔽去,复其体矣。此处能看得破,方是简易透彻工夫。"

人有过,多于过上用功,就是补甑,其流必归于文过。

琴瑟简编,学者不可无,盖有业以居之,心就不放。

问:"良知原是中和的,如何却有过不及?"曰:"知得过不及处,就是中和。"

慈湖不为无见,又着在无声无臭见上了。

门人叹先生自征宁藩以来,天下谤议益众。先生曰:"我在南都以前,尚有些子乡愿意思在。今信得这良知真是真非,信手行去,更不着些覆

藏,才做得个狂者胸次,故人都说我行不掩言也。"(以上俱钱德洪记)

所谓人所不知而已独知者,此正是吾心良知处。

有言童子不能格物,只教以洒扫应对。曰:"洒扫应对就是物,童子良知只到此,只教去洒扫应对,便是致他这一点良知。又如童子之畏先生长者,此亦是他良知处,故虽遨嬉,见了先生长者,便去作揖恭敬,是他能格物以致敬师长之良知。我这里格物,自童子以至圣人,皆是此等工夫。但圣人格物,便更熟得些子,不消费力。

问:"程子云'在物为理',如何云'心即理'?"曰:"在物为理,在字上当添一心字,此心在物则为理。如此心在事父则为孝,在事君则为忠之类是也。诸君要识得我立言宗旨。我如今说个心即理,只为世人分心与理为二,便有许多病痛。如五霸攘夷狄,尊周室,都是一个私心,便不当理。人却说他做得当理,只心有未纯,往往慕悦其所为,要来外面做得好看,却与心全不相干。分心与理为二,其流至于霸道之伪而不自知,故我说个心即理,要使知心理是一个,便来心上做工夫,不去袭取于义,便是王道之真。"

夫子说"性相近",即孟子说"性善",不可专在气质上说。若说气质,如刚与柔对,如何相近得?惟性善则同耳。人生初时,善原是同的,但刚者习于善则为刚善,习于恶则为刚恶,柔者习于善则为柔善,习于恶则为柔恶。便日相远了。(以上俱黄以方记)

丁亥年九月,先生起征思、田。德洪与汝中论学,德洪举先生教言曰:"无善无恶心之体,有善有恶意之动,知善知恶是良知,为善去恶是格物。"汝中曰:"此恐未是究竟话头。若说心体是无善无恶,意亦是无善无恶,知亦是无善无恶,物亦是无善无恶矣。若说意有善恶,毕竟心体还有善恶在。"德洪曰:"心体是天命之性,原无善恶,但人有习心,意念上见有善恶在。格致诚正修,此是复性体工夫,若原无善恶,工夫亦不消说矣。"是夕,坐天泉桥,各举请正。先生曰:"二君之见正好相资,不可各执一边。我这里接人原有二种,利根之人,直从本源上悟入。人心本体原是明莹无滞,原是个未发之中。利根之人一悟本体,即是工夫,人己内外一齐俱透。其次不免有习心在,本体受蔽,故且教在意念上实落为善去恶,工夫熟后,渣滓去尽,本体亦明净了。汝中之见是我接利根人的,德洪之见是我为其次立法的,相取为用,则中人上下皆可引入于道。"既而曰:"已后讲学,不可失了我的宗旨。无善无恶心之体,有善有恶意之动,知善知恶是良知,为善去恶是格物,这话头随人指点。自没病痛,原是彻上彻下工夫。利根之人,世亦难遇;人有习心,不教他在良知上实用为善去恶工夫,只去悬空想个本体,一切事为俱不着实,不过养成一个虚寂,病痛不是小小,不可不早说破。"(王畿《天泉证道记》)

(录自沈芝盈点校,黄宗羲著《明儒学案》,中华书局 2008 年版)

朱子晚年定论序

洙泗之传,至孟子而息。千五百余年,濂溪、明道始复追寻其绪。自后辩析日详,然亦日就支离决裂,旋复湮晦。吾尝深求其故,大抵皆世儒之多言有以乱之。守仁蚤岁业举,溺志辞章之习。既乃稍知从事正学,而苦于众说之纷挠疲尔,茫无可入,因求诸老、释,欣然有会于心,以为圣人之学在此矣。然于孔子之教,间相出入,而措之日用,往往阙漏无归,依违往返,且信且疑。

其后谪官龙场,居夷处困,动心忍性之余,恍若有悟。体验探求,再更寒暑,证诸《六经》四子,沛然若决江河而放之海也。然后叹圣人之道,坦如大路,而世之儒者妄开窦径,蹈荆棘,堕坑堑,究其为说,反出二氏之下。宜乎世之高明之士厌此而趋彼也!此岂二氏之罪哉?间尝以此语同志,而闻者竞相非议,自以为立异好奇,虽每痛反深抑,务自搜剔斑瑕,而愈益精明的确,洞然无复可疑。独于朱子之说有相牴牾,恒疚于心。切疑朱子之贤,而岂其于此尚有未察?

及官留都,复取朱子之书而检求之,然后知其晚岁固已大悟旧说之非,痛悔极艾,至以为自诳诳人之罪不可胜赎。世之所传《集注》《或问》之类,乃其中年未定之说,自咎以为旧本之误,思改正而未及。而其诸《语类》之属,又其门人挟胜心以附己见,固于朱子平日之说,犹有大相缪戾者。而世之学者,局于见闻,不过持循讲习于此,其于悟后之论,概乎其未有闻。则亦何怪乎予言之不信,而朱子之心无以自暴于后世也乎?

予既自幸其说之不缪于朱子,又喜朱子之先得我心之同然,且慨夫世之学者,徒守朱子中年未定之说,而不复知求其晚岁既悟之论,竞相呶呶以乱正学,不自知其已入于异端。辄采录而裒集之,私以示夫同志,庶几无疑于吾说,而圣学之明可冀矣。

象山文集序

圣人之学,心学也。尧、舜、禹之相授受曰:"人心惟危,道心惟微,惟精惟一,允执厥中。"此心学之源也。中也者,道心之谓也;道心精一之谓仁,所谓中也。孔孟之学,惟务求仁,盖精一之传也。而当时之弊,固已有外求之者,故子贡致疑于多学而识,而以博施济众为仁。夫子告之以一贯,而教以能近取譬,盖使之求诸其心也。迨于孟氏之时,墨氏之言仁至于摩顶放踵,而告子之徒又有"仁内义外"之说,心学大坏。孟子辟义外之说,而曰:"仁,人心也。学问之道无他,求其放心而已矣。"又曰:"仁义礼智,非由外铄我也,我固有之,弗思耳矣。"盖王道息而伯术行,功利之徒外假天理之近似以济其私,而以欺于人,曰:天理固如是,不知既无其心矣,而尚何有所谓天理者乎?自是而后,析心与理而为二,而精一之学亡。世儒之支离,外索于刑名器数之末,以求明其所谓物理者。而不知吾心即物理,初无假于外也。佛、老之空虚,遗弃其人伦事物之常,以求明其所谓吾心者。而不知物理即吾心,不可得而遗也。至宋周、程二子,始复追寻孔、颜之宗,而有"无极而太极""定之以仁义中正而主静"之说;动亦定,静亦定,无内外,无将迎之论,庶几精一之旨矣。自是而后,有象山陆氏,虽其纯粹和平若不逮于二子,而简易直截,真有以接孟子之传。其议论开辟,时有异者,乃其气质章(意)见之殊,而要其学之必求诸心,则一而已。故吾尝断以陆氏之学,孟氏之学也。而世之议者,以其尝与晦翁之有同异,而遂诋以为禅。夫禅之说,弃人伦,遗物理,而要其归极,不可以为天下国家。苟陆氏之学而果若是也,乃所以为禅也。今禅之说与陆氏之说,其书具存,学者苟取而观之,其是非同异,当有不待于辩说者。而顾一倡群和,剿说雷同,如矮人之观场,莫知悲笑之所自,岂非贵耳贱目,不得于言而勿求诸心者之过欤!夫是非同异,每起于人持胜心、便旧习而是己见。故胜心旧习之为患,贤者不免焉。

抚守李茂元氏将重刊象山之文集,而请一言为之序,予何所容言哉?惟读先生之文者,务求诸心而无以旧习己见先焉,则糠秕精凿之美恶,入口而知之矣。

谏迎佛疏

　　臣自七月以来，切见道路流传之言，以为陛下遣使外夷，远迎佛教，郡臣纷纷进谏，皆斥而不纳。臣始闻不信，既知其实，然独窃喜幸，以为此乃陛下圣智之开明，善端之萌蘖。郡臣之谏，虽亦出于忠爱至情，然而未能推原陛下此念之所从起。是乃为善之端，作圣之本，正当将顺扩充，逆流求原。而乃狃于世儒崇正之说，徒尔纷争力沮，宜乎陛下之有所拂而不受，忽而不省矣。愚臣之见独异于是，乃惟恐陛下好佛之心有所未至耳。诚使陛下好佛之心果已真切恳至，不徒好其名而必务得其实，不但好其末而必务求其本，则尧、舜之圣可至，三代之盛可复矣。岂非天下之幸，宗社之福哉！臣请为陛下言其好佛之实。

　　陛下聪明圣知，昔者青宫，固已播传四海。即位以来，偶值多故，未暇讲求五帝、三王神圣之道。虽或时御经筵，儒臣进说，不过日袭故事，就文敷衍。立谈之间，岂能遽有所开发？陛下听之，以为圣贤之道不过如此，则亦有何可乐？故渐移志于骑射之能，纵观于游心之乐。盖亦无所用其聪明，施其才力，而偶托寄于此。陛下聪明，岂固遂安于是，而不知此等皆无益有损之事也哉？驰逐困惫之余，夜气清明之际，固将厌倦日生，悔悟日切。而左右前后又莫有以神圣之道为陛下言者，故遂远思西方佛氏之教，以为其道能使人清心绝欲，求全性命，以出离生死；又能慈悲普爱，济度群生，去其苦恼而跻之快乐。今灾害日兴，盗贼日炽，财力日竭，天下之民困苦已极。使诚身得佛氏之道而拯救之，岂徒息精养气，保全性命？岂徒一身之乐？将天下万民之困苦，亦可因是而苏息！故遂特降纶音，发币遣使，不惮数万里之遥，不爱数万金之费，不惜数万生灵之困毙，不厌数年往返之迟久，远迎学佛之徒。是盖陛下思欲一洗旧习之非，而幡然于高明光大之业也。陛下试以臣言反而思之，陛下之心，岂不如此乎？然则圣知之开明，善端之萌蘖者，亦岂过为谀言以佞陛下哉！陛下好佛之心诚至，则臣请毋好其名而务得其实，毋好其末而务求其本。陛下诚欲得其实而求其本，则请毋求诸佛而求诸圣人，毋求诸外夷而求诸中国。此又非臣之苟为游说之谈以诳陛下，臣又请得而备言之。

　　夫佛者，夷狄之圣人；圣人者，中国之佛也。在彼夷狄，则可用佛氏之教以化导愚顽;在我中国,自当用圣人之道以参赞化育,犹行陆者必用车马,渡海者必以舟航。今居中国而师佛教,是犹以车马渡海,虽使造父为御,王良为右,非但不能利涉,必且有沉溺之患。夫车马本致远之具,岂不利器乎?然而用非其地,则技无所施。陛下若谓佛氏之道虽不可以平治天下,或亦可以脱离一身之生死;虽不可以参赞化育,而时亦可以导群品之嚣顽;就此二说,亦复不过得吾圣人之余绪。陛下不信,则臣请比而论之。臣亦切尝学佛,最所尊信,自谓悟得其蕴奥。后乃窥见圣道之大,始遂弃置其说。臣请毋言其短,言其长者。夫西方之佛,以释迦为最;中国之圣人,以尧、舜为最。臣请以释迦与尧、舜比而论之。夫世之最所崇慕释迦者,莫尚于脱离生死,超然独存于世。今佛氏之书具载始末,谓释迦住世说法四十余年,寿八十二岁而没,则其寿亦诚可谓高矣;然舜年百有十岁,尧年一百二十岁,其寿比之释迦则又高也。佛能慈悲施舍,不惜头目脑髓以救人之急难,则其仁爱及物,亦诚可谓至矣;然必苦行于雪山,奔走于道路,而后能有所济。若尧、舜则端拱无为,而天下各得其所。惟"克明峻德,以亲九族",则九族既睦;平章百姓,则百姓昭明;协和万邦,则黎民于变时雍;极而至于上下草木鸟兽,无不咸若。其仁爱及物,比之释迦则又至也。佛能方便说法,开悟群迷,戒人之酒,止人之杀,去人之贪,绝人之嗔,其神通妙用,亦诚可谓大矣,然必耳提面诲而后能。若在尧、舜,则光被四表,格于上下,其至诚所运,自然不言而信,不动而变,无为而成。盖"与天地合其德,与日月合其明,与四时合其序,与鬼神合其吉凶",其神化无方而妙用无体,比之释迦则又大也。若乃诅咒变幻,眩怪捏妖,以欺惑愚冥,是故佛氏之所深排极诋,谓之外道邪魔,正与佛道相反者。不应好佛而乃好其所相反,求佛而乃求其所排诋者也。陛下若以尧、舜既没,必欲求之于彼,则释迦之亡亦已久矣;若谓彼中学佛之徒能传释迦之道,则吾中国之大,顾岂无人能传尧、舜之道者乎?陛下未之求耳。陛下试求大臣之中,苟其能明尧、舜之道者,日日与之推求讲究,乃必有能明神圣之道,致陛下于尧、舜之域者矣。故臣以为陛下好佛之心诚至,则请毋好其名而务得其实,毋好其末而务求其本;务得其实而求其本,则请毋求诸佛而求诸圣人,毋求诸夷狄而求诸中国者,果非妄为游说之谈以诳陛下者矣。

　　陛下果能以好佛之心而好圣人,以求释迦之诚而求诸尧、舜之道,则不必涉数万里之遥,而西方极乐,只在目前;则不必糜数万之费,毙数万之命,历数年之久,而一尘不动,弹指之间,可以立跻圣地;神通妙用,随形随足。此又非臣之缪为大言以欺陛下;必欲讨究其说,则皆凿凿可证之言。孔子云:"我欲仁,斯仁至矣。""一日克己复礼,而天下归仁。"孟轲云"人皆可以为尧、舜",岂欺我哉?陛下反而思之,又试以询之大臣,询之群臣。果臣言出于虚缪,则甘受欺妄之戮。

臣不知讳忌,伏见陛下善心之萌,不觉踊跃喜幸,辄进其将顺扩充之说。惟陛下垂察,则宗社幸甚!天下幸甚!万世幸甚!臣不胜祝望恳切殒越之至!专差舍人某具疏奏上以闻。

教条示龙场诸生

诸生相从于此,甚盛。恐无能为助也,以四事相规,聊以答诸生之意。一曰立志,二曰勤学,三曰改过,四曰责善。其慎听毋忽!

立 志

志不立,天下无可成之事。虽百工技艺,未有不本于志者。今学者旷废隳惰,玩岁愒时,而百无所成,皆由于志之未立耳。故立志而圣,则圣矣;立志而贤,则贤矣。志不立,如无舵之舟,无衔之马,漂荡奔逸,终亦何所底乎?昔人有言:"使为善而父母怒之,兄弟怨之,宗族乡党贱恶之,如此而不为善,可也。为善则父母爱之,兄弟悦之,宗族乡党敬信之,何苦而不为善、为君子?使为恶而父母爱之,兄弟悦之,宗族乡党敬信之,如此而为恶,可也。为恶则父母怒之,兄弟怨之,宗族乡党贱恶之,何苦必为恶、为小人?"诸生念此,亦可以知所立志矣。

勤 学

已立志为君子,自当从事于学。凡学之不勤,必其志之尚未笃也。从吾游者,不以聪慧警捷为高,而以勤确谦抑为上。诸生试观侪辈之中,苟有"虚而为盈,无而为有",讳己之不能,忌人之有善,自矜自是,大言欺人者,使其人资禀虽甚超迈,侪辈之中有弗疾恶之者乎?有弗鄙贱之者乎?彼固将以欺人,人果遂为所欺,有弗窃笑之者乎?苟有谦默自持,无能自处，笃志力行，勤学好问；称人之善，而咎己之失；从人之长，而明己之短，忠信乐易，表里一致者，使其人资禀虽甚鲁钝，侪辈之中，有弗称慕之者乎？彼固以无能自处，而不求上人，人果遂以彼为无能，有弗敬尚之者乎？诸生观此，亦可以知所从事于学矣。

改 过

夫过者，自大贤所不免，然不害其卒为大贤者，为其能改也。故不贵于无过，而贵于能改过。诸生自思，平日亦有缺于廉耻忠信之行者乎？亦有薄于孝友之道，陷于狡诈偷刻之习者乎？诸生殆不至于此。不幸或有之，皆其不知而误蹈，素无师友之讲习规饬也。诸生试内省，万一有近于是者，固亦不可以不痛自悔咎，然亦不当以此自歉，遂馁于改过从善之心。但能一旦脱然洗涤旧染，虽昔为寇盗，今日不害为君子矣。若曰吾昔已如此，今虽改过而从善，将人不信我，且无赎于前过，反怀羞涩凝沮，而甘心于污浊终焉，则吾亦绝望尔矣。

责 善

"责善，朋友之道"；然须"忠告而善道之"，悉其忠爱，致其婉曲，使彼闻之而可从，绎之而可改，有所感而无所怒，乃为善耳。若先暴白其过恶，痛毁极诋，使无所容，彼将发其愧耻愤恨之心；虽欲降以相从，而势有所不能。是激之而使为恶矣。故凡讦人之短，攻发人之阴私以沽直者，皆不可以言责善。虽然，我以是而施于人，不可也；人以是而加诸我，凡攻我之失者，皆我师也，安可以不乐受而心感之乎？某于道未有所得，其学卤莽耳。谬为诸生相从于此，每终夜以思，恶且未免，况于过乎？人谓"事师无犯无隐"，而遂谓师无可谏，非也；谏师之道，直不至于犯，而婉不至于隐耳。使吾而是也，因得以明其是；吾而非也，因得以去其非。盖教学相长也。诸生责善，当自吾始。

南赣乡约

咨尔民，昔人有言："蓬生蔴中，不扶而直；白沙在泥，不染而黑。"民俗之善恶，岂不由于积习使然哉！往者新民盖常弃其宗族，畔其乡里，四出而为暴，岂独其性之异，其人之罪哉？亦由我有司治之无道，教之无方。尔父老子弟所以训诲戒饬于家庭者不早，薰陶渐染于里闬者无素，诱掖奖劝之不行，连属叶和之无具，又或愤怨相激，狡伪相残，故遂使之靡然日流于恶，则我有司与尔父老子弟皆宜分受其责。呜呼！往者不可及，来者犹可追。故今特为乡约，以协和尔民，自今凡尔同约之民，皆宜孝尔父母，敬尔兄长，教训尔子孙，和顺尔乡里，死丧相助，患难相恤，善相劝勉，恶相告戒，息讼罢争，讲信修睦，务为良善之民，共成仁厚之俗。呜呼！人虽至愚，责人则明；虽有聪明，责己则昏。尔等父老子弟毋念新民之旧恶而不与其善，彼一念而善，即善人矣；毋自恃为良民而不修其身，尔一念而恶，即恶人矣；人之善恶，由于一念之间，尔等慎思吾言，毋忽！

一，同约中推年高有德为众所敬服者一人为约长，二人为约副，又推公直果断者四人为约正，通达明察者四人为约史，精健廉干者四人为知约，礼仪习熟者二人为约赞。置文簿三扇：其一扇备写同约姓名，及日逐出入所为，知约司之；其二扇一书彰善，一书纠过，约长司之。

一，同约之人每一会，人出银三分，送知约，具饮食，毋大奢，取免饥渴而已。

一，会期以月之望，若有疾病事故不及赴者，许先期遣人告知约；无故不赴者，以过恶书，仍罚银一两公用。

一，立约所于道里均平之处，择寺观宽大者为之。

一，彰善者，其辞显而决，纠过者，其辞隐而婉；亦忠厚之道也。如有人不弟，毋直曰不弟，但云闻某于事兄敬长之礼，颇有未尽；某未敢以为信，姑书之以俟；凡纠过恶皆例此。若有难改之恶，且勿纠，使无所容，或激而遂肆其恶矣。约长副等，须先期阴与之言，使当自首，众共诱掖奖劝之，以兴其善念，姑使书之，使其可改；若不能改，然后纠而书之；又不能改，然后白之官；又不能改，同约之人执送之官，明正其罪；势不能执，戮力协谋官府请兵灭之。

一，通约之人，凡有危疑难处之事，皆须约长会同约之人与之裁处区画，必当于理济于事而后已；不得坐视推托，陷入于恶，罪坐约长约正诸人。

一，寄庄人户，多于纳粮当差之时躲回原籍，往往负累同甲；今后约长等劝令及期完纳应承，如蹈前弊，告官惩治，削去寄庄。

一，本地大户，异境客商，放债收息，合依常例，毋得磊算；或有贫难不能偿者，亦宜以理量宽；有等不仁之徒，辄便捉锁磊取，挟写田地，致令穷民无告，去而为之盗。今后有此，告诸约长等与之明白，偿不及数者，劝令宽舍；取已过数者，力与追还；如或恃强不听，率同约之人鸣之官司。

一，亲族乡邻，往往有因小忿投贼复仇，残害良善，酿成大患；今后一应斗殴不平之事，鸣之约长等公论是非；或约长闻之，即与晓谕解释；敢有仍前妄为者，率诸同约呈官诛殄。

一，军民人等若有阳为良善，阴通贼情，贩买牛马，走传消息，归利一己，殃及万民者，约长等率同约诸人指实劝戒，不悛，呈官究治。

一，吏书、义民、总甲、里老、百长、弓兵、机快人等若揽差下乡，索求赏发者，约长率同呈官追究。

一，各寨居民，昔被新民之害，诚不忍言；但今既许其自新，所占田产，已令退还，毋得再怀前仇，致扰地方，约长等常宜晓谕，令各守本分，有不听者，呈官治罪。

一，投招新民，因尔一念之善，贷尔之罪；当痛自克责，改过自新，勤耕勤织，平买平卖，思同良民，无以前日名目，甘心下流，自取灭绝；约长等各宜时时提撕晓谕，如踵前非者，呈官惩治。

一，男女长成，各宜及时嫁娶；往往女家责聘礼不充，男家责嫁妆不丰，遂致愆期；约长等其各省谕诸人，自今其称家之有无，随时婚嫁。

一，父母丧葬，衣衾棺椁，但尽诚孝，称家有无而行；此外或大作佛事，或盛设宴乐，倾家费财，俱于死者无益；约长等其各省谕约内之人，一遵礼制；有仍蹈前非者，即与纠恶簿内书以不孝。

一，当会前一日，知约预于约所洒扫张具于堂，设告谕牌及香案南向。当会日，同约毕至，约赞鸣鼓三，众皆诣香案前序立，北面跪听约正读告谕毕；约长合众扬言曰："自今以后，凡我同约之人，祗奉戒谕，齐心合德，同归于善；若有二三其心，阳善阴恶者，神明诛殛。"众皆曰："若有二三其心，阳善阴恶者，神明诛殛。"皆再拜，兴，以次出会所，分东西立，约正读乡约毕，大声曰："凡我同盟，务遵乡约。"众皆曰："是。"乃东西交拜。兴，各以次就位，少者各酌酒于长者三行，知约起，设彰善位于堂上，南向置笔砚，陈彰善簿；约赞鸣鼓三，众皆起，约赞唱："请举善！"众曰："是在约史。"约史出就彰善位，扬言曰："某有某善，某能改某过，请书之，以为同约劝。"约正遍质于众曰："如何？"众曰："约史举甚当！"约正乃揖善者进彰善位，东西立，约史复谓众曰："某所举止是，请各举所知！"众有所知即举，无则曰："约史所举是矣！"约长副正皆出就彰善位，约史书簿毕，约长举杯扬言曰："某能为某善，某能改某过，是能修其身也；某能使某族人为某善，改某过，是能齐其家也；使人人若此，风俗焉有不厚？凡我同约，当取以为法！"遂属于其善者；善者亦酌酒酬约长曰："此岂足为善，乃劳长者过奖，某诚惶怍，敢不益加砥砺，期无负长者之教。"皆饮毕，再拜谢约长，约长答拜，兴，各就位，知约撤彰善之席，酒复三行，知约起，设纠过位于阶下，北向置笔砚，陈纠过簿；约赞鸣鼓三，众皆起，约赞唱："请纠过！"众曰："是在约史。"约史就纠过位，扬言曰："闻某有某过，未敢以为然，姑书之，以俟后图，如何？"约正遍质于众曰："如何？"众皆曰："约史必有见。"约正乃揖过者出就纠过位，北向立，约史复遍谓众曰："某所闻止是，请各言所闻！"众有闻即言，无则曰："约史所闻是矣！"于是约长副正皆出纠过位，东西立，约史书簿毕，约长谓过者曰："虽然姑无行罚，惟速改！"过者跪请曰："某敢不服罪！"自起酌酒跪而饮曰："敢不速改，重为长者忧！"约正、副、史皆曰："某等不能早劝谕，使子陷于此，亦安得无罪！"皆酌自罚。过者复跪而请曰："某既知罪，长者又自以为罚，某敢不即就戮，若许其得以自改，则请长者无饮，某之幸也！"趋后酌酒自罚。约正副咸曰："子能勇于受责如此，是能迁于善也，某等亦可免于罪矣！"乃释爵。过者再拜，约长揖之，兴，各就位，知约撤纠过席，酒复二行，遂饭。饭毕，约赞起，鸣鼓三，唱："申戒！"众起，约正中堂立，扬言曰："呜呼！凡我同约之人，明听申戒，人孰无善，亦孰无恶；为善虽人不知，积之既久，自然善积而不可掩；为恶若不知改，积之既久，必至恶极而不可赦。今有善而为人所彰，固可喜；苟遂以为善而自恃，将日入于恶矣！有恶而为人所纠，固可愧；苟能悔其恶而自改，将日进于善矣！然则今日之善者，未可自恃以为善；而今日之恶者，亦岂遂终于恶哉？凡我同约之人，盍共勉之！"众皆曰："敢不勉。"乃出席，以次东西序立，交拜，兴，遂退。

大学问

吾师接初见之士，必借《学》《庸》首章以指示圣学之全功，使知从入之路。师征思、田将发，先授《大学问》，德洪受而录之。

"《大学》者，昔儒以为大人之学矣。敢问大人之学何以在于'明明德'乎？"

阳明子曰："大人者，以天地万物为一体者也，其视天下犹一家，中国犹一人焉。若夫间形骸而分尔我者，小人矣。大人之能以天地万物为一体也，非意之也，其心之仁本若是，其与天地万物而为一也。岂惟大人，虽小人之心亦莫不然，彼顾自小之耳。是故见孺子之入井，而必有怵惕恻隐之心焉，是其仁之与孺子而为一体也；孺子犹同类者也，见鸟兽之哀鸣觳觫，而必有不忍之心焉，是其仁之与鸟兽而为一体也；鸟兽犹有知觉者也，见草木之摧折而必有悯恤之心焉，是其仁之与草木而为一体也；草木犹有生意者也，见瓦石之毁坏而必有顾惜之心焉，是其仁之与瓦石而为一体也；是其一体之仁也，虽小人之心亦必有之。是乃根于天命之性，而自然灵昭不昧者也，是故谓之'明德'。小人之心既已分隔隘陋矣，而其一体之仁犹能不昧若此者，是其未动于欲，而未蔽于私之时也。及其动于欲，蔽于私，而利害相攻，忿怒相激，则将戕物圮类，无所不为，其甚至有骨肉相残者，而一体之仁亡矣。是故苟无私欲之蔽，则虽小人之心，而其一体之仁犹大人也；一有私欲之蔽，则虽大人之心，而其分隔隘陋犹小人矣。故夫为大人之学者，亦惟去其私欲之蔽，以自明其明德，复其天地万物一体之本然而已耳；非能于本体之外而有所增益之也。"

曰："然则何以在'亲民'乎？"

曰："明明德者，立其天地万物一体之体也。亲民者，达其天地万物一体之用也。故明明德必在于亲民，而亲民乃所以明其明德也。是故亲吾之父，以及人之父，以及天下人之父，而后吾之仁实与吾之父、人之父与天下人之父而为一体矣；实与之为一体，而后孝之明德始明矣！亲吾之兄，以及人之兄，以及天下人之兄，而后吾之仁实与吾之兄、人之兄与天下人之兄而为一体矣；实与之为一体，而后弟之明德始明矣！君臣也，夫妇也，朋友也，以至于山川鬼神鸟兽草木也，莫不实有以亲之，以达吾一体之仁，然后吾之明德始无不明，而真能以天地万物为一体矣。夫是之谓明明德于天下，是之谓家齐国治而天下平，是之谓尽性。"

曰："然则又乌在其为'止至善'乎？"

曰："至善者，明德、亲民之极则也。天命之性，粹然至善，其灵昭不昧者,此其至善之发见,是乃明德之本体,而即所谓良知也。至善之发见,是而是焉,非而非焉,轻重厚薄,随感随应,变动不居,而亦莫不自有天然之中,是乃民彝物则之极,而不容少有议拟增损于其间也。少有拟议增损于其间,则是私意小智,而非至善之谓矣。自非慎独之至,惟精惟一者,其孰能与于此乎?后之人惟其不知至善之在吾心,而用其私智以揣摸测度于其外,以为事事物物各有定理也,是以昧其是非之则,支离决裂,人欲肆而天理亡,明德、亲民之学遂大乱于天下。盖昔之人固有欲明其明德者矣,然惟不知止于至善,而骛其私心于过高,是以失之虚罔空寂,而无有乎家国天下之施,则二氏之流是矣。固有欲亲其民者矣,然惟不知止于至善,而溺其私心于卑琐,是以失之权谋智术,而无有乎仁爱恻怛之诚,则五伯功利之徒是矣。是皆不知止于至善之过也。故止至善之于明德、亲民也,犹之规矩之于方圆也,尺度之于长短也,权衡之于轻重也。故方圆而不止于规矩,爽其则矣;长短而不止于尺度,乖其剂矣;轻重而不止于权衡,失其准矣;明明德、亲民而不止于至善,亡其本矣。故止于至善以亲民,而明其明德,是之谓大人之学。"

曰:"'知止而后有定,定而后能静,静而后能安,安而后能虑,虑而后能得',其说何也?"

曰:"人惟不知至善之在吾心,而求之于其外,以为事事物物皆有定理也,而求至善于事事物物之中,是以支离决裂,错杂纷纭,而莫知有一定之向。今焉既知至善之在吾心,而不假于外求,则志有定向,而无支离决裂、错杂纷纭之患矣。无支离决裂、错杂纷纭之患,则心不妄动而能静矣。心不妄动而能静,则其日用之间,从容闲暇而能安矣。能安,则凡一念之发,一事之感,其为至善乎?其非至善乎?吾心之良知自有以详审精察之,而能虑矣。能虑则择之无不精,处之无不当,而至善于是乎可得矣。"

曰:"物有本末:先儒以明德为本,新民为末,两物而内外相对也。事有终始:先儒以知止为始,能得为终,一事而首尾相因也。如子之说,以新民为亲民,则本末之说亦有所未然欤?"

曰:"终始之说,大略是矣。即以新民为亲民,而曰明德为本,亲民为末,其说亦未为不可,但不当分本末为两物耳。夫木之干,谓之本,木之梢,谓之末,惟其一物也,是以谓之本末。若曰两物,则既为两物矣,又何可以言本末乎?新民之意,既与亲民不同,则明德之功,自与新民为二。

若知明明德以亲其民,而亲民以明其明德,则民德亲民焉可析而为两乎?先儒之说,是盖不知明德亲民之本为一事,而认以为两事,是以虽知本末之当为一物,而亦不得不分为两物也。"

曰:"古之欲明明德于天下者,以至于先修其身,以吾子明德亲民之说通之,亦既可得而知矣。敢问欲修其身,以至于致知在格物,其工夫次第又何如其用力欤?"

曰:"此正详言明德、亲民、止至善之功也。盖身、心、意、知、物者,是其工夫所用之条理,虽亦各有其所,而其实只是一物。格、致、诚、正、修者,是其条理所用之工夫,虽亦皆有其名,而其实只是一事。何谓身?心之形体运用之谓也。何谓心?身之灵明主宰之谓也。何谓修身?为善而去恶之谓也。吾身自能为善而去恶乎?必其灵明主宰者欲为善而去恶,然后其形体运用者始能为善而去恶也。故欲修其身者,必在于先正其心也。然心之本体则性也。性无不善,则心之本体本无不正也。何从而用其正之之功乎?盖心之本体本无不正,自其意念发动,而后有不正。故欲正其心者,必就其意念之所发而正之,凡其发一念而善也,好之真如好好色;发一念而恶也,恶之真如恶恶臭;则意无不诚,而心可正矣。然意之所发,有善有恶,不有以明其善恶之分,亦将真妄错杂,虽欲诚之,不可得而诚矣。故欲诚其意者,必在于致知焉。致者,至也,如云丧致乎哀之致。《易》言'知至至之','知至'者,知也;'至之'者,致也。'致知'云者,非若后儒所谓充广其知识之谓也,致吾心之良知焉耳。良知者,孟子所谓'是非之心,人皆有之'者也。是非之心,不待虑而知,不待学而能,是故谓之良知。是乃天命之性,吾心之本体,自然灵昭明觉者也。凡意念之发,吾心之良知无有不自知者。其善欤,惟吾心之良知自知之;其不善欤,亦惟吾心之良知自知之;是皆无所与于他人者也。故虽小人之为不善,既已无所不至,然其见君子,则必厌然掩其不善,而著其善者,是亦可以见其良知之有不容于自昧者也。今欲别善恶以诚其意,惟在致其良知之所知焉尔。何则?意念之发,吾心之良知既知其为善矣,使其不能诚有以好之,而复背而去之,则是以善为恶,而自昧其知善之良知矣。意念之所发,吾之良知既知其为不善矣,使其不能诚有以恶之,而复蹈而为之,则是以恶为善,而自昧其知恶之良知矣。若是,则虽曰知之,犹不知也,意其可得而诚乎!今于良知之善恶者,无不诚好而诚恶之,则不自欺其良知而意可诚也已。

然欲致其良知,亦岂影响恍惚而悬空无实之谓乎?是必实有其事矣。故致知必在于格物。物者,事也,凡意之所发必有其事,意所在之事谓之物。格者,正也,正其不正以归于正之谓也。正其不正者,去恶之谓也。归于正者,为善之谓也。夫是之谓格。《书》言'格于上下''格于文祖''格其非心',格物之格实兼其义也。良知所知之善,虽诚欲好之矣,苟不即其意之所在之物而实有以为之,则是物有未格,而好之之意犹为未诚也。良知所知之恶,虽诚欲恶之矣,苟不即其意之所在之物而实有以去之,则是物有未格,而恶之之意犹为未诚也。今焉于其良知所知之善者,即其意之所在之物而实为之,无有乎不尽。于其良知所知之恶者,即其意之所在之物而实去之,无有乎不尽。然后物无不格,而吾良知之所知者无有亏缺障蔽,而得以极其至矣。夫然后吾心快然无复余憾而自谦矣,夫然后意之所发者,始无自欺而可以谓之诚矣。故曰:'物格而后知至,知至而后意诚,意诚而后心正,心正而后身修。'盖其功夫条理虽有先后次序之可言,而其体之惟一,实无先后次序之可分。其条理功夫虽无先后次序之可分,而其用之惟精,固有纤毫不可得而缺焉者。此格致诚正之说,所以阐尧舜之正传而为孔氏之心印也。"

(录自《王文成公全书》,明隆庆六年刻本)

王廷相学案

　　王廷相(1474—1544)，字子衡，号浚川，世称浚川先生，河南仪封人。他幼年"聪慧奇敏，读书即解大义"，好作诗文，并"留心经史"。十三岁，"补邑庠生，即以能古文诗赋名"。弘治十五年(1502)登进士及第，选为翰林庶吉士。弘治十七年(1504)，授兵科给事中。正德三年(1508)，因得罪宦官刘瑾，由兵科给事中贬为亳州判官。一年后，升任高淳知县。不久，又被召回任监察御史，"巡盐山东，抉奸剔蠹，权贵敛迹"。在巡按陕西期间，镇守陕西的宦官廖堂欺虐百姓，王廷相"明条例，阴阻其计"，严加惩治，廖堂"深嫌之"。正德八年(1513)，王廷相视学北畿，因抵制宦官纳贿，遭廖堂等人诬陷，被捕入狱，后被贬为赣榆县丞。在赣榆期间，他徭薄赋，"期季而民复其业过半，废田画垦，公私裕如"，并积极致力于教育活动。因"治行卓异"，升宁国知县、松江府同知、四川按察司提学佥事、山东提学副使等职。在四川、山东督学期间，王廷相"正学术，严考校"，成绩卓著，深得世人称赞。嘉靖年间，王廷相官至兵部尚书、都察院左都御史、太子少保等职。其时，严嵩秉政，贿赂公行，朝廷官员噤口不敢言，王廷相不畏权贵，上疏对权相严嵩及政府的腐败大加抨击。嘉靖二十年(1541)，因勋臣郭勋事牵连，以"朋党阿附，不行奏白"罪名，罢官家居。归家后，他以图耕渔自适，不涉世事。嘉靖二十三年(1544)病逝。穆宗隆庆初年，得以平反昭雪，追赠少保，谥"肃敏"。

　　王廷相在《慎言》《雅述》《性辨》《太极辨》《答何伯斋造化论》等著作中，全面系统地阐述了气本论，以及与气化相结合的宇宙观，大胆批判佛老"异端"，批评王阳明心学严重脱离社会实际，倡导"为有用之学"和"治己之学"，以成就"内圣外王之业"。在心性论上，和其气本论的论述相应，王廷相认为"气外无性"。和同时代的罗钦顺相比，王廷相的气本论更为彻底和一致。王廷相继承了王充、范缜等人的唯物思想，吸纳孔子、朱子哲学思想之精华,在同时代学者中大放异彩。

王廷相不仅在哲学理论上有建树,而且是明中期"前七子"之一,诗文在当时和后世享有盛名。王廷相著述较多,有《沟断集》《台史集》《近海集》《吴中集》《华阳稿》《泉上稿》《鄂城稿》《家居集》《慎言》《小司马稿》《金陵稿》《内台集》《雅述》《答薛君采论性书》《横渠理气辩》《答天问》等,以上著作,后人均辑入《王氏家藏集》。今有中华书局理学丛书版四卷本《王廷相集》,搜集王氏著作较为完备。

慎言(道体篇)

道体不可言无,生有有无。天地未判,元气混涵,清虚无间,造化之元机也。有虚即有气。虚不离气,气不离虚,无所始、无所终之妙也。不可知其所至,故曰太极;不可以为象,故曰太虚,非曰阴阳之外有极有虚也。二气感化,群象显设,天地万物所由以生也,非实体乎?是故即其象,可称曰有;及其化,可称曰无。而造化之元机,实未尝泯。故曰道体不可言无,生有有无。

有形亦是气,无形亦是气,道寓其中矣。有形,生气也;无形,元气也。元气无息,故道亦无息。是故无形者,道之氐也;有形者,道之显也。

山泽水土,气皆入乘之,造化之大宅也,故洪而育物。气乘之无息,故育物而无息。生而循化者,造化之小物也,与日俱销矣。气不得久而乘之也。尽化其初,气乃已。

天地之始,静而无扰,故气化行焉。化生之後,动而有匹,故种类相生焉。种类繁则气扰,而化生之机息矣。然有之者,肖翘之属也。

象者,气之成;数者,象之积。

气,物之原也;理,气之具也;器,气之成也。《易》曰:"形而上者为道,形而下者为器。"然谓之形,以气言之矣。故曰"神与性乃气所固有者",此也。

天者,太虚气化之先物也,地不得而并焉。天体成,则气化属之天矣;譬人化生之后,形自相禅也。是故太虚真阳之气感于太虚真阴之气,一化而为日星雷电,一化而为月云雨露,则水火之种具矣。有水火,则蒸结而土生焉。曰卤之成醝,炼水之成膏,可类测矣。土则地之道也,故地可以配天,不得以对天,谓天之生之也。有土,则物之生益众,而地之化益大。金木者,水火土之所出,化之最末者也。五行家谓金能生水,岂其然乎,岂其然乎?

木石之有火,母藏于子也。求其化始,日,火宗也;星,火隙也;雷,火击也,皆能焚灼,此火之元气也。谓木能生火,是以子掩其母,非化理本然之序矣,大观造化者所不取焉。

木湿不燧,阴过阳也;木朽不燧,阳过阴也。火也者,阴阳得中之化与!

有太虚之气而后有天地,有天地而后有气化,有气化而后有牝牡,有牝牡而后有夫妇,有夫妇而后有父子,有父子而后有君臣,有君臣而后名教立焉。是故太虚者,性之本始也;天地者,性之先物也;夫妇父子君臣,性之后物也;礼义者,性之善也,治教之中也。

阴阳在形气,其义有四:以形言之,天地、男女、牝牡之类也;以气言之,寒暑、昼夜、呼吸之类也;总言之,凡属气者皆阳也,凡属形者皆阴也;极言之,凡有形体以至氤氲葱苍之气可象者,皆阴也,所以变化、运动、升降、飞扬之不可见者,皆阳也。

日曝湿而气生,阴从阳也;口呵石而水生,阳从阴也。

有聚气,有游气。游聚合,物以之而化。化则育,育则大,大则久,久则衰,衰则散,散则无;而游聚之本,未尝息焉。

气通乎形而灵。人物之所以生,气机不息也;机坏则魂气散灭矣,恶乎灵?有附物而能者,亦乘其气机者也。顷亦散灭而已矣。故鬼者,归也,散灭之义也。子路问死,孔子曰:"未知生,焉知死?"子贡问死而有知,孔子曰:"赐也,尔终当自知之,未晚也!"夫仲尼圣者也,岂不能如后儒之辨乎?而终不言者,圣人之意可以识矣。

庄子曰:"百昌皆生于土,皆归于土。土者,所以始万物而终万物也,得矣,而未尽焉物。有不生于土者矣,不如气焉。"出于机,入于机",至矣哉!

天内外皆气,地中亦气,物虚实皆气,通极上下造化之实体也。是故虚受乎气,非能生气也;理载于气,非能始气也。世儒谓"理能生气",即老氏道生天地矣;谓理可离气而论,是形性不相待而立,即佛氏以山河大地为病,而别有所谓真性矣,可乎?不可乎?由是,"本然之性超乎形气之外","太极为理,而生动静阴阳",谬幽诬怪之论作矣。

气至而滋息,伸乎合一之妙也;气返而游散,归乎太虚之体也。是故气有聚散,无灭息。雨水之始,气化也;得火之炎,复蒸而为气。草木之生,气结也;得火之灼,复化而为烟。以形观之,若有有无之分矣,而气之出入于太虚者,初未尝减也。譬冰之于海矣,寒而为冰,聚也;融澌而为水,散也。其聚其散,冰固有有无也,而海之水无损焉。此气机开阖、有无、生死之说也,三才之实化极矣。

阴阳,气也;变化,机也。机则神,是天地者,万物之大圆也。阴阳者,造化之橐钥也。水火土、阴阳之大用也。故气得土之郁而含,得水之润而滋,得火之燥而坚。气有翕聚,则形有萌蘖,而生化显矣。气有盛衰,则形有壮老,而始终著矣。

气得湿而化质,生物之涂也,百昌皆然矣。气之灵为魂,无质以附麇之则散,灯火离其膏木而光灭是矣。质之灵为魄,无气以流通之则死,手足不仁而为痿痹是矣。二者相须以为用,相待而一体也。精也者,质盛而凝气,与力同科也,质衰则疏弛,而精力减矣。神也者,气盛而摄质,与识同科也,气衰则虚弱,而神识困矣。是故气质合而凝者,生之所由得也;气质合而灵者,性之所由得也。

万物巨细柔刚各异其材,声色臭味各殊其性,阅千古而不变者,气种之有定也。人不肖其父,则肖其母,数世之后,必有与祖同其体貌者,气种之复其本也。

阴阳也者,气之体也。阖辟动静者,性之能也。屈伸相感者,机之由也。缊缊而化者,神之妙也。生生不息,蘦蘦如不得已者,命之自然也。

木有津液即血,畅发即气,心之坚强即骨,皮之柔润即肉,结实即精。石者土之结,金者石之精。五金之质异者,气之种殊也。是金木之生,与人物类也者。是故水火得阴阳之精,先万物成;昆虫草木金石,后天而化。谓金木匹水火而能生物,其探道化之不精者与!

有太虚之气,则有阴阳,有阴阳,则万物之种一本皆具。随气之美恶大小而受化,虽天之所得亦然也。阴阳之精,一化而为水火,再化而为土,万物莫不借以生之,而其种则本于元气之固有,非水火土所得而专也。

上世论五行以材用,取其养民之义也,故曰天地之生财也,本不过五。圣人节五行,则治不荒。后世以五行论造化,戾于古人之论远矣,诞矣!

水火土,似也;昆虫草木金石,厥生类也,假借于造化,何居? 始也小儒异端凿之,终也大儒大贤信之,坏人心之正,乱《六经》之言,吾为仲尼嗟哉!

春夏阳渐达于上,火气薰蒸而远,水泉涌溢,土释而润泛,金气郁热,化石成矿,木发育而茂。秋冬阴渐盛于上,火气敛而近,水泉消涸而冰,土结燥而冻,金以石寒而不滋,水气归根而凋落。此五行消息之大分,达人神圣之大观也。五行家假配四时,以论盛衰,谬矣。周衰,处士横议,邪说成俗,至于今由之,惜哉!

气者造化之本,有浑浑者,有生生者,皆道之体也。生则有灭,故有始有终;浑然者充塞宇宙,无迹无执,不见其始,安知其终? 世儒止知气化而不知气本,皆于道远。

离气无道,离造化无道,离性情无道。

(录自王孝鱼点校,《王廷相集》,中华书局1989年版)

雅述

学者始而用功,必须立敬存诚,以持其志,而后有进。久而纯熟,动静与道为一,则诚敬不待养而自存,志不待持而自定矣。程子论持志曰:"只此便是私。"此言亦过高,儒者遂以主敬存诚,以持志为有意而不务,殊失下学上达之意,近禅氏之虚静矣。

冲漠无朕,万象森然已具,此静而未感也。人心与造化之体皆然,使无外感,何有于动? 故动者缘外而起者也。应在静也,机在外也,已应矣,静自如。故谓动以扰静则可,谓动生于静则不可,而况静生于动乎?

四时行,百物生,可以观天;动作行事,可以观圣人。内蕴不可知,而发外者可以概睹。天除却四时百物,圣人除却动作行事,则其道隐矣,将何以为知天知圣之具? 儒者好高,乃谓以动作言语求圣人为末,过矣。推此意也,直欲枯禅白坐以见性乎?

世变有渐,若寒暑然,非寒而突暑,暑而突寒也。圣人拯变于未然,在平其势而已矣。平其势,在理其人情而已矣。故将怨者则德之,将涣者则萃之,将昂者则抑之,此圣人先几之神也。悠悠坐视,养乱焉耳矣。

天地之先,元气而已矣。元气之上无物,故元气为道之本。

薛文清云:"《中庸》言明善,不言明性,善即性也。"愚谓性道有善有不善,故用明,使皆善而无恶,何用明为? 圣人又何强为修道以立教哉? 自世之人观之,善者常一二,不善者常千百,行事合道者常一二,不合者常千百,昭昭虽勉于德行,而惰于冥冥者不可胜计,犹赖读书以维持之。故谓人心皆善者,非圣人大观真实之论也。

圣贤之所以为知者,不过思虑见闻之会而已。世之儒者,乃曰思虑见闻为有知,不足为知之至,别出德性之知为无知,以为大知,嗟乎! 其禅乎? 不思甚矣。殊不知思与见闻,必由于吾心之神,此内外相须之自然也。

婴儿在胞中自能饮食,出胞时便能视听,此天性之知,神化之不容已者。自余因习而知,因悟而知,因过而知,因疑而知,皆人道之知也。父母兄弟之亲,亦积习稔熟然耳。何以故? 使父母生之,孩提而乞诸他人养之,长而惟知所养者为亲耳,途而遇诸父母,视之则常人焉耳。此可谓天性之知乎? 由父子之亲观之,则凡万物万事之知,皆因习因悟因过因疑而然,人也,非天也。近儒好高之论,别出德性之知,以为知之至,而卑学问思辨之知为不足而不至。圣人虽生知,惟性善达道二者而已。其因习因悟因过因疑之知,与人大同。况礼乐名物,古今事变,必待学而后知者哉!

博粗而约精,博无定而约执其要,博有过不及,而约适中也,此为学心法。世儒乃曰:"在约而不在博。"嗟乎! 博恶乎杂者斯可矣! 约不自博而出,则单寡而不能以折中,执一而不能以时措,其不远于圣者几希!

性生于气,万物皆然。宋儒只为强成孟子性善之说,故离气而论性,使性之实不明于后世。明道曰:"性即气,气即性,生之谓也。"又曰:"论性不论气不备,论气不论性不明,二之便不是。"又曰:"恶亦不可不谓之性。"此三言者,于性极为明尽,后之学者,梏于朱子"本然气质"二性之说,而不致思,悲哉!

诸儒于体魄魂气皆云两物,又谓魄附于体,魂附于气,此即气外有神,气外有性之说,殊不然。体魄魂气,一贯之道也。体之灵为魄,气之灵为魂,有体即有魄,有气即有魂,非气体之外,别有魂魄来附之也。气在则生而有神,故体之魄亦灵,气散则神去,体虽在而魄亦不灵矣。是神气者,又体魄之主,岂非一贯之道乎? 知魂魄之道,则神与性可知矣。

格物之训,程、朱皆训至字。程子则曰:"格物而至于物。"此重叠不成文义。朱子则曰:"穷至事物之理。"是至字上又添出一穷字。圣人之言直截,决不如此。不如训以正字,直截明当,义亦疏通。

天之气有善有恶,观四时风云霾雾霜雹之会,与夫寒暑毒厉瘴疫之偏,可睹矣。况人之生,本于父母精血之凑,与天地之气,又隔一层。世儒曰:"人本天气,故有善而无恶。"近于不知本始。

老、庄谓道生天地,宋儒谓天地之先,只有此理。此乃改易面目立论耳,与老、庄之旨何殊?愚谓天地未生,只有元气,元气具,则造化人物之道理即此而在,故元气之上无物、无道、无理。

《易》虽有数,圣人不论数而论理,要诸尽人事耳,故曰"得其义则象数在其中"。自邵子以数论天地人物之变,弃人为而尚定命,以故后学论数纷纭,废置人事,别为异端,害道甚矣。

静,寂而未感也;动,感而遂通也。皆性之体也。圣人养静以虚,故中心无物,圣人慎动以直,故顺理而应。此皆性学之不得已者。后儒独言主静以立本,而略于慎动,遂使克己复礼之学不行,而后生小子,以静为性真,动为性妄,流于禅静空虚矣。

人之生也,使无圣人修道之教,君子变质之学,而惟循其性焉,则礼乐之节无闻,伦义之宜罔察,虽禀上智之资,亦寡陋而无能矣。况其下者乎?

文中子曰:"性者五常之本,盖性一也,因感而动为五。"是五常皆性为之也,若曰"性即是理",则无感、无动、无应,一死局耳。文中子之见为优。荀悦曰:"情意心志,皆性动之别名。"言动则性有机发之义,若曰理,安能动乎?

或谓"气有变,道一而不变",是道自道,气自气,岐然二物,非一贯之妙也。道莫大于天地之化,日月星辰有薄食彗孛,雷霆风雨有震击飘忽,山川海渎有崩亏竭溢,草木昆虫有荣枯生化,群然变而不常矣,况人事之盛衰得丧,杳无定端,乃谓道一而不变得乎?气有常有不常,则道有变有不变,一而不变,不足以该之也。

太极者,道化至极之名,无象无数,而天地万物莫不由之以生,实混沌未判之气也。故曰"元气"。儒者曰:"太极散而为万物,万物各具一太极。"斯言误矣。何也?元气化为万物,万物各受元气而生,有美恶有偏全,或人或物,或大或小,万万不齐,谓之各得太极一气则可,谓之各具一太极则不可。太极元气混全之称,万物不过各具一支耳。

孟子之言性善，乃性之正者也，而不正之性，未尝不在。其言"口目耳鼻四肢之欲，性也，有命焉，君子不谓性也"。岂非不正之性乎？是性之善与不善，人皆具之矣。宋儒乃直以性善立论，而遗其所谓不正者，岂非惑乎？

朱子答蔡季通云："人之有生，性与气合而已，即其已合而析言之，则性主于理而无形，气主于形而有质。"即此数言，见先生论性，劈头就差。人具形气而后性出焉，今曰性与气合，是性别是一物，不从气出，有生之后相来附合耳。此理然乎？人有生气则性存，无生气则性灭，不可离而论者也。如耳之能听，目之能视，心之能思，皆耳目心之固有者，无耳目心，则视听与思，尚能存乎？圣人之性，亦自形气而出，但以圣人之形气纯粹，故其性无不善。众人形气驳杂，故其性多不善耳。

人生而静，天之性也，感于物而动，性之欲也。此非圣人语。静属天性，动亦天性，但常人之性，动以物者多，不能尽皆天耳。性者合内外而一之道也，动以天理者，静必有理以主之，动以人欲者，静必有欲以基之，静为天理，而动即逐于人欲，是内外心迹不相合一矣。

佛氏教人任持自性。持自性者，执自己之本性也。言一切众生，皆有本觉，谓本性之灵觉处，虽流转六道，受种种身，而此觉性不曾失灭，故以此为真性。儒者不达性气一贯之道，无不浸浸然入于其中。朱子谓本然之性，超乎形气之外，其实自佛氏本性灵觉而来，谓非依旁异端得乎？大抵性与气离而二之，必不可得。佛氏养修真气，虽离形而不散，故其性亦离形而不灭，以有气即有性耳。佛氏既不达此，儒者遂以性气分而为二，误后世之学甚矣。

论性书答薛君采

承驳究鄙论，足切友益，多谢多谢。然有不得不嗣言者，望再救正，幸幸甚矣！性道之难言也，惟大圣上智，会人理达天道，乃可宗而信之。余者知思弗神，诠择未精，影响前人，傅会成论，自汉以来，此等儒者甚多。故余惟协于仲尼之论者，乃取之以为道，否则必以论正之。虽不举其谁何，而义则切至矣。今君采之谈性也，一惟主于伊川，岂以先生之论，包罗造化，会通宇宙？凡见于言者，尽合道妙，皆当守而信之，不须疑乎？则余当不复更言矣。不然,脱去载籍,从吾心灵以仰观俯察,恐亦各有所得,俟后圣于千载之下,不但已也。夫论道当严,仁不让师。伊川,吾党之先师也,岂不能如他人依附余论,以取同道之誉?但反求吾心,实有一二不可强同者,故别加论列,以求吾道之是。其协圣合天,精义入神之旨,则固遵而信之矣。古人有言曰:"宁为忠臣,不作谀仆。"其此之谓乎?请以来论绎之。伊川曰:"阴阳者气也,所以阴阳者道也。"未尝即以理为气,嗟乎!此大节之不合者也。余尝以为元气之上无物,有元气即有元神,有元神即能运行而为阴阳,有阴阳则天地万物之性理备矣。非元气之外,又有物以主宰之也。今曰"所以阴阳者道也",夫道也者,空虚无着之名也,何以能动静而为阴阳?又曰:"气化终古不忒,必有主宰其间者",不知所谓主宰者,是何物事?有形色耶?有机轴耶?抑纬书所云"十二神人弄丸"耶?不然,几于谈虚驾空无着之论矣。老子曰"道生天地",亦同此论,皆过矣!皆过矣!又曰"生之谓性",程子取之,盖指气禀而言耳。其惟本天命之性,则卒归于孟子性善之说。嗟乎!人有二性,此宋儒之大惑也。夫性生之理也,明道先生亦有定性之旨矣,盖谓心性静定而后能应事尔,若只以理为性,则谓之定理矣,可乎哉?余以为人物之性,无非气质所为者,离气言性,则性无处所,与虚同归;离性言气,则气非生动,与死同途。是性与气相资,而有不得相离者也。但主于气质,则性必有恶,而孟子性善之说不通矣。故又强出本然之性之论,超乎形气之外而不杂,以傅会于性善之旨,使孔子之论,反为下乘,可乎哉?不思性之善者,莫有过于圣人,而其性亦惟具于气质之中,但其气之所禀,清明淳粹,与众人异,故其性之所成,纯善而无恶耳。又何有所超出也哉?圣人之性,既不离乎气质,众人可知矣。气有清浊粹驳,则性安得无善恶之杂?故曰:"惟上智与下愚不移。"是性也者,乃气之生理,一本之道也。信如诸儒之论,则气自为气,性自为性,形性二本,不相待而立矣。韩子所谓"今之言性者,杂佛、老而言"者是也。君采试再思之,然乎?否乎?程子以性为理,余思之累年,不相契入,故尝以《大易》"穷理尽性"以证其性理不可以为一,《孝经》"毁不灭性",以见古人论性,类出于气,固不敢以己私意自别于先儒矣。尝试拟议言性不得离气,言善恶不得离道,故曰"性与道合则为善,性与道乖则为恶,性出乎气而主乎气,道出于性而约乎性",此余自以为的然之理也。或曰:"人既为恶矣,反之而羞愧之心生焉,是人性本善而无恶也。"嗟乎!此圣人修道立教之功所致也。凡人之性成于习，圣人教以率之，法以治之。天下古今之风，以善为归，以恶为禁久矣。以从善而为贤也，任其情而为恶者，则必为小人之流。静言思之，安得无悔愧乎？此惟中人，可上可下者有之。下愚之人不惟行之而不愧悔，且文饰矣，此孔子所谓不移也。君采请更思之，然乎？否乎？仲尼曰："成性存存，道义之门。"伊尹曰："兹乃不义，习与性成。"是善恶皆性为之矣。古圣会通之见，自是至理，亦何必过于立异，务与孟子同也哉？又曰："天命之生，则有善而无恶，以生为性，则人性之恶，果天命之恶乎？天命有恶，何以命有德而讨有罪？君子遏恶扬善，亦非所以顺天休命也。"嗟乎！斯言近迂矣。性果出于气质，其得浊驳而生者，自禀夫为恶之具，非天与之而何哉？故曰"天命之谓性"。然缘教而修，亦可变其气质而为善，苟习于恶，方与善日远矣。今曰"天命之性有善而无恶"，不知命在何所？若不离乎气质之中，安得言"有善而无恶"？君采以天之生人生物，果天意为之乎？抑和气自生自长，如蛲蚘之生于人乎？谓之天命者，本诸气所从出言之也，非人能之也，故曰："天也命德讨罪。"圣人命之讨之也，以天言者，示其理之当命当讨，出于至公，非一己之私也。乃天亦何尝谆谆命之乎？古圣人以天立教，其家法相传如此，当然以为真，非君采聪明之素矣。"喜怒哀乐未发，不足为中，余今亦疑之。"君采之论诚是，但余所谓圣愚一贯者，以其性未发，皆不可得而知其中也。今曰"众人乱于情而害于性，私意万端，乍起乍灭，未有能造未发之域者"，是愚人未发，必不能中矣。《中庸》曰："喜怒哀乐，未发谓之中。"余以为在圣人则然，在愚人则不能然，向之所疑，正以是耳，故曰"无景象，可知其为中，以其圣愚一贯也"。今曰"此心未发之时，本自中正"，望再示本自中正之象，以解余之惑。夫中者，无过不及之谓也，惟圣人"履道达顺"，"允执厥中"，"涵养精一"，是以此心未发之时，一中自如，及其应事，无不中节矣。其余贤不肖智愚，非太过则不及，虽积学累业，尚不能一有所得于中，安得先此未发而能中乎？若曰"人心未发，皆有天然之中"，何至应事便至迷瞀偏倚？此则体用支离，内外心迹判然不照，非理之所有也。若以此章上二节"君子能尽存养省察之功，则喜怒哀乐未发之前，可谓之中"，似亦理得，不然通圣愚而论之，则其理不通矣。嗟乎！理无穷尽者也，心有通塞者也，《坟记》之载，非吾心灵之会悟也，先入之言，梏吾神识之自得也。由是言之，道之拟议，安得同归而一辙乎？惟自信以俟后圣可矣。昔者仲尼论性,固已备至而无遗矣,乃孟子则舍之而言善,宋儒参伍人性而不合,乃复标本然之论于气质之上,遂使孔子之言视孟子反为疏漏,岂不畔于圣人之中正乎?君采试思而度之,人性果一道耶?二道耶?此宇宙间之大差,非小小文义得失而已也。且夫扬子云、韩昌黎、胡五峰诸贤,岂未读孟氏之书乎?而复拳拳著论以诏世者,诚以性善之说,不足以尽天人之实蕴矣,使守仲尼之旧,则后学又何事此之纷纷乎?望虚心观理,无使葛藤挂乎旧见,斯正大真实之域可入,而傅会支离、畔圣之说,自不扰乎心灵矣。倘犹不相契,望更来复,幸幸!

阴阳管见辨

易有太极,是生两仪。两仪者阴阳也,太极者阴阳合一而未分者也。阴有阳无,阴形阳神,固皆在其中矣。故分为两仪,则亦不过分其本有者,若谓"太虚清通之气为太极",则不知地水之阴,自何而来也?

柏斋谓"神为阳,形为阴",又谓"阳无形,阴有形"矣,今却云"分为两仪,亦不过分其本有者",既称无形,将何以分?止分阴形,是无阳矣。谓分两仪,岂不自相矛盾?使愚终年思之而不得其说,望将阴阳有无分离之实,再为教之。柏斋又谓"以太虚清通之气为太极,不知地水之阴,自何而来?"嗟乎!此柏斋以气为独阴之误也。不思元气之中,万有俱备,以其气本言之,有蒸有湿。蒸者能运动为阳为火,湿者常润静为阴为水,无湿则蒸靡附,无蒸则湿不化,始虽清微,郁则妙合而凝,神乃生焉,故曰"阴阳不测之谓神"。是气者形之种,而形者气之化,一虚一实皆气也,神者形气之妙用,性之不得已者也,三者一贯之道也。今执事以神为阳,以形为阴,皆出自释氏仙佛之论,误矣。夫神必借形气而有者,无形气则神灭矣,纵有之,亦乘夫未散之气而显者,如火光之必附于物而后见,无物则火尚何在乎?仲尼之门论阴阳必以气,论神必不离阴阳,执事以神为阳,以形为阴,愚以为异端之见矣。

道体兼有无,阴为形,阳为神,神而无形者,其本体盖未尝相混也。释、老谓自无而有,诚非矣。浚川此论出于横渠,要其归,则与老氏无而生有者无异也。释氏则实以有无并论,与老氏不同,此不可不知也。所未精者,论真性与运动之风为二,及以风火为形耳。《阴阳管见》中略具此意,有志于道者详之可也。浚川所见，出于横渠，其文亦相似。

柏斋言"道体兼有无"，亦自神无形有来，此不须再辨。愚谓道体本有本实，以元气而言也。元气之上无物，故曰太极，言推究于至极，不可得而知。故论道体必以元气为始，故曰有虚即有气，虚不离气，气不离虚，无所始无所终之妙也。气为造化之宗枢，安得不谓之有？执事曰："释、老谓自无而有，诚非矣"，又谓余论出于横渠，要其归则与老氏合。横渠之论，与愚见同否，且未暇辨，但老氏之所谓虚，其旨本虚无也，非愚以元气为道之本体者，此不可同论也，望再思之。

日阳精，盖火之精也，星虽火余，然亦有其体矣。阴止受火光以为光者，如水与水精之类也，犹月之小者也。风雷虽皆属阳，然风属天之阳，雷属火之阳，亦不可混。至于云则属阴水，今独不可谓之阳也。

阴阳即元气，其体之始，本自相浑，不可离析，故所生化之物，有阴有阳，亦不能相离。但气有偏盛，遂为物主耳。星陨皆火，能焚物，故为星，为阳余。柏斋谓"云为独阴"矣，愚则谓阴乘阳耳，其有象可见者，阴也；自地如缕而出，能运动飞扬者，乃阳也。谓水为纯阴矣，愚则为阴挟阳耳，其有质而就下者，阴也；其得日光而散为气者，则阳也。但阴盛于阳，故属阴类矣。

天阳为气，地阴为形，男女牝牡，皆阴阳之合也，特以气类分为阴阳耳。少男有阳而无阴，少女有阴而无阳也。寒暑昼夜，《管见》有论，至于呼吸，则阳气之行，不能直遂，盖为阴所滞而相战耳，此屈伸之道也。"凡属气者皆阳，凡属形者皆阴。"此数语甚真。然谓之气，则犹有象，不如以神字易之。盖神即气之灵，尤妙也。愚尝验经星河汉位次景象，终古不移，谓天有定体，气则虚浮，虚浮则动荡，动荡则有错乱，安能终古如是？自来儒者谓天为轻清之气，恐未然。且包天地外，果尔轻清之气，何以乘载？地水气必上浮，安能左右旋转？汉郄萌曰："天体确然在上。"此真至论。智者可以思矣。

柏斋惑于释氏地水火风之说，遂谓风为天类，以附成天地水火之论，其实不然。先儒谓风为天体旋转荡激而然，亦或可通。今云"风即天类"，误矣。男女牝牡，专以体质言，气为阳，而形为阴，男女牝牡皆然也。即愚所谓阴阳有偏盛，即盛者恒主之也。柏斋谓"男女牝牡，皆阴阳相合"是也，又谓"少男有阳而无阴，少女有阴而无阳"，岂不自相背驰？寒暑昼夜，以气言,盖谓屈伸往来之异,非专阴专阳之说。愚于董子"阳日阴月"辨之详矣。呼吸者气机之不容已者,呼则气出,出则中虚,虚则受气,故气入。吸则气入,入则中满,满则溢气,故气出。此乃天然之妙,非人力可以强而为之者。柏斋谓"阳为阴滞而相战",恐无是景象,当再体验之,何如?柏斋又谓愚之所言"凡属气者皆阳,凡属形者皆阴,以下数语甚真",此愚推究阴阳之极言之,虽葱苍之象,亦阴,飞动之象,亦阳,盖谓二气相待而有离其一不得者,况神者生之灵,皆气所固有者也,无气则神何从而生?柏斋欲以神字代气,恐非精当之见。

土即地也,四时无不在,故配四季。木温为火热之渐,金凉为水寒之渐,故配四时,特生之序不然耳。五行家之说,自是一端,不必与之辨也。火旺于夏,水旺于冬,亦是正理。今人但知水流而不息,遂谓河冻川冰,为水之休因,而不知冰冻为水之本体,流动为天火之化也,误矣。

柏斋曰:"土即地,四时无不在。"愚谓金木水火无气则已,有则四时日月皆在。何止四季之月?今土配四季,金木水火配四时,其余无配。时月五行之气,不知各相退避乎?即为消灭乎?突然而来,抑候次于何所乎?此假象配合,穿凿无理,其较然者。世儒惑于邪妄而不能辨,岂不可哀!柏斋又曰:"五行家之说,自是一端,不必与辨。"愚谓学孔子者,当推明其道,以息邪说,庶天下后世崇正论行正道,而不至陷于异端可也。何可谓"自是一端,不必与辨"?然则造化真实之理,圣人雅正之道,因而蒙蔽晦蚀,是谁之咎?其谓水旺于冬,犹为痼疾。夫夏秋之时,肤寸云霭,大雨时行,万流涌溢,百川灌河海,潮为之啸逆,不于此时而论水旺,乃于水泉闭涸之时,而强配以为旺,岂不大谬?又谓:"今人但知水流而不息,遂谓河冻川冰为水之休因,而不知冰冻为水之本体,流动为天火之化。"嗟乎!此尤不通之说。夫水之始化也,冰乎?水乎?使始于冰,虽谓冰为水之本体,固无不可矣。然果始于冰乎?水乎?此有识者之所能辨也。夫水之始,气化也,阳火在内,故有气能动;冰雪者,雨水之变,非始化之体也,安可谓之本?裂肤堕指,而江海不冰,谓"流动为天火之化",得乎哉?

人之神与造化之神一也,故能相动,师巫之类,不可谓无。浚川旧论天地无知,鬼神无灵,无师巫之术,今天地鬼神之说变矣,而师巫犹谓之无,如旧也,何哉?此三事一理也,特未思耳。神能御气,气能御形,造化人物无异,但有大小之分耳。造化神气大,故所能为者亦大,人物神气小,故所能为者亦小,其机则无异也。州县小吏亦能窃人主之权以行事,此师巫之比也。行祷则求于造化之神也,设位请客,客有至不至,设主求神,神有应不应,然客有形,人见之,神无形,人不能见也,以目不能见,遂谓之无,浅矣。此木主土偶之比也。蒸水为云,洒水为雨,摇扇起风,放炮起雷,皆人之所为也,皆人之所共知也。此虽形用,主之者亦神气也。师巫则专用神气,而不假于形者也。通此,则邪术之有无可知矣。浚川论人道甚好,特天道未透耳。盖其自处太高,谓人皆不及己,故谓己见不可易耳。吾幼时所见,与浚川大同,后乃知其非。吾料浚川亦当有时而自知其非也。

《慎言》此条,乃为师巫能致风云雷雨而言,故曰"雨旸风霆,天地之德化",而师巫之鬼不能致耳。或能致者,偶遇之也。至于邪术,亦未尝谓世间无此,但有之者,亦是得人物之实气而成,非虚无杳冥,无所凭借而能之也。如采生折割,如涤目幻视等类,与师巫之虚无杳冥,能致风雨不同,皆借人物之实气。柏斋又谓"造化之神气大,故所能为者亦大,人物之神气小,故所能为者亦小,其机则无异矣",愚则谓天所能为者人不能为,人所能为者天亦不能为之。师巫若能呼风唤雨,何不如世俗所谓吹气成云,嚏唾成雨,握手成雷,拂袖成风,顷刻之间,灵异交至,又何必筑坛敕将,祭祷旬朔,以待其自来?岂非狂惑耶?俗士乃为信之,悲哉!柏斋又谓"州县小吏,亦能窃人主之权",以为师巫能窃天神之权,愚以为过矣。小吏人主皆人也,所窃皆人事也,故可能。师巫人也,风雨天也,天之神化,师巫安能之?投铁于渊,龙起而雨,此乃正术,亦非冥祈,不可同也。又谓"设主请客,有至不至,如师巫求神,有应不应",此皆为师巫出脱之计。请客不至,或有他故,求神不应,神亦有他故邪?此可以发笑。又谓"蒸水为云,洒水为雨,摇扇起风,放炮起雷,为人之神气所为",不知此等云雨风雷真耶?假耶?若非天道之真,不过物象之似耳,与师巫以人求天,有何相类?且师巫专用神气,而不假之以形,不知是何神灵,听师巫之所使?抑师巫之精神耶?此类说梦,愚不得而知之。其谓愚"论人道甚好,持天道未透,盖自处太高,谓人皆不及己,故执己见不可易",又谓"向时所见,与浚川大同,后乃知其非,吾料浚川亦当有时自知其非",此数言教愚多矣,但谓"自处太高",谓"人不及己",此则失愚之心也。夫得其实理则信,不得其理,此心扞格不契,何以相信?使刍荛之言会于愚心,即跃然领受,况大贤乎?

谓"人不及己,执所见而不易",此以人为高下,而不据理之是非者之为也。愚岂如是?望体恕,幸甚!柏斋又云"神能御气,气能御形",以神自外来,不从形气而有,遂谓天地太虚之中,无非鬼神,能听人役使,亦能为人祸福,愚则谓神必得形气而有,如母能生子,子能为母主耳。至于天地之间,二气交感,百灵杂出,风霆流行,山川冥漠,气之变化,何物不有?欲离气而为神,恐不可得,纵如神仙尸解,亦人之神乘气而去矣,安能脱然神自神,而气自气乎?由是言之,两间鬼神,百灵显著,但恐不能为人役使,亦不能为人祸福耳。亦有类之者,人死而气未散,乃凭物以祟人,及夫罔两罔象、山魈木魅之怪,来游人间,皆非所谓神也。此终古不易之论,望智者再思之,何如?

读祸福祭祀之论,意犹谓鬼神无知觉作为,此大惑也。人血肉之躯耳,其有知觉作为,谁主之哉?盖人心之神也。人心之神,何从而来哉?盖得于造化之神也。故人有知觉作为,鬼神亦有知觉作为,谓鬼神无知觉作为,异于人者,梏于耳目闻见之验,而不通之以理,儒之浅者也。程、张不免有此失,先圣论鬼神者多矣,乃一切不信,而信浅儒之说,何也?岂梏于耳目闻见之迹,而不能通之以理者乎?

《易》曰:"积善之家,必有余庆,积不善之家,必有余殃。"语曰:"祸福无门,惟人所召。"故知人之为善为恶,乃得福得祸之本,其不顺应者,幸不幸耳。故取程子答唐棣之论,乃为训世之正。今柏斋以祸福必由于鬼神主之,则夫善者乃得祸,不善者乃得福,鬼神亦谬恶不仁矣,有是乎?且夫天地之间,何虚非气?何气不化?何化非神?安可谓无灵?又安可谓无知?但亦窅冥恍惚,非必在在可求,人人得而摄之,何也?人物巨细,亦夥矣,摄人必摄物,强食弱,智戕愚,众暴寡,物残人,人杀物,皆非天道之常,性命之正。世之人物相戕相杀,无处无之,而鬼神之力,不能报其冤,是鬼神亦昧劣而不义矣,何足以为灵异!故愚直以仲尼"敬鬼神而远之"以为至论,而祭祀之道,以为设教,非谓其无知无觉而不神也。大抵造化鬼神之迹,皆性之不得已而然者,非出于有意也,非以之为人也,其本体自如是耳。于此而不知,皆浅儒诬妄,惑于世俗之见,而不能达乎至理者矣。此又何足与辨!

先圣作《易》,见造化之妙,有有形无形之两体,故画奇耦以象之,谓之两仪,见无形之气,又有火之可见者,有形之形,又有水之可化为气者,故于奇之上又分奇耦,耦之上亦分奇耦,谓之四象,是画《易》之次第,即造化之实也。乃谓其局而谬,误矣。

《易》有太极,是生两仪,两仪生四象,四象生八卦,此圣人推论画《易》之原,非论天地造化本然之妙用也。函谷当时往往准《易》以论造化,愚尝辞而病之。柏斋前谓太极为阴阳未分,两仪谓阴阳已分,似也。今于生四象,又谓圣人"见无形之气,又有火之可见,有形之形,又有水之可化为气者,故于奇之上又分奇耦,耦之上亦分奇耦,谓之四象"。嗟乎! 此论为蛇添足,又岂自然而然之道哉? 先儒谓四象为阴阳刚柔,四少乃本《易》中之所有者,后人犹议其无据,今乃突然以形气水火名之,于《易》戾矣。形气,《易》卦未尝具论,水火,卦有《坎》《离》,此而名之,岂不相犯? 求诸要归,大抵柏斋欲以《易》卦之象,附会于造化,故不觉其牵合穿凿至此耳。嗟乎!《易》自邵、朱以来,如《先天》《后天》《河图》《五行》,任意附入者已多,及求诸六十四卦,何曾具此? 后学自少至老,读其遗文,迷而不省,又为衍其余说,日胶月固而不可解。使四圣之《易》,杂以异端之说,悲哉!

天地未生,盖混沌未分之时也,所谓太极也,天神地形,虽曰未分,实则并存,而未尝缺一也。太虚之气,天也,神也,以形论之,则无也;地则形也,非太虚之气也,以形论之,则有也。分为天地,与未分之时无异也。谓儒者之道,无无,无空者,非也。神与形合,则物生,所谓精气为物也;神去形离,则物死,所谓游魂为变也。神存人心,性是也,无形也;形在人血肉是也,无知也。方其生也,形神混合未易辩也,及其死也,神则去矣,去者固无形也,形虽尚在,固已无知而不神矣。此理之易见者也。乃谓儒道无无、无空,何也? 此说出于横渠,不足为据。盖横渠见道亦未真也。老氏谓"万物生于有,有生于无",误矣。横渠力辨其失,及自为说,则谓"太虚无形,气之本体,其聚其散,变化之客形耳"。客形有也,生于无形,比与老氏有生于无者何异? 是无异同浴而讥裸裎也。释氏犹知形神有无之分,过于横渠,特未精耳。

太虚太极阴阳有无之义,已具于前,不复再论。但源头所见各异,故其说遂不相入耳。愚以元气未分之前,形、气、神冲然皆具,且以天有定体,安得不谓之有? 不谓之实? 柏斋以天为神,为风,皆不可见,安得不谓之无? 不谓之空? 今以其实言之,天果有体邪? 果止于清气耶? 远不可见,故无所取证耳。若谓天地水火本然之体,皆自太虚种子而出,道体岂不实乎？岂不有乎？柏斋谓儒道有无有空，不过以天为神，遂因而误之如此。且夫天包地外，二气洞彻万有，莫不借之以生，借之以神，借之以性，及其形坏气散，而神性乃灭，岂非生于本有乎？柏斋以愚之论出于横渠，与老氏"万物生于有，有生于无"不异，不惟不知愚，及老氏亦不知矣。老氏谓万物生于有，谓形气相禅者，有生于无，谓形气之始本无也。愚则以为万有皆具于元气之始，故曰："儒之道本实、本有，无无也、无空也。"柏斋乃取释氏犹知形神有无之分，愚以为柏斋酷嗜仙佛，受病之源矣。

五行生成之数，诚妄矣。有水火而后有土之说，则亦未也。天地水火，造化本体，皆非有所待而后生也。木金则生于水火土相交之后，《正蒙》一段论此甚好，但中间各有天机存焉，天神无形，人不能见，故论者皆遗之，此可笑也。浚川所见，高过于函谷，函谷所见，多无一定，细观之自见，今不暇与辩也。嘉靖甲午十月晦日，书于柏斋私居。

柏斋谓天地水火，造化本体，皆非有所待而后生。愚则以为四者皆自元气变化出来，未尝无所待者也。天者气化之总物，包罗万有而神者也，天体成则气化属之天矣，故日月之精交相变化，而水火生矣。观夫燧取火于日，方诸取水于月，可测矣。土者水之浮淬，得火而结凝者，观海中浮沫久而为石，可测矣。金石草木水火土之化也，虽有精粗先后之殊，皆出自元气之种，谓地与天，与水火一时并生，均为造化本体，愚切以为非然矣。

老氏谓"有生于无"，周子谓"无极太极生二五"，横渠谓"太虚无形生天地糟粕"，所见大略相同，但老氏、周子犹谓"神生形，无生有"，横渠则谓"虚与形"止由"气之聚散"，无"神形""有无"之分，又不同也。予窃谓论道体者，《易》象为至，老子、周子次之，横渠为下，盖以其不知神形之分也。

神形之分，魂升而魄降也，古今儒者，孰不知之？今谓老子、周子知之，横渠不知，岂不冤哉？大抵老氏、周子不以气为主，诚以为无矣，与柏斋以神为无同义，与横渠"气之为物，散入无形，适得吾体"，大相悬绝。夫同道相贤，殊轨异趋，柏斋又安能以横渠为然？嗟乎！以造化本体为空为无，此古今之大迷，虽后儒扶正濂溪无极之旨，曰"无声无臭，实造化之枢纽，品汇之根柢"，亦不明言何物之主，岂非谈虚说空乎？但形神之分，能知阴阳果不相离，则升而上者气之精也，降而下者气之迹也，精则为神、为生、为灵明，迹则为形、为死、为糟粕。神之气终散归于太虚，不灭息也；形之气亦化归于太虚，为腐臭也。则造化本体，安得不谓之有？安得不谓之实？老、释之所谓有无，有空者，可以不攻而自破，世儒谓"理能生气"者，可以三思而自得矣。望柏斋以意逆志，除去葛藤旧见，当自契合。

地上虚空处皆天，天气可为聚矣，是岂有形而可见乎？天变为风，风之猛者，排山倒海，气之聚益显矣，谓之离明得施，有形可见，得乎？故曰阳为神，无聚散之迹，终不可见，而张子之论未至也。予初著《管见》，多引而不发，盖望同志深思而自得之也。忽然而不察者皆是矣，因复引而伸之，然不能尽言也，其余则尚有望于世之君子焉。甲午冬至前三日书。

地上虚空处谓之皆气则可，谓之皆天则不可。天自有体，观星象，河汉确然不移，可以测知。且天运于外，无一息停，虚空之气，未尝随转，谓地上皆天，恐非至论矣。风之猛者，排山倒海，谓气之动则可，谓气之聚则不可。夫气之动，由力排之也。力之排，由激致之也。激之所自，天机运之也。此可以论风矣。谓天运成风则可，谓天即风则不可。气虽无形可见，却是实有之物，口可以吸而入，手可以摇而得，非虚寂空冥，无所索取者。世儒类以气体为无厥睹，误矣。愚谓学者必识气本，然后可以论造化，不然头脑既差，难与论其余矣。

阴阳不测之谓神，地有何不测而谓之神邪？若谓地之灵变，此是天之藏于地者耳，非地之本体也。

柏斋曰："阴阳不测之谓神，地有何不测而谓之神？"愚则以为后坤发育，群品载生，山川蕴灵，雷雨交作，谓地不神，恐不可得？又曰："地有灵变，此天藏于地者，非地本体。"若然，则地特一大死物矣，可乎？愚则以为万物各有禀受，各正性命，其气虽出于天，其神即为己有，地有地之神，人有人之神，物有物之神，谓地不神，则人物之气亦天之气，谓人物不能自神，可乎？此当再论。

张子谓："太虚无形，气之本体，其聚其散，变化之客形。"形生于无形，此与老子"有生于无"之说何异？其实造化之妙，有者始终有，无者始终无，不可混也。呜呼！世儒惑于耳目之习熟久矣，又何可以独得之意强之哉！后世有扬子者，自相信矣。

愚尝谓天地水火万物皆从元气而化，盖以元气本体，具有此种，故能化出天地水火万物，如气中有蒸而能动者，即阳，即火；有湿而能静者，即阴，即水。道体安得不谓之有？且非湿则蒸无附，非蒸则湿不化，二者相须而有，欲离之不可得者，但变化所得有偏盛，而盛者尝主之，其实阴阳未尝相离也。其在万物之生,亦未尝有阴而无阳,有阳而无阴也。观水火,阴阳未尝相离可知矣。故愚谓天地水火万物,皆生于有,无无也,无空也。其无而空者,即横渠之所谓客形耳,非元气本体之妙也。今柏斋谓神为无,形为有,且云"有者始终有,无者始终无",所见从头差异如此,安得强而同之?柏斋又云"后世有杨子云,自能相信",愚亦以为俟诸后圣,必能辩之。

(录自沈芝盈点校,黄宗羲著《明儒学案》,中华书局 2008 年版)

横渠理气辩

张子曰:"太虚不能无气,气不能不聚而为万物,万物不能不散而为太虚,循是出入,皆不得已而然也。""气之为物,散入无形,适得吾体;聚而有象,不失吾常。""聚亦吾体,散亦吾体,知死之不亡者,可与言性矣。"横渠此论,阐造化之秘,明人性之源,开示后学之功大矣。而朱子独不以为然,乃论而非之。今请辩其惑。

朱子曰:"性者理而已矣,不可以聚散言。其聚而生,散而死者,气而已矣。所谓精神魂魄,有知有觉者,皆气所为也。故聚则有,散则无。若理,则初不为聚散而有无也。"由是言之,则性与气原是二物,气虽有存亡,而性之在气外者卓然自立,不以气之聚散而为存亡也。嗟乎!其不然也甚矣。且夫仁义礼智,儒者之所谓性也。自今论之,如出于心之爱为仁,出于心之宜为义,出于心之敬为礼,出于心之知为智,皆人之知觉运动为之而后成也。苟无人焉,则无心矣,无心则仁义礼智出于何所乎?故有生则有性可言,无生则性灭矣,安得取而言之?是性之有无,缘于气之聚散,若曰超然于形气之外,不以聚散而为有无,即佛氏所谓"四大之外,别有真性"矣。岂非谬幽之论乎?此不待智者而后知也。精神魂魄,气也,人之生也;仁义礼智,性也,生之理也;知觉运动,灵也,性之才也。三物者一贯之道也。故论性也不可以离气,论气也不得以遗性。此仲尼"相近""习远"之大旨也。

又曰:"气之已散者,既散而无有矣,其根于理而日生者,则固浩然而无穷。"吁!此言也,窥测造化之不尽者矣。何以言之?气,游于虚者也;

理,生于气者也,气虽有散,仍在两间,不能灭也,故曰:"万物不能不散而为太虚。"理根于气,不能独存也,故曰"神与性皆气所固有。"若曰"气根于理而生",不知理是何物?有何种子,便能生气?不然,不几于谈虚驾空之论乎?今为之改曰:"气之已散者,既归于太虚之体矣,其氤氲相感而日生者,则固浩然而无穷",张子所谓"死而不亡"者如此。造化之生息,人性之有无,又何以外于是而他求哉?

（录自王孝鱼点校,《王廷相集》,中华书局 1989 年版）

吕柟学案

吕柟(1479—1542),字仲木,号泾野,陕西高陵人。正德三年(1508)举进士第一,授翰林编修。因宦官刘瑾窃政,引疾返乡,筑东郭别墅、东林书屋,以会四方学者。后复官,入史馆纂修《正德实录》。又贬山西解州判官,摄行州事,居解梁书院从事讲学,吴、楚、闽、越士从者百余人。嘉靖六年(1527)升南京吏部考功郎中、尚宝司卿,公暇在柳湾精舍、鹫峰寺讲学。嘉靖十一年(1532)升南京太常寺少卿,又在任所讲学。嘉靖十四年(1535)调国子监祭酒,以整顿监规,使公侯子弟亦乐于听讲而知名。次年升南京礼部侍郎,仍在任所讲学。南都九载,其"讲席几与阳明氏中分其盛","东南学者尽出其门"。嘉靖十八年(1539)致仕返乡,再讲学于北泉精舍。吕柟学宗程朱,持正敢言,与湛若水、邹守益共主讲席三十余年。及卒,高陵人罢市三日,学者多设位志哀,谥"文简"。

吕柟秉承、改造张载思想,以"气本论"为基础,避开"性与天道"的玄妙、高远的探讨,重视客观的人事之理,为"理"找到外在的历史根据和内在的心性根据,打破"天理"凌驾一切的框架。吕柟之学"从性气相即立论",注重人伦日用的下学功夫,强调"随处见道理",并将"切于身"的人伦之事作为"格物"的"把柄之处"。黄宗羲在其《明儒学案》中不仅明确地说,"关学世有渊源,皆以躬行礼教为本,而泾野先生实集其大成",并且特别强调"异时阳明先生讲良知之学,本以重躬行,而学者误之,反遗行而言知。得先生尚行之旨以救之,可谓一发千钧"。《明史·吕柟传》也说:"柟受业渭南薛敬之,接河东薛瑄之传,学以穷理实践为主。"

明清之际,吕柟及其理学思想受到了一些著名学者的推崇和褒扬,吕柟的著述语录被一再刊刻印行。仅《泾野子内篇》一书,在明朝就已刊刻多次,在清朝不仅被收入《四库全书》,而且在乾隆到光绪年间不断被翻刻印行。吕柟诗文醇正,颇刻意于字句。著有《泾野集》三十六卷,及《周易说翼》《尚书说要》《毛诗说序》《礼问》《春秋说志》《四书因问》《泾野子内篇》《周子抄释》《张子抄释》《二程子抄释》《朱子抄释》等，并传于世。今整理有《吕柟集》三种（西北大学出版社，2015 年）。

吕泾野先生语录

问：“长江之上，大海之滨，风波之险可畏也。至于风恬浪息，渔人出没其间，鸥鸟飞鸣其中，若相狎而玩者，何也？水忘机也，渔人、鸥鸟亦忘机也。若乃吾人之宅心，宜若平且易焉已矣，而反有不可测者，则其为风波之险莫大焉，此庄生所谓险于山川者也。是故机心忘而后可以进德矣。”曰：“只看如何平易，平易一差，恐靡然矣。”

问：“静时体认天理易，动时体认天理难，故君子存静之体认者，以达乎动之泛应者，则静亦定，动亦定，其为成德孰御焉？”曰：“动时体认天理，犹有持循处，静却甚难，能于静，则动于沛然矣。”

光祖曰：“物之遇雨，或生或长，其效甚速，人遇教而不兴者何也？”先生曰：“只是中心未实，如五谷之种，或蠹或浥，难乎其为苗矣。”

问：“交友居家处世，不能皆得善人，甚难处。”先生曰：“此须有怜悯之心方好，能怜悯，便会区处。如妻妾之愚，兄弟之不肖，不可谓他不是也。此仁知合一之道。”

问：“今之讲学，多有不同者如何？”曰：“不同乃所以讲学，既同矣，又安用讲耶？故用人以治天下，不可皆求同，求同则谗谄面谀之人至矣。”道通曰：“果然，治天下只看所重轻。”

问：“身甚弱，若有作盗贼的力量，改而为圣人方易。”先生曰：“作圣人不是用这等力量，见得善处肯行，便是力量，溺于流俗物欲者，乃弱也。”

先生闻学者往来权贵门下，乃曰：“人但伺候权倖之门，便是丧其所守。”是以教人自甘贫做工夫，立定脚根，自不移。

问：“患交接人。”先生曰：“须要宽绰些，不可拘拘守秀才规矩，见大人君子，进退升降、然诺语默皆是学。”

先生曰：“陈白沙征到京，吏部尚书问曰：‘贵省官如何？’曰：‘与天下省官同。’请对坐，即坐无辞。此尽朴实有所养。罗一峰访康斋，见起御聘牌坊，乃谓其子云：‘不必有此牌坊。’不见康斋而退。此罗公高处。康斋，孔门之原宪也,而又有此乎!"

先生曰:"昔者闻有一佥事求见王赣庵公云:'西来一件为黄河,二件为华山,三件为见先生。'王公云:'若做官不好,纵见此三者,亦不济事。'这般高,不受人谄。"

大器问:"动静不失其时。"曰:"正是仕止久速各当其可,汝今且只于语默作止处验也。"

黄惟因问:"白沙在山中,十年作何事?"先生曰:"用功不必山林,市朝也做得。昔终南僧用功三十年,尽禅定也。有僧曰:'汝习静久矣,同去长安柳街一行。'及到,见了妖丽之物,粉白黛绿,心遂动了,一旦废了前三十年工夫。可见亦要于繁华波荡中学。故于动处用功,佛家谓之消磨,吾儒谓之克治。"

应德问:"观喜怒哀乐未发之前气象,如何观?"先生曰:"只是虚静之时。观字属知、属动,只是心上觉得,然其前只好做戒慎恐惧工夫,就可观也。"

南昌裘汝中问:"闻见之知,非德性之知。"先生曰:"大舜闻一善言,见一善行,沛然莫之能御,岂不是闻见?岂不是德性?""然则张子何以言不梏于见闻?"曰:"吾之知本是良的,然被私欲迷蔽了,必赖见闻开拓,师友夹持而后可。虽生知如伏羲,亦必仰观俯察。"汝中曰:"多闻择其善而从之,多见而识之,乃是知之次也。是以圣人将德性之知,不肯自居,止谦为第二等工夫。"曰:"圣人且做第二等工夫,吾辈工夫只做第二等的也罢。殊不知德性与闻见相通,原无许多等第也。"

许象先问:"乐在其中,与不改其乐,乐字有浅深否?"先生曰:"汝不要管他浅深,今日只求自家一个乐耳。"大器曰:"然求之有道乎?"先生曰:"各人拣自己所累处,一切尽除去,则自然心广体胖。然所谓累处者,不必皆是声色货利粗恶的,只于写字做诗,凡嗜好一边皆是。程子曰:'书札于儒者事最近,然一向好着,亦自丧志。'可见。"

有一名公曰:"近日对某讲学者,惟少某人耳。"先生笑曰:"程子说韩持国曰:'公当求人,倒教人来求公耶?'若为这道讲,须下人去讲,不然,有道者他肯来寻公讲耶?"又曰:"某尸位未尝建得事业。"先生曰:"不然,贤人君子在位,不必拘拘如何是建功创业,但一言一动皆根道理。在位则僚属取法,在下则军民畏服。又使天下之人知某处有某公在,卒然有急可恃,有何不可?"其人曰:"若是不可不慎矣。"

有一相当国,其弟过陕西,与对山曰:"某回京与家兄说荐举起用。"对山笑曰:"某岂是在某人手里取功名的人。"先生曰:"此亦可谓慷慨之士。"或曰:"但欠适中耳。"曰:"士但有此气象,亦是脱俗,怎能勾便中庸也?"

先生见林颖气象从容,指谓大器曰:"人动静从容,言语安详,不惟天理合当如此,且起观者敬爱,就是学问也。学者不可无此气象,但须要先有诸中矣。"

时耀问:"收放心在何处?"先生曰:"须于放的去处收,则不远而复矣。"

先生谓诸生曰:"我欲仁,斯仁至矣。今讲学甚高远,某与诸生相约,从下学做起,要随处见道理。事父母这道理,待兄弟妻子这道理,待奴仆这道理,可以质鬼神,可以对日月,可以开来学,皆自切实处做来。"大器曰:"夫仁亦在乎熟之而已矣!"曰:"然。"

问"为学"。曰:"只要正己。孔子曰:'上不怨天,下不尤人,知我者其天乎!'若求人知,路头就狭了。天打那处去寻,只在得人,得人就是得天。《书》曰:'天视自我民视,天听自我民听。'"学者未省。曰:"本之一心,验之一身,施之宗族,推之乡党,然后达之政事,无往不可。凡事要仁有余而义不足,则人无不得者。"

诏问:"讲良知者何如?"先生曰:"圣人教人,每因人变化。如颜渊问仁,夫子告以克己复礼,仲弓则告以敬恕;樊迟则告以居处恭、执事敬、与人忠。盖随人之资质学力所到而进之,未尝规规于一方也。世之儒者诲人,往往不论其资禀造诣,刻数字以必人之从,不亦偏乎!"

问"致良知"。先生曰:"阳明本孟子良知之说,提掇教人,非不警切,但孟子便兼良能言之。且人之知行,自有次第,必先知而后行,不可一偏。傅说曰:'非知之艰。'圣贤亦未尝即以知为行也。纵是周子教人曰'静'、曰'诚',程子教人曰'敬',张子以'礼'教人,诸贤之言非不善也,但亦各执其一端。且如言静,则人性偏于静者,须别求一个道理。曰诚、曰敬,固学之要,但未至于诚敬,尤当有入手处。如夫子《鲁论》之首,便只曰'学而时习',言学,则皆在其中矣。"

论"格物致知,世之儒者辨论莫太高远乎"?先生谓:"若事事物物皆要穷尽,何时可了。故谓只一坐立之间,便可格物。何也?盖坐时须要格坐之理,如尸是也;立时须要格立之理,如斋是也。凡类此者,皆是如是,则知可致而意可诚矣。"又曰:"先就身心所到、事物所至者格,久便自熟。或以格为度量,亦是。"

先生谓诸生曰:"学者只隐显穷达,始终不变方好。今之人对显明广众之前,一人焉,闲居独处之时,又一人焉;对富贵又一人焉,贫贱又一人焉。眼底交游所不变者,惟何粹夫乎!"

诏因辞谢久庵公,与讲论阳明之学。公谓:"朱子之道学,岂后学所敢轻议?但试举一二言之,其性质亦是太褊。昔唐仲友为台州太守,陈同父同知台州,二人各竞才能,甚不相协。时仲友为其母与弟妇同居官舍。晦翁为浙东提举,出按台州,陈同父遂诬仲友以帏薄不修之事,晦翁未察,遂劾仲友。王淮为之奏辨,晦翁又劾王淮。后仲友亦以帏薄不修之事,诬论晦翁,互相讦奏,岂不是太褊乎?"诏闻此言,归而问于先生。先生曰:"讦奏事信有之,但仲友虽负才名,终是小人,安得以此诬毁朱子。是非毁誉,初岂足凭?久之便是明白。朱先生劾仲友事,见《台寓录》;仲友诬朱先生事,见仲友《文集》,可知其是私也。"(同父此时尚未及第,未尝同知台州。晦翁仲友相讦,未尝以帏薄相诬。此段无一实者。)

先生曰:"今世学者,开口便说一贯,不知所谓一贯者,是行上说,是言上说,学到一贯地位多少工夫?今又只说明心,谓可以照得天下之事。宇宙内事,固与吾心相通,使不一一理会于心,何由致知?所谓不理会而知者,即所谓明心见性也,非禅而何?"

黄惟用曰:"学者不可将第一等事让别人做。"先生曰:"才说道不可将第一等事让与别人做,不免自私,这元是自家合做的。"又曰:"学到自家合做处,则别人做第一等事,虽拜而让之可也。"

学者到怠惰放肆,总是不仁,仁则自是不息。

诗人于周公,从步履上看,便见得周公之圣,故曰:"赤舄几几。"凡人内不足者,或者逸谤之言,步履必至错乱,不能安详。如谢安折屐,岂能强制得住?故古人只求诸己,在己者定,外边许大得失、祸福,皆不足动我,是故烈风雷雨弗迷。

先生曰:"予癸未在会试场,见一举子对道学策,欲将今之宗陆辨朱者,诛其人,焚其书,甚有合于问目。且经书论表俱可。同事者欲取之,予则谓之曰:'观此人于今日迎合主司,他日出仕,必知迎合权势。'乃弃而不取。"因语门人曰："凡论前辈，须求至当，亦宜存厚，不可率意妄语。"

问："危微精一何如？"曰："心一也，有人道之别者，就其发处言之耳。危微皆是不好的字面。何谓危？此心发在形气上，便荡情凿性，丧身亡家，无所不至，故曰危。何谓微？徒守此义理之心，不能扩充，不发于四支，不见于事业，但隐然于念虑之间，未甚显明，故曰微。惟精是察，二者之间，不使混杂；惟一是形气之所用也。皆从道而出，合为一片。"

本泰问"夜气"。曰："有夜气，有旦气，有昼气。昼气之后有夜气，夜气之后有旦气，旦气不牿于昼气，则充长矣。孟子此言气字，即有性字在。盖性字何处寻？只在气字求。但有本体与役于气之别耳，非谓性自性、气自气也。彼恻隐是性，发出来的情也能恻隐，便是气做出来，使无是气，则无是恻隐矣。先儒喻气犹舟也，性犹人也，气载乎性，犹舟之载乎人，则分性气为二矣。试看人于今，何性不从气发出来？"

永年问"配义与道"。先生曰："言此气是搭合着道义说，不然则见富贵也动，见贫贱也动而馁矣。"

问"近读《大禹谟》得甚意思"。"且不要说尧、舜是一个至圣的帝王，我是一个书生，学他不得。只这不虐无告，不废困穷，日用甚切。如今人地步稍高者，遇一人地步稍低者，便不礼他，虽有善亦不取他，即是虐无告，废困穷。"

皋陶说九德，皆就气质行事上说，至商、周始有礼义性命之名。宋人却专言性命，谓之道学，指行事为粗迹，不知何也？

何廷仁言"阳明子以良知教人，于学者甚有益"。先生曰："此是浑沦的说话，若圣人教人，则不然。人之资质有高下，工夫有生熟，学问有浅深，不可概以此语之。是以圣人教人，或因人病处说，或因人不足处说，或因人学术有偏处说，未尝执定一言。至于立成法，诏后世，则曰格物致知，博学于文，约之以礼。盖浑沦之言，可以立法，不可因人而施。"

或问："朱子以诚意正心告君如何？"曰："虽是正道，亦未尽善。人君生长深宫，一下手就教他做这样工夫，他如何做得？我言如何能入得？须是或从他偏处一说，或从他明处一说，或从他好处一说，然后以此告之，则其言可入。若一次聘来，也执定此言，二次三次聘来，也执定此言，如何教此言能入得？告君须要有一个活法，如孟子不拒人君之好色、好货便是。"

问"慎独工夫"。曰："此只在于心上做，如心有偏处，如好欲处，如好胜处，但凡念虑不在天理处，人不能知而己所独知，此处当要知谨自省，即便克去。若从此渐渐积累，至于极处，自能勃然上进。虽博厚高明，皆是此积。"

问"存心之说"。曰："人于凡事皆当存一个心，如事父母兄长不待言矣。虽处卑幼，则存处卑幼之心；处朋友，则存处朋友之心。至于外边处主人，亦当存处主人之心。以至奴仆，亦要存一点心处之。皆不可忽略，只如此便可下学上达。《易》之理，只是变易以生物，故君子变易以生民。"

东郭子曰："圣人教人只是一个行，如博学之，审问之，慎思之，明辨之。皆是行也。笃行之者，行此数者不已是也，就如笃恭而天下平之笃。"先生曰："这却不是圣人言。学字有专以知言者，有兼知行言者，如'学而时习之'之学字，则兼言之。若博学之对笃行之而言，分明只是知，如何是行？如好学近乎知，力行近乎仁，亦如是。此笃恭之笃，如云到博厚而无一毫人欲之私之类。若笃行之笃，即笃志努力之类，如何相比得？夫博学分明是格物致知的工夫，如何是行？"东郭子曰："大抵圣人言一学字，则皆是行，不是知。知及之，仁不能守之。及之亦是行，如日月至焉，至字便是一般。守之是守其及之者，常不失也。如孔门子路之徒，是知及之者；如颜子三月不违，则是仁能守之者。"先生曰："知及之分明只是知，仁守之才是行。如何将知及之亦为行乎？予之所未晓也。"

东郭子曰："程子谓《大学》乃孔氏之遗书，谓之遗书，正谓其言相似也，然圣人未尝言之。若以格物为穷理，则与圣言不相似，何以谓之遗书？"先生曰："谓之遗书者，指理而言，非谓其言相似也。且曰圣人未尝言之，甚害事。某也愚，只将格物作穷理，先从知止致知起。夫知止致知首言之，而曰未尝言之，何也？"

东郭子曰："我初与阳明先生讲格物致知，亦不肯信。后来自家将《论》《孟》《学》《庸》之言各相比拟过来，然后方信阳明之言。"先生曰："君初不信阳明，后将圣人之言比拟方信，此却唤做甚么？莫不是穷理否？"东郭子笑而不对。

先生曰："汝辈做工夫，须要有把柄，然后才把捉得住，不然，鲜不倒了的。故叉手不定，便撒摆；立脚不定，便那移。"

先生曰："学者必是有定守，然后不好的事不能来就我。《易》曰：'鼎有实，我仇有疾，不我能即，吉。'若我无实，则这不好的事，皆可以来即我也。"

邦儒问："近日朋友讲及《大学》，每欲贯诚意于格物之前，盖谓以诚意去格物，自无有不得其理者，如何？"先生曰："格致诚正虽是一时一串的工夫，其间自有这些节次。且如佛子寂灭，老子清静，切切然，惟恐做那仙佛不成，其意可为诚矣，然大差至于如此，正为无格物之功故也。但格致之时，固不可不着实做去，格致之后，诚意一段工夫亦是不可缺也。"

吕潜问："欲根在心，何法可以一时拔得去？"先生曰："这也难说。一时要拔去，得须要积久工夫才得就。且圣如孔子，犹且十五志学，必至三十方能立，前此不免小出入时有之。学者今日且于一言一行差处，心中即便检制，不可复使这等。如或他日又有一言一行差处，心中即又便如是检制。此等处人皆不知，己独知之，检制不复萌，便是慎独工夫。积久熟后，动静自与理俱，而人欲不觉自消。欲以一时一念的工夫，望病根尽去，却难也。"

李乐初见先生，问："圣学工夫如何下手？"先生曰："亦只在下学做去。"先生因问："汝平日做甚工夫来？"和仲默然，良久不应。先生曰："看来圣学工夫只在无隐上就可做得。学者但于己身有是不是处，就说出来，无所隐匿，使吾心事常如青天白日才好。不然，久之积下种子，便陷于有心了。故司马温公谓'平生无不可对人说得的言语'，就是到建诸天地不悖，质之鬼神无疑，也都从这里起。"

先生曰："邹东郭云：'圣贤教人只在行上，如《中庸》首言天命之性，率性之道，便继之以戒慎不睹，恐惧不闻，并不说知上去。'予谓亦须知得何者是人欲，不然戒慎恐惧个甚么？盖知皆为行，不知则不能行也。"

康恕问："戒慎恐惧是静存，慎独是动察否？"先生曰："只是一个工夫，静所以主动，动所以合静。不睹不闻静矣，而戒慎恐惧便惺惺，此便属动了。如《大易》'闲邪存其诚'一般，邪闲则诚便存，故存养省察工夫，只是一个，更分不得。"

章诏问"格物"。先生曰："这个物，正如《孟子》云'万物皆备于我'物字一般，非是泛然不切于身的。故凡身之所到，事之所接，念虑之所起，皆是物，皆是要格的。盖无一处非物，其功无一时可止息得的。"聂靳曰："某夜睡来有所想像，念头便觉萌动，此处亦有物可格否？"先生曰："怎么无物可格？君子无终食之间违仁，造次必于是，颠沛必于是，亦皆是格物。"章诏因曰："先生格物之说切要,是大有功于圣门。"先生曰："也难如此说,但这等说来,觉明白些,且汝辈好去下手做工夫矣。"

先生曰："圣贤每每说性命来,诸生看还是一个、是两个?"章诏曰："自天赋与为命,自人禀受为性。"先生曰："此正是《易》'一阴一阳之谓道'一般。子思说'自天命便谓之性',还只是一个。朱子谓'气以成形而理亦赋',还未尽善。天与人以阴阳五行之气,理便在里面了,说个亦字不得。"陈德夫因问："夫子说性相近处,是兼气质说否?"先生曰："说兼亦不是,却是两个了。夫子此语与子思元是一般。夫子说性元来是善的,便相近,但后来加着习染便远了;子思说性元是打命上来的,须臾离了,便不是。但子思是恐人不识性的来历,故原之于初,夫子因人堕于习染了,故究之于后,语意有正反之不同耳。"诏问："修道之教如何?"先生曰："修是修为的意思,戒惧慎独便是修道之功。教即'自明诚谓之教'一般。圣人为法于天下,学者取法于圣人,皆是。横渠不云'糟粕煨烬,无非教也'? 他把这极粗处,都看做天地教人的意思,此理殊可观。"

问："戒惧慎独,分作存天理、遏人欲两件看,恐还不是。"先生曰："此只是一个工夫,如《易》'闲邪',则诚自存。但独处却广着,不但未与事物接应时是独,虽是应事接物时也有独处。人怎么便知? 惟是自家知得,这里工夫却要上紧做。今日诸生聚讲一般,我说得有不合处,心下有未安,或只是隐忍过去;朋友中有说得不是处,或亦是隐忍过去,这等也不是慎独。"先生语意犹未毕,何坚遽问："喜怒哀乐前气象如何?"先生曰："只此便不是慎独了。我才说,未曾了,未审汝解得否? 若我就口答应,亦只是空说。此等处须是要打点过,未尝不是慎独的工夫。"坚由是澄思久之。先生始曰："若说喜怒哀乐前有个气象便不是,须先用过戒惧的工夫,然后见得喜怒哀乐未发之中,若平日不曾用工夫过来,怎么便见得这中的气象?"问："孟子说个仁义礼智,子思但言喜怒哀乐,谓何?"先生曰："人之喜怒哀乐,即是天之二气五行,亦只是打天命之性上来的。但仁义礼智隐于无形,而喜怒哀乐显于有象,且切紧好下手做工夫耳。学者诚能养得此中了,即当喜时体察这喜心,不使或流,怒时体察这怒心,不使或暴,哀乐亦然,则工夫无一毫渗漏,而发无不中节,仁义礼智亦自在是矣。"叔节又问："颜子到得发皆中节地位否?"先生曰："观他怒便不迁,乐便不改,却是做过工夫来的。"

诏云:"近日多人事,恐或废学。"先生曰:"这便可就在人事上学。今人把事做事,学做学,分做两样看了,须是即事即学,即学即事,方见心事合一,体用一原的道理。"因问:"汝于人事上亦能发得出来否?"诏曰:"来见的亦未免有些俗人。"先生曰:"遇着俗人,便即事即物,把俗言语譬晓得他来,亦未尝不可。如舜在深山、河滨,皆俗人也。"诏顾语象先曰:"吾辈今日安得有这样度量!"

先生语学者曰:"近日做甚工夫来?"曰:"只是做得个矜持的工夫,于道却未有得处。"先生曰:"矜持亦未尝不好,这便是'君子终日乾乾,夕惕若',戒慎不睹,恐惧不闻的工夫。但恐这个心未免或有时间歇耳。"曰:"然非有间歇的心,只是忘了。"先生曰:"还是不知。如知得身上寒,必定要讨一件衣穿,知得腹中饥,必定要讨一盂饭吃,使知得这道如饥寒之于衣食一般,不道就罢了。恁地看来,学问思辨的工夫,须是要在戒慎恐惧之前方能,别白得天理,便做将去,是人欲,即便斩断,然后能不间歇了。故某常说圣门知字工夫,是第一件要紧的,虽欲不先,不可得矣。"

吴佑问:"人心下多是好名如何?"先生曰:"好名亦不妨,但不知你心下好甚么名来。若心下思稷只是个养民的名,契只是个教民的名,怎么便能千万世不泯? 把这个名之所以然上求则得之,未尝不善。若只空空慕个名,不肯下手去做,却连名也无了。"

何廷仁来见,问:"宣之在京一年,亦可谓有志者?"先生曰:"宣之甘得贫,受得苦。七月间其仆病且危,宣之独处一室,躬执爨,自劳筋骨,未尝见其有愠色,可以为难矣。"廷仁对曰:"孔明、渊明非无才也,而草庐田园之苦,颜子非无才也,而箪瓢陋巷之穷,看来君子之学,惟重乎内而已。"先生曰:"然。古人做工夫,从饮食衣服上做起,故颜子之不改其乐,孔明、渊明之所以独处,皆其志有所在,食无求饱,居无求安耳。某常云'季氏八佾舞于庭','三家以《雍》彻',犯分不顾,都只是耻恶衣恶食一念上起。此处最要见得,则能守得。"

惟时问:"先生常论尹彦明、朱元晦不同者何?"先生曰:"得圣门之正传者,尹子而已,其行悫而直,其言简而易。若朱子大抵严毅处多,至于谏君,则不离格致诚正。人或问之,则曰'平生所学,惟此四字'。如此等说话,人皆望而畏之,何以见信于上耶!"因论后世谏议多不见信于人君者,亦未免峻厉起之也。又问:"朱子与二程何如?"先生曰:"明道为人,盎然阳春之可掬,故虽安石辈,亦闻其言而叹服。至于正叔,则启人伪学之议,未必无严厉之过耳。"顷之叹曰:"凡与人言,贵春温而贱秋杀。春温多,则人见之而必敬,爱之而必亲,故其言也,感人易而入人深,不求其信,自无不信也。秋杀多,则人闻之而必畏,畏之而必恶,畏恶生则言之入人也难,将欲取信而反不信也。"

先生曰:"父母生身最难,须将圣人言行,一一体贴在身上,将此身换做一个圣贤的肢骸,方是孝顺。故今置身于礼乐规矩之中者,是不负父母生身之意也。"问:"格物之格,有说是格式之格,谓致吾之良知在格物,格字不要替他添出穷究字样来,如何?"先生曰:"格物之义,自伏羲以来未之有改也。仰观天文,俯察地理,远求诸物,近取诸身,其观察求取即是穷极之义。格式之格,恐不是孔子立言之意,故曰自伏羲以来未之有改也。"

楷问:"求仁之要在放心上求否?"先生曰:"放心各人分上都不同,或放心于货利,或放心于饮食,或放心于衣服,或放心于宫室,或放心于势位。其放心有不同,人各随其放处收敛之,便是为仁。"先生曰:"诸君求仁,须要见得天地万物皆与我同一气,一草一木不得其所,此心亦不安,始得。须看伊尹谓'一夫不获,若己推而内之沟中'。是甚么样心。"王言曰:"此气象亦难。今人于父母兄弟间,或能尽得,若见外人,如何得有是心。"曰:"只是此心用不熟,工夫只在积累。如今在旅次,处得主人停当,惟恐伤了主人;接朋友务尽恭敬,惟恐伤了朋友;处家不消说,随事皆存此心。数年后,自觉得有天地万物为一体气象。"

先生曰:"人能反己,则四通八达皆坦途也。若常以责人为心,则举足皆荆棘也。"

问"无事时心清,有事时心却不清"。曰:"此是心作主不定,故厌事也。如事不得已,亦要理会。"

教汝辈学礼,犹堤防之于水,若无礼以堤防其身,则满腔一团私意,纵横四出矣。

问"尧、舜气象"。曰:"求这气象,不在高远,便就汝一言一动处求之,则满目皆此气象矣。"

子贡言"夫子之圣又多能也",则以多能为圣之外。夫子乃谓"君子多乎哉! 不多也",言不是多,皆性分中事,则多能又不在圣之外矣。斯可见洒扫应对,精义入神,无二也。

问"修词立诚"。曰:"如所说的言语,见得都是实理所当行,不为势所挠,不为物所累,断然言之,就是立诚处。如行不得的,言之,即是伪也。"

诸生有言及气运如何,外边人事如何者。曰:"此都是怨天尤人的心术。但自家修为,成得个片段,若见用,则百姓受些福;假使不用,与乡党朋友论些学术,化得几人,都是事业,正所谓畅于四肢,发于事业也,何必有官做,然后有事业。"

(录自沈芝盈点校,黄宗羲著《明儒学案》,中华书局 2008 年版)

黄绾学案

　　黄绾(1480—1554),字宗贤、叔贤,号久庵、石龙。浙江黄岩洞黄人,祖籍福建莆田黄巷。正德五年(1510)经友人引见,结识王阳明,称门人。不久因病归家,于紫霄山樊川书院旧址办石龙书院。为捍卫"王学",常与人辩论,阳明说:"吾党之良,莫有及者。"嘉靖元年(1522),任南京都察院经历。嘉靖三年(1524),连上二疏,赞同"议礼",四月,又与桂萼、张璁、黄宗明联名上疏争大礼。次年,何渊请嘉靖帝父母入太庙,被黄绾等斥为荒谬。嘉靖不悦,将黄绾调任南京工部员外郎,黄绾因而称病辞官。嘉靖六年(1527),由于"议礼"之功,黄绾被授为光禄寺少卿,升少詹事兼侍讲学士,参与编修肯定"议礼"的《明伦大典》。次年,升詹事锦衣金事,南京礼部右侍郎。时阳明率军平息广西少数民族起义,殁于归途,遭桂萼诬陷。黄绾两次上疏辩冤,表示"今萼毁师,臣不敢阿友以背师"。将女嫁王之子王正亿,携至南京。嘉靖十二年(1533),郎中邹守益敢于直谏,得罪权臣,称病归去,吏部尚书汪熔弹劾黄绾与邹结党,调京降级。嘉靖十八年(1539),任南京礼部尚书兼翰林学士。安南内乱,帝命黄绾为正使安抚,黄恐惧此行不测,称病不赴。次年,因奏请为父母谥赠,被斥责降为礼部侍郎。嘉靖二十年(1541),以年老辞官归家。嘉靖三十三年(1554)九月卒,终年七十五岁。

　　黄绪一生学问虽然有"三变",但是自他从正德五年与阳明相识并相与共明圣贤之学时,阳明心学便成为他的理论基石。而经过正德七年到正德十六年长达十年的沉淀与积累,最终还是在嘉靖元年叹服阳明之学而称阳明为师。虽然黄绾在阐述良知学的同时,也提出"独知"的概念,但他的"独知"与"良知"在大体上是等同的。晚年黄绾试图挽救王门后学疏于工夫之弊,并提出艮止执中之说兼顾体用来救正,把"艮止说"上升到道统的高度,强调艮止在儒家思想体系中的合法性,对于良知学在一定程度有所修正,但其根本仍不出王学的范围。

黄绾著有《明道编》十二卷、《石龙集》三十卷、《久庵文选》十六卷、《庙制考义》两卷,以及《中庸古今注》《思古堂笔记》《石龙奏议》《云中疏稿》,还有关于易经、诗经等的著作。今有点校版《明道编》(中华书局,1959年),《黄绾集》(上海古籍出版社,2014年)。

明道编·卷第一

伏羲尧舜以艮止、执中之学相传。伏羲之学具于《易》,尧舜之学具于《书》。《易》之微言,莫要于艮止;《书》之要旨,莫大于执中。自是圣圣相承,率由是道。至仲尼出,而大明厥韫,以知止之止指心体,以致知示工夫,以格物示功效,以克己为致知之实,以复礼为格物之实,皆艮止、执中之正脉。当时惟颜曾二子独得其传,再传而得子思,又传而得孟子,轲之没而无传矣。是以艮止之旨不明而失存心之要,执中之旨不明而失体道之要,故异端足以惑之,而伏羲尧舜之相传者渐以湮沦。由是而功利之说兴,由是而禅定之学起,后之学者,出此则入彼,非一日之故矣。然功利之害人也浅,而禅学之害人也深,予恐圣人之道日晦,故恒思有以辩之。

尧舜执中之学,即伏羲艮止之学也。其具于《书》者,曰“危微”,以阐艮止之端;曰“精一”,以为用功之要。曰“安思”者,以见危之安而微之著也;曰“钦明”者,以见精之极而一之常也,无非所以求止其止而已。自危微之故不明,而人不知所致力之地;自精一之学不明,而人不知所用力之方,由是而不能安思矣,由是而不能钦明矣。呜呼!伏羲尧舜之道,与孔子之传,历千古而人莫能会,岂非以异端之故耶?异端莫甚于禅学,自禅学兴,而圣人之道日为所乱惑,近理而失真,有道者切深忧之,尚何望其直穷艮止之本以为言耶!

东汉明帝时,摩腾、竺法兰以其经入中国,而其说淆于中国,至南北朝梁武帝时,达磨入中国,而其法行于中国,历唐迄宋而盛,故当时学士大夫无不事禅学者,虽圣学之兴,亦自禅学而来,所以皆以虚无为根,而失圣人艮止、执中之本,可胜言哉!

《大学》所言文王缉熙敬止者,此指止之体而言也。其体既立,由是施于君臣、父子、国人之间,无不各得所止,此指止之用而言也。有敬止之止,而后有各得所止之止。敬止之止者,所谓"艮其止,止其所也";各得所止之止,所谓"动静不失其时,其道光明"也。文王之学,实原于伏羲;而孔子之学,又原于文王,皆在止其止而已矣。吾人于此而能存之,于此而能思之,道在是矣。

吾学之要,在于知止。"止"字之义,本于《易》之《艮》。《艮》之义,原于伏羲、文王,而发于孔子。孔子曰:"艮其止,止其所也。"止知其所,则气理兼备,体用俱全,圣学之本在此矣。知其本则知所存心,故《大学》曰:"知止而后有定,定而后能静,静而后能安。"知其本而能安,则体立而气顺,气顺而心之用行。故《大学》曰:"安而后能虑,虑而后能得。"孟子云:"心之官则思,思则得之,不思则不得。"故孔子又曰:"时止则止,时行则行,动静不失其时,其道光明。""时止则止"者,当无事之时而不思也;"时行则行"者,遇有事之时而思也;"动静不失其时"者,当思当不思皆得其时也;"其道光明"者,语默、辞受、取与、出处、死生皆得光明也。其止当止,其行当行,行止皆当,故曰时也。

圣人传心之学,始于伏羲八卦之艮。艮而重之,内艮之止,心也;外艮之止,背也。故文王作艮之象曰:"艮其背,不获其身;行其庭,不见其人,无咎。"不言心而言背者,内艮之一阳,不啻如粟之微,止于心窍之内;由是外艮之一阳,盖于背而洋溢,故曰"艮其背"。所以见外艮由于内艮,内艮之一阳,止于内而至静,故不外获其身而不出见其人,至静不动,故无咎也。此文王明伏羲重艮之义。孔子《象传》先曰:"艮,止也。时止则止,时行则行,动静不失其时,其道光明。"此所以明伏羲《艮》卦之义,兼体用而言也。曰:"艮,止也",言其体之止也;又曰:"时止则止",言其用之止也;"时行则行",言其用之行也;"动静不失其时",言其用之动静不失其时也;"其道光明",因动静不失其时而得其道之光明也。后曰:"艮其止,止其所也,上下敌应,不相与也,是以不获其身,行其庭不见其人,无咎",此所以明文王《象》辞之义,专言体而不及用也。曰:"艮其止,止其所也",言止非泛止,止必有所。所即心中之窍,一阳如粟,所止之处,即所谓天地之根,阴阳之门,五性皆备于此。故曰:"成性存存,道义之门。"故谓之为气机。又谓之为魂魄之合,又谓之为帝衷之降,又谓之为天命之性,又谓之为神,又谓之为仁,皆在此所也。曰:"上下敌应,不相与也",言《易》之八纯卦皆上下敌应,其七卦皆初、四、二、五、三、六相与,惟《艮》独不相与;盖《艮》言天地人之心，一也，不可有二，二则非心矣。合内外而言之，故谓外艮之背，由于内艮之益，艮止于内而不动，乃性之真也。老氏曰："谷神不死，是为玄牝；玄牝之门，是为天地根。绵绵若存，用之不勤"，亦指此性言也。又曰："夫物芸芸，各复归其根，归根曰静，是曰复命，复命曰常，知常曰明"，言此性之归根复命，则常静而常明也。释氏曰："前一念不生即心，后一念不灭即佛，成一切相即心，离一切相即佛"，亦指此性言也。故予尝曰：三教之言性皆同，而作用不同，今之为禅学者，欲并作用而同之，所以施之修身、齐家、治国、平天下则泥。何哉？盖人之有生，性为之本，故儒、佛、老为教，皆由性起；性无二道，故吾圣人与佛、老之言性皆同，至于作用则有大不同者。程伯子曰："'释氏有体而无用'，正言其性之同、其用之不同也。后之学圣人者，于其可同者而反谓之不同，于其不可同者而反欲其同，所以混圣学于佛、老，杂经世于出世，此圣学所以不明，而天下后世皆由此斯误也。

"谷神不死，是谓玄牝；玄牝之门，是谓天地根"，此老氏专指精、气、神而言。"成性存存，道义之门"，此吾圣人专指仁、义、礼、智、信而言。其云门者，则专指其出入之机而言，皆此物也，故为门皆同。

尧之传舜，曰"允执厥中"，舜之传禹，曰"人心惟危，道心惟微，惟精惟一，允执厥中"，此万世圣学之的也。其传自禹至汤，至文武，至皋夔稷契，至伊傅周召，至允执厥中也，由此言之，则孔门之传授可知矣。

尧舜之传，曰人心、道心，孔子之传，曰视、听、言、动，曾子曰，忿懥、恐惧、好乐、忧患，孟子曰，口味、目色、耳声、鼻臭、四肢安逸，皆不外乎吾身，而吾身之近而切者，惟在于人心道心、视听言动、喜怒哀乐、声色臭味之间；古人因其近而切者，精之一之，而允执厥中，此其为学所以无虚妄，而人道不远、人德易立也。宋儒之传，则云："无极、太极"，又云"无欲则静虚动直、明通公溥"，又云"清虚一大"，又云"太虚无形，至静无感"，又云"廓然大公，物来顺应"，又云"主一谓敬，无适谓一"，又云"其心收敛，不容一物"，又云"不起意"，又云"起意则昏"，又云"涵养须用敬，进学则在致知"，又云"今日格一物，明日格一物，众物之表里精粗无不到，然后吾心全体大用无不明"，盖宋儒之学，自是宋儒之传，原非尧舜之传；尧舜之传，至孟子而绝，在今则无传矣。

舜谓禹曰："人心惟危，道心惟微，惟精惟一，允执厥中"，禹谓舜曰：

"安汝止,惟几惟康",伊尹曰:"钦厥止",文王曰:"缉熙敬止",孔子则明其旨于《艮·象》,授之曾子,著于《大学》,曰:"知止而后有定,定而后能静,静而后能安,安而后能虑,虑而后能得",曾子授之子思,子思授之孟子,孟子殁而无传,故至有宋诸儒,其学皆由于禅。

《易大传》曰:"一阴一阳之谓道,继之者善也,成之者性也,仁者见之谓之仁,知者见之谓之知,百姓日用而不知,故君子之道鲜矣";世儒曰:"言性不言气不备,言气不言性不明",此夫子之言性所以为明且备也。何以言之?盖"一阴一阳之谓道",气也;"继之者善",此指阴阳之流行也;"成之者性",此指阴阳之成质也。其云"善"者,指二气中之理言也;其云"性"者,指形质知觉中之理言也;"仁者见之谓之仁,知者见之谓之知",就其所至之等,见其所有之理也;"百姓日用不知"者,日由斯气斯理之中,而不知斯气斯理之所以为用也;此君子所以成己成物之道难成而鲜遂也。详斯言也,世之言性孰过此哉?

《大学》曰:"所谓修身在正其心者,身有所忿懥则不得其正,有所恐惧则不得其正,有所好乐则不得其正,有所忧患则不得其正,心不在焉,视而不见,听而不闻,食而不知其味。"盖忿懥、恐惧、好乐、忧患皆人情之所有,即《中庸》所谓喜、怒、哀、乐之心也,即舜孔颜曾思孟,其学皆此学也,其传皆此传也。颜渊问仁,孔子教以"克己复礼",颜渊请问其目,孔子教以"非礼勿视,非礼勿听,非礼勿言,非礼勿动"。知视、听、言、动者,人心也;知视、听、言、动之非礼而克之者,人心之精也;复视、听、言、动而无非礼者,道心之一而得厥中也。曾子曰:"身有所忿懥则不得其正,有所恐惧则不得其正,有所好乐则不得其正,有所忧患则不得其正。"有所忿懥、恐惧、好乐、忧患而不得其正者,人心之未精;使忿懥、恐惧、好乐、忧患皆得其正者,道心之一而得厥中也。子思曰:"喜、怒、哀、乐未发,谓之中,发而皆中节,谓之和。"喜、怒、哀、乐未发而得其中者,人心之精也;喜、怒、哀、乐发而皆中节而得其和者,道心之一也。精则中,中则一,一则和也。故孟子曰:"口之于味也,目之于色也,耳之于声也,鼻之于臭也,四肢之于安逸也,性也,有命焉,君子不谓之性也。"夫口之知味,目之知色,耳之知声,鼻之知臭,四肢之知安逸,皆性也,皆人心也。由此无节,所以危也;有命焉者,即道心也。夫道心在人心中,韫之未明,所以微也。精者思也,于此思得其中,此心之所以一也,心之所以安也。所以能所谓人心也,其机之萌,皆在独知而已,然其机才萌,而其气已动,气即身也,故各言身有以发之。学者当于四者萌动之初,即致其思,则忿懥、恐惧、好乐、忧患皆得其正,则心无不在,视无不见,听无不闻,食无不知其味矣。于此皆得其正,则亲爱、贱恶、畏敬、哀矜、敖惰五者皆无偏辟。五者皆无偏辟而得其正,则好知其恶,恶知其美,而身修矣。身修而无偏辟,则家由之而齐,国由之而治,天下由之而平矣。

《谦》之《彖》曰:"谦,亨,君子有终。"孔子释之曰:"谦,亨,天道下济而光明,地道卑而上行。天道亏盈而益谦,地道变盈而流谦,鬼神害盈而福谦,人道恶盈而好谦。谦尊而光,卑而不可逾,君子之终也。"此圣人相传之学,成始成终皆在于谦也。曾子得之,故作《大学》,而曰:"所谓诚其意者,毋自欺也。如恶恶臭,如好好色,此之谓自谦,故君子必慎其独也。"此乃曾子明谦之学,其要在于慎独以致其知;慎独以致其知,其要在于毋自欺;知自欺如恶恶臭,知不欺如好好色,则意诚而谦得矣。曾子久学孔门,见同学之友真知以谦为务者鲜矣,惟见颜子能之,故特称之曰:"以能问于不能,以多问于寡,有若无,实若虚,犯而不校,昔者吾友尝从事于斯矣。"此非颜子不能以此学孔子,非曾子不能以此知颜子,则曾子之潜心虚己以取友可知矣。后世学皆不知以谦为务,专以胜心为本;或有谦者,皆貌为恭逊,而心实骄吝矜满,所以后世之人,于声名功烈、富贵荣利,凡可以自有,皆欲己胜人,不欲人胜己,无一而不争,无往而非争。所以猜忌日深,嫉媚日盛,人无以自立,道无以自明,功无以自建,惟事诡遇获禽而已。苟非毁方合圆,色庄取仁,则不可以成名安身,谐世取宠,所以人才日衰,世道日降,生民卒不得蒙至治之泽。苟非深造君子深明圣人谦亨之学,则人终不可立,道终不可明矣。

今日君子,于禅学见本来面目,即指以为孟子所谓良知在此,以为学问头脑。凡言学问,惟谓良知足矣。故以致知为至极其良知,格物为格其非心。言欲致知以至极其良知,必先格物以格其非心;欲格物以格其非心,必先克己以去其私意;私意既去,则良知至极,故言工夫,惟有去私而已。故以不起意、无意必、无声臭为得良知本体。良知既足,而学与思皆可废矣!而不知圣门所谓志道、据德、依仁、游艺为何事,又文其说,以为良知之旨,乃夫子教外别传,惟颜子之资,能上悟而得之,颜子死而无传;其在《论语》所载,皆下学之事,乃曾子所传,而非夫子上悟之旨。以此鼓舞后生,固可喜而信之,然实失圣人之旨,必将为害,不可不辩。

孟子言良能良知,专明性善之本如此,非论学问止如此也。若一一求中节以尽其爱亲、敬长之道,非学则不至,非思则不得。孟子岂欲人废学与思而云尔哉?! 今因良知之说而欲废学与思,以合释氏"不思善、不思恶"、杨慈湖"不起意"之旨,几何不以任情为良能,私智为良知也哉?!

予昔年与海内一二君子讲习,有以致知为至极其良知,格物为格其非心者。又谓格者,正也,正其不正,以归于正;致者,至也,至极其良知,使无亏缺障蔽。以身、心、意、知、物合为一物,而通为良知条理;格、致、诚、正、修合为一事,而通为致良知工夫。又云,克己工夫全在格物上用,克其己私,即格其非心也。又令看《六祖坛经》,会其本来无物,不思善,不思恶,见本来面目,为直超上乘,以为合于良知之至极。又以《悟真篇后序》为得圣人之旨。以儒与仙佛之道皆同,但有私己同物之殊。以孔子《论语》之言,皆为下学之事,非直超上悟之旨。予始未之信,既而信之,又久而验之,方知空虚之弊,误人非细。信乎差之毫厘,谬以千里,可不慎哉!

今之君子,每言"仁者以天地万物为一体",以为大人之学如此;而究其说,则以吾之父子,及人之父子,及天下人之父子为一体;吾之兄弟,及人之兄弟,及天下人之兄弟为一体;吾之夫妇,及人之夫妇,及天下人之夫妇为一体;吾之朋友,及人之朋友,及天下人之朋友为一体;乃至以山川、鬼神及鸟兽、草木、瓦石皆为一体,皆同其爱,皆同其亲,以为一体之仁如此。审如此言,则圣人之所谓亲亲而仁民,仁民而爱物,情有亲疏,爱有差等者,皆非矣。实不知其说已堕于墨氏之兼爱,流于空虚,荡无涯涘。由是好名急功利之徒,因借其说以为是,而得以行其欲;残忍刻薄者,因反其言以为非,而得以骋其私。而大人之道之学于此亡矣。吾尝观第五伦,己子病,一夕一起,心犹不安;兄子病,一夕十起,而心安。论者以其非天性人情之真。盖兄子固当爱,然视己子则有差等。其十起一起者,乃其私心,由好名急功利而来。其安与不安者,乃其本心,此天性人情之真。大人之学,皆由其真者,因其差等,处之各不失其道,此所谓仁,此所谓大人之道也。失此不由,则皆非矣,而末流之弊,何莫不至哉!

今之君子,有为下乘禅学者,不见物则之当然皆在于己,以为天下之理皆在于物,故云:"随处体认天理",故谓功夫全在格物。其云格物,曰:"格者,至也。物者,事理也。此心感通天下之事理也。格之者,意心身皆至也。即随处体认天理也。"其学支离,不足以经世,乃伊川晦庵之为弊也。予尝扣其随处体认之旨。彼云:"随处体认天理者,皆在外而不在内。然明道曰:"某学虽有所受,至于天理二字,却是自家体贴出来。"此言甚切,皆在内而不在外也。由是观之,则其所谓体认者,果何如哉?

予言宋儒及今日朋友禅学之弊,实非得已,盖因年来禅学之盛,将为天下国家之害,尝痛辩之,皆援先儒为据,皆以朋友为难言,故于其根本所在,不得不深明之,世有君子,必知予之不得已也。

宋儒之学,其入门皆由于禅:濂溪、明道、横渠、象山则由于上乘;伊川、晦庵则由于下乘。虽曰圣学至宋倡,然语焉而不详,择焉而不精者多矣。故至今日,禅说益盛,实理益失。虽痛言之,而犹不悟,其来久矣。

象山以濂溪言无极,谓出于老氏,又谓出于禅宗,其说皆有据。"无名天地之始",此老氏之言也。"有物先天地,无形本寂寥",此禅宗之诗也。圣人之言则不然,在《易》则曰"易有太极",在《洪范》则曰"皇建其有极",在《诗》则曰"天生烝民,有物有则",皆言有而未尝言无。言无,则堕于空虚,其视圣人艮止之旨,大不侔矣。

濂溪《通书》之言曰:"圣可学乎?曰可。学有要乎?曰一为要。一者,无欲也。无欲则静虚动直。静虚则明,明则通,动直则公,公则溥。明通公溥庶矣乎!"以此为圣学之要可乎?尧之授舜,曰"允执厥中";舜之授禹,曰"人心惟危,道心惟微,惟精惟一,允执厥中",视濂溪之言同乎异乎?况欲之一字,有由于人心,有由于道心。由于人心,谓之为私欲可也;由于道心,己欲立而立人,己欲达而达人,亦可谓私欲,而求其无乎?至若危微之当谨,惟精惟一之不可废,皆必以心体之而后得。然则濂溪之言与尧舜之言必当有辨矣。岂濂溪之言亦由于本来无物之旨乎?

明道《定性书》之言曰:"天地之常,以其心普万物而无心,圣人之常,以其情顺万事而无情,是故君子之学,莫若廓然而大公,物来而顺应。"以此为圣学之要可乎?孟子曰:"学问之道无他,求其放心而已矣。"求其放心者,收其心而已矣,存其心而已矣,若欲廓然而大公,其谓之收心乎?其谓之放心乎?若必欲放其心而使廓然而大公,则与孔氏所传戒慎不睹,恐惧不闻,莫见乎隐,莫显乎微之旨戾矣。岂当时禅学之盛,虽明道亦不免溺于见闻,不觉其非,而言之如此耶?矧以无心无情,发其本旨,此乃上乘颖悟之旨。今不辩之,则禅学之源,终不可塞,皆将以明道之言借口矣。

伊川曰:"涵养须用敬,进学则在致知。"其为涵养而用敬也,则常瞑目而端坐;其为进学则在致知也,则必考求而检阅。晦庵平生所尊信,以为学问切要,只在于此。故晦庵平居,常瞑目端坐,以为涵养用敬工夫;终日考求检阅,以为进学致知工夫。故为《调息箴》,以发明伊川涵养用敬之旨;故为《大学补传》,以发明伊川致知格物之旨。及为《或问》,则并用敬致知之旨而详之。吾尝持此质诸圣人之学,其所谓"敬"者,实非文王"缉熙敬止"之"敬",其所谓"致知"者,实非《大学》所谓"致知"。盖伊川之学,非濂溪、明道上乘之旨,乃由下乘而来。故其瞑目端坐,但持公案而已。因持公案,故不见其心体固有之明,万物皆备于我之理,故必求之书册,求之外物,始见其明,始见其理。所以晦庵平生所笃信者惟伊川而已,求为上乘,且不可得,况圣学乎?

人为学若不知止,则必流于禅;若不知志道,则处事必不中节;若不知据德,则气性必不好;若不知依仁,则心术必不良;若不知游艺,则所守必不固。纵或勉为苦节以终身,后必不可继也。

或曰:"戒谨恐惧,只是此心不忘,心存处便是思",此禅说也。盖思是工夫,乃心之用,与心之体不同,体是心之静,用是心之动。若欲合动静而一之,则体用不分,工夫莫措矣,道其可明乎! 今但当曰,戒谨恐惧,乃此心不忘,由是用则有思,而思亦不忘,此之谓慎思之学。

朋友有辩杨慈湖之学为非禅者,云禅之与儒,其本实同,但有私己、同物之不同耳。禅则专事私己,慈湖则事同物。殊不知禅虽曰私己,其意未尝不欲传于其徒,行于天下,此亦可以为同物,但其所同者皆禅也,焉可以此为断? 但其言其道,自是禅耳。慈湖以不起意为宗,以《易传》议拟成变化,为非圣人之言,则必欲废思与学,及志道、据德、依仁、游艺之事,乌得而非禅哉? 吾非独不从之,正谓"道不同,不相为谋"故也。慈湖之学,出于象山,象山则不纯禅,至慈湖则纯禅矣。

我之学,与慈湖之学初无异。慈湖曰:"人心自善,人心自灵,人心自明。人心即道,人心即神。人皆有恻隐之心,恻隐即仁;皆有羞恶之心,羞恶即义;皆有恭敬之心,恭敬即礼;皆有是非之心,是非即知;愚夫愚妇与圣人皆同,圣人非有余,愚夫愚妇非不足。"我亦云然。我之所异者,我有典要,慈湖无典要;我有工夫功效,慈湖无工夫功效;我有日新次第,慈湖无日新次第。我则曰:"知止而后有定,定而后能静,静而后能安。"其定、静、安皆本于止，止在于心而有其所，故万物、万事皆从我止而不可乱。慈湖则随其所至而止，止于泛而无所，故万物万事皆由其自止而不可约，故慈湖辩孔子"止其所"之言，则曰："止得其所者，言不失其本，止非果有其所也。"我之立心在诚意，去私意；慈湖则并诚意而去之，而曰"不起意"，又曰"起意则昏"。我之工夫在思，去其不当思者；慈湖则并当思而去之，而曰"不思"，又曰"无思则万物毕照"。我之所学在志道、据德、依仁、游艺；慈湖则一切皆不欲其有。若以为然，则《大学》所谓"诚其意者毋自欺，如恶恶臭，如好好色，君子必慎其独，必诚其意"，箕子所谓"思则睿，睿作圣"，孔子所谓"思无邪"，"君子有九思"，《大学》所谓"安而后能虑，虑而后能得"，孟子所谓"心之官则思，思则得之，不思则不得"，孔子所谓"德之不修，学之不讲，闻义不能徙，不善不能改，是吾忧也"，"君子无终食之间违仁，造次必于是，颠沛必于是"，"苟志于仁矣，无恶也"，曾子所谓"仁以为己任，死而后已"者皆非欤？盖慈湖之学，禅也。禅则所谓"无修证，无污染"可也，若在圣学则不可矣。或又谓：必如慈湖，方能变化、感通、无穷极，殊不知我之所谓，亦能变化、感通、无穷极。但我之谓变化、感通、无穷极者皆实，彼之谓变化、感通、无穷极者皆虚。

今之君子，有谓仙、释与圣学同者，传于人则多放肆而无拘检。或问其故，予曰：无他，只为见其本来无物，顿悟上乘之旨，有以放其心而不知收。不思仙释为学之初，全在持戒，苟持戒不严，则有不可胜言之弊矣，况圣学乎？

今日学者，皆云晦庵虽云未得圣人之传。然以其徒考之，虽至下者，比今日士友自立何如？无他，盖晦庵虽云未得圣人之传，然教人皆在实言、实行上做工夫，又皆有兢兢业业之意，付嘱又皆勉之勤励古训，所以自立比今日不同。今日又有一大病，在于好胜矜傲，故士友略谈学问，即自高以空人，遂有俯视天下之心，略无谦下求益之意；如古人所谓"以能问于不能，以多问于寡，有若无，实若虚"者或有不足；及至有失，辄以智术笼络，大言欺人，皆自以为良知妙用如此。或至私与之人，其至污滥苟且，人不齿录，亦称同志，曲为回护，使人疾为邪党，皆自以为一体之仁如此。或在同类，偶有一言非及良知，其人本虽君子，亦共排斥，必欲抑之使无所容，皆自以为卫道之力如此，而不知此实好胜矜傲之病，不可以入道。

人于是非固要明，但专以私意与世俗争口舌，求胜负则非矣，极当戒！

"乾以易知，坤以简能。"象山常与门人言曰："吾知此理即乾，行此理即坤。知之在先，故曰，乾知大始；行之在后，故曰坤作成物。"近日朋友有为象山之言者，以为知即是行，行即是知，以知行合为一事，而无先后，则失象山宗旨矣。

象山曰："后世言学者，须要立个门户，此理所在，安有门户可立？学者又要各护门户，此尤鄙陋。"此言切中今日之弊。今日朋友专事党护勾引，以立门户，自相标榜，自为尊大，不论人之贤否，事之是非，情之诚伪，凡与其意合者，辄加称重回护，以为贤、为是、为诚，而尊大之；凡与其意不合者，辄不论其贤、其是、其诚，概加毁讪排抑而卑小之，所以致人之怨恶不平，皆在于此。且勾引日众，类多浮欺，至有恶少，亦不知择，皆谓一体之仁如此。共谈清虚，遗弃人道，切恐将来为患不细，或致伪学之禁，以为衣冠之忧，吾党可不戒哉！

行之于身，无不中节，谓之道；成之于身，温、良、恭、俭、让，谓之德；全其仁、义、礼、智、信于心，谓之仁；切于民生日用，衣食居处必不可无，谓之艺。故道曰志，德曰据，仁曰依，艺曰游。此乃圣学之所有事者也。

《书》之言"宽而栗，柔而立，愿而恭，乱而敬，扰而毅，直而温，简而廉，刚而塞，强而义"与《论语》之言"温而厉，威而不猛，恭而安"，子贡之言"温、良、恭、俭、让"，皆德也。象山曰："德则根乎其中，达乎其气，不可伪为。"盖必气质变化，表里如一，方可言德。故曰"粹然见于面，盎于背，施于四体，四体不言而喻"，非德之成全，能如是乎？此所以以德成为身修，身修而齐家、治国、平天下之本立矣。

尧曰"安安，允恭克让"，舜曰"濬哲文明，温恭允塞"，文王曰"徽柔懿恭"，孔子曰"温、良、恭、俭、让"，此乃四圣人之德也。观此，则古人之学可知矣。且如唐虞君臣，相聚庙堂之上，惟以徽柔、温恭、谦让为先，此所以能成唐虞之治也。

君子之道，以德为据，德之彰、在威仪，故君子在位可畏，施舍可爱，进退可度，周旋可则，容止可观，作事可法，德行可象，声气可乐，动作有文，言语有章。此威仪之成所以为德之彰，故曰三百三千为动容周旋中礼也。盖君臣上下，父子兄弟，内外大小，各有威仪；各处其所，各安其分，故上下能相固。是以威仪为君子之盛德也。

予以艮止存心，以执中为志，以思为学，时止时行，无终食之间违仁，兢兢业业，无一言敢妄，一行敢苟，欲寡其过，恒惧不能，贤犹未及，焉敢云圣。每见今之学者，动以圣居，其徒皆以圣尊称之，稍有不称，辄肆攻诋，予诚不知其何心，谓何为也。

宋儒之学，既失其本，故其作用皆蔽，其尤蔽者，莫甚于礼与治。盖自尧舜至孔孟以来，其见于礼与治者，皆本于诚，未始有二。宋儒于礼于治，皆不本于诚，歧而二之。殊不知诚之为道，见于交际上下、动静语默、揖让进退、动容周旋之间，则为礼；见于授时宅搜、命官命牧、知人安民、割夏正殷、一德建极、三宅庶慎，及夫恭、宽、信、敏、惠，则为治。非若宋儒之为礼，必先仪文度数之详；为治，必先法制禁令之严也。盖宋儒之论礼，原于汉儒，汉儒之论礼，原于叔孙通；宋儒之论治，原于汉儒，汉儒之论治，原于管商，其名虽曰唐虞三代邹鲁，而其实精神命脉皆非矣。

（录自《明道编》，明嘉靖刻本）

王艮学案

王艮(1483—1541),字汝止,号心斋,泰州安丰场人。祖上世代为盐户。他七岁入私塾,十一岁时因家贫被迫辍学,随父煮盐。从十九岁起,开始外出经商;两年间,"经理财用,人多异其措置得宜,人莫能及,自是家道日裕"。二十五岁时,以富商身份客居山东,谒孔庙,乃奋然有志于"圣学"。经商之余,常置《论语》《大学》《孝经》于袖中,逢人质难,多方求教。三十七岁时,拜时任江西巡抚的王阳明为师,"待阳明公朝夕",潜心学习,独立思考,颇受王阳明的赏识。直至王阳明去世后,方自立门户,以讲学为业。王艮设学泰州,"四方从游日众,相与发挥百姓日用之学,甚悉"。门人中虽有官僚士大夫,但多为田夫、樵夫、陶匠、佣工、商人等平民百姓。他一生未入仕途,以讲学和著述终生。

王艮为学"以经证悟,以悟释经",不拘泥于传注,不固执师说,多有自己的心得。他说其学与师说不同,"王公论良知,艮谈格物"。的确,以"尊身立本"为主旨的"格物"说颇能代表王艮的思想特色。对于当时的社会危局,王艮认为造成这种状况的根本原因,就在于人们认识上不知本,实践上"失本"逐末,"不知安身,便去干天下国家事,是之谓失本也"。正是基于这种认识,他提出:"格知身之为本,而家国天下之为末,行有不得者,皆反求诸己,反己是格物的工夫。故欲齐、治、平,在于安身。"要齐家,要治国,要平天下,最关键在于安身。如果发现天下国家有问题、不正,首先要做的不是"去干天下国家事",而是要做反己的工夫,去端正自我,从我做起,"其身正而天下归之","安身以安家而家齐,安身以安国而国治,安身以安天下而天下平"。

《年谱》记载,王艮"多指百姓日用以发明良知之学","言百姓日用是道","以日用见在,指点良知"。"百姓日用之道"是王艮思想的又一重要内容。与那种"悬空想个本体,一切事为俱不着实"的心学理论不同,王艮从"体用一原"、"体"与"用"相统一的角度,对王阳明的"良知"学说做了新的诠释、发挥。王艮认为"良知"不是个悬空的本体,而是现实的、具体的存在,它是由"人伦日用之间举措"来体现自己的,离开了人伦日用便无良知本体可言。这就使良知落在了实处,对心学"流入空虚""知体而不知用"的理论缺陷有所匡正。

王艮开创的泰州学派对晚明社会思想文化的影响至为巨大。据载,泰州学派从王艮开门授徒至明末,五传,其弟子有姓名可查者达 487 人。其中载入《明史》者 20 余人;编入《明儒学案》者 30 余人。门人后学中,颜均、何心隐、罗汝芳、李贽等都是他的重要弟子和思想的继承者。他的著作由其子孙、门人编辑为《心斋先生全集》,清末袁承业重订为《明儒王心斋先生遗集》,今有江苏教育出版社标点本《王心斋全集》。

心斋语录

问"止至善"之旨。曰:"明明德以立体,亲民以达用,体用一致,先生辨之悉矣。但谓至善为心之本体,却与明德无别,恐非本旨。尧、舜执中之传,以至孔子,无非明明德亲民之学,独未知安身一义,乃未有能止至善者。故孔子透悟此理,却于明明德亲民中,立起一个极来,又说个在止于至善。止至善者,安身也,安身者,立天下之大本也。本治而末治,正己而物正也,大人之学也。是故身也者,天地万物之本也,天地万物末也。知身之为本,是以明明德而亲民也。身未安,本不立也。本乱而末治者,否矣。本既不治,末愈乱也。故《易》曰:'身安而天下国家可保也。'不知安身,则明明德亲民却不曾立得天下国家的本,是故不能主宰天地,斡旋造化。立教如此,故自生民以来,未有盛于孔子者也。"

问:"止至善为安身,亦何所据乎?"曰:"以经而知安身之为止至善也。《大学》说个止至善,便只在止至善上发挥。知止,知安身也。定静安虑,得安身而止至善也。物有本末,故物格而后知本也。知本,知之至也。知至,知止也。自天子至此,谓知之至也,乃是释格物致知之义。身与天下国家一物也,惟一物而有本末之谓。格,絜度也,絜度于本末之间,而知本乱而末治者否矣。此格物也。物格,知本也,知本,知之至也,故曰:'自天子以至于庶人,壹是皆以修身为本也。'修身立本也,立本安身也。"引《诗》

释止至善，曰："'缗蛮黄鸟，止于丘隅'，知所以安身也。孔子曰：'于止，知其所止，可以人而不如鸟乎？'要在知安身也。《易》曰：'君子安其身而后动。'又曰：'利用安身。'又曰：'身安而天下国家可保也。'孟子曰：'守孰为大？守身为大，失其身而能事其亲者，吾未之闻。'同一旨也。"

问"格"字之义。曰："格如格式之格，即絜矩之谓。吾身是个矩，天下国家是个方，絜矩则知方之不正，由矩之不正也。是以只去正矩，却不在方上求，矩正则方正矣，方正则成格矣，故曰物格。吾身对上下前后左右是物，絜矩是格也。其本乱而末治者否矣，便见絜度格字之义。格物，知本也，立本，安身也，安身以安家而家齐，安身以安国而国治，安身以安天下而天下平也。故曰修己以安人，修己以安百姓，修其身而天下平。不知安身，便去干天下国家事，是之为失本。就此失脚，将烹身割股，饿死结缨，且执以为是矣。不知身不能保，又何以保天下国家哉？"

知本，知止也，如是而不求于末定也；如是而天地万物不能挠己静也；如是而首出庶物，至尊至贵安也；如是而知几先见，精义入神，仕止久速，变通趋时虑也；如是而身安如黄鸟，色斯举矣，翔而后集，无不得所止矣，止至善也。

问："反己是格物否？"曰："物格知至，知本也；诚意正心，修身立本也，本末一贯。是故爱人、治人、礼人，格物也。不亲、不治、不答，是谓行有不得于心，然后反己也。格物然后知反己，反己是格物的工夫。反之如何，正己而已矣。反其仁治敬，正己也。其身正而天下归之，此正己而物正也，然后身安也。"

有疑安身之说者，曰："夷、齐虽不安其身，然而安其心矣。"曰："安其身而安其心者，上也；不安其身而安其心者次之；不安其身又不安其心，斯为下矣。危其身于天地万物者，谓之失本；洁其身于天地万物者，为之遗末。"

知得身是天下国家之本，则以天地万物依于己，不以己依于天地万物。

见龙，可得而见之谓也；潜龙，则不可得而见矣。惟人，皆可得而见，故利见大人。圣人，虽时乘六龙，然必当以见龙为家舍。

颜子有不善，未尝不知，常知故也。知之未尝复行，常行故也。

孔子谓："二三子以我为隐乎？"此隐字，对见字说。孔子在当时，虽不仕,而无行不与二三子,是修身讲学以见于世,未尝一日隐也。

体用不一,只是功夫生。

人之天分有不同,论学则不必论天分。

圣人之道,无异于百姓日用,凡有异者,皆谓之异端。

天性之体,本自活泼,鸢飞鱼跃,便是此体。

爱人直到人亦爱,敬人直到人亦敬,信人直到人亦信,方是学无止法。

有以伊、傅称先生者,先生曰:"伊、傅之事我不能,伊、傅之学我不由。"曰:"何谓也?"曰:"伊、傅得君,设其不遇,则终身独善而已。孔子则不然也。"

天下之学,惟有圣人之学好学,不费些子气力,有无边快乐。若费些子气力,便不是圣人之学,便不乐。

"不亦说乎?"说是心之本体。

孔子虽天生圣人,亦必学《诗》、学《礼》、学《易》,逐段研磨,乃得明彻之至。

舜于瞽瞍,命也,舜尽性而瞽瞍底豫,是故君子不谓命也。孔子不遇,命也,而明道以淑斯人,不谓命也。若天民则听命矣,大人造命。

一友持功太严,先生觉之曰:"是学为子累矣。"因指斫木者示之曰:"彼却不曾用功,然亦何尝废学。"

戒慎恐惧,莫离却不睹不闻,不然便入于有所戒慎、有所恐惧矣。故曰:"人性上不可添一物。"

天理者,天然自有之理也。才欲安排如何,便是人欲。

百姓日用条理处,即是圣人之条理处,圣人知便不失,百姓不知便为失。

有心于轻功名富贵者,其流弊至于无父无君;有心于重功名富贵者,其流弊至于弑父与君。

即事是学,即事是道,人有困于贫而冻馁其身者,则亦失其本而非学也。

学者问"放心难求",先生呼之即应。先生曰:"尔心见在,更何求乎?"学者初见,先生常指之曰:"即尔此时就是。"未达。曰:"尔此时何等戒惧,私欲从何处入。常常如此,便是允执厥中。"

有疑"出必为帝者师,处必为天下万世师"者,曰:"礼不云乎,学也者,学为人师也。学不足以为人师，皆苟道也。故必以修身为本，然后师道立。身在一家，必修身立本，以为一家之法，是为一家之师矣；身在一国，必修身立本，以为一国之法，是为一国之师矣；身在天下，必修身立本，以为天下之法，是为天下之师矣。是故出不为帝者师，是漫然苟出，反累其身，则失其本矣；处不为天下万世师，是独善其身，而不讲明此学于天下，则遗其本矣。皆非也，皆小成也。

徐子直问曰："何哉夫子之所谓尊身也？"曰："身与道原是一件，至尊者此道，至尊者此身。尊身不尊道，不谓之尊身；尊道不尊身，不谓之尊道。须道尊身尊，才是至善。故曰：'天下有道，以道徇身；天下无道，以身徇道。'必不以道徇乎人。有王者必来取法，学焉而后臣之，然后不劳而王。如或不可则去。仕止久速，精义入神，见机而作，避世避地，避言避色，如神龙变化，莫之能测。若以道从人，妾妇之道也。己不能尊信，又岂能使人尊信哉！"

问"庄敬持养工夫"。曰："道一而已矣。中也，良知也，性也，一也。识得此理，则现现成成，自自在在。即此不失，便是庄敬；即此常存，便是持养，真不须防检。不识此理，庄敬未免着意，才着意，便是私心。"

问："常恐失却本体，即是戒慎恐惧否？"曰："且道失到那里去？"子谓王子敬："近日工夫如何？"对曰："善念动则充之，妄念动则去之。"问："善念不动，恶念不动，又如何？"不能对。曰："此却是中，却是性。戒慎恐惧，此而已矣。常是此中，则善念动自知，妄念动自知，善念自充，妄念自去，如此慎独，便是知立大本。"

程子曰："善固性也，恶亦不可不谓之性。清固水也，浊亦不可不谓之水。"此语恐误后学。孟子则说"性善"，善固性也，恶非性也，气质也，变其气质则性善矣。清固水也，浊非水也，泥沙也，去其泥沙则水清矣。故言学不言气质，以学能变化气质也。明得尽渣滓，便浑化。张子云："形而后有气质之性，善反之，则天地之性存焉。气质之性，君子有弗性者焉。"此语亦要善看，谓气质杂性，故曰"气质之性"。

（录自沈芝盈点校，黄宗羲著《明儒学案》，中华书局 2008 年版）

孝 箴

父母生我,形气俱全。形属乎地,气本乎天。中涵太极,号人之天。此人之天,即天之天。此天不昧,万理森然。动则俱动,静则同焉。天人感应,因体同然。天人一理,无大小焉。一有所昧,自暴弃焉。惟念此天,无时不见,告我同志,勿为勿迁。外全形气,内保其天。苟不得已,杀身成天。古有此辈,殷三仁焉。断发文身,泰伯之天。采薇饿死,夷齐之天。不逃待烹,申生之天。启手启足,曾子之全。敬身为大,孔圣之言。孔曾斯道,吾辈当传。一日克复,曾孔同源。

孝弟箴

事亲从兄,本有其则。孝弟为心,其理自识。爱之敬之,务至其极。爱之深者,和颜悦色。敬之笃者,怡怡侍侧。父兄所为,不可不识。父兄所命,不可不择。所为若是,终身践迹。所为未是,不可姑息。所命若善,尽心竭力。所命未善,反复思绎。敷陈义理,譬喻端的。陷之不义,于心何择? 父兄之愆,子弟之责。尧舜所为,无过此职。

明哲保身论(赠别瑶湖北上)

"明哲"者,"良知"也。"明哲保身"者,"良知""良能"也。所谓"不虑而知","不学而能"者也,人皆有之,圣人与我同也。知保身者,则必爱身如宝。能爱身,则不敢不爱人。能爱人,则人必爱我。人爱我,则吾身保矣。能爱人,则不敢恶人。不恶人,则人不恶我。人不恶我,则吾身保矣。能爱身,则必敬身如宝。能敬身,则不敢不敬人。能敬人,则人必敬我。人敬我,则吾身保矣。能敬身,则不敢慢人,不慢人,则人不慢我。人不慢我,则吾身保矣。此"仁"也,"万物一体之道"也。以之"齐家",则能爱一家矣。能爱一家,则一家者必爱我矣。一家者爱我,则吾身保矣。吾身保,然后能保一家矣。以之"治国",则能爱一国矣。能爱一国,则一国必爱我。一国者爱我,则吾身保矣。吾身保,然后能保一国矣。以之"平天下",则能爱天下矣。能爱天下,则天下凡有血气者,莫不"尊亲"。莫不"尊亲",则吾身保矣。吾身保,然后能保天下矣。此"仁"也,所谓"至诚不息"也,"一贯之道"也。人之所以不能者,为"气禀""物欲"之偏。"气禀""物欲"之偏,所以与圣人异也。与圣人异,然后有学也。学之如何?明哲保身而已矣。知保身而不知爱人,必至于适己自便,利己害人。人将报我,则吾身不能保矣。吾身不能保,又何以保天下国家哉?此自私之辈,不知"本末一贯"者也。若夫知爱人而不知爱身,必至于烹身割股,舍生杀身,则吾身不能保矣。吾身不能保,又何以保君父哉?此忘本逐末之徒,"其本乱而末治者否矣"。故君子之学,以己度人。己之所欲,则知人之所欲;己之所恶,则知人之所恶。故曰"有诸己而后求诸人,无诸己而后非诸人"。必至于"内不失己,外不失人","成己成物"而后已。此"恕"也,所谓"致曲"也,"忠恕之道"也。故孔子曰"敬身为大",孟子曰"守身为大",曾子"启手""启足",皆此意也。古今之嘱临别者,必曰"保重"。保重,谓保身也。有保重之言,而不告以保身之道,是与人未忠者也。吾与瑶湖子相别,而告之以此者,非瑶湖子不知此而告之,欲瑶湖子告之于天下后世之相别者也。是为别言。

乐学歌

人心本自乐,自将私欲缚。私欲一萌时,良知还自觉。一觉便消除,人心依旧乐。乐是乐此学,学是学此乐,不乐不是学,不学不是乐。乐便然后学,学便然后乐。乐是学,学是乐。于乎,天下之乐何如此学,天下之学何如此乐!

(录自《王心斋全集》,江苏教育出版社 2001 年版)

梅鷟学案

梅鷟(约 1483—1553),字鸣岐,号致斋,又号平埜,南直隶旌德人。正德八年(1513)举人,官南京国子监助教、盐课司提举。除此之外,他的生平事迹,鲜有记载。

梅鷟一生中主要的成就在于对古文《尚书》的质疑。梅鷟通过大量举证证明古文《尚书》属伪造,实际成书年份显然是三世纪或四世纪早期。今传《尚书》五十八篇,旧称汉孔安国作《序》并《传》,为东晋豫章内史梅赜所献。唐孔颖达为之作义疏,此即《五经正义》之一的《尚书正义》。传统皆以此书为《古文尚书》,但经后人考证,其中的三十三篇乃由伏生所传今文《尚书》二十九篇(或云二十八篇)分出,内容与今文《尚书》基本相同。其余二十五篇则疑为晋人之伪作。长期以来,《尚书》作为圣经之一为儒者所尊奉。自南宋以后,学者开始怀疑其中的古文经二十五篇以及孔安国《序》并《传》皆为晋人之伪作。明代梅鷟《尚书考异》一书的问世,可以视为尚书学史上的一个重要的里程碑。《四库提要》谓:"宋吴棫、朱子、元吴澄皆尝辨其伪,然但据其难易以决真伪,未及一一尽核其实。鷟是书则以安国《序》并增多之二十五篇,悉杂取传记中语以成文,逐条考证,详其所出。"《尚书考异》一书对《古文尚书》进行了广泛而仔细的辨伪搜证工作,发现《尚书》古文经二十五篇中的文句与先秦两汉文献蹈袭雷同之处甚多。《古文尚书》辨伪工作自此进入一个新的阶段。

除《尚书考异》外,梅鷟尚有《尚书谱》《南雍志·经籍考》和《古易考原》等著作。其中《古易考原》被收录在道教典籍汇编《续道藏》中。

尚书考异原序

《尚书》二十八篇并序一篇,共二十九篇。秦博士伏生所传乃圣经之本真也,因暴秦焚书,藏于壁中,遭乱遗失,所存者止有此耳。伏生即以教于齐鲁之间,因为《大传》三篇。汉文时求治《尚书》者,无过于伏生。使太常掌故晁错往受,传之。盖传其文义讲说以发明正经云尔。景帝时所传者亦不过如此。至武帝时,孔安国等专治《古文尚书》滋多于此矣。故孔臧与孔安国书曰:"《尚书》二十八篇,儒者以为上应二十八宿,不知又有《古文尚书》也。"可见武帝以前原无《古文尚书》明矣。自安国古文未出之先,《尚书》正经单行于世,如日月之丽于天,无一蔽亏。及安国古文既出之后,分《尧典》"慎徽"以下为《舜典》;分《皋陶谟》"帝曰来禹"以下为《弃稷》;分《盘庚》为三篇;分《顾命》"王若曰"以下为《康王之诰》。凡复出者五篇。又于其间离逖改削窜易,穿穴之变多而《尚书》无完经矣。至其所治古文一十六篇者,多怪异之说,及经书所引皆不在其内。以故当时老师宿儒尊信正经,不肯置对苟从;据理辩难,不肯奏立学官。虽以刘歆移书之勤,犹哗攻不已,其间或灭或兴,信之者或一二,不信者恒千百,其书遂不显行于世。然其递递相承,盖可考也。此先汉真孔安国之伪书,其颠末大略如此。至东晋时,善为模仿窥窃之士,见其以讹见疑于世,遂搜括群书,掇拾嘉言,装缀编排,日锻月链,会稡成书。必求无一字之不本于古语,无一言之不当于人心,无一篇之不可垂训诫。凡为书者二十五篇。见诂训之难通,遂改易其字;见意义之丁宁,遂刊落其语;见《弃稷》之不可以名篇,遂更为《益稷》;见《盘庚》之上中下可以便已《大甲》《说命》《泰誓》之上中下,遂仍为三篇;见报告之词不可以离逖也,遂合"王出以下"为《康王之诰》;又见"慎徽五典"不可突起为《舜典》也,遂增"曰若"以下二十有八字,则愈巧矣愈近理矣。无可得而渗漏矣,无可得而掎撼矣。虽英材间气,亦尊信服膺之不暇矣。然不知自明者视之,则如泥中之斗兽,踪迹显然,卒亦莫之掩也。甚者,至于不怡怪哉,采政忽之类直改易之,而无复置疑,曰明都弗肯构,弗肯获,厥考翼之经直刊落之,而无复忌惮。顾使圣人之正经反附丽伪书以行于世,譬如成周东迁之主,气象销茶,惟列国是依,以列国为命者也,不亦颠倒舛错之甚也哉!此东晋假孔安国之伪书,其颠末大略如此。愚每读书至此，未尝不叹息痛恨于先儒也。夫所贵乎儒者之释经，在能除圣经之蔽翳，使秕稗不得以杂嘉谷，鱼目不得以混明珠，华丹不得以乱窈窕焉耳。今反崇信伪书，以囚奴正经。予畏圣人之言，故不得不是而正之。特作《考异》，使学者涣然知蔽塞之由，然后知余之恢复圣经盖有不得已焉，而非苟为好辨者也。

（录自《尚书考异》，清文渊阁《四库全书》本）

季本学案

季本(1485—1563)，字明德，号彭山，浙江会稽人。明正德十二年(1517)登进士第，授建宁府推官，征为御史。王阳明升南京鸿胪寺卿时，季本拜为弟子。阳明平宸濠叛乱，季本守分水关，阻遏叛军进入福建。阳明晚年在南宁建敷文书院，季本做过教习。历任御史、苏州同知、南京礼部郎中、长沙知府等职，任长沙知府期间，极力抑制打击豪强势力，为民除害，但因此得罪权贵，被罢免，嘉靖二十二年(1543)由长沙知府解职还乡，寓禹迹寺讲学。其后二十多年专心讲学著书，同时注重实用，"穷九边"，"考黄河故道"，做了许多实际的调查活动。嘉靖四十二年(1563)卒于家。

阳明故后，其门人宗旨异趣，各有所张，而"以自然为宗"的风气很盛。季本以为这种说法有背师门宗旨，转而提出"龙惕说"，主张以龙言心，而不以镜言心，以龙言心则主宰常在，时时警惕，以镜言心却无所裁制，一任自然，其说旨在强调主宰的作用，认为对自然而言不能没有主宰，自然只是主宰之无滞，反对离主宰而言自然。"龙惕说"跟当时以王畿为代表的尚自然的学风大相径庭，引起了同门很多争议和讨论。黄宗羲说季本之学"贵主宰而恶自然"，此言可谓精准。季本以"龙惕"思想为中心逐渐形成了从性理到心性，直至功夫上以"圣人必可学而至"的一贯而独特的理论体系，自成一家之说。

季本为学在以良知学为根本的同时，也注重家学的经学渊源，是阳明学者中较为突出的经学家。其著作颇多，有《季彭山先生文集》《易学四同》《诗说解颐》《春秋私考》《说理会编》《龙惕书》等。今有天津古籍出版社《说理会编》、台湾"中央研究院"《四书私存》等整理本。

与杨月山龙惕书

别后见得此学主脑略真,大抵论心当以龙不以镜。夫明镜止水借以明心,亦略相似,然影像之间非真体也。盖镜者,无情之照,凡有所见皆自外来,而磨擦之功亦自外作,非己能用力也。或妍或丑,或去或来,诚无意必,然未有所经纶裁制,则亦一着虚者耳。惟水亦然,故孔门言水者多矣。曰"小德川流"、曰"渊渊其渊"、曰"逝者如斯夫,不舍昼夜"、曰"源泉混混,不舍昼夜,盈科而后进"、曰"观水有术,必观其澜,流水之为物也,不盈科不行"、曰"水无有不下"、曰"如智者若禹之行水也,则无恶于智矣。禹之行水,行其所无事也",皆言其出有源,而其行必顺之意,未尝言其虚体自然而能照也。至于镜之为说,则鲜有及者,惟佛老之徒乃始言之,可见圣人不以水镜之虚者言心也。若果如二氏之有取于此,则妙道至象,圣人岂顾隐而不以示人哉?正恐毫厘之差千里之谬耳!夫任其自妍,任其自丑,任其自去,任其自来,以是为无意必,而无所经纶裁制,则习懒偷安皆缘此起,自以为虚而不知,乃是先迷失道也。《易》之《坤》体正言自然无为之理,此岂凶德哉?然一入于此,则圣人便有履霜坚冰之戒;而于《坤》之极也,以其气胜理微,则曰"龙战于野"。《传》曰:"为其嫌于无阳也,故称龙焉",而龙之可见者则为乾矣。由此观之,圣人之学止是以龙状心也。夫龙之为物,以惊惕而主变化者也。惊惕者,主宰惺惺之谓也。因动而见,故曰惊惕。能惊惕则当变而变,当化而化,不滞于迹,不见其踪,此非龙德之自然乎?吾心刚健之象,天命之不能已者正如此。故以龙言心,则或潜或见,或大或小。出则显于天下,入则藏于无形。随时所遇,动必惕然。是以为赤子时,有赤子之见;为初学时,有初学之见;为贤人时,有贤人之见;为圣人时,有圣人之见。见有不同,故其用力疾徐亦因而异,用力虽异,然因时知惕,则一而已矣。此皆龙德之所为也。故竭力而不以为劳,省力而不以为逸,孟子曰:"夫志,气之帅也"。志,其龙之德乎?帅,于是壅遏生意,始失自然之体,则见以用力为起念,而以无念为省力矣。故言学者当以主宰为的,有主则虚,虚则必明,所谓惺惺也,不明不可以为虚,不虚不可以为有主。孔子曰:"发愤忘食,乐以忘忧"。孟子曰:"必有事焉而勿正",发愤、有事,刚德也,言其主宰也;乐且勿正,柔德也,言其自然也。自然固主宰之无滞者也,然曷尝以此为先哉?故以龙言心,则变化即自然也,而主脑则未之失,故下手工夫不待他求,观于龙则自见矣。故即龙见惕,即惕见帅,即帅见志,即志见心,此至约易明之道也。若夫水镜之象,原非心体,于此求焉,则安于壅遏生意,而一动便为起念,故下手者便觉无据,而言学者亦终有所不安矣。夫佛老之说,岂尽诡于圣人哉?如《道德》《坛经》理皆合一,虽近世慈湖杨氏所言之妙,何以加焉?然圣学所以不取者,为其贵自然而少惊惕也。柔道也,非刚道也,坤道也,非乾道也,在〈剥〉有曰“蔑贞凶”,其殆以此乎?子罕言利与命与仁,利谓顺利非贪利也,若贪利何止于罕言哉?利命与仁皆道体自然之妙,恐犯履霜坚冰之戒,故罕言之,谓当以乾乾为主脑耳。吾师阳明先生提出良知示人,知者主也,天之则也。因动而可见者也,正指吾心之惕然处而言也,戒谨恐惧。所谓惕也,非动何以见惕?非惕何以见自然?非自然何以为良?以良知为惕,则戒谨恐惧。天命靡宁,主宰常惺,矩则常定,明则必诚,是谓真虚。故惕然其动,自然其良,非若失之于动者矣。欲知良知之学者,舍龙德其何以哉?近见如此,尝与双江剧论,颇亦不以为非,故欲与同志者再商正之。

(录自朱湘钰点校,钟彩钧校订《四书私存》,台湾“中央研究院”中国文哲研究所 2013 年版)

薛侃学案

薛侃(1486—1546),字尚谦,明代潮州府揭阳人。因曾讲学中离山,人称中离先生。正德五年(1510)乡试中举。正德九年(1514),应试不第而从学于王阳明。正德十二年(1517)登丁丑科进士第。明世宗朝,任行人司行人,后丁母忧,居中离山,与士子讲学不辍,其师王阳明赠号"中离先生"。正德十四年(1519),薛侃回乡讲学。正德十五年(1520),薛侃讲学于潮州金山的玉华书院,开始了他对阳明学说的深入钻研与传播,使"一时学者翕然宗之"。嘉靖三年(1524),他结茅于梅林湖西之虎山,"以正学接引",使潮人学风为之一变。嘉靖七年(1528)补故官,为行人司司正。在江西赣州亲炙阳明之教,深契良知学旨。嘉靖十年(1531)上疏言建储事,触明世宗讳,下狱廷鞫,后削职为民。隐居讲学于中离山,从学者甚众。嘉靖十五年(1536)远游江浙,会罗念庵于青原书院,一见如故;又至罗浮,讲学于永福寺,东莞学者迎其居玉壶洞;再居惠州,四年后归里,卒于家,终年六十岁。

薛侃既宗守师门衣钵,又坚持自己的学术个性,"论宗良知,以万物一体为大,以无欲为至",其心性论、认识论、儒释之辨等均很有特色。如其学深疑于王阳明的理在天地万物与良知之谓,强调万物一体,人亦万物中一物,便不得"私理为己有"之说。在经世致用方面,他主张将所学用于自身修养,用于救正世道人心,不像其他一些王门弟子那样有过分内转的倾向。既重学理也重事功是薛侃思想的重要特点。

薛侃传王阳明学于岭南,是为岭表大宗,《明史》称"自是王氏学盛行于岭南"。薛侃的存世著作有《研几录》《图书质疑》等,《潮州耆旧集》收有《薛御史中离集》三卷,后人又编有《薛中离先生全书》二十卷。今有《薛侃集》(上海古籍出版社,2014年)。

儒释辩

或问阳明先生于侃曰：其学类禅，信有诸？曰：否。禅之得罪圣人也有三：省事则髡焉，去欲则割爱焉，厌世则遗伦焉。三者禅有之，而阳明亦有之乎？曰：弗有。曰：圣人之异于禅者，亦有三焉：以言夫静，无弗具也；以言夫动，无弗体也；以言乎用之天下，无弗能也。是故一本立焉，五伦备焉。此阳明有之，而禅亦有之乎？曰：弗有。然则曷疑其为禅乎？曰：以废书，以背朱，以涉虚也。曰：噫！子误矣。不然以告者过也。先生奚废书乎？昔者郭善甫见先生于南台。善甫，嗜书者也。先生戒之曰："子姑静坐。"善甫坐月余，无所事。复告之曰："子姑读书。"善甫慭而过我曰："吾滋惑矣。始也教庆以废书而静坐，终也教庆废坐而读书。吾将奚适矣？"侃告之曰："是可思而入矣。书果学乎？孔子之谓子贡曰：'汝以予为多学而识之者与？非也。予一以贯之。'学果废书乎？孔子赞《易》曰：'君子多识前言往行以畜其德。'是可思而入矣。"故言之弗一，教之因材而笃也。先生奚废书乎？

然则背朱则何居？曰：先生其遵之甚者尔，岂曰背之云乎？孟子曰："王之好乐甚，则齐其庶几乎！"夫今之乐，非古之乐也，而孟子以为庶几，何也？彼其于乐孰无好？好之而已，听之而已，称美之而已，好之弗甚者也。若体其和，推其意，而得夫乐之本，则必妙之乎声容之外者矣。先生于朱子，亦若是焉尔，恶在其为背也乎？且朱子遵程者也，其为《本义》多戾《易传》。孔子、孟子述古者也，其称《诗》《书》多自为说。先生之于朱，亦若是焉尔，恶在其为背也乎？

然则涉虚何谓也？曰：子以虚为非乎？以偏于虚而后为非乎？夫以虚为非，则在天为太虚，在人为虚明，又曰"有主则虚"，曰"君子以虚受人"，曰"圣人虚之至也"。今子以虚为禅，而必以弗虚为学，则糟粕足以醉人之魂而弗灵矣，骨董足以胶人之柱而弗清矣，藩篱格式足以掣人之肘而弗神矣。

曰：若然，则儒释奚辨？曰：仙释之虚，离世遗伦，虚而虚者也；圣贤之虚，不外彝伦日用，虚而实者也。故冲漠无朕，而曰万象森然，是故静无弗具也；视之不见，听之不闻，而曰体物不遗，是故动无弗体也。神无方而易无体，而曰通乎昼夜而知，斯良知也，致之之极，时靡弗存，是故无方无体，虚之至也。至虚而后不器，不器而后无弗能。

义利辩

或问：学莫先于义利之辩，吾尝辩之。人弗明，辩之；己弗明，何如？曰：子奚辩？曰：人皆曰是，从而考之，未然也；人皆曰非，从而考之，未然也。是辩之于人弗明矣。自谓是矣，而人弗与；自谓非矣，而人弗应。是辩之于己弗明矣。

曰：古之所谓义与利者，不可见也，不可闻也。子之所谓义与利者，可见耳，可闻耳。夫自可见可闻而辩之，则其所是者似是也，非天下之真是也；其所非者似非也，非天下之真非也。不考其人则失实，不考其实则失人矣。是故奉檄而喜，喜可见也，孝不可见也，故虽张奉之贤，不能不失之毛义，其迹鄙也。一物释西伯，物可见也，忠不可见也，故虽商纣之暴，不能不转移于闳夭，其机微也。是故见其可见，闻其可闻，则义可袭也，过可文也，声音笑貌可以为于外也；见所不见，闻所不闻，则莫见乎隐，莫显乎微矣，诚之不可掩矣。然则不可见不可闻者何也？心体也。可见可闻者何也？事迹也。心体是，则事迹皆是矣；心体非，则事迹皆非矣。是故有精义者也，有近于义者也，有罔利者也，有近于利者也，有义而利者也，有利而义者也。精义者何？圣是也。近于义者何？贤是也。罔利者何？蹠是也。近利者何？俗是也。义而利者何？汤、武是也。利而义者何？桓、文是也。故知尧然后知尧步，知舜然后知舜趋，知孔非以周流，知颜非以箪瓢也。以步学尧非尧矣，以趋学舜非舜矣，以周流学孔非孔矣，以箪瓢学颜非颜矣。

曰：夫然则自见自闻耳，奚以见闻于人乎？曰：欲见于人，欲闻于人，此义利之所以弗明也。夫义罔常在，利罔常形。尊周非义乎？以其为己则霸矣。好货非利乎？以其同民则王矣。故古之君子，戒慎不睹，恐惧不闻，未尝求见求闻也，而卒无弗见无弗闻。今之君子，修边幅，避形迹，守信果，坠适莫，将以求见，而卒无可见，将以求闻，而卒无可闻，善乎？先正之言曰："无所为而为者义也，有所为而为者利也。"此依心体与顾事迹之异也。又曰："有意于为公，皆私也。"公私义利之辩明，则圣学其庶几矣！

正学篇

孔子曰:"学之不讲,是吾忧也。"讲之奈何?

曰:讲其正者而趋焉,讲其偏者而避焉,则庶乎其弗差矣。是故有圣人之学,有贤人之学,有杨、墨之学,有子莫之学,有告子之学,有荀子之学,有乡原之学,有管、晏之学,有庄、列之学,有老、佛之学。墨子之学偏于仁者也,杨子之学偏于义者也,子莫之学偏于非仁非义者也;告子之学偏于内者也,荀子之学偏于外者也,乡原之学偏于非内非外者也;管、晏之学偏于有者也,庄、列之学偏于无者也,老、佛之学偏于非有非无者也。

故可以仁而仁,可以义而义,则正乎仁义矣;内弗遗外,外弗遗内,则合乎内外矣;有未尝有,无未尝无,则超夫有无矣。正乎仁义者,中之谓也;合乎内外者,诚之谓也;超夫有无者,神之谓也。致中者,贤人之学;允执厥中者,圣人之学也。诚者,圣人之学;诚之者,贤人之学也。养神者,贤人之学;所存者神,圣人之学也。

夫道一而已。自其不偏,谓之中;自其不二,谓之诚;自其妙用不测,谓之神:其实一也。而学之弗一,何哉?彼数子又皆不世之英,岂谓其偏而为之,亦固以为全矣。然念有所重,旨有所宗,则陷于一偏矣。故有意乎(于)为仁,则入乎墨矣;有意于为义,则入乎杨矣;有意乎(于)执中,则入乎莫矣;修乎内,则入乎告矣;修乎外,则入乎荀矣;修乎内外而有媚世之心,则入乎乡原矣;有而着物,则入乎管、晏矣;无而着空,则入乎庄、列矣;有无不着而离乎世,则入于老、佛矣。

曰:圣人之于善无弗取,是故于管仲则称焉,于老子则师焉。贤者然后距杨、墨,辟老、佛。

曰:否。孔子于管仲称其仁而小其器,称老子为龙,然龙非一也,《易》曰"乘六龙以御天",又曰"六位时成"。且圣贤何心哉?彼其以之自为,则过人远矣。而思以易天下,使天下之人皆墨、杨,皆荀、告,可乎?皆管、晏、庄、列,可乎?皆乡原、佛、老,可乎?夫乡原宜于时,老、佛近乎圣,世尤弗免者也。圣人见南子、受阳货,事有可非,迹有可刺,而乡原则非之无举,刺之无刺。老曰玄,圣人亦曰玄,佛曰寂,圣人亦曰寂,是非同异之间,非知道者,其孰能辨之?

曰：古之学有夷之清、惠之和、尹之任者，何如？

曰：此偏而正者也。学夷而失夷，则以隐为高矣；学惠而失惠，则以仕为通矣；学尹而失尹，则以王为霸矣。是故君子弗为也。

曰：今之学有名节者，始乎德行；有刑名者，始乎政事；有词章者，始乎言语；有训诂者，始乎文学。则何如？

曰：此正而偏者也。学德行而名节，非德行矣；学政事而刑名，非政事矣；学言语而词章，非言语矣；学文学而训诂，非文学矣。是故君子弗为也。

格物论

物者，身之物也，家国天下之物也。统之者，心也；发之者，意也；觉之者，知也。非知，则无物；非物，则心与意不可得而见矣；心意不可见，则明德新民之道几乎息矣。是故心至虚也，物至实也，实不生于实而生于虚，故曰："心外无物，物外无心。"其本体也，浑然至善者也。动而后有不善，善与不善未尝不自明也。学问之道，去其不善，以归乎善而已矣。故心其体也，意其动也，知其明也，物其事也。去其不善，以归乎善，则格矣。

是故心者物之体也，体立则物明，心未尝有其物也，心有之是自窒其体矣；意者物之用也，用行则物彰，意未尝滞其物也，意滞焉是自汩其用矣；知者其明照者也，照之而是则行，弗行弗格矣，照之而非则去，弗去弗格矣。故格其心之物，谓其不可倚也，愈虚则愈精，极深之谓也；格其意之物，谓其不可欺也，愈精则愈虚，研几之谓也；格其知之物，倚欤？欺欤？莫见乎隐，莫显乎微，所自知也。戒慎恐惧，通乎昼夜而知，则无乎不格矣。

是故博学，学而格也；审问，问而格也；慎思，思而格也；明辩，辩而格也；笃行，行而格也。格之于视听，视未明，听弗聪，未格也；格之于饮食，饮食不知其味，未格也；格之于动静，动而有动，静而有静，未格也；为人子而未止于孝，为人臣而未止于敬，为人父而未止于慈，为人君而未止于仁，与国人交而未止于信，未格也；考诸三王而谬，建诸天地而悖，质诸鬼神而疑，百世以俟圣人而有惑，未格也。

格之由是也，则知致而意诚矣；意诚，则廓然大公而心正矣；心正，则物来顺应而身修矣。以其廓然而应之于家，则家齐矣；以其廓然而应之于国，则国治矣；以其廓然而应之于天下，则天下平矣。是故语其廓然于己也，谓之明德；语其顺应于人也，谓之亲民；语其廓然顺应而无声臭之可言，谓之至善。

思学解

学以思乎？曰："天下何思何虑？"又曰："无思也，无为也，寂然不动，感而遂通天下之故。"学非思乎？曰："未之思耳，夫何远之有？"又曰："不思则不能通微。"然则学将何适乎？从其必思耶，驰求力索，玩物而丧志者，圣人启之也；从其不思邪，冥心息念，茫荡而离物者，圣人启之也。

解之者曰：圣人之言，因病而药者也。世固有不思者，其弊然，是故语思以救其偏也；亦有过于思者，其弊然，是故语不思以救其偏也。

曰：道之所贵者中，偏斯泯矣。未闻以偏而救其偏者也。

解之者曰：其未得也则思之，其既得也则无所庸思矣。故思也者，为始学者言之也；不思也者，为成学者言之也。

曰：夫学一而已。信斯言也，本末始终二矣。夫谓以思无益，则有未庸思时也；夫谓弗思胡获，则未有无思时也。然则学将奚适乎？

曰：无思，本也；思通，用也。君子立本致用者也。故曰"所不学而能者，其良能也；所不虑而知者，其良知也"，本体也。学问之道，求复其本体而已。故自本体而言，无思无为，感而遂通；自其功夫而言，本无思也，弗思则憧憧往来矣，本无为也，弗为则昏昧放逸矣。然思无思，则何思矣；为无为，则何为矣。故曰"做得工夫是本体，合得本体是工夫"，此始学之事也；"本体即是工夫，工夫即是本体"，此成学之事也。是故言思，思即学也；言学，学即思也。思、学并言，则习而存之之谓学，无时而离之者也；究而通之之谓思，有时而感者也。故曰："学而不思则罔，思而不学则殆。"斯救偏之说也。《书》曰："克念作圣，罔念作狂。"念即学也，即思也。思则得，不思则不得，故曰："思者，圣功之本。"思在我者也。后儒之学，每欲悬虚而思，遍物而格，思在外者也。此思、学之辩也。

曰：不思而得，不勉而中，圣人也。然则周公非圣人欤？仰而思之，夜以继日，又何思之勤耶？

曰：知此则知圣人之学矣。夫周公制礼作乐，监二代而成周之盛制，必将参诸众、酌诸己，欲其范围而弗过也，曲成而弗遗也，传之世而无弊也，岂必先事而可以预思之乎？亦岂径率而可以漫行之乎？是故圣人全其本体者也。本体无体，不可定也；应用无方，不可穷也。故虽圣人，必有兢业不息之诚，有极深研几之功，而后能通天下之志，成天下之务也。彼谓先无弗思者，离乎体者也；后无庸思者，离乎用者也。离乎体者，着物之学也；离乎用者，着空之学也。着物着空，其可谓之思乎？其可谓之学乎？

（录自《薛中离先生全书》，民国四年刊本）

聂豹学案

聂豹(1487—1563)，字文蔚，号双江，学者称双江先生，江西永丰人。正德十二年(1517)进士，授华亭知县。在任期间，修水利，兴学校，减赋税，革积弊，政绩显著。嘉靖四年(1525)召入为御史，巡按福建。出为苏州知府，后改任平阳知府。在平阳期间，修关练卒，退寇有方；廷议以豹为知兵，升陕西按察副史，备兵潼关。后遭人诬陷，被捕入狱，次年得出，落职归里。嘉靖二十九年(1550)，被荐召为右金都御史，后累官至兵部尚书。卒后赠太子少傅，谥"贞襄"。

聂豹好王守仁良知之说，曾至余姚拜访王守仁，"与辩难，心益服"。后以书信向王守仁汇报学习心得，请教"勿忘勿助"等问题，王守仁在回信中称赞其学已得大旨，只是"有一二未莹彻处，却是致良知之功尚未纯熟，到纯熟时自无此矣"，对其弘扬良知之学寄予厚望。王守仁去世后，聂豹悔未及拜称弟子，设位北面再拜，始自称王门弟子。他与王门诸子王畿、钱德洪、邹守益等往来通书论辩，学术交往密切。

在江右王门中，聂豹是以"归寂"说而见称的。他早年曾认为"是非之心，人皆有之，吾惟即所感以求自然之则"；后来体会到"执感以为据，即不免于为感所役""因自省曰：'昔之役者，其逐于已发；而今之息者，其近于未发矣乎！'"黄宗羲在谈到聂豹的这一思想转变时，指出："先生之学，狱中闲久静极，忽见此心真体，光明莹彻，万物皆备，乃喜曰：'此未发之中也，守是不失，天下之理皆从此出矣。'及出，与来学立静坐法，使之归寂以通感，执体以应用。"由此看来，聂豹是在被捕入狱"闲久静极"的情况下，经过苦苦思索体认而顿悟"归寂"之旨，由"执感以为据""逐于已发"转向"执体以应用""归寂以通感"，实现这一思想飞跃的。

聂豹以寂体为良知的根本特质，并缘于寂感的二分，强调以寂直接作为体。其理论在中晚明有较高评价。黄宗羲认为阳明学"得江右为之救正,故不至十分决裂";"姚江之学,惟江右为得其传。东廓、念庵、两峰、双江其选也";"阳明一生精神,俱在江右"。在黄宗羲的心目中,聂豹与罗洪先的"归寂"一脉占有比较重要的地位。聂豹著作有《双江聂先生文集》十四卷、《困辨录》八卷行世。今有阳明后学文献丛书本《聂豹集》(凤凰出版社,2007 年)。

困辨录

人心道心,皆自其所发者言之,如恻隐之心,羞恶之心,辞让、是非之心是也。感应流行,一本乎道心之发,而不杂以人为,曰精;其常不杂,曰一。中是道心之本体,有未发之中,便有发而中节之和,和即道心也。天理流行,自然中节,动以天也,故曰微;人心云者,只纤毫不从天理自然发出,便是动以人,动以人便是妄,故曰危。"乍见孺子入井"一段,二心可概见矣。

不睹不闻,便是未发之中,常存此体,便是戒惧。去耳目支离之用,全虚圆不测之神,睹闻何有哉!

过与不及,皆恶也。中也者,和也,言中即和也。致中而和出焉,故曰"至其中而已矣"。又曰"中焉,止矣"。

龟山一派,每言"静中体认",又言"平日涵养",只此四字,便见吾儒真下手处。考亭之悔,以误认此心作已发,尤明白直指。

程子曰:"有天德便可语王道,其要只在慎独。"中是天德,和是王道,故曰"苟非至德,至道不凝"。戒慎不睹,恐惧不闻,修德之功也。

性体本自戒惧,才颓惰便失性体。

或问:"未发之中为静乎?"盖静而常主夫动也。"戒慎恐惧为动乎"?盖动而常求夫静也。

凡用功,似属乎动,而用功的主脑,却是静根。

感应神化,才涉思议,便是憧憧。如憧憧,则入于私意,其去未发之中,何啻千里!

人自婴儿以至老死,虽有动静语默之不同,然其大体莫非已发,气主之也。而立人极者,常主乎静。

或问:"周子言静,而程子多言敬,有以异乎?"曰:"均之为寡欲也。周曰'无欲故静',程曰'主一之谓敬'。一者,无欲也。然由无欲入者,有所持循,久则内外斋庄,自无不静。若入头便主静,惟上根者能之。盖天资明健,合下便见本体,亦甚省力,而其弊也,或至厌弃事物,赚入别样蹊径。是在学者顾其天资力量而慎择所由也。近世学者猖狂自恣,往往以主静为禅学,主敬为迂学,哀哉!"

问"情顺万事而无情"。曰:"圣人以天地万物为一体,疾痛疴痒皆切于身,一随乎感应自然之机而顺应之。其曰'无情',特言其所过者化,无所凝滞留碍云尔。若枯忍无情,斯逆矣,谓顺应,可乎!"(以上《辨中》)

至静之时,虽无所知所觉之事,而能知能觉者自在,是即纯坤不为无阳之象,星家以五行绝处便是胎元,亦此意。若论《复》卦,则宜以有所知觉者当之,盖已涉于事矣。邵子诗曰:"冬至子之半,天心无改移。一阳初动处,万物未生时。"夫天心无改移,未发者,未尝发也;一阳初动,乃平旦之好恶,太羹玄酒,淡而和也。未发气象,犹可想见,静中养出端倪,冷灰中迸出火焰,非坤之静翕归藏,潜而养之,则不食之果,可复种而生哉!知复之由于坤,则知善端之萌,未有不由于静养也。

寂然不动,中涵太虚,先天也。千变万化,皆由此出,可以合德、合明、合序、合吉凶,故曰"天弗违"。触之而动,感而后应,后天也。何思何虑,遂通而顺应之,故曰"奉天时",言人力一毫不与也。(以上《辨易》)

寡欲之学,不善体贴,将与克伐、怨欲、不行同病,知意必固我、声臭睹闻皆是欲,而后可以识寡欲之学。

一毫矜持把捉,便是逆天。

自得者,得其本体而自慊也。功夫不合本体,非助则忘,忘助皆非道。

集犹敛集也,退藏于密,以敦万化之原,由是感而遂通,沛然莫之能御,犹草木之有生意也,故曰"生则恶可已矣"。袭而取之者,义自外至也;集义所生者,义由中出也。自三代而下,浑是一个助的学问,故曰"天下之不助苗长者寡矣"。与其得助农,不若得惰农,惰则苗不长而生意犹存,若助则机心生而道心忘矣。

鸢飞鱼跃,浑是率性,全无一毫意必。程子谓"活泼泼地",与"必有事焉而勿正,心勿忘"同意。

才离本体,便是远。复不远云者,犹云不离乎此也。其曰不善,恐于本体尚有未融化处,而不免有矜持意。未尝不知明镜纤尘,未尝复行洪炉

点雪,少有凝滞,而融化不速,便已属行。(以上《辨心》)

素者,本吾性所固有,而豫养于己者也。位之所值,虽有富贵、贫贱、夷狄、患难之不同,然不以富贵处富贵,而素乎富贵,不以贫贱处贫贱,而素乎贫贱。大行不加,穷居不损,而富贵、贫贱、夷狄、患难处之若一,则无入而不自得。得者,得其素也。佛氏云"悟人在处一般",又云"随所住处常安乐",颇得此意。(《辨素》)

一念之微,炯然在中,百体从令,小而辨也。

止于至善,寂然不动,千变万化,皆由此出,《井》养而不穷也。

《易》以道义配阴阳,故凡言吉凶悔吝,皆主理欲存亡、淑慝消长处为言。世之所云祸福,亦不外是战战兢兢,临深履薄。曾子之震也,震莫大于生死之际,起而易箦曰:"吾得正而毙焉,而今而后,吾知免夫!"可谓不失其所主之常,不丧匕鬯也。(以上《辨易》)

才觉无过,便是包藏祸心。故时时见过,时时改过,便是江、汉以濯,秋阳以暴。夫子只要改过,乡愿只要无过。

机械变诈之巧,盖其机心滑熟,久而安之。其始也,生于一念之无耻,其安也,习而熟之,充然无复廉耻之色,放僻邪侈,无所不为,无所用其耻也。

天地以生物为心,人得之而为人之心。生生不已,故感于父子则为慈孝,感于昆弟则为友恭。故凡修道,一涉于营欲谋为,而不出于生生自然之机者,皆不可以言仁。不可以言仁,则袭也。袭而取之,则身与道二,不可以言合也。(以上《辨过》)

先有个有所主之心,曰"适"。先有个无所主之心,曰"莫"。无所主而无所不主,无所不主而先无所主,曰"义"。

不见所欲恶,而寂然不动者中也。欲恶不欺其本心者忠也,非中也,然于中为近。欲恶之际,不待推而自然中节者和也。推欲恶以公于人者恕也,非和也,然于和为近。忠恕是学者求复其本体一段切近功夫。(以上《辨仁》)

心之生生不已者易也,即神也。未发之中,太极也。未发无动静,而主乎动静者,未发也。非此则心之生道或几乎息,而何动静之有哉!有动静两仪,而后有仁义礼智之四端,有四端,而后有健顺动止、入陷丽说之八德。德有动有静也,故健顺动止而不失乎本然之则者,吉以之生。盖得其本体,发而中节也。入陷丽说,静而反累于动者,凶以之生。盖失其本体,发而不中也。能说诸心,能研诸虑,举而措之天下,而大业生焉。(《辨神》)

养气便知言,盖权度在我,而天下之轻重、长短莫能欺,非养气之外,别有知言之学也。

子莫执中,盖欲择为我兼爱之中而执之,而不知为我兼爱皆中也。时当为我,则中在杨子;陋巷闭户,颜子是也。时当兼爱,则中在墨子;过门不入,禹是也。盖中无定体,惟权是体,权无定用,惟道是用。权也者,吾心天然自有之则,惟戒慎不睹、恐惧不闻,然后能发无不中,变易从道,莫非自然之用。不然,则以中而贼道者,何限?自尧、舜之学不明,往往以中涉事为,若将随事随处,精察而固执之,以求所谓当然之节,而不知瞬息万变,一毫思虑营欲着不得,是谓"后天而奉天时也"。若临事而择,己不胜其憧憧,非但惟日不足,顾其端无穷,胶凝固滞,停阁废弃,中亦袭也,况未必中乎!

问:"迁善改过,将随事随处而迁之、改之乎?抑只于一处而迁之、改之也?"曰:"天下只有一善,更无别善,只有一过,更无别过。故一善迁而万善融,一过改而万过化。所谓'一真一切真'。"

问:"闲思杂虑,祛除不得,如何?"曰:"习心滑熟故也。习心滑熟,客虑只从滑熟路上往还,非一朝一夕之故也。若欲逐之而使去,禁之而使不生,骤突冲决,反为本体之累。故欲去客虑者,先须求复本体。本体复得一分,客虑减去一分。然本体非敬不复,敬以持之,以作吾心体之健,心体健而后能廓清扫荡,以收定静之功,盖盗贼无主,势必解散,然非责效于日夕、用意于皮肤者可几及也。"

问:"良知之学何如?"曰:"此是王门相传指诀。先师以世之学者,率以无所不知、无所不能为圣人,以有所不知不能为儒者所深耻,一切入手,便从多学而识,考索记诵上钻研,劳苦缠绊,担阁了天下无限好资质的人,乃谓'良知自知致而养之,不待学虑,千变万化,皆由此出'。孟子所谓不学不虑,爱亲敬长,盖指良知之发用流行,切近精实处,而不悟者,遂以爱敬为良知,着在支节上求,虽极高手,不免赚入邪魔蹊径,到底只从霸学里改换头目出来。盖孩提之爱敬,即道心也,一本其纯一未发,自然流行,而纤毫思虑营欲不与。故致良知者,只养这个纯一未发的本体。本体复则万物备,所谓立天下之大本。先师云:'良知是未发之中,廓然大公的本体,便自能感而遂通,便自能物来顺应。'此是《传习录》中正法眼藏,而误以知觉为良知,无故为霸学张一赤帜,与边见外修何异? 而自畔其师说远矣!"

问:"随处体认天理,何如?"曰:"此甘泉揭以教人之旨。甘泉得之罗豫章,豫章曰:'为学不在多言,但默坐澄心,体认天理。若见天理,则人欲便自退听。由此持守,庶几渐明,讲学始有得力处。'又曰:'学者之病,在于无冻解冰释处,虽用力持守,不过苟免,形显过尤,无足道也。'究其旨意,全在'天理'二字。所谓见天理者,非闻见之见。明道曰:'吾道虽有所受,然天理二字,却是自家体贴出来。'而世之揣摩测度、依傍假借为体认,而反害之者多矣。天理是本体,自然流行,知平旦之好恶,孩提之爱敬,孺子入井之怵惕、恻隐,不假些子帮助。学者体认到此,方是动以天。动以天,方可见天理,方是人欲退听、冻解、冰释处也。此等学问,非实见得未发之中、道心惟微者,不能及。"

问:"今之学者何如?"曰:"今世之学,其上焉者则有三障:一曰道理障,一曰格式障,一曰知识障。讲求义理,模仿古人行事之迹,多闻见博学,动有所引证。是障虽有三,然道理格式又俱从知识入,均之为知识障也。三家之学,不足以言豫,责之以变易从道,皆不免有跲疐困穷之患。盖义理随事变以适用,非讲求所能备;事变因时势而顺应,非格式所能拟;义理事变有圣人所不知不能处,非一人所能周,故曰'障'。然尚是儒者家法,可以维持世教,而无所谓败常乱俗也。此外又有气节文章二家。气节多得之天性,可以励世磨钝、廉顽立懦。文章又有古文、时文,亦是学者二魔。魔则病心障,是障于道,故先儒常曰:'圣贤既远,道学不明,士大夫不知用心于内,以立其本,而徒以其意气之盛,以有为于世者多矣。'彼词令之美,闻见之博,议论之韪,节概之高,自其外而观之,诚有以过乎人者。然探其中而责其实,要其久而持其归,求其充然有以慰满人望,而无一瑕之可疵者,千百中未见一二可数也。(以上《辨诚》)

(录自沈芝盈点校,黄宗羲著《明儒学案》,中华书局 2008 年版)

答王龙溪（即致知议略）

来书云：颜子不远复，正是德性之知，孔门致知之学，所谓复以自知不学不虑之良知也。子贡务于多学，以亿而中，与颜子正相反，颜子没而圣学亡。子贡学术易于凑泊，积习渐染，至千百年而未已也。先师忧悯后人，将此两字信手拈出以承千圣绝学，诚不得已之苦心。世之儒者，反哄然指以为异而非之，夜光之珠，视者按剑，亦无怪其然也。

克己复礼，三月不违，是颜子不远于复，竭才之功也。复以自知，盖言天德之刚，复全于我，而非群阴之所能乱。却是自家做得主宰定，故曰自知犹自主也。子贡以多识亿中为学，诚与颜子相反，至领一贯之训，而闻性于天道，当亦有见于具足之体，反而筑室，独居三年，其中之所存亦苦矣，要未可以易视之也。先师良知之教，本于孟子。孟子言孩提之童，不学不虑，知爱知敬，盖言其中有物以主之，爱敬则主之所发也。今不从事于所主，以充满乎本体之量，而欲坐享其不学不虑之成，难矣！

来书云：仁者与物同体，息为化生之元，入圣之微机也。夫气体之充而塞乎天地者也，气之灵为良知。孟子论日夜所息，平旦虚明之气即是灵气。造化无停机，才止息，即有生息之义。静专动直，灵之驭气也，静翕动辟，气之摄灵也。是以大生广生，动静之间，惟一息耳。邵子亦谓天地人之至妙至妙者也。医家以手足痿痹为不仁，盖言灵气有所不贯也。又以呼吸定息为接天地之根，盖言养而无害，塞乎天地之间也。人能从此一息保合爱养，不为旦昼之所梏亡，终日一息也。日至月至，日月一息也。三月不违，三月一息也。九年不反，九年一息也。推而至于百千万年，百千万年一息也。是为至诚无息之学。

仁是生理，亦是生气，理与气一也。但终当有别。告子曰：生之谓性。亦是认气为性，而不知系于所养之善否。杞柳、湍水、食色之喻，亦以当下为具足。勿求于心，勿求于气之论，亦以不犯做手为妙悟。孟子曰：苟得其养，无物不长，苟失其养，无物不消。是从学问上验消长，非以天地见成之息，冒认为己有而息之也。仁者与物同体，亦惟体仁者而后能与物同之。驭气摄灵与定息以接天地之根诸说，恐是养生家所秘，与吾儒之息未可强而同。而要以收敛为主，则一而已。一动一静，为天地人之至妙，邵子是从《易传》"一阴一阳之谓道"看得来，无以继善成性、显仁藏用、盛得大业、生生不已，而终之以阴阳不测之神，即邵子至妙至妙之叹。阴阳迭运，动静相生，循环无端，而天地日月、水火土石、人鬼、禽兽、草木皆从生灭摩荡中成象成形，而莫知谁之所使，故曰至妙至妙者也。如曰气之灵为良知，即谓气之理为良知亦可。气有升降，便有动静，而曰良知无未发之时，岂别有说乎？

来书云：性为人之生理，息则其生生之机也。佛氏以见性为宗，吾儒之学亦以见性为宗。致良知，见性之宗也。性定则息定，而气自生生，故曰是集义所生者也，尽性以至于命也。若曰息则气定，气定则气命于性，而归于虚寂，则将入于禅定，非致知之旨矣。

息有二义：生灭之谓也。攻取之气息，则湛一之气复。此气化升降之机，无与于学问也。予之所谓息者，盖主得其所养则气命于性，配义与道，塞乎天地，生生之机也。《传》曰：虚者气之府，寂者生之机。今以虚寂为禅定，谓非致知之旨，则异矣。佛氏以虚寂为性，亦以觉为性，又有皇觉、正觉、圆觉、觉明、明觉之异，佛学养觉而啬于用时，儒用觉而失所养，此又是其大异处。

来书云：息之一字，范围三教之宗。老氏谓之谷神、玄牝，其息深深。蒙庄氏谓之六月息，释氏谓之反息还虚，吾儒则谓之向晦入宴息，邵子谓之复姤之几，天地之呼吸也。是息，先天地而生，后天地而存，人能明此一息，是为天地氤氲，万物化生，一息通于今古。平旦之气，有不足言者矣。

《易》曰：随时之义大矣哉。泽中有雷，随君子以向晦入宴息。盖亦康衢，日出而作，日入而息之谣。消息盈虚，天行也，君子尚消息盈虚，亦只是随时之义。申申夭夭，休休荡荡，便是夫子息境。若是精神向里收敛，亦便是时时息，更无昼旦之别。其以息为范围三教之宗，而搀和二氏及养生家之言以神其说，疑张皇之过也。

来书云：正其谊不谋其利，明其道不计其功。道谊未尝不利，未尝无功，但有计谋之心，则为有所为而为，即入于功利。先师所谓一心在根上培灌，不作枝叶花实之想，但得此根生意不息，不怕无枝叶花实，此是对症之药，所当时时勤服者也。

物上求正，随在致此良知，周乎物而不过云云，恐不免有功利心。君子以成德为行与德修罔觉，更无些子功利意，却别是一乾坤也。无妄六二之象曰：不耕获，未富也。言耕而获，便是功利，惟耕而不计获者，方是一心在根上培灌，不作枝叶花实之想。其间特毫厘之差，不知尊兄以何者为根，亦以何者为枝叶花实。格物是致知之功，随在致此良知，周乎物而不过，谓是为培灌根乎？亦只是培灌枝叶花实，便是培灌根也？鄙人之见，窃谓心体是根，事为是枝叶，事为之得其当处是花实。致虚守寂以养乎未发之中，而于感应之变化听其自然，人力无所与也，却是一心在根上培灌，不作枝叶花实之想。

来书云：吾人今日正当潜龙之学，不易乎世，不成乎名。故君子立心为己，莫先于淡，淡是入德之基。吾人潜不久，淡不下，只是世情心未忘。此是最初发轫第一步，不可以不深省也。

君子黯然之学，便是潜龙之学。潜则含晦章美，专于内养以成其德，不见其有外见之美，泊乎其淡也。潜故淡耳，非有心于淡也。故曰：不易乎世，不成乎名。谓是为发轫第一步是也。但前此既谓良知者，千圣之绝学，范围三教之宗；又谓息之一字，范围三教之宗；又谓千古圣学，只在几上用功；又以无前后、内外为千圣斩关第一义；又以乾知大始为浑沌初开第一窍；又谓千古道脉，只在虞廷道心之微；兹又以发轫第一步归之潜与淡，不知是一了百当耶？抑自有前后内外之可言也？

（录自《双江聂先生文集》，明隆庆刊本）

邹守益学案

邹守益(1491—1562),字谦之,号东廓,学者称东廓先生。江西安福人。正德六年(1511)会试第一,廷试第三,授翰林院编修。嘉靖三年(1524),因直谏忤旨,谪广德州判官。在广德州期间,毁淫祠,建复初书院讲学。稍后迁南京礼部郎中,再迁太常少卿,兼侍读学士,掌南院。后升任南京国子祭酒。嘉靖十二年(1533),九庙有灾,上疏忤旨,落职归里。居家讲学二十余年,四方从游者甚众。卒后赠南京礼部侍郎,谥"文庄"。

邹守益为学先宗程朱,后师事王阳明。据《明儒学案》,邹守益"初见文成于虔台,求表父墓,殊无意于学也。文成顾日夕谈学,先生忽有省曰:往吾疑程、朱补《大学》,先格物穷理,而《中庸》首慎独,两不相蒙,今释然,格致之即慎独也。遂称弟子。"显然,邹守益起初对王学并不感兴趣,故初见王阳明时,原本只是想请为其父撰写墓志,无拜师求学之意。但见到阳明后,王与其日夜论学,对他多年疑惑不解的《大学》《中庸》宗旨不一问题,做出圆满解答,并使他从中深受启发和教益。于是便一改初衷,拜师入门,由尊奉程朱理学转而笃信王学,并为江右王门的主要传人。王时槐曰:"盖阳明王公之学盛于东南,实赖先生力也。"可见其在传播王学方面的卓著贡献。

东廓之契入良知是由对《大学》格致与《中庸》戒慎之旨不一而始的,戒惧慎独便成了致良知工夫的代名词而被置于其体系的核心,以"戒慎恐惧所以致良知",道德教育的"惩忿窒欲""改过迁善"是人们达到良知的途径。这之上又有一个共同的原则"敬",其学"得力于敬"。所谓"敬",就是要"慎独戒惧",这是"良知精明而不杂于尘俗"的根本。然而慎独戒惧又不是着意刻求,不是做作,不是要把"戒惧"紧系心头,而是要经常地保持心地的安宁,"不睹不闻"。邹守益以主敬戒慎为中心来阐发王阳明的"致良知"之教,确有许多独到之处,对王门后学中的"现成良知"派、"百姓日用即道"派等的自由放任观点,多有纠正。

其后的学者对邹守益的思想多有认同和发挥。邹守益一向被认为阳明之传的正宗。邹守益著作有《东廓邹先生文集》十二卷、《东廓邹先生遗稿》十三卷等。今有阳明后学文献丛书本《邹守益集》(凤凰出版社,2007年)。

阳明先生文录序

钱子德洪刻先师文录于姑苏,自述其裒次之意,以纯于讲学明道者为正录,曰明其志也;以诗赋及酬应者为外集,曰尽其全也;以奏疏及文移为别录,曰究其施也。于是先师之言粲然聚矣。以守益预闻绪言之教也,寓简使序之。

守益拜手而言曰,知言诚未易哉。昔者孔夫子之在春秋也,从游者三千,速省者七十矣,而犹有莫我知之叹,叹夫以言求之而眩其真也。夫子既没,门弟子欲以所事夫子者事有子,夷考其取于有子,亦曰甚矣其言之似夫子也,则下学上达之功,其著且察者鲜矣。推尊之词,要亦未足以及之。贤于尧舜,尧舜未易贤也。走兽之于麟、飞鸟之于凤,虽勉而企之,其道无繇不几于绝德乎。礼乐之等,最为近之。然犹自闻见而求,终不若秋阳江汉、直悟本体为简易而切实也。盖在圣门,惟不迁怒、不二过之颜,语之而不惰。其次则忠恕之曾,足以任重而道远,故再传而以祖述宪章,譬诸天地四时。三传而以仕止久速之时,比诸大成,比诸巧力,宛然江汉秋阳家法也。秦汉以来,专以训诂,杂以佛老,侈以词章,而皓皓肫肫之学,淆杂偏陂而莫或救之。逮于濂洛,始克续其传。论圣之可学,则以一者无欲为要;答定性之功,则以大公顺应学天地圣人之常。嗟乎,是岂尝试而悬断之者乎?其后剖析愈精,考拟愈繁,著述愈富,而支离愈甚,间有觉其非而欲挽焉,则又未能尽追寘臼而洗濯之。至阳明先师慨然深探其统,历艰履险,磨瑕去垢,独揭良知,力拯群迷,犯天下之谤而不自恤也,天下之人稍稍如梦而觉,沂濂洛以达洙泗,非先师之功乎!

以益之不类,再见于虔,再别于南昌,三至于会稽,窃窥先师之道,愈简易,愈广大,愈切实,愈高明,望望然而莫知所止也。当时有称先师者曰:古之名世或以文章,或以政事,或以气节,或以勋烈,而公克兼之,独除却讲学一节，便是全人。先师笑曰：某愿从事讲学一节，尽除却四者，亦是全人。又有訾诎之者，先师曰：古之狂者，嘐嘐圣人而行不掩，世所谓败阙也，而圣人以列中行之次。忠信廉洁，刺之无可刺，世所谓完全也，而圣门以为德之贼，某愿为狂以进取，不愿为愿以媚世。呜呼，今之不知公者，果信其为中行之次乎？其知公者，果能尽除四者而信其为全人乎？良知之明，蒸民所同。本自皓皓，本自肫肫，常寂常感，常神常化，常虚常直，常大公常顺应，患在自私用智之欲所障，始有所尚，始有所倚。不倚不尚，本体呈露。宣之为文章，措之为政事，犯颜敢谏为气节，诛乱讨贼为勋烈。是四者，皆一之流行也。学出于一，则以心求言矣。学出于二，则以言求心矣。守益方病于二之而未瘳也。故反覆以质于吾党。吾党欲求知言之要，其惟自致其良知乎！

双江聂子寿言

双江聂子文蔚守平阳，陟潼关宪使，扑被径归。荐者与媚者持三年而始白，天官卿请于上，有召命矣。岁在丁未，月正十有三日，跻初度之庆，郡之同志约于青原，联舟于文江，谋祝寿筵觞。

有谈毁誉之定者曰："双江子之筮仕华亭也，即以剸繁闻。其按八闽，慨然有揽辔澄清之志。比治姑苏，以礼教风于士民，盖动而得誉，然谤亦随之。迩者扑骄虏烈焰，障畿甸，为长城，天子瞿然有平原何状之咨。公卿荐之，台谏荐之，谓立升要津矣。而贝锦鬼蜮，几不可诘。赖公议昭明，以终誉处也。双江子其展布四体，用对于群望乎？"益曰："学无毁誉，毁誉以言乎声也。譬之耳焉，鹊之喈喈，鸦之哑哑，各通于听而不留。而以毁誉异，是以鸦鹊为欣戚也。"

有谈出处之时者曰："昔水云公之课子也，将以补衮职，若明命而发四方也。聂子只义训以恪官箴，知有吾君，知有吾民，而不知有权贵，不知有夷虏，亦曰仰希先哲，俯愧来世，而岂拟世途之巉险若是也？白水之橐，可敌金牛，以怡吾神，以敦吾宗，以惠吾乡、终吾齿而安矣。从子司谏，门生朝著，足以报国承家，展未尽之蕴。若复驱车九曲，以拯颠崖。于世道计，则得矣，其若自为何？"益曰："学无出处，出处以言乎迹也。譬之途焉，水乘舟，陆乘车，泥乘橇，山乘檋，随所遇而通其变。而以出处异，是以水陆为前郤也。"

有谈寂感之几者曰:"双江子之志卓矣,而才足以充之。驱驰四方,舍矢如破。及闻阳明先师之学,精思力践,若虞机张而省括度也。晚而自得,恍然有悟于未发之中,而深惧以义袭为格物。其有意于寂以妙感已乎?"益曰:"学无寂感,寂感以言乎所指也。譬之日焉,光其体也,照其用也。而以先天后天分,是以体用为先后也。夫倚于毁,则绝物;倚于誉,则合污;倚于出,则溺而不止;倚于处,则往而不反;倚于寂,则不能以有为为应迹;倚于感,则不能以明觉为自然。故曰'德輶如毛',言未化也;'无声无臭',则至诚而化,焉有所倚?是之谓肫肫维仁。仁而肫肫,则渊渊浩浩,与天同运,与江河同流,与日月同明。是之谓仁者无疆维寿。双江子,同志之贲育也。吾辈共筑寿坛,拜以先登。凡我同志,各勇于自寿。众以次胥寿之,请无让!"

青原赠处

阳明夫子之平两广也,钱王二子送于富阳。夫子曰:"予别矣,盍各言所学。"德洪对曰:"至善无恶者心,有善有恶者意,知善知恶者是良知,为善去恶是格物。"畿对曰:"心无善而无恶,意无善而无恶,知无善而无恶,物无善而无恶。"夫子笑曰:"洪甫须识汝中本体,汝中须识洪甫工夫。二子打并为一,不失吾传矣。"

逾年,先生薨于南安,不及稽二子之成也。而二子交砥互砺,以求不坠遗绪。闻吾邦惜阴之会视四方为盛,冒暑跋涉,升九华,历匡庐,以至复古,大会于青原。吉郡同志欣欣携子弟从之,而南昌临瑞抚赣之彦亦闻风胥集,相与宣畅格致宗旨。工夫缜密,本体精粹,人人若先师之临乎上也。龙溪子以病逾月而归,绪山子泝澄江,入五云以别。同志瞿然赠处之义,益拜手绎以所闻。

曰:良知之旨,其天命之性乎?是性也,不睹不闻,无声无臭,而莫见莫显,体物不遗。不睹不闻,真体常寂,命之曰诚;莫见莫显,妙用常感,命之曰神。常寂常感,常虚常灵,有无之间,不可致诘,命之曰几。性焉安焉,知几其神,以止至善。天运川流,不舍昼夜。复焉执焉,见几而作,迁善改过,雷厉风飞,不俟终日。有所忿懥好乐则不寂,不寂则挠其体;亲爱贱恶而辟则感不通，不通则窒其用。慎哉其惟独乎！独也者，几也。于焉戒慎，于焉恐惧，日瑟僩，日赫喧，日精微，日广大。礼仪威仪，无适非仁；发育峻极，无适非天。是为诚立神通、全生全归之学。世之拟议言动，绳趋矩步，而贞纯未融，其蔽也支；独抱玄机，与造化游，而人伦庶物脱略未贯，其蔽也虚。皆师门所弗与也。况于矮人观场、狂犬逐块、游骑无归！愈测度而愈远，愈勤瘁而愈悖，愈担当而愈猖狂。其获罪于天命也滋甚。凡我同游，无智愚，无仕隐，无耄倪，从精神命脉处自怨自艾，自成自道，夙兴夜寐，无负此生，以慰二君子千里枉教之志。浙中诸友寄声胥勉之。异时泛天真，谒兰亭，历赤城石梁，放于东海，归探鹅湖象山遗迹，共结江浙一社，以服膺师训，庶无为兹会玷。二君其有以处我。

惜阴申约

吾邑惜阴之会，始于丙戌。复古之创，始于丙申。凡我同会，或五六年，或七八年，或逾十年，或逾二十年，甚者三十年矣。三十年则为一世矣。十年则天道一变矣。迩者绪山、龙溪二兄自浙中临复古，大聚于青原。考德问业，将稽先师传习之绪，而精进者寡，因循者众。是忽实修而崇虚谈也。意者相规相劝之方未至与？喜怒屡迁，而自以为任真；言动多苟，而自以为无伤。子臣弟友、宗族乡党多少不尽分处，而自以为无败亏。知者不肯言，言者不肯尽，而闻者不肯受，不几于相率而为善柔乎？循是以往，坐枉此生。上以贻玷师门，而下以疑误后学。试观预会之友，日亡月逝，虽欲改过自新，悔何所及？中夜思之，猛自怨艾。图与同志保此岁寒。

自今以往，共订除旧布新之策。人立一簿，用以自考。家立一会，与家考之。乡立一会，与乡考之。凡乡会之日，设先师像于中庭，焚香而拜，以次列坐，相与虚心稽切。居处果能恭否？执事果能敬否？与人果能忠否？尽此者为德业，悖此者为过失。德业则直书于册，庆以酒；过失则婉书于册，罚以酒；显过则罚以财，大过则倍罚，以为会费。凡与会诸友，各亲书姓名及字及生辰，下注"愿如约"三字，其不愿者勿强其续，愿入者勿限。

冲玄录

双江聂子偕诸君聚玄潭，论寂感异同。曰："于穆不已，天道无停机；戒惧不离，圣学无停机。故四时常行，百物常生，无往非太极；礼仪三百，威仪三千，无往非真性。"

存所范子偕诸友升曲江亭，谈九日故实。曰："古人崇阳德，故阳月阳日必以立佳节。从善如登日，升于阳明，故人从山为仙。从恶如崩，日流于阴浊，故人从谷为俗。"因命诸生歌《伐木》，曰："出幽迁乔，圣门取友损益之机。"

鲁江裘子、瑶湖王子偕诸君聚清真，论心体自然。曰："天行常健而不已，圣学常强而不息。健是太极之自然，强是真性之自然。迩来学者以因循为平等，以严密为过当，于古人戒惧瑟僩，几若长物，恐非自然宗旨。"

南昌同游，自天宁升龙沙，立高阜上，叹沙聚甚奇。曰："此是造化无中生有处。天地万物自无而有，自有而无，皆是气机聚散，屈伸原不可致诘。吾侪只是斋明盛服，非礼不动，以立其诚，则神明在我，裁成辅相，尽从此运用，自能了得天地万物。"

刘让甫问《大学》条目当融会为一。曰："天下国家之本在身，身而能修，便是好恶中节而不辟。在家为齐，在国为治，在天下为平。有远迩而无二功。天下国家之实际曰物，物而能格，便是好恶中节。"曰："可见之行处在知为致，在意为诚，在心为正，有隐显而无二时。故修己以安百姓。在上为事，在下为使，在前为从，在后为先，在左右为交，自天子至于庶人，有贵贱而无二学。"

谢惟仁同汪希文诸友至自徽，论为学先须辨志。曰："志亦未易辨。昔岁见先师时，便知从良知上致，只是认得良知粗了，故包漫世情，倚靠闻见，悬想精蕴，终于洁洁净净处未肯着实洗刷，遂蹉跎暮齿，真可愧悔。此学容一毫包漫、一毫倚靠、一毫悬想不得，须是自濯自暴，方入得精一一脉。"

濮致昭问克去己私如何以授颜子。曰："颜子深潜纯粹，比粗鄙近利者殊科。居处恭，执事敬，与人忠，犹直指本体，不曾从去私上着脚。观出门使民、参前倚衡，可验圣学脉络。某常看克己复礼便是修己以敬，天下归仁便是安人安百姓,盎然一团仁体,故曰为仁由己。认得由己,容一毫安肆因循不得,自然非礼勿履。"曰:"如何是非礼?"曰:敬则复礼,不敬则非礼。少湖子常问:'非礼勿视听言动,此非礼属物不属物?'某亦问少湖子曰'克己复礼,此礼字属物不属物?'徐子笑曰:'礼不在物。'某亦笑曰:'非礼不在物。'"

江懋桓问天下事变必须讲求。曰:"圣门讲求,只在规矩。规矩诚立,千方万员,自运用无穷。平天下之要不外絜矩。直至琼台,方补出许多节目。岂是曾子比邱氏疏略欠阙?"曰:"规矩如何讲求?"曰:"如恶恶臭,如好好色,兢兢业业,求尽帝则之真纯,以察人伦,以明庶物,而不使作好作恶加损其间,是之谓不逾矩之学。故忿懥好乐,廓然大公;亲爱贱恶,随物顺应。以接家庭曰齐,以接邦国曰治,以接四海九州曰平。《大学》推絜矩之目,只是上下前后左右,好恶不辟,种种方员,千变万化,何尝有定局?"

周有之问格致。曰:"心不离意,知不离物。而今却分知为内,物为外,知为寂,物为感,故动静有二时,体用有二界,分明是破裂心体,是以有事为点检,而良知却藏伏病痛,有超脱事为而自谓良知莹彻,均之为害道。"

觉山洪子至自徽,风雨甚劳,访于精思楼上。问别来新功,曰:"点检得来,犹不能脱一懒字。"曰:"此一字是千罪万过之根。吾辈从学数十年,尽是此病根耽阁了。若不孟自斩截,终被他碍却生机。武王太公克殷而归,年皆逾耄矣,君臣斋戒,以启丹书,凛凛以敬怠分吉凶从灭之关,方是仁为己任样格。"

少初徐子至自东乡,慨然切砥真性超脱之几,须从无极太极悟入。曰:"某亦近始悟得此意,然只在二气五行流运中。故从四时常行、百物常生处见太极,礼仪三百、威仪三千处见真性,方是一滚出来。若隐隐见得真性本体,而日用应酬凑泊不得,犹是有缝隙在。先师有云'不离日用常行内,直造先天未画前',了此,便是下学上达之旨。"

陈崇吉问博约。曰:"圣门之学,只从日用人伦庶物兢兢理会自家真性,常令精明流行。从精明识得流行实际,三千三百,弥满六合,便是博文;从流行识得精明主宰,无形无声,退藏于密,便是约礼。故亦临亦保,昭事上帝,不怨不尤,知我其天,初无二途辙。颜子欲罢不能,欲从末由,正是竭才卓尔,真见本性。"

张景仁问不睹不闻。曰:"汝信得良知否?"曰:"良知精明,真是瞒昧不得。"曰："精明有形乎?"曰："无形。"曰："有声乎?"曰："无声。"曰："无形与无声,便是不睹不闻;瞒昧不得,便是莫见莫显。"

余子庄问戒惧。曰："诸君试验心体是放纵的是不放纵的? 若是放纵的,添个戒惧,却是加了一物;若是不放纵的,则戒惧是复还本体。年来一种高妙,开口谈不思不勉,从容中道精蕴,却怕戒惧拘束,如流落三家村里,争描画宗庙之美、百官之富,于自家受用无丝毫干涉。"

黄惟德问著善掩恶。曰："著善掩恶,与徙义改过同行而异情。师友一堂,法言巽语,良知所触,咸有感发。平日放纵者易以收敛,平日骄侈者易以朴素,平日躁急者易以宽和,平日惨忌者易以慈惠,平日愿谨者易以迅励,其格式无以异也察心术之微,则判若天渊矣。由恻隐羞恶发端,是自家性命上用工,则能绎能改,可久可大,方为作德日休。由要誉恶声发端,是他人视听上用工,则徒悦徒从,乍起乍仆,不免作伪日拙。"

王仲大常学仙学佛,复相从问圣学。曰："二氏之学,皆从心性上用工,然立在玄妙中,不似圣学平平坦坦,在人伦庶物内精炼。故佛自是佛作用,仙自是仙作用。汝只一双脚,如何踏得三条路? 须收摄精神归一始得。"

王汝敬问浮思不静。曰："玄潭曾有苦闲思杂念者,因诘之曰,汝自思闲却恶闲思,汝自念杂却恶杂念,譬诸汝自醉酒却恶酒醉。果能戒惧一念,须臾不离,如何有工夫去浮思?"

卓峰黄子曰："畎亩不忘君,何如?"曰："君,犹天也。天其可忘乎?"曰："子何以报君?"曰："子将何以报天?"黄子问报天之义。曰："天生之,亲育之,君食之,师教之,分异而恩同。畏天之威,于时保之。出王游衍,参前倚衡。守先王之道,以淑善类,无敢为宇宙间侥幸之民。是所以报天,即以报君,即以报亲,即以报师友。"

张子汝愚至自万年,齿尚壮而容甚癯,愕然询其故。曰："为忧患所累。"曰："子亦记无去无来与裘子仕濂之辩乎? 既无去来,何累于忧患?"曰："当时亦是悬见虚谈。虚谈安能脱实病?"曰："无去无来,大公顺应,忧患安能累? 若憧憧往来,朋从尔思,病症终无了期。故养德养身,原非二事。"绪山钱子先别而归,拳拳论有意见之弊。其言曰："良知本体着以意见,犹规矩上着以方员,方员不可得而规矩先裂矣。"因语同游曰："此病犹是认得良知粗了。良知精明,肫肫皓皓,不粘带一物。意即良知之运行,见即良知之发越。若倚于意,便为意障;倚于见,便为见障。如秤天平者,手势稍重,便是弊端。"

金溪诸友游紫玄洞天,入翠云寺,观象山先生题壁,发明只今真伪之旨。曰:"吾辈论学,开口说要真,却安顿着不存;开口说辟伪,却安顿着不去。似此等待坐废光阴,如何得结果?须从只今辟伪存真,句句步步不肯自欺,方不愧先哲。淳熙己酉迫于今,己酉时相符也。跃马鸣玉,地相迩也。二三子其请事斯义,如川方增。"

疏山吴子会于望仙,述年来以悔自检。曰:"悔者进道之机。悔于见在,便是素位以学。若悔于既往,犹恐是将迎心。"既别,与诸生登舟,论牛山之木,谁为斧斤,谁为牛羊。诸生辨诘纷然。徐答之曰:"只是自家。"吴子曰:"识得自家,始好着工夫。"

介庵章子问:"静中体认,觉得无喜无怒,无哀无乐,此莫是未发时?"曰:"公看得喜怒哀乐粗了。既云体认,既云觉,是有情无情?"曰:"谓之无情则不可,谓之有情则未形,吾更思之。"曰:"昔人论体用一原,或譬诸钟,曰未扣而声在,及扣而声出。或譬诸镜,曰无时而不光,无时而不照。公所言,钟说也。某所言,镜说也。近见东石子录晦庵公一段甚精确,曰'有天地后此气常运;有此身后此心常发。惟当于常运处见太极,于常发处见本性。若离常运而求太极,离常发而求本性,恐不免佛老之荒唐也。'公请从心体体认,莫从书策校勘。明日,聚拟岘台,曰:吾得之矣,情是常发,性是常未发。戒慎恐惧即是情,故程门慎独不分昼夜,破我数十年之疑。"

东石王子论近来讲学多论本体,于开物成务似少实用。曰:"体用只一原。权能知轻重,度能知长短。吾侪只怕权度不精,何患轻重长短不能审别?只今事亲从兄、和族睦乡、亲师取友一一皆实用。古人以事上使下、从前先后、交左交右便是絜矩之实。"东石子曰:"古人论开物成务实用,须讲求得定,庶当局时不失着。"曰:"某常看棋谱,局局皆奇,只是印我心体之变动不居。若执定成局,亦受用不得。缘下了二十三年棋,不曾遇得一局棋谱。后此二三十年,亦当如是。空记棋谱何补?不如专心致志,勿思鸿鹄,勿援弓矢,尽自家精神随机应变。这方是权度在我,运用不穷。"

瑶湖子后至上清,相与历望仙,宿疏山,入祥符,乃泛泗水以别。因叹师友疏阔,精神不免浮泛。只今砥砺刮磨,自是歇手不得。相订岁一为会,于诸郡之中往来,咸以舟为便。因寄声会城同志。曰:"为人由己,靠不得师友。然孔门诸豪杰畏于匡，伐木于宋，问津于楚，绝粮于陈蔡，依依离师友不得。吾侪自许从事孔颜，却比对孔颜心体不合。发愤果忘食否？乐果忘忧否？欲罢果不能否？欲从果末由否？须是比对得合始得。"

王时茂问："居常用工只是私欲间断，常以质少初徐子，徐子语以真性未超脱之病。至今未得入路。"曰："仙家教人，直从先天一气上理会。不在病症疗治。疗治病症，只是修炼粗迹，安能入微？圣门正脉，直从天命之性刚健中正、纯粹精上理会，方达天德。孩提知爱，及长知敬，便是天机萌苗。但勿慕少艾，勿慕妻子，勿慕君热，中培养得灵根，自然邕茂条达。礼仪威仪，无往非仁。今却粘带俗情，凝冰焦火，自伐自牧，更埋冤着谁。"

龙溪王子曰："不落意见，不涉言诠，如何？"曰："何谓意见？"曰："隐隐见得自家本体，而日用凑泊不得，是本体与我终是二物。"曰："何谓言诠？"曰："凡问答时言语有起头处，末稍有结束处，中间有说不了处，皆是言诠所缚。"曰："融此二证何如？"曰："只方是肫肫皓皓实际。"

明水陈子至冲玄，复聚拟岘，逾樟源岭，别于文殊寺，拥衾箴砭。曰："予近得龙溪子意见言诠一针，更觉儆惕，只是时时洗刷，时时洁净，方是实学。实学相证，何须陈言。"陈子曰："某亦近有觉悟，直从本体精明时时儆惕，一有碍滞，不容放过，视向者补过救阙、支撑悔尤更透一格。"曰："勉之矣，我日斯迈而月斯征，保德保身，无负白首黄绮之期！"

杨一宁问："戒惧与慎独分动静？"曰："戒慎恐惧，非动而何？"曰："不睹不闻是耳无闻，目无见时否？"曰："既云戒惧，如何得耳无闻、目无见？戒慎恐惧便是慎，不睹不闻便是独。慎独之功不舍昼夜，故曰不可须臾离。"

甘瀛之问处富贵。曰："富者能以财济人于乏，贵者能以势力拯人于厄。如有目者能指盲以路，有手足者披跛于沟壑，方是自尽仁体。若倚富削贫，挟势凌贱，是诳盲而欺跛，神必殛之！故富贵而积德者易以昌，富贵而悖德者易以亡。"

杨淑文问趋向难定。曰："争名夺利，疲精瘁神，以骛朝市，如蜗牛升壁，涎枯而不知止。志道据德，敛聪收明，以慎屋漏，如虬龙藏渊，方饵不能动。故善学者爱其身，以为万物之主；不善学者轻其身，以为万物之役。"

（录自《东廓邹先生文集》，清初刻本）

陈九川学案

陈九川(1494—1562),字惟濬,又字惟濬,号竹亭,后号明水,江西临川人。江右王门重要成员之一。正德九年(1514)进士,授太常博士。武宗南巡寻欢作乐,陈九川与赣籍官员修撰舒芬、考功员外郎夏良胜、礼部主事万潮等,连疏谏反对,触怒武宗,罚跪午门五昼夜,几死廷杖,削为民。此四人被称为"江西四谏"。世宗即位后,复任礼部主客司郎中,又因改革旧制,"正贡献名物,节犒赏费数万",得罪权贵,遭诬陷入狱,流放福建镇海卫。遇赦复官,后辞官归家,家中迭遭变故,父母兄弟俱亡,先后移居江西临川明水山等处,以读书、讲学自遣,易号明水,周游讲学名山以终。

陈九川是王阳明的重要弟子,江右王门的代表人物,与邹东廓、欧阳南野等人齐名,并列为阳明后学之修正派。陈九川早年尊奉朱子学,后问学于阳明,确立了学思方向。作为阳明的重要弟子,在良知本体的体证上,他严守师门宗旨,在与寂感一体之旨相契合工夫之方面严谨笃实,以慎独知几为入道之法门。其所理解的几是几先的本体意:"圣人之学,全在知几。"所以知几之学亦即是良知学:"从大本上致知,乃是知几之学。自谓此是圣门绝四正派,应悟入先师致知宗旨矣。"因此,陈九川对于聂双江、罗念庵寂感为二,体用不一之思想理路驳斥甚严,甚至不惜用"骑驴觅驴""画蛇添足"这样带有讥讽性的词语来加以批评。另外在格物致知一说上,陈九川认为王心斋"淮南格物"说别立宗旨,"自出机轴",未免有"门户之心"。陈九川于师门宗旨虽无较多创造性的理论发展,但在具体的致良知工夫条目上亦有发明,如对慎独知几论述可说极为精当。

陈九川一生学思探索勤奋,性格耿直,潜心向道。著作有《明水陈先生集》十四卷,为其门人董君和辑,存目于《四库全书总目》集部别集类,其中八卷为讲稿与散文,六卷为诗。

简王龙溪先生

久不奉教言。闻与中离、绪山西来，冀得面教。然亦复虚望，怅念何如！曩承寸铁伤人之教，警惠极至。向来警察工夫，已全放下。意见颖悟，复久被耽阁，今亦已痛扫荡矣。日用应酬，信手从心，未尝加意。间亦有稍经思虑区画者，自以为良知变化原合如此，然皆不免衹悔，及反观之，信有未尽未当处，岂所谓认得良知不真耶？平生嗜欲甚澹，声色自可经年不迹，固亦无待强制。然一涉当境，便觉意浓，不免遂有过则者。岂非有潜伏流注之病，足以阴蔽本体而不自觉耶？是则尘缘俗爱，尚未能一齐勘破，方费磨治，本体何尝昭著流行？工夫亦何时了手？深自愧惕，若无所容。非吾丈，其谁药石之？

去岁约东廓东下，渠以事不果，仆遂沮兴。今次女未嫁，祖祠未毕，明春了事，便当裹粮相从于禹穴、龙山之间，究竟此学，遂为天真久处之计，非敢曰姑待来年也。东廓之任之便，附此请质。风便，幸时有以惠教之。东廓一方宗师，善于教授，登坛说法者已数年矣。间有未尽先师余意者，惟吾丈与南野细及之，为助不细也。草草不尽。惟为道加爱。

答聂双江

近日两承教，奉读数过。仰见垂念故旧，惟恐其堕落支节，脱离本根，不得同宿于至善之地，此仁者慈悲之心何可当也！非顽钝自画，得不感奋精进以求无负于盛心哉？

鄙见于中尚有未尽解悟处，此殆学问未精、见解作障故耳。川自服先师致知之训，中间凡三起意见，三易工夫，而莫得其宗。始从念虑上长善消恶，以为视别诸事为者要矣；久之，复自谓沦注支流轮回善恶，复从无善无恶处认取本性，以为不落念虑，直悟本体矣；既已复觉其空倚见悟，未化渣滓，复就中恒致廓清之功，使善恶俱化，无一毫将迎意必之翳，若见体炯然炳于几先，千思百虑皆从此出，即意无不诚，发无不中，才是无善无恶实功，从大本上致知，乃是知几之学。自谓此是圣门绝四正派，应悟入先师致知宗旨矣。于《集略序》中亦稍见之，深取白沙致虚所以立本之说。又尝有诗云："良知炯炯烛几先，此是乾坤未画前。不落吉凶分善恶，鬼神来此合先天。"间以请教。并寄东廓、南野，大意亦与吾丈之所论见略同，亦辱见许，谓有相发。及后入越，就正龙溪，始觉见悟成象，恍然自失。归而求之，毕竟差谬，却将诚意看作效验，与格物分作两截，反若欲诚其意者在先正其心，与师训、圣经矛盾倒乱，应酬知解两不凑泊，始自愧心汗背，尽扫平日一种精思妙解之见，从独知几微处严谨缉熙，工夫才得实落。于应感处，若得个真机，即迁善改过，俱入精微，方见得良知体物而不可遗。格物是致知之实，日用之间都是此体充塞通贯、无有间碍。致字工夫尽无穷尽，即无善无恶非虚也，迁善改过非粗也。始信致知二字，即此立本，即此达道，即此川流，即此敦化，即此成务，即此入神，更无本末精粗内外先后之间。证之《古本序》中，句句吻合。而今而后，庶几可以弗畔矣。微龙溪，吾岂特同门而异户哉？殆将从空华复结空果矣。惟吾丈察其病障而药石之，即翻然无难矣。

若夫高明之见，断非鄙粗之言所能易。近见南野答公书，大意亦尽之矣，不知高明今复以为何如？但仰答至爱，犹若有不敢不自竭者。吾丈谓不当以知觉为良知，此是吾丈近年立言宗旨，精析独是吃紧唤醒同志根要处。却不知将发用知觉竟作何观？若本体自然之明觉即良知也。若夫私智小慧，缘情流转，是乃声闻缘入，忆度成性，即非本体之灵觉矣。故"知觉"二字，义涵虚实，顾所指用何如尔。如曰"正知正觉"，即属实，作体观；"恒知恒觉"，即属虚，作用观。然恒知即正知无倚处，恒觉即正觉无障处，无生发、无间离也，非别有一段光照从此脱胎着于境物也，奈何其欲贰之耶？今夫声有起灭，而闻性无起灭；色有明暗，而见性无明暗；见闻性即知觉性也。若离知觉于本体，是从声色有无处认见闻，即知觉有起灭，反失却恒见恒闻之本体矣，岂非为物至知至、物来知起之语，因缘成分别耶？

昔晦翁以戒惧为涵养本原、为未发、为致中，以谨独为察识端倪、为已发、为致和，兼修交养，似若精察，而强析动静，反作两项工夫，不归精一。今吾丈既以察识端倪为第二义，独取其涵养本原之说，已扫分析支离之弊。戒惧于不睹不闻之独，一语尽之矣。此是圣门传受正宗血脉，即是致知宗旨，其孰能异？诸丈既如是，我亦如是。但吾丈又将感应发用另作一层在后面看，若从此发生流出者，则所谓毫厘之差尔。夫不睹不闻之独，莫见莫显，乃本体自然之明觉，发而未发、动而无动者也，以为未发之中可也。既曰戒慎，曰恐惧，于是乎致力用功矣，而犹谓之未感未发，其可乎哉？岂非泥龙雷原镜诸象，反从灵觉妙心自起微霭耶？夫屈伸翕辟，互为其根，复奋潜飞，后先异候，欲其恒复而终潜，与并行而同出，即永劫不可得。其与主静藏密盖将终身焉，感应流行，无时可息者，不可同象而例观，亦较然明矣。磨照异时，亦复如是。

浚源之喻，莫知所指。若以坎窞为源，即与流异体。若山下之泉，即放乎四海者也。逝者如斯，源流无间。所谓不与俱逝者，天一之源，即无待人力所可疏浚；以达其流行之几者，特其出流经行之坎道耳。则东廓所谓自积石至于龙门伊阙以达于海，道疏凿排之功彻始彻终，皆不可废，即象反观，当亦可触类省发矣。

居常仰念，窃为笑语，谓："吾丈胸次广大，荡荡渊渊。十年之前，却为蛰龙屈蠖二虫在中作祟，久欲窃效砭箴，愧非国手，抑恐见讶谓医之好利也。今赖吾丈精采仙方，密炼丹饵，将使凡胎尽化；向之二虫者，固变为腐秽，从余窍出矣；虽国手在旁，亦安所用之哉？"丈之视弟无形骸之隔久矣。尽言求正，期以共明斯学，各致友朋之谊尔。

近见与诸公书，谓"明水辨驳甚严"，岂敢哉？览之竦然。今亦不记其云何。凡简友朋，往往无草。惟答念庵长书有二稿存，岂尝以寄吾丈耶？丈所为至骇者，在"心无定体"一言，此与念庵最初简中语也。虽为念庵观心凝神确有方所而发，然心本如是，非以意广之也。神妙不测之物，如可以定体觅之，则颜氏仰钻当先得之，不待夫子诱之以博文约礼而后如有所立卓尔也。夫心即神也易也。子曰："神无方而易无体。"变动不居，而出入无时。夫子之语心者如此，固不待旁证于六尘缘影、积聚成象而后可以洞悟心体矣。

今幸南野北来，得与吾丈朝夕聚乐丽泽，自当归一，不使师门宗旨支流日分，此后学之具瞻，斯道之大幸也。弟数年苦头风之疾，今岁益狼狈，不能就枕者数月，疲羸骨立，血气向衰。秋来病体少苏，始出别南野。力疾作此，不觉多言。后晤未期，知吾丈不厌其详尽也。如其有未当，风便幸不惜终教之。

（录自《明水陈先生文集》，清钞本）

欧阳德学案

　　欧阳德(1496—1554),字崇一,号南野,江西泰和人。嘉靖二年(1523)进士,授六安知州,迁刑部员外郎,改翰林院编修。次年,迁南京国子司业,南京尚宝司卿。转太仆寺少卿,出为南京鸿胪寺卿。后迁南京太常寺卿,又召为太常卿,掌祭酒事。升礼部左侍郎,改吏部兼翰林院学士,掌詹事府事。后召拜礼部尚书兼翰林院学士,直无逸殿。卒后赠太子少保,谥"文庄"。

　　欧阳德是江右王门的主要代表人物之一,以信守师说著称。欧阳德认为"良知二字是千古精神命脉","良知二字,是圣学命脉","尤须紧要提掇"。他批判"先讲说以广知识"之弊,提倡"务践履以充良知"。当时罗钦顺以为阳明的"吾心之良知即是天理"之说是以知觉为性,与佛家无异。欧阳德辩解说:"知觉与良知,名同而实异。""良知者,天理之灵明,知觉不足以言之也。"他虽反对以知识、知觉为"良知",但并不认为"良知"可以离开知识或知觉而独立存在。欧阳德良知学的另一个特点是他"多详于独知之学",以慎独之独知解良知:"圣人之学,莫要于慎独。独知也者,良知也;慎之也者,不欺其知,以致乎其至也。""良知为教……在昔孔门传心之要,必慎其独。"

　　欧阳德为人敢于"谠言正论",不避权贵,临危不惧。他奖掖后进,平日以讲学为事,与邹守益、聂豹、罗洪先等讲论,从学者甚众,"而称南野门人者半天下"。尝与聂豹、徐阶、程文德等集四方名士于灵济宫,讲论"致良知"说,赴者五千人,而欧阳德以"宿学"居显位,为阳明学的广泛传播发挥了巨大的作用。其有《欧阳南野集》三十卷,又有《南野文选》四卷,今有《欧阳德集》(凤凰出版社,2007年)。

答罗整庵先生寄困知记

披读大篇，明畅痛快，温润精密，使人起敬起慕，昏聩警发，鄙吝消融。有道者之言，其感人如此，而况于亲炙之者乎？

承翰教，拳拳引诱，使尽其所欲言，以求归于是。某无似，先生长者，不鄙其愚，俯就曲成，感幸何可云喻！顾尝闻学不躐等，故古之学者有听而弗问。某罔所知识，何足以承先生长者之教？然隐之于中，有未能涣然而无疑者，谨诵述所闻，惟执事裁教焉。

窃观《记》中反复于心性之辨，谓"佛氏有见于心，无见于性，故以知觉为性"。又举《传习录》中云，"吾心之良知，即所谓天理也"，谓此言亦以知觉为性者。某尝闻知觉与良知，名同而实异。凡知视、知听、知言、知动，皆知觉也，而未必其皆善。良知者，知恻隐、知羞恶、知恭敬、知是非，所谓本然之善也。本然之善，以知为体，不能离知而别有体。盖天性之真，明觉自然，随感而通，自有条理者也，是以谓之良知，亦谓之天理。天理者，良知之条理；良知者，天理之灵明。知觉不足以言之也。

致知云者，非增广其见闻觉识之谓也。循其恻隐、羞恶、恭敬、是非之知，而扩充之以极其至，不使其蔽昧亏歉，有一念之不实者，所谓致曲以求诚，故知至则意诚矣。此与佛氏所谓"圆觉"，所谓"含藏识"者，既已不同，而其功在于格物，益与佛氏异矣。

物者事也，思虑、觉识、视听、言动、感应、酬酢之迹者也。上而天子之用人理财，下而农商之耕凿贸易，近而家之事亲事长，远而天下之正民育物，小而童子洒扫应对，大而成人之变化云为，莫非思虑、觉识、视听、言动、感应、酬酢之迹，皆其日履之固然而不可易者。然而有善有恶，有正有邪。格物者，为善而不为恶，从正而不从邪，随其位分，修其日履，循其良知之天理，而无所蔽昧亏歉者也。

物无方体，知无方体，格致之功亦无方体。物无穷尽，知无穷尽，格致之功亦无穷尽。日积月累，日就月将，而自有弗能已者。不如是，则旦昼所为，梏其良心，而其违禽兽不远矣。故格物者，圣门笃实真切用力之地，没身而已者也。彼佛氏以事为障，以理为障，既不知所谓"格物"，而其径超顿悟，又焉有积累就将之实哉？某之所闻如此。

窃考之于孔、曾、思、孟、濂溪、明道之言,质之《楞伽》《楞严》《圆觉》《涅槃》诸经,其宗旨异同,颇觉判别。然而尊教云云,是以不能涣然于中也。惟高明幸终诲之。

又观《记》中有云:"厌夫学问之繁,而欲径达于易简之域。"某尝闻,学问、思辨皆明善之功。善者,人心天命之本然,所谓良知者也。良知,至易至简,而其用至博。若孝亲、敬长、仁民、爱物之类,千变万化,不可胜穷,而其实一良知而已。故简者未尝不繁,而繁即所以为简,非有二也。夫学者学其所不能,良知之用至博,皆不学而能者也。蔽于私而后有不能,则必学而后能。是故本能爱亲,蔽于私则有所不爱,学爱亲而后能爱矣。本能敬兄,蔽于私则有所不敬,学敬兄而后能敬矣。学其事而能之,修其善而去其不善,格物之功也。然有蔽而后有学,则其真妄错杂,善恶混淆。必有不知不明者矣。问者问其所不知,思者思其所不得,辨者辨其所不明,皆就所学之事,真妄、善恶之间,讲究、研磨、察识、辨别。求能其事而后已焉耳,学而能之则善得矣。"拳拳服膺而弗失",所谓笃行之者也。故曰五者废其一,非学。果能此道,而后本然之善全体明净,渣滓浑化而无有蔽昧亏歉者。离本然之善,则别无可学可问之事;舍学问之繁,则别无至易至简之功也。

读书,亦问辨之一端。书也者,纪人心善恶是非之迹者也。古人善恶是非之迹,亦吾心善恶是非之迹也。从事于学者,或取决于师友,或考正于《诗》《书》,其要去吾之不善,修吾之善,学而能之而已,故曰"学于古训"。是故"道积厥躬,而德修罔觉"也。故古训非外,身心非内也;读书非先,修身非后也。后世未免岐而二之,二则离,离则远。其于不远人以为道之旨,似觉微有小异耳。惟高明幸终诲之。

某窃惟教学之兴,盖圣帝明王忧民之欲动情胜,丧其良心,五品失序,百行乖错,相戕相贼,罔所底极。于是劳民劝相匡直而辅翼之,使之自易其恶,自尽其性。当其时,教无异学,学无异习。不但养于庠序者知实用其力,农贾罝兔之微,亦各安其业而敏于善,君卿大夫各循其职而尽其心,上下之间皆以实德实行为学,而不骛于论说之繁,知见之多。百僚师师,比屋可封,非苟然也。世衰道微,诸子百家不知循其天性之真,而各以其意之所见者为道,为我、兼爱、纵横、术数、兵刑、名法、寂灭、虚无之习,纷然杂出,然皆力行深造,斐然成章,足以乱实学而溺人心。圣贤者作而拯人之溺，亦惟示天性之善，而道以日履之功，慎念虑之微，而决其蔽陷之端，使之无为其所不为，无欲其所不欲，各循其本心而已，非多为论说，使人广其知识于外也。厥后学诸子者，往往通其说以求获，演其义以立言。其流为训诂为词章，以诸子自名而浸失诸子之宗。为圣人之学者，亦复博通道德仁义之意，贯穿诸子百家之旨，相与并驾其说于天下，以为讲之精，辨之悉，知之明，庶乎其学之不差。其设心未为不善也。源远末离，枝盛本披。为说愈繁，为道愈难，农贾置兔有所不能及，天子诸侯有所不暇为，虽学校之俊秀亦往往汩于论说，荡其知识，依拟形似，矜饰功能，非复真切笃实，致其良知于日履之间，以达之天下，是故知德者鲜矣。

先知觉后知，先觉觉后觉，固当有任其责者。仰惟先生大人正己以率物，明道以淑人，实德实行，嵬然后学山斗之瞻，自任之重，宜不可得而辞。某寡陋无闻，固愿日操几杖，亲承无行不与之教。时势牵缚，莫之能遂，而徒托之简札，言不尽意。尚赖教思无穷，诲迪不倦，庶以成瘝不忘起之志耳。

临风南向，无任耿耿。

又

今月十九日，拜领八月朔日教札。反复倾竭，惟恐后生小子学失其道，以陷于邪僻。诲之详，爱之真，佩服感激，何有穷已！某尝庄诵前后书记，心性理气之辨，其要欲学者识取本性，体认天理，而知所用力。此子思原天命，孟子道性善之意，《大学》止至善之教也。每祗奉至言，以为圣人所以正三纲而叙九畴，其精神命脉端在于此，顾恐顽钝蹇劣，未能服膺而弗失耳。又尝自念，孟子论性善，以恻隐、羞恶、恭敬、是非为言，程门学者，亦以乍见入井，其心怵惕，为天理之自然，所谓良知者也。故窃意良知二字，正指示本性，而使人知所用其力者。其为繁词以渎高听，非如尊教所谓枘凿不入。盖恐千里之外，词不达意，使长者无所施其裁成，则非请益之道。故意之所及，不惧琐琐，惟惧不尽耳。

伏读教札，谓："人之知识不容有二，孟子但以不虑而知者，名之曰良，非谓别有一知也。今以知恻隐、羞恶、恭敬、是非为良知，知视听言动为知觉，殆如《楞伽》所谓真识及分别事识者。"某之所闻，非谓知识有二也。恻隐、羞恶、恭敬、是非之知，不离乎视听言动；而视听言动，未必皆得其恻隐、羞恶之本然者。故就视听言动而言，统谓之知觉；就其恻隐、羞恶而言，乃见其所谓良者。知觉未可谓之性，未可谓之理。知之良者，盖天性之真，明觉自然，随感而通，自有条理，乃所谓天之理也。犹之道心人心，非有二心；天命气质，非有二性；源头支流，非有二水。先儒所谓视听思虑动作皆天也，人但于其中要识得真与妄耳。良字之义，窃意晦庵所谓"本然之善"者，正孟子性善之旨。人生而静以上不容说，才说性时便有知觉运动。性非知则无以为体，知非良则无以见性。性本善非由外铄，故知本良不待安排。曰"不虑而知者其良知"，犹之曰"不待安排者其良心"。扩而充之以达之天下，则仁义不可胜用。若《楞伽》所谓真识，则非孟子之所谓良者，其于恻隐、羞恶、恭敬、是非乎何有？宜不得比而同之矣。

教札引知性知天等语，谓："凡知字皆虚，下一字皆实。虚实既判，体用自明，不可以用为体。"某窃意字义固有兼虚实体用言者，如"止至善"之止，为虚为用，"知止""敬止"之止，为实为体。知字以虚言者，如教札所引"知性""知天""知此事""觉此理"，皆言其用者也。若良知之知，明道尝言："良知良能，原不丧失。以旧日习心未除，故须存习此心，久则可夺旧习。"上云"良知"，下云"此心"，似指其实体言之。《大学》"致知"之知，与身、心、意、物为类，似不得为虚字，而与"知性""知天"之知同为用也。然体用一原，体之知即用之知，则亦本无二知，殆立言各有所当耳。

教札谓某前书"随其位分，修其日履"虽云与佛氏异，"然于天地万物之理，一切置之度外，更不复讲，则无以达夫一贯之妙"，"只缘误认良知为天理，于天地万物上，良知二字安着不得，不容不置之度外耳"。以某所闻，实异乎是。凡所谓日履者，吾心良知之发于视听思虑，与天地人物相感应酬酢者也。夫人所以为天地之心、万物之灵者，以其良知也，故随其位分日履，大之而观天察地，通神明育万物，小之而用天因地，制节谨度，以养父母，莫非良知之用。离却天地人物，则无所谓视听思虑感应酬酢之日履，亦无所谓良知者矣。若于天地万物之理一切不讲，岂所谓"随其位分，修其日履"，以致其良知者哉！惟是讲天地万物之理，本皆良知之用，然人或动于私，而良知有蔽昧焉，权度既差，轻重长短皆失其理矣。必也一切致其良知，而不蔽以私，然后为穷理尽性，一以贯之学。良知必发于视听思虑，视听思虑必交于天地人物。天地人物无穷，视听思虑亦无穷,故良知亦无穷。其所以用力者,惟在其有私无私,良与不良,致与不致之间,而实周乎天地人物,无有一处安着不得,而置之度外者也。

教札又谓某所论学、问、思、辨,"但本领既别,则虽同此进为之方,先后缓急自有不可得而同者。盖以良知为天理,则易简在先,功夫居后,后则可缓。谓天理非良知,则易简居后,功夫在先,先则当急"。又云:"始之开发聪明,终之磨礲入细,所赖者经书而已。善读书者,莫非切己。易简之妙,于是乎存。岂可谓凡读书者皆远人以为道乎!"然某非以学、问、思、辨为后而可缓,但谓学、问、思、辨者,学、问、思、辨其良知耳。善读书者,开发良知之聪明而磨礲之,日精日密,不以一毫私意自蔽,不以一毫私欲自累,则大训古典,莫非切己,博识泛观,莫非易简,非外读书而别有尊奉其良知,以从事于易简之道。然必真能于读书之际,念念"无自欺而求自慊","无为其所不为,无欲其所不欲",乃可谓之开发、磨礲,不远人以为道者,而无先后缓急之可言也。

教札谓:"有物必有则,故学必先于格物。今以良知为天理,乃欲致吾心之良知于事物,则道理全是人安排出,事物无复有本然之则矣。"某窃意有耳目则有聪明之德,有父子则有慈孝之心。聪明之德,慈孝之心,所谓良知也,天然自有之则也。视听而不以私意蔽其聪明,是谓致良知于耳目之间。父子而不以私意夺其慈孝,是谓致良知于父子之间。是乃循其天然之则,所谓格物致知也。天理之则,民之秉彝,故不待安排而锱铢不爽。即凡多闻多见,其阙疑阙殆、择善而从者,秉彝之知,其则不远,犹轻重长短之于尺度权衡,舍此则无所据,而不免于安排布置,非所谓不远人以为道者矣。

教札谓某前书所举,不及伊川、晦庵二先生,疑因其格物之训于良知之说有碍而然。非敢然也。昔人谓,天下万世事,当以天下万世之心处之。一言不合遽分彼此,是诚何心?况晦庵百世之师,后学之禀承听受,宜如何也!以某所闻于晦庵所论格致之功,未尝少有遗阙。其曰"事事物物扩充其良知""无自欺,求自慊""无为其所不为,无欲其所不欲"者,虽非晦庵格致正训,然皆古训绪论,而晦庵所祖述焉者,则亦未至于有碍也。惟是濂溪《通书》首数章及《圣学》章,明道《定性书》及"学者须先识仁"诸语,谆谆恳恳,指出本原,无异于大学知本之教。明道表章《大学》,虽颇有更定,未尝补格致之传。窃意其或以独知为知,以无自欺而求自慊为致知，而别无可补之说者。故因论格物致知，而以濂溪、明道为言，非以伊川、晦庵为可外也。使二先生如在，尚恐受教无地，不足以从弟子之列。然而异同之论，则虽面承教授，亲为弟子，亦岂可不尽其愚！盖二程亦时异于濂溪，而游、杨诸子亦时异于二程。古之圣人亦未尝有"都俞"，而无"吁咈"，不如是则何取于讲学，何贵于亲师取友？此某之志也。

铭感厚德，极欲勉承镌谕，庶或寸进。诚知无己之爱，不倦之教，必不以其愚而遂弃之，顾尘鞅驱驰，又文词芜秽，不能宣悉，万惟推见至隐，启蔀发蒙，不胜幸甚！

（录自阎韬点校，《困知记》附录，中华书局 2013 年版）

钱德洪学案

钱德洪(1496—1574),名宽,字洪甫,号绪山,学者称绪山先生,浙江余姚人,王阳明晚年的得意门生和得力助手之一。嘉靖二年(1523),王阳明在阳明书院讲学时,钱德洪始就学门下。嘉靖五年(1526)会试及格,因见主政者不喜心学,遂放弃廷试,专心就学王门。王阳明出征思田前,钱德洪受命录下由业师口授的"师门之教典"《大学问》。王阳明出征思田期间,他又与王畿一起代师主持书院,向四方来学者讲授王学大旨,回答各种问题,故被称为"教授师"。嘉靖八年(1529),他与王畿一起赴京参加廷试,途中闻王阳明病亡,即往奔丧,再次放弃廷试。嘉靖十一年(1532)中进士,出为苏学教授,后补国子监丞,寻升刑部主事,稍迁员外郎署陕西司事。因弹劾武定侯郭勋,论罪下狱。郭勋死后出狱。失意官场后,在野三十年,无日不讲学;其讲舍遍布于江、浙、宣、歙、楚、广等"名区奥地"。年七十,始不出游。其间,整理王阳明的遗著,校订《年谱》,为王学的传播做出了重大贡献。

钱德洪之学经历了"三变"过程。初时,以"为善去恶"功夫为"致良知";而后,认为"良知"是无善无恶的;最后则认识到离已发而求未发必不可得,无善无恶亦非良知,"唯当即吾所知,以为善者而行之,以为恶而者去之"。钱德洪后期之学,重在一个"知"字。

钱德洪著有《阳明先生年谱》三卷、《濠园记》一卷、《言行逸稿》、《会语》、《论学书》等,除年谱外均已散佚。今辑录有《钱德洪集》(凤凰出版社,2007 年)。

阳明先生年谱序

　　嘉靖癸亥夏五月,《阳明先生年谱》成,门人钱德洪稽首叙言曰:昔尧、舜、禹开示学端以相授受,曰:"允执厥中,四海困穷,天禄永终。"噫,此三言者,万世圣学之宗与?"执中",不离乎四海也。"中"也者,人心之灵,同体万物之仁也。"执中"而离乎四海,则天地万物失其体矣。故尧称峻德,以自亲九族,以至和万邦;舜称玄德,必自定父子以化天下。尧、舜之为帝,禹、汤、文、武之为王,所以致唐虞之隆,成三代之盛治者,谓其能明是学也。后世圣学不明,人失其宗,纷纷役役,疲极四海,不知"中"为何物。伯术兴,假借圣人之似以持世,而不知逐乎外者遗乎内也。佛、老出,穷索圣人之隐微以全生,而不知养乎中者遗乎外也。教衰行弛,丧乱无日,天禄亦与之而永终。噫,夫岂无自而然哉?寥寥数千百年,道不在位,孔子出,祖述尧、舜,颜、曾、思、孟、濂溪、明道继之,以推明三圣之旨,斯道灿灿然复明于世。惜其空言无征,百姓不见三代之治,每一传而复晦,寥寥又数百年。

　　吾师阳明先生出,少有志于圣人之学,求之宋儒不得,穷思物理,卒遇危疾,乃筑室阳明洞天,为养生之术。静摄既久,恍若有悟,蝉脱尘坌,有飘飘遐举之意焉。然即之于心若未安也,复出而用世。谪居龙场,衡困拂郁,万死一生,乃大悟"良知"之旨。始知昔之所求,未极性真,宜其疲神而无得也。盖吾心之灵,彻显微,忘内外,通极四海而无间,即三圣所谓"中"也。本至简也而求之繁,至易也而求之难,不其谬乎?征藩以来,再遭张、许之难,呼吸生死,百炼千摩,而精光焕发,益信此知之良,神变妙应而不流于荡,渊澄静寂而不堕于空,征之千圣,莫或纰缪,虽百氏异流,咸于是乎取证焉。噫,亦已微矣! 始教学者悟从静入,恐其或病于枯也,揭"明德""亲民"之旨,使加"诚意""格物"之功,至是而特揭"致良知"三字,一语之下,洞见全体,使人人各得其中。由是以昧入者以明出,以塞入者以通出,以忧愦入者以自得出。四方学者翕然来宗之。噫,亦云兆矣。天不憖遗,野死遐荒,不得终见三代之绩,岂非千古一痛恨也哉!

　　师既没,吾党学未得止,各执所闻以立教。仪范隔而真意薄,微言隐而口说腾。且喜为新奇诡秘之说,凌猎超顿之见,而不知日远于伦物。甚者认知见为本体,乐疏简为超脱,隐几智于权宜,蔑礼教于任性。未及一传而淆言乱众,甚为吾党忧。迩年以来,亟图合并,以宣明师训,渐有合异统同之端,谓非良知昭晰,师言之尚足征乎?《谱》之作,所以征师言耳。始谋于薛尚谦,顾三纪未就。同志日且凋落,邹子谦之遗书督之,洪亦大惧湮没,假馆于史恭甫嘉义书院,越五月,草半就,趋谦之,而中途闻讣矣。偕抚君、胡汝茂往哭之。返见罗达夫闭关方严,及读《谱》,则喟然叹曰:"先生之学,得之患难幽独中,盖三变以至于道。今之谈'良知'者,何易易也!"遂相与刊正。越明年正月,成于怀玉书院,以复达夫。此归,复与王汝中、张叔谦、王新甫、陈子大宾、黄子国卿、王子健互精校阅,曰:"庶其无背师说乎!"命寿之梓。然其事则核之奏牍,其文则禀之师言,罔或有所增损。若夫力学之次,立教之方,虽因年不同,其旨则一,洪窃有取而三致意焉。噫,后之读《谱》者,尚其志逆神会,自得于微言之表,则斯道庶乎其不绝矣!僭为之序。

天成篇

吾人与万物混处于天地之中,为天地万物之宰者,非吾身乎?其能以宰乎天地万物者,非吾心乎?心何以能宰天地万物也?天地万物有声矣,而为之辨其声者谁欤?天地万物有色矣,而为之辨其色者谁欤?天地万物有味矣,而为之辨其味者谁欤?天地万物有变化矣,而神明其变化者谁欤?是天地万物之声非声也,由吾心听,斯有声也;天地万物之色非色也,由吾心视,斯有色也;天地万物之味非味也,由吾心尝,斯有味也;天地万物之变化非变化也,由吾心神明之,斯有变化也。然则天地万物也,非吾心则弗灵矣。吾心之灵毁,则声、色、味、变化不得而见矣。声、色、味、变化不可见,则天地万物亦几乎息矣。故曰:"人者,天地之心、万物之灵也,所以主宰乎天地万物也。"

吾心为天地万物之灵者,非吾独能灵之也。吾一人之视,其色若是矣,凡天下之有目者,同是明也;一人之听,其声若是矣,凡天下之有耳者,同是聪也;一人之尝,其味若是矣,凡天下有口者,同是嗜也;一人之思虑,其变化若是矣,凡天下之有心知者,同是神明也。匪徒天下为然也,凡前乎千百世已上,其耳目同,其口同,其心知同,无弗同也;后乎千百世已下,其耳目同，其口同，其心知同，亦无弗同也。然则明非吾之目也，天视之也；聪非吾之耳也，天听之也；嗜非吾之口也，天尝之也；变化非吾之心知也，天神明之也。故目以天视，则尽乎明矣；耳以天听，则竭乎聪矣；口以天尝，则不爽乎嗜矣；思虑以天动，则通乎神明矣。天作之，天成之，不参以人，是之谓天能，是之谓天地万物之灵。

吾心为天地万物之灵，惟圣人为能全之，非圣人能全之也，夫人之所同也。圣人之视色与吾目同矣，而目能不引于色者，率天视也。圣人之听声与吾耳同矣，而耳能不蔽于声者，率天听也。圣人之嗜味与吾口同矣，而口能不爽于味者，率天尝也；圣人之思虑与吾心知同矣，而心知不乱于思虑者，通神明也。吾目不引于色，以全吾明焉，与圣人同其视也；吾耳不蔽于声，以全吾聪焉，与圣人同其听也；吾口不爽于味，以全吾嗜焉，与圣人同其尝也；吾心知不乱于思虑，以全吾神明焉，与圣人同其变化也。故曰："圣人可学而至，谓吾心之灵与圣人同也。然则非学圣人也，能自率吾天也。"

吾心之灵与圣人同，圣人能全之，学者求全焉。然则何以为功耶？有要焉。不可以支求也。吾目蔽于色矣，而后求去焉，非所以全明也；吾耳蔽于声矣，而后求克焉，非所以全聪也；吾口爽于味矣，而后求复焉，非所以全嗜也；吾心知乱于思虑矣，而后求止焉，非所以全神明也。灵也者，心之本体也，性之德也，百体之会也；彻动静，通物我，亘古今，无时乎弗灵，无时乎或间者也。或生而知之，或学而知之，或困而知之，皆自率是灵以通百物，勿使间于欲焉已矣。其功虽不同，其灵未尝不一也。吾率吾灵而发之于目焉，自辨乎色而不引乎色，所以全明也；发之于耳焉，自辨乎声而不蔽乎声，所以全聪也；发之于口焉，自辨乎味而不爽乎味，所以全嗜也；发之于思虑焉，万感万应，不动声臭，而其灵常寂，大者立而百体通，所以全神明也。人一能之，己百之；人十能之，己千之；必率是灵而无间于欲焉，是天作之，人复之，是之谓天成，是之谓致知之学。

（录自钱明编校整理，《徐爱·钱德洪·董沄集》，凤凰出版社2007年版）

陈建学案

　　陈建(1497—1567)，字廷肇，号清澜，广东东莞人。陈建年二十三补弟子员，试辄居首。嘉靖七年(1528)中举人。以后两次会试，皆中副榜，选授福建侯官县教谕，时年三十六岁。七年任满，迁江西临江府学教授。在两任期间，曾受聘为江西、广西、湖广、云南的乡试考官，循资升山东信阳县知县。嘉靖二十三年(1544)，以母老，力告请养。归后，锐意著述，隐居不出。嘉靖二十五年(1546)，母卒，陈建自此隐居不出，潜心学问，直至终老。隆庆元年(1567)，逝世于南京。

　　陈建在学术上的最大贡献是撰《学蔀通辨》一书。此书通过对朱子的学问思想的阐明，说明朱学和陆学的不同之处，辨明王守仁《朱子晚年定论》根本上立论的错误。《粤大记》称陈氏在"订正朱、陆异同"的基础上著此书的目的在于"端学术"。此书成书既昭示着王学崛起的时代背景，更具为解决所谓的"学术之患"而"专明一实，以抉三蔀"之直接学术动机。"忧学脉日紊"的陈建认为"以前所著朱、陆之辨非所以拔本塞源也，乃取《朱子年谱》《行状》《文集》《语类》及与陆氏兄弟往来书札，逐年编辑"，在这些基础上对早年的作品进行"讨论修改、探究根极"，最终得出与王守仁"朱陆早异晚同"说迥然相反的"朱陆早同晚异"之结论。在明朝中叶心学与朱学的对话与发展过程中，《学蔀通辨》坚定地站在朱学的立场强烈批判阳明学说；与此同时，这些论辩却也从另一个角度对巩固王学在当时学术界的地位产生了不可忽略的影响。

　　陈建一生笔耕不辍，著作宏富。今存有《学蔀通辨》《治安要议》《西涯乐府通考》《皇明通纪》，今辑有《陈建著作二种》(上海古籍出版社，2015年)。

学蔀通辨总序

天下莫大于学术,学术之患莫大于蔀障。近世学者所以儒佛混淆而朱陆莫辨者,以异说重为之蔀障,而其底里是非之实不白也。《易》曰"丰其蔀,日中见斗",深言掩蔽之害也。夫佛学近似惑人,其为蔀已非一日。有宋象山陆氏者出,假其似以乱吾儒之真,援儒言以掩佛学之实,于是改头换面、阳儒阴释之蔀炽矣。幸而朱子生同于时,深察其弊而终身力排之,其言昭如也。不意近世一种造为早晚之说,乃谓朱子初年所见未定,误疑象山,而晚年始悔悟,而与象山合。其说盖萌于赵东山之《对江右六君子策》,而成于程篁墩之《道一编》,至近日王阳明因之又集为《朱子晚年定论》。自此说既成,后人不暇复考,一切据信,而不知其颠倒早晚,矫诬朱子以弥缝陆学也。其为蔀益以甚矣。语曰:"一指蔽目,太山弗见。"由佛学至今,三重蔀障,无惑乎朱陆儒佛混淆而莫辨也。建为此惧,乃窃不自揆,慨然发愤,究心通辨,专明一实,以抉三蔀。前编明朱陆早同晚异之实,后编明象山阳儒阴释之实,续编明佛学近似惑人之实,而以圣贤正学不可妄议之实终焉。区区浅陋,岂敢自谓摧陷廓清,断数百年未了底大公案?而朱陆儒佛之辨,庶几由此无蔀障混淆之患;禅佛之似,庶乎不乱孔孟之真,未必不为明学术之一助云。其卷目小序,系列于左。

嘉靖戊申孟夏初吉,东莞陈建书于清澜草堂。

前　编

上卷所载,著朱子早年尝出入禅学,与象山未会而同,至中年始觉其非而返之正也。

中卷所载,著朱子中年方识象山,其说多去短集长,疑信相半,至晚年始觉其弊而攻之力也。

下卷所载,著朱陆晚年冰炭之甚,而象山既没之后,朱子所以排之者尤明也。

后　编

上卷所载,著象山师弟作弄精神,分明禅学,而假借儒书以遮掩之也。

此为勘破禅陆根本。

中卷所载,著陆学下手工夫在于遗物弃事、屏思黜虑、专务虚静以完养精神,其为禅显然也。

下卷所载,著象山师弟颠倒错乱、颠狂失心之敝,其禅病尤昭然也。

续 编

上卷所载,著佛学变为禅学,所以近理乱真,能溺高明之士,文饰欺诳,为害吾道之深也。

中卷所载,著汉唐宋以来,学者多淫于老佛,近世陷溺推援之弊,其所从来远矣。

下卷所载,著近年一种学术议论,类渊源于老佛,其失尤深而尤著也。

终 编

上卷所载,心图心说,明人心道心之辨,而吾儒所以异于禅佛在此也。此正学之标的也。

中卷所载,著朱子教人之法,在于敬义交修、知行兼尽,不使学者陷一偏之失,而流异学之归也。此正学之涂辙也。

下卷所载,著朱子著书明道、辟邪反正之有大功于世,学者不可骋殊见而妄议。末附总论遗言,以明区区通辨之意云。

(录自黎业明点校,《陈建著作二种》,上海古籍出版社 2015 年版)

王畿学案

　　王畿(1498—1583)，字汝中，号龙溪，学者称龙溪先生。浙江山阴人。嘉靖二年(1523)受学于王阳明，为王氏及门高足，深得王阳明的器重。嘉靖五年(1526)，王畿为专心就学王门，欲放弃科考会，王阳明勉励说"吾非以一第为子荣也，顾吾之学，疑信者半，子之京师，可以发明耳"。王畿在王门中的地位由此可见一斑。王阳明在世时，四方问学者甚众，不能授遍，常常先由王畿、钱德洪疏通王学大旨，而后卒业于王门，故"一时称为教授师"。嘉靖八年(1529)赴京殿试，途中闻王阳明卒，便南归奔丧，并守丧三年。尔后再赴京会考，中进士，授南京职方主事，旋即因病告归。病愈起复原官，不久升任南京兵部武选郎中。给事中戚贤等上疏荐畿，宰辅夏贵溪斥其学为伪学，贬谪戚贤外任。这促使王畿放弃为官之念，再请乞休。此后，便专心于讲学，足迹遍及吴、楚、闽、越、江、浙等地；所到之处，听者云集，"莫不以先生为宗盟"。年八十，尚四处讲学，周流不倦。

　　王畿继承王阳明心学，又加以改造、发挥，强调从先天心体上立根。他认为，"良知"原是当下现成、先天自足的本体，不须学习思虑，亦无须修正损益，便自然可以得到。他说："良知一点虚明，便是入圣之机，时时保任此一点虚明，不为旦昼梏亡，便是致知。"由此，在治学与修养方法上，他主张一任自然的先天正心，反对戒慎恐惧，认为"君子之学，贵于自然"，强调保持人心活泼之体，反对任何约束。比如他说："人心虚明，湛然其体，原是活泼，岂容执得定。惟随时练习，变动周流，或顺或逆，或纵或横、随其所为，还他活泼之体，不为诸境所碍，斯谓之存。"针对其师王阳明的四句教，王畿提出了"四无"说，认为心体无善无恶，意、知、物亦是无善无恶，心、意、知、物只是一事。天泉证道是王门中的著名公案。

　　王畿作为阳明思想的嫡传之人，年寿又高，故其在中晚明学界的影响很大。万历二年(1574)王畿在南京讲学，李贽深受其影响，为之翻刻《文录抄》，畿卒后，又为《王龙溪先生告文》以祭之。王畿也有众多批评者，如黄宗羲批评王畿所谓"一着功夫，则未免有碍虚无之体"是近于禅，"茫无把柄，以心息相依为权法"是近于老，致使阳明之学渐失其传。王畿记述"四句教"的《天泉证道纪》在晚明成为阳明学者"海内相传"的经典文本。这都显示了龙溪思想在中晚明的巨大影响。王畿生平著述、语录，后人合辑为《王龙溪先生全集》，其还撰作教化中宫的《中鉴录》。今有吴震教授整理，凤凰出版社出版《王畿集》，收入阳明后学文献丛书。

天泉证道纪

阳明夫子之学，以良知为宗，每与门人论学，提四句为教法："无善无恶心之体，有善有恶意之动，知善知恶是良知，为善去恶是格物。"学者循此用功，各有所得。

绪山钱子谓："此是师门教人定本，一毫不可更易。"

先生谓："夫子立教随时，谓之权法，未可执定。体用显微，只是一机；心意知物，只是一事。若悟得心是无善无恶之心，意即是无善无恶之意，知即是无善无恶之知，物即是无善无恶之物。盖无心之心则藏密，无意之意则应圆，无知之知则体寂，无物之物则用神。天命之性粹然至善，神感神应，其机自不容已，无善可名。恶固本无，善亦不可得而有也。是谓无善无恶。若有善有恶则意动于物，非自然之流行，着于有矣。自性流行者，动而无动，着于有者，动而动也。意是心之所发，若是有善有恶之意，则知与物一齐皆有，心亦不可谓之无矣。"

绪山子谓："若是，是坏师门教法，非善学也。"

先生谓："学须自证自悟，不从人脚跟转。若执着师门权法以为定本，未免滞于言诠，亦非善学也。"

时夫子将有两广之行，钱子谓曰："吾二人所见不同，何以同人？盍相与就正夫子？"

晚坐天泉桥上，因各以所见请质。

夫子曰："正要二子有此一问。吾教法原有此两种：四无之说为上根人立教，四有之说为中根以下人立教。上根之人，悟得无善无恶心体，便从无处立根基，意与知物，皆从无生，一了百当，即本体便是工夫，易简直裁（截），更无剩欠，顿悟之学也。中根以下之人，未尝悟得本体，未免在有善有恶上立根基，心与知物，皆从有生，须用为善去恶工夫随处对治，使之渐渐入悟，从有以归于无，复还本体，及其成功一也。世间上根人不易得，只得就中根以下人立教，通此一路。汝中所见，是接上根人教法；德洪所见，是接中根以下人教法。汝中所见，我久欲发，恐人信不及，徒增躐等之病，故含蓄到今。此是传心秘藏，颜子、明道所不敢言者，今既已说破，亦是天机该发泄时，岂容复秘？然此中不可执着。若执四无之见，不通得众人之意，只好接上根人，中根以下人无从接授。若执四有之见，认定意是有善有恶的，只好接中根以下人，上根人亦无从接授。但吾人凡心未了，虽已得悟，不妨随时用渐修工夫。不如此不足以超凡入圣，所谓上乘兼修中下也。汝中此意，正好保任，不宜轻以示人。概而言之，反成漏泄。德洪却须进此一格，始为玄通。德洪资性沉毅，汝中资性明朗，故其所得亦各因其所近。若能互相取益，使吾教法上下皆通，始为善学耳。"

自此海内相传天泉证悟之论，道脉始归于一云。

冲元会纪

己酉仲秋，先生偕绪山钱子携浙徽诸友赴会冲元，合凡百余人，相与紬绎参互，纪其语于左云。

先生曰：自先师提出本体工夫，人人皆能谈本体说工夫，其实本体工夫须有辨。自圣人分上说，只此知便是本体，便是工夫，便是致；自学者分上说，须用致知的工夫以复其本体，博学、审问、慎思、明辨、笃行，五者废其一，非致也。世之议者或以致良知为落空，其亦未之思耳。先师尝谓人曰："戒慎恐惧是本体，不睹不闻是工夫。"戒慎恐惧若非本体，于本体上便生障碍；不睹不闻若非工夫，于一切处尽成支离。盖工夫不离本体，本体即是工夫，非有二也。

今人讲学，以神理为极精，开口便说性说命；以日用饮食声色财货为极粗，人面前便不肯出口。不知讲解得性命到入微处，一种意见终日盘桓其中，只是口说，纵令宛转归己，亦只是比拟卜度，与本来性命生机了无相干，终成俗学。若能于日用货色上料理经纶，时时以天则应之，超脱得净，如明珠混泥沙而不污，乃见定力。极精的是极粗的学问，极粗的是极精的学问。精精粗粗,其机甚微,非真实用工之人,不易辨也。

吾人今日讲学,未免说话太多,亦是不得已。只因吾人许多习闻旧见缠绕,只得与剖析分疏。譬诸树木被藤蔓牵缠,若非剪截解脱,本根生意终不条达。但恐吾人又在言语上承接过去,翻滋见解,为病更甚。须知默成而信,孔门惟颜子为善学。吾人既要学颜子,须识病痛,斩除得净。不然,只是腾口说,与本根生意原无交涉也。

朋友中有守一念灵明处认为戒惧工夫,才涉言语应接,所守工夫便觉散缓。此是分了内外。一念灵明无内外、无方所,戒慎恐惧亦无内外、无方所。识得本体原是变动不居,不可以为典要,虽终日变化云为,莫非本体之周流,自无此病矣。

吾人学问,自己从入处,便是感动人样子。从言语入者,感动人处至言语而止;从意想入者,感动人处至意想而止;从解悟入者,感动人处至解悟而止。若能离此数者,默默从生机而入,感动人处方是日新。以机触机,默相授受,方无止法。此颜子所以如愚而未见其止也。

吾人今日讲学,先要一切世情淡得下,此是吾人立定脚根第一义。《中庸》结末开口说个淡字,正是对病药方。淡原是心之本体,有何可厌?惟心体上淡得下,便无许多浓酽劳攘,便自明白,便能知几,可与入德,直入至无喜无怒、无声无息。只是淡到极处,立心为己,便是达天德根基。若起头清脱不出,到底夹带包藏,只在世情上拣得一件好题目做,与孔门暗然日章家法,奚翅千里!

三山丽泽录

遵岩王子曰:"仲尼终岁周流,随地讲习,上则见其邦君,中则交其公卿大夫,下则进其凡民,如丈人渔父之属,皆有意焉。故光辉所及,在乡满乡,在国满国。先生之出游,亦似之。"先生曰:"鸟兽不可与同群,非斯人而谁与!此原是孔门家法。吾人不论出处潜见,取友求益原是吾人分内事。予岂敢望古人之光辉,傲然以教人传道为是?取友求益,窃有志焉。若夫人之信否,与此学之明与不明,则存乎所遇,非人所能强也。至于闭门逾垣,踽踽然洁身独行,自以为高,则又非予之初心。"

遵岩子曰:"学不厌、诲不倦,教学相长也。"先生曰:"然。吾人之学,原与物同体。诲人倦时即学有厌处，成己即所以成物，只是一事，非但相长而已也。孔子有云'默而识之'，此是千古学脉，虞庭谓之道心之微。学而非默则涉于声臭，诲人非默则堕于言诠。故曰'何有于我哉'，非自谦之辞，乃真语也。若于此悟得及，始可与语圣学。"

遵岩子曰："千古圣贤之学只一知字尽之，《大学》诚正修身以齐家治国平天下，只在致知。《中庸》诚身以悦亲信友、获上治民，只在明善，明善即致知也。双江云格物无功夫，吾有取焉。"先生曰："此正毫厘之辨。若谓格物有功夫，何以曰尽于致知？若谓格物无功夫，何以曰在于格物？物是天下国家之实事，由良知感应而始有。致知在格物，犹云欲致良知，在天下国家实事上致之云尔。知外无物，物外无知。如离了悦亲、信友、获上、治民，更无明善用力处。亦非外了明善，另有获上、治民、悦亲、信友之功也。以意逆之，可不言而喻矣！"

先生谓遵岩子曰："正心，先天之学也；诚意，后天之学也。"遵岩子曰："必以先天后天分心与意者，何也？"先生曰："吾人一切世情嗜欲，皆从意生。心本至善，动于意始有不善。若能在先天心体上立根，则意所动自无不善，一切世情嗜欲自无所容，致知功夫自然易简省力，所谓后天而奉天时也。若在后天动意上立根，未免有世情嗜欲之杂，才落牵缠便费斩截，致知工夫转觉繁难，欲复先天心体便有许多费力处。颜子有不善未尝不知，知之未尝复行，便是先天易简之学。原（原）宪克伐怨欲不行，便是后天繁难之学。不可不辨也。"

先生谓遵岩子曰："吾人学问未能一了百当，只是信心不及，终日意象纷纷，头出头没，有何了期？吾人且道如何是心，如何是信得及？心无所用则为死灰，不能经世，才欲用时便起烦扰。用不用之间，何处着力？日月有明，容光必照，变化云为，往来不穷而明体未尝有动，方不涉意象，方为善用其心。有诸己始谓之信，非解悟所及也。"

遵岩子问曰："荆川谓吾人终日扰扰，嗜欲相混，精神不得归根，须闭关静坐一二年，养成无欲之体，方为圣学。此意如何？"先生曰："吾人未尝废静坐，若必借此为了手，未免等待，非究竟法。圣人之学，主于经世，原与世界不相离。古者教人，只言藏修游息，未尝专说闭关静坐。若日日应感，时时收摄，精神和畅充周，不动于欲，便与静坐一般。况欲根潜藏，非对境则不易发，如金体被铜铅混杂，非遇烈火则不易销。若以见在感应不得力,必待闭关静坐养成无欲之体,始为了手,不惟磋却见在功夫,未免喜静厌动,与世间已无交涉,如何复经得世?独修独行,如方外人则可。大修行人,于尘劳烦恼中作道场。吾人若欲承接尧舜姬孔学脉,不得如此讨便宜也。"

遵岩子曰:"孔子六十而耳顺,此六经中未尝道之语。不曰目与口鼻,惟曰耳顺,何谓也?"先生曰:"目以精用,口鼻以气用,惟耳以神用。目有关阖,口有吐纳,鼻有呼吸,惟耳无出入,佛家谓之圆通观,顺逆相对。孔子五十而知天命,能与太虚同体,方能以虚应世,随声所入,不听之以耳,而听之以神,更无好丑简择,故谓之耳顺。此等处更无巧法,惟是终始一志,消尽渣滓,无有前尘,自能神用无方,自能忘顺逆。"

遵岩子居乡遇拂逆事,时有悄然不豫之色,甚至有怫然不平之气,方信以为同好恶、公是非,以问于先生。先生徐应之曰:"子甚么聪明,何未之早达也?吾人处世,岂能事事平满,无不足之叹?所贵于随缘顺应,处之有道耳。禅家谓之缺陷世界,违顺好丑皆作意安,只见在不平满处,便是了心之法,方是当地洒然超脱受用。才有悄然怫然之意,等待平满时方称心,吾之所自失者多矣。况人无皆非之理,惟在反己自修、一毫不起怨尤之心,方是孔门家法。故曰下学上达,知我其天。此便是古人自信之学。忘好恶,方能同好恶;忘是非,方能公是非。盖好恶是非,原是本心自然之用,惟作好恶任是非,始失其本心。所谓忘者,非是无计顽空,率其明觉之自然,随物顺应,一毫无所作,无所任,是谓忘无可忘。在知道者默而识之。"

远斋子曰:"诸公每日相集讲学固好,予却谓不在讲学,只在身体力行、实落做将去便是。"先生曰:"然。若是真行路人,遇三叉路口,便有疑,有疑不得不问,不得不讲。惟坐谋所适,始无所疑,始不消讲。若徒务口讲而不务力行,则有所不可耳。"

蒙泉祁子请闻过。先生曰:"此是不自满之心。安节自守,每事从简,月计不足,岁计有余,士民日受和平之福,只此便是寡过之道。要人说过,不如自己见过之明。苟有无心之失,不妨随时省改。今人惮于改过,非但畏难,亦是体面放不下。勘破此关,终日应酬,可以洒然无累矣。"

遵岩子曰:"荆川随处费尽精神,可谓泼撒,然自跳上蒲团,便如木偶相似,收摄保聚,可无渗漏。予则不能及。"先生曰:"此事非可强为,须得其机要,有制炼魂魄之功始得,伏藏始无渗漏。荆川自谓得其机要,能炼虚空,亦曾死心入定,固是小得手处,然于致良知功夫,终隔一尘。盖吾儒致知以神为主,养生家以气为主。戒慎恐惧是存神功夫,神住则气自住,当下还虚,便是无为。作用以气为主,是从气机动处理会,气结神凝,神气含育,终是有作之法。"

枫潭万子问曰:"古人'通昼夜之道而知',何谓也?"先生曰:"千古圣学,只一知字尽之。知是贯彻天地万物之灵气。吾人日间欲念慌惚,或至牿亡,夜间杂气纷扰,或至昏沉,便是不能通乎昼夜,便与天地不相似,便与万物不相涉。时时致良知,朝乾夕惕,不为欲念所扰、昏气所乘,贞明不息,方是通乎昼夜之道而知。通乎昼夜,自能通乎天地万物,自能范围曲成。存此谓之存神,见此谓之见易,故神无方而易无体。是谓弥纶天地之道,是谓穷理尽性以至于命。"枫潭子喟然曰:"如此方是通乎昼夜之实学,非徒谈说理道而已也。"

遵岩子问:"先师在军中四十日未尝睡,有诸?"先生曰:"然。此原是圣学。古人有息无睡,故曰:'向晦入燕息。'世人终日扰扰,全赖后天渣滓厚味培养,方觳一日之用。夜间全赖一觉熟睡方能休息。不知此一觉熟睡阳光尽为阴浊所陷,如死人一般。若知燕息之法,当向晦时,耳无闻,目无见,口无吐纳,鼻无呼吸,手足无动静,心无私累,一点元神,与先天清气相依相息,如炉中种火相似,比之后天昏气所养,奚啻什百。是谓通乎昼夜之道而知。"

枫潭子问:"乾之用九何谓也?"先生曰:"用九是和而不倡之义。若曰阳刚不可为物先,则乾非全德矣。吾人之学,切忌起炉作灶,惟知和而不倡,故能时乘御天、应机而动。故曰:'乃见天则。'吾人有凶有咎,只是倡了。孔子退藏于密,得用九之义。"又云:"'首出庶物',何谓也?"曰:"乾体刚而用柔,坤体柔而用刚。首出者,刚之体;无首者,柔之用。用柔即乾之坤,用六永贞即坤之乾,乾坤合德也。"

遵岩子曰:"区区于道实未有见,向因先生将几句精语蕴习在心,随处引触,得个入处,只成见解,实未有得。"先生曰:"此是不可及处。他人便把此作实际受用,到底只成弄精魂。从言而入,非自己证悟,须打破自己无尽宝藏,方能独往独来、左右逢源,不傍人门户,不落知解。只从良知上朴实致将去,不以意识搀和其间,久久自当有得。不在欲速强探也。"

先生谓遵岩子曰:"子家居十余年,行履何如?于此件事体究何如?"遵岩子曰:"此生之志,不敢自负于知己。终是世情牵绕,割截不断。日逐体究,不无少见,终落知解,不能亲体光明透脱。"先生曰:"此是吾人通病。然此亦是一病两痛。惟其世情牵绕不断,所以未免包裹影响,不能直达光透。惟其本体不能直达光透,所以世情愈觉缠绕周罗。古云:但去凡心,别无圣解。若此一真当下自反,即得本心,良知自瞒不过,世情自假借不去。所谓赤日当空,群晦自灭。吾人此生,只此一件事,更有何事搀搭得来?"

遵岩子问曰:"学术不出于孔氏之宗,宗失其统。而为学者其端有二:曰俗与禅。若夫老氏之学,则固吾儒之宗派,或失于矫则有之,非可以异端论也。"先生曰:"异端之说,见于孔氏之书,当时佛氏未入中国,其于老氏,尚往问礼,而有犹龙之叹。庄子宗老而任狂,非可以异端名也。吾儒之学,自有异端。至于佛氏之家,遗弃物理,究心虚寂,始失于诞。然今日所病,却不在此,惟在俗耳。世之儒者,不此之病,顾切切焉惟彼之忧,亦见其过计也已。良知者,千圣之绝学,道德性命之灵枢也。致知之学,原本虚寂,而未尝离于伦物之感应。外者有节,而内者不诱,则固圣学之宗也。何偏之足病?故曰致知在格物。言格物所以致吾之知也。吾儒与二氏,毫厘之辨,正在于此。惟其徇于物感之迹,揣模假借,不本于良知,以求自得,始不免于俗学之支离,不可不察也。"

或问庄子之学。先生曰:"庄子已见大意,拟诸孔门,庶几开、点之俦。东坡论庄子推尊孔子之意,虽是笔端善于斡旋,亦是庄子心事本来如此。其曰不知以养其所知,及木鸡承蜩诸喻,即孔子无知如愚之旨。其曰未始有物、未始有初诸说,即《大易》先天之旨。但寓言十九,似涉狂诞,世人疑以为訾,真痴人前说梦也。"

友人问:"佛氏虽不免有偏,然论心性甚精妙,乃是形而上一截理。吾人叙正人伦,未免连形而下发挥,然心性之学沉埋既久,一时难为超脱,借路悟入,未必非此学之助。"先生曰:"此说似是而实非,本无上下两截之分,吾儒未尝不说虚,不说寂,不说微,不说密,此是千圣相传之秘藏,从此悟入,乃是范围三教之宗。自圣学不明,后儒反将千圣精义让与佛氏,才涉空寂,便以为异学,不肯承当。不知佛氏所说,本是吾儒大路,反欲借路而入,亦可哀也。夫仙佛二氏皆是出世之学,佛氏虽后世始入中国,唐虞之时所谓巢许之流即其宗派。唐虞之时圣学明，巢许在山中如木石一般，任其自生自化，乃是尧舜一体中所养之物。盖世间自有一种清虚恬淡不耐事之人，虽尧舜亦不以相强。只因圣学不明，汉之儒者强说道理，泥于刑名格式、执为典要，失其变动周流之性体，反被二氏点检訾议，敢于主张做大。吾儒不悟本来自有家当，反甘心让之，尤可哀也已。先师尝有屋舍三间之喻。唐虞之时，此三间屋舍原是本有家当，巢许辈皆其守舍之人。及至后世，圣学做主不起，仅守其中一间，将左右两间甘心让与二氏。及吾儒之学日衰，二氏之学日炽，甘心自谓不如，反欲假借存活。洎其后来，连其中一间岌岌乎有不能自存之势，反将从而归依之，渐至失其家业而不自觉。吾儒今日之事何以异此？间有豪杰之士不忍甘心于自失，欲行主张正学以排斥二氏为己任，不能探本入微，务于内修，徒欲号召名义，以气魄胜之，只足以增二氏检议耳。先师良知之学乃三教之灵枢，于此悟入，不以一毫知识参乎其间，彼将帖然归化，所谓经正而邪慝自无。非可以口舌争也。"

滁阳会语

予赴南谯，取道滁阳，拜瞻先师新祠于紫微泉上。太仆巾石吕子以滁为先师讲学名区，相期同志与其隽士数十人，大会祠下，诸君谬不予鄙，谓晚有所闻，各以所得相质，以求印正。余德不类，何足以辱诸君之教？而先师平生所学之次第，则尝闻之矣！请为诸君诵之，而自取正焉。

先师之学，凡三变而始入于悟，再变而所得始化而纯。

其少禀英毅凌迈，超侠不羁，于学无所不窥。尝泛滥于词章，驰骋于孙吴，虽其志在经世，亦才有所纵也。及为晦翁格物穷理之学，几至于殒。时苦其烦且难，自叹以为若于圣学无缘。乃始究心于老佛之学，缘洞天精庐，日夕勤修炼习伏藏，洞悉机要。其于被（彼）家所谓见性抱一之旨，非惟通其义，盖已得其髓矣。自谓尝于静中内照形躯如水晶宫，忘己忘物，忘天忘地，与空虚同体。光耀神气，恍惚变化，似欲言而忘其所以言，乃真境象也。

及至居夷处困，动忍之余，恍然神悟，不离伦物感应而是是非非天则自见。征诸四子六经，殊言而同旨。始叹圣人之学坦如大路，而后之儒者妄开迳窦,纡曲外驰,反出二氏之下,宜乎高明之士厌此而趋彼也。自此之后,尽去枝叶,一意本原,以默坐澄心为学的,亦复以此立教。于《传习录》中所谓"如鸡覆卵,如龙养珠,如女子怀胎,精神意思,凝聚融结,不复知有其他";"颜子不迁怒、贰过,有未发之中,始能有发而中节之和";"道德言动,大率以收敛为主,发散是不得已"种种论说,皆其统体耳。一时学者闻之翕然,多有所兴起。然卑者或苦于未悟,高明者乐其顿便而忘积累,渐有喜静厌动、玩弄疏脱之弊。先师亦稍觉其教之有偏,故自滁留以后,乃为动静合一、工夫本体之说以救之。而入者为主,未免加减回护,亦时使然也。

自江右以后,则专提致良知三字,默不假坐,心不待澄,不习不虑,盎然出之,自有天则,乃是孔门易简直截根源。盖良知即是未发之中,此知之前,更无未发;良知即是中节之和,此知之后,更无已发。此知自能收敛,不须更主于收敛;此知自能发散,不须更期于发散。收敛者,感之体,静而动也;发散者,寂之用,动而静也。知之真切笃实处即是行,真切是本体,笃实是工夫,知之外更无行;行之明觉精察处即是知,明觉是本体,精察是工夫,行之外更无知。故曰"致知存乎心悟""致知焉尽矣"。

逮居越以后,所操益熟,所得益化,信而从者益众。时时知是知非,时时无是无非,开口即得本心,更无假借凑泊,如赤日丽空而万象自照,如元气运于四时而万化自行,亦莫知其所以然也。盖后儒之学泥于外,二氏之学泥于内。既悟之后则内外一矣,万感万应,皆从一生,兢业保任,不离于一。晚年造履益就融释,即一为万,即万为一,无一无万,而一亦忘矣。

先师平生经世事业震耀天地,世以为不可及。要之,学成而才自广,几忘而用自神,亦非两事也。

先师自谓:良知二字,自吾从万死一生中体悟出来,多少积累在。但恐学者见太容易,不肯实致其良知,反把黄金作顽铁用耳。

先师在留都时,曾有人传谤书,见之不觉心动,移时始化,因谓:终是名根消煞未尽,譬之浊水澄清,终有浊在。

余尝请问平藩事,先师云:在当时只合如此做。觉来尚有微动于气所在,使今日处之,更自不同。

夫良知之学先师所自悟,而其煎销习心习气、积累保任工夫又如此其密,吾党今日未免傍人门户,从言说知解承接过来,而其煎销积累保任工夫又复如此其疏,徒欲以区区虚见影响缘饰,以望此学之明,譬如不务覆卵而望其时夜,不务养珠而即忘其飞跃,不务煦育胎元而即望其脱胎神化,益见其难也已。

慨自哲人既远、大义渐乖而微言日湮,吾人得于所见所闻,未免各以性之所近为学,又无先师许大炉冶陶铸销熔以归于一,虽于良知宗旨不敢有违,而拟议卜度、搀和补凑,不免纷成异说。有谓良知落空,必须闻见以助发之,良知必用天理则非空知。此沿袭之说也。有谓良知不学而知,不须更用致知;良知当下圆成无病,不须更用消欲工夫。此凌躐之论也。有谓良知主于虚寂,而以明觉为缘境。是自窒其用也。有谓良知主于明觉,而以虚寂为沉空。是自汩其体也。

盖良知原是无中生有,无知而无不知;致良知工夫原为未悟者设,为有欲者设;虚寂原是良知之体,明觉原是良知之用,体用一原,原无先后之分。学者不循其本,不探其原,而惟意见言说之腾,只益其纷纷耳。而其最近似者不知良知本来易简,徒泥其所晦之迹而未究其所梧(悟)之真,南(哄)然指以为禅。同异毫厘之间自有真血脉路,明者当自得之,非可以口舌争也。

诸君今日所悟之虚实与所得之浅深,质诸先师终身经历次第,其合与否? 所谓如人饮水,冷暖自知,以此求之,沛然有余师矣!

松原晤语

予不类,辱交于念庵子三十余年。兄与荆川子齐云别后,不出户者三年于兹矣。海内同志欲窥见颜色而不可得,皆疑其或偏于枯静,予念之不能忘。因兄屡书期会,壬戌冬仲,往赴松原新庐,共订所学。至则见其身任均役之事,日与间役之人执册布算、交涉纷纷,其门如市,耐烦忘倦,略无一毫厌动之意。夜则与予联床趺坐,往复证悟,意超如也。自谓终日纷纷,未尝敢憎厌,未尝敢执着,未尝敢放纵,未尝敢衰侮。自朝至暮,惟恐一人不得其所。是心康济天下可也,尚何枯静之足虑乎?

因举乍见孺子入井怵惕、未尝有三念之杂,乃不动于欲之真心,所谓良知也,与尧舜未尝有异者也,若于此不能自信,亦几于自诬矣。苟不用致知之功,不能时时保任此心、时时无杂念,徒认现成虚见附和欲根,而谓即与尧舜相对、未尝不同者,亦几于自欺矣。

盖兄自谓终日应酬,终日收敛安静,无少奔放驰逐,不涉二境,不使习气乘机潜发。难道工夫不得力?然终是有收有制之功,非究竟无为之旨也。至谓世间无现成良知,非万死功夫,断不能生。以此较勘世间虚见附和之辈,未必非对病之药。若必以现在良知与尧舜不同,必待功夫修整而后可得,则未免于矫枉之过。曾谓昭昭之天与广大之天有差别否?此区区每欲就正之苦心也。

夫圣贤之学,致知虽一,而所入不同。从顿入者,即本体为功夫,天机常运,终日兢业保任,不离性体。虽有欲念,一觉便化,不致为累。所谓性之也。从渐入者,用功夫以复本体,终日扫荡欲根,祛除杂念,以顺其天机,不使为累。所谓反之也。若其必以去欲为主,求复其性,则顿与渐未尝异也。稽之孔门颜子,竭才不远而复,便是性之样子。仲雍居敬强恕,邦家无怨,便是反之样子。吾人将何所法守耶?

世间薰天塞地,无非欲海,学者举心动念,无非欲根。而往往假托现成良知,腾播无动无静之说,以成其放逸无忌惮之私,所谓行尽如驰,莫之能止。此兄忧世耿耿苦心,殆有甚焉,吾辈所当时时服食者也。

尝忆荆川子与兄书有云:偶会方外一二人,其用心甚专,用力甚苦,以求脱离欲海,祛除欲根,益有慨于吾道之衰。盖禅宗期于作佛,不坐化超脱则无功;道人期于成仙,不留形住世则无功。此二人者,皆不可以伪为。圣贤与人同而异,皆可假托混帐,误己诳人。以其世间功利之习心而高谈性命,傲然自以为知学。不亦远乎?甚矣,荆川子之苦心,有类于兄也!

致知议略

徐生时举将督学敬所君之命,奉奠阳明先师遗像于天真,因就予而问学,临别,出双江、东廓、念庵三公所书赠言卷,祈予一言以证所学。三公言若人殊,无非参互演绎以明师门致知之宗要,予虽有所言,亦不能外于此也。

夫良知之与知识,差若毫厘,究实千里。同一知也,如是则为良,如是则为识;如是则为德性之知,如是则为见闻之知,不可以不早辨也。良知者,本心之明,不由学虑而得,先天之学也。知识则不能自信其心,未免假于多学亿中之助而已，入于后天矣。良知即是未发之中，即是发而中节之和，此是千圣斩关第一义，所谓无前后内外、浑然一体者也。若良知之前别求未发，即是二乘沉空之学；良知之外别求已发，即是世儒依识之学。或摄感以归寂，或缘寂以起感，受症虽若不同，其为未得良知之宗，则一而已。爰述一得之见，厘为数条，用以就正于三公，并质诸敬所君，且以答生来学之意。

独知无有不良，不睹不闻，良知之体，显微体用通一无二者，此也。戒慎恐惧、致知格物之功，视于无形，听于无声，日用伦物之感应而致其明察者，此也。知体本空，着体即为沉空；知本无知，离体即为依识。

《易》曰"乾知大始"，乾知即良知，乃混沌初开第一窍，为万物之始，不与万物作对，故谓之独。以其自知，故谓之独知。乾知者，刚健中正，纯粹精也。七德不备，不可以语良知，中和位育皆从此出，统天之学，首出庶物，万国咸宁者也。

良知者，无所思为，自然之明觉，即寂而感行焉，寂非内也；即感而寂存焉，感非外也。动而未形，有无之间，几之微也。动而未形，发而未尝发也，有无之间不可以致诘。此几无前后、无内外，圣人知几，贤人庶几，学者审几，故曰："几者，动之微，吉之先见者也。"知几，故纯吉而无凶；庶几，故恒吉而寡凶；审几，故趋吉而避凶。过之则为忘几，不及则为失几。忘与失，所趋虽异，其为不足以成务均也。

颜子有不善未尝不知、未尝复行，正是德性之知、孔门致知之学，所谓不学不虑之良知也。才动即觉，才觉即化，未尝有一毫凝滞之迹，故曰"不远复，无祗悔"。子贡务于多学，以亿而中，与颜子正相反。颜子没而圣学亡，子贡学术易于凑泊，积习渐染，至千百年而未已也。先师忧悯后学，将此两字信手拈出，乃是千圣绝学。世儒不自省悟，反哄然指以为异学而非之，夜光之珠，视者按剑，亦无怪其然也。孔子曰："吾有知乎哉？无知也。"言良知之外别无知也。鄙夫之空空与圣人之空空无异，故叩其两端而竭。两端者，是与非而已。空空者，道之体也。口惟空，故能辨甘苦；目惟空，故能辨黑白；耳能空，故能辨清浊；心惟空，故能辨是非。世儒不能自信其心，谓空空不足以尽道，必假于多学而识以助发之，是疑口之不足以辨味而先漓以甜酸，目之不足以别色而先泥以铅粉，耳之不足以审音而先淆以宫羽，其不至于爽失而眩聩者，几希矣！

学,觉而已。自然之觉,良知也。觉是性体,良知即是天命之性。良知二字,性命之宗。格物是致知日可见之行,随事致此良知,使不至于昏蔽也。吾人今日之学,谓知识非良知则可,谓良知外于知觉则不可;谓格物正所以致知则可,谓在物上求正而遂以格物为义袭则不可。后儒谓才知即是已发,而别求未发之时,所以未免于动静之分,入于支离而不自觉也。

良知无奇特相、无委曲相,心本平安,以直而动。愚夫愚妇未动于意欲之时,与圣人同,才起于意、萌于欲,不能致其良知,始与圣人异耳。若谓愚夫愚妇不足以语圣,几于自诬且自弃矣!

致知议辨

双江子曰:"邵子云:'先天之学,心也;后天之学,迹也。先天言其体,后天言其用。'盖以体用分先后,而初非以美恶分也。'良知是未发之中',先师尝有是言。若曰'良知亦即是发而中节之和',词涉迫促。寂性之体,天地之根也,而曰'非内果在外乎'? 感情之用,形器之迹也,而曰'非外果在内乎?'抑岂内外之间,别有一片地界可安顿之乎? 即寂而感,存焉;即感而寂,行焉。以此论见成似也。若为学者立法,恐当更下一转语。《易》言内外,《中庸》亦言内外,今曰'无内外';《易》言先后,《大学》亦言先后,今曰'无先后'。是皆以统体言工夫,如以百尺一贯论种树,而不原枝叶之硕茂,由于根本之盛大,根本之盛大,由于培灌之积累。此鄙人内外先后之说也。'良知之前无未发,良知之外无已发',似是浑沌未判之前语。设曰良知之前无性,良知之外无情,即谓良知之前与外无心,语虽玄而意则舛矣。尊兄高明过人,自来论学,只从浑沌初生无所污坏者而言,而以见在为具足,不犯做手为妙悟,以此自娱可也,恐非中人以下所能及也。"

先生曰:"寂之一字,千古圣学之宗。感生于寂,寂不离感。舍寂而缘感,谓之逐物;离感而守寂,谓之泥虚。夫寂者未发之中,先天之学也。未发之功,却在发上用,先天之功,却在后天上用。明道云:'此是日用本领工夫,却于已发处观之。'康节《先天吟》云:'若说先天无个字,后天须用着工夫。'可谓得其旨矣。先天是心,后天是意,至善是心之本体。心体本正,才正心便有正心之病,才要正心,便已属于意。欲正其心,先诚其意,犹云舍了诚意,更无正心工夫可用也。良知是寂然之体,物是所感之用,意则其寂感所乘之几也。知之与物无先后可分，故曰'致知在格物'。致知工夫在格物上用，犹云《大学》明德在亲民上用，离了亲民，更无学也。良知是天然之则。格者正也，物犹事也。格物云者，致此良知之天则于事事物物也。物得其则谓之格，非于天则之外，别有一段格之之功也。前谓未发之功，只在发上用者，非谓矫强矜饰于喜怒之末，徒以制之于外也。节是天则，即所谓未发之中也。中节云者，循其天则而不过也。养于未发之豫，先天之学是矣。后天而奉时者，乘天时，行人力，不得而与。曰奉曰乘，正是养之之功，若外此而别求所养之豫，即是遗物而远于人情，与圣门复性之旨为有间矣。即寂而感，行焉；即感而寂，存焉。正是合本体之工夫，无时不感，无时不归于寂也。若以此为见成，而未及学问之功，又将何如其为用也？寂非内而感非外，盖因世儒认寂为内、感为外，故言此以见寂感无内外之学，非故以寂为外，以感为内，而于内外之间，别有一片地界可安顿也。既云寂是性之体，性无内外之分，则寂无内外，可不辨而明矣。良知之前无未发者，良知即是未发之中，若复求未发，则所谓沉空也。良知之外无已发者，致此良知，即是发而中节之和，若别有已发，即所谓依识也。语意似亦了然。设为'良知之前无性，良知之后无情'，即谓之'无心'，而断以为混沌未判之前语，则几于推测之过矣。公谓不肖'高明过人，自来论学，只从混沌初生无所污坏者而言，而以见在为具足，不犯做手为妙悟'，不肖何敢当！然窃窥立言之意，却实以为混沦无归着，且非污坏者所宜妄意而认也。观后条于告子身上发例可见矣。愚则谓良知在人，本无污坏，虽昏蔽之极，苟能一念自反，即得本心。譬之日月之明，偶为云雾之翳，谓之晦耳，云雾一开，明体即见，原未尝有所伤也。此原是人人见在具足，不犯做手本领工夫，人之可以为尧、舜，小人之可使为君子，舍此更无从入之路、可变之几，固非以为妙悟而妄意自信，亦未尝谓非中人以下所能及也。"

双江子曰："《本意（义）》云：'乾主始物而坤作成之。'已似于经旨本明白。知字原属下文，今提知字属乾字，遂谓乾知为良知，不与万物作对为独知，七德咸备为统天。《象》曰：'大哉乾元，万物资始，乃统天。'是以统天赞乾元，非赞乾也。及以下文照之，则曰：'乾以易知，坤以简能。'又以易简为乾坤之德，而知能则其用也。人法乾坤之德，至于易简，则天下之理得而成位乎其中。他又曰：'夫乾，天下之至健也，德行恒易以知险；夫坤，天下之至顺也，德行恒简以知阻。'健顺，言其体；易简，言其德；知，言其才；阻险，言其变；能说能研，言圣人之学；定吉凶，成亹亹，言圣人之功用。《六经》之言各有攸当，似难以一例牵合也。"

先生曰："乾知大始，大始之知，混沌初开之窍，万物所资以始。知之为义本明，不须更训主字。下文证之曰：'乾以易知。'以易知为易主可乎？此是统天之学，赞元即所以赞乾，非二义也。其言以体、以德、以才、以变、以学、以功用，虽《经》《传》所有，屑屑分疏，亦涉意象，恐非易简之旨。公将复以不肖为混沌语矣。"

双江子曰："程子云：'不睹不闻，便是未发之中，说发便属睹闻。'独知是良知的萌芽处，与良知似隔一尘。此处着功，虽与半路修行不同，要亦是半路的路头也。致虚守寂，方是不睹不闻之学，归根复命之要。盖尝以学之未能为忧，而乃谓偏于虚寂不足，以该乎伦物之明察则过矣。夫明物察伦由仁义行，方是性体自然之觉，非以明察为格物之功也。如以明察为格物之功，是行仁义而袭焉者矣。以此言自然之觉，误也。其曰：'视于无形，听于无声。'不知指何者为无形声而视之、听之？非以日用伦物之内，别有一个虚明不动之体以宰之，而后明察之形声俱泯。是则寂以主夫感，静以御乎动，显微隐见，通一无二是也。夫子于《咸卦》，特地提出'虚寂'二字，以立感应之本，而以至神赞之，盖本卦之止而说以发其蕴，二氏得之而绝念，吾儒得之以通感，毫厘千里之差，又是可见。"

先生曰："公谓夫子于《咸卦》提出虚寂二字，以立感应之本，本卦德之止而悦以发其蕴是矣。而谓'独知是良知的萌芽，才发便属睹闻，要亦是半路修行的路头。明察是行仁义而袭，非格物之功，致虚守寂方是不睹不闻之学，日用伦物之内，别有一个虚明不动之体以主宰之，而后明察之形声俱泯。'似于先师致知之旨，或有未尽契也。良知即所谓未发之中，原是不睹不闻，原是莫见莫显。明物察伦，性体之觉由仁义行，觉之自然也。显微隐见，通一无二，在舜所谓'玄德'。自然之觉，即是虚，即是寂，即是无形、无声，即是虚明不动之体，即为《易》之蕴。致者，致此而已；守者，守此而已；视听于无者，视听此而已；主宰者，主宰此而已。止则感之专，悦则应之至，不离感应而常寂然，故曰：'观其所感，而天地万物之情可见矣。'今若以独知为发而属于睹闻，别求一个虚明不动之体以为主宰，然后为归复之学，则其疑致知不足以尽圣学之蕴，特未之明言耳。其曰：'二氏得之以绝念，吾儒得之以通感'，恐亦非所以议上乘而语大成也。"

双江子曰："兄谓圣学只在几上用功，有无之间是人心真体用，当下具足，是以见成作工夫看。夫'寂然不动'者，诚也；'感而遂通'者，神也。今不谓诚、神为学问真工夫，而以有无之间为人心真体用，不几于舍筏求岸，能免望洋之叹乎？诚精而明，寂而疑于无也，而万象森然已具，无而未尝无也。神应而妙，感而疑于有也，而本体寂然不动，有而未尝有也。即是为有无之间，亦何不可？老子曰：'无无既无，湛然常寂。常寂常应，真常得性。常应常定，常清净矣。'则是以无为有之几，寂为感之几，非以寂感有无隐度其文，故令人不可致诘为几也。知几之训，《通书》得之《易传》，子曰：'知几其神乎？'几者，动之微，吉之先见者也，即《书》之'动而未形，有无之间'之谓。《易》曰：'介如石焉，宁用终日，断可识矣。'此夫子之断案也。盖六二以中正自守，其介如石，故能不溺于豫，上交不谄，下交不渎，知几也。盱豫之悔，谄也；冥贞之疾，渎也。几在介，而非以不谄不渎为几也。《易》曰：'忧悔吝者，存乎介。'介非寂然不动之诚乎？《中庸》曰：'至诚如神。'又曰：'诚则明。'言几也，舍诚而求几，失几远矣。内外先后，混逐忘助之病，当有能辨之者。"

先生曰："周子云：'诚神几曰圣人。'良知者，自然之觉，微而显，隐而见，所谓几也。良知之实体为诚，良知之妙用为神，几则通乎体用而寂感一贯，故曰有无之间者几也。有与无，正指诚与神而言。此是千圣从入之中道，过之则堕于无，不及则滞于有。多少精义在，非谓以见成作工夫，且隐度其文，令人不可致诘为义也。《豫》之六二，以中正自守，不溺于豫，故能触几而应，不俟终日而吉。良知是未发之中，良知自能知几，非良知之外，别有介石以为之守，而后几可见也。《大学》所谓诚意，《中庸》所谓复性，皆以慎独为要，独即几也。"

双江子曰："克己复礼，三月不违，是颜子不远于复，竭才之功也。复以自知，盖言天德之刚复全于我，而非群阴之所能乱，却是自家做主宰定。故曰：'自知犹自主也。'子贡多识亿中为学，诚与颜子相反。至领一贯之训，而闻性与天道，当亦有见于具足之体，要未可以易视之也。先师良知之教，本于孟子，孟子言'孩提之童，不学不虑，知爱知敬'，盖言其中有物以主之，爱敬则主之所发也。今不从事于所主，以充满乎本体之量，而欲坐享其不学不虑之成，难矣。"

先生曰："颜子德性之知，与子贡之多学以亿而中，学术同异，不得不辩，非因其有优劣而易视之也。先师良知之说,仿于孟子不学不虑,乃天所为自然之良知也。惟其自然之良,不待学虑,故爱亲敬兄触机而发,神感神应。惟其触机而发,神感神应,而后为不学不虑,自然之良也。自然之良,即是爱敬之主,即是寂,即是虚,即是无声无臭,天之所为也。若更于其中有物以主之,欲从事于所王(主)以充满某本然之量,而不学不虑为坐享之成,不几于测度渊微之过乎?孟子曰:'凡有四端于我,知皆扩而充之。若火之始然,泉之始达。'天机所感,人力弗得而与。不闻于知之上,复求有物以为之主也。公平时笃信白沙子'静中养出端倪',与'把柄在手'之说,若舍了自然之良,别有所谓'端倪''把柄',非愚之所知也。吾人致知之学,不能入微,未免搀入意见知识,无以充其自然之良,则诚有所不免。若谓'自然之良,未足以尽学',复求有物以主之,且谓'觉无未发,亦不可以寂言',将使人并其自然之觉而凝(疑)之。是谓矫枉之过而复为偏,不可以不察也。"

双江子曰:"时人以夫子'多学而识,知足以待问'也,故凡问者必之焉。夫子不欲以知教人也,故曰:'吾有知乎哉?无知也。'至于告人,则不敢不尽。'有鄙夫问于我,空空焉,无所知,我必叩两端而竭焉。'两端之竭,非知之尽者不能,于是见夫子待物之洪,教人不倦之仁也。今谓'良知之外别无知',疑于本文为赘,而又以空为道体。圣人与鄙夫无异,则鄙夫已具圣人体段,圣人告之,但与其空。如称颜子之庶乎足矣,复何两端之竭耶?心与耳目口鼻以空为体是也,但不知空空与虚寂何所别?"

先生曰:"空空原是道体,象山云:'与有意见人说话,最难入,以其不空也。'鄙夫之空,与圣人同,故能叩其两端而竭。盖是非本心,人所固有,虽圣人亦增减他一毫不得。若有一毫意见填实,即不能叩而竭矣。心口耳目皆以空为体,空空即是虚寂,此学脉也。"

双江子曰:"'良知是性体自然之觉',是也。故欲致知,当先养性。盍不观《易》言蓍卦之神知乎?要圣人体《易》之功,则归重于'洗心藏密'之一语。洗心藏密所以神明其德也,而后神明之用,随感而应,明天道、察民故、兴神物以前民用,皆原于此。由是观之,则致知格物之功,当有所归,日可见之云者,《易》言潜龙之学,务修德以成其身,德成自信,则不疑于所行,日可见于外也。潜之为言也,非退藏于密之谓乎?知之善物也,受命如响,神应而妙,不待至之而自无不至。今曰'格物是致知',日可见之行,随在致此良知,周乎物而不过,是以推而行之为政,全属人为,终日与物作对,能免牵己而从之乎?其视性体自然之觉,何啻千里!兄谓'觉无未发,亦不可以寂言,求觉于未发之前,不免于动静之分,入于茫昧支离而不自觉'云云,疑于先师之言,又不类。师曰:'良知是未发之中,寂然大公的本体,便自能发而中节,便自能感而遂通。感生于寂,和蕴于中,体用一原也。'磨镜种树之喻,历历可考,而谓之茫昧支离,则所未解。动静之分,亦原于《易》,《易》曰:'静专动直,静翕动辟。'周子曰:'静无而动有。'程子曰:'动亦定,静亦定。'周、程深于《易》者,一曰'主静',一曰'主定'。又曰:'不专一,则不能直遂,不翕聚,则不能发散,是以广大生焉。广大之生,原于专翕,而直与辟,则专翕之发也,必如此而后可以言潜龙之学'。愚夫愚妇之知,未动于意欲之时,与圣人同,是也,则夫致知之功,要在于意欲之不动,非以周乎物而不过之为致也。'镜悬于此,而物自照,则所照者广;若执镜随物以鉴其形,所照几何!'延平此喻,未为无见。致知如磨镜,格物如镜之照,谬谓格物无工夫者,以此。"

先生曰:"欲致其知,在于格物,若曰'当先养性',良知即是性体自然之觉,又孰从而先之耶?《易》言蓍之神,卦之知,神知即是良知。良知者,心之灵也。洗心退藏于密,只是良知洁洁净净,无一尘之累,不论有事无事,常是湛然的,常是肃然的,是谓斋戒以神明其德。神知,即是神明,非洗心藏密之后,而后有神知之用也。公云:'致知格物之功,当有所归。'良知即是神明之德,即是寂,复将何所归乎?格物者,《大学》到头,实下手处,故曰:'致知在格物。'若曰'格物无工夫',则《大学》为赘词,师门为勦说,求之于心,实所未解。理一而已,性则理之凝聚,心则凝聚之主宰,意则主宰之发动,知则其明觉之体,而物则应感之用也。天下无性外之理,岂复有性外之物乎?公见吾人为格致之学者,认知识为良知,不能入微,致其自然之觉,终日在应迹上执泥有象,安排凑泊以求其是当,故苦口拈出虚寂话头,以救学者之弊,固非欲求异于师门也。然因此遂斩然谓格物无工夫,虽以不肖'随在致此良知,周乎物而不过'之说,亦以为全属人为,终日与物作对,牵己而从之,恐亦不免于惩羹吹齑之过耳。寂是心之本体,不可以时言,时有动静,寂则无分于动静。濂溪云:'无欲故静',明道云:'动亦定,静亦定。'先师云:'定者心之本体。'动静所遇之时,静与定即寂也。良知如镜之明,格物如镜之照,镜之在匣、在台,可以言动静,镜体之明,无时不照,无分于在匣在台也。故吾儒格物之功,无间于动静。故曰：'必有事焉，是动静皆有事。广大之生，原于专翕，专翕即寂也。直与辟即是寂体之流行，非有二也。'自然之知，即是未发之中，后儒认才知即是已发，而别求未发之时，故谓之茫昧支离，非以寂感为支离也。'致知之功，在意欲之不动'，是矣。'周乎物而不过'，是性体之流行，便以为意欲之动，恐亦求情之过也。"

双江子曰："仁是生理，亦是生气，理与气一也，但终当有别。告子曰：'生之谓性。'亦是认气为性，而不知系于所养之善否。杞柳、湍水、食色之喻，亦以当下为具足；勿求于心，勿求于气之论，亦以不犯做手为妙悟。孟子曰：'苟得其养，无物不长；苟失其养，无物不消。'是从学问上验消长，非以天地见成之息，冒认为己有而息之也。仁者与物同体，亦惟体仁者而后能与物同之。'驭气摄灵，与定息以接天地之根'诸说，恐是养生家所秘，与吾儒之息未可强同，而要以求敛为主，则一而已。"

先生曰："仁是生理，息即其生化之元，理与气未尝离也。人之息与天地之息原是一体，相资而生，《阴符》有三盗之说，非故冒认为己物而息之也。驭气摄灵与呼吸定息之义，不可谓养生家之言，而遂非之方外。私之以袭气母，吾儒公之以资化元，但取用不同耳。公谓'仁者与物同体，亦惟体仁者而后能与物同之'，却是名言，不敢不深省也。"

双江子曰："息有二义，生灭之谓也。攻取之气息，则湛一之气复，此气化升降之机，无与于学问也。予之所谓息者，盖主得其所养，则气命于性，配义与道，塞乎天地，生生之机也。《传》曰：'虚者气之府，寂者生之机。'今以虚寂为禅定，谓非致知之旨，则异矣。佛氏以虚寂为性，亦以觉为性，又有皇觉、正觉、圆觉、明觉之异。佛学养觉而啬于用，时儒用觉而失所养，此又是其大异处。"

先生曰："性体自然之觉，不离伦物感应，而机常生生。性定，则息自定，所谓尽性以至于命也。虚寂原是性体，归是归藏之义，而以为有所归，与生生之机微若有待，故疑其入于禅定。佛家亦是二乘证果之学，非即以虚寂为禅定也。'佛学养觉而啬于用，时儒用觉而失所养'，末流之异则然，恐亦非所以别儒物（佛）之宗也。"

（录自《龙溪王先生全集》，明万历十五年萧良干刻本）

王栋学案

王栋(1503—1581),字隆吉,号一庵,为王艮族弟。嘉靖五年(1526),王臣为泰州守,聘王艮主泰州安定书院教事,王栋与同郡林春等数十人从王艮学,为同门之先。王栋幼习举业,二十四岁为郡庠生,自谓举业虽出身阶梯,必有为己之学为立身之本。先师王臣,后师心斋,于心斋格物知本之旨最有心得。嘉靖三十七年(1558),由岁贡授星子、南城训导,曾主白鹿洞讲席。转南丰教谕,每五日集诸生升堂,训以修养身心之学。丁内艰后补山东泰安州训导,寻升江西南丰教谕、深州学正等职。七十岁致仕归里,开门授徒,远近风动。州守聘主海陵安定书院,朝夕与士民讲学。王栋一生皆为学职,虽清贫而悦乐自如。

王栋的学术有两个最重要的特点。其一,合阳明之良知与心斋之格物为一,认为格物是致知的前提。王栋继承王艮,只讲良知,不讲致良知,认为致对于良知为多余。其二在于对意的独特解释。王栋之前的理学大多将意解释为已发,王栋认为意不是心中所发的念头,而是决定心中念头方向的本有意向,是已发的主宰。这样诚意作为工夫又可以和慎独联系起来。王栋的这一观点对后来刘宗周以慎独为宗影响很大。

时人谓:"心斋王先生倡道海滨,讲良知而首重孝弟,论格物而推本修身,从游者莫不服其教,而族弟一庵子尤信之笃,体之深。尝考一庵子之行,实能孝亲友弟;诵一庵子之言,不外诚意修身。其学深潜纯粹,其语亲切简明。其近炙安丰,远溯姚江,以寻源于洙泗,而成一代之大儒者。洵于心斋,称难兄弟哉。宜当时主讲席人有得师之庆也。"王栋与心斋、心斋之子东厓并称为"淮南王氏三贤"。其著作有讲学语录一卷,诗文杂著一卷,后人编为《王一庵先生遗集》,与王襞之《王东厓先生遗集》并附于王艮著作后,称为《淮南王氏三贤全书》,今编入江苏人民出版社《王心斋全集》。

诚意问答

（门生李梴撰）

岁在庚午春王正月，芝兰独茂，苔草争妍，梴偶侍侧。

一庵夫子起而叹曰："格物之学，已信于人人矣，诚意以心之主宰言，不犹有疑之者乎！"梴曰："岂特他人疑之，虽以梴之久于门下者，亦不能以释然。盖以意为心之所发，则未发为心之本体，心意有所分别，而后诚正不容混也。先儒谓心如谷种，意其所发之萌芽矣乎？"师曰："子知谷之萌芽已发者为意，而不知未发之中，生生不息，机莫容遏者，独不可谓之意乎？"

梴曰："已发之和，即有未发之中者在，亦尝闻之矣。然《大学》一书，专在情上理会，故好恶足以括之。意之所在，非好则恶，意不近于情耶？"师曰："意近乎志，即经文之所谓有定也。行者之北之南，必须先有定主，主意定而后静且安，则身修矣。"

梴曰："尝与吴友三江论人之视听言动，莫非吾意之所运。视听言动必以礼，则亦莫非吾诚之所在也，故《大学》诚意，即《中庸》诚身，似于师说近之乎？然以意近乎志，古者十五志于《大学》，岂待格物之后而志始立耶？"师曰："志意原不相远，《语录》尝言之矣。惟学贵知本，诚身诚意固一也，然不知诚意以修身为家国天下之本，则身不止于至善，而每陷于危险之地矣。身且不保，而况于保家、保国、保天下乎？今人知格物反己之学，而犹不免于动气责人者，只为修身主意不诚。如果真诚恳恻，凡有逆境，惟知责己而不知责人，是于感应不息上用工。不然，断港绝河，弃交息游，而非圣人运世之学矣。"

梴曰："言之至此，心体洞然。自旰归任，格致、处事、议事颇有究竟，而不容少有所混然。以之处人亦然。今闻师训，庶有所悔而改乎！但感应不息上用功，吾儒之所以异于二氏者，正在于此，却当于心体上着力，岂宜于效验上较之耶？"师曰："心迹一而后知吾儒之妙，非二氏可及也。若人情有感必应，则恒人皆能处之矣。惟感之而不应，而吾之所以感之者，惟知自尽其分，而不暇于责人望人，而后谓之学无止法。为人父，止于慈，不当因其子之贤愚而异爱。为人子，止于孝，不当因其父之慈严而异敬。

君臣朋友皆然。一求诸身而无责人之妄念，是之谓反身而诚，乐莫大焉。盖反身则此心一而不二，不二非诚乎？乐即此之谓自谦也。”

梃曰：“用力之方，指示下愚，当何所先乎？”师曰：“诚意工夫，全在慎独，独即意也。单单吾心一点生几，而无一毫见闻、情识、利害所混，故曰独。即《中庸》之所谓不睹不闻也。慎即戒慎恐惧。”

梃曰：“诚意之后，正心之功，亦大段着力不得。譬之行者之南，立定主意，必期至南而止，更无一毫牵引，此诚也。然至中途，或有君上之召，或有父兄之命，则又当变通而不容泥滞，落于有所。正心之功，其不滞而已乎？”师曰：“不滞亦是。但能决定以修身立本为主意，则自无邪念，不必察私防欲，心次自然广大。《传》曰‘心广体胖’，其旨深哉！苟不由诚意自慊，而专务强正其心，则是告子之学也，乌足以语此！”

梃曰：“论至于此，学问虽有所受，而体认则存乎人。何前之苦析经文，而不求实用哉？梃之所以疑而信，信而疑者，盖以世之主讲者，辄好异说以新闻见，况朱子之学，犹未可以轻议。尝读《章句》，‘因其所发’释明德，‘实其所发’释诚意；又考诸小注，‘意是主张恁地’。然则朱子皆非欤？”师曰：“朱子所注，未为不是，但后之学者，遂分所发有善恶二端。殊不知格致之后，有善而无恶，若恶念已发，而后着力，则犹恐有不及者矣。”

梃曰：“禁于未发之谓豫，发而后禁，则扞格而不胜。用力于未发者，集义之君子，自慊者也。用力于已发者，袭取之小人，见君子而后厌然之类也。吾人今日愿为君子耶？为小人耶？当知所以自办矣。但意之所主，果属将发未发之间乎？未发则不得谓之意矣。”师曰：“未发已发，不以时言。且人心之灵，原无不发之时，当其发也，必有寂然不动者以为之主，乃意也。此吾所以以意为心之主宰，心为身之主宰也。子姑无以言语求，久之自当有得。”

梃曰：“《大学》一书，血脉全在诚意，况假道滥竽，空谈虚见，布衣犹当耻之。虽曰心诚求之，不中不远，然年当见恶，学无所得，师适远别，安敢自怠自欺，以贻后日之晦哉！”师曰：“然。子可书之《道范遗思》卷末，因以见子之志，亦以见吾之苦心云。”

（录自沈芝盈点校，黄宗羲著《明儒学案》，中华书局 2008 年版）

罗洪先学案

罗洪先(1504—1564)，字达夫，别号念庵，江西吉水人。幼时即有志于"圣学"，闻王阳明在虔台讲学，心即向慕，欲往受业，父母因其年幼未允。及《传习录》出，读之至废寝忘食，深为王学所吸引。稍长，先师事同里朱学学者李中，"得其根柢"；后又师事同郡江右王门学者黄弘纲、何廷仁，钻研王学。嘉靖八年(1529)中状元，授翰林院编修。嘉靖十八年(1539)，召拜春坊左赞善；十九年，因上疏议"东宫事"，被世宗除名。落职后，对人才、吏事、国计、民情等悉加咨访，期盼有朝一日复出，治国平天下，但终未能如愿。一生安贫，志道笃行。死后赠光禄少卿，谥"文庄"。

罗洪先虽未就教于王阳明，且不专名一师，但他对王学独有所悟，自称王门后学，与王门诸子王畿、钱德洪、邹守益等学术交往密切，并被他们视为同门。据《明儒学案》，罗洪先之学"始致力于践履，中归摄于寂静，晚彻悟于仁体"，经历了一个不断否定自我的思想变化过程。罗洪先在回顾自己的心路历程时，指出："往年见谈学者，皆曰'知善知恶即是良知，依此行之即是致知'。予尝从此用力，竟无所入，久而后悔之。"在深刻反省的基础上，开始认识到"知善知恶"之"知"不是"良知"。"知"是心物交感的结果，是后验的，是经验知识；它"善恶交杂"，且"随出随泯"变动不居，即便是知感之善，也只是一时的发现，不能尽指为良知。良知则不同，"夫良知者，言乎不学不虑、自然之明觉，盖即至善之谓也"。良知是先验的道德本体，是天赋的自然明觉，它纯然至善，寂然不动，虚静而寂。由此罗洪先提出要"主静以致良知"。不过晚年罗洪先意识到这种"收摄保聚"主静工夫有其理论缺陷，即偏于寂而疏于感，他进而提出寂感一体的观点，以识得仁体为学问的归宿。总体来说，念庵之学是以工夫实践为根本，故他并没有如王畿等人对良知宗旨的先在信仰，而是通过不断的实践契证工夫效验和对本体的体知。

罗洪先在中晚明的阳明学中有较大影响,是江右王门的重要代表人物之一。其虽然不曾亲身受教于阳明,但往往被后学认为是阳明之学的真正传人。江右阳明后学邓以赞称赞罗洪先道:"阳明必为圣学无疑,然及门之士,概多矛盾。其私淑而有得者,莫如念庵。"黄宗羲也以此评语为定论。罗洪先的著作有《念庵罗先生文集》十三卷通行于世。今有阳明后学文献丛书本《罗洪先集》(凤凰出版社,2007年),另台湾"中央研究院"出版有《罗洪先集补编》。

答陈明水

来教云:"吾辈学问大要在自识本心,庶功夫有下落。"此言诚实也。虽然,本心果易识哉!来教云:"心无定体,感无停机。凡可以致思着力者,感也,而所以出思发知者,不可得而指也。"谓"心有感而无寂",是执事之识本心也。不肖验之于心,则谓"心有定体,寂然不动"是也;"感无定机,时动时静"是也。心体惟其寂也,故虽出思发知,不可以见闻指。然其凝聚纯一,渊默精深者,亦惟于着己近里者能默识之,亦不容以言指也,是谓"天下之至诚"。动应惟其有时也,故虽出思发知,莫不为感。然其或作或息,或行或止,或语或默,或视或瞑,万有不齐,而机难豫定,固未始有常也,是谓"天下之至神"。惟至诚者乃可以语至神,此《中庸》通篇意也。来教云:"欲于感前求寂,是谓画蛇添足,欲于感中求寂,是谓骑驴觅驴。"不肖验之于心,又皆有可言者。自其后念之未生,而吾寂然者未始不存,谓之"感前有寂"可也。自其今念之已行,而吾寂然者未始不存,谓之"感中有寂"可也。感有时而变易,而寂然者未始变易,感有万殊,而寂然者惟一,此中与和,情与性,所由以名也。来教云:"学至于研几,神矣。《易》曰:'几者动之微'。周子曰:'动而未形,有无之间曰几。'夫既曰动,则不可以言静,圣人知几,故动无不善也。"不肖验之于心,又有大不然者。当吾心之动,机在倏忽,有与无俱未形也,斯时也,若何致力以为善恶之辨乎?且来教云:"感无停机。"是又以心为动体,不见所谓静矣。夫感无停机,机无停运,顷刻之间,前机方微,后机将著,牵连不断,微著相寻,不为乍起乍灭矣乎?是正所谓相左者也。窃详《周易》与周子之旨,亦与来教稍异。《易》赞"知几为神",而以介石先之。朱子曰:"介如石,理素定也。"

是素定者,非所谓寂然者乎?又曰"惟几也,故能成天下之务",而以惟深先之。朱子曰:"极深者,至精也;研几者,至变也。"是精深者,非寂然者乎?此大《易》之书可考也。周子言几,必先以诚,故其言曰:"诚无为,几善恶。"又曰:"寂然不动者诚也,感而遂通者神也",而后继之以几。夫不疾而速、不行而至者谓之神,故曰"应而妙";不落有无者谓之几,故曰"微而幽"。夫妙与幽不可为也,惟诚则精而明矣。此周子之书可考也。盖言吾心之感,似涉于有矣。然虽显而实微,虽见而实隐,又近于无。以其有无不形,故谓之几。"几善恶"者,言惟几故能辨善恶,犹云"非几即恶焉耳"。必常戒惧,常能寂然,而后不逐于动,是乃所谓"研几"也。今之议者,咸曰"寂然"矣,"无为"矣,又何戒惧之有?将以功夫皆属于动,无所谓静者,不知"无欲故静",周子立极之功也。"诚则无事,果确无难",周子思诚之功也。"背非见,止非为,为不止"者,周子立静之功也。假使知几之说,如来教所云,是乃"圣门第一关头",何止略示其意于《易》之文,而周子亦不谆谆以告人耶?子思之传《中庸》,固忧圣门之失其传也,使其工夫如来教所云,则必曰戒慎乎其初可睹,恐惧乎其初可闻。何乃以不睹不闻为言,如今之谜语乎?惟其于不睹不闻而戒惧焉,则是所持者至微至隐,故凡念之动,皆能入微,而不至于有形;凡思之用,皆可通微,而不至于憧憧。如此乃谓之知几,如此乃可以语神,亦谓之先几之学,此其把柄端可识矣。今以戒惧疑于属动,既失子思之本旨,又因戒惧而疑吾心无寂,则并《大易》、周子之旨而灭之。推原其故,大抵误认良知为祟耳。今为良知之说者,曰:"知是知非,不可欺瞒者良知也。常令此知炯炯不昧,便是致吾心之良知。"虽然此言似矣,而实有辨也。夫孟子所言良知,指不学不虑当之,是知乃所以良也。知者感也,而所以为良者,非感也。《传习录》有曰:"无善无恶者理之静,有善有恶者气之动,不动于气即无善无恶,是谓至善。"夫至善者非良乎?此阳明之本旨也。而今之言良知者,一切以知觉簸弄,终日精神,随知流转,无复有凝聚纯一之时,此岂所谓不失赤子之心者乎?恐阳明公复出,不能不矫前言而易之以他辞也。洛村尝问"独知时有念否?"公答以"戒惧亦是念。戒惧之念,无时可息,自朝至暮,自少至老,更无无念之时"。盖指用工而言,亦即所谓不失赤子之心,非浮漫流转之谓也。今之学者,误相援引,便指一切凡心,俱谓是念,实以遂其放纵恣肆之习。执事所见虽高,然大要以心属感,似与此辈微觉相类。自未闻良知之说以前,诸公之学,颇多得力。自良知之说盛行,今二十余年矣,后之得力较先进似或不勇,此岂无故耶?

松原志晤

余与龙溪兄别于楚中,垂今九年。九年书札往复,大段余以专提良知、不拈学问为学者忧,龙溪亦虑余专守枯静、不达当机顺应之妙。屡期面晤,究竟斯义。壬戌仲冬七日,忽自怀玉访余松原。余不出户者三年,于是连榻信宿,尽得倾倒。

龙溪问曰:"近日行持,自觉比前何似?"余曰:"往年尚多断续,近觉工夫只是一切无有杂念。杂念渐少,即感应处便自顺适。此是年来寻向路径行持处也。"问曰:"工夫有先后否?"是时余为闾里均平赋役,因举似曰:"即如均赋一事,吾辈奉行当道德意,稍为乡里出力,只得耐烦细腻。故从六月至今半年,终日纷纷,未尝敢憎厌,未尝敢执着,未尝敢放纵,未尝敢张皇,未尝敢亵侮,未尝敢偏党。自朝至暮,惟恐一人不得其所。虽甚纷纷,不觉身倦,一切杂念不入,亦不见动静二境。自谓此即是静定工夫,非止纽定默坐时是静,到动应时便无着静处也。"问曰:"君信得乍见孺子入井怵惕与尧舜无差别否? 信毫厘金即万镒金否?"曰:"乍见孺子,乃孟子指点真心示人,正以未有纳交、要誉、恶声之念。无三念处,始是真心。其后扩充,正欲时时是此心,时时无杂念,方可与尧舜相对。"

次早,纵论二氏之学及《参同契》。龙溪曰:"世间那有现成先天一气? 先天一气,非下万死工夫,断不能生,不是现成可得。生机出于杀机,不杀不生,天地真机。故水能制火,不激不灭;木能出火,不钻不然。此一部《参同》大旨也。"余应声赞曰:"兄此言极是。世间那有现成良知? 良知非万死工夫,断不能生也,不是现成可得。今人误将良知作现成看,不知下致良知工夫,奔放驰逐,无有止息,茫荡一生,有何成就? 谚云:'现钱易使。'此最善譬。今人治家,亦须常有生息,方免穷蹙。若无收敛静定之功,却说自有良知善应,即恐孔孟复生,亦不敢承当也。"于是龙溪为余发挥此段意义,极其痛快,以为:"学者若无工夫,只说良知,不独无所于得,将使后生文其恣纵,助其轻侠,妄毁儒先,凌傲尊贵,此真吾辈所当领受,非细事也。"

予因请曰："吾辈所以必须学问者，皆缘习气作梗，要得消磨。盖自有知以来，各就气质偏重处积染成习，遂与良知混杂而出，如油入面，未易脱离。故虽杂念已除，而此习气消磨难尽。皋陶所言九德，皆自质之相近而言。但能不堕习气中，便是成德。即尧舜亦且兢兢业业，以应万几，况吾辈耶？诚不可以平日良知虚见附和习气，顺其安便以为得手。须是终日应酬，终日收敛安静，无少奔放驰逐之病，不使习气乘机潜发，始不负一生谈学耳。"龙溪闻之，不以为妄，尽吐心腹，彼此悔责，各取短长，无复隐恕。一时感触，真有一日蹉跎、矢不复生之勇。

既而遍访双江、东廓诸丈，重来执别。因念九年一晤，时不易得，切磋真谊，可质鬼神。即恐遗忘，又成虚漫。濒行，手出一册，索书前语。于是次第默忆，不加文饰，联缀笔之，冀别后时一展阅，常如松原对榻时。是别犹未别，固千里命驾之心也。

（录自《念庵文集》，清文渊阁《四库全书》本）

戊申夏游记

王龙溪曰："未发之中未易言，须知未发却是何物？谓之未发，言不容发也。发于目为视矣，所以能视者，不随视而发；发于耳为听矣，所以能听者，不随听而发。此乃万古流行不息之根，未可以静时论也。"

予问龙溪曰："凡去私欲，须于发根处破除始得。私欲之起，必有由来，皆缘自己原有贪好，原有计算，此处漫过，一时洁净，不但潜伏，且恐阴为之培植矣。"钱绪山曰："此件功夫零碎，但依良知运用，安事破除？"龙溪曰："不然，此捣巢搜贼之法，勿谓尽无益也。"

龙溪之言曰："先师提掇良知，乃道心之微，一念灵明，无内外，无寂感。吾人不昧此一念灵明，便是致知；随事随物不昧此一念灵明，便是格物。良知是虚，格物是实，虚实相生，天则乃见。盖良知原是无知而无不知，原无一物，方能类万物之情。或以良知未尽妙义，于良知上揽入无知意见，便是异学。或以良知未足以尽天下之变，必加见闻知识，补益而助发之，便是俗学。吾人致知功夫不得力，第一意见为害。意见是良知之贼，卜度成悟，明体宛然，便认以为良知。若信得良知过时，意即是良知之流行，见即是良知之照察，彻内彻外，原无壅滞，原无帮补，所谓丹府一粒，点铁成金。若认意见以为实际，本来灵觉生机，封闭愈固，不得出来。学术毫厘之辨，不可不察也。"然质之阳明先生所言，或未尽合。先生尝曰："良知者，天命之性，心之本体，自然昭明灵觉者也。"是谓良知即天性矣。中庸言性，所指在于不睹不闻，盖以君子之学，惟于其所不睹不闻者，而戒慎恐惧耳，舍不睹不闻之外，无所用其戒慎恐惧也。夫不睹不闻，可谓隐而未形，微而未著矣。然吾之发见于外者，即此未形者之所为，而未始有加；吾之彰显于外者，即此未著者之所为，而未始有加。由是言之，谓良知之体至虚可也，谓其本虚而形实亦可也，今曰"良知是虚，格物是实"，岂所谓不睹不闻有所待而后实乎？先生又曰："至善者，心之本体，动而后有不善，而本体之知，未尝不知也。"是以良知为至善矣。《大学》之言至善，其功在于能止，盖以吾心之体，固有至善，而有知之后，得止为难。知而常止，非夫良之止其所，孰能与于此？故定静安虑者，至善也，能定能静能安能虑者，止至善也。能止而后至善尽为己有，有诸己而后谓之有得。先之以定静安者，物之所由以格，止之始也；后之以虑者，知之所以为至，止之终也。故谓致知以求其止可也，谓物则生于定静亦可也，今曰"虚实相生，天则乃见"，岂定静反由虑而相生乎？先生又曰："良知是未发之中。"又曰："当知未发之中，常人亦未能皆有。"岂非以良知之发，为未泯之善端，未发之中，当因发而后致？盖必常静常定，然后可谓之中。则凡致知者，亦必即其所未泯，而益充其所未至，然后可以为诚意，固未尝以一端之善，为圣人之极则也。今曰"若信得良知过时，意即是良知之流行，见即是良知之照察"云云，夫利欲之盘固，遏之犹恐弗止，而欲从其知之所发，以为心体；以血气之浮扬，敛之犹恐弗定，而欲任其意之所行，以为功夫。畏难苟安者，取便于易从；见小欲速者，坚主于自信。夫注念反观，孰无少觉？因言发虑，理亦昭然。不息之真，既未尽亡，先入之言，又有可据，日滋日甚，日移日远，将无有以存心为拘迫，以改过为粘缀，以取善为比拟，以尽伦为矫饰者乎？而其灭裂恣肆者，又从而诪张簧鼓之，使天下之人遂至于荡然而无归，则其陷溺之浅深，吾不知于俗学何如也！先生又曰："知者意之体，物者意之用。"未尝以物为知之体也。而绪山乃曰："知无体，以人情事物之感应为体。无人情事物之感应，则无知矣。"夫人情事物感应之于知，犹色之于视，声之于听也。谓视不离色，固有视于无形者，而曰色即为视之体,无色则无视也,可乎? 谓听不离声,固有听于无声者,而曰声即为听之体,无声则无听也,可乎?

甲寅夏游记

龙溪因前记有所异同,请面命,予曰:"阳明先生苦心犯难,提出良知为传授口诀,盖合内外前后一齐包括,稍有帮补,稍有遗漏,即失当时本旨矣。往年见谈学者,皆曰'知善知恶即是良知,依此行之,即是致知'。予尝从此用力,竟无所入,久而后悔之。夫良知者,言乎不学不虑,自然之明觉,盖即至善之谓也。吾心之善,吾知之,吾心之恶,吾知之,不可谓非知也。善恶交杂,岂有为主于中者乎? 中无所主,而谓知本常明,恐未可也。知有未明,依此行之,而谓无乖戾于既发之后,能顺应于事物之来,恐未可也。故知善知恶之知,随出随泯,特一时之发见焉耳。一时之发见,未可尽指为本体,则自然之明觉,固当反求其根源。盖人生而静,未有不善,不善动之妄也,主静以复之,道斯凝而不流矣。神发为知,良知者静而明也,妄动以杂之,几始失而难复矣。故必有收摄保聚之功,以为充达长养之地,而后定静安虑由此以出,必于家国天下感无不正,而未尝为物所动,乃可为之格物。盖处无弗当,而后知无弗明,此致知所以必在于格物,物格而后为知至也。故致知者,致其静无而动有者也。知苟致矣,虽一念之微,皆真实也;苟为弗致,随出随泯,终不免于虚荡而无归。是致与不致之间,虚与实之辨也。谓之曰'良知是虚,格物是实,虚实相生,天则乃见',将无言之太深乎? 即格物以致其知矣,收摄之功终始无间,则吾心之流行照察,自与初学意见万万不侔。谓之曰'意见是良知之贼',诚是也。既而曰'若信得良知过时,意即是良知之流行,见即是良知之照察,所谓丹府一粒,点铁成金',不已言之太易乎?"龙溪曰:"近日觉何如?"曰:"一二年来与前又别,当时之为收摄保聚偏矣。盖识吾心之本然者,犹未尽也,以为寂在感先,感由寂发。夫谓感由寂发可也,然不免于执寂有处;谓寂在感先可也,然不免于指感有时,彼此既分,动静为二,此乃二氏之所深非以为边见者。我坚信而固执之,其流之弊,必至重于为我,疏于应物,盖久而后疑之。夫心一而已,自其不出位而言,谓之寂,位有常尊,非守内之谓也;自其常通微而言,谓之感,发微而通,非逐外之谓也。寂非守内,故未可言处，以其能感故也，绝感之寂，寂非真寂矣。感非逐外，故未可言时，以其本寂故也，离寂之感，感非正感矣。此乃同出而异名，吾心之本然也。寂者一，感者不一，是故有动有静，有作有止。人知动作之为感矣，不知静与动、止与作之异者境也，而在吾心，未尝随境异也。随境有异，是离寂之感矣。感而至于酬酢万变，不可胜穷，而皆不外乎通微，是乃所谓几也，故酬酢万变而于寂者，未尝有碍，非不碍也，吾有所主故也。苟无所主，则亦驰逐而不返矣。声臭俱泯，而于感者未尝有息，非不息也，吾无所倚故也。苟有所倚，则亦胶固而不通矣。此所谓收摄保聚之功，君子知几之学也。学者自信于此，灼然不移，即谓之守寂可也，谓之妙感亦可也；即谓之主静可也，谓之慎动亦可也。此岂言说之可定哉！是何也？心也者，至神者也，以无物视之，固泯然矣；以有物视之，固炯然矣。欲尽敛之，则亦块然不知，凝然不动，无一物之可入也；欲两用之，则亦忽然在此，倏然在彼，能兼体而不遗也。使于真寂端倪，果能察识，随动随静，无有出入。不与世界物事相对待，不倚自己知见作主宰，不著道理名目生证解，不借言语发挥添精神，则收摄保聚之功，自有准则。明道云：'识得仁体，以诚敬存之，不须防检穷索，必有事而勿正，心勿忘，勿助长，未尝致纤毫之力。'此其存之之道，固其准则也。"龙溪笑曰："《夏游记》岂尽非是，只三转语处，手势太重，便觉抑扬太过。兄已见破到此，弟复何言！"

刘师泉谓："夫人之生，有性有命，性妙于无为，命杂于有质，故必兼修而后可以为学。盖吾心主宰谓之性，性无为者也，故须首出庶物，以立其体。吾心流行谓之命，命有质者也，故须随时运化，以致其用。常知不落念，是吾立体之功；常过不成念，是吾致用之功也，二者不可相杂，盖知常止而念常微也。是说也，吾为见在良知所误，极探而得之。"龙溪问："见在良知与圣人同异？"师泉曰："不同。赤子之心，孩提之知，愚夫妇之知能，如顽矿未经煅炼，不可名金。其视无声无臭，自然之明觉，何啻千里！是何也？为其纯阴无真阳也。复真阳者，更须开天辟地，鼎立乾坤，乃能得之。以见在良知为主，决无入道之期矣。"龙溪曰："谓见在良知便是圣人体段，诚不可。然指一隙之光，以为决非照临四表之光，亦所不可。譬之今日之日，非本不光，却为云气掩蔽。以愚夫愚妇为纯阴者，何以异此。"予曰："圣贤只是要人从见在寻源头，不曾别将一心，换却此心。师泉欲创业，不享见在，岂是悬空做得？只时时收摄保聚，使精神归一便是。但不可直任见在以为止足耳。”

谓龙溪曰:"阳明先生之学,其为圣学无疑矣。惜也速亡,未至究竟,是门下之责也。然为门下者有二:有往来未密,煅炼未久,而许可太早者,至于今或守师说以淑人,或就己见以成学,此非有负于先生,乃先生负斯人也。公等诸人,其与往来甚密,其受煅炼最久,其得证问最明,今年已过矣,犹不能究竟此学,以求先生之所未至,却非先生负诸人,乃是公等负先生矣。”

困辨录序

双江先生系诏狱,经年始释。方其系也,身不离接榻,视不逾垣户,块然守其素以独居。久之,诸子群圣之言,涉于目者不虑而得,参之于身,动而有信,慨然曰:"嗟乎,不履斯境,疑安得尽释乎!"于是著录曰《困辨》,以明寂感之故。归质之友人,友人或然或否,或正以师传曰:"阳明子所谓良知不类。"往岁癸卯,洪先与洛村黄君闻先生言必主于寂,心亦疑之。后四年丁未,而先生逮,送之境上,含涕与诀,先生曰:"嘻,吾自胜之,无苦君辈也。"其容翛然,其气夷然,其心渊然而素,自是乃益知先生,遂为辨曰:"先生于师传如何,吾未之知,请言吾所试。昔者闻良知之学悦之,以为是非之心,人皆有之,吾惟即所感以求其自然之则,其亦庶乎有据矣。已而察之,执感以为据,即不免为感所役。吾之心无时可息,则于是非者,亦将有时而淆也。又尝凝精而待之以虚,无计其为感与否也。吾之心暂息矣,而是非之则,似亦不可得而欺。因自省曰:'昔之役者,其逐于已发,而今之息者,其近于未发矣乎!'盖自良知言之,无分于发与未发也。自知之所以能良者言之,则固有未发者以主之于中,而或至于不良,乃其发而不知返也。吾于暂息且有所试矣,而况有为之主者耶!夫至动莫如心,圣人尤且危之,苟无所主,随感而发,譬之御马,衔勒去手,求斯须驰骤之中度,岂可得哉?道心之言微,性之言定,无欲之言静,致虚之言立本,未发之言寂,一也,而何疑于先生?"先生闻之曰:"斯言知我哉!《录》有之,'良知者,未发之中,寂然大公之本体',固吾师所传也。问之友人,或然或否。"洪先曰:"吾学也,困辨弗明,弗可以措。"叙而梓之,告于知言者。

困辨录后序

余读双江聂君《困辨录》，始而洒然无所疑，已而恍然有所会，久而津津然不能舍。于是附以己见，梓之以传。而或者谓曰："言何易也！自阳明先生为良知之说，天下议之为禅，哓哓然至于今未已也。夫良知合寂感内外而言之者也，议者犹曰：'此遗物也，厌事理之讨论者也。'今而曰：'吾内守寂者也，其感于外者，皆非吾之所能与。'其不滋为可异欤？夫分寂感者，二其心者也；分内外者，析其形者也。心譬则形之目者也，目不能不发而为视，视不能不发而为万物，离物以为视，离视以为目，其果有可指乎？吾惧哓哓然于聂君者，又未已也。"余应之曰："言固未可齐也。孔子不云乎，曰：'吾道一以贯之。'当是时，未能以其一者示之人也，而曾子乃曰：'是忠恕也。'今之言与忠恕者同耶？异耶？彼以得之心者应之，而世儒之言从而分曰：'孰为一之体，孰为一之用，而后忠恕者始明？'呜呼，使曾子若然，其尚能闻言而唯乎？夫聂君亦各以其得之心者为言，固未暇为良知释也。子以心譬目，有问于子曰：'寂感于目奚譬？'必曰：'视者感也，物之不留者寂也，无有分也。'呜呼，似矣而未尽也。子谓目之所以能视，而不容翳者，何哉？夫天地之化，有生有息，要之于穆者其本也。良知之感，有动有静，要之致虚者其本也。本不虚则知不能良，知其发也，其未发则良也。事物者其应，理者其则也，应而不失其则，惟致虚者能之。故致虚者，乃所以致知也，知尽其天然之则于事事物物而理穷，理穷则性尽命至，而奚有于内外？虽然，知所先后，而后近道，此学之序也。故无乐乎其专内也，所以求当于外者，非是，则无以先也。无乐乎其守寂也，所以求神其感者，非是，则无以先也。彼禅固贼道也，而其内之寂者，固皆离事物以为言。彼视所谓理者，何啻于其目之眚也，而岂患其相入哉！故言有相徇而非也者，乃其无与当之谓也；言有相反而是也者，乃其喻所指之谓也。子徒畏人之哓哓矣，而独不惧夫己之胶胶者乎？今世言聪明才辨见闻强敏，孰与聂君？所谓表然才丈夫也，其持世儒之学以见先生，友之也，非师之也，而卒俯首以听。今又尽知其故，兢兢焉自守一言，以触世之所讳，其为逐声与块也夫！且吾亦尝闻而哂之，以其为亿也，及逮而送之境，无戚言怜色，以乱其常。盖未几而是《录》作，其曰《困辨》，是遇困而益辨，非辨于困者也。而余为之言者,亦若辨焉。何哉?盖余困而后能知,又信于未言故也。

读困辨录钞序

《困辨录》者,聂双江公拘幽所书,其下附语,余往年手所笺也。同年贵溪原山江君懋桓获而读之,取其契于心者,抄以自随。已而作令新宁,将刻以授诸生,问决于余。余惟白沙主静之言出,而人以禅诤,至于阳明,诤益甚,以致良知之与主静无殊旨也。而人之言良知者,乃复以主静诤。其言曰:"良知者,人人自能知觉,本无分于动静,独以静言,是病心也。"自夫指知觉为良知,而以静病心,于是总总然,但知即百姓之日用,以证圣人之精微,而不知反小人之中庸,以严君子之戒惧,不独二先生之学脉日荒,即使禅者闻之,亦且咄嗒而失笑,不亦远乎!夫言有攸当,不知言,无以学也。良知犹言良心,主静者求以致之,收摄敛聚,自戒惧以入精微。彼徒知觉焉者,杂真妄而出之者也。主静则不逐于妄,学之功也。何言乎其杂真妄也?譬之于水,良知,源泉也,知觉,其流也,流不能不杂于物,故须静以澄汰之,与出于源泉者,其旨不能以不殊。此双江公所为辨也。虽然余始手笺是《录》,以为字字句句无一弗当于心,自今观之,亦稍有辨矣。公之言曰:"心主乎内,应于外,而后有外,外其影也。"心果有内外乎?又曰:"未发非体也,于未发之时,而见吾之寂体。"未发非时也,寂无体不可见也。见之谓仁,见之谓知,道之鲜也。余惧见寂之非寂也,是故自其发而不出位者言之,谓之寂;自其常寂而通微者言之,谓之发。盖原其能戒惧而无思为,非实有可指,得以示之人也。故收摄敛聚可以言静,而不可谓为寂然之体。喜怒哀乐可以言时,而不可谓无未发之中。何也?心无时亦无体,执见而后有可指也。《易》曰:"圣人立象以尽意,系辞以尽言。"言固不尽意也。《坤》之《震》,《剥》之《复》,得之于言外,以证吾之学焉可也。必也时而静,时而动,截然内外,如卦爻然,果圣人意哉?余不见公者四年,不知今之进退复何如?江君早年亦尝以禅诤学,已而入象山,得之静坐,旁探博证,遂深有契于公。新宁故新会地,白沙之乡也,岂无传其遗言者乎?如有言主静而异于公者,幸反覆之,不有益于我,必有益于人,是良知也。

(录自沈芝盈点校,黄宗羲著《明儒学案》,中华书局2008年版)

颜钧学案

　　颜钧(1504—1596),字子和,号山农,又号樵夫,晚年因避明神宗朱翊钧讳,改名铎。江西吉安人。颜钧自幼体质孱弱,智慧不开,被人视为痴儿。十三岁随父在常熟读书。十七岁时因家贫不能继续读书,遂返乡,居家奉养寡母,一度苦闷不已。二十五岁时,经仲兄颜钥的引导,开始接触王阳明的学说,思想大变,自觉接受王阳明的"致良知"理论。二十八岁,服母丧期满,辞家出游,遍访吉安府内王阳明弟子,未遇一志同道合之人。嘉靖十五年(1536),颜钧再度访学,得遇徐樾,从之学习三年,复由徐樾引荐,于嘉靖十八年(1539)赴泰州王艮门下。嘉靖四十五年(1566),在扬州买船南归时,被南都提学耿定向派人诱往太平讲学,未有几日,即遭逮捕。后因查无实据,被强加"盗卖官船"的罪名,罚交"赃银"并入狱。隆庆三年(1569),弟子罗汝芳全力营救,在如数缴纳银两后才使得颜钧出狱,发边充戍。是年三月,抵广西,入戍才七日,两广总兵俞大猷发牌文敬聘他为军师。颜钧"所献之策,着着皆奇"。俞欲授以官,颜钧谢绝,归永新家乡。隆庆五年(1571)五月,颜钧被遣送回家,免除"罪人"身份。万历二十四年(1596),颜钧逝于永新家中,时年九十三岁。

　　颜钧上承王艮,下启罗汝芳、何心隐,为泰州学派重要代表人物。王艮将儒学理论简易化、平民化,认为"圣人经世只是家常事"。颜均继承这一思想,并从自身和平民的现实生活去推解儒学,将王艮的"大成学"衍化为自己的"大中学",即"大学中庸"之学。在颜钧看来,"大学中庸"体现了儒学的仁学精神命脉,所以他称为"仁神正学"。"为今急谋行道者上策,只要一个仁。"颜钧的"大中学"宣传"急救人心"的道德救世思想,不是重在教人如何"做官""治世"的儒学,而是重在如何"做人""救世"的平民儒学。

　　颜钧的讲学传道活动是在泰州学派乃至整个王学会讲大发展的背景

下进行的,无疑构成了泰州学术发展的重要一环。颜钧的讲学使得泰州学派得到了更为广泛的传播。颜钧著作很多,但出于各种原因多有散佚。咸丰六年(1856),在永新颜氏后裔的努力下,《颜山农先生遗集》九卷作为家族刻本问世。这是颜钧著作的唯一刻本,保存了极为珍贵的历史资料。今据此出版有《颜钧集》(中国社会科学出版社,1996年)。

急救心火榜文

庚子秋闱,榜告急救心火于江西城,会讲在豫章同仁祠中,翕徕信从士类千五百人,内得建昌罗近溪,与农矢志,终明圣学。

窃谓天地之所贵者,人也;人之所贵者,心也。人为天地之心,心为人身之主,默朕渊浩,独擅神聪,变适无疆,统率性融,生德充盈,润浥形躬,亲丽人物,应酬日用,自不虑而知,不学而能者也。故曰:是心也,人皆有之。贤者能勿丧耳,圣人能自贵,众人则皆不能惜重,瓦裂自败,而行拂乱耳目口体之运,不认本体为作用,道故不明不行矣。参赞者知贵之所在,而立学以养心,立教以养人,人而囿于教,心闲乎学,斯得所贵。而安身尊道,柱主(立)宇宙,无不持载覆帱者也。游汉姓颜名钧,字子和,生于吉安永新义禾三都中陂,布衣素夫也,自号山农,少承父兄蒙养,以正首训,承祖绳尺,孝友律身。及壮,引导崇信圣学,仁义养心,遂乐从事,誓以终身。东西南北,访证归真,始幸诵传阳明道祖,倡讲良知,忽觉醒悟;次获从游心斋业师,引发乐学,透入活机,会而通之。知是昭心之灵,乐是根心之生。越、淮崛起二王,豪义天纵,灵聪先得,此知此乐,唤人耳目,定士心志,而复日以阳为明造,时以心为斋明,上益神明,启师徒交震互发,驯造大成,错综理学之绪余,直合夫邹鲁一贯之道脉。千古正印,以衍传于吴农汉,破荒信,彻良知,洞豁乐学,始以耕心樵仁为专业;承流孔孟,辙环南国,继以安身运世为事功。冀得知已,同丽明哲,以措时宜于君臣父子夫妇长幼朋友之交,而实跻于浑噩太和之间者也。孰觉游历随处,举是身家事业。人人心火,忙里堪舆,各各心红,营为宇宙,咸将秉彝同然,竟自支分灭息,汩没天真。即是煎习,俗态胶固,殊似乎坚冰冱冻,非一阳至,卒未能化。孟氏曰性善,民之于仁也,甚于水火。以水类应,尚制不熄之火,何独至于人不能反求渊源所自出者!无乃世降风移,王者迹熄,圣学蓁芜，人心汩没，致流覆辙，莫逾今日。游夫目击心感，肌若割切，欲遍移易，江山遥域，欲为含待，难容自息，辗转踌想，韶光流易，遂复谋兹。今逢大比，开科求贤，人才云集，乃自淮扬携友而敬（迳）返棹洪都，择止同仁之祠为聚，斐衍讲所，鼓掖善类，张挂榜文之告：

为急救心火事，掀揭人心，先从申道宗藩、二院三司达尊，广扩忘分薄势之度，宏开好善兴贤之仁，容农假馆，救人心火，以除糜烂，翊赞王化，倡明圣学，会集四方远迩仕士耆庶，及赴秋闱群彦与仙禅、贤智、愚不肖等，凡愿闻孔孟率修格致养气之功，息邪去诐放淫之说，咸望齐赴行坛，一体应接，辅翼农讲，成美良会。会以萃神协志，忘怀孚丽，人皆受学，学皆知正。浮生日景，瞬息隙过，其所适常变、顺逆、安恬、烦恼、拆裂，皆由命定于天，岂用人心火而得探求之耶！是故出世人豪，急了身命大事，先正其心，完复天真。主一无适，求心放失。慎尔枢机，毋所忿懥。免心暴弃，莫作好恶。攻心躁妒，毋用罔壮。欲心方亢，莫自执是。去心弄慧，毋骋蔓辞。困心衡虑，戒尔利名。贪心慕位，戒尔货色。戕心贼德，莫流虚无，修心炼度。多士能如是交攻异端，则皆心合道同，百虑惟一，万举顺适者也。又孰有作风波于世上，而外于混沌庞淳之善俗者也。况粤稽古昔哲王，去谗远色，贱货贵德，皆所以劝贤，已造端于前，无非救民于水火之中。今农愤悱继统于后，盖有得于受传，遂放乎四海，思天下焚溺，由己焚溺也。农之学，自授（受）承于东海，单洗思虑嗜欲之盘结，鼓之以快乐，而除却心头炎火。农之道，传衣钵于西江，专辟形骸凡套之缰锁，舞之以尽神而尽涤性上逆障。然犹六急六救，此固人人贵早觉而亟反也。

多士谛鉴，农其重晰：

一急救人心陷牿，生平不知存心养性，如百工技艺，如火益热，竞自相尚。

二急救人身奔驰，老死不知葆真完神，而千层嗜欲，若火始然，尽力恣好。

三急救人有亲长也，而火炉妻子，薄若秋云。

四急救人有君臣也，而烈焰刑法，缓民欲恶。

五急救人有朋友也，而党同伐异，灭息信义。

六急救世有游民也，而诡行荒业，销铄形质。

是皆晦昧大道，六言未闻；盗行邪说，六蔽未领。农固弗遑宁处，立此六急之程辙；日不暇给，设此六救之要箴也。多士能如农用六永贞，人心丕正，明哲保身，老安少怀，乐挚豫亲，所欲与聚，所恶毋侵，朋友丽泽，义聚乐真，游民耻格，由是善人萃而率励勤，师友真而学脉纯。此多士与农之会，会以心也，会邹鲁之渊源也，会明祖心师于羹墙也。庶不孤游农之浩归，扫我故疆；又不虚远朋之负箧，从我本邦，农又岂不与多士载歌载咏大成乎！孔孟中和位育之化，复睹今日者也，岂曰小关浅系云尔耶！愿望多士以道为志，以寰区为家，兴所会以联洽乎同志之士，兴所学以提挈乎未闻之人，俾世人咸归夫中正，正端心学，是农之急救心火。激切游语，谨榜以闻。

告天下同志书

江西吉安府永新县北麓中陂颜钧顿首恳告于天下同志，为约聚南都，会明圣学，实跻孔孟，以流讲四方，丕正人心，翊赞王化事：

钧，山中农夫也，少承父兄教养，即知检行而率志古人之学，仰钻心性，瞻忽十年。乃奋励游访，得三五师友于海内，琢磨引就，又十余年，始能步趋堂阶，坐立得所。孔孟格致养气之功，安身运掌之机，顿觉入手阖辟，似不容疑，继而试诸家邦，投之远近同类，又皆得其喜闻翕从，而怀结分限（原注：句），未敢自是。意将遍证诸豪之门，而四方辽阔，不可周复，抑亻乞俟仁人枉救，窃恐博济不及庸朽，是故日夜忧思，求自全之策，扩大同之谋，遂择南畿为四方中都，约豪杰成三载良会，将以萃神协志，忘怀乎丽，人皆受学，学皆中正。凡于明德亲民，居安逢源之功，知及仁守，直养无害，聪明完固，运用同揆，然后五七为朋，八九类群，将所学而东西南北，述通未闻之人，俾皆感吾辈忠信之诚，自入于化导之中。由是圣学明而信从易，师道立而善人多，耻格之民，伊、周之相，将丕成辈出于天下矣。然而，人豪相与，庶几不孤，三载会学，小补云乎！况我朝先哲诸老，无待而兴，鼓集善类，已闻造端于前，今必有受传者继代而作，身任表率，以待四方取则，而钧穷思侧望，未快所欲，遂不得已，冒昧妄求，敬疏遍约以需裁割，不识群贤肯终容与否乎？

议者有曰："子之举也，君子之心也。但天下志士尚好不一，且江山遥隔，往来金陵，动经岁时，未必其能如约也。"钧曰："恶是何言欤？彼求功名于京师者，水陆非不险阻，寒暑加以凛冽，而束装就道，离亲弃妻，皆所弗顾。况吾辈以道为会，以德为劝，以重义聚乐同，易天下为功业，有不欣然来乎！况倡会大都，旷古盛典，稍有知觉，亦动愤悱，曾谓自负人豪，而肯画限，以不见亲就同志为幸乎！曾谓视天下犹家者，而顾畏道途之远，离室家之难，计岁月之旷，恋名位之安，不能超然独断，以遂身心三年之谋乎！"又曰："孔孟功不过求之吾心，尽其在我已矣，何必会而后明者欤？"曰："非也，圣学不明，自孔孟至于今，不知几千余岁，今之学于四方者，亦不知几千余人，而钧验察从事，不免执见为性，任想为功，至其归宿处所，则以清恬自洁为高，或以和庸善俗为是，或以讲说明晰为足，或进（并）四者而研思殚索，笔刊纪集，以为圣学在此。又其下焉，则假之以会通经史，巧捷文词，要媒身利为便，殊不知见用者心衔，疑想者心惑，操洁者失人，和俗者失己，讲晰则病誉口耳，笔集则病罹矜夸，假媒则病患失得，皆非所谓本身率修而驯致乎位育者也，皆非所谓集义善养者而直塞乎天地也。审如是，则诸家之学，纷然杂出，简易直道，荡无归一，吾辈于此可苟安乎！"又曰："若等云为成己可也，而复流讲引贤，不失于枉道徇人者欤？"曰："大道无私，人品殊科，不有先觉，孰开其蔽？况天下之广，亿兆之众，苟不沿流申道，递分四方，诱以同学，则有志者阻于遐僻，昧于见闻，终将贸贸焉莫知所谓大道。是故在昔孔孟流环以木铎天下，亦惟恐生独乐之私，不得与众同耳。吾辈学宗孔孟以善世，可自嫌于枉徇而私利乎！"又曰："今世人心，嗜欲根盘，我朝治化，日入巍焕，而曰会贤以丕振翊赞，不亦迂乎？"钧艴然曰："君子之于天下，犹身之有四体也。天下之戴大君，犹四体之供元首也。元首统四体以成形，形生必气血以周运。气运弗周，四体痿痹，则不仁矣。是故君子之学也，将以苏天下之痹者也。人心槃欲，不仁已根，身纳罟获，动招耻戮，其道穷也。道穷思通，势所必然。吾乘其必然之势，而引之于豁达之衢，民将悦之，犹水就下，吾胡为而不丕正之乎！况今俊杰贤能，布列中外，可谓彬彬者矣。但于相与相临，有为有行去处，似多疑多惧，多挟多忌。或多急于刑政，而每遗乎德礼之治；或恒过于评摘，而不知为纳牖之忠，求其精神意气，流通贯串，若稷、契、周、召之协德同心，用天下之善，不有其功；成天下之化，犹运诸掌，天下士民未有不心悦诚服者也，而不会明以翊赞乎！且浮生如寄，七十能几？纵能毂历，前除十年幼小，后除十年老耄，中间强力，数止得五十，又半分属夜，不可为也。其半分日景，阴暗烦恼，患难疾苦，拆裂过半，共计承平之日仅有十二三年，尚尔不成片段，顾乃忙里蹉跎，不肯偷闲三岁，以急了身命大事，与造物同上下，谓之智乎？谓之智乎？"言毕，议者怃然而思，喟然叹曰："即子之论，追子之心，真可以通天地、昭鬼神也。吾惟幸其闻之，不早请事，弗遑已矣，敢复容间！奈何天下事，成于有志，而多阻于时势。海内诸贤，以讲学为会者亦久，而往往不理四方之口，致失当路之欢，不知病在学乎，在学之者乎？"钧曰："噫，难言也。天性生生，神妙圆活中有消息，匪传弗达，达者得之。功惟仁守，毫厘弗真，把柄失手，兼之殉见履危，动儿失时。其于文也，冗者荒而流者淫，道故不明不行，学何病耶？今之为计，须吾辈约会以后，倒洗肝肠，直肩要道，内而凝一，外而庄修，不驰眩于多学，不素隐于行怪，所谓依乎中庸，以神孔孟之教，至于无不持载，无不覆帱，凡有血气者莫不被吾学而生化润泽之，又何不可慊当路之怀，理斯民之口，显经纬之文，而翊大君之治者乎？故曰：'不患莫己知，求为可知也。'否则，'期月而可，三年有成'，'吾为东周，舍我其谁'之说，将为虚谈，终不可自望而望天下者也。天下同志，幸察愚忧，概命舟车，早成聚约，万分庆遇，毋诮曰：'彼山林无事而浪为是举也，彼好与古违而别立一种学也，彼故肆狂诞而卒无下落可根究者也。'孟氏有言曰：'予岂好辩哉，予不得已也。其先得我心之戚戚焉者。'天下人豪独不同此悲憾，而厌钧为执烛之童可乎！会所定于某处，会期起于某月日，止于某年月日，必终三年之会者，要大成也。任意去来其间，则又在诸君也。若夫相近相知之侣，尤乞诸君见报之余，多加誊录，遍赐邀集。其贫而有志不能遂者，须有力诸君区处周恤，乃见与人为善。其致政以上诸大夫固不可以徒行，然而粮仆之给，不资费于官民，更觉简便可久，诸大夫以为何如？钧也不敏，敢不携率子姓朋辈百余，恭迎待教矣乎！谨奉疏寄达，无任瞻望，无任悚惧。"

（录自黄宣民点校，《颜钧集》，中国社会科学出版社 1996 年版）

罗汝芳学案

    罗汝芳(1515—1588),字惟德,号近溪,江西南城泗石溪人,泰州学派的代表人物。罗汝芳十五岁时有志于道学,曾读薛瑄《读书录》有得,即就静坐息念下功夫,闭关于临田寺。但由于静坐不得法,"久之而病心火",后读阳明《传习录》才转好。二十六岁时偶过一寺听颜山农讲学,喜曰:"此真能救我心火。"由此大悟体仁之学。嘉靖三十二年(1553),罗汝芳赴京参加殿试,赐同进士出身,授太湖知县,开始从政。在任上立乡约,饬讲规,召集诸生讲学,公事多在讲席上办理。两年后,提升为刑部山东司主事。嘉靖四十一年(1562),出任宁国知府。他为政重教化,以讲会、乡约为治,又主持修缮泾县、南陵、太平等县的城池,政绩斐然。嘉靖四十四年(1565),因父丧回南城守制。万历元年(1573),罗汝芳守制期满,复为朝廷起用,补东昌知府。他治理东昌有如宁国,末满三月,即令士民大为叹服。不久,改官云南道巡察副使,分守永昌。万历五年(1577),罗汝芳官拜右参政。不久,因公进京,应邀至城外广慧寺讲学,朝中人士纷纷前往听讲,引起了内阁首辅、大学士张居正的不满,疏劾他"事毕不行,潜住京师,摇撼朝廷,夹乱名实",被罢官归里。万历十六年(1588)卒。

    罗汝芳认为,"大道只在自身",人的目视、耳听、饮茶、吃饭、早起、夜寐、相对、问答,以至弹子的转动,肌肤的痛感,无一不是"道"的作用和表现。只要具备了肉体的形躯,就有了做圣人的条件。他主"拟不学为学","以不虑为虑",不学不虑,就可以造就"良知良能"。在他看来,人的良知是永远不会泯灭的,不以修炼而增,也不以不修炼而减,圣愚的差别只在于"觉"与"迷"之间,因而成圣、成贤简直是容易非常。罗汝芳由此将良知大道下贯到人伦日用孝悌慈之上,并以此反观体现在人伦上的生生不已之天命。

    罗汝芳是泰州学派学术活动的重要组织者,为泰州学派理学思想的传播做出了重要的贡献。罗汝芳热衷于讲学,善于通过讲演表达思想。即使是不通文墨之人,听其讲学也能心境开明。致仕以后,他仍然壮志不已,率弟子游金陵、福建、浙江、湖广等地,频频讲学集会,继续阐扬泰州学派的思想。时人将其与王畿相比,认为"龙溪笔胜舌,近溪舌胜笔"。罗汝芳著作丰富,各种文集、讲录、会语版本较多,较重要的有《近溪子集》《近溪子续集》《盱坛直诠》《近溪子四书答问集》《近溪罗先生一贯编》等。今有阳明后学文献丛书本《罗汝芳集》(凤凰出版社,2007年)。

语录

问:"今时谈学,皆有个宗旨,而先生独无。自我细细看来,则似无而有,似有而无也。"罗子曰:"如何似无而有?"曰:"先生随言对答,多归之赤子之心。"曰:"如何似有而无?"曰:"才说赤子之心,便说不虑不学,却不是似有而无,茫然莫可措手耶?"曰:"吾子亦善于形容矣。其实不然。我今问子初生亦是赤子否?"曰:"然。"曰:"初生既是赤子,难说今日此身不是赤子长成。此时我问子答,是知能之良否?"曰:"然。"曰:"即此问答,用学虑否?"曰:"不用。"曰:"如此则宗旨确有矣。"曰:"若只是我问你答,随口应声,个个皆然,时时如是,虽至白首,终同凡夫,安望有道可得耶?"曰:"其端只在能自信从,其机则始于善自觉悟。虞廷言道,原说其心惟微,而所示工夫,却要惟精惟一。有精妙的工夫,方入得微妙的心体。"曰:"赤子之心,如何用工?"曰:"心为身主,身为神舍,身心二端,原乐于会合,苦于支离。故赤子孩提,欣欣长是欢笑,盖其时身心犹相凝聚。及少少长成,心思杂乱,便愁苦难当。世人于此随俗习非,往往驰求外物,以图安乐。不思外求愈多,中怀愈苦,老死不肯回头。惟是有根器的人,自然会寻转路。晓夜皇皇,或听好人半句言语,或见古先一段训词,憬然有个悟处,方信大道只在此身。此身浑是赤子,赤子浑解知能,知能本非学虑,至是精神自是体贴,方寸顿觉虚明,天心道脉,信为洁净精微也已。"曰:"此后却又如何用工?"曰:"吾子只患不到此处,莫患此后工夫。请看慈母之字婴儿,调停斟酌,不知其然而然矣。"

问:"学问有个宗旨,方好用工,请指示。"曰:"《中庸》性道,首之天命,故曰'道之大原出于天',又曰'圣希天'。夫天则莫之为而为,莫之致而至者也。圣则不思而得，不勉而中者也。欲求希圣希天，不寻思自己有甚东西可与他打得对同，不差毫发，却如何希得他？天初生我，只是个赤子。赤子之心，浑然天理，细看其知不必虑，能不必学，果然与莫之为而为，莫之致而至的体段，浑然打得对同过。然则圣人之为圣人，只是把自己不虑不学的见在，对同莫为莫致的源头，久久便自然成个不思不勉而从容中道的圣人也。赤子出胎，最初啼叫一声，想其叫时，只是爱恋母亲怀抱，却指着这个爱根而名为仁，推充这个爱根以来做人，合而言之曰'仁者人也'。亲亲为大，若做人的常是亲亲，则爱深而其气自和，气和而其容自婉，一些不忍恶人，一些不敢慢人。所以时时中庸，其气象出之自然，其功化成之浑然也。"

问："扫浮云而见天日，与吾儒宗旨同否？"曰："后儒亦有错认以为治心工夫者，然与孔、孟宗旨，则迥然冰炭也。《论》《孟》之书具在，如曰'苟志于仁矣，无恶也'，曰'我欲仁，斯仁至矣'，曰'凡有四端于我者'云云，看他受用，浑是青天白日，何等简易方便也。"曰："习染闻见，难说不是天日的浮云，故学者工夫要如磨镜，尘垢决去，光明方显。"曰："吾心觉悟的光明，与镜面光明却有不同。镜面光明与尘垢原是两个，吾心先迷后觉，却是一个。当其觉时，即迷心为觉，则当其迷时，亦即觉心为迷也。夫除觉之外，更无所谓迷，而除迷之外，亦更无所谓觉也。故浮云天日，尘埃镜光，俱不足为喻。若必欲寻个譬喻，莫如冰之与水，犹为相近。吾人闲居放肆，一切利欲愁苦，即是心迷，譬则水之遇寒，冻而凝结成冰，固滞蒙昧，势所必至。有时师友讲论，胸次潇洒，是心开朗，譬则冰之暖气消融，解释成水，清莹活动，亦势所必至也。冰虽凝而水体无殊，觉虽迷而心体具在，方见良知宗旨，贯古今，彻圣愚，通天地万物而无二、无息者也。"

问："今时士子，祇徇闻见读书，逐枝叶而忘根本，何道可反兹习？"曰："枝叶与根本，岂是两段？观之草木，彻头彻尾，原是一气贯通，若头尾分断，则便是死的。虽云根本，堪作何用？只要看用功志意何如。若是切切要求根本，则凡所见所闻皆归之根本，若是寻枝觅叶的肚肠，则虽今日尽有玄谈，亦将作举业套子矣。"

问："向蒙指示，谓不必汲汲便做圣人，且要详审去向，的确地位。承教之后，翻觉工夫最难凑泊，心胸茫无畔岸。"曰："此中有个机括，只怕汝不能自承当耳。"曰："如何承当？"曰："若果然有大襟期，有大气力，有大识见,就此安心乐意而居天下之广居,明目张胆而行天下之大道。工夫难到凑泊,即以不屑凑泊为工夫,胸次茫无畔岸,便以不依畔岸为胸次,解缆放船,顺风张棹,则巨浸汪洋,纵横任我,岂不一大快事也哉!"曰:"是果快活。"曰:"此时汝我虽十数人,而心心相照,只荡然一片,了无遮隔也。"众诧然曰:"果是浑忘各人形体矣,但此即是致广大否?"曰:"致广大而未尽精微也。"曰:"如何方尽精微?"曰:"精与粗对,微与显对。今子胸中看得个广大,即粗而不精矣,目中见有个广大,便显而不微矣。若到性命透彻之地,工夫纯熟之时,则终日终年,长是简简淡淡,温温醇醇,未尝不广大而未尝广大,未尝广大而实未尝不广大也。是则无穷无尽而极其广大,亦无方无体而极其精微也已。"曰:"不知方体如何应事?"曰:"若不是志气坚锐,道理深远,精神凝聚,则何能如此广大? 如此精微? 故即是可以应事,即是可名工夫,亦即是而可渐学圣人也已。"

问:"吾人在世,不免身家为累,所以难于为学。"曰:"却倒说了。不知吾人只因以学为难,所以累于身家耳。即如才歌三十六宫都是春,夫天道必有阴阳,人世必有顺逆,今曰三十六宫都是春,则天道可化阴而为纯阳矣。夫天道可化阴而为阳,人世独不可化逆而为顺乎? 此非不近人情,有所勉强于其间也。吾人只能专力于学,则精神自能出拔,物累自然轻渺。莫说些小得失忧喜,毁誉荣枯,即生死临前,且结缨易箦,曳杖逍遥也。"

问:"临事辄至仓皇,心中更不得妥贴静定,多因养之未至,故如是耳。"曰:"此养之不得其法使然。因先时预有个要静定之主意,后面事来多合他不着,以致相违相竞,故临时冲动不宁也。"曰:"静定之意,如何不要? 孟子亦说不动心。"曰:"心则可不动,若只意思作主,如何能得不动? 孟子是以心当事,今却以主意去当事。以主意为心,则任养百千万年,终是要动也。"

问:"善念多为杂念所胜,又见人不如意,暴发不平事,已辄生悔恨,不知何以对治?"曰:"譬之天下路径,不免石块高低,天下河道,不免滩濑纵横。善推车者,轮辕迅飞,则块磊不能为碍,善操舟者,篙桨方便,则滩濑不能为阻。所云杂念忿怒,皆是说前日后日事也。工夫紧要,只论目前。今且说此时相对,中心念头,果是何如?"曰:"若论此时,则恭敬安和,只在专志听教,一毫杂念也不生。"曰:"吾子既已见得此时心体,有如是好处,却果信得透彻否?"大众忻然起曰:"据此时心体,的确可以为圣为贤,而无难事也。"曰:"诸君目前各各奋跃,此正是车轮转处,亦是桨势快处,更愁有甚么崎岖可以阻得你? 有甚滩濑可以滞得你? 况'民之秉彝,好是懿德',则此个轮,极是易转,此个桨,极为易摇,而王道荡荡平平,终身由之,绝无崎岖滩濑也。故自黄中通理,便到畅四肢,发事业,自可欲之善,便到大而化,圣而神。今古一路学脉,真是简易直截,真是快活方便。奈何天下推车者,日数千百人,未闻以崎岖而回辙;行舟者,日数千百人,未闻以滩濑而停棹,而吾学圣贤者,则车未尝推,而预愁崎岖之阻,舟未曾发,而先惧滩濑之横,此岂路之扼于吾人哉? 亦果吾人之自扼也?"

问:"吾人心与天地相通,只因有我之私,便不能合。"曰:"若论天地之德,虽有我亦隔他不得。"曰:"如何隔不得?"曰:"即有我之中,亦莫非天地生机之所贯彻,但谓自家愚蠢而不知之则可,若谓他曾隔断得天地生机则不可。"曰:"极恶之人,雷霆且击之,难说与天不隔。"曰:"雷击之时,其人惊否?"曰:"惊。""被击之时,其人痛否?"曰:"痛。"曰:"惊是孰为之惊,痛是孰为之痛? 然则雷能击死其人,而不能击死其人之惊与痛之天也已。"

问:"吾侪须是静坐,日久养出端倪,方才下手工夫有实落处。"曰:"请问静养之法?"曰:"圣学无非此心,此心须见本体,故今欲向静中安闲调摄,使我此心精明朗照,莹彻澄湛,自在而无扰,宽舒而不迫,然后主宰既定,而应务方可不差。今于坐时,往往见得前段好处,但至应事接物,便夺去不能恒久,甚是懊恼。"罗子慨然兴叹曰:"子志气诚是天挺人豪,但学脉如所云,不无误子矣。虽然,何啻子耶! 即汉儒以来,千有余年,未有不如是会心误却平生者。殊不知天地生人,原是一团灵物,万感万应而莫究根原,浑浑沦沦而初无名色,只一心字,亦是强立。后人不省,缘此起个念头,就会生个识见,露个光景,便谓吾心实有如是本体,本体实有如是朗照,实有如是澄湛,实有如是自在宽舒。不知此段光景,原从妄起,必随妄灭。及来应事接物,还是用着天生灵妙浑沦的心。心尽在为他作主干事,他却嫌其不见光景形色,回头只去想念前段心体,甚至欲把捉终身,以为纯亦不已,望显发灵通,以为宇泰天光。用力愈劳,违心愈远。"兴言及此,为之哀恻。曰:"静坐下手,不知如何方是!"曰:"孔门学习,只一'时'字。天之心以时而显,人之心以时而用,时则平平而了无造作,时则常常而初无分别,入居静室而不异广庭,出宰事为而即同经史。烦嚣既远,趣味渐深,如是则坐愈静而意愈闲,静愈久而神愈会,尚何心之不真,道之不凝,而圣之不可学哉！"

问："欲为人，如何存心？"曰："知人即知心矣。《洪范》说人有视听言动思，盖大体小体兼备，方是全人，视听言动思兼举，方是全心。但人初生，则视听言动思浑而为一，人而既长，则视听言动思分而为二。故要存今日既长时的心，须先知原日初生时的心。子观人之初生，目虽能视，而所视只在爹娘哥哥；耳虽能听，而所听只在爹娘哥哥，口虽能啼，手足虽能摸索，而所啼所摸也只在爹娘哥哥。据他认得爹娘哥哥，虽是有个心思，而心思显露，只在耳目视听身口动叫也。于此看心，方见浑然无二之真体，方识纯然至善之天机。吾子敢说汝今身体，不是原日初生的身体？既是初生身体，敢说汝今身中即无浑沌合一之良心？渐渐凑泊将来，可见知得人真，便知得心真，知得心真，便存得心真。"

问："吾侪求道，非不切切，无奈常时间断处多。"曰："试说如何间断？"曰："某常欲照管持守此个学问，有时不知不觉忽然忘记，此便是间断处也。"曰："此则汝之学问原系头脑欠真，莫怪工夫不纯也。盖学是学圣，圣则其理必妙。子今只去照管持守，却把学问做一件物事相看。既是物事，便方所而不圆妙，纵时时照见，时时守住，亦有何用？我今观（劝）汝，且把此等物事放下一边，待到半夜五更，自在醒觉时节，必然思想要去如何学问，又必思想要去如何照管持守我的学问。当此之际，轻轻快快转个念头，以自审问，说道'学问此时虽不现前，而要求学问的心肠，则即现前也，照管持守工夫，虽未得力，而要去照管持守一段精神，却甚得力也'。当此之际，又轻轻快快转个念头，以自庆喜，说道'我何不把现前思想的心肠，来做个学问，把此段紧切的精神，来当个工夫'。则但要时便无不得，随处去更无不有。所谓身在是而学即在是，天不变而道亦不变，安心乐意，岂止免得间断，且绵绵密密，直至神圣地位，而一无难也已。"

问："寻常如何用工？"曰："工夫岂有定法。某昨夜静思，此身百年，今已过半，中间履历，或忧戚苦恼，或顺适欣喜，今皆窅然如一大梦。当时通身汗出，觉得苦者不必去苦，欣者不必去欣，终是同归于尽。再思过去多半只是如此，则将来一半亦只如此，通总百年都只如此。如此却成一片好宽平世界也，所谓坦荡荡不过如此。"曰："然则喜怒哀乐皆可无耶？"曰："喜怒哀乐原因感触而形，故心如空谷，呼之则响，原非其本有也。今只虑子心未必能坦荡耳。若果坦荡，到得极处，方可言未发之中。既全未发之中，又何患无中节之和耶？君子戒慎恐惧，正怕失了此个受用，无以为位育本源也。"

今人恳切用工者，往往要心地明白，意思快活。才得明白快活时，俄顷之间，倏尔变幻，极其苦恼，不能自胜。若能于变幻之时，急急回头，细看前时明白者，今固恍惚矣；前时快活者，今固冷落矣。然其能俄顷明白而为恍惚，变快活而为冷落，至神至速，此却是个甚么东西？此个东西，即时时在我，又何愁其不能变恍惚而为明白，变冷落而为快活也。故凡夫每以变幻为此心忧，圣人每以变幻为此心喜。

一友自述其平日用工，只在念头上缠扰。好静恶动，贪明惧昏，种种追求，便觉时得时失，时出时入，间断处常多，纯一处常少，苦不能禁。方悟心中静之与动，明之与暗，皆是想度意见而成，感遇或殊，则光景变迁，自谓既失，乃或倏然形见，自谓已得，乃又忽然泯灭，总无凭准。于是一切醒转，更不去此等去处计较寻觅，却得本心浑沦，只不合分别，便自无间断，真是坦然荡荡，而悠然顺适也。或诘之曰："如此浑沦，然则善不消为，恶不必去耶？"友不能答。罗子代之答曰："只患浑沦不到底耳。盖浑沦顺适处，即名为善，而违碍处，便名不善也。故只浑沦到底，即便不善化而为善也，非为善去恶之学而何？"众皆有省。

一友每常用工，闭目观心。罗子问之曰："君今相对，见得心中何如？"曰："炯炯然也。但常恐不能保守，奈何？"曰："且莫论保守，只恐或未是耳。"曰："此处更无虚假，安得不是？且大家俱在此坐，而中炯炯，至此未之有改也。"罗子谓："天性之知，原不容昧，但能尽心求之，明觉通透，其机自显而无蔽矣。故圣贤之学，本之赤子之心以为根源，又征诸庶人之心，以为日用。若坐下心中炯炯，却赤子原未带来，而与大众亦不一般也。吾人有生有死，我与老丈存日无多，须知炯炯浑非天性，而出自人为。今日天人之分，便是将来鬼神之关也。今在生前能以天明为明，则言动条畅，意气舒展，比至殁身，不为神者无几。若今不以天明为明，只沉滞襟膈，留恋景光，幽阴既久，殁不为鬼者亦无几矣。"其友遽然曰："怪得近来用工，若日中放过处多，则夜卧梦魂自在；若日中光显太盈，则梦魂纷乱颠倒，令人不堪。非遇先生，几枉此生矣。"

问："用工，思虑起灭，不得宁贴。"曰："非思虑之不宁，由心体之未透也。吾人日用思虑，虽有万端，而心神止是一个。遇万念以滞思虑，则满腔浑是起灭，其功似属烦苦。就一心以宰运化，则举动更无分别，又何起灭之可言哉！《易》曰：'天下何思何虑，殊途而同归，一致而百虑。'夫虑以百言，此心非无思虑也，惟一致以统之，则返殊而为同，化感而为寂。浑是妙心，更无他物。欲求纤毫之思虑，亦了不可得也。"

一生远来，问以近时工夫，曰："于心犹觉有疑。"曰："何疑也？"曰："许多书旨，尚未明白。"曰："子许多书未明，却才如何吃了茶，吃了饭，今又如何在此立谈了许久时候耶？"傍一生笑曰："渠身上书一向尽在明白，但想念的书尚未明白耳。"其生恍然有省。

一友执持恳切，久觉过苦，求一脱洒工夫。曰："汝且莫求工夫，同在讲会，随时卧起，再作商量。"旬日，其友跃然曰："近觉生意勃勃，虽未用力而明白可爱。"曰："汝信得当下即是工夫否？"曰："亦能信得，不知何如可不忘失？"曰："忘与助对，汝欲不忘，即必有忘时。不追心之既往，不逆心之将来，任他宽洪活泼，真是水流物生，充天机之自然，至于恒久不息而无难矣。"

问："别后如何用工？"曰："学问须要平易近情，不可着手太重。如粗茶淡饭，随时遣日，心既不劳，事亦了当，久久成熟，不觉自然有个悟处。盖此理在日用间，原非深远，而工夫次第亦难以急迫而成。学能如是，虽无速化之妙，却有隽永之味也。"

问："某用工致知力行，不见有个长进处。"曰："子之致知，知个甚的？力行，行个甚的？"曰："是要此理亲切。"曰："如何是理？"曰："某平日说理，只事物之所当然便是。"曰："汝要求此理亲切，却舍了此时而言平日，便不亲切；舍了此时问答，而言事物，当然又不亲切。"曰："此时问答，如何是理之亲切处？"曰："汝把问答与理看作两件，却求理于问答之外，故不亲切。不晓我在言说之时，汝耳凝然听着，汝心炯然想着，则汝之耳，汝之心，何等条理明白也。言未透彻，则默然不答，言才透彻，便随众欣然，如是则汝之心，汝之口，又何等条理明白也。"曰："果是亲切。"曰："岂止道理为亲切哉！如此明辩到底，如此请教不怠，又是致知力行而亲切处矣。"

问："吾侪或言观心，或言行己，或言博学，或言守静，先生皆未见许，然则谁人方可以言道耶？"曰："此捧茶童子却是道也。"一友率尔曰："岂童子亦能戒慎恐惧耶？"罗子曰："茶房到此，几层厅事？"众曰："三层。"曰："童子过许多门限阶级，不曾打破一个茶瓯。"其友省悟曰："如此童子果知戒惧,只是日用不知。"罗子难之曰:"他若不是知,如何会捧茶,捧茶又会戒惧?"其友语塞。徐为解曰:"知有两样,童子日用捧茶是一个知,此则不虑而知,其知属之天也。觉得是知能捧茶,又是一个知,此则以虑而知,其知属之人也。天之知是顺而出之,所谓顺,则成人成物也。人之知却是返而求之,所谓逆,则成圣成神也。故曰以先知觉后知,以先觉觉后觉。人能以觉悟之窍,而妙合不虑之良,使浑然为一方,是睿以通微,神明不测也。"

问:"今若全放下,则与常人何异?"曰:"无以异也。"曰:"既无以异,则何以谓之圣学也?"曰:"圣人者,常人而肯安心者也;常人者,圣人而不肯安心者也。故圣人即是常人,以其自明,故即常人而名为圣人矣;常人本是圣人,因其自昧,故本圣人而卒为常人矣。"

诸友静坐,寂然无诈,将有欲发问者,罗子止之。良久,语之曰:"当此静默之时,澄虑反求:如平时躁动,今觉凝定;平时昏昧,今觉虚朗;平时怠散,今觉整肃。使此心良知,炯炯光彻,则人人坐间,各抱一明镜于怀中,却请诸子将自己头面对镜观照,若心事端庄,则如冠裳济楚,意态自然精明;若念头尘俗,则蓬头垢面,不待旁观者耻笑,而自心惶恐,又何能顷刻安耶?"曰:"三自反可是照镜否?"曰:"此个镜子,与生俱生,不待人照而常自照,人纤毫瞒他不过。故不忠不仁,亦是当初自己放过。自反者,反其不应放过而然,非曰其始不知,后因反己乃知也。"曰:"吾侪工夫,安能使其常不放过耶?"曰:"羞恶之心,人皆有之,谁肯蓬头垢面以度朝夕耶?"

一广文自叙平生为学,已能知性。罗子问:"君于此时,可与圣人一般否?"曰:"如此说则不敢。"曰:"既知是性,岂又与圣人不似一般?"曰:"吾性与圣一般,此是从赤子胞胎时说。若孩提稍有知识,已去圣远矣。故吾侪今日只合时时照管本心,事事归依本性,久则圣贤乃可希望。"时方饮茶逊让,罗子执茶瓯问曰:"君言照管归依,俱是恭敬持瓯之事,今且未见瓯面,安得遽论持瓯恭谨也?"曰:"我于瓯子,也曾见来,也曾持来,但有时见,有时不见,有时持,有时忘记持,不能如圣人之恒常不失耳。"曰:"此个性,只合把瓯子作譬,原却不即是瓯子。瓯子则有见有不见,而性则无不见也。瓯子则有持有不持,而性则原不待持也。不观《中庸》说'率性谓道,道不可须臾离',今云见持不得恒常,则是可以离矣。可离则所见所持原非是性。"曰:"此性各在。当人稍有识者,谁不能知,况用功于此者乎?"

曰："君言知性,如是之易! 此性之所以难知也,孟子之论知性,必先之以尽心。苟心不能尽,则性不可知也。知性则知天,故天未深知,则性亦未可为知也。君试反而思之,前日工夫,果能既竭其心思乎? 今时受用,果能知天地之化育乎? 若果知时,便骨肉皮毛,浑身透亮,河山草树,大地回春,安有见不能常、持不能久之弊? 苟仍是旧日境界,我知其必然未曾知也。"广文沉思,未有以应。童子捧茶方至,罗子指而谓一友曰:"君自视与童子何如?"曰:"信得更无两样。"顷此复问曰:"不知君此时何所用功?"曰:"此时觉心中光明,无有沾滞。"曰:"君前云与捧茶童子一般,说得尽是;今云心中光明,又自己翻帐也。"友遽然曰:"并无翻帐。"曰:"童子见在,请君问他,心中有此光景否? 若无此光景,则分明与君两样。"广文曰:"不识先生心中工夫却是如何?"曰:"我的心,也无个中,也无个外。所谓用功也,不在心中,也不在心外。只说童子献茶来时,随众起而受之,从容啜毕,童子来接时,随众付而与之。君必以心相求,则此无非是心;以工夫相求,则此无非是工夫。若以圣贤格言相求,则此亦可说动静不失其时,其道光明也。"广文恍然自失。

广文再过访,自述近得个悟头,甚是透彻。罗子问其详,对曰:"向时见未真确,每云自己心性时得时失,中无定主,工夫安能纯一。殊不知耳目口鼻心思,天生五官,职司一样。试说吾此耳、此目,终日应接事物,谁曾一时无耳目哉? 耳目既然,则终日应接事物,又谁曾一时无心思哉? 耳目心思既皆常在,则内外主宰已定,而自己工夫岂不渐渐纯熟而安全也哉?"罗子笑曰:"此悟虽妙,恐终久自生疑障。"广文不服,罗子曰:"今子悟性固常在,独不思善则性在时为之,而不善亦性在时为之也,以常在而主张性宗,是又安得谓性善耶?"广文自失,问:"将奈何?"曰:"是不难。盖常在者,性之真体,而为善为不善者,性之浮用。体则足以运用,用不能以迁体也。试思耳之于声,目之于色,其千变万化于前者,能保其无美恶哉? 是则心思之善不善也,然均听之、均视之,一一更均明晓而辩别之,是则心思之能事,性天之至善,而终日终身更非物感之可变迁者也。"广文曰:"先生之悟小子也,是死而复生之矣。"

罗子令太湖,讲性命之学,其推官以为迂也。直指虑因,推官与罗子侍,推官靳罗子于直指曰:"罗令,道学先生也。"直指顾罗子曰:"今看此临刑之人,道学作如何讲?"罗子对曰:"他们平素不识学问,所以致有今日。

但吾辈平素讲学,又正好不及他今日。"直指诘之曰:"如何不及?"曰:"吾辈平时讲学,多为性命之谈,然亦虚虚谈过,何曾真切为着性命?试看他们临刑,往日种种所为,到此都用不着,就是有大名位、大爵禄在前,也都没干。他们如今都不在念,只一心要求保全性命,何等真切!吾辈平日工夫,若肯如此,那有不到圣贤道理?"直指不觉嘉叹,推官亦肃然。

罗子行乡约于海春书院,面临滇海,青苗满目,客有指柏林而告曰:"前年有司迁学,议伐宫墙树以充用,群鸟徙巢而去。分守李同野止勿伐,群鸟一夕归巢如故。"言讫飞鸣上下,乐意相关。昆阳州守夏渔请曰:"恒谓圣贤非人可及,故究情考索,求之愈劳,而去之愈远。岂知性命诸天,本吾固有,日用之间,言动事为,其停当处,即与圣贤合一也。"罗子曰:"停当二字,尚恐未是。"夏守瞿然曰:"言动事为,可不要停当耶?"曰:"可,知言动事为,方才可说停当,则子之停当,有时而要,有时而不要矣。独不观兹柏林之禽鸟乎?其飞鸣之相关何如也?又不观海畴之青苗乎?其生机之萌苗何如也?子若拘拘以停当求之,则此鸟此苗何时而为停当,何时而为不停当耶?《易》曰水流而不息,物生而不穷,造化之妙原是贯彻浑融。而子早作而夜寐,嬉笑而偃息,无往莫非此体,岂待言动事为,方思量得个停当?又岂直待言动事为停当,方始说道与古先贤哲不殊?若如是用功,如是作见,则临言动事为,固是错过,而既临言动事为,亦总是错过矣。"夏守憬然自省,作而言曰:"子在川上,不舍昼夜。吾人心体,未尝一息有间。今当下生意津津,不殊于禽鸟,不殊于新苗,往时万物一体之仁,果觉浑沦成片矣。欲求停当,岂不是个善念?但善则便落一边,既有一边善,便有一边不善;既有一段善,便有一段不善。如何能得昼夜相通?如何能得万物一体?颜子得此不息之体,其乐自不能改。若说以贫自安而不改,浅之乎窥圣贤矣!"

问:"人欲杂时,作何用药?"曰:"言善恶者,必先善而后恶;言吉凶者,必先吉而后凶。今盈宇宙中,只是个天,便只是个理,惟不知是天理者,方始化作欲去。如今天日之下,原只是个光亮,惟瞽了目者,方始化作暗去。"

癸丑,罗子过临清,忽遘重病。倚榻而坐,恍若一翁来言曰:"君身病稍康,心病则复何如?"罗子不应。翁曰:"君自有生以来,遇触而气每不动,当倦而目辄不瞑,扰攘而意自不分,梦寐而境悉不忘,此皆君心痼疾也。"罗子愕然曰:"是则予之心得,曷言病?"翁曰:"人之心体出自天常,随物感通,原无定执。君以宿生操持,强力太甚,一念耿光,遂成结习。日中固无纷扰,梦里亦自昭然。君今谩喜无病,不悟天体渐失,岂惟心病,而身亦不能久延矣。盖人之志意长在目前,荡荡平平,与天日相交,此则阳光宣朗,是为神境,令人血气精爽,内外调畅。如或志气沉滞,胸臆隐隐约约,如水鉴相涵,此则阴灵存想,是为鬼界,令人脉络纠缠,内外胶泥。君今阴阳莫辨,境界妄縻,是尚得为善学者乎?"罗子惊起汗下,从是执念潜消,血脉循轨。

问夫子临终逍遥气象。曰:"去形骸虽显,而其体滞碍;本心虽隐,而其用圆通。故长戚戚者,务活其形者也;坦荡荡者,务活其心者也。形当活时,尚苦滞碍,况其僵什而死耶? 心在躯壳,尚能圆通,况离形超脱,则乘化御天,周游六虚,无俟推测。即诸君此时对面,而其理固明白现前也,又何疑哉?"

问:"有人习静,久之遂能前知者,为不可及。"曰:"不及他不妨,只恐及了倒有妨也。"曰:"前知如何有妨?"曰:"正为他有个明了,所以有妨。盖有明之明,出于人力,而其明小;无明之明,出于天体,而其明大。譬之暗室,张灯自耀其光,而日丽山河,反未获一睹也已。"

万言策问疾。罗子曰:"此道炳然宇宙,原不隔乎分尘。故人己相通,形神相入,不待言说,古今自直达也。后来见之不到,往往执诸言诠。善求者一切放下,胸目中更有何物可有耶?"

谓怀智曰:"汝于人物,切不可起拣择心,须要贤愚善恶,一切包容,直到物我两忘,方是汝成就处。"

智卧病,先生问曰:"病中工夫何如?"智曰:"甚难用工。"先生曰:"汝能似无病时,便是工夫。"

古今学者,晓得去做圣人,而不晓得圣人即是自己,故往往去寻作圣门路,殊不知门路一寻,便去圣万里矣。

人不信我,即是我欺人处。务要造到人无不信,方是学问长进。

问:"人心之知,本然常明,此《大学》所以首重明明德,何如?"罗子曰:"圣人之言,原是一字不容增减。其谓'明德',则德只是个明,更说个'有时而昏'不得。如谓'顾諟天之明命',亦添个'有时而昏'不得也。"曰:"明德如是,何以必学以明之耶?"曰:"《大学》之谓明明,即《大易》之谓乾乾也。天行自乾，吾乾乾而已；天德本明，吾明明而已。故知必知之，不知必知之，是为此心之常知。而夫子诲子路以知，只是知其知也，若谓由此求之，又有可知之理，则当时已谓是知也，而郤犹有所未知，恐非夫子确然不易之辞矣。"曰："从来见孟子说'性善'，而《中庸》说'率性之谓道'；孟子说'直养'，而孔子说'人之生也直'。常自未能解了，盖谓性必全善，方才率得，生必通明，方才以直养得。奈何诸家议论，皆云性有气质之杂，而心有物欲之蔽。夫既有杂，则善便率得，恶将如何率得？夫既有蔽，则明便直得，昏则如何直得？于是自心疑惑不定，将圣贤之言，作做上智边事，只得去为善去恶，而性且不敢率；只得去存明去昏，而养且不敢直。卒之愈去而恶与昏愈甚，愈存而善与明愈远。今日何幸得见此心知体，便是头头是道，而了了几通也耶？"曰："虽然如是，然却不可谓遂无善恶之杂与昏明之殊也。只能毂得此个知体到手，□□凭我为善去恶，而总叫做率性，尽我存明去昏，总叫直养，无害也已。"

问："古今学术，种种不同，而先生主张，独以孝弟慈为化民成俗之要，虽是浑厚和平，但人情世习，叔季已多顽劣。即今刑日严，犹风俗日偷，更为此说，将不益近迂乎？"罗子曰："夫人情之凶恶，孰甚于战国、春秋？世习之强悖，孰甚于战国、春秋？今考订《四书》所载之行事言辞，非君臣问答于朝廷，则师友叮咛于授受。夫岂于人情略不照了，世习总未筹画也哉！乃其意气之发扬，心神之谆切，惟在于天经地义所以感通而不容己者，则其言为之独至。物理人伦，所以联属而不可解者，则其论为之尤详。此不惟孔、孟之精微，可以窥窥，而造化之消息，亦足以概探矣。夫天命之有阴阳，人事之有善恶，总之曰道二，仁与不仁而已矣。然天以阳为主，而阴其所化也；心以善为主，而恶其所变也，故仁之胜不仁，犹水之胜火。盖主者其所常存，而变之与化，固其所暂出也。今以一杯之水，救一车薪之火而不胜，则曰水不胜火，岂不与于不仁之甚者哉！此即轲氏之时言之，若今兹则尤异然者矣。是故仁亲性善之旨，孔、孟躬亲倡之，当时已鲜听从，其后不愈远而愈迷哉！刑法把持之效，申、韩躬亲致之，当时已尽趋慕，其后不愈久而愈炽哉！故在轲氏，水止一杯，兹将涓滴难寻矣；火止车薪，兹将燎原满野矣。于是较胜负于仁不仁之间，夫非大不知量者哉！所幸火虽燎原，而究竟无根，暂而不能久也；水虽涓滴，而原泉混混，不舍昼夜也，故曰：'人无所不至，惟天不容伪。'无所不至者，终只是人，不容伪者,到底是天。天下之事,责之己者近而易,望之人者远而难,其势使之然也。故今为世道计者,请自吾辈之学问先之。吾辈为学问谋者,请自身心之本源先之。今天下孔、孟之《四书》,群然读之,而《四书》之意义,则纷然习之,曾有一人而肯信人性之皆善哉?反之己身,有一人而肯信自性之为善哉?夫性善者,作圣之张本,能知性善,而圣贤乃始人人可以为之也。圣贤者,人品之最贵,知其可为圣贤,而于人人乃始不以卑贱而下视之也。上人者,庶人之所瞻趋,如上视己以贵重,而人人又安忍共甘卑贱而不思振拔也哉!某自始入仕途,今计年岁将及五十,窃观五十年来,议律例者,则日密一日;制刑具者,则日严一日;任稽察、施拷讯者,则日猛一日。每当堂阶之下,牢狱之间,睹其血肉之淋漓,未尝不鼻酸额蹙,为之叹曰:'此非尽人之子与?非曩昔依依于父母之怀,恋恋于兄妹之傍者乎?夫岂其皆善于初,而不皆善于今哉?及睹其当疾痛而声必呼父母,觅相依而势必先兄弟,则又信其善于初者,而未必皆不善于今也已。故今谛思吾侪能先明孔、孟之说,则必将信人性之善,信其善而性灵斯贵矣,贵其灵而躯命斯重矣。兹诚转移之机,当汲汲也,隆冬冰雪,一线阳回,消即俄顷。诸君第目前日用,惟见善良,欢欣爱养,则民之顽劣,必思掩藏,上之严峻,亦必少轻省。谓人情世习,终不可移者,死亦无是理矣。"

某至不才,然幸生儒家,方就口食,先妣即自授《孝经》《小学》《论》《孟》诸书,而先君遇有端绪,每指点目前孝友和平,反覆开导。故寻常于祖父伯叔之前,嬉游于兄弟姊妹之间,更无人不相爱厚。但其时气体孱弱,祖父最是怜念不离。年至十五,方就举业,遇新城张洵水先生讳玑,为人英爽高迈,且事母克孝,每谓人须力追古先。于是一意思以道学自任,却宗习诸儒各样工夫,屏私息念,忘寝忘食,奈无人指点,遂成重病。赖先君觉某用功致疾,乃示以《传习录》而读之,其病顿愈,而文理亦复英发。且遇楚中高士为说破《易经》,指陈为玄门造化。某窃心自忻快,此是天地间大道真脉,奚啻玄教而已哉!嗣是科举省城,缙绅大举讲会,见颜山农先生。某具述昨遭危疾,而生死能不动心;今失科举,而得失能不动心。先生俱不见取,曰:"是制欲,非体仁也。"某谓:"克去己私,复还天理,非制欲安能以遽体乎仁哉?"先生曰:"子不观孟子之论四端乎?知皆扩而充之,如火之始然,泉之始达。如此体仁,何等直截?故子患当下日用而不知,勿妄疑天性生生之或息也。"某时大梦忽醒,乃知古今道有真脉,学有真传,遂师事之。比联第归家,苦格物莫晓,乃错综前闻,互相参订,说殆千百不同,每有所见,则以请正先君,先君亦多首肯,然终是不为释然。三年之后,一夕忽悟今说,觉心甚痛快,中宵直趋卧内,闻于先君。先君亦跃然起舞曰:"得之矣,得之矣。"迄今追想一段光景,诚为生平大幸。后遂从《大学》至善,推演到孝弟慈,为天生明德,本自一人之身,而未及家国天下。乃凝顿自己精神,沉思数日,遐想十五之年,从师与闻道学,其时目诸章缝,俱是污俗,目诸黎庶,俱是冥顽,而吾侪有志之士,必须另开一个蹊径,以去息念生心,别启一个户牖,以去穷经。造饼样虽画完全,饥饱了无干涉,徒尔劳苦身心,几至丧亡莫救。于此不觉惊惶战栗,自幸宿世何缘得脱此等苦趣。已又遐量童稚之初,方离乳哺,以就口食,嬉嬉于骨肉之间,怡怡于日用之际,闲往闲来,相怜相爱,虽无甚大好处,却又也无甚大不好处。至于十岁以后,先人指点行藏,启迪经传,其意趣每每契合无违,每每躬亲有得。较之后来着力去处,难易大相径庭,则孟子孩提爱敬之良,不虑不学之妙,征之幼稚,以至少长,果是自己曾经受用,而非虚话也。夫初焉安享天和,其顺适已是如此。继焉勉强工夫,苦劳复是如彼。精神之凝思愈久,而智虑之通达愈多。由一身之孝弟慈而观之一家,一家之中,未尝有一人而不孝弟慈者;由一家之孝弟慈而观之一国,一国之中,未尝有一人而不孝弟慈者;由一国之孝弟慈而观之天下,天下之大,亦未尝有一人而不孝弟慈者。又由缙绅士大夫以推之群黎百姓,缙绅士大夫固是要立身行道,以显亲扬名,光大门户,而尽此孝弟慈矣,而群黎百姓,虽职业之高下不同,而供养父母,抚育子孙,其求尽此孝弟慈,未尝有不同者也。又由孩提少长以推之壮盛衰老,孩提少长固是爱亲敬长,以能知能行此孝弟慈,已便至壮盛之时,未有弃却父母子孙,而不思孝弟慈。岂止壮盛,便至衰老临终,又谁肯弃却父母子孙,而不思以孝弟慈也哉!又时乘闲暇,纵步街衢,肆览大众车马之交驰,负荷之杂沓,其间人数何啻亿兆之多,品级亦将千百其异,然自东徂西,自朝及暮,人人有个归着,以安其生,步步有个防检,以全其命,窥觑其中,总是父母妻子之念固结维系,所以勤谨生涯,保护躯体,而自有不能已者。其时《中庸》"天命不已"与"君子畏敬不忘",又与《大学》通贯无二。故某自三十登第,六十归山,中间侍养二亲,敦睦九族,入朝而遍友贤良,远仕而躬御魑魅,以至年载多深,经历久远,乃叹孔门《学》《庸》,全从《周易》"生生"一语化得出来。盖天命不已,方是生而又生，生而又生，方是父母而己身，己身而子，子而又孙，以至曾而且玄也。故父母兄弟子孙，是替天命生生不已，显现个肤皮；天命生生不已，是替孝父母、弟兄长、慈子孙通透个骨髓。直竖起来，便成上下今古，横亘将去，便作家国天下。孔子谓"仁者人也"，"亲亲为大"，其将《中庸》《大学》已是一句道尽。孟子谓"人性皆善"，"尧、舜之道，孝弟而已矣"，其将《中庸》《大学》亦是一句道尽。

"喜怒哀乐，未发谓之中。先儒观未发气象，不知当如何观？"曰："子不知如何为喜怒哀乐，又如何知得去观其气象也耶？我且诘子，此时对面相讲，有喜怒也无？有哀乐也无？"曰："俱无。"曰："既谓俱无，便是喜怒哀乐未发也。此未发之中，是吾人本性常体。若人识得此个常体，中中平平，无起无作，则物至而知，知而喜怒哀乐出焉，自然与预先有物横其中者，天渊不侔矣，岂不中节而和哉？故忠信之人，可以学礼。中心常无起作，即谓忠信之人。如画之粉地一样，洁洁净净，红点着便红鲜，绿点着便绿明，其节不爽，其天自著。节文自著，而礼道宁复有余蕴也哉！"

今堂中聚讲人不下百十，堂外往来亦不下百十，今分作两截，我辈在堂中者皆天命之性，而诸人在堂外则皆气质之性也。何则？人无贵贱贤愚，皆以形色天性而为日用，但百姓则不知，而吾辈则能知之也。今执途人询之，汝何以能视耶？必应以目矣；而吾辈则必谓非目也，心也。执途人询之，汝何以能听耶？必应以耳矣；而吾辈则必谓非耳也，心也。执途人而询之，汝何以能食，何以能动耶？必应以口与身矣；而吾辈则必谓非口与身也，心也。识其心以宰身，则气质不皆化而为天命耶？昧其心以从身，则天命不皆化而为气质耶？心以宰身，则万善皆从心生，虽谓天命皆善，无不可也；心以从身，则众恶皆从身造，虽谓气质乃有不善，亦无不可也。故天地能生人以气质，而不能使气质之必归天命；能同人以天命，而不能保天命之纯全万善。若夫化气质以为天性，率天性以为万善，其惟以先知觉后知，以先觉觉后觉也夫，故曰："天地设位，圣人成能。"

问："因戒慎恐惧，不免为吾心宁静之累。"罗子曰："戒慎恐惧，姑置之。今且请言子心之宁静作何状？"其生谩应以"天命本然，原是太虚无物"。罗子谓："此说汝原来事，与今时心体不切。"生又历引孟子言夜气清明，程子教观喜怒哀乐未发以前气象，皆是此心体宁静处。曰："此皆抄书常套，与今时心体恐亦不切。"诸士子沉默半晌，适郡邑命执事供茶，循序周旋,略无差僭。罗子目以告生曰:"谛观群胥,此际供事,心则宁静否?"诸士忻然起曰:"群胥进退恭肃,内固不出而外亦不入,虽欲不谓其心宁静,不可得也。"曰:"如是宁静正与戒惧相合,而又何相妨耶?"曰:"戒慎恐惧相似,用功之意,或不应如是现成也。"曰:"诸生可言适才童冠歌诗之时,与吏胥进茶之时,全不戒慎耶?其戒慎又全不用功耶?盖说做工夫,是指道体之精详处,说个道体,是指工夫之贯彻处。道体人人具足,则岂有全无工夫之人?道体既时时不离,则岂有全无工夫之时?故孟子云:'行矣而不著,习矣而不察。'所以终身在于道体工夫之中,尽是宁静而不自知其为宁静,尽是戒惧而不自知其为戒惧,不肯体认承当,以混混沌沌枉过一生。"

问:"平日在慎独用功,颇为专笃,然杂念纷扰,终难止息,如何乃可?"罗子曰:"学问之功,须先辨别源头分晓,方有次第。且言如何为独?"曰:"独者,吾心独知之地也。""又如何为慎独?"曰:"吾心中念虑纷杂,或有时而明,或有时而昏,或有时而定,或有时而乱,须详察而严治之,则慎也。"曰:"即子之言,则慎杂,非慎独也。盖独以自知者,心之体也,一而弗二者也。杂其所知者,心之照也,二而弗一者也。君子于此,因其悟得心体在我,至隐至微,莫见莫显,精神归一,无须臾之散离,故谓之慎独也。"曰:"所谓慎者,盖如治其昏,而后独可得而明也;治其乱,而后独可得而定也。若非慎其杂,又安能慎其独也耶?"曰:"明之可昏,定之可乱,皆二而非一也。二而非一,则皆杂念,而非所谓独知也。独知也者,吾心之良知,天之明命,而于穆不已者也。明固知明,昏亦知昏,昏明二,而其知则一也。定固知定,乱亦知乱,定乱二,而其知则一也。古今圣贤,惓惓切切,只为这些子费却精神,珍之重之,存之养之,为天地立心,为生民立命,总在此一处致慎也。"曰:"然则杂念诓置之不问耶?"曰:"隶胥之在于官府,兵卒之在于营伍,杂念之类也。宪使升堂而吏胥自肃,大将登坛而兵将自严,则慎独之与杂念之类也。今不思自作宪使主将,而惟隶胥兵卒之求焉,不亦悖且难也哉!"

问:"吾侪为学,此心常有茫荡之时,须是有个工夫,作得主张方好。"罗子曰:"据汝所云,是要心中常常用一工夫,自早至晚,更不忘记也耶?"曰:"正是如此。"曰:"圣贤言学,必有个头脑。头脑者,乃吾心性命,而得之天者也。若初先不明头脑,而只任尔我潦草之见,或书本肤浅之言,胡乱便去做工夫，此亦尽为有志，但头脑未明，则所谓工夫，只是我汝一念意思耳。既为意念，则有时而起，便有时而灭；有时而聚，便有时而散；有时而明，便有时而昏。纵使专心记想，着力守住，毕竟难以长久。况汝心原是活物且神物也，持之愈急，则失愈速矣。"曰："弟子所用工夫，也是要如《大学》《中庸》所谓慎独，不是学问一大头脑耶？"曰："圣人原曰教人慎独，本是有头脑，而尔辈实未见得。盖独是灵明之知，而此心本体也。此心彻首彻尾、彻内彻外，更无他有，只一灵知，故谓之独也。《中庸》形容，谓其至隐而至见，至微而至显，即天之明命，而日监在兹者也。慎则敬畏周旋，而常目在之，顾諟天之明命者也。如此用功，则独便是为慎的头脑，慎亦便以独为主张，慎或有时勤怠，独则长知而无勤怠也。慎则有时作辍，独则长知而无作辍也。何则？人无所不至，惟天不容伪。慎独之功，原起自人，而独知之知，原命自天也。况汝辈工夫，当其茫荡之时，虽说已是怠而忘勤，已是辍而废作。然反思从前怠时、辍时，或应事，或动念，一一可以指，是则汝固说心为茫荡，而独之所知，何尝丝毫茫荡耶？则是汝辈孤负此心，而此心却未孤负汝辈。天果明严，须当敬畏敬畏。"

有谓"心体寂静之时，方是未发，难说平常即是也"。曰："《中庸》原先说定喜怒哀乐，而后分未发与发，岂不明白有两段时候也耶？况细观古人，终日喜怒哀乐，必待物感乃发，而其不发时则更多也。感物则欲动情胜将或不免，而未发时则任天之便更多也。《中庸》欲学者得见天命性真，以为中正平常的极则，而恐其不知吃紧贴体也，乃指着喜怒哀乐未发处，使其反观而自得之，则此段性情便可中正平常。便可平常中正，亦便可立大本而其出无穷，达大道而其应无方矣。"

问："喜怒哀乐未发，是何等时候？亦何等气象耶？"罗子曰："此是先儒看道太深，把圣贤忆想过奇，便说有何气象可观也。盖此书原叫做《中庸》，只平平常常解释，便是妥贴且更明快。盖'维天之命，于穆不已'，命不已则性不已，性不已则率之为道亦不已，而无须臾之或离也。此个性道体段，原长是浑浑沦沦而中，亦长是顺顺畅畅而和。我今与汝终日语默动静，出入起居，虽是人意周旋，却自自然然，莫非天机活泼也。即于今日，直到老死，更无二样。所谓人性皆善，而愚妇愚夫可与知与能者也。中间只恐怕喜怒哀乐，或至拂性违和，若时时畏天奉命，不过其节，即喜怒哀乐，总是一团和气，天地无不感通，民物无不归顺，相安相养，而太和在宇宙间矣。此只是人情才到极平易处，而不觉工夫却到极神圣处也。噫！人亦何苦而不把中庸解释《中庸》，亦又何苦而不把中庸服行《中庸》也哉！"

问："此理在天地间原是活泼，原是恒久，无缺欠，无间歇，何如？"罗子曰："子觉理在天地之间，则然矣。不识反之于身，则又何如？"曰："某观天地间，只等反诸身心，便是茫然。"曰："子观天地间道理如是，岂独子之身心却在天地外耶？"曰："吾身固不在天地外，但觉得天地自天地，吾身自吾身，未浑成一个也。"曰："子身与天地固非一个，但鸢鱼与天地亦非一个也。何《中庸》却说鸢鱼与天地相昭察也耶？"曰："鸢鱼是物类，于天地之性不会斫丧。若吾人不免气习染坏，似难并论也。"曰："气习染坏，虽则难免，但请问子应答之时，手便翼然端拱，足便竦然起立，可曾染坏否？"曰："此正由平日习得好了。"曰："子于拱立之时，目便炯然相亲，耳便卓然相听，可曾由得习否？"曰："此却非由习而后能。"曰："既子之手也是道，足也是道，耳目又也是道，如何却谓身不及乎鸢鱼，而难以同乎天地也哉？岂惟尔身，即一堂上下，贵贱老幼，奚止千人，看其手足拱立，耳目视听伶俐，难说不活泼于鸢鱼，不昭察于天地也。"一生诘曰："孟子云：'物之不齐，物之情也。'若曰浑然俱是个道，则《中庸》'栽者培之，倾者覆之'，皆非耶？"曰："读书须就上下文气理会，此条首言天之生物，必因其材而笃，注谓'笃为加厚'。若如旧说，则培是加厚栽他，覆是加厚倾他，夫岂天地生物之本心哉？当照《中庸》他章说，'天地无不覆帱'，方见其生生不已之心。盖天地之视物，犹父母之视子，物之或栽或倾，在人能分别之，而父母难分也，故曰：'人莫知其子之恶。'父母莫能知其子之恶，而天地顾肯覆物之倾也耶？此段精神，古今独我夫子一人得之。故其学只是求仁；其术只是个行恕；其志只是要个老便安，少便怀，朋友便信；其行藏，南子也去见，佛肸也应召，公山弗扰也欲往，楚狂虽离之，也去寻他，荷蒉虽避之，也去追他，真是要个个入于善，而于己更不知一毫吝惜，于人亦更不知一毫分别，故其自言曰：'有教无类。'推其在在精神，将我天下万世之人，欲尽纳之怀抱之中，所以至今天下万世之人，个个亲之如父，爱之如母，尊敬之如天地。非夫子有求于我人，亦非吾人有求于夫子，皆莫知其然，却真是浑成一团太和，一片天机也。"

问："孝弟如何是为仁的本处？"罗子曰："只目下思父母生我千万辛

苦,而未能报得分毫,父母望我千万高远,而未能做得分毫,自然心中悲怆,情难自已,便自然知疼痛。心上疼痛的人,便会满腔皆恻隐,遇物遇人,决肯方便慈惠,周恤溥济,又安有残忍戕贼之私耶?"曰:"如此却恐流于兼爱。"曰:"子知所恐,却不会流矣。但或心尚残忍,兼爱可流焉耳。"

问:"知之本体,虽是明白,然常苦于随知随蔽。"罗子曰:"若要做孔、孟门中人品,先要晓得孔、孟之言,与今时诸说所论的道理,所论的工夫,却另是一样。如今时诸说,说到志气的确要去为善,而一切私欲不能蔽之。汝独不思,汝心知之为知之,不知为不知,其光明本体,岂是待汝的确志气去为出来耶?又容汝的确志气去为得来耶?"曰:"诚然。"曰:"此心之知,既果不容去为得,则类而推之,亦恐不容人去蔽得。既果不容去蔽得,其本心之知,亦恐不能便蔽之也已。"其友默然良久,曰:"诚然。"于是满座慨叹曰:"吾侪原有此个至善,为又为不得,蔽又蔽不得,神妙圆明极受用。乃自孔子去后,埋没千有余年不得见面。随看诸家之说,以迷导迷,于不容为处妄肆其为,于不容蔽处妄疑其蔽,颠倒于梦幻之中,徒受苦楚,而不能脱离。岂知先生一点,而顿皆超拔也耶!"

问"仁者以天地万物为一体",又曰:"仁者浑然与物同体,意果何如?"罗子曰:"天地之大德曰生。夫盈天地间只是一个大生,则浑然亦只是一个仁,中间又何有纤毫间隔?故孔门宗旨,惟是一个仁字。孔门为仁,惟一个恕字。如云'己欲立而立人,己欲达而达人',分明说己欲立,不须在己上去立,只立人即所以立己也。己欲达,不须在己上去达,只达人即所以达己也。是以平生功课,学之不厌,诲人不倦。其不厌处,即其所以不倦处也,其不倦处,即其所以不厌处也。即其所说好官相似。说官之廉,即其不取民者是也;而不取于民,方见自廉。说官之慈,即其不虐民者是也;而不虐于民,方见自慈。统天彻地,胶固圆融,自内及外,更无分别,此方是浑然之仁,亦方是孔门宗旨也已。"

某初日夜想做个好人,而科名宦业,皆不足了平生,却把《近思录》《性理大全》所说工夫,信受奉行,也到忘食寝、忘死生地位。病得无奈,却看见《传习录》说诸儒工夫未是,始去寻求象山、慈湖等书。然于三先生所谓工夫,每有罣碍。病虽小愈,终沉滞不安。时年已弱冠,先君极为忧苦。幸自幼蒙父母怜爱过甚,而自心于父母及弟妹,亦互相怜爱,真比世人十分切至。因此每读《论》《孟》孝弟之言,则必感动,或长要涕泪。以先只把当做寻常人情,不为紧要,不想后来诸家之书,做得着紧吃苦。在省中逢着大会,师友发挥,却翻然悟得,只此就是做好人的路途。奈何不把当数,却去东奔西走,而几至忘身也哉!从此回头将《论语》再来细续,真觉字字句句重于至宝。又看《孟子》,又看《大学》,又看《中庸》,更无一字一句不相照映。由是却想孔、孟极口称颂尧、舜,而说其道孝弟而已矣,岂非也是学得没奈何,然后遇此机窍?故曰:'我非生而知之者,好古敏以求之者也。'又曰:'规矩方圆之至,圣人人伦之至也。'其时孔、孟一段精神,似觉浑融在中,一切宗旨,一切工夫,横穿直贯,处处自相凑合。但有《易经》一书,却贯串不来。天幸楚中一友(胡宗正。)来从某改举业,他谈《易经》与诸家甚是不同,后因科举辞别。及在京得第,殊悔当面错过,皇皇无策,乃告病归侍老亲。因遣人请至山中,细细叩问,始言渠得异传,不敢轻授。某复以师事之,闭户三月,亦几忘生,方蒙见许。反而求之,又不外前时孝弟之良,究极本原而已。从此一切经书,皆必归会孔、孟,孔、孟之言,皆必归会孝弟。以之而学,学果不厌;以之而教,教果不倦;以之而仁,仁果万物一体,而万世一心也已。

问孔、颜乐处。罗子曰:"所谓乐者,窃意只是个快活而已。岂快活之外,复有所谓乐哉!生意活泼,了无滞碍,即是圣贤之所谓乐,却是圣贤之所谓仁。盖此仁字,其本源根柢于天地之大德,其脉络分明于品汇之心元,故赤子初生,孩而弄之,则欣笑不休,乳而育之,则欢爱无尽。盖人之出世,本由造物之生机,故人之为生,自有天然之乐趣,故曰:'仁者人也。'此则明白开示学者以心体之真,亦指引学者以入道之要。后世不省仁是人之胚胎,人是仁之萌蘖,生化浑融,纯一无二,故只思于孔、颜乐处,竭力追寻,顾却忘于自己身中讨求着落。诚知仁本不远,方识乐不假寻。"

问:"静功固在心中,体认有要否?"罗子曰:"无欲为静,则无欲为要。但所谓欲者,只动念在躯壳上取足求全者皆是,虽不比俗情受用,然视之冲淡自得,坦坦平平,相去天渊也。"

问:"如何用力,方能得心地快乐?"罗子曰:"心地原只平等,故用力亦须轻省。盖此理在人,虽是本自具足,然非形象可拘。所谓乐者,只无愁是也。若以欣喜为乐,则必不可久,而不乐随之矣。所谓得者,只无失是也。若以境界为得,则必不可久,而不得随之矣。"

问:"《大学》之首'知止',《中庸》之重'知天、知人',而《论语》却言'吾有知乎哉？无知也'。博观经书，言知处甚多，而不识不知，惟《诗》则一言之，然未有若夫子直言无知之明决者。请问其旨。"曰："吾人之学，专在尽心，而心之为心，专在明觉。如今日会堂百十其众，谁不晓得相见，晓得坐立，晓得问答，晓得思量？此个明觉晓得，即是本心，此个本心，亦只是明觉晓得而已。事物无小大之分，时候无久暂之间，真是彻天彻地，而贯古贯今也。但此个明觉晓得，其体之涵诸心也，最为精妙；其用之应于感也，又极神灵。事之既至，则显诸仁而昭然，若常自知矣。事之未来，而茫然浑然，知若全无矣。非知之果无也，心境暂寂，而觉照无自而起也。譬则身之五官，口可闭而不言，目可闭而不视，惟鼻孔无闭，香来既知嗅之，其知实常在也。耳孔无闭，声来即知听之，其知亦实常在也。然嗅之知也，必须香来始出，时或无香，便无嗅之知矣。听之知也，必须声来始出，时或无声，便无听之知矣。孔子当鄙夫之未问，却真如音未临乎耳，香未接乎鼻，安得不谓其空空而无知耶？及鄙夫既问，则其事其物，两端具在，亦即如音之远近，从耳听以区分，香之美恶，从鼻嗅以辨别，鄙夫之两端，不亦从吾心之所知，以叩且竭之也哉？但学者须要识得，圣人此论，原不为鄙夫之问，而只为明此心之体。盖吾心之能知，人人皆认得，亦人人皆说得；至心体之无知，则人人认不得，人人皆说不得。天下古今之人，只缘此处认不真，便心之知也，常无主宰而憧扰，以致丧真。只此处说不出，便言之立也，多无根据而支离，以至畔道。若上智之资，深造之力也，一闻此语，则当下知体，即自澄彻，物感亦自融通，所谓无知而无不知，而天下之真知在我矣。"一堂上下，将千百余众，肃然静听，更无一息躁动。罗子亦瞑坐，少顷谓曰："试观此际意思如何？"众欣然起曰："一时一堂意思，却与孔门当时问答，精神大约相似矣。"曰："岂惟精神可与对同，即初讲诸书，亦可以一一对同也。盖此一堂人品等级，诚难一概论，若此时静肃敬对，一段意气光景，则贱固不殊乎贵，上亦不殊乎下，地方远近，不能为之分，形骸长短，不能为之限。譬之苍洱海水，其来或有从瀑而下者，亦有从穴而涌者，今则澄汇一泓，镜平百里，更无高下可以分别。既无高下可以分别，则又孰可以为太过？孰可以为不及也哉？既浑然一样，而无过不及，则以是意先之劳之，亦以是意顺之从之，相通相爱，在上者真是鼓舞而弗倦，在下者亦皆平直而无枉，欲求一不仁之事，不仁之人，于此一堂之前后左右，又宁不远去而莫可得也耶？"

问:"颜子复礼,今解作《复卦》之复,则礼从中出,其节文皆天机妙用,所谓神无方而易无体者也。乃礼仪三百,威仪三千,圣人定以《礼经》,传之今古,若一成而不易者,何也?"罗子曰:"子不观之制历者乎?夫语神妙无方,至天道极矣,然其寒暑之往来,朔望之盈虚,昼夜之长短,圣人一切可以历数纪之,吻合而无差焉。初不谓天道之神化而节序,即不可以预期也。此无他,盖圣人于上古历元,钩深致远,有以洞见其根底,而悉达其几微,故其于运行躔度,可以千载而必之今日,亦可以此时而俟之百世。我夫子以求仁为宗,正千岁日至,其所洞见而悉达者也。故复以自知,而天之根即礼之源也,所谓乾知大始,统天时出者乎?黄中通理,畅达四肢,而礼之出,即天之运也,所谓乾道变化,各正性命者乎?颜氏博文约礼,感夫子之循循善诱,是则三百三千,而着之经曲之常者也;如有立卓,叹夫子之瞻忽末由,是则天根自复而化,不可为者也。夫子之为教,与颜子之为学,要皆不出仁礼两端,要皆本诸天心一脉。吾人用志浮浅,便安习气,其则古称先者,稍知崇尚圣经,然于根源所自,茫昧弗辨,不知人而不仁,其如礼何!是拙匠之徒,执规矩而不思心巧者也。其直信良心者,稍知道本自然,然于圣贤成法,忽略弗讲,不知人不学礼,其何以立!是巧匠之徒,竭目力而不以规矩者也。"

罗子曰:"仁,心体也,克复便是仁。仁者完得吾心体,使合着人心体,合着处便是归仁。此只在我心体上论,不是说天下皆归吾仁。"

问:"做人路头,极是多端,而慎独二字,圣贤尤加意焉。盖人到独知,纵外边千万弥缝,或也好看,中心再躲闪不过,难免惭惶局促。慎独或可以为成人切实工夫?"曰:"独固当慎,然而大端只二道,仁与不仁而已矣。仁之现于独者谓何?念头之恩爱慈祥者是也。不仁之现于独者谓何?念头之严刻峻厉者是也。"曰:"独者无过是知,既知,则是非善恶自然分别明白,念头又岂容混?"曰:"此不是混。盖天地以生为德,吾人以生为心,其善善明白该长,恶恶明白该短。其培养元和,以完化育,明日该恩爱过于严刻,慈祥过于峻厉也。慎独者不先此防闲,是则不丧三年,而察缌且小功也,况望其能成人而入圣耶?古人以好字去声呼作好,恶字去声呼作恶,今汝欲独处思慎,则请先自查考,从朝至暮,从暮达旦,胸次念头,果是好善之意多?果是恶恶之意多?亦果是好善恶恶之心般多?若般多只扯得平过,谓之常人;万一恶多于好,则恼怒填胸,将近于恶人;若果好多于恶,则生意满腔,方做得好人矣。独能如此而知,自此而慎,则人将不自此而成也耶?"

或问:"吾侪性体洞达,无奈气质重滞,开悟实难。"罗子怃然浩叹,良久曰:"天下古今有场极情冤枉,无从诉辨,无凭判断也。"或从容起曰:"胡不少示端倪?"曰:"诸子务宜细心俯察,吾先为指示一个证佐:试观通衢舆梁,四下官马往来,顷时即有数百。其强壮富豪者,姑置勿论。至负担推挽,残疾疲癃,寸走而移者,甚是多多,而缓急先后,冲撞躲闪,百千万样生灵,百千万种方便,既不至于妨碍,亦不及于倾危。此等去处,敢说吾人德性不广大? 敢说广大不精微? 又敢说吾人德性不个个皆善? 此则孔子所谓'继之者善,成之者性',而曰'性相近也'。至于德性用于目而为视,视则色色不同;用于耳而为听,听则声声不同;用于鼻口而为嗅、为食,嗅与食则品品不同;用于心志而为思、为行,思与行则又事事不同。此后,则看其人幸与不幸,幸则生好人家、好地方,不幸则生不好人家、不好地方。人家地方俱好,则其人生来耳目心智自然习得渐好,人家地方俱不好,则其人生来耳目心智自然习得渐不好,此孔子所以曰'性相近也,习相远也'。然则相远,原起于习,习则原出于人。今却以不善委为气质之性,则不善之过,天当任之矣,岂非古今一大冤枉也哉!"

问:"仲由大禹好善之诚,与人之益,似禹于大舜无异,乃谓舜有大焉,何也?"罗子曰:"孟子所谓大小,盖自圣贤气象言之。如或告己过,或闻人善,分明有个端倪,有个方所。若舜只以此善同乎天下,尽通天下而归于此善,更无端倪,亦无方所。观其所居,一年成聚,二年成邑,三年成都,何待有过可告? 又何必闻善再拜也? 而圣人之所以异于吾人者,盖以所开眼目不同,故随遇随处,皆是此体流动充塞。一切百姓,则曰'莫不日用',鸢飞鱼跃,则曰'活泼泼地',庭前草色,则曰'生意一般',更不见有一毫分别。所以谓人皆可以为尧、舜。吾非斯人之徒与而谁与也? 我辈与同类之人,亲疏美恶,已自不胜越隔,又安望其察道妙于鸢鱼,通意思于庭草哉! 且出门即有碍,胸次多冰炭,徒亦自苦平生焉耳,岂若圣贤坦坦荡荡,何等受用,何等快活也。"

问:"由良知而充之,以至于无所不知,由良能而充之,以至于无所不能,方是大人不失赤子之心,此意何如?"罗子曰:"若有不知,岂得谓之良知? 若有不能,岂得谓之良能? 故自赤子即已无所不知,无所不能也。"时坐中竟求所谓"赤子无所不知,无所不能也",莫得其实,静坐歌诗,偶及于"万紫千红总是春"之句,罗子因怃然叹曰:"诸君知红紫之皆春,则知赤子之皆知能矣。盖天之春见于草木之间,而人之性见于视听之际。今试抱赤子而弄之,人从左呼,则目即盼左,人从右呼,则目即盼右。其耳盖无时无处而不听,其目盖无时无处而不盼,其听其盼盖无时无处而不转展,则岂非无时无处而所不知能也哉?"

问:"大人不失赤子之心,其说惟何?"罗子曰:"孟夫子非是称述大人之能,乃是赞叹人性之善也。今世解者,谓大人无所不知,无所不能,而赤子则一无所知,一无所能,只在枝叶而论也。如曰'知得某事善,能得某事善',此即落在知能上说善,所谓善之枝叶也。如曰'虽未见其知得某事善,却生而即善知,虽未见其能得某事善,却生而即善能',此则不落知能说善,而亦不离知能说善,实所谓善之根本也。人之心性,但愁其不善知,不愁其不知某善某善也,但愁其不善能,不愁其不能某事某事也。观夫赤子之目,止是明而能看,未必其看之能辨也;赤子之耳,止是聪而能听,然未必其听之能别也。今解者,只落在能辨能别处说耳目,而不从聪明上说起,所以赤子大人,不惟说将两开,而且将两无归着也。呜呼!人之学问,止能到得心上,方才有个入头。据我看《孟子》此条,不是说大人方能不失赤子之心,却说是赤子之心自能做得大人。若说赤子之心止大人不失,则全不识心者也。且问天下之人,谁人无心?谁人之心,不是赤子原日的心?君如不信,则遍观天下之耳,天下之目,谁人曾换过赤子之耳以为耳,换过赤子之目以为目也哉?今人言心,不晓从头说心,却说后来心之所知所能,是不认得原日之耳目,而徒指后来耳之所听,目之所视者也。此岂善说耳目者哉?噫!耳目且然,心无异矣。"

问:"圣贤工夫,如戒慎恐惧,种种具在,难说只靠自信性善便了。况看朋辈,只肯以工夫为先者,一年一年更觉进益,空谈性地者,冷落无成,高明更自裁之。"罗子沉默一时,对曰:"如子之言,果为有见,请先以末二句商之。盖此二句,本是学问两路。彼以用功为先者,意念有个存主,言动有所执持,不惟己可自考,亦且众共见闻。若性地为先,则言动即是现在,且须更加平淡,意念亦尚安闲,尤忌有所做作,岂独人难测其浅深,即己亦无从增长。纵是有志之士,亦不免舍此而之彼矣。然明眼见之,则真假易辨,就如子所举戒慎恐惧一段工夫,岂是凭此四字,便可去战栗而漫为之耶？也须小心查考立言根脚，盖其言原自不可离来。道之所在性之所在也；性之所在，天命之所在也。既天命常在，则一有意念，一有言动，皆天则之毕察，上帝之监临，又岂敢不兢业捧持，而肆无忌惮也哉？如此则戒慎恐惧，原畏天命，天命之体极是玄微，然则所畏工夫，又岂容草率？今只管去用工夫，而不思究其端绪，即如勤力园丁，以各色膏腴堆积芝兰，自诧壅培之厚，而秀苗纤芽，且将消阻无余矣。"

夜坐，诵《牛山》一章，众觉肃然。罗子浩然叹曰："圣贤警人每切，而未思耳。即'梏亡'二字，今看只作寻常。某提狱刑曹，亲见桎梏之苦，上至于项，下至于足，更无寸肤可以活动，辄为涕下。"中有悟者曰："然则从躯壳上起念，皆梏亡之类也。"曰："得之矣。盖良心寓形体，形体既私，良心安得活动？直至中夜，非惟手足休歇，耳目废置，虽心思亦皆敛藏，然后身中神气，乃稍得以出宁。逮及天晓，端倪自然萌动，而良心乃复见矣。回思日间形役之苦，又何异以良心为罪人，而桎梏无所从告也哉？"曰："夜气如何可存？"曰："言夜气存良心则可，言良心存夜气则不可。盖有气可存，则昼而非夜矣。"

问："孔门恕以求仁，先生如何致力？"曰："方自知学，即泛观虫鱼，爱其群队恋如，以及禽鸟之上下，牛羊之出入，形影相依，悲鸣相应，浑融无少间隔，辄恻然思曰：'何独于人而异之？'后偶因远行，路途客旅，相见即忻忻，谈笑终日，疲倦俱忘，竟亦不知其姓名。别去，又辄恻然思曰：'何独于亲戚骨肉而异之？'噫！是动于利害，私于有我焉耳。从此痛自刻责，善则归人，过则归己，益则归人，损则归己，久渐纯熟，不惟有我之私，不作间隔，而家国天下，翕然孚通，甚至发肤不欲自爱，而念念以利济为急焉。三十年来，觉恕之一字，得力独多也。"

问："谓不虑而知，不学而能，可同于圣人。今我辈此体已失，须学且虑，不然则圣不可望矣。"罗子曰："子若只学且虑，则圣终不可望矣。"曰："某闻先生之言，心中不能不疑，其何以解之？"曰："子闻予言，乃遽生疑耶？"曰："然。"曰："此果吾子欲使之疑耶？"曰："非欲之，但不能不疑也。"罗子叹曰："是即为不学而能矣。"其友亦欣然曰："诚然诚然。"罗子复呼之曰："子心中此时觉炯炯否？"曰："甚是炯炯。"曰："即欲不炯炯得乎？"曰："不能已。"曰："是非不虑而知也耶？子何谓赤子之心不在，而与圣人不同体乎？盖为学，第一要得种子，《礼》谓人情者，圣王之田也，必仁以种之。

孔门教人求仁,正谓此真种子也,则曰'仁者人也'。人即赤子,而心之最先初生者,即是亲爱,故曰'亲亲为大'。至义礼智信,总是培养种子,使其成熟耳。"曰:"大人者,不失赤子之心,孟子果已说定,但今日却如何下手?"曰:"知而弗去是也。"曰:"知之是亦不难。"曰:"知固不难,然人因其不难,故多忽之,便去多其见闻,务为执守,久之只觉外求者得力,而自然良知愈不显露。学者果有作圣真志,切须回头。在目前言动举止之间,觉得浑然与万物同一,天机鼓动,充塞两间,活泼泼地,真是不待虑而自知,不必学而自能,则可以完养,而直至于'不思而得,不勉而中'境界。总是平常名利货色昏迷,到此自然不肯换去。所以曰:'好仁者无以尚之。'又曰'苟志于仁矣,无恶也'。直是简易明快,故曰:'道在迩而求诸远,事在易而求诸难。人人亲其亲而长其长,而天下平'也。"曰:"居今之世,如何都得人人亲亲长长也耶?"曰:"此却不要苛责于人。今天下家家户户,谁无亲长之道?但上之人不晓谕他说,即此便是大道,而下之人亦不晓得安心,在此处了结一生,故每每多事。正谓行矣不着,习矣不察,终身由之而不知其道者,众也。"

问:"良知即是本来面目,今说良知是矣,何必复名以本来面目耶?"罗子曰:"良知固是良知,然良知却实有个面目,非杜撰而强名之也。"曰:"何以见之?"曰:"吾子此时此语,亦先胸中拟议否?"曰:"亦先拟议。"曰:"拟议则良知未尝无口矣;拟议而自见拟议,则良知未尝无目矣;口目宛然,则良知未尝无头面四肢矣。岂惟拟议然哉?予试问子以家,相去盖千里也,此时身即在家,而家院堂室无不朗朗目中也。又试问子以国,相去盖万里也,此时身即在国,而朝宁班行无不朗朗目中也。故只说良知,不说面目,则便不见其体如此实落,其用如此神妙,亦不见得其本来原有所自。不待生而存,不随死而亡,而现在相对面目,止其发窍之所,而滞隔近小,原非可与吾良知面目相并相等也。"

问:"知得良知却是谁,今欲知良知,从何下手?"罗子曰:"明德者虚灵不昧,虚灵虽是一言,却有二义。今若说良知是个灵的,便苦苦的去求他精明。殊不知要他精,则愈不精,要他明,则愈不明。岂惟不得精神,且反致坐下昏睡沉沉,更支持不过了。若肯反转头来,将一切都且放下,到得坦然荡荡,更无戚戚之怀,也无憧憧之扰,此却是从虚上用功了。世岂有其体既虚而其用不灵者哉!但此段道理,最要力量大,亦要见识高,稍稍不如,难以骤语。"

问:"形色何以谓之天性?"罗子曰:"目视耳听口言身动,此形色也,其孰使之然哉？天命流行,而生生不息焉耳。"坐中偶有歌:"人心若道无通塞,明暗如何有去来?乃诘之曰:"子谓明暗果有去来否也?"曰:"虽暂去来而本体终会自复。"曰:"汝目果常明耶？抑有时而不明耶？"曰:"无时而不明。"曰:"汝之目常无不明,而汝心之明却有去来,是天性离形色,而形色非天性矣。"众皆恍然有省。又复告之曰:"目之明,亦有去来时也。今世俗至晚,则呼曰眼尽黑矣。其实则眼前日光之黑,与眼无力而见日之黑,正眼之不黑处也。故曰知之为知之,即日光而见其光也,不知为不知,即日黑而见其黑也。光与黑,任其去来,而心目之明,何常增减分毫也?"

问:"阳明先生'莫谓天机非嗜欲,须知万物是吾身',其旨何如?"罗子曰:"万物皆是吾身,则嗜欲岂出天机外耶?"曰:"如此作解,恐非所以立教。"曰:"形色天性,孟子已先言之。今日学者,直须源头清洁。若其初,志气在心性上透彻安顿,则天机以发嗜欲,嗜欲莫非天机也。若志气少差,未免躯壳着脚,虽强从嗜欲,以认天机,而天机莫非嗜欲矣。"

问:"君子自强不息,乃是乾乾,此乾乾可是常知觉否?"曰:"未有乾乾而不知行,却有知行而非乾乾者。"曰:"此处如何分别?"曰:"子之用功,能终日知觉而不忘记,终日力行而不歇手乎?"曰:"何待终日,即一时已难保矣。"曰:"如此又可谓乾乾已乎?"曰:"此是工夫不熟,熟则恐无此病矣。"曰:"非也。《中庸》教人,原先择善,择得精,然后执得固。子之病,原在择处欠精,今乃咎他执处不固。子之心中元有两个知,有两个行。"曰:"如何见得有两个?"曰:"子才说发狠去照觉,发狠去探求,此个知行,却属人。才说有时忘记,却忽然想起,有时歇手,却惕然警醒,此个知行,却是属天。"曰:"如此指破,果然已前知行是落人力一边,但除此却难用功了。"曰:"虞廷说'道心惟微',微则难见,所以要精,精则始不杂,方才能一,一则无所不统,亦有何所不知？何所不行耶？其知其行,亦何所不久且常耶？只因此体原极微渺,非如耳目闻见的有迹有形,思虑想像的可持可据,所以古今学人,不容不舍此而趋彼也。"

问:"复之时义大矣,寻常言复者,多自天地万物为言,今堂额谓'复心'者,则自吾身而言也。"罗子曰:"宇宙之间,总是乾阳统运。吾之此身,无异于天地万物,而天地万物亦无异于吾之此身。其为心也,只一个心,而其为复也,亦只一个复。经云:'复见天地之心。'则此个心,即天心也。此心认得零碎,故言复亦不免分张。殊不知天地无心,以生物为心。今若独言心字,则我有心而汝亦有心,人有心而物亦有心,何啻千殊万异。善言心者,不如把个生字来替了他,则在天之日月星辰,在地之山川民物,在吾身之视听言动,浑然是此生生为机,则同然是此天心为复。故言下着一生字,便心与复即时混合,而天与地,我与物,亦即时贯通联属,而更不容二也已。"

问:"'先王以至日闭关,商旅不行,后不省方',还是实事,抑是取象?"曰:"是因象以为事,而实尽人以奉天也。盖雷潜地中,即阳复身内,几希隐约,固难以情事取必,又岂容以知识伺窥?故商旅行者,欲有所得者也。后省方者,欲有所见者也。不行不省,则情忘识泯,情忘识泯,则人静天完,而复将渐纯矣。子今切切然,若谓有端可求,皇皇然,若谓有象可睹,是则商旅纷行而后省旁午也,复何自而能休且敦耶?"

问:"某常反观,胸中固有灵衷炯炯之时,乃不久而昏懵,固有循循就道之时,乃不久而躁妄,如是其不一耶?"曰:"君子之学,原自有个头脑,若头脑一差,无怪学问之难成矣。今子不能以天理之自然者为复,而独于心识之炯然处求之,则天以人胜,真以妄夺。子试反而思之,岂常有胸中炯照,能终日而不妄耶?持守能终日而不散耶?"曰:"如何乃得头脑?"曰:"头脑岂是他人指示得的?请子但浑身视听言动,都且信任天机自然,而从前所喜的,胸次之炯炯,事务之循循,一切不做要紧,有也不觉其益,无也不觉其损,久则天自为主,人自听命,所谓不识不知,而顺帝之则矣。"

问:"精气为物,游魂为变,何如?"曰:"吾人之生,原阴阳两端,体合而成。其一精气妙凝有质,所谓精气为物者也;其一灵魂知识变化,所谓游魂为变者也。精气之质,涵灵魂而能运动,是则吾人之身也,显现易见,而属之于阳;游魂之灵,依精气而归知识,是则吾人之心也,晦藏难见,而属之于阴。其赤子之初,则阳盛而阴微,心思虽不无,而专以形用也,故常欣笑而若阳和,亦常开爽而同朝日,又常活泼而类轻风,此阳之一端,见于有生之后者然也。及年少长,则阴盛而阳微,虽形体如故,而运用则专以心思矣,故愁蹙而欣笑渐减,迷蒙而开爽益稀,滞泥而活泼非旧,此阴之一端,见于有生之后者然也。人能以吾之形体而妙用其心,知简淡而详明,流动而中适,则应接在于现前,感通得诸当下,生也而可望于入圣,殁也而可望以还虚，其人将与造化为徒焉已矣。若人以己之心思，而展转于躯壳，想度而迟疑，晓了而虚泛，则理每从于见得，几多涉于力为，生也而难望以入圣，殁也而难冀以还虚，其人将与凡尘为徒焉已矣。"曰："如先生之论，是以身为阳而在所先，以心为阴而在所后，乃古圣贤则谓身止是形，心乃是神，形不可与神并，况可以先之乎？"曰："子恶所谓神哉？夫神也者，妙万物而为言者也，亦超万物而为言者也。阴之与阳，是曰两端，两端者即两物也。精气载心而为身，是身也，固身也，固耳目口鼻四肢百骸而具备焉者也。灵知宰身而为心，是心也，亦身也，亦耳目口鼻四肢百骸而具备焉者也。精气之身，显于昼之所为；心知之身，形于夜之所梦。然梦中之身，即日中之身，但以属阴，故其气弱，其象微，而较之日中之举止，毫发无殊也。日中之身，即梦中之身，但以属阳，故其气健，其体充，虽健且充，而较之梦中之举止，毫发无殊也。是分之固阴阳互异，合之则一神所为，所以属阴者则曰阴神，属阳者则曰阳神。是神也者，浑融乎阴阳之内，交际乎身心之间，而充溢弥漫乎宇宙乾坤之外，所谓无在而无不在者也。惟圣人与之合德，故身不徒身，而心以灵乎其身；心不徒心，而身以妙乎其心，是谓阴阳不测，而为圣不可知之神人矣。"

问："中为人所同有，今日之论，与古圣之言，原是无异。至反而求之，不惟众人不得，即聪明才辩者亦往往难之，何哉？"罗子曰："学至心性，已是精微，而况中之为理，又其至者乎？故虽聪明而不能为思，虽才辩而莫可为言，以其神妙而无方耳。但自某看来，到喜得他神妙无方，乃更有端倪可求也。盖谓之无方，则精不住于精，而粗亦无不有也；微不专于微，而显亦无不在也。善于思且求者，能因其理而设心，其心亦广大周遍而不滞于一隅；随其机而致力，其力亦活泼流动而不拘于一切。可微也，而未尝不可以显，可精也，而未尝不可以粗。且人力天机，和平顺适，不求中而自无不中矣。"

问："《诗》《颂》'思无邪'何也？"曰："子必明于思之义，方知思之无邪也。知思之无邪，方知此言之蔽三百篇也。夫人之思出于心田，乃何思何虑之真体所发，若少有涉于思索，便非思矣，安得无邪？"

死无所在，无所往。

邸中有以"明镜止水以存心，太山乔岳以立身，青天白日以应事，光风霁月以待人"四句，揭于壁者，诸南明指而问曰："那一语尤为吃紧？"庐山曰："只首一明字。"时方饮茶，先生手持茶杯，指示曰："吾侪说明，便向壁间纸上去明了，奈何不即此处明耶？"南明怃然。先生曰："试举杯辄解从口，不向鼻上耳边去。饮已，即置杯盘中，不向盘外。其明如此，天之与我者妙矣哉！"

一衲子访先生，临别，先生求教，衲子曰："没得说，你官人常有好光景。有好光景，便有不好光景等待，在俺出家人只这等。"先生顿首以谢。

先生既中式，十年不赴殿试。一日谒东廓于书院，坐定，问曰："十年专工问学，可得闻乎？"对曰："只悟得无字。"东廓曰："如此尚是门外人。"时山农在座，闻之，出而恚曰："不远千里到此，何不打点几句好话，却倒了门面。"闻者为之失笑。

塘南曰："学以悟性为宗，顾性不易悟也。"先生曰："吾向者自以为悟性，然独见解耳。今老矣，始识性。"曰："识性如何？"曰："吾少时多方求好色奉目，今目渐暗；多方求好声奉耳，今耳渐聋；多方求好味奉齿，今齿渐落。我尚未死，诸根皆不顾我而去，独此君行住坐卧长随不舍，然后觌面相识，非复向日镜中观化矣。"

耿天台行部至宁国，问耆老以前官之贤否。至先生，耆老曰："此当别论，其贤加于人数等。"曰："吾闻其守时亦要金钱。"曰："然。"曰："如此恶得贤？"曰："他何曾见得金钱是可爱的？但遇朋友亲戚，所识穷乏，便随手散去。"

先生与诸公请教一僧，僧曰："诸公皆可入道，惟近溪不可。"先生问故。僧曰："载满了。"先生谢之。将别，僧谓诸公曰："此语惟近溪能受，向诸公却不敢进。"

有学于先生者，性行乖戾，动见词色，饮食供奉，俱曲从之。居一岁，将归，又索行资，先生给之如数。门人问先生，何故不厌苦此人？曰："其人暴戾，必多有受其害者，我转之之心胜，故不觉厌苦耳。"

一邻媪以夫在狱，求解于先生，词甚哀苦。先生自嫌数干有司，令在座孝廉解之，售以十金，媪取簪珥为质。既出狱，媪来哀告，夫咎其行贿，詈骂不已。先生即取质还之，自贷十金偿孝廉，不使孝廉知也。人谓先生不避干谒，大抵如此。

先生过麻城，民舍失火，见火光中有儿在床，先生拾拳石号于市，出儿者予金视石。一人受石出儿，石重五两，先生依数予之。其后先生过麻城,人争睹之,曰:"此救儿罗公也。"

(录自沈芝盈校点,黄宗羲著《明儒学案》,中华书局 2008 年版)

孝经宗旨

问道。罗子曰:"道之为道,不从天降,不从地出,切近易见,则赤子下胎之初,哑啼一声是也。听着此一声啼,何等迫切;想着此一声啼,多少意味!其时母子骨肉之情,毫发也似分离不开,顷刻也似安歇不过,真是继之者善,成之者性,而直见乎天地之心,亦真是推之四海皆准,垂之万世无朝夕。舍此不着力理会而言学者焉,是谓远人以为道。纵是甚样聪明,甚样博洽,甚样精透,却总是无源之水,无根之木,用力虽勤,而推充不去。不止推充不去,即身心亦受用不来。求其如是而己,如是而人,如是而家、国、天下,如是而百年千载,我可以时时服习,人可以时时公共,而云学不厌、教不倦也,亦难矣哉!《经》曰:此'之谓要道。'"

问仁与孝亦有别乎?罗子曰:"无别也。孔子云:'仁者,人也。'盖仁是天地生生之大德,而吾人从父母一体而分,亦纯是一团生意。故曰:形色,天性也,惟圣人而后能践形。践形即目明耳聪,手恭足重,色温口止,便生机不拂,充长条畅。人固以仁而立,仁亦以人而成。人既成,即孝无不全矣。故生理本直,枉则逆,逆非孝也;生理本活,滞则死,死非孝也;生理本公,私则小,小亦非孝也。《经》曰:'天地之性,人为贵。'人之行莫大于孝。"

问:孝何以为仁之本也?罗子曰:"子不思父母生我,千万劬劳乎,未能分毫报也;子不思父母望我,千万高远乎?未能分毫就也。思之,自然悲怆生焉,疼痛觉焉,即满腔皆恻隐矣。遇人遇物,必能方便慈惠,周恤溥济,又安有残忍戕贼之私耶?"曰:"此恐流于兼爱。"曰:"子恐乎?决不流矣,吾亦恐也。心尚残忍,无爱之可流。《经》曰:'爱亲者不敢恶于人,敬亲者不敢慢于人。'"

问:"学何为者也?"罗子曰:"学为人也。盖父母之生我,人也。人则参三才、灵万物,其定分也,全生之则当全归之。故曰:'立身行道,以显父母。'夫所谓立身者,立天下之大本也,首柱天焉,足镇地焉,以立人极于宇

355

宙之间。所谓行道者，行天下之达道也，负荷纲常，发挥事业，出则治化天下，处则教化万世，必如孔子大学，方为全人，而无忝所生。故孟子论志，则愿学孔子，亦恐其偏此身也，小此身也。偏小此身，即羞辱父母也，岂必为恶然后为不孝哉？"

罗子曰："夫天莫之为而为，莫之致而至者也；圣则不思而自得，不勉而自中者也；学则希圣而希天者也。夫欲希圣、希天而不求己之所同于圣天者以学焉，安能至哉？反而思之，我之初生，一赤子也。赤子之心，浑然天理，其知不必虑，能不必学，盖即莫之为而为，莫之致而至之体也。然则圣人之为圣人，亦惟以其不虑不学者，同之莫为莫致者。我常敬顺乎天，天常生化乎我，久之自成不思不勉之圣矣。圣如孔子，其同尤亲切焉。彼赤子之出胎而啼也，是爱恋母之怀抱也，孔子却指此爱根而名'仁'，推此爱根以为人，合而言之曰：'仁者，人也，亲亲为大。'若曰：为人者，常能亲亲也，则爱深而其气自和，气和而其容自婉。不忍一毫恶于人，不敢一毫慢于人，位天地、育万物，其气象出之自然，其功化成之浑然也已。经曰：圣人之德，又何以加于孝乎？"

问："孔子巧以成圣？"罗子使求孟子之雅言。弟子曰："孟子雅言：仁义，孝弟而已，奚其巧！"罗子起立众中而呼之曰："子观吾此身乎，岂不根于父母、连兄弟，而带妻子也耶？二夫子乃指此个人身为仁，又指此身所根、所连、所带以尽仁，而曰：'仁者，人也。亲亲、长长、幼幼，而天下可运之掌也。'是此身才立，而天下之道即现；此身才动，而天下之道即运。岂不易简？岂为难知？人之所以能圣，圣之所以能时，在一举足之间、一启口之顷也，岂非天下之至巧至巧者耶？彼道在迩而求诸远，事在易而求诸难，辛苦平生，竟成话柄，又岂非天下之至拙至拙者耶？经曰：'立身行道。'"

罗子曰："孔孟立教，为天下后世定之极则。曰：'尧舜之道，孝弟而已矣。'后世不察，乃谓止举圣道中之浅近为言。噫！天下之理，岂有妙于不思而得者乎？孝弟之不虑而知，即所谓'不思而得'也；天下之行，岂有神于不勉而中者乎？孝弟之不学而能，即所谓'不勉而中'也。故舍孝弟之不虑而知，则尧舜之不思而得必不可至；舍孝弟之不学而能，即尧舜之不勉而中必不可求。如赴海者，流须发于源泉，而桔槔沼渚，纵多无用也；结果者，萌须芽于真种，而染彩镂划，徒劳而鲜功也。其曰：'尧舜之道，孝弟而已矣。'岂是有意将浅近之事，以见尧舜可为！乃是直指入道之途径，明揭造圣之指南，为天下万世一切有志之士而安魂定魄，一切拂经之人而起死回生也。人能日周旋于事亲从兄之间，以涵泳乎良知良能之妙，俾此身此道不离于须臾之顷焉，则人皆尧舜之归，而世皆雍熙之化矣。"

问："孝弟为教是矣。如王祥、王览，非不志于孝弟，而不与之为圣，何也？"罗子曰："人之所贵者孝弟，而孝弟所尤贵者学也。故质美未学者为善人。夫善人者，岂孝弟之不能哉？弗学耳。弗学，则如瞽目行路，步或可进尺寸，然终是错违中正，堕落险阻。虽曾子未免大杖不走，陷亲有过之失，而况于祥、览兄弟矣乎！故曰：行不著，习不察，终身不知。夫由之而不知，其道与瞽者行路何异哉？"又曰："善人之孝弟，与圣人何以异？盖圣人之学，致其良知者也。夫良知在于人，变动而不拘，浑全而不缺，时出而恒久弗息者也。今宗族称孝，乡党称弟，而不善致其良知者，则执滞于一节，而变或不通；循习于一家，而推或不广；矫激于异常，而恒久可继之道或违焉，又安能以光天地、塞四海、垂之万世而无朝夕也哉？故君子必学之为贵也。经曰：《诗》云：'有觉德行，四国顺之。'"

罗子曰："君子之学，莫善于能乐。至其乐之极也，莫甚于终身诉然，乐而忘天下。故孟子论古今贤圣，独以大舜之事亲当之。然此乐宁独舜有之哉？诗曰：'天生烝民，有物有则，民之秉彝，好是懿德。'是好也，即乐之所由来也。试观赤子初生无几，厥亲厥兄，孩之则笑，赤子方笑则亲，若兄之开颜而笑，又加百倍矣。此物则之必有者也。而其交相欢爱，即所谓懿德之好也，此实良知良能而又无不知之，无不能之。大舜初生，与众人一也；众人初生，亦与大舜一也。但众人以外物分其心，舜则爱慕终身，惟欲父母、兄弟之欢而已。故曰'允若底豫'，又曰'象喜亦喜'也。彼其满腔满怀，彻骨彻髓，皆喜欢孝弟之意，即自然喜欢孝弟之人，凡言行之合于孝弟者，乐然取之，惟恐不得彼与我一，我与彼一。若合众水之派而趋下流，合众派之流而归沧海，所以天下之士多就之者，成邑、成都，天下定、天下化、天下大同也。孟子之道性善也，是见得孩提之良知、良能，无不爱亲敬长也。而其言必称尧舜也，是见得尧舜之道，孝弟而已也。故必孝弟如大舜，方谓之不失孩提爱敬之心，方谓之父母存而乐，兄弟无故而乐，方谓之仰不愧、俯不怍而乐，方谓之得英才而教育之，以达己之孝而为天下之孝，达己之弟而为天下之弟，而乐于成其仁义之化无疆无尽也。其王天下与否,不止是大舜之心不与,即天下万世之论大舜者亦不与。不观其王天下之久,所行之政奚啻千百?今时未必皆传,而拟传者惟孝弟焉,其孝弟又皆深山侧陋,耕稼陶渔之时所行者也。信乎孩提之爱敬,可以达之天下,信乎君子之三乐而王天下不与存也。经曰:'爱敬尽于事亲,而德教加于百姓。'舜之谓也。"

问:"立身行道,果何道耶?"罗子曰:"大学之道也。《大学》明德、亲民、止至善,如许大事,惟立此身。盖丈夫之所谓身,联属天下国家而后成者也。如言孝,则必老吾老以及人之长。天下皆孝,而其孝始成;苟一人不孝,即不得谓之孝也。如言弟,则必长吾长以及人之长。天下皆弟,而其弟始成;苟一人不弟,即不得谓之弟也。是则以天下之孝为孝,方为大孝;以天下之弟为弟,方为大弟也。曰'允若兹',即孔子之孝弟未曾了也。"曰:"吾辈今日之讲明此学,求亲亲、长长而达之天下,曷故哉?正以了孔子公案耳。曰'允若兹',即吾辈未必能了也。"曰:"若吾辈真能为孔子公案乎?则天下万世不患无人为吾辈了也。吾人学术大小,最于世道关切。"罗子曰:"吾心体段,其虚本自无疆界;其灵本自无障碍。能主耳目而不为所昏,能运四肢而不为所局,故圣人于其脱胎初生之际,人教不得,物强不得时节,浑然冥然之中,指示出一条平平正正、足以自了此生之大路。曰大人者,须不失赤子时,晓知爱父爱母,不须虑、不须学,天地生成之真心也。此个真心,若父母能胎教、姆教,常示毋诳,如古之三迁善养,又遇地方风俗淳美,又且有明师为之开发,良友为之夹持,稍长便导以敬让,食息便引以礼节,良知良能,生生不已。知好色而不夺于少艾,有妻子而不移于恩私,则一举足而不敢忘父母,一出言而不敢忘父母。将为善,思贻父母令名,必果;将为不善,思贻父母羞辱,必不果。一生为人,千缘万幸,上得这条程途,方可谓人之大路。《礼经》所谓:置之而塞乎天地,通乎民物,推之东海、西海、南海、北海而准,推之前乎千古,后乎百世而准。是则联天下国家以为一身,联千年万载以为一息,视彼徇欲于七尺之躯而延命于旦夕之近者,其大小何如耶?经曰:'甚哉!孝之大也。'"

罗子曰:"宗也者,所以合族人之涣而统其同者也。吾人之生,只是一身,及分之而为子姓,又分之而为曾玄,分久而益众焉,则为九族。至是各父其父,各子其子,更不知其初为一人之身也已。故圣人立为宗法,以统而合之,由根以达枝,由源以及委,虽多至千万其形,久至千万其年,而触目感衷，与原日初生一人一身之时光景固无殊也。董子曰：'道之大原出于天，天不变，则道亦不变。'夫天之为命，本只一理，今生为人、为物，其分其众，比之一族，又万万不同矣。于万万不同之人之物之中，而直告之曰：大家只共一个天命之性。呜呼！其欲信晓而合同也，势亦甚难也。苟非圣贤有个宗旨，以联属而统率之，宁不愈远而愈迷乱也哉！于是苦心极力，说出一个良知，指在赤子孩提处见之。夫赤子孩提，其真体去天不远，世上一切智巧心力，都来着不得分毫，然其爱亲敬长之意，自然而生，自然而切，浓浓蔼蔼，子母浑是一个。其四海九州谁无子女，谁无父母？四海九州之子母，谁不浓浓蔼蔼，浑是一个也哉！夫尽四海九州之千人万人，而其心性浑然只是一个天命，虽欲离之而不可离，虽欲分之而不可分。如木之许多枝叶而贯以一本，如水之许多流派而出自一源。其与人家宗法，正是一样规矩，亦是一样意思。人家宗法，是欲后世子孙知得千身万身只是一身；圣贤宗旨，是欲后世学者知得千心万心只是一心。既是一心，则说天即是人，可也；说人即是天，亦可也；说圣即是凡，可也；说凡即是圣，亦可也；说天下即一人，可也；说一人即天下，亦可也；说万古即一息，可也；说一息即万古，亦可也。《四书》《五经》中无限说中、说和、说精、说明、说仁、说义，千万个道理也，只是表出这一个体段；前圣后圣，无限立极、立诚、主敬、主静、致虚，致一千万个工夫也，只是涵养这一个本来；往古来今，无限经纶、宰制、辅相、裁成、底绩、运化，千万作用功业，也只是了结这一个志愿。若人于这一个不得归着，则纵言道理，终成邪说；纵做工夫，终是诐行；纵经营事业，亦终成霸功。与原来不虑而知、不学而能、天然不变之体，又何啻霄壤也哉！如人家子孙众多，各开门户，各立藩篱，无宗以统而一之，其不至于相戕相贼而流荡无归者无几矣。经曰：'夫孝，德之本也，教之所由生。'此之谓也。"

（录自方祖猷、梁一群、李庆龙等编校整理，《罗汝芳集》，凤凰出版社2007年版）

何心隐学案

何心隐(1517—1579),本姓梁,名汝元,字柱乾,号夫山。因避严嵩党羽之害,改姓易名为何心隐。江西吉安永丰人。出身于富有之家,少负异才,"颖异拔群,潜心经史",早年考中生员,年三十赴郡试,获得第一名。因仰慕王艮之学,遂放弃科举仕途,并置家业于不顾,师从王艮的再传弟子颜山农,"直欲与一世圣贤共生于天地之间"。三十七岁时,根据《大学》治天下须先齐家的思想,他在家乡办起"聚和堂",进行社会改革的实验,"身理一族之政,冠婚丧祭赋役一切通其有无,行之有成"。四十多岁时,永丰县令强征额外赋税"皇木银两",遭到百姓反对,何心隐"贻书以诮之",触怒县令,被捕入狱,判绞罪,后经友人营救得释。嘉靖三十九年(1560),何心隐北上京师,"辟各门会馆,招来四方之士,方技杂流无不从之",结识了罗汝芳、耿定向等人。因参加罢黜权相严嵩的活动,引致严党仇视,被迫南下避祸,四处漂泊。后流寓湖北孝感,聚徒讲学,"自命为圣人,而天下群以圣人事之"。因反对张居正禁讲学毁书院的文化专制政策,被官府视为叛逆,诬为"盗犯""妖犯",遭到通缉。万历七年(1579),被捕入狱,遭严刑拷打,不久即死于狱中。

何心隐从学于颜山农,"与闻心斋立本之旨",深受王阳明、王艮之学的思想影响。其将仁学与心学结合起来,着力强调人的主体地位,在肯定天地本原、第一性的东西的同时凸显人在宇宙中的地位和作用,即"惟天惟地,而不有人,则不有天地矣"。另外,何心隐由"安身立本""人之自然本性"出发,针对理学家的"存天理,去人欲",提出"寡欲",并创造了"育欲"这一新命题。他指出,声色臭味安逸之欲,是人性之自然,应该"尽天之性"而"有所发",但亦应适中("中")、有所节制("节"),这就是"寡欲"。他强调,无论君主、圣贤都应"寡欲",要"与百姓同欲",由此形成老安少怀的和谐局面,这就是"育欲"的结果。

何心隐的思想的重要性主要在于他的个性及活动。比如其倡行师友交通,以宗族为基地,在家乡组织"聚和堂"。族中的子弟共同教养,老人则共同抚养,青年婚嫁由族中经办,共同承担赋役,实践着"内圣外王"的理想追求。何心隐的殉难在当时令人唏嘘,甚至对泰州学派持否定态度的顾宪成也对其颇为同情。何心隐的著作有《爨桐集》《梁夫山遗集》传世。容肇祖参校二书,合为《何心隐集》,由中华书局出版。

聚和率教谕族俚语

茹藿自忖德素未修,本不足以协人心。癸丑正月,顾长少谬推率教,固辞弗获,乃勉强矢志。奋衰振朽,夙夜以思。上思君之所以善其治者,以有国家之教也;下思民之所以善其俗者,以有乡学之教也。

本族乡学之教,虽世有之,但各聚于私馆,栋宇卑隘,五六相聚则寥寥,数十相聚则扰扰,为师者不得舒畅精神以施教,为徒者不得舒畅精神以乐学。故今总聚于祠者,正欲师徒之舒畅也。

况聚于上族私馆,则子弟惟知有上族之亲;聚于中族私馆,则子弟惟知有中族之亲;聚于下族私馆,则子弟惟知有下族之亲。私馆之聚,私念之所由起,故总聚于祠者,正以除子弟之私念也。

且不惟可以除子弟之私念,凡为父兄者朝夕相顾,子弟亦因以相亲相爱。每月朔望,自率教以下十二人,同祠首相聚一坐,乐观子弟礼以相让,文以相勖,欢如翕如,而相亲相爱之念亦皆油然而兴矣。故总聚于祠者,又以兴长上之亲爱也。

夫教既总矣,然又各归各馔,则暑雨祁寒,子弟苦于驱驰,父兄心亦不安。故不分远近贫富,必欲总送馔,所以省驱驰,以安父兄之心也。馔既送矣,然又各归各宿,则晨出夜入,子弟袭以游荡,师长教亦不专,故不分远近长幼,必欲总宿祠者,所以防游荡,以专师长之教也。若贫者以人单力薄而有送馔之虑,是谓无远虑矣。独不闻孟氏寡母,尚不惮三迁之劳与费,以教其子,何虑一送馔耶?富者以溺爱姑息,而有宿祠之忧,是谓无大忧矣。亦不闻孟氏孤儿,而不顾三迁之近与远,以养其蒙,何忧一宿祠耶?

或者父母偶感本身失调,审其轻重,处有常条。或者父母逢旬,本身初度,审其诞辰,处有常条。或者伯叔吉凶,外戚庆吊,审其亲疏,处有常条。子弟方婚聘者、婚娶者、婚毕者,既聚于祠,不许擅归,审其临期,处有常条。子弟旧业农者、工商者、僧道者,既聚于祠,不许擅往,审其缓急,处有常条。凡大小筵饮,公私杂会,不许擅赴,审其当否,处有常条。况半年之后,试子弟有生意者,必有权宜之处;三年小成,又有通变之处;十年大成,则子弟不论贫富,其冠婚衣食,皆在祠内酌处。为父兄者,勿怀浅近之虑,卑小之忧,以误子弟所学。勿听无稽之言、无根之谋,以乱师长之教。勿容闲人,私令小者阴报家事杂词。勿徇妇人,私令婢者潜送果品玩好。勿纵以子弟盛饰,勿快以子弟厚味。凡一语一默、一饮一食,皆欲父兄撙节之者,所以严外访之防也。

自二月一日为期,在师长亮能以此相劝,子弟可不以此相勉;父兄亦能以此相守,妻孥可不以此相顺。其在外姓父兄子弟,幸以相体,本姓决不敢以亲疏分厚薄也。上有年迈行高,下有年富力强,不与师长及率教等项,及在祠子弟之列者,莫不以此相勖。茹藿敢不以此惩忿窒欲,以补素之所未修者;敢不以此迁善改过,以补素之所未修者;敢不以此敬老慈幼,以补素之所未修者;敢不以此信友报君,以补素之所未修者。伏惟合族长少,同心体悉,以图成功,则不惟不负宗祖,亦且表率后嗣,不一世获庆,亦且永世有赖矣。谨谕。

聚和率养谕族俚语

茹芹自幼安于亲之所养,莫知其本于君之所赐。夫我之田产,由于亲之所遗,似非君之赐也。我之形躯,由于亲之所生,亦非君之赐也。故视君田粮之征,若费在我之财。视君丁粮之征,若劳在我之力。分虽勉强输纳应承,亦不过苟免刑罚而已。自究其心,岂真乐于尽分以报君之赐耶?况推是心以往,惟忧其财之费也,又忧其不容以不费,则必千思万虑,甘费其财,以行贿赂,以求免其所重费,又图侥幸以蠲免其所轻费而后已也。惟忧其力之劳也,又忧其不容以不劳,亦必千思万虑,宁劳其力以作奸弊,以求匿其所重劳,又图苟且以隐匿其所轻劳而后已也。故推是心以处一族,则惟欲一族以替其费与劳耳,而一族之失养莫知恤也。推是心以处一房,则惟欲一房以替其费与劳耳,而一房之失养莫之恤也。甚至推是心以处同胞兄弟,则惟欲兄弟以替其费与劳耳,而兄弟之失养莫知恤也。兄弟因之以相忤,一房因之以相残,一族因之以相戕,不惟忘君之所赐,亦将失亲之所养矣。即此以究其心,诚何心哉?

癸丑正月,合族始聚以和,和聚于心,始知养本于君之所赐也。我有田产,不有君以统于上,则众寡相争,田产不得以相守也。今我得以守其田产者,得非君所赐欤?我有形躯,不有君以统于上,则强弱相欺,形躯不得以相保矣。今我得以保其形躯者,亦非君所赐欤?知其赐之难报也,故已设率教,又设率养,以报其赐。知其养之难率也,故设辅养者以维其辅。又知其养之难维也,故另设一十二人总管粮于四季,二十四人分催粮于八节,七十二人各征粮于各候。各候完讫,类付于八节之所催者。八节完讫,类付于四季之所管者。四季完讫,类付于维养者,交收转付辅养,以俟率养之所率矣。或者各候粮有未完,则必达于各节。各节粮有未完,则必达于各季。各季粮有未完,则必达于维养者,转达辅养,以达率养,以审其情,以达于率教。教之不改,然后呈于官司,俾各由渐而化,同乐于尽以报君上之赐也。

凡属于征粮者,勿谓催粮为逸,以惰其所征也。属于催粮者,勿谓管粮为逸,以惰其所催也。属于管粮者,勿谓维养者为逸,以惰其所管也。岂知维养者同辅养以从率养,四时相聚,不敢少逸于四时。管粮者,一人管于一月,不敢少逸于一月。催粮者,一人催于一十五日,不敢少逸于一十五日。征粮一人止征五日,五日乃可以少惰耶?况征粮者有能常怀报君之心,而乐于尽分,则又当引而进之矣,何可以少惰邪?率养苟不尽分,亦当自惭而退矣,安敢以少逸耶?必不敢以逸率其所辅,必不敢以逸率其所维者也;必不敢以逸率其所养,必不敢以逸率其所催征者也。必不敢以逸率己以不尽其分之所当尽焉者也。

故凡田粮之征,敢不乐于尽分以输纳耶?丁粮之征,敢不乐于尽分以承应耶?又岂敢妄费其财以行贿赂、以求免其所费耶?又岂敢徒劳其力以作奸弊,以求匿其所劳耶?又岂敢欲一族一房及同胞兄弟以替其费与劳耶?又岂敢不知恤同胞兄弟及一房一族之失养耶?惟不敢不期兄弟之相忤者以相翕也,惟不敢不期一房之相残者以相协也,惟不敢不期一族之相残者以相睦也,惟不敢不自率其性以率吾亲之所养以报吾君之所赐也。谨谕。

(录自容肇祖整理,《何心隐集》,中华书局 1960 年版)

胡直学案

　　胡直(1517—1585),字正甫,号庐山。江西吉安泰和人。胡直少年时驰荡,喜好古文词。直到嘉靖二十一年(1542),胡直师从欧阳德问学,得"立志"之教,为学方向转向心性修养。其后一年,胡直中举人,但十三年后才中进士。嘉靖二十六年(1547),胡直到江西吉水拜罗洪先为师,罗教之以"主静无欲"之旨;不久,又从陈大伦、邓鲁等人学道与学禅。嘉靖二十七年(1548),胡直前往广东韶州,在明经书院讲学。五年后,胡直被任为南京附近句容的儒学教授,并于嘉靖三十五年(1556)升任刑部主事。自嘉靖三十九年(1560)始,胡直在湖广、四川和江西任教职;万历元年(1573),胡直被任命为广东按察使。同年冬,为了照顾老母而请求离任,此后居家着力撰写八卷本《胡子衡齐》。万历十二年(1584),胡直被召回,担任福建按察使,直至去世。

　　胡直为江右王门学派的代表人物之一。胡直强调从生、觉的方面把握心的特征:"心,觉之谓也。唯生而觉,通乎民物,察乎天地,无不恻怛,是乃仁之全体。"通过强调心觉特征把心和仁体贯通,以合内外物我。他"印诸子思'上下察'、孟子'万物皆备'、程明道'浑然与物同体'、陆子'宇宙即是吾心'",提出了"理在心,不在天地万物""心造天地万物"的观点。黄宗羲曾评价"心造天地万物"之旨,"与释氏所称'三界惟心,山河大地,为妙明心中物'不远",未免有失偏颇。在道德实践上,胡直特别注意良知中有"天则"在,不可以随意变化圆通,反对"重内轻外",所以凡日用应酬可见之行者,皆为所学之事,不必"探索于高深","测度于渺茫"。由此,他发展出内外并包、心之理与在物之则对举而一致的博约仁学。对佛、老二氏,胡直整体持否定态度,但不反对用老、佛之言,认为儒、佛之分在于"经世"与"出世",也即"尽心"与"不尽心":"释氏者,虽知天地万物之不外乎心,而卒至于逃伦弃物若是异者,非心之不实也,则不尽心之过也。"

胡直学承欧阳德、罗洪先，与李材、许孚远等交好，下启邹元标、郭子章，是阳明学江右学派承上启下的关键人物。其所著有《胡子衡齐》、《衡庐精舍藏稿》三十卷、《续稿》十卷等，胡适曾称赞《胡子衡齐》"为明代哲学中一部最有条理又最有精采之书"。今辑有阳明后学文献丛书本《胡直集》（上海古籍出版社，2015年）。

胡子衡齐（卷三）

博辨上

弟子问于胡先生曰：孔子之亟称博学也，何哉？胡先生曰：博乎哉，博乎哉，知博者希也！夫伏羲所谓圣，非以结罟网、立庖厨而称也；轩辕所为灵，非以教熊罴、推神策而擅也；神农所为神，非以察百药、斫耒耜而号也；夏禹所为智，非以裂橇檋、沉金匮而名也；周公所谓才，非以造指南、立土圭而推也；孔子所为至，非以对羵羊、识专车而谓也。彼其所以圣、所以灵、所以神、所以智、所以才、所以至，则有归也。孔子教人以博学明矣，他日语多能则曰：君子多乎哉，不多也。语多知则曰：吾有知乎哉，无知也。语人以博，而不自与博，孔子非故也，彼其所以学所以博，则有归也。今夫人性一也，故兔罝野人可与上圣同腹心，才质殊也。故岩廊上圣，不得与匹夫争技能。是故大挠造甲子、苍颉立书契、力牧著兵法、羲和在日月、胡曹制衣服、奚仲作车舆、禹专水土、稷任稼穑、夔乐夷礼、契教陶刑，皆终身不易其能。能者非侈，而不能者非诎也。诚以才质殊而实用颛也，其在后世，若后羿之射、王良之御、师旷之音、郢匠之斤，各不易业，非不欲易也，以之易业则颠其艺。大夫种之治国，蠡不知也；范蠡之治兵，种不知也。子房之运筹决胜，淮阴之战胜攻取，玄龄之谋、如晦之断，各不易用，非不欲易也，以之易用则颠其国。昔者樊迟之在圣门，请学稼，曰吾不如老农；请学圃，曰吾不如老圃。子入太庙，每事问。夫农圃之役、太庙之事，孔子且不能兼知，况学者乎？子思子曰：虽圣人有不知不能。此非独才质殊也，势力弗兼也。而后之儒者，惑穷理之误训，则谬悠其说曰：一物不知，儒者所耻。夫既耻一物之不知也，于是焉骛知所不能知，骛能所不能能，骛兼所不能兼，辟之临海算渐而欲以穷源，登岳辨枝而欲以探本，非独失其源本,其疲天下后世不可竟也。天文地理,古之人有布算者,要多出于偏长专家,而君子难强焉,世儒者曰:圣人仰观俯察,吾何独不然? 不知此观察者,非圣神弗能也,故惟伏羲而后能仰俯观察、穷极象数吉凶,与民同患。不然者,则一毛千里矣。唐一行之历法得之国清,郭景纯之地理受之锦囊,陈图南数学传穆伯长以逮尧夫、象学传种放至范谔,非独受者弗可以强,虽授之者亦弗以强之人。而宋之蔡元定之徒,必欲强知之、强能之,而又强兼之,岂不左甚矣哉? 始元定以天文传诸其子,载诸《书传》,既自谓得之,人莫有非者矣。

明兴,高皇帝军中置表,乃历验书传天文之谬,亟语群臣改削蔡传,刿示天下学子无蹈其误。又尝阅宋庞元英记,元定与乡人卜垅咸缪,乡人至作诗刺讥之。然则元定之天文地理,亦何殊于见梦中之蕉鹿而昼讼于官家者也? 夫梦蕉鹿非诬也,然而以梦求则不可执而讼矣。此奚独元定哉,《参同契》者,汉魏伯阳所作,火记之亚篇也,虽假诸易卦而义实不贯,不注可也。晚宋儒者必为较释,而托诸邹䜣,至令丹家者反讥其失。天之为体也尤不可推测求也,宋儒者或言如弓、或言如盖、或言如砲、或言如卵,而皆未可知。晚宋儒者必曰:有天壳,吾未知壳之外又孰物也,亦孰从而觇知之也。嗟乎,宋儒者何其好博哉! 孔子曰:知之为知之,不知为不知,是知也。若宋儒,则几于不知为知矣。虽然,俾宋儒者诚知之,则亦可谓博物,而未可谓博学也。当《春秋》已贵博,其著者左史倚相子产、叔向,然二子者治国不倚于博。汉臣博者称司马迁、东方朔、刘向、杨雄,方朔至能辨劫灰、识毕方,事涉奇。晋臣博者称束皙、杜预、郭璞、张华,华能识宝剑之气、明铜山之崩、辨龙鲊之色、审石鼓之扣、记然石之异、认海凫之毛,事浸奇。唐臣博者称虞世南、段成式、杜佑、贾耽,耽能兼晓阴阳象纬医卜,居相位,时民有失牛者,叩之马上,耽发筮推盘,知牛所在;有病虱瘵者,即知龙水之为疗;又知枯井藏书,事尤奇。又有人主者,石书辄乙其处,又有曰读书万卷犹有今日,至于辨食苹之非蘸萧,识跳脱之为腕钏。之数君臣者,可谓博矣,然而以议道则荒,以穷经则贼,以制事则绕,以修词则靡,曾何补于是非之实、理乱之原? 庄生所谓骈于足者连无用之肉、拇于手者树无用之指。此后儒者之为博也,虽然使数君臣者诚用之,则亦可谓博物,而未可谓博学也。夫水一也,而夷儿、易牙辨味淄渑;陆鸿渐则能辨江水与南零水之殊,一斛之中孰首孰尾;乃李赞皇亦能之,赞皇辨江表水与石城水咸不爽。此皆为异,然犹以口饮而别之也。若鸿渐,饮茶知为劳水所烹,此尤为异耳。之数子者,之于物博矣,然亦未可谓博学也。汉真玄搜曹元理数人者,咸称名博达,一日陈广汉谓元理曰:吾有米二囷,忘其硕数,子为吾会之。元理以食箸十余转,曰:东囷七百四十九石有奇,西囷六百九十七石有奇。后果覆如其数。已而元理复算广汉资业:甘蔗廿五区,应收一千五百卅六牧(枚);蹲鸱(鸥)卅七亩,应收六百七十三石。后皆覆如其数。又有用勾股法算南北极,曰:相去不逾八万里。又云东西南北相去二亿三万余里,自地至天半八极之数。又云地去天八万一千三百余里,又云日去地常八万里。之数子者之于物、之于天地博矣,然亦未可谓博学也。

博辨下

曰:夫子所称博学,岂异是与?曰:夫子所称博学,言无适非学也。彼诵书考古、博物洽闻,特学一事耳,而非言博学也。子不闻夫子无行而不与二三子,公明宣从于曾子无所不学,知夫子之无不与、公明宣之无不学,则知博学矣。语曰非礼勿视、非礼勿听、非礼勿言、非礼勿动,曰出门如见大宾、使民如承大祭,曰居处恭、执事敬、与人忠,曰君子无终食之间违仁、造次必于是颠沛必于是,曰言忠信、行笃敬、立则见其参于前、在舆则见其倚于衡,曰视思明、听思聪、色思温、貌思恭、言思忠、事思敬、疑思问、忿思难、见得思义,学如是,何其博也!记曰素富贵行乎富贵、素贫贱行乎贫贱、素患难行乎患难、素夷狄行乎夷狄,曰立如斋坐如尸,曰足容重、手容恭、目容端、口容止、颜容静、头容直、气容肃、立容德、色容庄,曰学之为父子焉、学之为君臣焉、学之为长幼焉,学如是,何其博也!昔者子贡问于孔子曰:赐倦于学矣,请息事君。子曰:诗云温恭朝夕、执事有恪,事君焉可息哉!然则愿息事亲,子曰:诗云孝子不匮、永锡尔类,事亲焉可息哉!赐愿息于妻子,子曰:刑于寡妻、至于兄弟、以御于家邦,妻子焉可息哉!赐愿息于朋友,子曰:诗云朋友攸摄、摄以威仪,朋友焉可息哉!赐愿息耕,子曰:昼尔于茅、宵尔索绹、亟其乘屋、其始播百谷,耕焉可息哉!然则赐无息乎?曰:望其圹皋如也,颠如、鬲如也!子贡曰:大哉死乎!君子息焉!夫以事亲事君至于妻子朋友耕稼,死而后已,学如是,何其博也!若夫读书考古博物洽闻,特学一事耳,而未可言博学也。曰:若是,则夫子言博学足矣,乃又教颜子曰博文约礼,何也?曰:文者学之事也,至不一者也,故称博,莫非文也,则莫不有吾心不可损益之灵则以行乎其间者,礼是已。礼至一者也,故称约。苟不约礼,则文失其则,虽博而非学矣。子知约之为博也,而后知孔门博学旨归也,此不可不辨也。曰:若是,则散之视听言动者,博文也;存之勿非礼视听言动者,约礼也。夫子示颜氏为仁之目,其即博约之训乎?曰然。曰:约礼则约矣,然而出门使民,与执事之敬也、居处之恭也、与人之忠也、终食与颠沛造次之仁也,言行之忠信笃敬也、视之明、听之聪、色之温、貌之恭、见得之义也,富贵、贫贱、患难、夷狄之行也,父母之亲、君臣之义、长幼之序也,妻子之刑、朋友之仪、播谷之勤也,亦若是乎?其灿灿弗一也,而亦谓约礼,可乎?曰:子以谓是灿灿弗一者,果自外至耶?抑亦自中出根于人心者耶?曰:畴弗根心者矣。曰:子以为人心之灿灿弗一者,必有宿贮分具、候时位而出耶?抑亦其灵则至一者、无有宿贮分具随时位而出耶?曰:畴弗出灵则至一者矣。曰:若是,则谓非约礼,可乎?故曰苟不约礼则文失其则,虽博而非学。是故有是文则有是礼,非文外礼内也。博之文,必约之礼,非博先约后也。子欲知礼乎?请询子之灵则。

明中上

弟子曰:学有至乎?胡子曰:有之,灵则至也。曰:灵则奚谓?曰:尧舜之执中是也。虽然,子不求道心之微,又焉识所谓中?

曰:心一也,曷为有人心道心之异?曰:心之宰性也,而形气宅焉,是故心之动也宰于性,不役于形气,是为道心。道心故有者焉。役于形气、不宰于性,是为人心,人心故无者焉。道心则所谓人生而静,天之性是也。人心则所谓感物而动,性之欲是也。曰:曷以见微危之异?曰:道心者,以其无为为之者也。无为者,其止若渊,其行若云,子思所谓不睹不闻、孟子所谓不学不虑是也。微不亦甚乎!以是知其故有,向非故有,则乌能微?人心者,以其有为为之者也,有为则其动如波、其行如骤,抑《诗》所谓愧于屋漏、孟氏所谓行不慊心是也。危不亦甚乎!以是知其故无,向非故无,则乌有危?曰:精一何居?曰:微哉道心,弗以人心杂,曰精;弗以人心二,曰一。弗杂弗二,则内无偏倚,外无过不及,中不在斯乎!故曰允执厥中。是故外执中语学,非尧舜学旨也;外道心语中,非尧舜中旨也。

曰：允执之中，与未发之中，同乎？曰：未发之中，中也；发而中节之和，亦中也。焉弗同？与中庸之中同乎？曰：发而中节，焉弗中庸，亦焉弗同？与《易》之天则、《书》之皇极、《诗》之帝则、《记》之天理、孔子之矩、曾子之至善同乎？曰：焉弗同？与约礼之礼同乎？曰：焉弗同？

然则世儒所称至当，同乎？曰：世儒所称至当，非不同也。世儒雎雎焉索至当于物者，非同也。夫心尽则天下无遁性，性尽则天下无遁理，理尽则天下之物从之矣，岂反假物哉？而世儒者必曰一物而穷一理、一理而求一当，方其见一物一理也，则虽有万理万当，而弗之顾也。方其守一理一当也，则虽有非理非当而弗之恤也；其去至当也，朔越矣。子弗观慈母之为鞠乎？时饥时饱、时凉时燠、时怿时咈、时燥时浴、时其寝处、时其呕呢、时其蔑作，而溲溺之，晨夕抑搔，出入顾复，慈母之恺施而曲中者，岂索物而得哉？彼其为处子也，身不敢离闺阁，口不敢齿两髦，虽有姆母，焉询鞠子？然而鞠道靡不当者，其天慈必至者性也。故曰心诚求之，虽不中不远矣，未有学养子而后嫁者也。盖言性也。苟得诸性，则虽亿万其感、亿万其应、亿万其当，而亿万亦一也，其畴能二？曩所谓盘盂瓮盎池沼渊谷江淮河海之日，莫非在天之日之所括者是也，故曰天下殊途而同归，一致而百虑，性一之也。虽然，世儒区区特小当耳，焉识大当。既未识大当，又焉知变当？

曰：何谓大当？曰：古之为君者，以和万邦、行海宇、至鸟兽鱼鳖咸若为大分，以天下得人为先务，而它未皇焉，此大当也。古之为臣，以天下饥溺为己饥溺，以君不尧舜、一夫不获为己辜，而他未皇焉，此大当也。古之为子，以悦志为善养，以立身行道全生全归为无忝，而他弗皇，此大当也。古之为师，以学不厌、教不倦为分，以得天下英才教育为乐，而它未皇，此大当也。古之为士，以仁义礼智根心生色、睟面盎背四体不言而喻为所性之存，而他未皇，此大当也。故古之儒，务当其大当，以该其小当，虽有小弗当，弗暇恤也。今之儒，务当其小当以拒其大当，虽有大弗当，弗暇问也。审如世儒之论，摘其小以刑其大，则尧舜玄圣，鲜不为阙行；汤武明王，鲜不为逆节，伊周鲜不为跋扈，孔孟鲜不为游说。之数圣人者，将被之以大不韪之名，而不可辞，而况其下乎？尝试观之：尧使二女降于一夫，则姊妹之伦渎；以天下让舜，则宗庙之享易；丹朱傲慢而不能化，则谷子之效凉；伯鲧圯族而不能辨，则知人之哲朦。尧且不得匹于时君世辟，而又况其下乎？然而尧之必为此者何也？尧固以天下得人为大当，而谷子则有命焉，不可得而强也。《传》曰：方寸之木，可使高于岑楼。语曰：铢铢而称，至两必差；寸寸而度，至丈必谬。此世儒之为当也，溺于小故也。

曰：何谓变当？曰：子弗观之雨旸水火，天地且不能操其变也，而何独必于人？古今大变，圣人不能操而御也久矣。然一日一夕，小变亿万，不啻雨旸水火之不测，圣人又乌能豫逆其倪、豫射其形而悬定其当哉？故曰易穷则变，变则通，通则久。又曰其为道也屡迁，变动不居，周流六虚，唯变所适，不可为典要。曰化而裁之，存乎变；推而行之，存乎通。当斯时也，圣人曷当？圣人亶知其当。吾之道心虽亿万变，而中常执矣。圣人曷所将迎于其间哉！天下非小物也，死生出处非细故也，而唐虞以禅、夏殷以继，圣人非必欲异也，唯其天。微子以去，箕子以奴，比干以死，伊尹以五就汤桀，柳下惠援而止之而止，圣人非必欲异也，唯其仁。孔子一身仕止久速，非必欲异也，唯其时。《易》《诗》《书》《礼》《春秋》，非必欲异也，唯其经。三土不相袭礼，五帝不相沿乐，非必欲异也，唯其中且和。忠质文也，殊尚；贡助彻也，殊制；校庠序也，殊名；楹足悬也，殊器；收哻冕也，殊服；养老则殊序又殊食，圣人亦非必异也，唯其用。故圣人之道，苟当于性，则如耳目口鼻之无不相通也，不假钻磨；四支百体之无不相为也，不假告戒，又焉用以悬定为？世之儒者语养民，则断断然曰必井田为当，不知井田成而民骨腐久矣；语任官，则断断然曰必封建为当，不知世禄之子淫刘以逞，天子且不得时巡而易之矣。断断然曰必肉刑为当，不知末季之君，一日而千百纣，信不难矣；断断然曰必明堂辟雍为当，然而后世非不明堂辟雍也，而未尝底于治。一深衣也，而争之数十世；一桐杖也，而议之数百言；知圩尊古矣，而不知杯斝之适于持也；知章甫古矣，而不知巾帻之良于服也；知笾豆古矣，而不知今之祖父之未常席于地也；知篆隶古矣，而不知今之君臣之未尝娴于书也。刻刻然也，镂镂然也，悬定其小以丰蔀其大，执一以距万，徇己以却人，矜好古之名而不怵于当务之实，天下之事偾且去矣，犹曰是符古礼、是不符古礼，縻时失日，而不适于变，不可通于天下之志，不足以成天下之亹亹，此世儒之为当也！弗究于性，弗由于道，心弗灵弗则故也。故曰世儒之去至当也朔越。

曰：弟子闻之，天下理一而分殊。夫分殊，故必先析，精而不乱；理一，故必后合大而无余。今子示理一而已，而未逮于分殊，吾恐仁而之墨，义而之杨,忠而之荀息,信而之尾生,执中而之子莫,虚无而之老聃,寂灭而之释迦。是何辞于无星之秤、无寸之尺之为讥也?曰:世儒自以为得星寸矣,然未有求星寸于所揆之物者也。若求星寸于所揆之物,则物未至而为之先卜,境无穷而局以定画,非独画饼难以救饿,胶柱难以奏瑟,吾恐星寸不生于所揆之物,而强所揆以求星寸,虽白其巅不可得也。孟子不曰权然后知轻重、度然后知长短、物皆然、心为甚?心者,夫人之天权天度者也,故有天权则有天星,有天度则有天寸。之星寸也,孩提得之知爱其亲、知敬其长,乡人得之所敬在此、所长在彼,凡民得之冬日饮汤、夏日饮水,孝子得之小杖则受、大杖则走,时君得之大贤则师、小贤则友,君子得之亲亲仁民、仁民爱物。当其时也,物不得先与也。之星寸也,尧舜得之而以揖让,汤武得之而以征诛,伊尹得之而以放伐,周公得之而以制作,孔子得之而仕止久速,各当其时。群圣得之以官天地、以族万物、以仪日月、以翕山川、以候鬼神、以和四时、以范围之不过、以曲成之不遗,当其时也,物不得先与也。语其藏则浑浑、则渊渊、则空空,一者不得不一,非必合之而后一也;语其放则斤斤、则井井、则睽睽,殊者不得不殊,非必析之而后殊也。吾惟虞人之不理一也,而奚虞分之不殊哉!又宁先析之为殊、后合之为一哉!苟无分殊,则不得谓理一;无理一,又孰为理之使分殊也?何则?理者,吾心之灿灿者也,以其至一;理至不一者,非谓漫漶而靡所区分之为物也。故曰:亲亲之杀,尊贤之等,礼所生也。此天权天度之所存也,天星天寸之所出也。荀氏曰:兼陈万物而中悬衡。诸葛氏曰:我心如秤。则亦测而知其故矣。若夫杨、墨、子莫、荀息、尾生、老、释之偏,则皆未闻尽心之学者也,未始求诸天权天度者也,又曷有天星天寸哉?今世儒者,乃自仇其心,自违其性,而索当于物,非独憒于星寸,且并其秤尺弃之矣,夫焉得当?是故繇世儒之学而学焉,是路天下也,路而天下之趋之也,蹇蹇尔矣。繇世儒之当而当焉,是棘天下也,棘而天下之人之也,戛戛尔矣。然而天下犹然奔走钻刺而不已者,则浸渍之蔽深也。尧舜之中旨不著于天下非一日矣,悲乎!

明中下

曰:子之言尽心者,谓人心乎,道心乎?曰:孔子之言人心也寡,而言道心也多。然则道心何以能当?曰:道心者性也,性灵承于帝也,灵故微,微故辨，辨故不入于过不及，故能中而当，当之不出于物也，审矣。曰：世之人鲜不有灵性，然而弗当焉者，何哉？曰：性无弗当矣，有弗当者，非性罪也。子不闻之，浯溪之山有石镜焉，能照百里；已而凿之，则不能见寻丈，是人乱其天也。四明之水有鉴湖焉，能鉴须眉，已而汩之，则不能睹舟楫，是物混其体也。世之不能得当，则人乱物混之为贼也。所谓人心惟危者是也，非性罪也。世儒者仇心疑性，而必欲索诸物，是愈乱而愈混也。且夫夜行者见寝石以为伏虎，必引火而辨之；当昼见石而犹曰求火，则赘矣。醉者见蹄涔以为浚渎，必摄衣而涉之；既醒见涔而犹必摄衣焉，则眩矣。是心之灵何啻昼且醒也？而儒者之必索诸物，亦何异见昼石而求火、当醒涉而摄衣者歟？是愈赘而愈眩也。离娄之目称至明也，而加以金玉则反昏；师旷之耳称至聪也，而饰以珠琲则反聩。世之儒者不自信其明与聪也，而求加以金玉珠琲之为美，是愈昏而愈聩也。吾闻尧舜惟精惟一而中斯执矣，而今也以不精不一求之；文王不识不知而则斯顺，而今也以多知多识求之；孔子无意必固我而矩斯不逾矣，而今也以意必固我求之。是愈求而愈离也。何以然？以其远求不灵之物，而近伤性灵也。是亦物之相物而已，其何则之可循而当之可得诸？

曰：子言性之无弗当也，则常人有诸？曰：有之，吾请证以往事可知也。昔者陈平宰肉而均，于公谳狱而平，此皆未始问学而能之。可见常人有当者矣。曰：女妇有诸？曰：吾请证以近事可知也。建文间有范氏妇者，燕山卫卒储福妻也，福闻靖难兵起，仰天哭曰：吾虽贱卒，义不忍负旧君。竟不食死。范氏韶年有姿，奉姑特谨，时哭其夫，则走号于山谷中，惧姑闻而痛也。官有欲委禽者，闻之不敢犯，而范氏竟全其节焉。又有牛氏者，其夫龚天保，嘉靖间景府护卫军也，天保病卒，牛氏誓以偕死，粒米不入者十有七日。时有义之者争舍椑以葬其夫，一以先施言，一以木美请，妇泣语曰：吾业已许先施者矣，请必从之。已而天保葬无乏事，而妇始长绝。夫范氏惧痛其姑，牛氏谊取先施，此亦谓至当，非歟？夫此二当者，岂尝穷索悬定而得哉？彼所谓天性笃也，是灵则也。《诗》曰'如彼飞虫，时亦弋获'，此之谓也。然得其一不得其二，抑亦未闻尽心之学者也，是故行之弗着，习矣弗察，日用而不能知，故君子之道鲜也。

耿子谓胡子曰：古之语至当者，辟如索痒；今之语至当者，辟如讼雁。何谓索痒？昔人有痒，命其子索之，三索而三弗中；令其妻索之，五索而五弗中也。其人恚曰：妻子肉我者，而胡难我！乃自引手一搔，而痒绝。何则？痒者人之所自知者也，自知自搔，宁弗中耶？是故求至当者，求诸自知者而得之矣。何言讼雁？昔人有睹雁翔者，将援弓射之，曰：获则烹。其弟争曰：舒雁烹宜，翔雁燔宜。竞斗而讼于社伯。社伯请剖雁，烹燔半焉，而索雁，则凌空远矣。世儒之求至当，何异争翔雁之烹燔哉？吾不知世之争翔雁之烹燔者，将几千百人、几千百载耶！胡子以耿子之言语弟子，曰：惟自知者无争。曰：然则学者奚所从入？曰：《易·系》不云，复以自知？又曰：复小而辨于物。夫自知则辨物而当，自蔽则弗克辨物，弗之当矣。颜子有不善未尝不知，知之未尝复行，善自知也，善复者也，几当矣乎。小子亟学《复》，无亟学当，当乃入。

曰：今之语良知者，有当乎？曰：良知即觉也，即灵承于帝者也。良知而弗当，则畴焉当？虽然，昔之觌良知者致之，今之觌良知者玩之。彼玩焉者，辟诸子夜睹日于海云之间，辄跳跃呼曰：日尽是矣！然而未逮见昼日也，又况日中天乎？何者？玩其端不求其全，重内而轻外，喜妙而遗则，概不知天权天度之所存、天星天寸之所出，骋于汪洋、宅于苟简，而恣所如往，出处取予之间不得其当，益令天下变色而疑性，则委曰吾无它肠，鲜不滨于琴张、牧皮之徒。此犹其高等也，其下则多几于妨人而病物。荀氏所谓饮食贱儒，非若人哉。尝试较之：世儒惩二氏过焉者也，其流执物理而疑心性；今儒惩世儒过焉者也，其流执心性而蔑物则。之二者，盖不知心性匪内也，物则匪外也，子思不云：性之德也，合内外之道也。故时措之宜也，是知当也。此尧舜相传中旨也。

（录自《胡子衡齐》，明万历刻本）

王时槐学案

　　王时槐(1522—1605),字子直,一作子植,号塘南。江西安福人。早年师事刘文敏,为王守仁再传弟子。嘉靖二十六年(1547)进士,授南京兵部主事。后为陕西、贵州参政。历官南京兵部主事、礼部郎中,官至太仆卿。隆庆六年(1572)出为陕西参政,以京察罢归。万历二十年(1592),吉安知府汪可受重建白鹭洲书院,聘王时槐、邹元标为书院主讲。万历年间起用为贵州参政、鸿胪太常,但王时槐均未赴任,讲学以终,享年八十三岁。

　　王时槐是江右王门的重要代表之一,其学说以"透性为宗、研几为要"闻名。王时槐的思想结构就整体而言,乃是截然判分先天后天、未发已发:"夫先天之性本来无可名状,谓之无根无境可矣。一到形生神发,便属后天。"他将性体视为未发而寂然,广大高明的,要直透本性,须经过"精神心思打并归一",同时在实践方面重视研几,以即悟即修为下手工夫。在王时槐看来,性廓然无际,生几就是性之呈露处,是对应于人最靠近性体的已发之源,研几就是要"日用间惟打并精神心思,一意归根,于此透入无声臭之原,此是圣门极深研几之实学,求仁之要诀也"。"研几"要"透性",将"透性"的本体与"研几"的功夫合而为一就自然天成了。王时槐的透性研几之说颇有理路,当代新儒家牟宗三即将其作为王学向蕺山之学演变的一个环节。

　　王时槐曾与邹元标、邹德溥等往复讲学于安福复真、复礼、道东诸书院;与陈嘉谟主盟立庐陵西原惜阴会,四方来者千人,建西原会馆于庐陵西门外;参与并主持庐陵青原讲会,又组织会讲,颇受学者推重。王时槐著作有《友庆堂合稿》《漳南稿》《广仁类编》《论学书》和《语录》等。今辑有《王时槐集》(上海古籍出版社,2014年)。

语录

性不容言,知者性之灵也。知非识察照了分别之谓也,是性之虚圆莹彻,清通净妙,不落有无,能为天地万物之根,弥六合,亘万古,而炳然独存者也。性不可得而分合增减,知亦不可得而分合增减也。而圣凡与禽兽草木分者,惟在明与蔽耳,是故学莫大于致知。(以上《三益轩会语》)

识察照了分别者,意与形之灵也,亦性之末流也。性灵之真知,非动作计虑以知,故无生灭。意与形之灵,必动作计虑以缘外境,则有生灭。性灵之真知无欲,意与形之灵则有欲矣。今人以识察照了分别为性灵之真知,是以奴为主也。

道心体也,故无改易;人心用也,故有去来。孔子所谓"操存舍亡,出入无时,莫知其乡",亦是指人心而言。若道心,为万古天地人物之根,岂有存亡出入之可言!

问:"情识思虑可去乎?"曰:"悟心体者,则情识思虑皆其运行之用,何可去也?且此心廓然,充塞宇宙,只此一心,更无余事,亦不见有情识思虑之可言。如水常流而无波,如日常照而无翳,性情体用皆为剩语。"

千圣语学,皆指中道,不落二边,如言中、言仁、言知、言独、言诚是也。若言寂,则必言感而后全;言无,则必言有而后备,以其涉于偏也。

心廓然如太虚无有边际,日用云为,酬酢万事,皆太虚变化也,非以内心而应外事也。若误认以内心应外事,则心事相对成敌,而牵引梏亡之害乘之矣。

性本无欲,惟不悟自性而贪外境,斯为欲矣。善学者深达自性,无欲之体,本无一物,如太虚然,浮云往来,太虚固不受也。所谓明得尽,渣滓便浑化是矣。

问:"四时行,百物生,莫非动也,而曰有不动者,岂其不与四时偕行,不随百物以生乎?"曰:"非然也。所谓不动者,非块然一物出于四时百物之外也,能行四时而不可以寒暑代谢言,能生百物而不可以荣枯递变言,故曰不动也。"

问:"知一也,今谓心体之知与情识之知不同,何也?"曰:"心体之知,譬则石中之火也,击而出之为焚燎,则为情识矣。又譬则铜中之明也,磨而出之为鉴照,则为情识矣。致知者,致其心体之知,非情识之谓也。"

心体之知,非作意而觉以为知,亦非顽空而无知也,是谓天德之良知。致者,极也,还其本然而无亏欠之谓。

情识即意也。意安从生? 从本心虚明中生也。故诚意在致知,知者意之体也,若又以情识为知,则诚意竟为无体之学,而圣门尽性之脉绝也。

问:"阳明以知善知恶为良知,此与情识何别?"曰:"善恶为情识,知者天聪明也,不随善恶之念而迁转者也。"

问:"致知焉尽矣,何必格物?"曰:"知无体,不可执也。物者知之显迹也,舍物则何以达此知之用? 如窒水之流,非所以尽水之性也,故致知必在格物。"

阳明以意之所在为物,此义最精。盖一念未萌,则万境俱寂,念之所涉,境则随生。且如念不注于目前,则虽泰山觌面而不睹;念苟注于世外,则虽蓬壶遥隔而成象矣。故意之所在为物,此物非内非外,是本心之影也。

盈天地间皆物也,何以格之? 惟以意之所在为物,则格物之功,非逐物亦非离物也,至博而至约矣。

意在于空镜,则空镜亦物也。知此,则知格物之功无间于动静。

太极者,性也,先天也。动而生阳,以下即属气,后天也。性能生气,而性非在气外,然不悟性,则无以融化形气之渣滓。故必悟先天以修后天,是以谓圣学。

朱子以知觉运动为形而下之气,仁义礼智为形而上之理,以此辟佛氏,既未可为定论,罗整庵遂援此以辟良知之说,不知所谓良知者,正指仁义礼智之知,而非知觉运动之知,是性灵,而非情识也。故良知即是天理,原无二也。

见其大则心泰,必真悟此心之弥六合而无边际,贯万古而无始终,然后谓之见大也。既见大,且无生死之可言,又何顺逆穷通之足介意乎?

断续可以言念,不可以言意;生机可以言意,不可以言心;虚明可以言心,不可以言性。至于性,则不容言矣。

人自有生以来,一向逐外,今欲其不着于境,不着于念,不着于生生之根,而直透其性,彼将茫然无所倚靠,大以落空为惧也。不知此无倚靠处,乃是万古稳坐之道场,大安乐之乡也。

"致良知"一语,惜阳明发此于晚年,未及与学者深究其旨。先生没后,学者大率以情识为良知,是以见诸行事,殊不得力。罗念庵乃举未发以究其弊,然似未免于头上安头。夫所谓良知者,即本心不虑之真明,原自寂然,不属分别者也,此外岂更有未发耶?

问"知行之辨"。曰:"本心之真明,即知也;本心之真明,贯彻于念虑事为,无少昏蔽,即行也。知者体,行者用,非可离为二也。"

问:"情识既非良知,而孟子所言孩提之爱敬,见入井之怵惕,平旦之好恶,呼蹴之不受不屑,皆指情上言之,何也?"曰:"性不容言,姑即情以验性,犹如即烟以验火,即苗以验种。后学不达此旨,遂认定爱敬怵惕好恶等以为真性在是,则未免执情而障性矣。"

学者以任情为率性,以媚世为与物同体,以破戒为不好名,以不事检束为孔、颜乐地,以虚见为超悟,以无所用耻为不动心,以放其心而不求为未尝致纤毫之力者多矣,可叹哉!

沦于阴,则渐滞于形质矣;反于阳,则渐近于超化矣。真阳出现,则积阴自消,此变化气质之道也。

吾心廓然之体曰乾,生生之用曰神。

夫乾,静专动直。吾心之知体,寂然一也,故曰静专;知发为照,有直达而无委曲,故曰动直。夫坤,静翕动辟。吾心之意根,凝然定也,故曰静翕;意发为念,则开张而成变化,故曰动辟。

知包罗宇宙,以统体言,故曰大;意裁成万务,以应用言,故曰广。

问:"知发为照,则属意矣,然则乾之动直,即属坤矣。"曰:"不然。知之照无分别者也,意则有分别者也,安得以照为意?"

告子但知本性无善恶无修证,一切任其自然而已,才涉修为,便目为意外而拒之,落在偏空一边。孟子洞悟中道,原无内外,其与告子言,皆就用上一边帮补说,以救告子之所不足。

问:"事上磨炼如何?"曰:"当知所磨炼者何物,若只要世情上行得通融周匝,则去道远矣。"

无欲即未发之谓。

《传习续录》言"心无体,以人情事物之感应为体",此语未善。夫事者心之影也,心固无声臭,而事则心之变化,岂有实体也!如水与波然,谓水无体,以波为体,其可乎?为此语者,盖欲破执心之失,而不知复起执事

377

之病。

未发之中，性也，有谓必收敛凝聚，以归未发之体者，恐未然。夫未发之性，不容拟议，不容凑泊，可以默会，而不可以强执者也。在情识则可收敛可凝聚，若本性，无可措手，何以施收敛凝聚之功？收敛凝聚以为未发，恐未免执见为障，其去未发也益远。

问研几之说。曰："周子谓：'动而未形，有无之间为几。'盖本心常生常寂，不可以有无言，强而名之曰几。几者微也，言其无声臭而非断灭也。今人以念头初起为几，未免落第二义，非圣门之所谓几矣。"

问"有谓性无可致力，惟于念上操存，事上修饬，则性自在"。曰："悟性矣，而操存于念，修饬于事可矣。性之未悟，而徒念与事之致力，所谓'可以为难矣，仁则吾不知也'。"

阳明之学，悟性以御气者也。白沙之学，养气以契性者也。此二先生所从入之辨。

后儒误以情识为心体，于情识上安排布置，欲求其安定纯净而竟不能也。假使能之，亦不过守一意见，执一光景，强作主张，以为有所得矣，而终非此心本色，到底不能廓彻疑情，而朗然大醒也。

（录自沈芝盈点校，黄宗羲著《明儒学案》，中华书局 2008 年版）

耿定向学案

耿定向(1524—1596),字在伦,号楚侗,人称天台先生,明湖广黄安人。嘉靖三十五年(1556)进士,擢监察御史,累迁至太仆寺少卿、右佥都御史,起巡抚福建,又起协理佥都御史,晋左副都,转刑部侍郎,升南京右都御史,官至户部尚书总督仓场事。耿定向曾致书首辅张居正,为张夺情一事辩护,谓"伊尹之觉处以天下自任者,不得不冒天下非议,其谏夺情者,此学不明故耳",被黄宗羲讥为"近于诵六艺以文奸言"。还曾以御史王藩臣参三中丞不送揭帖为蔑视堂官,上疏纠之,清议以为其胁持言官、逢迎张居正。致仕后耿定向居天台山创设书院,讲学授徒,潜心学问,家居七年而卒。卒后赠太子少保,谥"恭简"。

《明儒学案》将耿定向归入泰州学派,但其实天台学无定师,只是和泰州门下交往较多,对心斋较为推崇。耿定向之学不尚玄远,学术核心是"不容已"。"不容已"即此显发冲创自然运为,无时或息,一切行为都是不容已之仁根的发用,所谓"道之不可与愚夫愚妇知能,不可以对造化、通民物者,不可以为道。故费之即隐也,常之即妙也,粗浅之即精微也","日用处,圣人原与百姓同,其所用处,圣人自与百姓异"。所以耿定向特别推崇以道德实践的求仁为根本学术归宿。他又有学有三关之说:一为心即道;一为事即心;一为慎术。所谓"慎术者,以良知现现成成,无人不具,但用之于此则此,用之于彼则彼,故用在欲明明德于天下,则不必别为制心之功,未有不仁者矣"。

耿定向与李贽的争论是中晚明学界的重要事件。耿定向最初与李贽友善,后因意见不合交恶。耿自谓其学为"圣学"而卫道,谓李贽之学为"异学"。李贽则指责耿定向名利之心太重,对自己缺点回护太多。面对何心隐之狱,耿定向虽与张居正相厚,且主张杀何心隐的李义河是他的讲学之友,但他却因为怕触犯张居正而没有施以援手。因此,耿定向在明末颇受非议,名声不佳。

耿定向之弟耿定理、耿定力亦讲学,时号"三耿"。耿定向门下弟子有声名的也非常多,如刘元卿、焦竑、管志道等都可归为耿定向门下。耿定向著有《冰玉堂语录》《硕辅宝鉴要览》《耿子庸言》《先进遗风》《耿天台文集》等,今编有《耿定向集》(华东师范大学出版社,2015 年)。

慎术解

忆往岁刘调甫访余山中,余与语云:"学有三关:初解即心即道,已解即事即心,其究也须慎术云。"盖近世以学自命者,或在闻识上研究以为知,或在格式上修检以为行,知即心即道者尠矣。间知反观近里者,则又多就虚执见,知即事即心者尤鲜。抑有直下承当,信即事即心者,顾漫然无辨,悍然不顾,日趋于下达异流,卒不可与共学适道者,则不知慎术之故也。何者?离事言心,幻妄其心者也,固非学;混事言心,汗漫其心者,尤非学。惟孟子慎术一章参透吾人心髓,即心择术,因术了心,发千古事心之秘诀矣。岂不直截,岂不易简哉!曰:"何谓慎术?"曰:"皆事,故皆心也。顾有大人之事,有小人之事。学为大人乎?抑为小人乎?心剖判于此,事亦剖判于此;事剖判于此,人亦剖判于此矣。孔子十五志学,学大人之事也。孟子善择术,故曰:'乃所愿,则学孔子。'盖学孔子之学者,犹业巫函之术者也,不必别为制心之功,未有不仁者矣。子思子谓其无不持载,无不覆帱,并育不害,并行不悖,有以也。舍孔子之术以为学,则虽均之为仁,有不容不坠于矢匠之术者矣。此非参透造化之精,未可与议。汝光承服家学,于前二关固已闯过。余所望于汝光者,当神明默成乎此也。爰书为别订,归试与调甫暨二三同志一参订之。如何?

汉浒订宗

嘉靖辛酉秋,余偕仲子晤胡正甫于汉江之浒,相与订学宗旨。余时笃信文成良知之宗,以常知为学无异矣。正甫则曰:"吾学以无念为宗。"仲子曰:"吾学以不容已为宗。"正甫首肯数四,余懑然失已,盖讶仲子忽立此新论也。胸中蓄疑十余年,密参显证,远稽近质,后始怃然有省,窃服正甫之知言。嗟叹仲子之天启也。比年来,益笃信此为尧舜周孔仁脉,虽圣人复起不能易矣。何者？盖仲子之所揭不容已者,从"无声无臭"发根,高之不涉虚玄,从"庸言庸行"证果,卑之不落情念。禹稷之犹饥犹溺,伊尹之若挞若沟,它若视亲骸而泚颡,遇呼蹴而不屑,见入井之孺子而怵惕,原不知何来,委不知何止,天命之性如此也。故曰:"惟天之命,于穆不已。"天不变则道亦不变,顾人契之有深有不深,充之有至有不至耳。往有摹拟孔氏之匡廓者,曰:"如此方成家风。"似矣。不知此等作用犹模人形躯也,非此不容已者为之血脉,则捧土揭木为偶而已。仲子谓其不仁,必有后灾,以此。

近解说佛氏之禅那者曰:"如此出离,生死超矣。"不知此等见趣,犹觑人游魂也。非此不容已者为之真宰,则搏影系风为幻而已。不特为幻,溺而蔽,蔽而逊,伦乱教,将有不可言者。目即近所睹闻,盖为仰天而呼,抚膺而慨者屡也。正甫、仲子相继逝矣,余惧正脉之或湮,知言之无从,因忆而识之,以俟后之君子。

（录自傅秋涛点校,《耿定向集》,华东师范大学出版社 2015 年版）

来知德学案

　　来知德(1525—1604),字矣鲜,别号瞿塘,明夔州府梁山县人。来知德八岁知读书,九岁即能为长短句。少年时缠绵病榻,因疾病错过乡试,后又屡试不第。嘉靖三十一年(1552)举人,屡上公车不第,便"杜门谢客,穷研经史",隐居求志,著述为乐。穆宗隆庆四年(1570),开始专意于研究《周易》。神宗万历二十七年(1599),完成《周易集注》一书。万历三十年(1602),被特授翰林院侍读,他以父亲足疾、母亲目病,坚辞其职。敕建"聘君仁里"石坊。死后御赐"崛起真儒"匾额,以褒其贤。

　　来知德自乡举之后,即移居万县深山中,精思《易》理。自隆庆庚午至万历戊戌,写成《周易集注》一书。此书是明代易学特别是象数易学的重要代表。此书专取《系辞》中"错综其数"以论《易》象,而以《杂卦》治之。《明史》称来知德"自言学莫邃于《易》……覃思者数年,始悟《易》象。又数年始悟文王《序卦》、孔子《杂卦》之意。又数年始悟卦变之非。盖二十九年而后书成"。黄宗羲也称来知德"潜心三十年,以求《易》象,著《错综图》,一左一右曰错,六爻相反,如《乾》《坤》是也,一上一下曰综,反对如《屯》《蒙》是也,以观阴阳之变化。著《黑白图》以验理欲之消长"。来知德易学的特征有二:一是以象解易,一是以错综解释六十四卦象。前者是继承唐宋以来易学中象学的传统,后者是对孔颖达疏中卦序排列非覆即变说的阐发。在象数易学史相关看法的基础上,来氏创造性地提出了像象观和错综说,对《易》模写自然及如何模写的问题自成一说,在当时和后世都有较大影响。

　　来知德除《易》学成就独树一帜、影响深远之外,学术思想和文学创作亦别开生面,卓然成家。来知德有《周易集注》《来瞿唐先生日录》等著作,前者已出版若干现代整理本。

周易集注原序

乾坤者,万物之男女也;男女者,一物之乾坤也。故《上经》首乾坤,《下经》首男女。乾坤男女相为对待,气行乎其间,有往有来,有进有退,有常有变,有吉有凶,不可为典要,此《易》所由名也。盈天地间莫非男女,则盈天地间莫非《易》矣。伏羲象男女之形以画卦,文王系卦下之辞,又序六十四卦,其中有错有综,以明阴阳变化之理。错者,交错对待之名,阳左而阴右,阴左而阳右也。综者,高低织综之名,阳上而阴下,阴上而阳下也。虽六十四卦,止乾坤坎离大过颐小过中孚八卦相错,其余五十六卦皆相综而为二十八卦,并相错八卦共三十六卦。如屯蒙之类,虽屯综乎离,蒙综乎坎,本是二卦,然一上一下皆二阳四阴之卦,乃一卦也。故孔子《杂卦》曰"屯见而不失其居,蒙杂而著"是也。故《上经》止十八卦,《下经》止十八卦。

周公立爻辞,虽曰"兼三才而两之,故六",亦以阴阳之气皆极于六,天地间穷上反下循环无端者,不过此六而已,此立六爻之意也。孔子见男女有象即有数,有数即有理,其中之理神妙莫测,立言不一而足,故所系之辞多于前圣。孔子没,后儒不知文王周公立象皆藏于《序卦》错综之中,止以《序卦》为上下篇之次序,乃将《说卦》执图求验。自王弼扫象以后,注《易》诸儒皆以象失其传,不言其象,止言其理,而《易》中取象之旨遂尘埋于后世。本朝纂修《易经性理大全》,虽会诸儒众注成书,然不过以理言之而已,均不知其象,不知文王《序卦》,不知孔子《杂卦》,不知后儒卦变之非。于此四者既不知,则《易》不得其门而入;不得其门而入,则其注疏之所言者,乃门外之粗浅,非门内之奥妙。是自孔子没而《易》已亡至今日矣,四圣之《易》如长夜者二千余年,不其可长叹也哉!

夫《易》者,象也;象也者,像也。此孔子之言也。曰像者,乃事理之仿佛近似、可以想象者也,非真有实事也,非真有实理也。若以事论,"金"岂可为车?"玉"岂可为铉?若以理论,"虎尾"岂可履?"左腹"岂可入?《易》与诸经不同者全在于此。如《禹谟》曰"惠迪吉,从逆凶,惟影响",是真有此理也;如《泰誓》曰"惟十有三年春,大会于孟津",是真有此事也。若《易》,则无此事无此理,惟有此象而已。有象,则大小远近精粗千蹊万径之理咸寓乎其中,方可弥纶天地;无象,则所言者止一理而已,何以弥纶?故象犹镜也,有镜则万物毕照;若舍其镜,是无镜而索照矣。不知其象,《易》不注可也。

又如以某卦自某卦变者,此虞翻之说也,后儒信而从之。如讼卦"刚来而得中",乃以为自遁卦来,不知乃综卦也,需讼相综,乃坎之阳爻来于内而得中也。孔子赞其为天下之至变,正在于此。盖乾所属综乎坤,坎所属综乎离,艮所属综乎巽,震所属综乎兑,乃伏羲之八卦一顺一逆自然之对待也,非文王之安排也。惟需讼相综,故《杂卦》曰:"需不进也,讼不亲也。"若遁则综大壮,故《杂卦》曰:"大壮则止,遁则退也。"见于孔子《杂卦传》。昭昭如此,而乃曰"讼自遁来",失之千里矣。此所以谓四圣之《易》如长夜者,此也。

德生去孔子二千余年,且赋性愚劣,又居僻地,无人传授。因父母病,侍养未仕,乃取《易》读于釜山草堂。六年不能窥其毫发,遂远客万县求溪深山之中,沉潜反复,忘寝忘食有年。思之思之,鬼神通之。数年而悟伏羲文王周公之象,又数年而悟文王《序卦》、孔子《杂卦》,又数年而悟卦变之非。始于隆庆四年庚午,终于万历二十六年戊戌,二十九年而后成书,正所谓困而知之也。既悟之后,始知《易》非前圣安排穿凿,乃造化自然之妙,一阴一阳,内之外之,横之纵之,顺之逆之,莫非《易》也。始知至精者《易》也,至变者《易》也,至神者《易》也。始知《系辞》所谓"所居而安者,《易》之序也""错综其数""非中爻不备""二与四同功""三与五同功"数语,及作《说卦》《序卦》《杂卦》于《十翼》之末,孔子教后之学《易》者,亦明白亲切,但人自不察,惟笃信诸儒之注,而不留心详审孔子《十翼》之言,宜乎长夜至今日也。

注既成,乃僭于伏羲文王圆图之前新画一图,以见圣人作《易》之原。又画八卦变六十四卦图,又画八卦所属相错图,又画八卦六爻变自相错图,又画八卦次序自相综图,又画八卦所属自相综文王序卦正综图,又画八卦四正四隅相综文王序卦杂综图,又发明八卦正位及上、下《经》篇义并各字义,又发明六十四卦启蒙,又考定《系辞》上、下传,又补定《说卦传》以广八卦之象,又改正《集注》分卷,又发明孔子《十翼》。其注先训释象义、字义及错综义,后加一圈,方训释本卦本爻正意。象数言于前,义理言于后。其百家注《易》,诸儒虽不知其象,不知《序卦》《杂卦》及卦变之非,止言其理,若于言理之中间有不悖于经者,虽一字半句,亦必采而集之,名曰《周易集注》。庶读《易》者开卷豁然,可以少窥四圣宗庙百官于万一矣。

孔子曰:"盖有不知而作之者,我无是也。"孟子曰:"予岂好辩哉?予不得已也。"圣贤立言不容不自任类如此。德因四圣之《易》千载长夜,乃将《纂修性理大全》去取于其间,要附以数年所悟之象数,以成明时一代之书,是以忘其愚陋,改正先儒注疏之僭妄,未暇论及云。

上下经篇义

《上经》首乾坤者,阴阳之定位,万物之男女也,《易》之数也,对待不移者也。

自乾、坤历屯、蒙、需、讼、师、比、小畜、履十卦,阴阳各三十画,则六十矣。阳极于六,阴极于六,至此乾坤变矣。故坤综乾而为泰,乾综坤而为否。泰否者,乾、坤上下相综之卦也。乾、坤既迭相否、泰,则其间万物吉、凶、消、长、进、退、存、亡,不可悉纪。自同人以下至大畜,无非否、泰之相推,无否无泰,非《易》矣。水、火者,乾、坤所有之物,皆天道也,体也。无水、火,则乾、坤为死物,故必山泽通气,雷风相薄,而后乾、坤之水、火可交。颐、大过者,山、泽、雷、风之卦也。颐有离象,大过有坎象,故《上经》首乾、坤,必乾、坤历否、泰至颐、大过,而后终之以坎、离。

《下经》首咸、恒者,阴阳之交感,一物之乾、坤也,易之气也,流行不已者也。

自咸、恒历遁、大壮、晋、明夷、家人、睽、蹇、解十卦,阴阳各三十画,则六十矣。阳极于六,阴极于六,至此男女变矣。故咸之男女综而为损,恒之男女综而为益。损、益者,男女上下相综之卦也。男女既迭相损、益,则其间万事吉、凶、消、长、进、退、存、亡,不可悉纪。自夬以下至节,无非损、益之相推,无损无益,非易矣。既济、未济者,男女所交之事,皆人道也,用也。无既济、未济,则男女为死物,故必山泽通气,雷风相薄,而后男女之水火可交。中孚、小过者,山、泽、雷、风之卦也。中孚有离象,小过有坎象,故《下经》首咸、恒,必咸、恒历损、益至中孚、小过,而后终之以既济、未济。

要之,天道之体,虽以否、泰为主,而未必无人道;人道之用,虽以损、益为主,而未必无天道。上、下《经》之篇义,蕴蓄其妙至此。

若以卦爻言之,《上经》阳爻八十六,阴爻九十四,阴多于阳者凡八;《下经》阳爻一百有六,阴爻九十有八,阳多于阴者亦八。《上经》阴多于阳,《下经》阳多于阴,皆同八焉,是卦爻之阴阳均平也。

若以综卦两卦作一卦论之,《上经》十八卦成三十卦,阳爻五十二,阴爻五十六,阴多于阳者凡四;《下经》十八卦成三十四卦,阳爻五十六,阴爻五十二,阳多于阴者亦四。《上经》阴多于阳,《下经》阳多于阴,皆同四焉,是综卦之阴阳均平也。上、下《经》之篇义,卦爻其精至此。孔子赞其至精、至变、至神,厥有由矣。

(录自《周易集注》,清文渊阁《四库全书》本)

李贽学案

　　李贽(1527—1602)，号卓吾，又号笃吾、宏甫，别号温陵居士。福建泉州晋江人。其先世曾几代航海经商，父以教书为业。他七岁随父读书，嘉靖三十一年(1552)乡试中举人，后因家境困难不再上公车，入仕谋生。历任河南共城教谕、南京国子监博士、北京礼部司务、南京刑部员外郎、云南姚安知府等官职。自幼倔强难化，刚直不阿，"性甚卞急，好面折人过，士非参其神契者不与言。强力任性，不强其意之所不欲"。这使他在为官期间常与上司发生冲突，"为县博士，即与县令、提学触；为太学博士，即与祭酒、司业触……最苦者，为员外郎，不得为尚书谢、大理卿董并注意……又最苦而遇赵尚书，赵于道学有名，孰知道学益有名而我之触益又甚也。最后为郡守，即与巡抚王触，与守道骆触"。对此，他自己颇为感慨，曰："余唯以不受管束之故，受尽磨难。一生坎坷，将大地为墨，难尽写也。""性好高，好高则倨傲而不能下。然所不能下者，不能下彼一等倚势仗富之人耳……余性好洁，好洁则狷隘而不能容。然所不能容者，不能容彼一等趋势谄富之人耳。"正道直行，不畏权势，即使受尽磨难，仍旧保持独立的人格、耿介的情操和傲岸不羁的性格。万历八年(1580)，对仕宦生活早已厌恶至极的李贽，辞掉官职，携家赴湖北黄安友人耿定理处，过起了游寄生活。后只身一人移居麻城龙湖，落发芝佛院，"角巾髡某，日携同志遨游巷陌"，从事著述和讲学活动。他的大部分著作都是在这期间写成的。由于学说大异时学，他与一心卫道的耿定向决裂并展开了长期的论争。万历二十九年(1601)，李贽离开麻城，逃亡至通州。翌年，以"敢倡乱道，惑世诬民"罪被捕入狱，不久即自刎于狱中。

　　李贽"好为惊世骇俗之论，务反宋儒道学之说"。反道学是李贽之学的显著特色。他无情地揭露了道学家的伪善，指出道学家满口仁义道德，以圣贤自居，开导群盲，大讲反对名利私欲，其实是"阳为道学，阴为富贵，被服儒雅,行若狗彘"的伪君子。李贽倡导绝假纯真、真情实感的"童心说"。他认为"真心""童心"是最根本的概念,是万物的本源。自然界是"我妙明真心的一点物相",没有"理",没有物,世上一切物质和精神皆是只存在于"真心"之中。

李贽公开宣扬"不以孔子之是非为是非",在中晚明具有巨大的影响。当时士大夫多藏有李贽著作,这些著作虽屡经禁毁,仍流传不止。李贽的论点鲜明地反映了晚明的时代精神,并对日本明治维新产生过直接影响。明治维新运动的先驱者吉田松阴熟读、抄录李贽的《焚书》和《藏书》等著作,潜心研究,深受李贽思想的影响和启发。李贽著作主要有《焚书》《续焚书》《藏书》《续藏书》《初潭集》等,今均由中华书局整理出版。

焚书自序

自有书四种:一曰《藏书》,上下数千年是非,未易肉眼视也,故欲藏之,言当藏于山中以待后世子云也。一曰《焚书》,则答知己书问,所言颇切近世学者膏肓,既中其痼疾,则必欲杀我矣,故欲焚之,言当焚而弃之,不可留也。《焚书》之后又有《别录》,名为《老苦》,虽同是《焚书》,而另为卷目,则欲焚者焚此矣。独《说书》四十四篇,真为可喜,发圣言之精蕴,阐日用之平常,可使读者一过目便知入圣之无难,出世之非假也。信如传注,则是欲入而闭之门,非以诱人,实以绝人矣,乌乎可!其为说,原于看朋友作时文,故《说书》亦佑时文,然不佑者故多也。

今既刻《说书》,故再《焚书》亦刻,再《藏书》中一二论著亦刻,焚者不复焚,藏者不复藏矣,或曰:"诚如是,不宜复名《焚书》也,不几于名之不可言,言之下顾行乎?"噫噫!余安能知,子又安能知。欲焚者,谓其逆人之耳也;欲刻者,谓其入人之心也。逆耳者必杀,是可惧也。然余年六十四矣,倘一入人之心,则知我者或庶几乎!余幸其庶几也,故刻之。卓吾老子题湖上之聚佛楼

答耿司寇

此来一番承教,方可称真讲学,方可称真朋友。公不知何故而必欲教

我,我亦不知何故而必欲求教于公,方可称是不容已真机,自有莫知其然而然者矣。

嗟夫!朋友道绝久矣。余尝谬谓千古有君臣,无朋友,岂过论欤!夫君犹龙也,下有逆鳞,犯者必死,然而以死谏者相踵也。何也?死而博死谏之名,则志士亦愿为之,况未必死而遂有巨福耶?避害之心不足以胜其名利之心,以故犯害而不顾,况无其害而且有大利乎!若夫朋友则不然:幸而入,则分毫无我益;不幸而不相入,则小者必争,大者为仇。何心老至以此杀身,身杀而名又不成,此其昭昭可鉴也。故余谓千古无朋友者,谓无利也。是以犯颜敢谏之士,恒见于君臣之际,而绝不闻之朋友之间。今者何幸而见仆之于公耶!是可贵也。又何幸而得公之教仆耶!真可羡也。快哉怡哉!居然复见慅慅切切景象矣。然则岂惟公爱依仿孔子,仆亦未尝不愿依仿之也。

惟公之所不容已者,在于泛爱人,而不欲其择人;我之所不容已者,在于为吾道得人,而不欲轻以与人:微觉不同耳。公之所不容已者,乃人生十五岁以前《弟子职》诸篇入孝出弟等事,我之所不容已者,乃十五成人以后为大人明《大学》,欲去明明德于天下等事。公之所不容已者博,而惟在于痛痒之末;我之所不容已者专,而惟直收吾开眼之功。公之所不容已者,多雨露之滋润,是故不请而自至,如村学训蒙师然,以故取效寡而用力艰;我之所不容已者,多霜雪之凛冽,是故必待价而后沽,又如大将用兵,直先擒王,以故用力少而奏功大。虽各各手段不同,然其为不容已之本心一也。心苟一矣,则公不容已之论,固可以相忘于无言矣。若谓公之不容已者为是,我之不容已者为非;公之不容已者是圣学,我之不容已者是异学:则吾不能知之矣。公之不容已者是知其不可以已,而必欲其不已者,为真不容已;我之不容已者是不知其不容已,而自然不容已者,非孔圣人之不容已:则吾又不能知之矣。恐公于此,尚有执己自是之病在。恐未可遽以人皆悦之,而遂自以为是,而遽非人之不是也。恐未可遽以在邦必闻,而遂居之不疑,而遂以人尽异学,通非孔、孟之正脉笑之也。我谓公之不容已处若果是,则世人之不容已处总皆是;若世人之不容已处诚未是,则公之不容已处亦未必是也。此又我之真不容已处耳。未知是否,幸一教焉!

试观公之行事,殊无甚异于人者。人尽如此,我亦如此,公亦如此。

自朝至暮,自有知识以至今日,均之耕田而求食,买地而求种,架屋而求安,读书而求科第,居官而求尊显,博求风水以求福荫子孙。种种日用,皆为自己身家计虑,无一厘为人谋者。及乎开口谈学,便说尔为自己,我为他人;尔为自私,我欲利他;我怜东家之饥矣,又思西家之寒难可忍也;某等肯上门教人矣,是孔、孟之志也,某等不肯会人,是自私自利之徒也;某行虽不谨,而肯与人为善,某等行虽端谨,而好以佛法害人。以此而观,所讲者未必公之所行,所行者又公之所不讲,其与言顾行、行顾言何异乎?以是谓为孔圣之训可乎?翻思此等,反不如市井小夫,身履是事,口便说是事,作生意者但说生意,力田作者但说力田。凿凿有味,真有德之言,令人听之忘厌倦矣。

夫孔子所云言顾行者,何也?彼自谓于子臣弟友之道有未能,盖真未之能,非假谦也。人生世间,惟是此四者终身用之,安有尽期。若谓我能,则自止而不复有进矣。圣人知此最难尽,故自谓未能。己实未能,则说我不能,是言顾其行也。说我未能,实是不能,是行顾其言也。故为慊慊,故为有恒,故为主忠信,故为毋自欺,故为真圣人耳。不似今人全不知己之未能,而务以此四者责人教人。所求于人者重,而所自任者轻,人其肯信之乎?

圣人不责人之必能,是以人人皆可以为圣。故阳明先生曰:"满街皆圣人。"佛氏亦曰:"即心即佛,人人是佛。"夫惟人人之皆圣人也,是以圣人无别不容已道理可以示人也,故曰:"予欲无言。"夫惟人人之皆佛也,是以佛未尝度众生也。无众生相,安有人相;无道理相,安有我相。无我相,故能舍己;无人相,故能从人。非强之也,以亲见人人之皆佛而善与人同故也。善既与人同,何独于我而有善乎?人与我既同此善,何有一人之善而不可取乎?故曰"自耕稼陶渔以至为帝,无非取诸人者"。后人推而诵之曰:即此取人为善,便自与人为善矣。舜初未尝有欲与人为善之心也,使舜先存与善之心以取人,则其取善也必不诚。人心至神,亦遂不之与,舜亦必不能以与之矣。舜惟终身知善之在人,吾惟取之而已。耕稼陶渔之人既无不可取,则千圣万贤之善,独不可取乎?又何必专学孔子而后为正脉也。

夫人既无不可取之善,则我自无善可与,无道可言矣。然则子礼不许讲学之谈,亦太苦心矣,安在其为挫抑柳老,而必欲为柳老伸屈,为柳老遮护至此乎？又安见其为子礼之口过，而又欲为子礼掩盖之耶？公之用心，亦太琐细矣！既已长篇大篇书行世间，又令别人勿传，是何背戾也？反覆详玩，公之用心，亦太不直矣！且子礼未尝自认以为己过，纵有过，渠亦不自盖覆，而公乃反为之覆，此诚何心也？古之君子，其过也如日月之食，人皆见而又皆仰；今之君子，岂徒顺之，而又为之辞。公其以为何如乎？柳老平生正坐冥然寂然，不以介怀，故不长进，公独以为柳老夸，又何也？岂公有所憾于柳老而不欲其长进耶？然则子礼之爱柳老者心髓，公之爱柳老者皮肤，又不言可知矣。柳老于子礼为兄，渠之兄弟尚多也，而独注意于柳老；柳老又不在仕途，又不与之邻舍与田，无可争者。其不为毁柳老以成其私，又可知矣。既无半点私意，则所云者纯是一片赤心，公固聪明，何独昧此乎？纵子礼之言不是，则当为子礼惜，而不当为柳老忧。若子礼之言是，则当为柳老惜，固宜将此平日自负孔圣正脉，不容已真机，直为柳老委曲开导。柳老惟知敬信公者也，所言未必不入也。今若此，则何益于柳老，柳老又何贵于与公相知哉！然则子礼口过之称，亦为无可奈何，姑为是言以谊责耳。设使柳老之所造已深，未易窥见，则公当大为柳老喜，而又不必患其介意矣。何也？遁世不见知而不悔，此学的也。众人不知我之学，则吾为贤人矣，此可喜也。贤人不知我之学，则我为圣人矣，又不愈可喜乎？圣人不知我之学，则吾为神人矣，尤不愈可喜乎？当时知孔子者唯颜子，虽子贡之徒亦不之知，此真所以为孔子耳，又安在乎必于子礼之知之也？又安见其为挫抑柳老，使刘金吾诸公辈轻视我等也耶？我谓不患人之轻视我等，我等正自轻视耳。区区护名，何时遮盖得完耶？

且吾闻金吾亦人杰也，公切切焉欲其讲学，是何主意？岂以公之行履，有加于金吾耶？若有加，幸一一示我，我亦看得见也。若不能有加，而欲彼就我讲此无益之虚谈，是又何说也？吾恐不足以诳三尺之童子，而可以诳豪杰之士哉！然则孔子之讲学非欤？孔子直谓圣愚一律，不容加损，所谓麒麟与凡兽并走，凡鸟与凤凰齐飞，皆同类也。所谓万物皆吾同体是也。而独有出类之学，唯孔子知之，故孟子言之有味耳。然究其所以出类者，则在于巧中焉，巧处又不可容力。今不于不可用力处参究，而唯欲于致力处着脚，则已失孔、孟不传之秘矣。此为何等事，而又可轻以与人谈耶？

公闻此言，必以为异端人只宜以训蒙为事，而但借"明明德"以为题目可矣,何必说此虚无寂灭之教,以眩惑人邪?夫所谓仙佛与儒,皆其名耳。孔子知人之好名也,故以名教诱之;大雄氏知人之怕死,故以死惧之;老氏知人之贪生也,故以长生引之:皆不得已权立名色以化诱后人,非真实也。唯颜子知之,故曰夫子善诱。今某之行事,有一不与公同者乎?亦好做官,亦好富贵,亦有妻孥,亦有庐舍,亦有朋友,亦会宾客,公岂能胜我乎?何为乎公独有学可讲,独有许多不容已处也?我既与公一同,则一切弃人伦、离妻室、削发披缁等语,公亦可以相忘于无言矣。何也?仆未尝有一件不与公同也,但公为大官耳。学问岂因大官长乎?学问如因大官长,则孔、孟当不敢开口矣。

且东廓先生,非公所得而拟也。东廓先生专发挥阳明先生"良知"之旨,以继往开来为己任,其妙处全在不避恶名以救同类之急,公其能此乎?我知公详矣,公其再勿说谎也!须如东廓先生,方可说是真不容已。近时唯龙溪先生足以继之,近溪先生稍能继之。公继东廓先生,终不得也。何也?名心太重也,回护太多也。实多恶也,而专谈志仁无恶;实偏私所好也,而专谈泛爱博爱;实执定己见也,而专谈不可自是。公看近溪有此乎?龙溪有此乎?况东廓哉!此非强为尔也,诸老皆实实见得善与人同,不容分别故耳。既无分别,又何恶乎?公今种种分别如此,举世道学无有当公心者,虽以心斋先生亦在杂种不入公彀率矣,况其他乎!其同时所喜者,仅仅胡庐山耳。麻城周柳塘、新邑吴少虞,只此二公为特出,则公之取善亦太狭矣,何以能明明德于天下也?

我非不知敬顺公之为美也,以"齐人莫如我敬王"也。亦非不知顺公则公必爱我,公既爱我则合县士民俱礼敬我,吴少虞亦必敬我,官吏师生人等俱来敬我,何等好过日子,何等快活。公以众人俱来敬我,终不如公一人独知敬我;公一人敬我,终不如公之自敬也。

吁!公果能自敬,则余何说乎!自敬伊何?戒谨不睹,恐惧不闻,毋自欺,求自慊,慎其独。孔圣人之自敬者盖如此。若不能自敬,而能敬人,来之有也。所谓本乱而求末之治,无是理也。故曰"壹是皆以修身为本"。此正脉也,此至易至简之学,守约施博之道,故曰"君子之守,修其身而天下平",又曰"人人亲其亲、长其长而天下平",又曰"上老老而民兴孝",更不言如何去平天下,但只道修身二字而已。孔门之教,如此而已,吾不知何处更有不容已之说也。

公勿以修身为易,明明德为不难,恐人便不肯用工夫也。实实欲明明德者,工夫正好艰难,在埋头二三十年,尚未得到手,如何可说无工夫也?龙溪先生年至九十,自二十岁为学,又得明师,所探讨者尽天下书,所求正者尽四方人,到末年方得实诣,可谓无工夫乎?公但用自己工夫,勿愁人无工夫用也。有志者自然来共学,无志者虽与之谈何益。近溪先生从幼闻道,一第十年乃官,至今七十二岁,犹历涉江湖各处访人,岂专为传法计欤!盖亦有不容已者。彼其一生好名,近来稍知藏名之法,历江右、两浙、姑苏以至秣陵,无一道学不去参访,虽弟子之求师,未有若彼之切者,可谓致了良知,更无工夫乎?然则公第用起工夫耳,儒家书尽足参详,不必别观释典也。解释文字,终难契入;执定已见,终难空空;耘人之田,终荒家稼。愿公无以刍荛陶渔之见而弃忽之也。古人甚好察此言耳。

名乃锢身之锁,闻近老一路无一人相知信者。柳塘初在家时,读其书便十分相信,到南昌则七分,至建昌又减二分,则得五分耳。及乎到南京,虽求一分相信,亦无有矣。柳塘之徒曾子,虽有一二分相信,大概亦多惊讶。焦弱侯自谓聪明特达,方子及亦以豪杰自负,皆弃置大法师不理会之矣。乃知真具只眼者,举世绝少,而坐令近老受遁世不见知之妙用也。至矣,近老之善藏其用也。曾子回,对我言曰:"近老无知者,唯先生一人知之。"吁!我若不知近老,则近老有何用乎!惟我一人知之足矣,何用多知乎!多知即不中用,犹是近名之累,曷足贵欤!故曰"知我者希,则我贵矣"。吾不甘近老之太尊贵也。近老于生,岂同调乎,正尔似公举动耳。乃生深信之,何也?五台与生稍相似,公又谓五台公心热,仆心太冷。吁!何其相马于牝牡骊黄之间也!

展转千百言,略不识忌讳,又家贫无代书者,执笔草草,绝不成句;又不敢纵笔作大字,恐重取怒于公。书完,遂封上。极知当重病数十日矣,盖贱体尚未甚平,此劳遂难当。但得公一二相信,即刻死填沟壑,亦甚甘愿。公思仆此等何心也?仆佛学也,岂欲与公争名乎,抑争官乎?皆无之矣。公倘不信仆,试以仆此意质之五台,以为何如?以五台公所信也。若以五台亦佛学,试以问之近溪老何如?

公又云"前者《二鸟赋》原为子礼而发,不为公也"。夫《二鸟赋》若专为子礼而发,是何待子礼之厚,而视不肖之薄也!生非护惜人也,但能攻发吾之过恶,便是吾之师。吾求公施大炉锤久矣。物不经锻炼,终难成器;人不得切琢,终不成人。吾来求友,非求名也;吾来求道,非求声称也。公其勿重为我盖覆可焉!我不喜吾之无过而喜吾过之在人,我不患吾之有过而患吾过之不显。此佛说也,非魔说也;此确论也,非戏论也。公试虚其心以观之,何如?

每思公之所以执迷不返者,其病在多欲。古人无他巧妙,直以寡欲为养心之功,诚有味也。公今既宗孔子矣,又欲兼通诸圣之长:又欲清,又欲任,又欲和。既于圣人之所以继往开来者,无日夜而不发挥,又于世人之所以光前裕后者,无时刻而不系念。又以世人之念为俗念,又欲时时盖覆,只单显出继往开来不容已本心以示于人。分明贪高位厚禄之足以尊显也,三品二品之足以褒宠父祖二亲也,此公之真不容已处也,是正念也。却回护之曰:"我为尧、舜君民而出也,吾以先知先觉自任而出也。"是又欲盖覆此欲也,非公不容已之真本心也。且此又是伊尹志,非孔子志也。孔、孟之志,公岂不闻之乎!孔、孟之志曰:"故将大有为之君,必有所不召之臣,欲有谋焉则就之,其尊德乐道不如是,不足与有为也。"是以鲁缪公无人乎子思之侧,则不能安子思。孔、孟之家法,其自重如此,其重道也又如此。公法仲尼者,何独于此而不法,而必以法伊尹为也!岂以此非孔圣人之真不容已处乎?吾谓孔、孟当此时若徒随行逐队,旅进旅退,以恋崇阶,则宁终身空室陋巷穷饿而不悔矣。此颜子之善学孔子处也。

不特是也。分明憾克明好超脱不肯注意生孙,却回护之曰:"吾家子侄好超脱,不以嗣续为念。"乃又错怪李卓老曰:"因他超脱,不以嗣续为重,故儿效之耳。"吁吁!生子生孙何事也,乃亦效人乎!且超脱又不当生子乎!即儿好超脱,故未有孙,而公不超脱者也,何故不见多男子乎?我连生四子俱不育,老来无力,故以命自安,实未尝超脱也。公何诬我之甚乎!

又不特是也。分明憾克明好超脱,不肯注意举子业,却回护之曰:"吾家子侄好超脱,不肯着实尽平常分内事。"乃又错怪李卓老曰:"因他超脱,不以功名为重,故害我家儿子。"吁吁!卓吾自二十九岁做官以至五十三岁乃休,何曾有半点超脱也!克明年年去北京进场,功名何曾轻乎!时运未至,渠亦未尝不坚忍以俟。而翁性急,乃归咎于举业之不工,是而翁欲心太急也。世间工此者何限,必皆一一中选,一一早中,则李、杜文章不当见遗,而我与公亦不可以侥幸目之矣。

夫所谓超脱者,如渊明之徒,官既懒做,家事又懒治,乃可耳。今公自谓不超脱者固能理家;而克明之超脱者亦未尝弃家不理也,又何可以超脱憾之也!既能超脱足追陶公,我能为公致贺,不必憾也。此皆多欲之故,故致背戾,故致错乱,故致昏蔽如此耳。且克明何如人也,筋骨如铁,而肯效颦学步从人脚跟走乎!即依人便是优人,亦不得谓之克明矣。故使克明即不中举,即不中进士,即不作大官,亦当为天地间有数奇品,超类绝伦,而可以公眼前蹊径限之欤?

吴少虞曾对我言曰:"楚倥放肆无忌惮,皆尔教之。"我曰:"安得此无天理之谈乎?"吴曰:"虽然,非尔亦由尔,故放肆方稳妥也。"吁吁!楚倥何曾放肆乎?且彼乃吾师,吾惟知师之而已。渠眼空四海,而又肯随人脚跟走乎?苟如此,亦不得谓之楚倥矣。大抵吴之一言一动,皆自公来,若出自公意,公亦太乖张矣。纵不具只眼,独可无眼乎!吾谓公且虚心以听贱子一言,勿蹉跎误了一生也。如欲专为光前裕后事,吾知公必不甘,吾知公决兼为继往开来之事者也。一身而二任,虽孔圣必不能。故鲤死则死矣,颜死则恸焉,妻出更不复再娶,鲤死更不闻再买妾以求复生子。无他,为重道也;为道既重,则其他自不入念矣。公于此亦可遽以超脱病之乎!

然吾观公,实未尝有传道之意,实未尝有重道之念。自公倡道以来,谁是接公道柄者乎?他处我不知,新邑是谁继公之真脉者乎?面从而背违,身教自相与遵守,言教则半句不曾奉行之矣。以故,我绝不欲与此间人相接,他亦自不与我接。何者?我无可趋之势故耳。吁吁!为师者忘其奔走承奉而来也,乃直任之而不辞曰,"吾道德之所感召也";为弟子者亦忘其为趋势附热而至也,乃久假而不归曰,"吾师道也,吾友德也"。吁!以此为学道,即稍稍有志向者,亦不愿与之交,况如仆哉!其杜门不出,非简亢也,非绝人逃世也;若欲逃世,则入山之深矣。麻城去公稍远,人又颇多,公之言教亦颇未及,故其中亦自有真人稍可相与处耳。虽上智之资未可即得,然个个与语,自然不俗。黄陂祝先生旧曾屡会之于白下,生初谓此人质实可与共学,特气骨太弱耳。近会方知其能不昧自心,虽非肝胆尽露者,亦可谓能吐肝胆者矣。使其稍加健猛,亦足承载此事,愿公加意培植之也。

闻麻城新选邑侯初到,柳塘因之欲议立会,请父母为会主。余谓父母爱民,自有本分事,日夜不得闲空,何必另标门户,使合县分党也?与会者为贤，则不与会者为不肖矣。使人人有不肖之嫌，是我辈起之也。且父母在，谁不愿入会乎？既愿入会，则入会者必多不肖；既多不肖，则贤者必不肯来；是此会专为会不肖也。岂为会之初意则然哉，其势不得不至此耳。况为会何益于父母，徒使小子乘此纷扰县公。县公贤则处置自妙，然犹未免分费精神，使之不得专理民事；设使聪明未必过人，则此会即为断性命之刀斧矣，有仁心者肯为此乎！盖县公若果以性命为重，则能自求师寻友，不必我代之劳苦矣。何也？我思我学道时，正是高阁老、杨吏部、高礼部诸公禁忌之时，此时绝无有会，亦绝无有开口说此件者。我时欲此件切，自然寻得朋友，自能会了许多不言之师，安在必立会而后为学乎！此事易晓，乃柳塘亦不知，何也？若谓柳塘之道，举县门生无有一个接得者，今欲趁此传与县公，则宜自将此道指点县公，亦不宜将此不得悟入者尽数招集以乱聪听也。若谓县公得道，柳塘欲闻，则柳塘自与之商证可矣。且县公有道，县公自不容已，自能取人会人，亦不必我代之主赤帜也。反覆思惟，总是名心牵引，不得不颠倒耳。

童心说

龙洞山农叙《西厢》末语云："知者勿谓我尚有童心可也。"夫童心者，真心也。若以童心为不可，是以真心为不可也。夫童心者，绝假纯真，最初一念之本心也。若失却童心，便失却真心；失却真心，便失却真人。人而非真，全不复有初矣。

童子者，人之初也；童心者，心之初也。夫心之初曷可失也！然童心胡然而遽失也？盖方其始也，有闻见从耳目而入，而以为主于其内而童心失。其长也，有道理从闻见而入，而以为主于其内而童心失。其久也，道理闻见日以益多，则所知所觉日以益广，于是焉又知美名之可好也，而务欲以扬之而童心失；知不美之名之可丑也，而务欲以掩之而童心失。夫道理闻见，皆自多读书识义理而来也。古之圣人，曷尝不读书哉！然纵不读书，童心固自在也，纵多读书，亦以护此童心而使之勿失焉耳，非若学者反以多读书识义理而反障之也。夫学者既以多读书识义理障其童心矣，圣人又何用多著书立言以障学人为耶？童心既障，于是发而为言语，则言语不由衷；见而为政事，则政事无根柢；著而为文辞，则文辞不能达。非内含于章美也，非笃实生辉光也，欲求一句有德之言，卒不可得。所以者何？以童心既障，而以从外入者闻见道理为之心也。

夫既以闻见道理为心矣，则所有言皆闻见道理之言，非童心自出之言也。言虽工，于我何与，岂非以假人言假言，而事假事文假文乎？盖其人既假，则无所不假矣。由是而以假言与假人言，则假人喜；以假事与假人道，则假人喜；以假文与假人谈，则假人喜。无所不假，则无所不喜。满场是假，矮人何辩也？然则虽有天下之至文，其湮灭于假人而不尽见于后世者，又岂少哉！何也？天下之至文，未有不出于童心焉者也。苟童心常存，则道理不行，闻见不立，无时不文，无人不文，无一样创制体格文字而非文者。诗何必古选，文何必先秦。降而为六朝，变而为近体；又变而为传奇，变而为院本，为杂剧，为《西厢曲》，为《水浒传》，为今之举子业，皆古今至文，不可得而时势先后论也。故吾因是而有感于童心者之自文也，更说甚么《六经》，更说甚么《语》《孟》乎？

夫《六经》《语》《孟》，非其史官过为褒崇之词，则其臣子极为赞美之语。又不然，则其迂阔门徒，懵懂弟子，记忆师说，有头无尾，得后遗前，随其所见，笔之于书。后学不察，便谓出自圣人之口也，决定目之为经矣，孰知其大半非圣人之言乎？纵出自圣人，要亦有为而发，不过因病发药，随时处方，以救此一等懵懂弟子，迂阔门徒云耳。药医假病，方难定执，是岂可遽以为万世之至论乎？然则《六经》《语》《孟》，乃道学之口实，假人之渊薮也，断断乎其不可以语于童心之言明矣。呜呼！吾又安得真正大圣人童心未曾失者而与之一言文哉！

（录自《焚书·续焚书》，中华书局 2009 年版）

藏书世纪列传总目前论

李氏曰：人之是非，初无定质。人之是非人也，亦无定论。无定质，则此是彼非并育而不相害；无定论，则是此非彼亦并行而不相悖矣。然则今日之是非，谓予李卓吾一人之是非，可也。谓为千万世大贤大人之公是非，亦可也。谓予颠倒千万世之是非，而复非是予之所非是焉，亦可也。则予之是非，信乎其可矣。前三代，吾无论矣。后三代，汉、唐、宋是也。

中间千百余年，而独无是非者，岂其人无是非哉？咸以孔子之是非为是非，故未尝有是非耳。然则予之是非人也，又安能已！夫是非之争也，如岁时然，昼夜更迭，不相一也。昨日是而今日非矣，今日非而后日又是矣。虽使孔夫子复生于今，又不知作如何非是也，而可遽以定本行罚赏哉！老来无事，爰览前目，起自春秋，讫于宋元，分为纪传，总类别目，用以自怡，名之曰《藏书》。《藏书》者何？言此书但可自怡，不可示人，故名曰《藏书》也。而无奈一二好事朋友，索览不已，予又安能以已邪？但戒曰："览则一任诸君览观，但无以孔夫子之定本行罚赏也。则善矣。"

（录自张建业主编，《李贽文集·藏书》，社会科学文献出版社 2000 年版）

李材学案

　　李材(1529—1607),字孟诚,号见罗,江西丰城人。出身名门,祖上曾有数人入朝为官。师从王守仁门人邹守益,嘉靖四十一年(1562)考中进士,授刑部主事,旋即辞官返家,研习经传。南归途中,李材拜访唐枢、王畿、钱德洪等数位阳明弟子。丁父忧期满,李材还朝任兵部郎中。隆庆五年(1571),擢广东按察使司佥事。万历元年(1573),创办端溪书院。万历二年(1574),两广总督殷正茂强行将端溪书院落榜,改为监军道,李材负气辞官。万历十一年(1583),李材复官,任山东布政使司参政,不久调往辽东;翌年初,转任云南大理参政,指挥与缅甸的作战并获胜。万历十三年(1585),升任按察使。不久,李材再次升迁,拜右佥都御史,抚治湖广郧阳。在郧阳,李材采纳弟子建议,改当地公署为学官,这一决定引发兵变。此事加之夸大缅战战功致使李材被弹劾而入狱五年,万历二十一年(1593)充军为戍卒,发配至福建沿海漳州附近的镇海卫。李材在福建居住了近十五年,其间传经授道。归家后不久即卒。

　　李材在反省阳明"致良知"说的基础上,以《大学》的义理为架构,提出了"止修"之学。李材认为良知并非本体,而只是发用,所谓"故致知者即是致其分别之知",所以"故凡说知者,不论良知、真知、乾知、易知,与夫德性之知、闻见之知、记识之知、思虑之知,用之良不良不同,而其为分别一也"。必须要以知本、知止为学术根本。知止在李材看来就是性:"知本者,尽性之枢;知止者,至命之奥。""知止又非悬空,只知修身为本而止之是也。"知止与修身实际上是二而一的:"其实知本者,知修身为本而本之也;知止者,知修身为本而止之也。总是一事,有何交互之有?"只有通过格致诚正、允执厥中、省身克己的工夫以修身,才能心正、意诚、知致、物格、家齐、国治、天下平,最终达到"止于至善"的目的。

　　李材的止修之学实际上已经超出阳明学的范畴,故而黄宗羲在《明儒学案》中将其单独列为止修学案。李材一生讲学不辍,曾创建有"岭南第一学府"之称的端溪书院。其著作繁多,有《正学堂稿》《观我堂稿》《见罗李先生书》《将将纪》等。今有北京大学儒藏整理本《正学堂稿》。

大学古义

知本义上(为端溪书士友著)

或问:子言学之以知本为要也,义何居乎?

曰:此非愚言也。"修身为本",《大学》言之矣。"知修身为本,斯谓知本",阳明先生言之矣。今论学爱举"古之欲明明德于天下",以是为学之大纲也,似也,然不省要归在于何处。此所以徒侈虚旷,言近似而卒无有下手从入处也。

《大学》明说:"大学之道在明明德,在亲民,在止于至善。"必先知止矣,而后能定能静能安能虑,以驯至于有得。若止不知,则断无有能得者。必竟止安在乎?"物有"一条正教人以知止之法也。若曰:要知止处不难,只就事物上辨其所本末始终者而知所先后,而止可知矣。何也?知本末则必无有舍本而事末者,知始终则必无有遗始而急终者。

今世学者却不然,大都皆是后其所宜先者,先其所宜后者,倒乱了始终本末之序。此其精神所以一味漫散,无有至止,而于道卒去之远也。古之人则不然也,欲明明德于天下,必先治其国,欲明于国,先之家,欲明于家,先之身,欲明于身,先之心,先之意,先之知,先之物。心者何?则身之所主宰是也。意者何?则心之所运用是也。知者何?则意之所分别是也。物者何?则知之所感触是也。身心意知物家国天下者,所谓物也。格致诚正修齐治平者,所谓事也。本末始终先后,则序之自然而不容紊者也。

夫身为家之本,则必始于身修而后家可齐;家为国之本,则必始于家齐而后国可治;国为天下之本,则必始于国治而后天下可平。奈之何世之人要平天下者便从天下去求,要治国者便从国去求,要齐家者便从家去求。曾见有其身之不能修而可以齐家者乎?曾见有其家之不能齐而可以治国者乎?曾见有其国之不能治而可以平天下者乎?又曾见有其心之不能正而可以修身，其意之不能诚而可以正心，知之不致而可以诚意，物之不格而可以致知者乎？以此意端扰扰，竟日驰求，无有宁止，齐治均平纷然措手而渺渺无归宿之期也。既不知止，安能有定？既不能定，从何致静？既不能静，何处得安？既未至安，云何能虑？尽力修齐平治一切尽以意识揣摩，以气魄承当，以智术笼罩，以闻见摹拟，而于道卒去之远矣，何由能得？得者何？即德之贯通于事物而实体于己者也。故"辨得本末明白，自然不去末上着功，本正而末自举；识得终始明白，自然不去终上着功，始治而终自就"条，其教人功夫，亦真可云吃紧而不厌其烦且渎矣。而世终莫之悟也。

然犹虑夫外骛者固致遗其本始，而反观者又或涉于玄虚，则其下手之际亦终茫昧而无有所归宿也，故于"先后"两节之下，又直断以"自天子以至于庶人，壹是皆以修身为本"。此是圣人之学十分平实、十分妥当，断知身外无有家国天下，修外无有格致诚正、均平齐治，但一事而不本诸身者，即是五伯功利之学；格致诚正，但一念而不本诸身者，即是佛老虚玄之学。故身即本也，即始也，即所当先者也。知修身为本，即知本也，知止也，知所先后者也。精神凝聚，意端融结，一毫荧惑不及其他，浩然一身通乎天地万物，直与上下同流，而通体浑然一至善矣。家于此齐焉，国于此治焉，天下于此平焉。所谓笃恭而平、垂衣而治、无为而理者，用此道也。

"本乱"一条，又以决言身之必为本而学之必先于知本也。若舍身之不本而汲汲于均平齐治而能有成者，断断乎无是理也。故直结以"此谓知本，此谓知之至也"。此真所谓至善之极则、知止之实功而明德亲民一以贯之者也。舍修身之外，宁复有所为知本、有所为知止至善者哉？

知本义下

或问：子之以身为本而本之，似也，不知家国天下、心意知物，亦乌所用其力乎？

曰：天下国家非他也，即身之所体备者也；心意知物非他也，即身之所运用者也。故格致诚正一毫有不备，则身固无自而能修；均平齐治一毫有不至，则身亦不可以言修。何者？身之所处，不于家则于国，不于国则于天下，未有遗人物而独立者，故言身则家国天下皆举之矣。身之所修，非齐家则治国，非治国则平天下，故言修身则格致诚正兼举之矣。

曰：然则本体之明德抑何所从而识认之乎？

曰：明德者非他也，即德性之充满于吾身而贯通于家国天下者也。人惟不知身之为本也，而伥伥然支离其意绪，流散其精神，则本体之无由而识认者有之矣。今既知夫身之为本也而本之，而止之，而修之，而一毫精神不以骛于外，则此虚灵之体自然日充日满，日昭日著，月将日就，有缉熙于光明矣；而又何忧于本体之虚灵乃有不能识察者乎？且今学者所以卒岁穷年无所至止，正为学不知本之故，所以凭其意见卜度揣摩，将身所体备切实之事、彝伦日用之常尽数看作粗迹，架漏空疏，而日以寻索本体为事，糜费岁月，眩瞀精神，播腾唇吻，是赚误学者之坑阱膏肓也，而尚欲踵而行之，沦胥以底于溺也。不亦左乎？

曰：然则昔之儒有谓《大学》之要在于致知，而阳明先生亦惟专揭致良知，以为是圣学之正法眼藏也。夫岂其无见于此也而云然乎？

曰：有是也。只以经之本义考之，则极其用之大而广也，至于家齐国治而天下平；析其功之密而精也，至于心正意诚知致而物格；而要其归之约也，则断以"自天子以至于庶人，壹是皆以修身为本"。彼岂不知夫知也者心之体也，乃不曰"自天子以至于庶人，壹是皆以致知为本"，而必曰修身也乎？今既不曰正心，不曰诚意，不曰致知，而特揭曰修身，则其意端亦真可想矣。岂不以身心意知之本通为一，而格致诚正之莫非所以修其身者乎？且偏言之，则如《论语》之言知，而身心与意未尝不备其中；概举之，则知《大学》之备言大用全体，则必要以修身而后为极。至于阳明先生之揭致知者，则又自有说，与《大学》之断自修身者道同学同而意各有指也。独不观《注》中之所以训知者乎？曰"知犹识也"，只一个"识"字误将德性之良知诱为闻见之记识。由此以多闻多见为致知，以博古通今为格物，滥为记诵，侈为辞章，淫为训诂，日伥伥焉求明于其外，以是为天德之良知也，而圣人之学几于沦晦。阳明有忧之，故于致知之上特为点出"良"字，若云《大学》之所谓致知者非知识也，乃良知也，故揭良知者，意诚在于此也。至其古本旁注，一则曰"只是修身"，二则曰"只是修身"，而于"此谓知本，此谓知之至也"之旁注之曰"知修身为本，斯谓知本，斯为知至"，此又岂其无见于此也而云然乎？矧当阳明先生之时，世方汩没沉痼于训诂辞章，而莫知所以自反，则致知之提揭也，诚为紧要。今天下之士已无不知学之必求诸其心也，而其所缺者正惟在于不知身之为本也。此其所以高持意见、流为空疏,甚至恣情徇欲亦弊之所容或有者。则此修身者,岂惟学圣之常法,固即所以为今日学者对治之良剂也。则舍修身之外,将何所本? 而又复将何所以用其力也乎?

知止说

或问:《注》以"知止为始,能得为终","明德为本,亲民为末"。今子乃以知止者即知本也,则所云本末始终者义安在乎?

曰:皆非也。德与民一物也,即下文所谓身心意知家国天下者是也,然而有本末焉;明与亲一事也,即下文之所谓格致诚正修齐治平者是也,然而有终始焉。物既有本末,则舍其本而事末者非也;事既有终始,则缓其始而急于终者亦非也。此正教人以知止之法也。若以明德亲民为两物,是岐而二之也。以知止能得为始终,是不复知有明与亲之实事也,而可乎?

曰:然则所谓定静安虑者,于学何所取乎?

曰:斯义也,《易》言之矣。曰:"艮其背,不获其身;行其庭,不见其人。""艮其止,止其所也。"曰:"无思也,无为也,寂然不动,感而遂通天下之故。"世之人惟不知夫身之为本而本之也,故反观者既致堕于空虚,而外骛者又以遗其本始,卒茫昧而无有所归宿也。既不知止,安能有定? 既未能定,何由得静? 既不能静,云何能安? 既未能安,则睿智聪明一切无从出也,何自能虑? 既未能虑,则所云均平齐治者术数也、权谋也,所云正诚致格者闻见也、揣摩也,何云能得? 故所谓定静安者,即所为本无思为而寂然者也,心之本体然也。不复其本体,何由能虑? 所谓能虑者,即所为同归而殊途、一致而百虑、感而遂通天下之故者也,心之本体然也。不复其本体,何为能得? 得者何? 即德之贯通于事物而实体于己者也。家齐焉,国治焉,天下平焉,而知至意诚心正而身修,然必自知止始也,所谓艮其背者是也。此知本所以为学之要也。

格致义

或问:致知格物,学问之工盖莫要于此也。独无传者,何与?

曰:知非他也,即所谓意之分别者是也;物非他也,即所谓知之感触者是也。除却家国天下身心意知,无别有物矣;除却格致诚正修齐治平,无别有知矣。故格致无传也,一部之全书即所以传格致也。如传诚意,则意物也,而所以诚之者即知也;传正心,则心物也,而所以正之者即知也;传修身,则身物也,而所以修之者即知也;传齐家、传治国平天下,则家国天下者物也,而所以齐之治之平之者即知也。故格致无传,一部之全书即所以传格致也。

曰:知之无别有知也,物之无别有物也,似也,而所以格之致之抑何如以用其力耶?

曰:难言也,然非难言也,抑亦不考于经之过也。如戒自欺、求自慊、慎其独,知必其意之如好好色、如恶恶臭,而无有不诚,而所以格诚意之物而致其知者可知也。身之有所忿懥恐惧也,好乐忧患也,所以使心之失其正者此也,心之有不在焉,所以使身之失其修者此也,而所以格修正之物而致其知者可知也。之其所亲爱贱恶畏敬哀矜敖惰而辟焉,身之所以不修者此也,家之所以不齐者此也,而必由其好恶之正,而所以格修齐之物而致其知者可知也。正其身以刑家,不出家而成教于国,必有诸己而后求诸人,不令于民而反所好,而所以格齐治之物而致其知者可知也。所恶于上者则不以使下,所恶于下者则不以事上,所恶于前者不以先后,所恶于后者不以从前,所恶于左者不交于右,所恶于右者不以交于左,推之理财用人,一切同民之所好恶而不以己意与之,而所以格治平之物而致其知者可知也。大率"致"字固兼体认扩充,而"格"字亦兼察识格正。所谓"其次致曲""丧致乎哀"者,实足以尽"致"义;而所云"格其非心""格于文祖""有苗来格","格物"之"格"实亦兼有其义也。故曰:非难言也,抑亦不考于经之过也。以格物为去欲,是不知物之非欲也,体备于我者也,其失也虚;以格物为感通,是不知致知者非虚也,格物者正其实下手处也,其沦也寂;以格物为穷至事物之理,是不知物理非外也,遗吾心而求之,无复有物理也,其失也支:是皆不考于经之过也。各以其意窥之,不得已从而为之词。故曰:非难言也,不考于经者之过也。

此谓知本条答义

有生举府,考"此谓知本"题问。曰:知本果难言。生等虽日侍先生之教,讲于知本之宗,题到茫然,难以下笔,即词句稍条者,义终不快。

先生曰:此盖合下来解者欠明之过,未可专诿于诸友讲贯之疏。

诸生因请曰:此意必竟当如何看?

先生曰:往年陈永宁曾问此。于时永宁未契予学,有难显言,谩答之曰:"且放下。此孔门知本的一大消息也,未可轻易谈也。"永宁固请不已,数日而后告之。今姑为诸友一述之。大率曾子八传,虽诸传无不尽心,而于"止于至善"一传尤为吃紧留意。首引"邦畿",以见止必有所。次援"黄鸟",以见止所当知。却引"穆穆文王",点出仁敬孝慈信,以示止之善则。却引"听讼",指出知本,以示止之归宿。"听讼"一章原文在,此知其非错简也。备矣!却引"淇澳",暗说明德之止于至善而自兼乎亲民,所谓"有斐君子,终不可谖兮"者是也,以证只在知本。却引"前王不忘",暗说亲民之止于至善而实本乎明德,所谓亲贤乐利皆自于上者是也,以证必要知本。大率听讼者是求在人,使民无讼者是求在己。求在人者,其意非不欲民之无讼,而讼不为无;求在己者,其意似不着在讼上,而讼不待听。故曰:"听讼,吾犹人也。必也,使无讼乎?"言听讼非为难,必使民无讼乃可贵也。此孔子语也。"无情"二句,是曾子解释"使民无讼"之旨。"此谓知本"一句,是曾子传释经文之旨。"无情者,不得尽其辞",非禁之也,所谓有耻且格,自不忍尽其虚诞之辞也。"大畏民志"者,非威之也,所谓威如之吉,反身之谓也,自然有以畏服民之心志也。必如此,而后谓之知本。必如此,而后谓之知止。予所谓本者,止之地也是也。独言听讼者,盖全副当精神走向人边,莫如听讼之显者矣。他日,阳肤为士师,问于曾子。阳肤之意岂不要向曾子讨一听讼之法?曾子之答却只告以使民无讼之道,曰"上失其道,民散久矣",则显然修身为本之家传也,曰"如得其情,则哀矜而勿喜",则昭然使民无讼之意旨也。知民散由于上之失道,而知本可征;知得情之为可矜,而听讼之不足尚益审矣。吾故曰:此是孔门知本的一大消息也,未可轻易谈也。三千莫不闻教,曾学独得其宗,岂不为信然哉? 岂不为信然哉?

一时在坐者闻所未闻,莫不踊跃称快,曰:二千载未明之义,先生发之。孔、曾有灵,含笑矣。

(录自《见罗先生书》,明万历刻本)

焦竑学案

焦竑(1540—1620)，字弱侯，号漪园、澹园，生于江宁，祖籍山东日照，祖上寓居南京。焦竑自幼聪慧，十六岁应童子试，获第一，入南京兆学读书。耿定向以巡按御史到南京督理学政，焦竑从之学习，开始讲求心性之学。二十四岁中举，其后七次会考都名落孙山。万历十七年(1589)会试北京，以五十岁高龄得中状元，轰动一时，官翰林院修撰，后曾任南京司业。万历二十二年(1594)，焦竑受命与修明朝国史，但出于各种原因中辍。后任顺天乡试副考官，以录文险诞贬为福建福宁州同知。万历二十六年辞官回家。后终于家。

焦竑继承了孟子以来的经学传统，特别是王阳明的"良知说"、罗汝芳的"赤子良心说"和耿定向的"不容已"说，提出"知性"作为为学宗旨："夫学何为者也？所以复其性也""孔孟之学，尽性至命之学也"。焦竑认为"性本无物"，空空洞洞，性无善恶，浑浑融融，"善，自性也，而性非善也。谓善为性则可，谓性为善则举一而废百矣"，善、恶、非善非恶都属于性的范畴。"空"正是心性的特质："盖此心空洞无物，即名为道，名为极。"因为其空，所以包天地，贯古今，尽万物。儒者修养工夫，首在知性，知性者，知己性原来万理具足，不假外求。焦竑所要阐发的终极意蕴是人对心性的自觉，这一自觉状态已超越了儒释的差别。由于对心性本体的空无理解，他主张三教归一。不过他的终极关怀仍然是儒家的，尤其是礼治的。

焦竑在成为状元之前，就已经是名满天下的文坛领袖人物。他交游甚广，特别与李贽相善。他也是明末著名的藏书家，《明史》载："博极群书，自经史至稗官、杂说，无不淹贯，善为古文，典正驯雅，卓然名家。"焦竑著作甚丰，有《澹园集》《焦氏笔乘》《焦氏类林》《国朝献征录》《国史经籍志》《老子翼》《庄子翼》等。其著作多有中华书局版标点本。

答耿师

差人到,得领教尺为慰。承谕"学术至今贸乱已极",以某观之,非学术之贸乱,大抵志不真、识不高也。盖其合下讲学时,原非必为圣人之心,非真求尽性至命之心,只蕲一知半解,苟以得意于荣利之涂,称雄于愚不肖之林已耳。猝遇一二明者,扣以安身立命一着,辄展转支吾,莫知置对。此时能返照回光,更思出路,岂非大丈夫哉!乃中怀疑沮,外示刚愎。其刚愎也,适以为拒善之藩,其疑阻则懵懵终身而不之释,岂不悲哉!某所谓尽性至命,非舍下学而妄意上达也。学期于上达,譬掘井期于及泉也。泉之弗及,掘井何为?性命之不知,学将安用?今之谈学者,偃然自命为知性矣,然非实能知也。中能无疑乎?未能无疑也。而强以欺人,愚不肖可欺也,贤智者可欺乎?己之心可欺乎?彼其以多欲之心,假道于"无碍"之语,而不知其不可假也。某请有以诘之:为恶无碍也,为善独有碍乎?为善惧有着心也,为恶不惧有着心乎?以彼所托,意出禅宗。顾禅宗无是也,内典云:"无我无作无受者,善恶之业亦不亡。""无作无受"者,言于有为之中,识无为之本体云耳。未尝谓恶可为,善可去也。又云:"善能分别诸法相,于第一义而不动。"言分别之中,本无动摇云耳,未尝谓善与恶漫然无别也。是"无我无作无受"也,是"不动"之"第一义"也,乃孔门"空空"之宗也,乃子思"未发之中""无声无臭"之"天载"也。为之徒者,既不能契其妙诠,而反拾他人余唾,以文其谬,奈之何哉?孟子论暴行必先邪说,邪说所以济暴行。邪说不炽,暴行不行也。然则非身擅伦物之矩,无以挽暴行之流,非心彻性命之原,无以关邪说之口。舍吾师其奚望哉?

薛鸿胪传至,《译异编》领悉。人还甚迫,信笔作此,冀更有以教之,幸甚!

答耿师

昨姜司寇公递至手札,并录伯淳先生语见示,知吾师为学者虑至深也。某之寡昧,何足与议于此!敢私布之,以求正。

伯淳,宋儒之巨擘也,然其学去孔孟则远矣。孔孟之学,尽性至命之学也。独其言约旨微，未尽阐晰，世之学者又束缚于注疏，玩狎于口耳，不能骤通其意。释氏诸经所发明，皆其理也。苟能发明此理，为吾性命之指南，则释氏诸经，即孔孟之义疏也，而又何病焉！伯淳斥佛，其言虽多，大抵谓"出离生死"为利心。夫生死者，所谓生灭心也，《起信论》有"真如""生灭"二门，未达真如之门，则念念迁流，终无了歇。欲"止其所"不能已。以出离生死为利心，是《易》之"止其所"亦利心也。苟"止其所"非利心，则即生灭而证真如，乃吾曹所当亟求者，从而斥之可乎？然"止"非程氏"殄灭""消煞"之云也，"艮其背"，非无身也，而不获其身，"行其庭"，非无人也，而不见其人。不捐事以为空，事即空，不灭情以求性，情即性。此梵学之妙，孔学之妙也。总之，非梵学之妙、孔学之妙，而吾心性之妙也。此即谓之玄机，而舍帖身无玄机；此即谓之微旨，而舍就事无微旨。恐不必会之而为一，亦欲二之而不能矣。若所言"殄灭""消煞"之云，则二乘之断见，而佛之所诃也，岂佛咎哉！伯淳人品虽高，其所得者犹存意地，乃欲以生灭之见缠，测净明之性海，难以冀矣。学者诚有志于道，窃以为儒、释之短长，可置勿论，而第反诸我之心性。苟得其性，谓之梵学可也，谓之孔孟之学可也，即谓非梵学、非孔孟学，而自为一家之学，亦可也。盖谋道如谋食，藉令为真饱，即人目其馁，而吾腹则果然矣。不然，终日论人之品味，而未或一哜其臠，不至枵腹立毙者几希。

《译异编》《语录》共二册，悉有鄙见笺注其上，并往请教。然不可以语他人，唯吾师可也。

答友人问

王伯安言："佛氏言无，吾儒岂能加个有？"且以出离生死为念，则于无上不免加少。意所以与吾圣人异？曰：出离者，人法俱空，能所双遣，何以言加！

古云黄老悲世人贪着，以长生之说渐次引之入道。余谓佛言出离生死，亦犹此也。盖世人因贪生乃修玄，玄修既彻，即知我自长生；因怖死乃学佛，佛慧既成，即知我本无死：此生人之极情，入道之径路也。儒者或谓出离生死为利心，岂其绝无生死之念耶？抑未隐诸心，而漫言此以相欺耶？使果毫无悦生恶死之念，则释氏之书政可束之高阁，第恐未悟生死，终不能不为死生所动。虽曰不动,直强言耳,岂其情乎! 又当知超生死者,在佛学特其余事,非以生死胁持人也。

周茂叔言:"看一部《华严经》,不如看一《艮卦》。"如何? 曰:此言是也? 学者苟能知《艮卦》,何须佛典? 苟能知自性,又何须《艮卦》?

程伯淳言:"释氏说道,如以管窥天,只是直上去。"如何? 曰:否。道无上下。

伯淳言:"'氏直欲和这些秉彝都消煞得尽,然后以为道。然毕竟消煞不得。'"如何? 曰:安得此言? 如此是二乘断灭之见,正佛之所诃也。

伯淳言:"佛有个觉之理,可谓敬以直内矣。然无义以方外。"如何? 曰:觉无内外。

伯淳言:"佛唯务上达,而无下学。"然则其达岂有是也? 曰:离下学无上达,佛说种种方便,皆为未悟者设法,此下学也。从此得悟,即名上达。学而求达,即掘井之求及泉也,泉之弗及,掘井奚为? 道之弗达,学将安用?

伯淳言:"'尽其心者,知其性也。'佛所谓'识心见性'是也。若存心养性,则无矣。"曰:真能知性知天,更说甚存养? 尽心知性,所谓明得尽渣滓便浑化是也。存心养性,所谓其次庄敬以持养之是也。即伯淳之言,可以相证。然释氏亦有保任之说,是否? 曰:古德不云乎:"一翳在眼,空华乱坠。"

伯淳言:"《传灯》千七百人,无一人达者,不然何以削发胡服而终?"曰:削发胡服,此异国土风。文中子所云"轩车不可以适越,冠冕不可以之胡"者也。然安知彼笑轩车冠冕,不若我之笑削发胡服者耶? 故老聃至西戎而效夷言,禹入裸国忻然而解裳。局曲之人,盖不可道此。

伯淳言:"佛穷神知化,而不足以开物成务。"如何? 曰:学不能开物成务,则神化何为乎? 伯淳尝见寺僧趋进甚恭,叹曰:"三代威仪,尽在是矣。"又曰:"洒扫应对,与佛家默然处合。"则非不知此理,而必为分异如是,皆慕攻异端之名而失之者也。不知天下一家,而顾遏籴曲防,自处于偏狭固执之习,盖世儒牵于名而不造其实,往往然矣。乃以自私自利讥释氏,何其不自反也。

伯淳言:"释氏之学,若欲穷其说而去取之,则其说未能穷,固已化而为佛矣。"且于迹上攻之。如何? 曰:伯淳唯未究佛乘,故其掊击之言,率揣摩而不得其当。大似听讼者,两造未具,而臆决其是非,赃证未形,而悬拟其罪案,谁则服之? 为士师者,谓宜平反其狱,以为古今之一快,不当随俗尔耳也。

(录自李剑雄点校,《澹园集》,中华书局 1999 年版)

焦氏笔乘自序

曩读书之暇,多所札记。万历庚辰岁,友人取数卷刻之,余藏巾笥中未出也。迨牵丝入仕,随所见闻,辄寄笔札。寻以忤权见放,奔迸之余,不皇检括,散轶者十有五六。顷卧园庐,尘埃漫漶,不复省视久矣。筠州谢君吉甫,见而惜之,手自排缵,并前编合刻之,以付同好。

余观古今稗说,不啻千数百家,其间订经子之讹,补史传之阙,网罗时事,缀辑艺文,不谓无取;而肤浅杜撰,疑误观听者,往往有之。余尚欲投一枝于邓林间哉! 顾国家之典制,师友微言,间有存者,当不以余之鄙而废之也,在览者择之而已。万历丙午春日焦竑书于所居之忻赏斋。

(录自李剑雄点校,《焦氏笔乘》,中华书局 2008 年版)

周汝登学案

　　周汝登(1547—1629)，字继元，别号海门，浙江嵊县人。明万历五年(1577)考中进士，授工部屯田主事。后因不忍横征，被贬官，谪两淮盐运制官。周汝登为盐民讲解乡规民约，并刊印出《四礼图说》引导盐民，由于其治理盐场功绩显著，万历二十年(1592)升任南京兵部车驾司主事，担任草场总管。此后调广东任按察佥事，又为云南布政使司参议、南京尚宝司卿。但周汝登淡泊名利，屡次推辞，却屡次不允。直至古稀之年，周汝登官职升至户部右侍郎，仍坚辞不就，再三恳乞，才得以恩准回乡。崇祯二年(1629)，已八十三岁的周汝登经人推荐，被奉诏擢用，起为工部尚书。年迈的周汝登再一次全力推辞，依旧未果，但不久即辞世。临死前，弟子和家人拟谥"文昭"，县里也欲立祠，均被他坚决拒绝。

　　周汝登以王阳明的"本心"之学为宗。中秀才后，倾心阳明学，以阳明学和王龙溪的嫡系传人自居。他承继了王畿的"无善无恶"说，认为"圣学之'宗'只在'心'"，而"无善无恶"说才是"心宗之正"。周汝登曾在南京讲会发明"天泉证道"，许孚远以"无善无恶不可为宗"，作《九谛》以难之，汝登作《九解》以伸其说，以性为无善无恶，"无善无恶，斯为至善"。在功夫上，周汝登倡导心之"自得"，提出："此心一刻自得，便是一刻圣贤；一日自得，便是一日圣贤；常常如是，便是终身圣贤。"周汝登辑有《圣学宗传》《王门宗旨》等学术史著作，对后世的《理学宗传》《明儒学案》等有很大影响。

　　黄宗羲在《明儒学案》中对周汝登评价不高，批评较为严厉，指责周汝登学术支离，"无善无恶"的思想"即释氏之所空"等。但总的看来，周汝登是阳明学在万历年间的重要代表之一，其思想也典型地反映了阳明学的一个发展趋向，对浙东阳明后学陶望龄等有较大影响。周汝登一生博览群书，学识深广，著作较多，今编有《周汝登集》(浙江古籍出版社，2015年)。

九　解

南都旧有讲学之会,万历二十年前后,名公毕集,会讲尤盛。一日拈《天泉证道》一篇,相与阐发,而座上许敬庵公未之深肯。明日,公出九条目,命曰《九谛》,以示会中,先生为《九解》复之。天泉宗旨益明,具述于左云。

《谛》一云:《易》言元者善之长也,又言继之者善,成之者性。《书》言德无常师,主善为师。《大学》首提三纲,而归于止至善。夫子告哀公以不明乎善,不诚乎身。颜子得一善,则拳拳服膺而弗失。《孟子》七篇,大旨道性善而已。性无善无不善,则告子之说,孟子深辟之。圣学源流,历历可考而知也。今皆舍置不论,而一以无善无恶为宗,则经传皆非。

维世范俗,以为善去恶为堤防,而尽性知天,必无善无恶为究竟。无善无恶,即为善去恶而无迹,而为善去恶,悟无善无恶而始真。教本相通不相悖,语可相济难相非,此天泉证道之大较也。今必以无善无恶为非然者,见为无善,岂虑入于恶乎。不知善且无,而恶更从何容? 无病不须疑病。见为无恶,岂疑少却善乎? 不知恶既无,而善不必再立。头上难以安头,故一物难加者,本来之体,而两头不立者,妙密之言。是为厥中,是为一贯,是为至诚,是为至善,圣学如是而已。经传中言善字,固多善恶对待之善,至于发明心性处,善率不与恶对,如中心安仁之仁,不与忍对,主静立极之静,不与动对。《大学》善上加一至字,尤自可见。荡荡难名为至治,无得而称为至德,他若至仁至礼等,皆因不可名言拟议,而以至名之。至善之善,亦犹是耳。夫惟善不可名言拟议,未易识认,故必明善乃可诚身,若使对待之善,有何难辨,而必先明乃诚耶? 明道曰:“人生而静以上不容说,才说性时便已不是性也。”凡人说性,只是说“继之者善”也,孟子言“人性善”是也。悟此,益可通于经传之旨矣。《解》一。

《谛》二云:宇宙之内,中正者为善,偏颇者为恶,如冰炭黑白,非可私意增损其间。故天地有贞观,日月有贞明,星辰有常度,岳峙川流有常体,人有真心,物有正理,家有孝子,国有忠臣。反是者,为悖逆,为妖怪,为不祥。故圣人教人以为善而去恶,其治天下也,必赏善而罚恶。天之道亦福善而祸淫,积善之家,必有余庆,积不善之家,必有余殃,自古及今,未有能违者也。而今曰无善无恶，则人安所趋舍者欤？

曰中正，曰偏颇，皆自我立名，自我立见，不干宇宙事。以中正与偏颇对，是两头语，是增损法，不可增损者，绝名言无对待者也。天地贞观，不可以贞观为天地之善，日月贞明，不可以贞明为日月之善，星辰有常度，不可以常度为星辰之善，岳不可以峙为善，川不可以流为善，人有真心，而莫不饮食者此心，饮食岂以为善乎？物有正理，而鸢飞鱼跃者此理，飞跃岂以为善乎？有不孝而后有孝子之名，孝子无孝；有不忠而后有忠臣之名，忠臣无忠。若有忠有孝，便非忠非孝矣。赏善罚恶，皆是"可使由之"边事，庆殃之说，犹禅家谈宗旨，而因果之说，实不相碍。然以此论性宗，则粗悟性宗，则趋舍二字，是学问大病，不可有也。《解》二。

《谛》三云：人心如太虚，元无一物可着，而实有所以为天下之大本者在。故圣人名之曰中，曰极，曰善，曰诚，以至曰仁，曰义，曰礼，曰智，曰信，皆此物也。善也者，中正纯粹而无疵之名，不杂气质，不落知见，所谓人心之同然者也，故圣贤欲其止之。而今曰无善，则将以何者为天下之大本？其为物不贰，则其生物不测，天地且不能无主，而况于人乎？

说心如太虚，说无一物可着，说不杂气质，不落知见，已是斯旨矣，而卒不放舍一善字，则又不虚矣，又着一物矣，又杂气质，又落知见矣，岂不悖乎？太虚之心，无一物可着者，正是天下之大本，而更曰实有所以为天下之大本者在，而命之曰中，则是中与太虚之心二也。太虚之心，与未发之中，果可二乎？如此言中，则曰极，曰善，曰诚，以至曰仁，曰义，曰礼，曰智，曰信等，皆以为更有一物，而不与太虚同体，无惑乎无善无恶之旨不相入，以此言天地，是为物有二，失其指矣。《解》三。

《谛》四云：人性本善，自蔽于气质，陷于物欲，而后有不善。然而本善者，原未尝泯灭，故圣人多方诲迪，使反其性之初而已。祛蔽为明，归根为止，心无邪为正，意无伪为诚，知不迷为致，物不障为格，此彻上彻下之语，何等明白简易。而今曰心是无善无恶之心，意是无善无恶之意，知是无善无恶之知，物是无善无恶之物，则格知诚正工夫，俱无可下手处矣。岂《大学》之教，专为中人以下者设，而近世学者，皆上智之资，不待学而能者欤？

人性本善者，至善也，不明至善，便成蔽陷。反其性之初者，不失赤子之心耳。赤子之心无恶，岂更有善耶？可无疑乎大人矣。心意之物，只是一个，分别言之者，方便语耳。下手工夫，只是明善，明则诚，而格致诚正之功更无法。上中根人,皆如是学,舍是而言正诚格致,头脑一差,则正亦是邪,诚亦是伪,致亦是迷,格亦是障。非明之明,其蔽难开,非止之止,其根难拔,岂《大学》之所以教乎?《解》四。

《谛》五云:古之圣贤,秉持世教,提撕人心,全靠这些子秉彝之良在。故曰:"民之所好好之,民之所恶恶之。""斯民也,三代之所以直道而行也。"惟有此秉彝之良,不可残灭,故虽昏愚而可喻,虽强暴而可驯,移风易俗,反薄还淳,其操柄端在于此。奈何以为无善无恶,举所谓秉彝者而抹杀之?是说倡和流传,恐有病于世道非细。

无作好无作恶之心,是秉彝之良,是直道而行。着善着恶,便作好作恶,非直矣。喻昏愚,驯强暴,移风易俗,须以善养人。以善养人者,无善之善也。有其善者,以善服人,喻之驯之必不从,如昏愚强暴何!如风俗何!至所谓世道计,则请更详论之。盖凡世上学问不力之人,病在有恶而闭藏,学问有力之人,患在有善而执着。闭恶者,教之为善去恶,使有所持循,以免于过。惟彼着善之人,皆世所谓贤人君子者,不知本自无善,妄作善见,舍彼取此,拈一放一,谓诚意而意实不能诚,谓正心而心实不能正。象山先生云:"恶能害心,善亦能害心。"以其害心者而事心,则亦何由诚?何由正也?夫害于其心,则必及于政与事矣,故用之成治,效止骅骝,而以之拨乱,害有不可言者。后世若党锢之祸,虽善人不免自激其波,而新法之行,即君子亦难尽辞其责,其究至于祸国家,殃生民,而有不可胜痛者,岂是少却善哉?范滂之语其子曰:"我欲教汝为恶,则恶不可为,教汝为善,则我未尝为恶。"盖至于临刑追考,觉无下落,而天下方且耻不与党,效尤未休,真学问不明,认善字之不彻,其弊乃一至此。故程子曰:"东汉尚名节,有虽杀身不悔者,只为不知道。"嗟乎!使诸人而知道,则其所造就,所康济,当更何如?而秉世教者,可徒任其所见而不唤醒之,将如斯世斯民何哉?是以文成于此,指出无善无恶之体,使之去缚解粘,归根识止,不以善为善,而以无善为善,不以去恶究竟,而以无恶证本来,夫然后可言诚正实功,而收治平至效。盖以成就君子,使尽为皋、夔、稷、契之佐,转移世道,使得跻黄、虞、三代之隆,上有不动声色之政,而下有何有帝力之风者,舍兹道其无由也。孔子曰:"听讼吾犹人也,必也使无讼乎?"无讼者,无善无恶之效也。嗟乎!文成兹旨,岂特不为世道之病而已乎?《解》五。

《谛》六云：登高者不辞步履之难，涉川者必假舟楫之利，志道者必竭修为之力。以孔子之圣，自谓下学而上达，好古敏求，忘食忘寝，有终其身而不能已者焉。其所谓克己复礼，闲邪存诚，洗心藏密，以至于惩忿窒欲，改过迁善之训，昭昭洋洋，不一而足也。而今皆以为未足取法，直欲顿悟无善之宗，立跻神圣之地，岂退之所谓务胜于孔子者邪？在高明醇谨之士，着此一见，犹恐其涉于疏略而不情，而况天资鲁钝，根器浅薄者，随声附和，则吾不知其可也。

文成何尝不教人修为？即无恶二字，亦足竭力一生，可嫌少乎？既无恶，而又无善，修为无迹，斯真修为也。夫以子文之忠，文子之清，以至原宪克伐怨欲之不行，岂非所谓竭力修为者？而孔子皆不与其仁，则其所以敏求忘食，与夫复礼而存诚，洗心而藏密者，亦可自思，故知修为自有真也。阳明使人学孔子之真学，疏略不情之疑，过矣。《解》六。

《谛》七云：《书》曰："有其善，丧厥善。"言善不可矜而有也。先儒亦曰："有意为善，虽善亦粗。"言善不可有意而为也。以善自足则不弘，而天下之善，种种固在。有意为善则不纯，而吉人为善，常惟日不足。古人立言，各有攸当，岂得以此病彼，而概目之曰无善？然则善果无可为，为善亦可已乎？贤者之疑过矣。

有善丧善，与"有意为善，虽善亦私"之言，正可证无善之旨。尧、舜事业，一点浮云过太虚，谓实有种种善在天下，不可也。吉人为善，为此不有之善，无意之善而已矣。《解》七。

《谛》八云：王文成先生致良知宗旨，元与圣门不异。其《集》中有"性无不善，故知无不良。良知即是未发之中，即是廓然大公，寂然不动之本体，但不能不昏蔽于物欲，故须学以去其昏蔽"。又曰："圣人之所以为圣人者，以其心之纯乎天理，而无人欲之私也。学圣人者，期此心之纯乎天理，而无人欲，则必去人欲而存天理。"又曰："善念存有时，即是天理。立志者，常立此善念而已。"此其立论，至为明析。"无善无恶心之体"一语，盖指其未发廓然寂然者而言之，而不深惟《大学》止至善之本旨，亦不觉其矛盾于平日之言。至谓"有善有恶意之动，知善知恶是良知，为善去恶是格物"，则指点下手工夫，亦自平正切实。而今以心意知物，俱无善恶可言者，窃恐其非文成之正传也。

致良知之旨，与圣门不异，则无善恶之旨，岂与致良知异耶？不虑者为良,有善则虑而不良矣。"无善无恶心之体"一语,既指未发廓然寂然处言之,已发后岂有二耶?未发而廓然寂然,已发亦只是廓然寂然。知未发已发不二,则知心意知物难以分析,而四无之说,一一皆文成之秘密。非文成之秘密,吾之秘密也,何疑之有?于此不疑,方能会通其立论宗旨,而工夫不谬。不然以人作天,认欲为理,背文成之旨良多矣。夫自生矛盾,以病文成之矛盾,不可也。《解》八。

《谛》九云:龙溪王子所著《天泉桥会语》,以四无四有之说,判为两种法门,当时绪山钱子已自不服。《易》不云乎:"神而明之,存乎其人;默而成之,不言而信,存乎德行。"神明默成,盖不在言语授受之际而已。颜子之终日如愚,曾子之真积力久,此其气象可以想见,而奈何以玄言妙语,便谓可接上根之人?其中根以下之人,又别有一等说话,故使之扞格而不通也。且云:"汝中所见是传心秘藏,颜子、明道所不敢言,今已说破,亦是天机该发世时,岂容复秘?"嗟乎!信斯言也,文成发孔子之所未发,而龙溪子在颜子、明道之上矣。其后四无之说,龙溪子谈不离口,而聪明之士,亦人人能言之。然而闻道者,竟不知为谁氏!窃恐《天泉会语》画蛇添足,非以尊文成,反以病文成。吾侪未可以是为极则也。

人有中人以上,中人以下二等,所以语之亦殊。此两种法门,发自孔子,非判自王子也。均一言语,而信则相接,疑则扞格,自信自疑,非有能使之者。盖授受不在言语,亦不离言语,神明默成,正存乎其人,知所谓神而明,默而成,则知颜子之如愚,曾子之真积,自有入微之处。而云想见气象,抑又远矣。闻道与否,各宜责归自己,未可疑人,兼以之疑教。至谓颜子、明道不敢言等语,自觉过高,然要之论学话头,未足深怪。孟子未必过于颜、闵,而公孙丑问其所安,绝无逊让,直曰:"姑舍是而学孔子。"曹交未足比于万章辈,而孟子教以尧、舜,不言等待,而直言诵言行行是尧而已。然则有志此事,一时自信得及,诚不妨立论之高,承当之大也。若夫四无之说,岂是凿空自创?究其渊源,实千圣所相传者。太上之无怀,《易》之何思何虑,舜之无为,禹之无事,文王之不识不知,孔子之无意无我,无可无不可,子思之不见不动,无声无臭,孟子之不学不虑,周子之无静无动,程子之无情无心,尽皆此旨,无有二义。天泉所证,虽阳明氏且为祖述,而况可以龙溪氏当之也耶?虽然圣人立教,俱是应病设方,病尽方消,初无实法,言有非真,言无亦不得已。若惟言是泥,则何言非碍?而不肖又重以言,或者更增蛇足之疑,则不肖之罪也夫!《解》九。

（录自沈芝盈点校,黄宗羲著《明儒学案》,中华书局 2008 年版）

杨起元学案

杨起元(1547—1599)，字贞复，号复所。广东归善人。少聪颖，隆庆元年(1567)高中乡试解元。万历四年(1576)偶遇罗汝芳弟子黎允儒，有了振聋发聩的开悟体验。万历五年(1577)成进士，历任编修、国子监司业、司经局洗马、国子监祭酒、南京礼部右侍郎、南京吏部右侍郎摄吏部、礼部尚书事等。万历二十六年(1598)召为北京吏部右侍郎兼侍读学士，因母卒未任，持丧归乡。次年九月在惠州病逝于墓庐之侧。天启中追谥"文懿"。

杨起元是泰州学派罗汝芳的首座弟子，是泰州学派在万历中期的最重要传人。其学以知性为宗，以心为天下之大本。在此基础之上受罗汝芳和泰州学派思想影响，特别重视日常伦理实践，"以明德、新民、止至善为宗，而要归于孝、弟、慈"。杨起元学术的另一个特点是强调"致虚""无我"。他以此为基础兼容了白沙"致虚立本"之说，从"知性之学"的角度重新阐释了"致虚立本"，由此发展出一套成熟的三教合一论。

杨起元文才高妙，著述甚富，结集为《证学编》《续刻杨复所先生家藏文集》以及《杨复所全集》等。另外，杨起元从不避讳佛学的立场，还著书评注《维摩经》，编《诸经品节》，收录佛家《楞严经》《金刚经》等经书十二种。除佛家外，他还推广道教书，为《太上感应篇》作序，并将《阴符经》《道德经》等十六种道书编入《诸经品节》。杨起元的科举时文是明末八股文的典范，他作为明代八股文"八大家"之一，影响很大。今有岭南思想家文献丛书本《证学编》(上海古籍出版社，2016年)。

论佛仙

杨子曰：三教皆务为治耳。譬之操舟然，吾儒捩舵理楫于波涛之中，二氏乃指顾提撕于高岸之上，处身虽殊，其求济之理则一。彼中有神通变化、光景动人者，乃其修福所致，而真常之道不以为贵。亦犹吾儒登巍科、跻膴仕，舆马赫奕，声誉籍籍，亦可谓之福，而于道无加也。世人不能参理，因艳奇特，而或诞之，故神通著而真教诡，名爵盛而上品淆，可以例观。故仙释之可传者，皆非其至者也。

论曰：予少读韩子《原道》，即知佛老之书宜火也。及读国史，伏睹高皇功高万古，孜孜定治之意至精也。苟有妨政害治之隙，无不塞之，而未尝及于二氏。且尝有训曰："仲尼之道，删书制典，为万世师。其佛仙之幽灵，暗理王纲，益世无穷。治天下之道，于斯三教有不可缺者。"如此，则宜崇奉之矣。及谕灵谷寺僧，则谓"人主之财，皆为民而用，下至公卿辅相，皆无可施之财"，言之甚切。乃悟曰：存二氏者，有高皇之识可也。暗理之功，非浅薄所能测。然闻之宿德，大略有三：

子贡曰："性与天道，不可得而闻也。"子曰："朝闻道，夕死可矣。"孔子之门，自颜、曾之外无闻焉。秦汉以还，微言中绝，不复知道为何物，而佛之教能使其徒守其心性之法，递相传付，如灯相禅，毋令断绝。及至达磨西来，单传直指，宗徒布满，儒生学士从此悟入，然后稍接孔脉，以迄于兹，此其暗理者一也。

由周而来，僭越奢侈，人福消损，大者覆其茅土，小者不能有其百亩。至秦益甚，二世而亡。夫亡者，非独人主终其天禄，自公卿大夫士庶，禄莫不尽，然后亡。倘有一焉为天所禄，犹足以相维也。其禄所以尽者何也？为其享之过也。佛之教，首檀波罗蜜示人，喜舍身，日中一食，树下一宿，持钵行乞，犹必苦行，以报四重恩，示人惜福如此。士庶之福厚则公卿大夫安，公卿大夫之福厚则人主安，可以相保千万亿年无争乱杀戮之事，而运祚长永，此其暗理者二也。

自人之福不齐，多鳏寡孤独之民，而亲戚邻里莫之相恤也。生于鳏寡孤独之中者，禀天地之专气，其聪明才多异于人，而科目不能收也。佛法力广大，归依者众，施舍者博，即足以恤四等于其中，而其学无方，其法不可思议，又足以收异才于其内。恤也为人主而恤，收也为人主而收。天下阴受其赐而不知，此其暗理者三。

此佛教之大凡也。至于仙，持世尤苦，自两曜三光、风雨露雷、山川岳渎，莫不有主，以信天地之令，应下民之求，迅速而不滞，坚确而不爽，皆神之所为而仙之所修也。人孰知之者？谓之暗理，亦宜矣。由此观之，高皇暗理王纲之训，可谓一言以蔽之矣。若夫求仙如秦皇，佞佛如梁武，不以其有益王纲重也，直求一己之福田利益耳，此所谓愚也。至于世俗之氓，孳孳为利，不与事父母、厚同气、敬师长、赴公义，而相率费于寺观。彼为崇正辟邪之说者，又攘僧道之利为己有。此二者，其愚正等。呜呼，可胜道哉！

笔记

诸生有进说明德者，以为实有众理之具也。予曰："朱子以虚灵不昧训明德，似也。若云'具众理，应万事'，则明德之赞，而非明德之训也。遂执以为实然，谬矣。犹言镜之具众影而应万形也，镜果有众影之具哉？盖镜一影不留，明德一理不有。一理可有，奚虚灵之足言？且曰：'气禀所拘，人欲所蔽，有时而昏。'亦非也。凡吾人终日举心动念，无一而非欲也，皆明德之呈露显发也，何蔽之有？吾人一身视听言动，无一而非气禀也，皆明德之洋溢充满也，何拘之有？即如聋瞽之人，不能视听，若可以拘其明矣。然执聋者而问之曰：'汝闻乎？'必曰：'吾不闻也。'执瞽者而问之曰：'汝见乎？'必曰：'吾不见也。'不闻为不闻，不见为不见，一何明也，而谓之拘，可乎？知明德之明不拘于聋瞽，则知气禀不能拘矣。不能拘，不能蔽，则无时而昏矣。"生曰："然则奚事于明明德哉？"予曰："即子向以为实有众理之具也，而未知其一理之不有也；向以为有拘蔽且昏也，而未知其无拘蔽且昏也。而今始知之，是为明明德也已。若犹未明，则当己百己千以求其明也，乌可已哉！"

问："人一己百，人十己千，以求其明，此不亦有拘蔽而昏者耶？"予曰："善哉！子之问也。二明异致，学者混而观之，以故不得分晓也久矣。吾为子言之，子其审听之。曷言乎二明异致也？明德之明，一明也。明明德之明，又一明也。明德之明，明之出乎天者也；明明德之明，明之系乎人者也。系乎人者，必由学问之力以求其明，学问一毫之未至，即其明亦未彻。若其出于天者，则虚灵之体，人人完具，圣非有余，凡非不足，岂容一毫人力哉？人之有是明德也，犹其有是面貌也。由学问以求明，犹欲自识其面貌者援镜以自照也。一照之后，不过自识其面貌而已，不能以分毫加之。然则未识之前，亦岂容以分毫损哉？识与不识，而面貌自如；明与不明，而明德自若。今人不达明字之义，遂疑明德之体有拘、有蔽、有昏，必待人之磨淬洗涤，然后明也，如此则明德乃人造作而成，安得言天哉？是不求自识其面貌，而徒欲以粉泽膏脂妆点，虽妆点妍美，与自己面貌了不相干。要之，皆不达此一明字之误也。"问："明德既本明矣，又欲求明之，何也？"曰："此圣人修道立教之事也。太古之时，混混沌沌，上如标枝，下如野鹿，不识不知，顺帝之则，故其本明者足矣，无事于教也。天下之生久矣，习染渐深，智识渐启，求欲渐广，而民始苦也。于是圣人者思有以救之，而救之之道又非刑政之所能齐也。于是乎自明其明德，而鼓舞天下以共明之，若《尧典》所载"克明俊德，以亲九族。平章百姓，协和万邦"是也。明明德之教行于天下，然后天下知识渐忘，而安于作息耕凿之常，用其本明者以自乐，实圣人救之也。然本明之德，实不因明而有所增，如人之有面貌，何以照镜为哉？然出入关津，当自图形相，必假镜自照，然后图得其真。其实相貌不照，亦是如此。深山穷谷之中，人民无有镜者，亦是如此。所以云明德虽不明，亦未尝不明也。然苦乐关津，吾人何以度越？则明明德之镜，其可少哉？"

孝经序

孝道之大，备著于经矣。贯三才，通神明，光四海，至贵之行，配天之德，圣人之至教也。以之事君则忠，以之事长则顺，以之事天地则仁。天子之所以保天下，诸侯之所以保其国，卿大夫士之所以守宗庙、保禄位，庶人之所以保四体、养父母，未有离孝也。万善未易全也，惟孝则全；百福未易备也，惟孝则备；令名未易享也，惟孝则享。至于还淳返朴，致和召顺，归荡平而跻浑噩，调雨旸而集灵贶，未有不由斯道者矣。

《易》曰："天之所助者顺也，人之所助者信也。"履信思顺者，其唯孝乎！《书》曰："惠迪吉，从逆凶，惟影响。"盖言孝也。孝，顺德也，逆则凶矣。孝者，人之常行也。人惟失其常行，然后不孝焉。不孝，然后刑罪及焉。周之衰也，下陵上替，害礼伤尊，僭上犯分，罪不容诛。原其所由致此者，孝德亡也。嗟夫！此《春秋》之所以作也。人徒见《春秋》诛罚之笔若是其严，不知皆因孝德之亡而后有。使天下有孝德焉，君君臣臣，父父子子，或有弗协者，司寇得而刑之，《春秋》可不作也。

然则《孝经》者，诏万世以常；《春秋》者，防万世于变也。常者固圣人之行，而变者乃圣人之志，何也？志复常也。夫惟失常然后变，有变然后复，本自无失，何复之有？要之，变者一时之偶失，而常者万世之不易者也。是故君子身任德教之责，贵以万世之不易者先焉。阳常居大夏，以生育长养为事；阴常居大冬，而积于空虚不用之处。《孝经》，生道也，其德为阳。《春秋》，刑书也，其德为阴。故《孝经》之义，不可一日不行于天下也。

洪惟我高皇之德，其至孝矣乎！皇陵有碑，思亲有歌，教民揭"六言"之榜，续诰著《明孝》之篇，所以开一代孝治之隆也。二百年余，造士兴贤必科六艺，而《孝经》不与焉，盖尊之至也，何者？士所穷经，率沿袭世儒之说，而饰以藻缋，文繁而实寡，而经反以晦。惟是经也，不列于学官，不离于章句，如玉就山，如珠藏渊，其质完也。此非我圣祖所以致尊之意欤？

天下学者，惟在熟诵心惟，践诸躬而成德，推诸人而成教。则是经常行于天下，天下多仁人孝子，而刑厝之休致之不难矣！乃若德至于天，而风雨节、寒暑时；德至于地，而嘉禾殖、芝草生；德至于人，而寿考且宁，蛮夷即叙。惟圣天子爱敬之极所致，而辅相之上务也。然稽之往牒，虽书生贱士持诵是经，且足以感灵祇、致瑞应。是至德无贤愚，要道无贵贱，虽一物之微，率此足以格天享帝，而况于人乎？而况士大夫而上至于崇贵乎？

自古及今，孝感之事，史不胜书。武林虞淳熙氏，独采其持经者为《集灵》，已至数百事矣，孰谓是经文句不多而可忽哉？竺乾之典，玄元之篇，世咸知尊重之者，以其灵于感应也。不知孝之为德，一切天地山川、鬼神万灵，莫不率由。故是经所在，必皆拥护；诵之出口，必皆欣悦；持之在身，必皆瞻仰，何则？生生之大本在是也。噫！使世人咸知生生之大本，自知是经感应尤甚于竺典玄篇，而其尊重之情亦岂有异哉？

予是以取《集灵》略节之，附着是经之后。至于孔、曾言孝见之他书，及他圣哲之训，足以与是经相发明者，采之为《引证》。若吾罗子所说孝道，直究根原，本之不学不虑，则包裹六极，兼总万法，深乎深乎！未可以寻常测矣。盖是经所谓"孝者,德之本",一言以蔽之,引而不发,以待后世之知德者,其在罗子乎!是故罗子之说,真《孝经》之宗旨也,附着《引证》之后,联缀成编,自便持诵云尔。及读经文云:"教以孝,所以敬天下之为人父者也。"罗子亦曰:"天下皆孝,其孝始成。苟一人不孝,即不得谓之孝也。"予为之惕然,予其敢不敬天下之为人父者,而自陷于不孝乎?则是编也虽浅陋者所为,然不敢不出以示人,亦所以畏圣人之言也。南城聂鉉氏,暨新安吴际可氏、光先氏、黄奂氏,闻予之有是编也,请而梓之,故为序。

（录自谢群洋点校,《证学编》,上海古籍出版社 2016 年版）

顾宪成学案

　　顾宪成(1550—1612),字叔时,号泾阳,因创办东林书院而被人尊称为"东林先生"。南直隶无锡人。六岁始就塾读四书,十五六岁时,从张原洛读书。原洛授书不拘传注,直据其所自得者为说,颇有王门之风。二十一岁时,问学于张原洛之师薛方山。薛曾师从王阳明弟子欧阳德,但晚年转向朱学,将重订宋端仪所撰《考亭渊源录》授予宪成谓"洙泗以下,姚江以上,萃于是矣",对朱子之学备加赞扬。这些都对顾宪成思想的形成产生了重要影响。顾宪成于万历四年(1576)举乡试第一,八年中进士,授户部广东司主事。曾任考功司主事、文选司郎中职。后因直言己见,批评时政,在立皇太子的问题上触犯神宗,在"京察""廷推"问题上得罪首辅王锡爵,被削籍为民。回乡后,即从事著述,相继写成《小心斋札记》《还经录》《质疑编》等。万历三十二年(1604),在地方人士的支持下,他与高攀龙、顾允成等重建东林书院从事讲学活动。他们订立《东林会约》,定期召开学术研讨会,通过讲演、讨论、质疑、辩难等多种形式,"探性理之要,询治道之原"。他们敏锐地意识到明王朝政治危机愈陷愈深,"风声气习日趋日下,莫可挽回""民不聊生,大乱将作矣",并认为造成这种社会状况的原因是朝纲不正,小人当权,是非颠倒,"外人所是,庙堂必以为非;外人所非,庙堂必以为是"。为强烈的社会责任感和使命感所驱使,他们"讲学之余,往往讽议朝政,裁量人物",抨击阉党,提出了一些改救世弊的政治、经济和思想文化主张,表现出强烈的政治参与意识。这种讲学活动,吸引了许多有志之士,"士大夫抱道忤时者,率退处林野,闻风响附,学舍至不能容",东林书院一时成为颇具影响力的清议中心,"东林君子之誉沸宇内,尊其言为清议,即中朝亦以其是非为低昂,门廷愈峻而求进者愈众甚矣"。"东林学派"既作为一个学术团体而得名,又由于这个学派具有强烈的政治色彩而被称为"东林党"。顾宪成既是东林学派的创始人,也是东林党的中坚和领袖人物。

顾宪成的学术根底为朱子学，但他也有保留地认同阳明的良知学。所以，他既承认现成良知，又强调致良知要实地做功夫。他认为朱熹的入手功夫"格物致知"和阳明的为学大要"致良知"，如善加理解，可以会通。顾宪成欲矫正"无善无恶"说带来的弊病，所以用了相当多的心力辨性之善恶。他是在王学流弊渐成风气之后提倡向程朱学复归。此后刘宗周、黄宗羲起而纠王学之偏，都受了顾宪成的影响。顾宪成的著作有《小心斋札记》《证性编》《还经录》《泾皋藏稿》《商语》等，后人汇刻为《顾端文公遗书》。今有上海古籍出版社的《顾宪成全集》。

小心斋札记

程子每见人静坐，便叹其善学。罗豫章教李延平于静中看喜怒哀乐气象。至朱子又曰："只理会得道理明透，自然是静，不可去讨静坐。"三言皆有至理，须参合之始得。

《识仁说》曰："仁者浑然与物同体。"只此一语已尽，何以又云"义礼智信皆仁也"？及观世之号为识仁者，往往务为圆融活泼，以外媚流俗，而内济其私，甚而蔑弃廉耻，决裂绳墨，闪烁回互，诳己诳人，曾不省义礼智信为何物，犹偃然自命曰"仁"，然后知程子之意远矣。性即理也，言不得认气质之性为性也。心即理也，言不得认血肉之心为心也。皆吃紧为人语。

或问："致良知之说何如？"曰："今之谈良知者盈天下，犹似在离合之间也。盖征诸孟子之言，孩提之童，无不知爱其亲也，及其长也，无不知敬其兄也。亲亲仁也，敬长义也。窃惟仁义为性，爱敬为情，知爱知敬为才，良知二字，盖通性情才而言之者也。乃主良知者，既曰吾所谓知是体而非用，驳良知者，又曰彼所谓知是用而非体，恐不免各堕边见矣。"曰："有言良知即仁义礼智之智，又有言分别为知，良知亦是分别，孰当？"曰："似也，而未尽也。夫良知一也，在恻隐为仁，在羞恶为义，在辞让为礼，在分别为智，非可定以何德名之也。只因知字与智字通，故认知为用者，既专以分别属之；认知为体者，又专以智属之。恐亦不免各堕边见矣。性体也，情用也，曰知曰能才也，体用之间也。是故性无为而才有为，情有专属而才无专属。惟有为，则仁义礼智，一切凭其发挥，有似乎用，所以说者谓之用也。惟无专属，则恻隐、羞恶、辞让、是非，一切归其统率，有似乎体，所以说者谓之体也。阳明先生揭致知，特点出一个良字，又曰'性无不善，故知无不良'，其言殊有斟酌。"

性太极也，知曰良知，所谓乾元也；能曰良能，所谓坤元也；不虑言易也，不学言简也。故天人一也，更不分别。自昔圣贤论性，曰"帝衷"，曰"民彝"，曰"物则"，曰"诚"，曰"中和"，总总只是一个善。告子却曰"性无善无不善"，便是要将这善字打破。自昔圣贤论学，有从本领上说者，总总是个求于心；有从作用上说者，总总是个求于气。告子却曰"不得于言，勿求于心；不得于心，勿求于气。"便是要将这求字打破。善字打破，本体只是一个空，求字打破，工夫也只是一个空，故曰告子禅宗也。

"许行何如？"曰："其并耕也，所以齐天下之人，将高卑上下，一切扫去；其不二价也，所以齐天下之物，将精粗美恶，一切扫去。总总成就一个空，与告子一般意思。但告子深，许行浅。许行空却外面的，告子空却里面的。"

告子仁内义外之说，非谓人但当用力于仁，而不必求合于义，亦非因孟子之辨，而稍有变也。正发明杞柳桮棬之意耳。何也？"食色性也"，原未有所谓仁义，犹杞柳原未有所谓桮棬也；"仁内也，非外也；义外也，非内也"。各滞方所，物而不通，是故仁义成而性亏，犹桮棬成而杞柳亏也。始终只是一说。

"食色性也"，当下即是，更有何事？若遇食而甘之，遇色而悦之，便未免落在情境一边，谓之仁，不谓之性矣。若于食而辨其孰为可甘，于色而辨其孰为可悦？便未免落在理路一边，谓之义，不谓之性矣。故曰动意则乖，拟心则差，告子之旨，盖如此。

《讼卦》义，有君子之讼，有小人之讼。君子之讼，主于自讼，九五是也；小人之讼，主于讼人，余五爻是也。

勿谓今人不如古人，自立而已；勿谓人心不如我心，自尽而已。董仲舒曰："仲尼之门，五尺童子羞称五霸。"此意最见得好。三千、七十，其间品格之殊，至于倍蓰，只一段心事，个个光明，提着权谋术数，便觉忸怩，自然不肯齿及他非，故摈而绝之也。

性太极也，诸子百家，非不各有所得，而皆陷于一偏，只缘认阴阳五行为家当。

丙戌，余晤孟我疆，我疆问曰："唐仁卿伯元何如人也？"余曰："君子也。"我疆曰："何以排王文成之甚？"余曰："朱子以象山为告子，文成以朱子为杨、墨，皆甚辞也，何但仁卿？"已而过仁卿，述之。仁卿曰："固也，足下不见世之谈良知者乎？如鬼如蜮，还得为文成讳否？"余曰："《大学》言致知，文成恐人认识为知，便走入支离去，故就中间点出一良字。孟子言良知，文成恐人将这个知作光景玩弄，便走入玄虚去，故就上面点出一致字。其意最为精密。至于如鬼如蜮，正良知之贼也，奈何归罪于良知？独其揭无善无恶四字为性宗，愚不能释然耳。"仁卿曰："善。早闻足下之言，向者从祀一疏，尚合有商量也。"

无声无臭，吾儒之所谓空也；无善无恶，二氏之所谓空也。名似而实远矣。是故讳言空者，以似废真，混言空者，以似乱真。

人须是一个真，是非之心，人皆有之，只以不真之故，便有夹带。是非太明，怕有通不去、合不来的时节，所以须要含糊。少间，又于是中求非，非中求是，久之且以是为非，以非为是，无所不至矣。

异教好言父母未生前，又好言天地未生前，不如《中庸》只说个喜怒哀乐之未发，更为亲切。于此体贴，未生前都在其中矣。

一日游观音寺，见男女载道，余谓季时曰："即此可以辨儒佛已。凡诸所以为此者，一片祸福心耳。未见有为祸福而求诸吾圣人者也。佛氏何尝邀之使来？吾圣人何尝拒之使去？佛氏何尝专言祸福？吾圣人何尝讳言祸福？就中体勘，其间必有一段真精神，迥然不同处。"季时曰："此特愚夫愚妇之所为耳，有识者必不然。"曰："感至于愚夫愚妇，而后其为感也真；应至于愚夫愚妇，而后其为应也真。真之为言也，纯乎天而人不与焉者也。研究到此，一丝莫遁矣。"

知谓识其事之当然，觉谓悟其理之所以然。朱子生平极不喜人说个悟字，盖有惩于禅门耳。到这里，又未尝讳言悟也。

心活物也，而道心人心辨焉。道心有主，人心无主。有主而活，其活也天下之至神也；无主而活，其活也天下之至险也。

或问："鲁斋、草庐之出仕何如？"曰："在鲁斋则可，在草庐则不可。"曰："得非以鲁斋生于其地，而草庐故国人尝举进士欤？"曰："固是。亦尚有说。考鲁斋临终谓其子曰：'我生平为虚名所累，不能辞官，死后慎勿请谥，但书许某之墓四字，令子孙识其处足矣。'此分明表所仕之非得已，又分明认所仕为非,愧恨之意,溢于言表,绝不一毫文饰也。乃草庐居之不疑,以为固然矣。故鲁斋所自以为不可者,乃吾之所谓可;而草庐所自以为可者,乃吾之所谓不可。自其心论之也。"

唐仁卿痛疾心学之说,予曰:"墨子言仁而贼仁,仁无罪也;杨子言义而贼义,义无罪也;世儒言心而贼心,心无罪也。"仁卿曰:"杨、墨之于仁义,只在迹上模拟,其得其失,人皆见之。而今一切托之于心,无形无影,何处究诘? 二者之流害孰大孰小,吾安得不恶言心乎?"予曰:"只提出性字作主,这心便有管束。孔子自言从心所欲不逾矩,矩即性也。"季时曰:"性字大,矩字严,尤见圣人用意之密。"仁卿曰:"然。"

佛法至释迦一变,盖迦叶以上有人伦,释迦无人伦矣。至达磨再变,释迦之教圆,达磨之教主顿矣。至五宗三变,黄梅以前犹有含蓄,以后机锋百出,倾囊倒箧,不留一钱看矣。此云门所以无可奈何,而有"一拳打杀,喂却狗子"之说也。或曰:"何为尔尔?"由他们毕竟呈出个伎俩来,便不免落窠臼,任是千般播弄,会须有尽。

孔、孟之言,看生死甚轻。以生死为轻,则情累不干,为能全其所以生,所以死。以生死为重,则惟规规焉躯壳之知,生为徒生,死为徒死。佛氏之谓生死事大,正不知其所以大也。

人身之生死,有形者也;人心之生死,无形者也。众人见有形之生死,不见无形之生死,故常以有形者为主;圣贤见无形之生死,不见有形之生死,故常以无形者为主。

迩来讲《识仁说》者,多失其意。仁者浑然与物同体,义礼智信皆仁也,此全提也。今也于浑然与物同体,则悉意举扬,于义礼智信皆仁也,则草草放过。识得仁体,以诚敬存之而已,不须防检,不须穷索,此全提也。今也于不须防检,不须穷索,则悉意举扬,于诚敬存之,则草草放过。若是者非半提而何? 既于义礼智信放过,即所谓浑然与物同体者,亦只窥见笼统意思而已。既于诚敬存之放过,即所谓不须防检穷索者,亦只窥见脱洒意思而已。是并其半而失之也。

康斋《日录》有曰:"君子常常吃亏,方做得。"览之惕然有省,于是思之曰:"夫子之道,忠恕而已矣,忠恕之道,吃亏而已矣;颜子之道,不校而已矣,不校之道,吃亏而已矣;孟子之道,自反而已矣,自反之道,吃亏而已矣。"

朱子之释格物，其义甚精，语物则本诸"帝降之衷，民秉之彝"，夫子之所谓"性与天道"，子思之所谓"天命"，孟子之所谓"仁义"，程子之所谓"天然自有之中"，张子之所谓"万物一原"。语格则约之以四言："或考之事为之著，或察之念虑之微，或求之文字之中，或索之讲论之际。"盖谓"内外精粗，无非是物，不容妄有拣择于其间"。又谓"人之入门，各各不同，须如此收得尽耳"。议者独执"一草一木，亦不可不理会"两言，病其支离，则过矣。

惟危惟微，惟精惟一，是从念虑事为上格；无稽之言勿听，勿询之谋勿庸，是就文字讲论上格。即圣人亦不能外是四者。朱子所云，固彻上彻下语也。

不学不虑所谓性也，说者以为由孩提之不学而能，便可到圣人之不勉而中，由孩提之不虑而知，便可到圣人之不思而得。此犹就圣人孩提分上说。若就性上看圣人之不勉而中，恰到得孩提之不学而能，圣人之不思而得，恰到得孩提之不虑而知耳。虽然，犹二之也。原本只是一个，没些子界限，故曰"大人者不失其赤子之心"者也。

耳目口鼻四肢，人见以为落在形骸，块然而不神。今曰"性也，有命焉"。是推到人生以上不容说处，以见性之来脉，极其玄远，如此不得丢却源头，认形骸为块然之物。仁义礼智天道，人见以为来自于穆，窈然而不测。今曰"命也，有性焉"，是直反到愚夫愚妇可与知与能处，以见命之落脉，极其切近，如此不得丢却见在，认于穆为窈然之物也。

《书》言"人心惟危，道心惟微"，直是八字。打开《太极图说》，言"无极之真，二五之精，妙合而凝"，即人心道心，又不是截然两物也。《孟子》之论性命，备发其旨。"性也，有命焉"，盖就人心拈出道心，以为舍无极没处寻二五也；"命也，有性焉"，盖就道心摄入人心，以为舍二五没处讨无极也。所谓妙合而凝，盖如此。

道者，纲常伦理是也。所谓天叙有典，天秩有礼，根乎人心之自然而不容或已者也。有如佛氏之说行，则凡忠臣孝子，皆为报夙生之恩而来，凡乱臣贼子，皆为报夙生之怨而来。反诸人心之自然而不容或已处，吾见了不相干也。于是纲常伦理，且茫焉无所系属，而道穷矣。法者，黜陟予夺是也。所谓天命有德，天讨有罪，发乎人心之当然而不容或爽者也。有如佛氏之说行，则凡君子而被戮辱，皆其自作之孽，而戮辱之者，非为伤善;凡小人而被显荣,皆其自贻之体,而显荣之者,非为庇恶。揆诸人心之当然而不容或爽处,吾见了不相蒙也。于是黜陟予夺,且贸然无所凭依,而法穷矣。

周子主静,盖从无极来,是究竟事。程子喜人静坐,则初下手事也。然而静坐最难,心有所在则滞,无所在则浮。李延平所谓看喜怒哀乐未发气象,正当有在无在之间,就里得个入处,循循不已。久之气渐平,心渐定,独居如是,遇事如是,接人如是,即喜怒哀乐纷然突交于前,亦复如是,总总一个未发气象,浑无内外寂感之别,下手便是究竟处矣。

程叔子曰:"圣人本天,释氏本心。"季时为添一语:"众人本形。"

史际明曰:"宋之道学,在节义之中;今之道学,在节义之外。"予曰:"宋之道学,在功名富贵之外;今之道学,在功名富贵之中。在节义之外,则其据弥巧;在功名富贵之中,则其就弥下。无惑乎学之为世诟也。"

或问佛氏大意,曰:"三藏十二部,五千四百八十卷,一言以蔽之曰:'无善无恶。'试阅七佛偈,便自可见。"曰:"永嘉《证道歌》谓:'弃有而着无,如舍溺而投火。'恐佛氏未必以无为宗也。"曰:"此只就'无善无恶'四字翻弄到底,非有别义也。弃有,以有为恶也;着无,以无为恶也。是犹有善有恶也。无亦不着,有亦不弃,则无善无恶矣。自此以往,节节推去,扫之又扫,直扫得没些子剩,都是这个意思。"

有驳良知之说者,曰:"分别为知,良知亦是分别。"余曰:"分别非知,能分别者知也。认分别为知,何啻千里!"曰:"知是心之发窍处,此窍一发,作善由之,作不善由之,如何靠得他作主?"余曰:"知善知恶是曰良知,假令善恶杂出,分别何在?"曰:"所求者既是灵明,能求者复是何物? 如以灵明求灵明,是二之也。"余曰:"即本体为工夫,何能非所? 即工夫为本体,何所非能? 果若云云,孔子之言操心也,孰为操之? 孟子之言存心也,孰为存之? 俱不可得而解矣。"曰:"《传习录》中一段云:'苏秦、张仪,也窥见良知妙用,但用之于不善耳。'阳明言良知即天理,若二子窥见妙用,一切邪思枉念都无栖泊处。如之何用之于不善乎? 揆诸知善知恶之说,亦自不免矛盾也。"余曰:"阳明看得良知无善无恶,故如此说,良知何病? 如此说良知,未能无病。阳明应自有见,恨无从就正耳。"

问:"孟子道性善,更不说性如何样善,只道乃若其情,则可以为善矣。乃所谓善也。可见性中原无处着个善,即今反观,善在何处?"曰:"我且问即今反观,性在何处?"曰:"处处是性,从何拈出?"曰:"如此我且不问性在何处,但问性与善是一是二?"曰:"是一非二。"曰:"如此却说怎着不着?"

罗近溪以颜山农为圣人,杨复所以罗近溪为圣人,李卓吾以何心隐为圣人。

何心隐辈,坐在利欲胶漆盆中,所以能鼓动人者,缘他一种聪明,亦自有不可到处。耿司农择家僮四人,每人授二百金,令其生殖,内一人从心隐问计,心隐授以六字曰:"一分买,一分卖。"又益以四字曰:"顿买零卖。"其人用之起家,至数万。试思两言,至平至易,至巧妙,以此处天下事,可迎刃而解。假令其心术正,固是有用才也。

吃紧只在识性,识得时,不思不勉是率性,思勉是修道;识不得时,不思不勉是忘,思勉是助。总与自性无干。

谓之善,定是不思不勉;谓之不思不勉,尚未必便是善。

伍容庵曰:"心既无善,知安得良?"其言自相悖。

朱子云:"佛学至禅学大坏。"只此一语,五宗俱应下拜。

余弱冠时好言禅,久之,意颇厌而不言,又久之,耻而不言,至于今,乃畏而不言。罗近溪于此最深,及见其子读《大慧语录》,辄呵之。即管东溟亦曰:"吾与子弟并未曾与语及此。"吾儒以理为性,释氏以觉为性。语理则无不同,自人而禽兽,而草木,而瓦石,一也。虽欲二之,而不可得也。语觉则有不同矣。是故瓦石未尝无觉,然而定异乎草木之觉,草木未尝无觉,然而定异乎禽兽之觉,禽兽未尝无觉,然而定异乎人之觉,虽欲一之,而不可得也。今将以无不同者为性乎?以有不同者为性乎?

史际明曰:"天下有君子有小人,君子在位,其不能容小人,宜也。至于并常人而亦不能容焉,彼且退而附于小人,而君子穷矣。小人在位,其不能容君子,宜也。至于并常人而不能容焉,彼且进而附于君子,而小人穷矣。"

玉池问:"念庵先生谓'知善知恶之知,随发随泯,当于其未发求之'。何如?"曰:"阳明之于良知,有专言之者,无知无不知是也。有偏言之者,知善知恶是也。阳明生平之所最吃紧只是良知二字,安得遗未发而言?只缘就《大学》提宗,并举心意知物,自不得不以心为本体。既以心为本体,自不得不以无善无恶属心。既以无善无恶属心,自不得不以知善知恶属良知。参互观之,原自明白。念庵恐人执用而忘体,因特为拈出未发。

近日王塘南先生又恐人离用而求体,因曰:'知善知恶,乃彻上彻下语,不须头上安头。'此于良知并有发明,而于阳明全提之指,似均之契悟未尽也。"

近世喜言无善无恶,就而即其旨,则曰:"所谓无善,非真无善也,只是不着于善耳。"予窃以为经言无方无体,是恐着了方体也;言无声无臭,是恐着了声臭也;言不识不知,是恐着了识知也。何者? 吾之心,原自超出方体声臭识知之外也。至于善,即是心之本色,说怎着不着? 如明是目之本色,还说得个不着于明否? 聪是耳之本色,还说得个不着于聪否? 又如孝子,还可说莫着于孝否? 如忠臣,还可说莫著于忠否? 昔阳明遭宁藩之变,日夕念其亲不置,门人问曰:"得无着相?"阳明曰:"此相如何不着?"斯言足以破之矣。

管东溟曰:"凡说之不正,而久流于世者,必其投小人之私心,而又可以附于君子之大道者也。"愚窃谓无善无恶四字当之。何者? 见以为心之本体,原是无善无恶也,合下便成一个空。见以为无善无恶,只是心之不着于有也,究竟且成一个混。空则一切解脱,无复挂碍,高明者入而悦之,于是将有如所云:以仁义为桎梏,以礼法为土苴,以日用为缘尘,以操持为把捉,以随事省察为逐境,以讼悔迁改为轮回,以下学上达为落阶级,以砥节砺行,独立不惧,为意气用事者矣。混则一切含糊,无复拣择,圆融者便而趋之,于是将有如所云:以任情为率性,以随俗袭非为中庸,以阉然媚世为万物一体,以枉寻直尺为舍其身济天下,以委曲迁就为无可无不可,以猖狂无忌为不好名,以临难苟安为圣人无死地,以顽钝无耻为不动心者矣。由前之说,何善非恶? 由后之说,何恶非善? 是故欲就而诘之,彼其所占之地步甚高,上之可以附君子之大道。欲置而不问,彼其所握之机缄甚活,下之可以投小人之私心。即孔、孟复作,亦奈之何哉!

问:"本朝之学,惟白沙、阳明为透悟,阳明不及见白沙,而与其高弟张东所、湛甘泉相往复,白沙静中养出端倪,阳明居夷处困,悟出良知,良知似即端倪,何以他日又辟其勿忘勿助?"曰:"阳明目空千古,直是不数白沙,故生平并无一语及之。至勿忘勿助之辟,乃是平地生波。白沙曷尝丢却有事,只言勿忘勿助? 非惟白沙,从来亦无此等呆议论也。"

语本体,只是性善二字;语工夫,只是小心二字。

当下绎

　　当下者，即当时也。此是各人日用间，现现成成一条大路，但要知有个源头在。何也？吾性合下具足，所以当下即是合下。以本体言，通摄见在过去未来，最为圆满；当下以对境言，论见在不论过去未来，最为的切。究而言之，所谓本体，原非于对境之外，另有一物，而所谓过去未来，要亦不离于见在也。特具足者，委是人人具足，而即是者，尚未必一一皆是耳。是故认得合下明白，乃能识得当下，认得当下明白，乃能完得合下。此须细细参求，未可率尔也。

　　平居无事，不见可喜，不见可嗔，不见可疑，不见可骇，行则行，住则住，坐则坐，卧则卧，即众人与圣人何异？至遇富贵，鲜不为之充诎矣；遇贫贱，鲜不为之陨获矣；遇造次，鲜不为之扰乱矣；遇颠沛，鲜不为之屈挠矣。然则富贵一关也，贫贱一关也，造次一关也，颠沛一关也。到此直令人肝腑具呈，手足尽露，有非声音笑貌所能勉强支吾者。故就源头上看，必其无终食之间违仁，然后能于富贵贫贱造次颠沛处之如一；就关头上看，必其能于富贵贫贱造次颠沛处之如一，然后算得无终食之间违仁耳。

　　予谓平居无事，一切行住坐卧，常人亦与圣人同，大概言之耳。究其所以，却又不同。盖此等处，在圣人都从一团天理中流出，是为真心；在常人则所谓日用而不知者也，是为习心。指当下之习心，混当下之真心，不免毫厘而千里矣。昔李襄敏讲学，诸友竞辨良知，发一问曰："尧、舜、孔子，岂不同为万世之师？今有人过尧、舜之庙而不下车者，则心便安；过孔子之庙而不下车者，则心便不安。就下车孔庙而言，指曰良知，则分明是个良知；就不下车尧、舜庙而观，则安于尧、舜庙者，固是个习心，而不安于孔庙者，亦只是个习心耳。良知何在？"众皆茫然无对。

　　（录自沈芝盈点校，黄宗羲著《明儒学案》，中华书局 2008 年版）

邹元标学案

邹元标(1551—1624)，字尔瞻，号南皋。江西吉水人。邹元标幼有神童之称，九岁通《五经》，二十岁时跟随江右王门二传弟子胡直出游，遍历名山大川，拜访了诸多书院，广泛接触了各家学说，深受影响。万历三年(1575)在都匀卫所(后改名南皋书院)讲学。万历五年(1577)中进士，入刑部观察政务，为人敢言，勇于抨击时弊，因反对张居正"夺情"，被当场廷杖八十，发配贵州，遂潜心钻研理学。万历十年(1582)，张居正去世，征召授吏科给事中职。他屡次上疏畅言时事政治，触怒万历帝，再次受到贬谪，降南京吏部员外郎，后称病回家。从万历十八年(1590)至万历四十八年(1620)，邹元标居家讲学，未涉仕途。在这期间，邹元标与顾宪成、赵南星并称"东林党三君"。天启元年(1621)复起用任吏部左侍郎，后因魏忠贤乱政求去。天启四年(1624)，邹元标病逝于家中。崇祯元年(1628)，追赠为太子太保、吏部尚书，谥号"忠介"。

邹元标受其师胡直影响，尤重本心仁体之觉，其经过一生体知，体悟觉就是"学之有见"，又将仁体理解为生生不息之天命之性，从而将心、仁、性贯通起来。在工夫上也要求先识得这天地之仁："圣学之宗只是为仁……工夫在先识仁，识仁则仁自无对，盈天地无一处非仁，无一息不仁，无一念不仁，如元气周流不少间隔，如精神贯浃不少痿痹，哪处更讨不仁在。"邹元标发展了王阳明的"良知"说，把其和天地本然之真精神结合起来，落实到日用伦理中。所以黄宗羲评价邹元标之学云："其学以识心体为入手，以行恕于人伦事物之间，与愚夫愚妇同体为工夫，以不起意空空为极致。"

邹元标是江右王门三传弟子的领袖，他直言敢谏，在政治上很有影响力。邹元标所遗著作宏富，有《愿学集》收录于《四库全书》集部别集类，有《邹南皋语义合编》四卷存目于《四库全书》子部儒家类，后者是他的讲学之作。另有《邹忠介公奏疏》收入其奏疏。

会　语

以情识与人混者，情识散时，如汤沃雪；以性真与世游者，性天融后，如漆因胶。

五伦是真性命，词气是真涵养，交接是真心髓，家庭是真政事。父母就是天地，赤子就是圣贤，奴仆就是朋友，寝室就是明堂。平旦可见唐、虞，村市可观三代，愚民可行古礼，贫穷可认真心。疲癃皆我同胞，四海皆我族类，鱼鸟皆我天机，要荒皆我种姓。

问"为之不厌"。曰："知尔之厌，则知夫子之不厌矣。今世从形迹上学，所以厌；圣人从天地生机处学，生机自生生不已，安得厌？"

善处身者，必善处世；不善处世，贼身者也。善处世者，必严修身，不严修身，媚世者也。

学者有志于道，须要铁石心肠，人生百年转眄耳，贵乎自立。

后生不信学，有三病：一曰耽阁举业，不知学问事，如以万金商，做卖菜佣；二曰讲学人多迂阔无才，不知真才从讲学中出，性根灵透，遇大事如湛卢刈薪；三曰讲学人多假，不知真从假中出，彼既假矣，我弃其真，是因噎废食也。

问"儒佛同异。"曰："且理会儒家极致处，佛家同异不用我告汝。不然，随人口下说同说异何益？"

问"如何得分明"。曰："要胸中分明，愈不分明。须知昏昏亦是分明，不可任清明一边。昭昭是天，冥冥是天。"

马上最好用功，不可放过。若待到家休息，便是驰逐。

老成持重，与持位保禄相似；收敛定静，与躲闲避事相似；谦和逊顺，与柔媚谐俗相似。中间间不容发，非研几者鲜不自害害人。

说清者便不清，言躬行者未必躬行，言知性命便未知性命，终日说一便是不一，终日说合便是不合，但有心求，求不着便着。

人只说要收敛，须自有个头脑，终日说话，终日干事，是真收敛。不然，终日兀坐，绝人逃世，究竟忙迫。

横逆之来，愚者以为遭辱，智者以为拜赐；毁言之集，不肖以为罪府，贤者以为福地。小人相处，矜己者以为荆棘，取人者以为砥砺。

目无青白则目明,耳无邪正则耳聪,心无爱憎则心正。置身天地间,平平铺去,不见崖异,方是为己之学。学者好说严毅方正,予思与造物者游,春风习习,犹恐物之与我拂也。苟未有严毅方正之实,而徒袭其迹,徒足与人隔绝。

未知学人,却要知学,既知学人,却要不知有学;未修行人,却要修行,既修行人,却要不知有修。予见世之稍学修者,哓哓自别于人,其病与不知学修者,有甚差别?

予别无得力处,但觉本分二字亲切,做本分人,说本分话,行本分事。本分外不得加减毫末,识得本分,更有何事!

道无拣择,学无精粗。

下学便是上达,非是下学了才上达,若下学后上达,是作两层事了。

学问原是家常茶饭,浓酽不得,有一毫浓酽,与学便远。(以上《龙华密证》)

孟我疆问:"如何是道心人心?"曰:"不由人力,纯乎自然者,道心也;由思勉而得者,人心也。"

我疆问:"孔子云:'正目而视之,不可得而见也,倾耳而听之,不可得而闻也。故曰视于无形,听于无声。'子思发之为不睹不闻,阳明又云:'若睹闻一于理,即不睹不闻也。'其言不同如此!"曰:"孔子惧人看得太粗,指隐处与人看,阳明恐人看得甚细,指显处与人看,其实合内外之道也。"(以上《燕台会记》)

问"吾有知乎哉章"。曰:"鄙夫只为有这两端,所以未能廓然。圣人将他两端空尽无余了,同归于空空。"曰:"然则致知之功如何?"曰:"圣人致之无知而已。"曰:"然则格物之说如何?"曰:"视之不见,听之不闻,体物而不可遗,洋洋乎如在其上,如在其左右,此真格物也。"(《南都会记》)

识仁即是格物。

问"识仁"。曰:"夫子论仁,无过'仁者,人也'一语。当日我看仁做个幽深玄远,是奇特的东西,如今看到我辈在一堂之上,即是仁,再无亏欠,切莫错过。"

问:"夫子只言仁之用,何以不言仁之体?"曰:"今人体用做两件看,如何明得?余近来知体即用,用即体,离用无体,离情无性,离显无微,离已发无未发。非予言也。孟子曰:'恻隐之人,人皆有之;羞恶之心,人皆有之;恭敬之心,人皆有之;是非之心,人皆有之。'恻隐之心,仁也;羞恶之心,义也;恭敬之心,礼也;是非之心,智也。体会自见。"

问:"生机时有开发,奈不接续何?"曰:"无断续者体也,有断续者见也。"曰:"功将何处?"曰:"识得病处即是药,识得断处就是续。"

一堂之上,有问即答,茶到即接,此处还添得否?此理不须凑泊,不须帮帖。

孟子曰:"尽其心者,知其性也。"尽者了无一物,浑然太虚之谓,心性亦是强名。(以上《龙华会记》)

问:"其心三月不违仁,仁与心何所分别?"曰:"公适走上来问,岂有带了一个心,又带了一个仁来?公且退。"

恕者,如心之谓。人只是要如己之心,不思如人之心,如己如人,均齐方正,更说甚一贯。

有言"不能安人,如何算得修己"。曰:"我二十年前,热中亦欲安人,今安不得,且归来。我与公且论修己。修己之方,在思不出其位,在素位而行。公且素位,老实以行谊表于乡,便是安人。不然,你欲安人,别人安了你。"

塘南先生问:"佛法只是一生死动人,故学佛者在了生死。"曰:"人只是意在作祟,有意则有生死,无意则无生死。"(以上《元潭会记》)

欧阳明卿问曰:"释氏不可以治天下国家。"曰:"子何见其不可以治天下国家?"曰:"样样都抛了。"曰:"此处难言。有饭在此,儒会吃,释亦会吃,既能吃饭,总之皆可以治天下国家。子谓释样样抛了,故不可;儒者样样不抛,又何独不能治天下国家?"

私虑不了,私欲不断,毕竟是未曾静,未有入处。心迷则天理为人欲,心悟则人欲为天理。(以上《铁佛会记》)

问"天下归仁"。曰:"子无得看归仁是奇特事,胸中只芝麻大,外面有天大。子斋中有诸友,与诸友相处,无一毫间隔,即是归仁;与妻子僮仆,无一毫间隔,便是归仁。若舍见在境界,说天下归仁,越远越不着身。"(《太朴会记》)

有因持志入者,如识仁则气自定;有由养气入者,如气定则神自凝;又有由交养入者,如白沙诗云:"时时心气要调停,心气功夫一体成。莫道求心不求气,须教心气两和平。"此是先辈用过苦功语。(《青原会记》)

问:"诚意之功,须先其意之所未动而诚之,苦待善恶既动而后致力,则已晚矣。果若此,则慎独之功,从何下手?"曰:"国君好仁,天下无敌,无敌真慎独也。人所不知,己所独知,多流入识神去。'先其意之所未动而诚之',愚谓既云未动,诚将何下手? 莫若易诚而识之,即识仁之谓。未发前观何气象意思。'善恶既动而后致力,则已晚',此为老学者言,初学者既发后,肯致力亦佳。"

人心本自乐,自将私欲缚。私欲一萌时,良知还自觉。一觉便消除,此心依旧乐。乐便然后学,学便然后乐。

问"生死"。曰:"子死乎?"曰:"未死。"曰:"何未死?"曰:"胸中耳目聪明,色色如赤子时。"曰:"子知生矣,知生则知死,不必问我。"

问"知天命"。曰:"日间问子以时义,子必曰:'知。'问子以家宅乡里事,子必曰:'知。'此知之所在,即命也,即阴阳五行之数也,亦即天命也。说到知之透彻地,少一件不得。"

名世不系名位,每一代必有司此道之柄者,即名世也。

求放心者,使人知心之可求也。心要放者,使人知无心之可守也。卑者认着形色一边,高者认着天性一边,谁知形色即是天性,天性不外形色,即"仁者人也"宗旨。

予归山十五年,只信得感应二字。

问"《复卦》"。曰:"有人于此,所为不善,开心告语之,渠泫然泣下,即刻来复矣。"

问"有孚于小人,乃去佞如拔山,何也?"曰:"欲去佞,所以如拔山,君子惟有解,解者悟也,悟则不以小人待小人,所以孚小人。"

问"居德则忌"。曰:"即如今讲学先生,不自知与愚夫愚妇同体,只要居德,所以取忌。"

有学可循,是曰洗心,无心可洗,是曰藏密。

除知无独,除自知无慎独。

真正入手,时时觑不睹不闻是甚物,识得此物,真戒惧不必言矣。(以上《问仁会录》)

问:"年四十而见恶焉,其终也已,不知四十以后,尚可为善否?"曰:"八十尚可,况四十乎? 此俱从躯壳上起念。"

问:"迩日学者始学,先要个存守,是未择中庸而先服膺,未明善而先固执,证之博学审问之说无当也。"曰:"学贵存守,但存守之方不一,故问辨以择之。盖学而后有问，学即存守也，不学何问之有？如行者遇岐路即问，问了又行，原非二事。若谓不待存守而先择，则是未出门而空谈路径也。"(《鹭洲会记》)

止原无处所，止无可止，则知止矣。

问："心如何为尽？"曰："尽者水穷山尽之谓。人心原是太虚，若有个心，则不能尽矣。"

万古学脉，人人所公共的，渔樵耕牧，均是觉世之人，即童子之一斟酒处，俱是学之所在。若曰"我是道，而人非道"，则丧天地之元气也。

新安王文轸曰："丁酉在南都参访祝师，认心不真，无可捞摸。坐间日影正照，祝师指曰：'尔认此日影为真日，不知彼阴暗处也是真日。'因此有省。"曰："尔道认心不真，无可捞摸，不知无可捞摸处，便是真心。"

问："吾人学问，不勾手者，正以有所把捉，有好功夫做故也。有把捉时，便有不把捉时，有好功夫时，便有不好功夫时。"曰："此可与透身贴体做功夫者商量，若是此学茫茫荡荡，且与说把捉做功夫不妨。"

先生谓王文轸曰："到不得措手处，还有功夫也无？"轸曰："无功夫。"先生曰："仍须要退转来。"轸曰："有功夫而不落常，无功夫而非落断，为而无为，谓之无功夫也可。"先生曰："就说有功夫，又何不可！"

问"不孝有三章"。曰："看来个个犯此。予辈不庄敬严肃，即是惰其四肢。予四十以后，出入不经我母之手，非货财私妻子乎？饮食起居，任从自便，非从耳目之欲乎？不受人言，即是斗狠。体贴在身，时时是不孝。"

天地万物皆生于无，而归于无。一切蠢动含灵之物，来不知其所自，去不知其所往，故其体本空。我辈学问，切不可向形器上布置，一时若妍好，终属枯落。虽然，空非断灭之谓也，浮云而作苍狗白衣，皆空中之变幻所必有者，吾惟信其空空之体，而不为变幻所转，是以天地在手，万化生身。今有一种议论，只是享用现在，才说克治防检，便去纽捏造作，日用穿衣吃饭，即同圣人妙用，我窃以为不然。夫圣凡之别也，岂止千里？

仁者浑然与物同体，如何证得学问？只是不起意，便是一体，便是浑然。所以乍见非有为而为也，齐王有不知其心之所然也。（以上《仁文会记》）

（录自沈芝盈点校，黄宗羲著《明儒学案》，中华书局 2008 年版）

冯从吾学案

　　冯从吾(1557—1627)，字仲好，号少墟，人称少墟先生。西安府长安人，因创办关中书院，人称关西夫子。冯从吾少年时期有志于濂、洛之学，受业于许孚远。万历十七年(1589)进士。明万历二十年(1592)上《请修朝政疏》，言帝失德，皇帝大怒，欲廷杖之，阁臣力解得免。后冯从吾告归，杜门谢客，造诣益深。万历三十七年(1609)，陕西布政使汪可受、按察使李天麟等遵从冯从吾的意愿，在宝庆寺东侧拨地，筹建关中书院。冯从吾主持的关中书院一时闻名遐迩，其思想对社会产生了很大影响。当时，魏忠贤权倾天下，"天下皆建生祠，惟陕西独无"。家居二十五年，又起为尚宝卿。累迁工部尚书致仕。天启六年(1626)十二月，朝廷竟下令捣毁关中书院，将孔子塑像掷于城墙南隅。冯从吾悲恨不已，于天启七年(1627)饮恨长逝，谥"恭定"。

　　冯从吾是明代关学把程朱理学和陆王心学融合的集大成者，也是东林党在西北的领袖。冯从吾继承了张载所提倡的"学则多疑"的观点，提出了"学、行、疑、思、恒"五字结合的治学方法。他一方面相信良知本体之学，一方面又如东林学者一样，痛切地指出王学末流堕于猖狂无忌惮之偏，同时也指出其弱于本体而泛论工夫之失，他说："世之学者，止知本体之一物不容，而不知本体之万物皆备，此所以各堕于虚无之说，而无实地之可据，令人猖狂而自恣也。"他将朱子学的"格物穷理"与阳明的"致良知"结合起来，认为"吾儒之学，以至善为本体，以知止为工夫……必格物而后能知止也"。如果弃格物于不顾，而"别求知止之方，此异端悬空顿悟之学，非吾儒之旨也"。冯从吾以朱子"格物"以矫正阳明后学之先天良知说，是晚明学风由虚而返实之动向的体现。

　　冯从吾著有《冯少墟集》二十二卷，又有《元儒考略》《冯子节要》及《古文辑选》，均《四库总目》并行于世。其所编的《关学编》系统总结了张载以来的关学学术传统，影响了后来的学术史编写。今中华书局出版有《关学编》，西北大学出版社有《冯从吾集》。

善利图说

或问："孔子论人，有圣人、君子、善人、有恒之别，而孟子独以善利一念，分舜、跖两途，何也？"曰："孔子列为四等，所以示入圣之阶基。世之学者，徒知以舜、跖分究竟，不知以善利分舜、跖，若曰：'学者何敢望舜？下圣人一等，吾为君子已耳。'于是递而下之，'吾为有恒已耳，上之纵不能如舜，下之必不至如跖'。以彼其心不过以为圣人示人路径甚多，可以自宽自便耳。不知发端之初，一念而善便是舜，一念而利便是跖，出此入彼，间不容发，非舜与跖之间，复有此三条路也。君子、善人、有恒，造诣虽殊，总之是孳孳为善，大舜路上人。孟子以善利分舜、跖，自发端之初论也，孔子以圣人、君子、善人、有恒分造诣，自孳孳为善之后论也。且为善为舜则为人，为利为跖则为禽兽，舜、跖之分，人与禽兽之分也。学者纵可诿之曰'我不为圣'，亦可诿之曰'我不为人'哉？"或曰："学者不幸分辨不早，误置足于跖利之途，将遂甘心已乎？"曰："不然。人性皆善，虽当戕贼之后，而萌蘖尚在，养此几希之萌蘖，尚可为尧、舜，一时之错，不能限我也。"或曰："学者既在舜路，亦可以自恃乎？"曰："不然。一念而善，是平地而方覆一篑也，一念而自以为善，是为山而未成一篑也。未成一篑，总谓之半途而废耳。必由一篑而为山，才是有恒，若以善人君子中止，而不至于圣人，便是无恒也。"或曰："世之聪明之士，非乏也，功名文学之士，又不少也，岂见不及此乎？"曰："舜、跖路头，容易差错，此处不差，则聪明用于正路，愈聪明愈好，而文学功名，益成其美。此处一差，则聪明用于邪路，愈聪明愈差，而文学功名，益济其恶，故不可不慎也。"

（录自沈芝盈点校，黄宗羲著《明儒学案》，中华书局 2008 年版）

关学编自序

我关中自古称理学之邦，文、武、周公不可尚已，有宋横渠张先生崛起郿邑,倡明斯学,皋比勇撤,圣道中天。先生之言曰:"为天地立心,为生民立命,为往圣继绝学,为万世开太平。"可谓自道矣。当时执经满座,多所兴起,如蓝田、武功、三水名为尤著。至于胜国,是乾坤何等时也,而奉元诸儒犹力为撑持,埙吹箎和,济济雍雍,横渠遗风将绝复续。天之未丧斯文也,岂偶然也哉?

迨我皇明,益隆斯道,化理熙洽,真儒辈出。皋兰创起,厥力尤艰,璞玉浑金,精光含敛,令人有有余不尽之思。凤翔以经术教授乡里,真有先进遗风。小泉不谰文字,超悟于行伍之中,亦足奇矣。司徒步趋文清,允称高弟。在中、显思履绳蹈矩,之死靡他。至于康僖,上承庭训,下启光禄,而光禄与宗伯司马金石相宣,钧天并奏,一时学者歙然向风,而关中之学益大显明于天下。若夫集诸儒之大成而直接横渠之传,则宗伯尤为独步者也。宗伯门人几遍海内,而梓里惟工部为速肖。元善笃信文成,而毁誉得失,屹不能夺,其真能"致良知"可知。侍御直节精忠,有光斯道。博士甘贫好学,无愧蓝田。呜呼,盛矣!学者俯仰古今,必折衷于孔氏,诸君子之学虽谰入门户各异,造诣浅深或殊,然一脉相承,千古若契,其不诡于吾孔氏之道则一也。

余不肖,私淑有日,顷山中无事,取诸君子行实,僭为纂次,题曰《关学编》,聊以识吾关中理学之大略云。嗟夫!诸君子往矣,程子不云乎"尧舜其心至今在"!夫尧舜其心至今在,诸君子其心至今在也。学者能诵《诗》读《书》,知人论世,恍然见诸君子之心,而因以自见其心,则灵源浚发,一念万年,横渠诸君子将旦莫遇之矣。不然,而徒品骘前哲,庸晓口耳,则虽起诸君子与之共晤一堂,何益哉?

万历岁在丙午九月朔日,长安后学冯从吾书于静观堂

(录自刘学智、孙学功点校整理,《冯从吾集》,西北大学出版社 2015年版)

高攀龙学案

　　高攀龙(1562—1626)，初字云从，后字存之，别号景逸，南直隶无锡人。东林学派的创建人之一，为明末"一时儒者之宗"。高攀龙"少读书，辄有志程、朱之学"。后师事邑中茹澄泉、许静余，"以学行相砥砺，暇则默探诸儒语录、性理诸书"。二十五岁时，听罗懋忠、顾宪成讲学，"始志于学"，"于是早夜孜孜，以全副精神用于止敬慎修、存心养性、迁善改过间，而学始有入门矣"。万历十七年(1589)举进士，三年后授行人司行人。在任行人司行人期间，因司中无事，又多有藏书，高攀龙"取二程、朱子《全书》薛文清《读书录》，手自摘抄，作《日省编》"。又"以先儒所论切要工夫，分附《大学章句》下，为初学指南"。又集《崇正编》，"以先儒所论儒、释分歧处，汇成一书，以端学脉"。这奠定了他的治学方向。后因支持赵南星、顾宪成等在京察中的主张而为小人所忌，被谪贬为广东揭阳典史。在贬谪途中，高攀龙遇"潜心白沙之学"的陆粹明，"得其提醒"，间接地接受了陈献章的"主静之学"。在广东署职三月，即以事归；途中又与以"止修"为要的李见罗论数日，对其"止修"学说颇为赞赏。回乡后不仕近三十年，一直从事著述和讲学活动。万历三十二年(1604)，他与顾宪成等人重建东林书院，讲学之余，积极参与政治活动，讽议朝政，裁量人物。顾宪成病逝后，他独肩其责，主持东林书院院事。天启初年，东林士子一度当政，高攀龙被起用为光禄少卿、太常少卿、大理寺少卿、刑部右侍郎、左都御史等职。任职期间，积极参与同阉党的斗争，后遭阉党迫害，被削职为民。天启六年(1626)，魏忠贤下令逮捕东林党人，高攀龙听说周顺昌已被捕，便在缇骑到来前投湖自沉，时年六十五岁。崇祯初，赠太子少保、兵部尚书，谥"忠宪"。授世儒官。

　　高攀龙学宗程朱，比顾宪成更加推崇朱熹。在他看来，孔子之学经由朱熹的诠释阐发，才得以发扬光大，"圣人之道，自朱子出而六籍之言乃始幽显毕彻，吾道如日月之经天，江河之流地”，他认为只有朱熹得孔学之真，是孔子学术的真正继承者。高攀龙崇奉程、朱，对程朱之学多有研究和阐发。在理气观上，承继程朱的理本论，并进而提出“心与理一”“理即是心”的命题。在性理问题上，高攀龙接受了程朱“性即理”的观点，把性说成是宇宙本体理在人身上的体现。高攀龙还较为深入地阐述了修悟并重、本体和工夫相统一的思想。同时基于学以致用的思想，高攀龙力倡治国平天下的有用之学。

高攀龙著作有《古本大学》《张子正蒙注》《四子要书》《朱子节要》等，门人陈龙正编有《高子遗书》。今有北京大学儒藏整理本《高子遗书》及凤凰出版社《高攀龙全集》。

阳明说辨

一

君子于人之言也，必有以得其人之心，尽其人之说，体之于吾身，真见其非，而后明吾之是以正之，务可以建诸天地，质诸鬼神，以俟之后圣，而后无愧其人。若阳明之攻朱子也，果为得朱子之心，而有当于其说乎？

吾观其答顾东桥之书曰：“朱子所谓格物云者，是以吾心而求理于事事物物之中，如求孝之理于其亲之谓也。求孝之理，果在于吾之心耶？抑在于亲之身耶？假果在于亲身，而亲没之后，吾心遂无孝之理与？见孺子之入井，必有恻隐之心。是恻隐之理，果在孺子之身与？抑在吾心之良知与？是可以见析心与理为二之非矣。”果若斯言也，朱子可谓天下之至愚，叛圣以乱天下者也。夫臣之事君以忠也，夫人知之，而非知之至也。孟子曰：“欲为臣尽臣道，法舜而已。不以舜之所以事君事君，不敬其君者也。”夫不敬其君，天下之大恶也。苟不如舜之所以事君，则已陷于天下之大恶而不自知焉，则所以去其不如舜以就其如舜者，当无不至。子之事亲而当孝也，夫人知之，而非知之至也。孟子曰：“事亲若曾子者可也。”夫至于曾子之事亲而始曰可也，不然，犹为未能事其亲矣，则所以去其不如曾子以求其如曾子者，又当何如也？此人伦之至，天理之极，止之则也。此为格物而至于物，则物理尽者也，所谓因其已知之理而益穷之，以求至乎其极也。今人乍见孺子将入井,皆有怵惕恻隐之心,此何心也? 仁也。格物者,知皆扩而充之,达之于其所忍,无不见吾不忍之真心焉。一箪食,一豆羹,生死随之,而行道不受嘑尔,乞人不屑蹴尔,此何心也? 义也。格物者,知皆扩而充之,达于其所为,无不见吾不为之真心焉。此之谓格物而致知。故其心之神明,表里精融,通达无间,而更无一毫人欲之私,得藏于隐微之地,以为自欺之主。故意之所发无不诚,心之所存无不正也。

吾所闻于程、朱格物致知之说,大略如此也,未闻其格孝于亲之身,格忠于君之身,格恻隐于孺子,格不受不屑于行道乞人也。以是而辟前人之说,譬如以病眼见天,而谓天之不明,则眼病也,于天何与? 是可百世以俟圣人乎!

二

君子非立言之难,言而不得罪于圣人之为难。夫圣人之言,顺性命之理而已,后之求圣人之言者,顺圣人之言而已。阳明之说《大学》也,吾惑之。《大学》曰:"致知在格物,物格而后知至。"阳明曰:"所谓致知格物者,致吾心之良知于事事物物也。致吾心良知之天理于事事物物,则事物各得其理矣。事物各得其理,格物也。"是格物在致知,知至而后物格也。又曰:"物,事也;格,正也。但意念所在,即要去其不正以全其正。"又曰:"格物者,格其心之不正,以归于正。"是格物在正心诚意,意诚心正而后格物也。整庵罗氏所谓"左笼右罩","以重为诚意正心之累",顾氏所谓"颠倒重复",谓之阳明之《大学》可矣。《诗》云:"无易由言。"天下大矣,万世而下,不尚有人也夫!

三

凡人之言合者,必二物也。本离而合之之谓合,本合则不容言合也。天下之物有万,而理则一。无体用,无显微,无物我,无内外,一以贯之者也。告子之义外,不识性也,故亦不识义而外之,非求义于外也。凡人之学,谓之曰"务外遗内",谓之曰"玩物丧志"者,以其不反而求诸理也。求诸理又岂有内外之可言哉? 在心之理,在物之理,一也。天下无性外之物,无心外之理,犹之器受日光,在彼在此,日则一也,不能析之而为二,岂待合之而始一也? 阳明亦曰:"理无内外,性无内外,故学无内外。讲习讨论，未尝非内；反观内省，未尝遗外也。"诚是也，则奈何驳朱子曰"以吾心求理于事物之中，为析心与理为二者？"然则心自心，理自理，物自物，匪独析而二，且参而三矣。是阳明析而二之，非朱子析而二之也。

阳明又曰："若鄙人之致知格物，是合心与理为一者也。"心与理本未尝不一，非阳明能合而一之也，犹之乎其论知行矣。夫知行亦未尝不合一，而圣人不必以合一言也。故有时对而言之，则知及仁守是也；有时互而言之，则智愚贤不肖之过不及而道之不行不明是也；有时对而互言之，则知至至之，知终终之是也；有时偏而言之，则夫子叹知德之鲜，孟子重始条理之智，传说非知之艰、行之惟艰是也；有时分而言之，则知及而不能守，有不知而作者是也。吾故曰圣人不必合一言之也，而知行未尝不合。惟其未尝不合，故专言知而行在，专言行而知亦在。

《大学》之先格物致知也，以其求端用力言之，然岂今日知之，明日行之之谓哉？必欲以合一破先后之说也，则《大学》之言先者八，言后者八，皆为不可通之说矣。凡若此者，总是强生事也。

四

阳明以朱子之致知也，为闻见之知，故其为宗旨也曰"良知"。吾则以《大学》之致知，本非不良之知，非自阳明良之也。朱子为闻见之知与？否与？前乎吾者知之，后乎吾者知之，吾则乌乎敢知！虽然，圣人之教不尔也。夫子不曰"多闻从善，多见而识"乎？不曰"多闻阙疑，而慎言其余；多见阙殆，而慎行其余"乎？不曰"多识前言往行，以畜其德"乎？此为初学言之也，知之次也。夫圣人不任闻见，不废闻见，不任不废之间，天下之至妙存焉。舜闻一善言，见一善行，若决江河，沛然莫之能御也。非闻见乎，而闻见云乎哉？

观白鹭洲问答致泾阳

江右之学，自宋至今，如一涂辙，岂风气使然与？今虽云阳明之宗，实则象山之派。诸老之中，塘南可谓洞澈心境者矣。然以愚见窥之，尚有未究竟在。何则？圣人之学，上下一贯，故其言表里精粗无不兼到。举要而言，循理而已。循理便无事，即无思无为之谓也。今徒曰无思无为，得手者,自不至遗弃事物,然已启遗弃事物之弊矣。如曰止于至善,有何名相倚着之可言?至矣极矣。今必曰无善无恶,又须下转语曰:无善无恶,乃所以为至善也。明者自可会通,然而以之明心性者十之一,以之灭行检者十之九矣。无思无为者,即无善无恶之谓也。未离知解,则未离门户,未离门户,则未离倚着。倚着易知,而无倚着之倚着难知也。故曰尚有未究竟在。

圣人之道,至易至简,无可名言,故曰予欲无言,言之至也。惟其无可言,故其可言者,人伦日用之常而已。所以愈浅而愈深,愈卑而愈高,愈显而愈微,然则如之何而可使人见本体也?曰:此在人之信,而非可以无思无为、无善无恶,转令人走向别处去也。如《易》曰:"乾,元亨利贞。"如言人,仁义礼智之谓也。停停当当,本体如是而已。信得及者,别无一事,日用常行,人伦事物,无令少有污坏而已。此圣人之学所以为至易至简也。

虽然,王塘老之学,实自八十年磨勘至此,其静功最深,妄窥之者,浮矣轻矣。然学术杪忽之间,不可不据所见相与评质。先生试参之,以为何如?

(录自董平、柴可辅点校,《高子遗书》,北京大学出版社儒藏 2016 年版)

陶望龄学案

　　陶望龄(1562—1609)，字周望，号石篑，浙江会稽人。学者称歇庵先生。陶望龄少有文名，五岁时有人出上联"中举中进士"，他应声对道"希贤希圣人"。陶望龄十七岁补邑弟子员，遂致力于古文辞，"搜讨百氏，力追先秦，广涉各书"。万历十三年(1585)考中乡试第二名。万历十七年(1589)，以会试第一、廷试第三的成绩，授翰林院编修。万历二十三年(1595)，被内阁提名充任正史纂修官，与焦竑等共同研究性理之学，尤其痴迷王阳明的学说。他久在翰林，以清新自持被推为诗文之首。万历二十四年(1596)，陶望龄请假回乡，袁宏道正任江苏吴县县令，陶望龄特慕名前去拜访，两人长谈三日，引为知交。万历三十三年(1605)，升为国子监祭酒。陶望龄去世后，谥"文简"。

　　陶望龄与浙中王门的嫡系周汝登(周海门)在师友之间，是"海门思想的发扬者"。其学重心性而尊阳明良知学，认为"文成'致良知'三字符，上接周、程，以溯孔门明德之宗，及门之士龙溪子妙入其解，而近溪子独见赤子本体，慈湖活泼言下，先生闻而知之矣"。同时他又如海门般注重无善无恶："语贵明宗，学须择法……然则无善即进善之捷径，无非乃去非之要津。"此外，陶望龄也不一味排斥朱学，表现出了一定的学术汇通倾向。在具体工夫上，陶望龄发展了"迁改格"的工夫方式，并进而影响了其弟陶奭龄以及刘宗周。

　　陶望龄主张汇通儒佛，反对将慈湖、阳明斥为禅学，晚年甚至正式信佛。他秉承了王阳明思想中的佛学成分，并将之公开化、扩大化，对王学的禅化，对晚明狂禅思潮的发扬，都起到了很大的作用。陶望龄工诗善文，著作有《制草》若干卷、《歇庵集》二十卷、《解庄》十二卷、《天水阁集》十三卷等，今有阳明后学文献丛书本《陶望龄全集》(上海古籍出版社，2019年)。

与周海门先生

望龄根器劣弱，力不精猛，染指此道，动逾数年，而见处未彻。信力未充日夜，忧念未有安歇，重荷垂闵蒙蔽，意将拯而引之。自惟钝昏，无以为地，每念若刀刀刺心。使至，辱手教，征诘。盖将令之刳肠剖脏，发露病源，投以神药。敢自匿瑕恶，仰孤盛心。

窃闻《华严》十信初心，即齐佛智。佛智者，无待之智也，何阶级之可言哉！然不妨五十位升进邻于二觉后，契佛乘孔子三十而立，已历信位矣。然不妨知命耳顺以至从心，盖知见久汰而日消，习气旋除而日净，如精金离矿，经锻炼而益露光芒；婴儿出胎；加岁时而自然充长人形。金体不异旧时，莹净魁梧，新新莫掩。然则放刀屠儿、献珠龙女，无待之智证也；懒安捉鼻、二祖调心，神化之实功也，以缘起无生为照觉，故不属断除，以佛知见为对治，故不落二乘耳。

是故道人有道人之迁改，俗学有俗学之迁改。凡夫于心外见法，种种善恶执为实有，如魔人认手为鬼，稚子怖影为物。迁改虽严，终成压伏。若原宪克伐怨，欲不行是也。学道人善是己善，过是己过，迁是己迁，改是己改。以无善为善，故见过愈微以罪性本空，故改图甚速。颜子有不善未尝不知，知之未尝复行者是也。僧问古宿如何保任，曰："一翳在目，空花乱坠。"大慧亦言："学道人，须要熟处生，生处熟。"如何生处无分别处是，如何熟处分别处是。到此，则过是过，善亦是过，分别是习气，饶你总不分别，亦是习气。直得念念知非，时时改过，始有相应分，是真迁善，是真改过，是名随心自在，亦名称性修行先代老和尚纷纷言说，总不出此，尚何置同异于其间哉？

然仆今日之病，则在悟头未彻，疑情未消，解处与行处、说处与受用处未能相应。如人一片田园，未曾收管，何论荒芜哉！窃虑随文之解，未契佛怀；臆测之言，终成戏论，以此恻恻居心不宁耳，老丈何以救之。愚冈无怙实，思依怙胜友，若悠悠之会，既勘箴规，反成诤论，恐无裨于已，深不愿与之从事也。盖自救与救人，自利与利人，涂轨各别。老丈志于宏道，仆志于择交，随所余欠，各有亟耳。何如何如？

（录自《歇庵集》，明万历刻本）

刘宗周学案

刘宗周(1578—1645)，字起东，号念台，浙江山阴人。因讲学蕺山，学者称蕺山先生。刘宗周自幼勤奋好学，万历二十五年(1597)即乡试中举，万历二十九年(1601)中进士。万历三十二年(1604)授行人司行人，踏入仕途。此后，历任礼部主事、尚宝司少卿、顺天府尹、工部左侍郎、左都御史等职。刘宗周为官清正，仗义执言，指陈时弊，与阉党进行斗争。天启时，因上疏弹劾宦官魏忠贤"误国"，被革职为民。崇祯时，因指责思宗"贤奸颠倒，任用匪人""聚天下之小人立于朝""吏治败坏"，被革职。复官后，为营救言官姜采、熊开元，痛斥朝廷"恶得私毙谏臣"，结果被加以"偏党"之罪再次革职。崇祯帝朱由检虽多次被他激怒，但也不得不承认刘宗周"清执敢言，廷臣莫及"。清军入北京后，福王在南京建立政权，刘宗周起复原官。南明弘光元年(清顺治二年，1645)，清兵南下，浙江失守，明王朝的灭亡已无可挽回。在这种情况下，刘宗周做出以死殉国的悲壮选择，绝食二十日，"烈烈而死"。

刘宗周一生的大部分时间都用于讲学和著述。其早年"不喜象山、阳明之学"，而偏重程朱理学，认为"象山、阳明之学，皆直信本心以证圣，不喜谈克己工夫，则更不用学问思辨之事矣"。中年之后开始信从阳明之说，"悟天下无心外之理，无心外之学"。晚年发现"若夫良知之说，鲜有不流于禅者"，于是"辨难不遗余力"，对"良知"说特别是对王门"四句教"的内在矛盾进行深入剖析，力图克服王学末流的禅学倾向。黄宗羲对刘宗周的这一心路历程，有一个简约的概括："先生于新建之学凡三变：始而疑，中而信，终而辨难不遗余力。"这是合乎刘宗周思想变化实际的。

刘宗周深入钻研理学、心学及历史上各家学说，对以往儒家学者在儒学史上的理论贡献给予充分肯定。但他又指出："夫道一而已矣，知、行分言，自子思子始；诚、明分言，亦自子思子始；已发、未发之言，亦自子思子始；仁、义分言，自孟子始；心、性分言，亦自孟子始；动、静、有、无分言，自周子始；气质、义理分言，自程子始；存心、致知分言，自朱子始；闻见、德性分言，自阳明子始；顿、渐分言，亦自阳明子始。凡此，皆吾夫子所不道也。呜呼！吾舍仲尼奚适乎？"孔子之学原本是一个理论整体，但从子思、孟子到王阳明，都对孔子之学做了抽象的发挥，都陷入了理论的片面性。有鉴于此，他力图在研究诸家之学的基础上，对儒学做出新的综合，把被人们割裂了的知与行、诚与明、已发与未发、仁与义、心与性、气质与义理、存心与致知、闻见与德性、顿与渐等，重新统一起来，以建构一个合乎孔子精神、以慎独和诚意为要、"一以贯之"的儒学体系。

刘宗周所创立的学派，被称为蕺山学派。弟子中"学行不愧师门者卅五人，再传弟子一人"，有黄宗羲、陈确、叶庭秀、张履祥、恽日初等。刘宗周的著作，由其后学编辑为《刘子全书》和《刘子全书遗编》。今有浙江古籍出版社出版的《刘宗周全集》。

人 谱

自 序

友人有示予以袁了凡《功过格》者，予读而疑之。了凡自言尝授旨云谷老人，及其一生转移果报，皆取之功过，凿凿不爽。信有之乎？予窃以为病于道也。子曰："道不远人。人之为道而远人，不可以为道。"今之言道者，高之或沦于虚无，以为语性，而非性也。卑之或出于功利，以为语命，而非命也。非性非命，非人也，则皆远人以为道者也。

然二者同出异名，而功利之惑人为甚。老氏以虚言道，佛氏以无言道，其说最高妙，虽吾儒亦视以为不及。乃其意主于了生死，其要归之自私自利。故太上有《感应篇》，佛氏亦多言因果。大抵从生死起见，而动援虚无以设教，猥云功行，实恣邪妄，与吾儒惠迪从逆之旨霄壤。是虚无之说，正功利之尤者也。

了凡学儒者也，而笃信因果，辄以身示法，亦不必实有是事。传染至今，遂为度世津梁，则所关于道术晦明之故，有非浅鲜者。予因之有感，特本证人之意，著《人极图说》，以示学者。继之以六事功课，而纪过格终焉。

言过不言功，以远利也。总题之曰《人谱》。以为谱人者，莫近于是。学者诚知人之所以为人，而于道亦思过半矣。将驯是而至于圣人之域，功崇业广，又何疑乎？友人闻之，亟许可，遂序而传之时。

崇祯甲戌秋八月闰吉，蕺山长者刘宗周书。

人谱正篇

人极图（略）

人极图说

无善而至善，心之体也。

即周子所谓太极，"太极本无极也"。统三才而言，谓之极。分人极而言，谓之善。其义一也。

继之者善也。

动而阳也，"乾知大始"是也。

成之者性也。

静而阴也，"坤作成物"是也。

繇是而之焉，达于天下者道也。放勋曰："父子有亲，君臣有义，夫妇有别，长幼有序，朋友有信。"此五者，五性之所以着也。五性既着，万化出焉。万化既行，万性正矣。

五性之德，各有专属，以配水火木金土，此人道之所以达也。

万性，一性也。性一，至善也。至善，本无善也。无善之真，分为二五，散为万善。上际为乾，下蟠为坤。乾知大始，吾易知也。坤作成物，吾简能也。其俯仰于乾坤之内者，皆其与吾之知能者也。

乾道成男，即上际之天。坤道成女，即下蟠之地。而万物之胞与不言可知矣。《西铭》以乾坤为父母，至此以天地为男女，乃见人道之大。

大哉人乎！无知而无不知，无能而无不能，其惟心之所为乎！《易》曰："天下何思何虑！天下同归而殊涂，一致而百虑。天下何思何虑！"

无知之知，不虑而知。无能之能，不学而能。是之谓无善之善。

君子存之，善莫积焉。小人去之，过莫加焉。吉凶悔吝，惟所感也。积善积不善，人禽之路也。知其不善以改于善，始于有善，终于无不善。其道至善，其要无咎，所以尽人之学也。

君子存之,即存此何思何虑之心。周子所谓"主静立人极"是也。然其要归之善。补过所蘖,殆与不思善恶之旨异矣。此圣学也。

人谱续篇二

证人要旨

(无极太极)一曰:凛闲居以体独。

学以学为人,则必证其所以为人。证其所以为人,证其所以为心而已。自昔孔门相传心法,一则曰慎独,再则曰慎独。夫人心有独体焉,即天命之性。而率性之道所从出也。慎独而中和位育,天下之能事毕矣。然独体至微,安所容慎? 惟有一独处之时可为下手法。而在小人仍谓之"闲居为不善,无所不至"。至念及掩着无益之时,而已不觉其爽然自失矣。君子曰:"闲居之地可惧也,而转可图也。"吾姑即闲居以证此心。此时一念未起,无善可着,更何不善可为? 止有一真无妄在。不睹不闻之地,无所容吾自欺也,吾亦与之毋自欺而已。则虽一善不立之中,而已具有浑然至善之极。君子所为必慎其独也。夫一闲居耳,小人得之为万恶渊薮,而君子善反之,即是证性之路。盖敬肆之分也。敬肆之分,人禽之辨也。此证人第一义也。

静坐是闲中吃紧一事,其次则读书。朱子曰:"每日取半日静坐,半日读书。"如是行之一二年,不患无长进。

(动而无动)二曰:卜动念以知几。

独体本无动静,而动念其端倪也。动而生阳,七情着焉。念如其初,则情返乎性。动无不善,动亦静也。转一念而不善随之,动而动矣。是以君子有慎动之学。七情之动不胜穷,而约之为累心之物,则嗜欲忿懥居其大者。《损》之象曰:"君子以惩忿窒欲。"惩窒之功,正就动念时一加提醒,不使复流于过而为不善。才有不善,未尝不知之而止之。止之而复其初矣。过此以往,便有蔓不及图者。昔人云:惩忿如推山,窒欲如填壑。直如此难,亦为图之于其蔓故耳。学不本之慎独,则心无所主。滋为物化,虽终日惩忿,只是以忿惩忿,终日窒欲,只是以欲窒欲。以忿惩忿忿愈增,以欲窒欲欲愈溃,宜其有取于推山填壑之象。岂知人心本自无忿,忽焉有忿,吾知之,本自无欲,忽焉有欲,吾知之。只此知之之时,即是惩之窒之之时。当下廓清,可不费丝毫气力,后来徐加保任而已。《易》曰:"知几,其神乎!"此之谓也。谓非独体之至神,不足以与于此也。

(静而无静)三曰:谨威仪以定命。

慎独之学,既于动念上卜贞邪,已足端本澄源,而诚于中者形于外,容貌辞气之间有为之符者矣,所谓"静而生阴"也。于焉官虽止,而神自行,仍一一以独体闲之,静而妙合于动矣。如足容当重,无以轻佻心失之。手容当恭,无以弛慢心失之。目容当端,无以淫僻心失之。口容当止,无以烦易心失之。声容当静,无以暴厉心失之。头容当直,无以邪曲心失之。气容当肃,无以浮荡心失之。立容当德,无以徙倚心失之。色容当庄,无以表暴心失之。此《记》所谓九容也。天命之性不可见,而见于容貌辞气之间,莫不各有当然之则,是即所谓性也。故曰:"威仪所以定命。"昔横渠教人,专以知礼成性、变化气质为先,殆谓是与?

(五行攸叙)四曰:敦大伦以凝道。

人生七尺堕地后,便为五大伦关切之身。而所性之理,与之一齐俱到。分寄五行,天然定位。父子有亲,属少阳之木,喜之性也;君臣有义,属少阴之金,怒之性也;长幼有序,属太阳之火,乐之性也;夫妇有别,属太阴之水,哀之性也;朋友有信,属阴阳会合之土,中之性也。此五者,天下之达道也,"率性之谓道"是也。然必待其人而后行,故学者工夫,自慎独以来,根心生色,畅于四肢,自当发于事业。而其大者,先授之五伦,于此尤加致力,外之何以极其规模之大?内之何以究其节目之详?总期践履敦笃。恺恺君子,以无忝此率性之道而已。昔人之言曰:"五伦间有多少不尽分处。"夫惟尝怀不尽之心,而亹亹以从事焉,庶几其逭于责乎!

(物物太极)五曰:备百行以考旋。

孟子曰:"万物皆备于我矣。"此非意言之也。只繇五大伦推之,盈天地间,皆吾父子、兄弟、夫妇、君臣、朋友也。其间知之明,处之当,无不一一责备于君子之身。大是一体,关切痛痒。然而其间有一处缺陷,便如一体中伤残了一肢一节,不成其为我。又曰:"细行不矜,终累大德。"安见肢节受伤,非即腹心之痛?故君子言仁则无所不爱,言义则无所不宜,言别则无所不辨,言序则无所不让,言信则无所不实。至此乃见尽性之学,尽伦尽物,一以贯之。《易》称"视履考祥,其旋元吉",吉祥之地,正是不废查考耳。今学者动言万物备我,恐只是镜中花,略见得光景如此。若是真见得,便须一一与之践履过。故曰:"反身而诚,乐莫大焉。"又曰:"强恕而行,求仁莫近焉。"反身而诚,统体一极也。强恕而行,物物付极也。

(其要无咎)六曰:迁善改过以作圣。

自古无现成的圣人,即尧舜不废兢业。其次只一味迁善改过,便做成圣人,如孔子自道可见。学者未历过上五条公案,通身都是罪过。即已历过上五条公案,通身仍是罪过。才举一公案,如此是善,不如此便是过。即如此是善,而善无穷,以善进善亦无穷。不如此是过,而过无穷,因过改过亦无穷。一迁一改,时迁时改,忽不觉其入于圣人之域。此证人之极则也。然所谓是善是不善,本心原自历落分明。学者但就本心明处一决,决定如此不如彼,便时时有迁改工夫可做。更须小心穷理,使本心愈明,则查简愈细,全靠不得今日已是见得如此如此,而即以为了手地也。故曰:"君子无所不用其极。"

人物续篇三

纪过格

(物先兆)一曰:微过,独知主之。

妄(独而离其天者是)。

以上一过,实函后来种种诸过,而藏在未起念以前,彷佛不可名状,故曰微。原从无过中看出过来者。

妄字最难解,直是无病痛可指。如人元气偶虚耳,然百邪从此易入。人犯此者,便一生受亏,无药可疗,最可畏也。程子曰:"无妄之谓诚。"诚尚在无妄之后,诚与伪对,妄乃生伪也。妄无面目,只一点浮气所中,如履霜之象,微乎微乎! 妄根所中曰惑,为利为名,为生死,其粗者,为酒色财气。

(动而有动)二曰:隐过,七情主之。

溢喜(损者三乐之类)。

迁怒(尤忌藏怒)。

伤哀(长戚戚)。

多惧(忧谗畏讥,或遇事变而失其所守)。

溺爱(多坐妻子)。

作恶(多坐疏贱)。

纵欲(耳目口体之属)。

以上诸过,过在心,藏而未露,故曰隐。仍坐前微过来,一过积二过。

微过不可见,但感之以喜,则侈然而溢。感之以怒,则怫然而迁。七情皆如是,而微过之真面目,于此斯见。今须将微者先行消煞一下,然后可议及此耳。

(静而有静)三曰:显过,九容主之。

箕踞、交股(大交、小交)。趋、蹶。(以上足容。)

擎拳、攘臂、高卑任意。(以上手容。)

偷视、邪视、视非礼。(以上目容。)

貌言、易言、烦言。(以上口容。)

高声、谑、笑、詈骂。(以上声容。)

岸冠、脱帻、摇首、侧耳。(以上头容。)

好刚使气、怠懈。(以上气容。)

跛倚、当门、履阈。(以上立容。)

令色、遽色、作色。(以上色容。)

以上诸过,授于身,故曰显。仍坐前微隐二过来,一过积三过。

九容之地,即七情穿插其中。每容都有七种情状伏在里许。今姑言其略。如箕踞,喜也会箕踞,怒也会箕踞。其他可以类推。

(五行不叙)四曰:大过,五伦主之。

非道事亲、亲过不谏、责善、轻违教令、先意失欢、定省失节、唯诺不谨、奔走不恪、私财、私出入、私交游、浪游、不守成业、不谨疾、侍疾不致谨、读礼不慎(衣服饮食居处)、停丧、祭祀不敬(失斋失戒不备物)、继述无闻、忌日不哀(饮酒茹荤)、事伯叔父母不视父母以降。(以上父子类,皆坐为人子者。其为父而过,可以类推。)

非道事君、长君、逢君、始进欺君(考校筮仕钻刺之类)、迁转欺君(夤缘速化)、宦成欺君(贪位固宠)、不谨、罢软、贪、酷、傲上官、陵下位、居乡把持官府、嘱托公事、迟完国课、脱漏差徭、擅议诏令、私议公祖父母官政事美恶、纵子弟出入衙门、诬告。(以上君臣类。)

交警不时、听妇言、反目、帷薄不谨(如纵妇女入庙烧香之类)、私宠婢妾、无故娶妾、妇言逾阈。(以上夫妇类,皆坐为人夫者。其为妇而过,可以类推。)

非道事兄、疾行先长、衣饮凌竞、语次先举、出入不禀命、忧患不恤、侍疾不谨、私蓄、蚤年分爨、侵公产、异母相嫌、阋墙、外诉、听妻子离间、贫富相形、久疏动定、疏视犹子、遇族兄弟于途不让行、遇族尊长于途不起居。（以上长幼类，皆坐为人幼者。其为长而过，可以类推。）

势交、利交、滥交、狎比匪人、延誉、耻下问、嫉视诤友、善不相长、过不相规、群居游谈、流连酒食、缓急不相视、初终渝盟、匿怨、强聒、好为人师。（以上朋友类。）

以上诸过，过在家国天下，故曰大。仍坐前微隐显三过来，一过积四过。

诸大过，总在容貌辞气上见。如高声一语，以之事父则不孝，以之事兄则不友。其他可以类推。为是心上生出来者。

（物物不极）五曰：<u>丛过</u>，百行主之。

游梦、戏动、谩语、嫌疑、造次、乘危、蹊径、好闲、博、弈、流连花石、好古玩、好书画、床笫私言、蚤眠宴起、昼处内室、狎使婢女、挟妓、俊仆、畜优人、观戏场、行不避妇女、暑月袒、科跣、衣冠异制、怀居（居处器什）、舆马、饕飡、憎食、纵饮、深夜饮、市饮、轻赴人席、宴会侈靡、轻诺、轻假（我假人）、轻施、与人期爽约、多取、滥受、居闲为利、献媚当途、躁进、交易不公（亏小经纪一文二文以上，及买田产短价）、拾遗不还、持筹、田宅方圆、嫁娶侈靡、诛求亲故、穷追远年债负、违例取息、谋风水、有恩不报、拒人乞贷、遇事不行方便（如排难解纷、劝善阻恶之类）、横逆相报、宿怨、武断乡曲、设誓、骂詈、习市语、称绰号、造歌谣、传流言、称人恶、暴人阴事、面讦、讥议前辈、讼、主讼、失盗穷治、捐弃故旧、疏九族、薄三党、欺乡里、侮邻佑、慢流寓、虐使仆僮、欺陵寒贱、挤无告、遇死丧不恤、见骼不掩、特杀、食耕牛野禽、杀起蛰、无故拔一草折一木、暴殄天物、亵渎神社、呵风怨雨、弃毁文字、雌黄经传、读书无序、作字潦草、轻刻诗文、近方士、祷赛、主创庵院、拜僧尼、假道学。

以上诸过，自微而著，分大而小，各以其类相从。略以百为则，故曰<u>丛</u>。仍坐前微隐显大四过来，一过积五过。

百过所举，先之以谨独一关，而纲纪之以色食财气，终之以学。而畔道者，大抵皆从五伦不叙生来。

（迷复）六曰：成过，为众恶门，以克念终焉。

祟门（微过成过曰微恶。用小讼法解之，闭阁一时）。

妖门（隐过成过曰隐恶。用小讼法解之，闭阁二时）。

戾门（显过成过曰显恶。用小讼法解之，闭阁三时）。

兽门（大过成过曰大恶。用大讼法解之，闭阁终日）。

贼门（丛过成过曰丛恶。轻者用小讼，重者大讼解之。闭阁如前。）

圣域（诸过成过，还以成过得改地，一一进以讼法，立登圣域。）

以上一过准一恶，恶不可纵，故终之以圣域。

人虽犯极恶大罪，其良心仍是不泯，依然与圣人一样。只为习染所引坏了事。若才提起此心，耿耿小明，火然泉达，满盘已是圣人。或曰："其如积恶蒙头何！"曰："说在《孟子》训恶人斋沐矣。且既已如此，又恁地去，可奈何？正恐直是不繇人不如此不得。"

讼过法（即静坐法）

一炷香，一盂水，置之净几，布一蒲团座子于下。方会平旦以后，一躬就坐。交跌齐手，屏息正容，正俨威间，鉴临有赫，呈我宿疚，炳如也。乃进而敕之，曰："尔固俨然人耳，一朝跌足，乃兽乃禽，种种堕落，嗟何及矣。"应曰："唯唯。"复出十月十手共指共祝皆作如是言，应曰："唯唯。"于是方寸兀兀，痛汗微星，赤光发颊，若身亲三木者。已乃跃然而奋曰："是予之罪也夫。"则又敕之曰："莫得姑且供认。"又应曰："否否。"顷之一线清明之气徐徐来，若向太虚然，此心便与太虚同体。乃知从前都是妄缘，妄则非真。一真自若，湛湛澄澄，迎之无来，随之无去，却是本来真面目也。此时正好与之葆任，忽有一尘起，辄吹落；又葆任一回，忽有一尘起，辄吹落。如此数番，勿忘勿助，勿问效验如何。一霍间，整身而起，闭阁终日。

或咎予此说近禅者，予已废之矣。既而思之曰：此静坐法也。静坐非学乎？程子每见人静坐，便叹其善学。后人又曰：不是教人坐禅入定，盖借以补小学一段求放心工夫。旨哉言乎！然则静坐岂一无事事？近高忠宪有《静坐说》二通，其一是撒手悬崖伎俩，其一是小心着地伎俩，而公终以后说为正。今儒者谈学，每言存养省察，又曰"静而存养，动而省察"，却教何处分动静？无思无为，静乎？应事接物，动乎？虽无思无为，而此心尝止者自然尝运；虽应事接物，而此心尝运者自然尝止。其尝运者即省察之实地，而其尝止者即存养之真机，总是一时小心着地工夫。故存养省察二者，不可截然分为两事，而并不可以动静分也。陆子曰："涵养是主人翁，省察是奴婢。"今为钝根设法，请先其奴者，得讼过法。然此外亦别无所谓涵养一门矣。故仍存其说而不废,因补注曰静坐法。

改过说一

天命流行,物与无妄。人得之以为心,是谓本心,何过之有?惟是气机乘除之际,有不能无过不及之差者。有过而后有不及,虽不及,亦过也。过也而妄乘之,为厥心病矣。乃其造端甚微,去无过之地所争不能毫厘,而其究甚大。譬之木,自本而根,而干,而标。水自源而后及于流,盈科放海。故曰:"涓涓不息,将成江河。绵绵不绝,将寻斧柯。"是以君子慎防其微也。防微则时时知过,时时改过。俄而授之隐过矣,当念过便从当念改。又授之显过矣,当身过便从当身改。又授之大过矣,当境过当境改。又授之丛过矣,随事过随事改。改之则复于无过,可喜也。过而不改,是谓过矣。虽然,且得无改乎?凡此皆却妄还真之路,而工夫吃紧总在微处得力云。"子绝四,毋意,毋必,毋固,毋我",真能谨微者也。专言毋我,即颜氏之克己,然视子则已粗矣。其次为原宪之克伐怨欲不行焉,视颜则又粗,故夫子仅许之曰"可以为难矣",言几几乎其胜之也。张子十五年学个恭而安不成,程子曰:可知是学不成,有多少病痛在。亦为其徒求之显著之地耳。司马温公则云:"某平生无甚过人处,但无一事不可对人言者,庶几免于大过乎!"若邢恕之一日三简点,则丛过对治法也。真能改过者,无显非微,无小非大,即邢恕之学,未始非孔子之学。故曰:"出则事公卿,入则事父兄。丧事不敢不勉,不为酒困。"不然,其自原宪而下,落一格转粗一格,工夫弥难,去道弥远矣。学者须是学孔子之学。

改过说二

人心自真而之妄,非有妄也,但自明而之暗耳。暗则成妄,如魑魅不能昼见。然人无有过而不自知者,其为本体之明,固未尝息也。一面明,一面暗,究也明不胜暗,故真不胜妄,则过始有不及改者矣。非惟不改,又从而文之,是暗中加暗、妄中加妄也。故学在去蔽,不必除妄。孟子言:"君子之过,如日月之食。"以喻人心明暗之机,极为亲切。盖本心常明,而不能不受暗于过,明处是心,暗处是过。明中有暗,暗中有明,明中之暗即是过,暗中之明即是改,手势如此亲切。但尝人之心,虽明亦暗,故知过而归之文过,病不在暗中,反在明中。君子之心,虽暗亦明,故就明中用个提醒法,立地与之扩充去,得力仍在明中也。乃夫子则曰内自讼,一似十分用力。然正谓两造当庭,抵死雠对,止求个十分明白。才明白,便无事也。如一事有过,直勘到事前之心果是如何。一念有过,直勘到念后之事更当何如。如此反覆推勘,讨个分晓,当必有怡然以冰释者矣。《大易》言补过,亦谓此心一经缺陷,便立刻与之补出,归于圆满,正圆满此旭日光明耳。若只是皮面补缀,头痛救头,足痛救足,败缺难掩,而弥缝日甚,仍谓之文过而已。虽然,人固有有过而不自知者矣。昔者子路人告之以有过则喜,子曰:"丘也幸,苟有过,人必知之。"然则学者虚心逊志,时务察言观色,以转吾所知之不逮,尤有不容缓者。

改过说三

或曰:"知过非难,改过为难。颜子有不善未尝不知,知之未尝复行也。有未尝复行之行,而后成未尝不知之知。今第曰知之而已,人无有过而不自知者,抑何改过者之寥寥也?"曰:知行只是一事。知者行之始,行者知之终。知者行之审,行者知之实。故言知则不必言行,言行亦不必言知,而知为要。夫知有真知,有尝知。昔人谈虎之说近之。颜子之知,本心之知,即知即行,是谓真知。尝人之知,习心之知,先知后行,是谓尝知。真知如明镜当悬,一彻永彻。尝知如电光石火,转眼即除。学者緣尝知而进于真知,所以有致知之法。《大学》言致知在格物,正言非徒知之,实允蹈之也。致之于意而意诚,致之于心而心正,致之于身而身修,致之于家而家齐,致之于国而国治,致之于天下而天下平。苟其犹有不诚、不正、不修、不齐、不治且平焉,则亦致吾之知而已矣。此格物之极功也,谁谓知过之知非即改过之行乎?致此之知,无过不知。行此之行,无过复行。惟无过不知,故愈知而愈致。惟无过复行,故愈致而愈知。此迁善改过之学,圣人所以没身未已,而致知之功与之俱未已也。昔者程子见猎而喜,盖十二年如一日也。而前此未经感发,则此心了不自知,尚于何而得改地?又安知既经感发以后,迟之数十年,不更作如是观乎?此虽细微之惑,不足为贤者累,亦以见改过之难,正在知过之尤不易矣。甚矣,学以致知为要也。学者姑于平日声色货利之念逐一查简,直用纯灰三斗,荡涤肺肠,于此露出灵明,方许商量。日用过端下落,则虽谓之行到然后知到,亦可。昔者子路有过,七日而不食。孔子闻之,曰:"由知改过矣。"亦点化语也。若子路,可谓力行矣。请取以为吾党励。

(按《人谱》作于甲戌,重订于丁丑。而是谱则乙酉五月之绝笔也。一句一字,皆经再三参订而成。向吴峦穉初刻于湖,鲍长孺再刻于杭,俱旧本也。读者辨诸,无负先君子临岐苦心。己丑孟秋,不孝男汋百拜谨识。)

(录自《刘子全书》,清道光四年刻本)

论语学案

君子学以慎独,直从声臭外立根基,一切言动事为,庆赏刑威,无不日见于天下,而问其所从出之地,凝然不动些子,只有一个渊然之象,为天下立皇极而已。众星昼夜旋转,天枢不动,其不动处,是天心,这便是"道心惟微"。其运旋处,便是"人心惟危"。其常运而常静处,便是"惟精惟一,允执厥中"。天人之学也。(《为政以德》)

心之官则思,思曰睿,睿作圣。思本无邪,其卒流于邪者,勿思耳。以为思无邪,非也。思无邪者,闲邪之学也。《诗》以理性情,人心之情自正,何邪之有?(《诗三百》)

孟武伯问孝,是人子身上事,父母惟其疾之忧,是父母身上事。问是孝,答是慈,有何关涉?岂知人子于父母,其初只是一人之身,父母的痛痒,便是人子的痛痒,若于此漠不相关,更有何孝可言?若于此认得亲切,亦更有何孝可言?惟疾之忧,非徒以慰亲之为孝也,知乎此者,必能以其身为父母之身,以其心为父母之心,而终身孺慕之情,有无所不至者矣。(《孟武伯》)

知则全体皆知,不知则全体皆不知,更无半明半暗分数。但私意蔽锢,亦有去来,则有时而知,有时而不知耳。夫既有时而知,有时而不知,则并其知而非,人能知己之不知,正是无所不知的本体呈露时。金针一拨,宿障全消。(《诲女知之》)

信是本之真心,而见之然诺之际者,是身世作合关键,犹车之輗軏。然举世尚狙诈,人而无信,一味心口相违,千蹊万径,用得熟时,若以为非此不可持身,不可御世,岂知其断断乎不可者!可不可只衡在是非上,而行不行方格到利害上也。(《无信》)

君子之于仁,惟有贫贱一途,是终身得力地,虽终食之顷,未始无去处交乘之隙,使终食而为贫贱之终食,则疏食饮水乐也。极贫贱之途,虽造次仁也,颠沛仁也,苟舍此而欲处以非道之富贵,有断断乎不可者!君子所以练此心之仁,不容躲闪,不容方便,才是中心安仁也。

孔子围匡七日,子路曰:"吾闻仁者必容,知者必用。"如此说,则天下更无非道之贫贱可处。岂知自人分上看贫贱则非道,自君子身上看,未尝非道也。世人只为见得有非道贫贱,所以怨天尤人,无所不至。(以上《富与贵》)

盈天地间,万事万物,各有条理,而其条理贯通处,浑无内外人己感应之迹,亦无精粗大小之殊,所谓一以贯之也。一本无体,就至不一,会得无二无杂之体,从此手提线索,一一贯通。才有壅淤,便与消融;才有偏枯,便与圆满。时时澄彻,处处流行,直将天地万物之理,打合一处,亦更无以我合彼之劳,方是圣学分量。此孔门求仁之旨也。

圣人从自己身上言,心无死地,则曰贯。无所不贯,则曰一以贯之,非以一贯万也。一以贯之,还他天地自然本色。(以上《一贯》)

仁者浑然全体而无息,就全体中露出个治赋,为宰,为傧相才具,便是大海中一沤发现。且有待而然,有时竖起,有时放下,非不息之体。故即三子之才,而其未仁亦自可见。(《可使治赋》)

邓定宇曰:"此非闵、宪以下学问,颜子心常止,故不迁;心常一,故不贰。"予谓心本常止,而不能不动以怒,故就怒时求止法,曰不迁。心本常一,而不能不二于过,故就过时求一法,曰不二。此正复性之功。若先得此心之止与一者以立本,而后遇怒能不迁,遇过能不二,则是止者一心,而不迁者又一心也。一者一心,而不贰者又一心也。将孔门一切惩忿窒欲,迁善改过之学,都无用处,所谓复性之功者,不几求之虚无寂灭之归乎?(《不迁怒》)

此道身有之,则不言而信,以归于慥慥之地,所谓躬行君子也,故云默识。识如字,谓信诸心也。默识之学,精神毫不渗漏,彻首彻尾,以此学,即以此教,何厌倦之有?自默字讹解,而学者遂以语言道断当之,谓圣学入手,只在妙悟,学都从悟中来。不知圣学自下学,则自反躬体验,岂有堕于杳冥玄默之见乎?(《默而识之》)

世谓闻见之知,与德性之知有二。予谓聪明睿知,非恃乎睿知之体,不能不窍于聪明,而闻见启焉。性亦闻见也,效性而动者学也。今必以闻见为外,而欲堕体黜聪,以求睿知,并其睿知而槁矣,是堕性于空,而禅学之谈柄也。张子曰:"非天聪明,不成其为人,圣则天聪明之尽者耳。"天聪天明,耳辨闻,目辨见,是天聪明之尽,则夫子"多闻择其善者而从之,多见而识之"是也。曰"知次"者,人次于天以见天,非人不尽也!(《知之次》)

常人之过,人知处得九分,己知处得一分;圣人之过,人知处得一分,己知处得九分。说圣人有过,已是骇人,今说圣人犹有不知之过,至为人所知,益奇。此意最宜理会,学者便当长一格。(《陈司败》)

曾子学问,都是躯壳上讨得,最有持循,一则一,二则二。(《有疾》)

古人济大事,全靠脚定,只是不从身家名位起念,便是。凡可夺处,皆是此等作祟也。诚极则精,精极则变,一切作用,皆从此出。诚中之识见,是大识见,诚中之担当,是大担当,故君子非有才之难,而诚之难。(《可以托六尺》)

人之气质,不失之高明,则失之卑暗。而气质之性,终不锢其理义之性,狂者必直,侗者必愿,悾悾者必信,自习染胜而三者并漓,人心之变,可胜穷乎?(《狂而不直》)

天下一物也,圣人视外物,无大小都作等闲看,打过得箪食豆羹关,便打得天下关。(《舜禹之有天下》)

子绝四,圣人之心,置在何处?曰:"绝四之外,更无心。"问:"意必固我,与声色货利,有浅深否?"曰:"看他四者之心,从何处起。"(《子绝四》)

颜子之学,才动辄便可到头,为从文礼处得力来。后人欲一齐放过,谓文既足以溺心,礼亦不免于执着,绝意去智,专用力于末由之境。微者堕于空寂,放者入于猖狂,佛、老之教行,而圣道裂矣。(《颜渊喟然》)

权者道之体也,道体千变万化,而不离于中,非权而何?《易》曰"巽以行权",言入道之微也。权居无事,因物付物,而轻重准焉,言天下之至静而不可测也,言天下之至动而不可离也。权之理主常,而准诸事主变,理即事,事即理,其常也,乃所以为变也。汉儒反经合道之说,诚非;朱子谓权之与经,亦须有辨,亦非也。天下有二道乎?嫂溺援之以手者,权也。正是道理合当如此,乃所为经也。故权非反经而为言也。然则经何辨乎?曰经者权之体,权者经之用,合而言之道也。礼仪三百,威仪三千,皆经也。神而明之,妙用出焉,权也。二而一者也。(《未可与权》)

吴康斋夜半思处贫之策,至日中始决。如此计较,便是货殖。故鲁斋治生之言,亦病。如拼一饿死,更有甚计较?然则圣学有死地乎?曰义不食粟,则亦有死而已,古今处君臣之义皆然。其嗟也可去,其谢也可食,倘终不谢,便当一死。圣人于辞受取与,一断以义,无纤毫拟议方便法门。(《货殖》)

道体大段易见得,只是微处难窥,才着小心,便有凑泊处。(《闻斯行之》)

视听言动一心也,这点心不存,则听视言动到处受病,皆妄矣。若言"视思明,听思聪,言思忠,动思敬",犹近支离。

问:"仁是如何名状?"曰:"先儒言公、言觉、言生、言爱,亦仅举其动机言,尚遗却静中体段,故不若《孟子》曰:'仁者,人也。'试观人目何以能视?耳何以能听?口何以能言?四肢何以能动?非仁而何?《易》曰乾元统天,盖曰天之所以为天也。'仁者,人也',盖曰人之所以为人也。"

天地以生物为心,仁也,万物资生。人与万物皆生于仁,本是一体,故人合下生来,便能爱,便是亲亲。由亲亲而推之,便能仁民,便能爱物。天地以生物为心,人亦以生物为心,本来之心,便是仁;本来的人,便是仁,故曰:"仁,人心也。"又曰:"仁者,人也。"

问:"己如何克去?"曰:"只是不从己起见,便是克。"

问:"克,胜也,是以仁胜不仁否?"曰:"非先有个仁去胜不仁,只胜不仁处,便是仁也。"曰:"毕竟有主人翁,方胜盗贼。"曰:"头上安头之见也。仁体湛然,不容一物,才有物,不论善恶是非,都是不仁。为仁者,正就此处销镕,还他个湛然本体,此克己正当时也。若先据个主人在,便是物欲,所谓认贼作主也。若主人常在,则亦无盗贼可逐,能逐盗贼,便是主人,不必另寻主人。"(以上《克复》)

道体浑然无可持循,故圣人就分见处,示人以入德之地。延平曰:"理一而分殊,理不患不一,所难者分之殊也。"圣人之言四勿,言居处,三者皆就分殊以见理一也。(《居处恭》)

颜子有不善未尝不知,知之未尝复行也,亦不行也。然颜子不善,只是一念绝续之间,就仁中拣出不仁来,故为不远之复。原宪不行,则已成此四等症候,旋溃旋制,终不能奏廓如之效。则不行之心,犹然人伪而已,于人体何当?

予始与陆以建论学,谓克伐怨欲不行,正是克己工夫。子曰"可以为难"者,欲其先难而后获也。以建甚不然之。看来不行之心,早是个己也。然学者根器浅,不恁地不得,由此进之,扶得个不行心常做主,便是克己力

量也。(《克伐怨欲》)

邓定宇晚年学问有得,其兄问之,曰:"弟近日只查己过。"病革,谓弟子曰:"万事万念皆善,都不算;只一事一念不善,便算。"(《寡过》)

问"出位之思"。曰:"孟子言:'思则得之,不思则不得也。'出位非思也,念也。炯然有觉者,思之体;倏然无根者,念之动。"(《思不出位》)

问:"不亿逆矣,容有不先觉者否?"曰:"先觉非用察识之谓,只良知不蔽而已。如子产受欺于校人,舜受欺于象,正不失为先觉。"(《逆诈》)

古来无偷惰放逸的学问,故下一敬字,摄入诸义。就中大题目,是克己复礼,忠恕一贯,择善固执,慎独,求放心,便是。后儒将敬死看,转入注脚去,便是矜持把捉,反为道病。(《修己以敬》)

春秋去先王之世未远,始生老氏,为惑世诬民之祖。当时一种好异之民起而应之,如原壤者不少,转相祖述,愈流愈远。一变而为杨、墨,再变而为申、韩,三变而为苏、张,终变而为佛氏之学,以返老氏清净易简之初旨。嗣后士夫往往以佛氏之说,文老氏之奸。精者窃《道德》之唾余以学佛,粗者拾翁张之机锋以学禅,而杨、墨、申、韩、苏、张之学,时时出没其间,终宇宙世界,学道人只是此局。(《原壤》)

后儒之学,多教人理会个一,便未必多学。圣门不如此,以子贡之颖悟,犹不轻示,必俟其学有得,方道破。若先道破,便无持循处,不若且从多学而识,自寻来路。久之,须有水穷山尽时,所见无非一者,是一乃从多处来,故曰:"博我以文,约我以礼。"圣门授受如印板,颜、曾、赐皆一样多学。(《多学而识》)

说者谓孔子言性,只言近,孟子方言善、言一。只为气质之性、义理之性分析后,便令性学不明,故说孔子言性,是气质之性;孟子言性,是义理之性。愚谓气质还他是气质,如何扯着性?性是就气质之中,指点义理,非气质即为性也。清浊厚薄不同也,是气质一定之分,为习所从出者。气质就习上看,不就性上看,以气质言性,是以习言性也。(《性相近》)

鄙夫,正后世所谓好人便是。(《鄙夫》)

心一也,形而下者谓之人,形而上者谓之道。人心易溺,故惟危;道心难著,故惟微。道器原不相离,危者合于微而危,微者合于危而微,两物一体。合人与道言心,而心之妙始见,其蕴始尽,所以圣贤千言万语,阐发无尽,事心之功亦无尽。乃其要只在精与一,精以析人心道心之几,而一则

以致其精也。两心揉杂处,止患不精,不精便不一,精而一之,则人心道心妙合无间,而心性流行之妙,无往而非中矣!(《尧曰》)

（录自沈芝盈点校,黄宗羲著《明儒学案》,中华书局 2008 年版）

黄道周学案

　　黄道周(1585—1646),字幼玄,一作幼平或幼元,又字螭若、螭平,号石斋。福建漳州府漳浦县人,祖籍福建莆田。少家贫,自幼聪颖好学,十八岁居铜山海中塔屿耕读攻《易》,二十八岁后隐于县城东郊的东皋攻书。天启二年(1622)中进士,先后任明天启朝翰林编修、经筵展书官,崇祯朝翰林侍讲学士、经筵展书官。崇祯五年(1632)正月,黄道周因病请求归休。将离京时,上疏指出小人当道,获"滥举逞臆"之罪被削籍为民。黄道周罢官后先后在余杭大涤山建书院讲学、在漳州紫阳书院聚徒讲学。崇祯九年(1636),黄道周复原官,迁左谕德,擢詹事府少詹事,兼翰林侍读学士,充经筵日讲官。崇祯十一年(1638),黄道周因指斥大臣杨嗣昌等私下妄自议和,被贬任江西按察司照磨。崇祯十四年(1641),杨嗣昌暴病而亡,崇祯下旨复官,黄道周见时局无望,遂告病辞官归家,专心著述。明亡后,任南明弘光朝吏部侍郎、礼部尚书,南京失守,与郑芝龙等在福建拥立隆武帝。自请往江西征集军队,出征抗击清军,至婺源为清兵所俘。绝食十四日不死,自缢又未死,后在南京被杀。讣讯传至福建,隆武帝"震悼罢朝",特赐谥"忠烈",赠文明伯。清乾隆帝为褒扬黄道周忠节,改谥"忠端"。

　　黄道周对性、情问题多有论述,深辨宋儒气质之性之非。他认为,气有清浊,质有敏钝,自是气质,不关性上事。性则通天彻地,于动极处见不动,于不睹不闻处见睹闻,着不得纤毫气质。关于身与心与意识情欲的关系,他认为"身心原无两物","意之与识,识之与情,情之与欲,此类皆附身而起。误认为心,则心无正面,亦无正位,都为意识情欲诱向外去"。在工夫论上,黄道周重视格物致知与慎独。不过黄道周绝非传统理学式的学者,其在易学尤其是象数易学上的造诣更为深厚,在狱中曾极研易象。在易学上他以变卦解易,主张易以推步,以象数为理势,推测人世治乱,承继的是邵雍派的象数宇宙学和象数历史学,对桐城方氏易学有很大影响。

黄道周与刘宗周齐名,有"二周"之称。其著作甚丰,有《儒行集传》《石斋集》《易象正》《春秋揆》《孝经集传》等,后人辑有《黄漳浦先生全集》。今有中华书局本《黄道周集》《易象正》《三易洞玑》等。

易象正目录序次

《正》曰:凡易本于日月,与天地相似;其有不准于天地、本于日月者,非易也。天地之用,托于日月。日运南北,以为寒暑。月行迟疾,以为朔望。气周相缠,或盈或虚,各以其节,积久而合,纤毫秒忽,不可废也。世之谈易者,但略举阴阳、粗明气象而已。其次乃专谈理义以为性命。今以历律为端,日月为本,六十四为体,七十二为用,天道为经,人事为纬,义理性命以为要归。其自孔门而下,诸儒所谈,一概置之,不复道也。其大要以推明天地,本于自然。其大者,百世可知;其小者,千岁日至。其烦者,更仆难数;其简者,一言可尽。要以不悖于《诗》《春秋》而止。天下研精之儒,必有能明是说者。故先为二十四图以引其端。是为初卷。略明初卷,而后易之象义序次,可驯至也。

卷之一(乾坤反复,凡四卦)

乾卦第一,乾之乾第二

坤卦第三,坤之坤第四

凡卦皆一体两象,反复异名,惟乾坤、坎离、颐大过、中孚小过,有对化而无反复。其实日有昼夜而时通二六,八体反复,皆十二爻。屯蒙以反复而得二名,乾坤以反复而得一体。其一体者,不必二名;其反复者,不必对化。故以八体卦之对化,通于五十六卦之反复,皆举两端以成大例,非因纲纪而有异同也。故为乾乾坤坤,首立四卦,虽以用九用六得对化之名,实以一昼一夜通六辰之义。昼夜虽有阴阳,反复只成一日。约之则曰三十六象,通之则曰七十二卦。或谓父母六子,相与错综,只得六十四,何三十六、七十二之有?曰:反复、对化、错综,易皆兼用之。错综之有重乘,反复之有不动,与对化之有不对化,单举之则难明,博观之则易著也。作乾乾、坤坤四卦序第一。

卷之二

屯卦第五,蒙卦第六

需卦第七,讼卦第八

师卦第九,比卦第十

小畜第十一,履卦第十二

乾坤,万物之生始。极南而乾,极北而坤,昼夜积象,乾坤两乘,自分左右,天地升降,帝王盛衰,皆于是为限。衡交者,两乾尽而交屯蒙,两坤尽而交需讼。倚交者,屯蒙自左而右,需讼自右而左。环交者,屯蒙、需讼皆自左而右。春秋当坤之末端,断坤而起屯。胡元在乾之前端,断未济而起乾。故屯蒙与乾坤代始者也。凡卦以爻当日,积日成岁,其以六十四卦之爻积日者,二万四千五百七十六,凡得岁六十八年余九十六日。其以七十二卦之爻积日者,三万一千一百四,凡得岁八十六年余一百四十四日。两法相追,凡四其六十八年九十六日,得二百七十三年二十四日,为天地之交会。凡三其八十六年一百四十四日,得二百五十九年七十二日,距差赢缩十三年三百十二日,为天地交限之差数。两四为八,两三为六,从于左右,与日月相逐,四即二也,八即四也。作屯蒙、需讼、师比、小畜履四卦序第二。

卷之三

泰卦第十三,否卦第十四

同人第十五,大有第十六

谦卦第十七,豫卦第十八

随卦第十九,蛊卦第二十

自屯蒙环交至小畜履四卦,二百七十三年二十四日,而五君一民,天地始乱,泰否受之,君臣更端。又四卦,凡五百四十六年四十八日,而交于随蛊。泰否随蛊,日月之正交也。日月正交,薄蚀所生,阴阳虽均,而祸乱见焉。治效之见者,谦豫而已。同人大有之与小畜履,君臣庞杂,其效一也。作否泰、同人、大有、谦豫、随蛊序第三。

卷之四

临卦二十一,观卦二十二

噬嗑二十三,贲卦二十四

剥卦二十五,复卦二十六

无妄二十七,大畜二十八

自屯蒙环交至无妄大畜十二卦，凡八百十九年七十二日，而治运乃究。临观之与谦豫，则犹王者之治也，谓有天地之正气存焉，过此而衰矣。五行之数五十，共治河图全半，共八百二十五，约其岁，实十二卦得八百七年半强，而颐、大过正交，与乾坤同象。作临观、噬嗑贲、剥复、无妄大畜序第四。

卷之五

颐卦二十九，颐之颐三十

大过三十一，大过之大过三十二

坎卦三十三，坎之坎三十四

离卦三十五，离之离三十六

凡《易》上下经各三十六卦，去乾坤、颐大过、坎离六反复卦，则为三十。三十卦之行二千四十岁又二百九十八日。左右分之，凡一千二十岁而交于中限，与五百一十一岁之交，倍追而合者也。天地顺数，易逆数，每值交限，各以缩历，逆反而归初。七十二卦中分之岁，凡二千四百二十二年余一百六十三日半，又中分之，一千二百一十一年余八十一日七分，而四际分限，正交互直。故《春秋》者，以十乘《易》之数，去一而用九。《易》以二十乘《春秋》之数，去两而用十八。《诗》用《易》之余以为积，《易》用《诗》之积以为余。故知《易》有七十二卦，去用而存体，及《诗》得十四、《春秋》得十八之说者，而日月运行，天下治乱可得而求矣。作颐颐、大过大过、坎坎、离离序第五。

卷之六

咸第三十七，恒第三十八

遁第三十九，大壮第四十

晋第四十一，明夷四十二

上经以四分部，下经以三分部，四三八六，积岁相追。体卦通数，每限六十八年九十六日，四卦得二百七十三年二十四日。用卦通数，每限八十六年一百四十四日，三卦得二百五十九年七十二日。凡一追限差十三年三百十二日者，为日月之通数。其余积限，各不相同，而酌于通闰，以加减岁实，其揆一也。追数最亲者，惟用卦限四，体卦限五，相距不远。用卦行四限三百四十年二百三十二日，体卦行五限三百三十五年三百三十五日。凡帝王运序绝续之际，动差三四年，然远之愈阔，不复可追。惟十三年上下，以五积为六十八七，可追体卦；六积为七十七八，可追体用兼乘之卦。故以十三年二三百日间为日月之交限，犹朔望半交于十三日半之会也。晋明夷亦为食限。作咸恒、遁大壮、晋明夷序第六。

卷之七

家人四十三，睽第四十四

蹇第四十五，解第四十六

损第四十七，益第四十八

易有衡、环二交，依序而求之，则独圜图而已。环图自坤屯至咸恒以前十五卦，一千十六年百六十日，在汉魏交际。又六卦而入夬姤，终魏晋六朝，在六卦之内。凡乾坤分位，自坤起屯至损二十二卦，实行一千五百四十七年余二百七十八日，四分用卦之全历，因而损益之。故损益盛衰之始也。作家人睽、蹇解、损益序第七。

卷之八

夬第四十九，姤第五十

萃第五十一，升第五十二

困第五十三，井第五十四

凡卦分阴阳，以从南北。自屯蒙从坤而北，需讼从乾而南，凡五十二卦。一南一北，上下分从，不失其序。故阴爻多者从阴，阳爻多者从阳，阴阳之中，酌从其象。惟夬姤、萃升上下分居，南北殊路，是男女华夷之变限也。以衡倚二图，四际分之，各得十三卦八百七十四年余二百八十三日而入夬限。夬，阉寺也；姤，妇人也；萃，盗贼也；升，权臣也。四者天地之常孽，而卦运间值，或数百年，以每卦七年分之，则九十一年而入十四卦，阴阳之变，又虞其已邀也。姤、夬、升、萃，四者错居，其入变限者，不分上下初末，妇寺贼臣，相倚为命，至困井而凋耗极矣。春秋已来，故牒可稽，上自东汉大阉，下自李唐女宠，或流渗于六十年之后，或著兆于六十年之前，虽未入正交，体姓如故，而阴阳之祸，发于灾戎，毒痛极矣。作夬姤、萃升、困井序第八。

卷之九

革五十五，鼎五十六

震五十七，艮五十八

渐五十九，归妹六十

凡易体卦，环图不分四际，自乾坤两交而外，六十四卦从乾右旋，二十一限至损益，凡一千四百一十三年而入夬姤，在阴阳变位之候。又二百二年而入鼎革，又二百二年而入渐归妹，则交卦尽矣。渐归妹，两济之先应者也。下经三卦，虽以八十六年余百四十四之法相追，至于卦象积实，一依体卦，不可改也。用卦环图，从屯立春，从蒙立秋，起于西北，与日右旋，而《春秋》追《易》逆数之法，皆起于东北未济之端，左循下行，六卦而归妹，九卦而鼎，十二卦而姤。周秦汉之间，概可识矣。中分二千四百二十二年半，否履之间，夷夏玄黄，两乾之端，冰霜始战，学者所致思也。故易以体卦为历，用卦为候，八十五岁相追之法，以识交限而已。作革鼎、震艮、渐归妹序第九。

卷之十

丰第六十一，旅第六十二

巽第六十三，兑第六十四

涣第六十五，节第六十六

是在下部弱卦也。其交于春秋，在战国之间；其交于金辽，在皇统之际。虽不当正变交会，而强主不立，兴朝不泰，二百二年之间，帝王之风教仅存焉耳。自乾屯至涣节，二千一百八十四年，与体卦中分相值，而天道且变。作丰旅、巽兑、涣节序第十。

卷十一

中孚第六十七，中孚之中孚第六十八

小过第六十九，小过之小过第七十

既济第七十一，未济第七十二

上经体卦，反复有乾坤、颐大过、坎离，六卦反复十二；下经惟中孚小过，反复四卦而已。上经交卦有泰否、随蛊，下经交卦有渐归、两济，反复对化共得十六，而乾坤两济，离为始乱，合为顶踵，与中孚小过首尾连贯，不得为上经体六、下经体二也。易以用卦函体卦，不自分行，其以用卦分行，三四相追者，每卦之差十七年三百十七日，追差之限相距或三年、四年上下，为阴阳代谢之端。故每限入交屈伸之数皆差池三四年，不可齐举也。或疑反复交卦各有异象，可以递加，反复体卦只有一象，不可递加者，不知一象反复，各起东西，相距三十六卦，犹南极北极之明有两极，子前午后之合得六辰，何诡怪乎？故语体用相函之岁，则四千八百四十四年余三百二十七日为度，以岁法为实；语用卦相乘之数，则六千一百六十年余二百八十八日，以日法为通；语体卦相乘之数，则四千三百六十九年余二十四日，与通法差准也。明乎体用相函、通实互推、赢乏相追之故，则易可得而言矣。作中孚小过、两济序第十一。

卷十二（用入乾坤）

乾坤至坎离用象三十二

咸恒至两济用象三十二

凡易以乾坤九六为例，乾用九而交于坤，坤用六而交于乾。凡六十四卦之用九者，皆交于坤；其用六者，皆交于乾。故六十二卦之皆乾坤也。易有交动，遂生变化，非谓九能变八、六能变七也。六十二卦皆归乾坤，故十八变中，小象得乾坤者，是为交动。父母动而六子不动，如六子交动，则皆为父母矣。易以乾坤两用该六十二卦之用，不复为各用系于各卦之终，所以明一卦之通得六十四卦，而乾坤两用实为纲纪。《系辞》曰："乾坤毁，则无以见易。"故复为用次序第十二。

卷十三（对化次序）

乾坤至坎离对化序三十六

咸恒至两济对化序三十六

对化之与反复，互相为用，乾坤举对化以用为体，屯蒙举反复以体为用。推而行之，两序互举，屯鼎蒙革各以其类，相应为序。天地主客，八体八交，言寻其家，或远或近，或取或不取，皆求其故，而易之微义渊乎至矣。故复为对化序第十三。

卷十四（八体八交）

八体卦入交序六十四

八交卦入体序六十四

是书所异于诸经者，八体八交，以为大义，十六象互入，各得百二十八。今特举其半，而其全可类举也。世道盛衰，或倚或伏，征应之说，三才共治，不尽由卦象，而卦象其先著者。春秋以后二千三百六十年，天道未究，其已究者则二千四十八年，胡元之前举可知矣。藏往知来，圣人不欺，后此一卦限而天地左契，可执相覆也。自隐公元年以前六十余载，界于宣幽。自胡元丁未以后十六载，为明甲子。裁酌其间，为坤中交之侯，而体交相入，举可知也。作八体八交相入序第十四。（原注：今删去十三、十四二卷。）

凡易之必有图象数度，犹人身之必有腑脏肢体。因形测脉，因脉测理，不知形色而谈天性，犹未有人身而言至命也。十翼主于明理，立中为极，以阴阳、刚柔辨其位序，使人体中蹈和，究于无过，恐占卜、推步流为谶纬，无复入圣之方。然自《洪范》而后，有《诗》《春秋》，精理奥义，与《易》同体，非复世儒梦寐之所尝到。乃知性命文章，微显合化，真有可闻不可闻之异。学者尚辞，流于浅易；占者尚象，坠于旁溪。必举四尚以归一诚，并举三经以综十翼，则是编所正，粗有发明，犹《左传》之于《春秋》、《仪礼》之于《礼记》，别自为义，不离本经。至于解释之文，复殊训诂，恐观者难入，复举诸例，以发其凡焉。

（录自翟奎凤整理，《易象正》，中华书局 2011 年版）

图书在版编目(CIP)数据

中国儒学通志. 明代卷. 学案篇 / 苗润田,彭丹著
. —杭州：浙江大学出版社,2023.6
ISBN 978-7-308-23812-0

Ⅰ. ①中⋯ Ⅱ. ①苗⋯ ②彭⋯ Ⅲ. ①儒学－研究－
中国－明代 Ⅳ. ①B222.05

中国国家版本馆 CIP 数据核字(2023)第 091092 号

中国儒学通志·明代卷·学案篇

主　　编	苗润田　冯建国
本册作者	苗润田　彭　丹

出 版 人	褚超孚
策　　划	袁亚春　陈　洁
统　　筹	陈丽霞　宋旭华　王荣鑫
责任编辑	牟琳琳
责任校对	张培洁
责任印制	范洪法
封面设计	项梦怡
出版发行	浙江大学出版社
	(杭州市天目山路 148 号　邮政编码 310007)
	(网址:http://www.zjupress.com)
排　　版	浙江时代出版服务有限公司
印　　刷	杭州钱江彩色印务有限公司
开　　本	710mm×1000mm　1/16
印　　张	30
字　　数	465 千
版 印 次	2023 年 6 月第 1 版　2023 年 6 月第 1 次印刷
书　　号	ISBN 978-7-308-23812-0
定　　价	198.00 元